Maslow
Motivation und Persönlichkeit

W

Abraham H. Maslow

Motivation und Persönlichkeit

Walter-Verlag Olten und Freiburg im Breisgau

Der Titel der Originalausgabe lautet
«Motivation and Personality»
Erschienen bei Harper and Row, Publishers, New York

Die Übersetzung besorgte
Paul Kruntorad

2., erweiterte Auflage 1978

Die Herstellung erfolgte in den grafischen Betrieben des Walter-Verlags
Printed in Switzerland

ISBN 3-530-54440-X

Übersicht

Vorwort

Ich habe versucht, die wichtigsten Lektionen der letzten sechzehn Jahre in dieser Bearbeitung zu vereinigen. Sie waren beträchtlich. Für mich ist es eine wirkliche und ausführliche Bearbeitung, auch wenn ich nicht sehr viel umschreiben mußte, da die Stoßrichtung des Buches in einigen wichtigen Aspekten modifiziert wurde, die ich im nachfolgenden aufzählen werde. Als dieses Buch 1954 erschien, war es im wesentlichen ein Versuch, *auf* den klassischen verfügbaren Psychologien aufzubauen, mehr als sie zu widerlegen oder andere konkurrierende Psychologien aufzustellen. Es war der Versuch, unsere Auffassung der menschlichen Persönlichkeit durch die Erfassung «höherer» Ebenen der menschlichen Natur zu erweitern. Hätte ich die These dieses Buches in einem einzigen Satz zusammenfassen müssen, hätte ich gesagt, daß *zusätzlich* zu dem, was die Psychologien jener Zeit über die menschliche Natur zu verkünden hatten, der Mensch auch eine höhere Natur besäße und daß diese instinktoid wäre, das heißt, Teil seines Wesens, und hätte das zutiefst ganzheitliche Wesen der menschlichen Natur betont, im Gegensatz zu dem analytisch-sezierend-atomistisch-Newtonianischen Verfahren des Behaviorismus und der Freudschen Psychoanalyse.

Oder um es anders auszudrücken, ich akzeptierte sicherlich die verfügbaren *Daten* der experimentellen Psychologie und Psychoanalyse und baute auf ihnen auf. Ich akzeptierte auch den empirischen und experimentellen Geist der einen und die Demaskierung und Tiefenuntersuchung der anderen, verwarf aber bereits die *Menschenbilder,* die sie hervorbrachten. Das heißt, daß das Buch eine andere Philosophie der menschlichen Natur darstellte, ein neues Menschenbild.

Was ich jedoch damals für ein Argument innerhalb der Familie der Psychologen hielt, erwies sich meiner Meinung nach seitdem eher als eine lokale Manifestation eines neuen *Zeitgeistes,* als eine neue allgemeine und umfassende Lebensphilosophie. Diese neue «humanistische» *Weltanschauung* scheint eine neue und weit hoffnungsvollere und ermutigendere Art und Weise zu sein, jedweden Bereich des menschlichen Wissens darzustellen; zum Beispiel Nationalökonomie, Soziologie, Biologie, und jeden Beruf; zum Beispiel Justiz, Politik, Medizin und alle sozialen Institutionen; als da wäre Familie, Erziehung, Religion und so weiter. Ich habe, indem ich dieses Buch umarbeitete, aus dieser persönlichen Überzeugung gehandelt und in der darin dargestellten Psychologie meinen Glauben *ausgedrückt*, daß sie ein Aspekt einer viel breiteren Weltsicht und einer umfassenden Lebensphilosophie ist, die teilweise bereits ausgearbeitet ist, zumindest bis zum Stadium der Plausibilität, und die deshalb ernst genommen werden sollte.

Ich muß ein Wort über die irritierende Tatsache sagen, daß diese echte Revolution (ein neues Bild des Menschen, der Gesellschaft, der Wissenschaft, der höchsten Werte, der Philosophie usw.) noch immer vom größten Teil der intellektuellen Gemeinschaft nicht beachtet wird, besonders von jenem Teil, der die Kommunikationskanäle zur gebildeten Öffentlichkeit und zur Jugend kontrolliert. (Aus diesem Grund habe ich angefangen, sie die Unbemerkte Revolution zu nennen.) Viele Mitglieder dieser Gemeinschaft verkünden eine Anschauung, die von tiefer Verzweiflung und von einem Zynismus charakterisiert wird und manchmal zur zersetzenden Bosheit und Grausamkeit ausartet. Im Endeffekt leugnen sie die Möglichkeiten, die menschliche Natur und Gesellschaft zu bessern oder innere menschliche Werte zu entdecken oder lebensliebend im allgemeinen zu sein.

Indem sie die Realität der Ehrlichkeit, der Freundlichkeit, der Großzügigkeit, der Zuneigung bezweifeln, gehen sie über einen vernünftigen Skeptizismus und die Abstinenz vom Urteilen hinaus und erreichen eine aktive Feindseligkeit, wenn sie mit Menschen konfrontiert werden, die sie als Narren, «Pfadfinder», Unschuldslämmer, «Normale» und so weiter belächeln. Dieses aktive Herabsetzen und Hassen reicht über Verachtung hinaus; manchmal sieht es wie eine erboste Gegenattacke auf alles aus, was sie als den beleidigenden Versuch betrachten, sie zum Narren zu halten, sie an der Nase herumzuführen, sie zu verulken. Psychoanalytiker würden, glaube ich, darin die Dynamik der Wut und der Rache für vergangene Enttäuschungen und Desillusionierungen erblicken.

Die humanistischen Psychologen widersprechen dieser Subkultur der Verzweiflung, dieser «mehr quälenden als Du»-Haltung, dieser Gegen-Moralität, in der Raubtierhaftigkeit und Hoffnungslosigkeit realer sind als guter Wille. Ebenso tun es die vorläufigen Ergebnisse, die in diesem Buch präsentiert werden, und die vielen Schriften, die in der Bibliographie angeführt sind. Zwar ist es noch immer notwendig, sehr vorsichtig zu behaupten, es gäbe Voraussetzungen für die «Güte» der menschlichen Natur (siehe Kapitel 7, 9, 11, 16), es ist bereits möglich, den verzweifelten Glauben fest zu verneinen, daß die menschliche Natur letztlich und im Grunde verderbt und böse ist. Ein solcher Glaube ist nicht länger eine Angelegenheit nur des persönlichen Geschmacks. Man kann ihn nunmehr nur noch durch entschlossene Blindheit und Ignoranz aufrechterhalten, durch die Weigerungen, die Tatsachen zu berücksichtigen. Man muß ihn deshalb als persönliche Projektion betrachten und nicht als eine wohlüberlegte philosophische oder psychologische Position.

Die humanistischen und ganzheitlichen Konzeptionen der Wissenschaft, die in den ersten beiden Kapiteln und im Appendix B dargeboten werden, wurden von vielen Entwicklungen der vergangenen Jahrzehnte bestätigt, insbesondere durch Michael Polanyis bedeutendes Buch «Personal Knowledge» (376). Mein eigenes Buch «The Psychology of Science» (292) enthält sehr ähnliche Thesen. Diese Bücher befinden sich im klaren Widerspruch zur klassischen, konventionellen Philosophie der Wissenschaft, die noch immer viel zu stark vorherrscht, und sie bieten einen viel besseren Ansatz für die wissenschaftliche Arbeit mit Menschen.

Das vorliegende Buch ist durchwegs ganzheitlich, aber eine intensivere und vielleicht auch schwierigere Behandlung dieses Aspekts ist in Appendix B enthalten. Der Holismus ist offenkundig wahr – schließlich ist das All eins und auch wechselseitig bezogen; jede Gesellschaft ist eins und wechselseitig bezogen; jede Person ist eins und wechselseitig bezogen (interreliert), und so weiter – und doch war es schwierig, der ganzheitlichen Anschauung zur Geltung zu verhelfen und sie so zu verwenden, wie sie verwendet werden sollte, als eine bestimmte Art und Weise, die Welt zu betrachten. In jüngster Zeit neige ich immer mehr dazu, anzunehmen, daß die atomistische Art und Weise des Denkens eine Form milder Psychopathologie ist oder zumindest ein Aspekt des Syndroms der kognitiven Unreife. Die ganzheitliche Denk- und Sehweise scheint sich ganz natürlich und automatisch bei gesünderen, mehr selbstverwirklichenden Menschen einzustellen und scheint sehr schwierig für weniger entwickelte, reife, gesunde Menschen erreichbar zu sein. Bisher ist dies nur ein Eindruck, selbstverständlich, und ich will ihn nicht zu stark forcieren. Aber ich glaube, es ist gerechtfertigt, ihn hier als eine Hypothese zu präsentieren, die noch überprüft werden muß – etwas, was ziemlich leicht zu machen sein sollte. Die Motivationstheorie, in den Kapiteln 3 bis 7 dargestellt und in einigem Ausmaß im gesamten Text dieses Buches, hat eine interessante Vorgeschichte. Ich stellte sie 1942 vor einer psychoanalytischen Gesellschaft dar, als Versuch, in eine einzige theoretische Struktur die Teilwahrheiten zu integrieren, die ich bei Freud, Adler, Jung, D. M. Levy, Fromm, Horney und Goldstein vorfand. Ich hatte aus meinen eigenen verstreuten Erfahrungen mit Therapie gelernt, daß jeder dieser Autoren zu verschiedenen Zeiten und für verschiedene Personen recht hatte. Meine Frage war im wesentlichen die klinische: Welche frühen Entbehrungen führen zur Neurose? Welche psychologischen Heilmittel heilen sie? Welche prophylaktischen Maßnahmen beugen ihr vor? In welcher Reihenfolge werden die psychologischen Heilmittel verlangt? Welche sind die stärksten? Welche die grundlegendsten?

Ich kann mit einigem Recht behaupten, daß diese Theorie ziemlich erfolgreich war, was klinische, soziale und personologische Aspekte anbelangt, aber nicht hinsichtlich experimenteller Situationen und Laborbedingungen. Sie vertrug sich sehr gut mit den persönlichen Erfahrungen der meisten Menschen und konnte ihnen oft eine strukturierte Theorie liefern, die ihnen half, ihrem Innenleben mehr Sinn abzugewinnen. Sie scheint für die meisten Menschen eine direkte, persönliche, subjektive Plausibilität zu haben. Und doch fehlt es ihr immer noch an experimenteller Verifikation und Unterstützung. Ich war noch nicht imstande, dafür einen brauchbaren Labortest zu ersinnen.

Eine Teilantwort auf dieses Rätsel kam von Douglas McGregor (332), der diese Motivationstheorie auf die Fabriksituation angewandt hatte. Nicht nur fand er sie für das Ordnen seiner Ergebnisse und Beobachtungen brauchbar, sondern seine Ergebnisse erwiesen sich nachträglich auch als Quelle der Validierung und Verifikation der Theorie. Es ist dieser Bereich, mehr als derjenige der Laborsituation, aus dem nun die empirische Unterstützung kommt. (Die Bibliographie enthält einige Beispiele solcher Berichte.)

Die Lektion, die sich für mich daraus und aus nachfolgenden Validierungen durch andere Lebensbereiche ergab, war diese: Wenn wir über die Bedürfnisse menschlicher Wesen sprechen, sprechen wir über das Essentielle ihres Lebens. Wie hätte ich denken *können*, daß diese Essenz in irgendeinem Laboratorium mit Versuchstieren oder in irgendeiner Eprouvettensituation getestet werden könnte? Offensichtlich bedarf es der Lebenssituation des totalen Menschwesens in seiner sozialen Umgebung. Von hier aus wird sich Bestätigung oder Widerlegung ergeben.

Das 4. Kapitel verrät seinen klinisch-therapeutischen Ursprung durch die Betonung der Neurosenerreger mehr als der Motivationen, die dem Psychotherapeuten keine Sorgen bereiten, also zum Beispiel Trägheit und Faulheit, sinnliche Freuden und das Bedürfnis nach sensorischen Stimulationen und nach Aktivität, nach schierer Lebenslust, oder deren Mangel, die Neigung zur Hoffnung oder Hoffnungslosigkeit, die Tendenz, bei Angst, Sorge, Mangel und so weiter mehr oder minder leicht zu regredieren und so weiter, ganz zu schweigen von den höchsten menschlichen Werten, die ebenfalls Motivatoren sind: Schönheit, Wahrheit, Vortrefflichkeit, Leistung, Gerechtigkeit, Ordnung, Konsistenz, Harmonie und so weiter.

Diese notwendigen Ergänzungen zum 3. und 4. Kapitel werden in den Kapiteln 3, 4 und 5 meines Buches – «Psychologie des Seins» (295) – behandelt, in dem Kapitel über «Lower Grumbles, Higher Grumbles and Metagrumbles» (Niedrigeres Murren, Höheres Murren und Metamurren) meines Buches «Eupsychian Management» (291) und in «A Theory of Metamotivation: the Biological Rooting of the Valus-Life» (314).

Man wird das menschliche Leben nie verstehen können, ohne seine höchsten Ambitionen in Rechnung zu stellen. Wachstum, Selbstverwirklichung, das Streben nach Gesundheit, nach Identität und Autonomie, das Verlangen nach Vortrefflichkeit (und andere Arten, das Streben «aufwärts» zu formulieren) müssen jetzt ohne Frage als eine verbreitete und vielleicht universelle menschliche Tendenz akzeptiert werden.

Und doch gibt es auch andere regressive, angstvolle, selbstverringernde Tendenzen, und es ist sehr leicht, sie in unserer ansteckenden Begeisterung für «persönliches Wachstum» zu vergessen, besonders im Fall von unerfahrenen Anfängern. Ich glaube, daß eine notwendige vorbeugende Maßnahme gegen solche Illusionen in der gründlichen Kenntnis der Psychopathologie und der Tiefenpsychologie besteht. Wir müssen zur Kenntnis nehmen, daß es viele Menschen gibt, die das Schlechtere anstelle des Besseren wählen, daß Wachstum oft ein schmerzlicher Prozeß ist und aus diesem Grund gemieden werden kann, daß wir auch vor unseren besten Möglichkeiten Angst haben, abgesehen davon, daß wir sie lieben (314) und daß wir alle im Verhältnis zur Wahrheit, Schönheit, Tugend eine tiefe Ambivalenz an den Tag legen, indem wir sie zugleich lieben und fürchten (295). Freud ist noch immer notwendige Lektüre für den humanistischen Psychologen (seine Tatsachen, nicht seine Metaphysik). Ich möchte auch ein außergewöhnlich sensibles Buch von Hoggart (196) empfehlen, das uns sicherlich helfen kann, mitfühlend die Neigung zum Vulgären, Trivialen, Billigen und Verfälschten bei den weniger gebildeten Menschen zu verstehen, über die er schreibt.

Kapitel 4 und Kapitel 6 über «Die instinktoide Natur der Grundbedürfnisse» bilden für mich die Basis eines Systems innerlicher menschlicher Werte, menschlicher Güter, die sich selbst bestätigen, die innerlich gut und wünschenswert sind und die keiner weiteren Rechtfertigung bedürfen. Es handelt sich um eine Hierarchie von Werten, die man im Wesen selbst der menschlichen Natur findet. Sie werden nicht nur von allen Menschen gewünscht und begehrt, sondern auch in dem Sinn gebraucht, in dem sie für die Vermeidung von Krankheit und Psychopathologie notwendig sind. Um dasselbe mit anderen Worten zu sagen: Diese grundlegenden Bedürfnisse und Metabedürfnisse (314) sind auch innerliche Verstärker, die unkonditionierten Stimuli, die man als Basis verwenden kann, auf der alle Arten instrumentalen Lernens und Konditionierens errichtet werden können. Das bedeutet soviel wie: Um diese innerlichen Güter zu bekommen, sind Tiere und Menschen bereit, praktisch alles zu lernen.

Ich möchte jedenfalls hier erwähnen, auch wenn ich nicht den Platz habe, um es weiterzuverfolgen, daß es legitim und fruchtbar ist, die instinktoiden grundlegenden Bedürfnisse und die Metabedürfnisse als *Rechte* sowohl wie als Pflichten zu betrachten. Das folgt unmittelbar aus der Annahme, daß Menschen ein Recht darauf haben, menschlich zu sein, so wie Katzen ein Recht darauf haben, Katzen zu sein. Um voll menschlich zu sein, sind diese Befriedigungen von Bedürfnissen und Metabedürfnissen notwendig, und man kann sie deshalb als ein natürliches Recht betrachten.

Die Hierarchie von Bedürfnissen und Metabedürfnissen war für mich in einer anderen Hinsicht hilfreich. Ich habe gefunden, daß sie als eine Art Smorgasbord-Tafel dient, von der man sich in Übereinstimmung mit dem eigenen Geschmack und Appetit bedienen kann. Das heißt, daß in jedem Urteil über die Motivation des Verhaltens einer Person auch der Charakter des Urteilenden in Rechnung gestellt werden muß. Er *wählt* die Motivationen aus, denen er das Verhalten zuschreiben wird, zum Beispiel in Übereinstimmung mit seinem verallgemeinerten Optimismus oder Pessimismus. Ich habe gefunden, daß die letztere Wahl heute viel häufiger vorgenommen wird, so häufig, daß ich es für nützlich halte, das Phänomen «Abwerten der Motivationen» zu benennen. Kurz gesagt ist das die Tendenz, für erklärende Zwecke den niedrigeren Bedürfnissen vor den mittleren und den mittleren vor den höheren den Vorzug zu geben. Eine rein materialistische Motivierung wird gegenüber einer sozialen oder metamotivierten oder einer Mischung von allen dreien bevorzugt. Es handelt sich um eine quasi paranoide Verdächtigung, um eine Form der Abwertung der menschlichen Natur, die ich häufig bemerke, die aber meines Wissens noch nicht zur Genüge beschrieben wurde. Ich glaube, daß jede komplette Motivationstheorie diese zusätzliche Variable einbeziehen muß.

Und selbstverständlich bin ich sicher, daß die Geistesgeschichte viele Beispiele in verschiedenen Kulturen und zu verschiedenen Zeiten für einen allgemeinen Trend zur Ab- oder zur Aufwertung der menschlichen Motivierungen aufzuweisen hat. Im Augenblick, da ich dies schreibe, geht die Tendenz in unserer Kultur eindeutig in Richtung weitverbreiteten Abwertens. Die niedrigeren Bedürfnisse werden für Zwecke des Erklärens überstrapaziert und die höheren und die Metabedürfnisse werden kaum in Anspruch genommen. Meiner Meinung nach ergibt sich diese Tendenz weit mehr aus einem Vorurteil als aus empirischen Tatsachen. Ich finde, daß die höheren und die Metabedürfnisse weit determinierender sind, als dies meine Subjekte selbst glauben und sicherlich weit, weit mehr, als es die zeitgenössischen Intellektuellen einzugestehen wagen. Offenkundig handelt es sich hier um eine empirische und wissenschaftliche Frage, und ebenso offenkundig handelt es sich um eine viel zu wichtige Angelegenheit, als daß man sie Cliquen und In-Gruppen überlassen könnte.

Ich hatte dem Kapitel 5 über die Befriedigungstheorie einen Absatz über die Pathologie der Befriedigung hinzugefügt. Sicherlich waren wir vor fünfzehn Jahren nicht darauf vorbereitet, daß sich pathologische Folgen ergeben könnten, nachdem jemand erreicht hat, was er *versucht* zu erreichen, pathologische Folgen also von etwas, was, wie man annehmen mußte, Glück hätte bringen sollen. Wir haben mit Oscar Wilde gelernt, uns vor dem zu hüten, was wir wünschen – denn aus der Erfüllung unserer Wünsche kann sich eine Tragödie ergeben. Das scheint auf *jeder* der Motivationsebenen möglich zu sein, der materiellen, der zwischenpersönlichen oder der transzendenten. Wir können aus diesem unerwarteten Befund lernen, daß die Befriedigung grundlegender Bedürfnisse nicht in sich selbst automatisch ein System von Werten ergibt, an die man glauben und denen man sich verpflichten kann. Vielmehr haben wir gelernt, daß eine der möglichen Folgen der Befriedigung grundlegender Bedürfnisse Langeweile, Ziellosigkeit, Anomie und ähnliches sein kann. Offenbar funktionieren wir am besten, wenn wir etwas anstreben, was uns fehlt, wenn wir etwas wünschen, was wir nicht haben, und wenn wir unsere Kräfte im Dienste der Bemühung organisieren, diesen Wunsch zu befriedigen. Der Zustand der Befriedigung muß nicht notwendigerweise ein Zustand garantierten Glücks oder Zufriedenheit sein. Es ist ein umstrittener Zustand, einer, aus dem sich Probleme ergeben, in dem sie aber auch gelöst werden.

Diese Entdeckung schließt ein, daß für viele Menschen die *einzig* denkbare Definition eines sinnvollen Lebens darin besteht, «etwas Wesentliches zu vermissen und danach zu streben». Doch wir wissen, daß selbstverwirklichende Menschen, obwohl alle ihre grundlegenden Bedürfnisse bereits befriedigt wurden, das Leben sogar noch *viel* sinnvoller finden, weil sie sozusagen im Reich des Seins leben können (295). Die gewöhnliche, weitverbreitete Philosophie des sinnvollen Lebens ist deshalb verfehlt oder zumindest unreif.

Ebenso wichtig war für mich die wachsende Realisierung dessen, was ich die Nörgelei-Theorie (291) genannt habe. Kurz gesagt, was ich beobachtet habe, ist die Tatsache, daß die Befriedigung von Bedürfnissen nur zu einem vorübergehenden Glückszustand führt, dem seinerseits eine weitere und (hoffentlich) höhere Unzufriedenheit folgt. Es scheint, als könnte die menschliche Hoffnung auf ewiges Glück nie erfüllt werden. Sicherlich stellt sich Glück ein, sicherlich ist es erreichbar, ist es wirklich. Aber es scheint, als müßten wir seine zu ihm gehörende Flüchtigkeit akzeptieren, besonders, wenn wir uns auf seine intensiveren Formen konzentrieren. Grenzerfahrungen haben keine Dauer und *können sie nicht* haben. Intensives Glück ist immer eine Episode und unbeständig.

Dies bedeutet eine Revision der Theorie des Glücks, die uns drei Jahrtausende lang regiert und die unsere Begriffe vom Himmel, vom Garten Eden, vom guten Leben, von der guten Gesellschaft, vom guten Menschen bestimmt hat. Unsere Liebesgeschichten hatten das traditionelle Ende: «Und sie lebten fortan glücklich weiter.» Dasselbe gilt auch von unseren Theorien des sozialen Fortschritts und der gesellschaftlichen Revolution. So hat man uns zum Beispiel auch die sehr realen, wenn auch beschränkten Verbesserungen unserer Gesellschaft zu sehr angepriesen und das hat Enttäuschung zur Folge gehabt. Die Vorteile der Gewerkschaften, des Frauenwahlrechts, der Direktwahl des Senats, der Steuerprogression und eine Reihe anderer Verbesserungen, die wir zum Beispiel in die Ergänzungen der Verfassung übernommen haben, sind uns ebenfalls als mehr verkauft worden, als sie tatsächlich wert sind. Jede davon sollte eine Zeitenwende, ewiges Glück, die endgültige Lösung aller Probleme bringen. Das Resultat war eher Desillusionierung post factum. Desillusionierung aber bedeutet, daß es vorher eine Illusion gegeben hat. Das muß man klar feststellen: Wir sollten nämlich vernünftigerweise hoffen, daß Verbesserungen möglich sind. Aber wir können nicht länger vernünftigerweise erwarten, daß sich Perfektion einstellt, oder gar dauerndes Glück.

Ich muß auch auf etwas die Aufmerksamkeit lenken, was man fast allgemein unbeachtet ließ, obwohl es nunmehr offenkundig zu sein scheint: Die Segnungen, die wir bereits erreicht haben, werden für selbstverständlich gehalten, werden vergessen, verschwinden aus dem Bewußtsein und werden schließlich überhaupt nicht mehr geschätzt – zumindest bis man sie uns wiederum nimmt (siehe auch 483). Zum Beispiel ist es, da ich dieses Vorwort im Januar 1970 schreibe, für die amerikanische Kultur charakteristisch, daß die unbezweifelbaren Fortschritte und Verbesserungen, die man in 150 Jahren erkämpft und erreicht hat, von vielen gedankenlosen und seichten Menschen als Fälschungen, als wertlos beiseite geschoben werden, als etwas, was es nicht wert ist, daß man dafür kämpft, daß man es schützt, nur weil die Gesellschaft noch nicht vollkommen ist.

Der gegenwärtige Kampf um die «Befreiung» der Frauen soll als einziges Beispiel dienen (ich hätte Dutzende anderer bringen können), um diese komplexe, aber wichtige Feststellung zu erläutern und um zu zeigen, wie viele Menschen dazu neigen, in einer dichotomen und spalterischen Weise zu denken, anstatt hierarchisch und integrierend. Im allgemeinen kann man sagen, daß heute, in unserer Kultur, der Jungmädchen-Traum, über den hinaus die junge Frau nicht sehen kann, am häufigsten ein Mann ist, der sich in sie verliebt, ihr ein Heim bietet und von dem sie Kinder bekommt. In ihren Phantasien lebt sie dann glücklich weiter. Doch es steht fest, daß, ganz gleich, wie sehr sie sich nach einem Kind oder nach einem Liebhaber sehnt, sie früher oder später übersättigt ist von diesen Segnungen, sie für selbstverständlich hält und anfangen wird, sich ruhelos und unzufrieden zu fühlen, als würde etwas fehlen, als müßte sie noch mehr erreichen. Der häufigste Fehler besteht dann darin, in Heim und Kind und Ehemann etwas wie einen Schwindel zu sehen, oder sogar eine Falle oder Versklavung, und sich dann nach höheren Bedürfnissen und höheren Befriedigungen zu sehnen, in einem Entweder-Oder-Denken, zum Beispiel also nach Berufsarbeit, nach der Freiheit zu reisen, nach persönlicher Autonomie, und ähnlichem. Der Hauptpunkt der Nörgelei-Theorie und der hierarchisch integrativen Theorie der Bedürfnisse ist, daß es unreif und unklug ist, hierin einander ausschließende Alternativen zu erblicken. Am besten ist es, die unzufriedene Frau als jemanden zu betrachten, der den tiefen Wunsch hat, zu behalten, was er hat und dann – wie die Gewerkschaften – *mehr* zu verlangen! Das bedeutet, daß sie im allgemeinen alle ihre Segnungen behalten und zusätzlich noch andere auch haben möchte. Doch sogar hier sieht es aus, als hätten wir noch immer nicht diese ewig gültigen Lektionen gelernt, nämlich, daß, wenn wir erreicht, wonach wir uns gesehnt haben, Karriere oder etwas anderes, der ganze Prozeß von neuem beginnt. Nach der Periode des Glücks, der Aufregung und der Erfüllung kommt unweigerlich das Für-selbstverständlich-Halten, die Unruhe und Unzufriedenheit, der Wunsch nach *mehr!*

Ich bitte, die reale Möglichkeit zu bedenken, wenn wir uns diese menschlichen Züge vergegenwärtigen, wenn wir den Traum vom dauernden und ununterbrochenen Glück aufgeben können, wenn wir die Tatsache akzeptieren, daß wir nur vorübergehend ekstatisch sein können und dann wieder unvermeidlich unzufrieden sind und nach mehr murren, daß wir dann möglicherweise imstande sein werden, die Bevölkerung zu lehren, was selbstverwirklichende Menschen automatisch tun, nämlich die Segnungen zu zählen, für sie dankbar zu sein und die Fallen der Entweder/Oder-Entscheidungen zu vermeiden. Es ist für eine Frau möglich, alle die besonderen weiblichen Erfüllungen zu besitzen (geliebt zu sein, Heim und Kind zu haben), und *dann*, ohne irgendeine der bereits erreichten Befriedigungen aufzugeben, weiter zu machen, über die Weiblichkeit hinaus zur vollen Menschlichkeit, die sie mit Männern teilt, zum Beispiel also ihre Intelligenz voll zu entwickeln, die Talente, die sie haben mag, ihren besonderen idiosynkratischen Genius, ihre eigene individuelle Erfüllung.

Die Stoßrichtung des Kapitels 6, «Die instinktoide Natur der Grundbedürfnisse», hat sich beträchtlich verschoben. Die großen Fortschritte des letzten Jahrzehnts auf dem Gebiet der Genetik haben uns gezwungen, den Genen etwas mehr determinierende Kraft zuzuschreiben als vor fünfzehn Jahren. Am wichtigsten für die Psychologie waren von diesen Entdeckungen meiner Meinung nach die verschiedenen Möglichkeiten der X- und Y-Chromosomen, Verdoppelung, Verdreifachung, Verlust, und so weiter. Das Kapitel 9, «Ist Destruktivität instinktoid?» ist durch diese Entdeckungen ebenfalls beträchtlich verändert worden. Vielleicht können diese Entwicklungen der Genetik meine Position klarer und kommunikabler machen, als sie es offenbar gewesen ist. Gegenwärtig ist die Diskussion über die Rolle der Erblichkeit und der Umwelt fast so simpel wie in den letzten fünfzig Jahren. Sie geht noch immer hin und her, zwischen einer vereinfachenden Theorie der Instinkte einerseits, der totalen Instinkte von der Art, wie man sie bei Tieren findet, und auf der anderen Seite einer vollständigen Ablehnung des ganzen Instinkt-Standpunktes zugunsten eines totalen Umwelt-Standpunktes. Beide Positionen können leicht widerlegt werden und sind meiner Meinung nach so unhaltbar, daß man sie dumm nennen könnte. Im Gegensatz zu diesen zwei polaren Standpunkten gibt die Theorie, die in Kapitel 6 und dann im ganzen restlichen Buch formuliert wird, einen dritten Standpunkt an, daß es nämlich in der menschlichen Spezies *sehr schwache* Instinkt-Reste gibt, nichts also, was man als vollen Instinkt im tierischen Sinn bezeichnen könnte. Diese Instinkt-Reste und instinktoide Tendenzen sind so schwach, daß sie von Kultur und Erziehung leicht überwältigt werden; man muß beides also als viel mächtiger ansehen. Tatsächlich kann man die Psychoanalyse und andere aufdeckende Therapien, ganz zu schweigen von der «Suche nach Identität», als die sehr schwierige und delikate Aufgabe ansehen, durch die Ablagerungen von Erziehung, Gewohnheit und Kultur hindurch zu entdecken, was unsere Instinkt-Reste und instinktoiden Tendenzen, unser schwach angedeutetes natürliches Wesen sein könnte. In einem Wort, der Mensch hat ein biologisches Wesen, aber es ist sehr schwach und subtil determiniert, und es bedarf besonderer Jagdtechniken, um es zu entdecken; wir müssen, einzeln und subjektiv, unsere Animalität, unser Wesen als Spezies entdecken.

Das ist soviel wie die Schlußfolgerung, daß die menschliche Natur extrem formbar ist, in dem Sinn, daß es für Kultur und Umwelt leicht ist, das genetische Potential ganz zu vernichten oder zu vermindern, obwohl sie es weder erschaffen noch vergrößern können. Soweit die Gesellschaft betroffen ist, scheint mir das ein sehr starkes Argument für die absolute Gleichheit der Chancen für jedes Neugeborene zu sein. Es ist auch ein besonders starkes Argument für die gute Gesellschaft, da noch menschliches Potential von einer schlechten Umwelt vernichtet werden kann, oder durch sie Verlust erleidet. Dies unterscheidet sich gänzlich von der bereits aufgestellten Behauptung, daß die bloße Tatsache der Angehörigkeit zur menschlichen Spezies bereits ipso facto das Recht auf volle Menschlichkeit bedeutet, das heißt, auf Verwirklichung des gesamten möglichen menschlichen Potentials. Ein menschliches Wesen zu *sein*, muß man auch in den Begriffen definieren, ein menschliches Wesen *zu werden*. In diesem Sinn ist ein Kind nur potentiell ein menschliches Wesen und muß zur Menschlichkeit in der Gesellschaft, Kultur, Familie aufwachsen.

Letztlich wird uns dieser Standpunkt zwingen, die Tatsachen der individuellen Verschiedenheit, wie auch der Zugehörigkeit zu unserer Spezies, weit ernster zu nehmen, als wir es bereits tun. Wir werden lernen müssen, sie in dieser neuen Art und Weise als 1) sehr plastisch, oberflächlich, leicht veränderbar, leicht vernichtbar, aber deshalb alle Arten subtiler Pathologien erzeugend zu sehen. Das führt zu der delikaten Aufgabe, 2) das Temperament, die Konstitution, die verborgene *Neigung* jedes einzelnen aufzudecken, damit er unbehindert in seinem eigenen individuellen Stil wachsen kann. Diese Haltung erfordert weitaus größere Aufmerksamkeit, als sie Psychologen bisher aufgebracht haben, für die subtilen psychologischen und physiologischen Kosten und Leiden, die durch die Verweigerung der wahren Neigungen jedes einzelnen entstehen, Leiden, die man nicht unbedingt bewußt machen oder von außen sehen kann. Dies bedeutet seinerseits wiederum sorgfältigere Aufmerksamkeit für die operative Bedeutung des «guten Wachstums» auf jeder Altersstufe.

Schließlich muß ich darauf hinweisen, daß wir uns im Prinzip auf die erschütternden Konsequenzen vorbereiten müssen, die sich ergeben, wenn man das Alibi der sozialen Ungerechtigkeit aufgibt. Je mehr wir die soziale Ungerechtigkeit reduzieren, um so mehr finden wir sie durch «biologische Ungerechtigkeit» ersetzt, durch die Tatsache, daß Kinder mit verschiedenen genetischen Potentialen auf die Welt kommen. Wenn wir bis zu dem Punkt gelangen, an dem jedes Kind volle Chancen für alle seine guten Potentiale erhält, dann bedeutet das, auch die schlechten Potentiale zu akzeptieren. Wem sollen wir die Schuld geben, wenn ein Kind mit einem schlechten Herzen, schwachen Nieren oder neurologischen Defekten auf die Welt kommt? Wenn man nur der Natur die Schuld geben kann, was wird dies für die Selbstachtung des einzelnen bedeuten, der von der Natur selbst «unfair» behandelt wurde?

In diesem Kapitel und auch in anderen Schriften habe ich das Konzept der «subjektiven Biologie» eingeführt. Es war für mich ein sehr hilfreiches Instrument, um die Kluft zwischen dem Subjektiven und dem Objektiven, dem Phänomenologischen und dem Verhalten zu überbrücken. Ich hoffe, die Entdeckung, daß man die eigene Biologie introspektiv und subjektiv untersuchen kann und muß, kann für andere hilfreich sein, besonders für die Biologen.

Das Kapitel 9 über Destruktivität habe ich ausgiebig überarbeitet. Ich habe es unter die umfassendere Kategorie der Psychologie des Bösen gestellt, in der Hoffnung, mit dieser sorgfältigen Behandlung eines Aspektes des Bösen aufzuzeigen, daß das ganze Problem empirisch und wissenschaftlich aufgearbeitet werden kann. Es in die Zuständigkeit der empirischen Wissenschaft einzuordnen, bedeutet für mich, daß wir vertrauensvoll ein ständig wachsendes Verständnis dieses Problems erwarten können.

Aggression, wie wir gelernt haben, ist sowohl genetisch wie auch kulturell determiniert. Ich betrachte auch die Unterscheidung zwischen gesunder und ungesunder Aggression als äußerst wichtig.

So wie man Aggression nicht ganz *entweder* der Gesellschaft *oder* der inneren menschlichen Natur anlasten kann, so ist es bereits auch klar, daß das

Böse im allgemeinen weder ein gesellschaftliches Produkt noch ein psychologisches allein ist. Das mag zu selbstverständlich klingen, als daß man es ausdrücklich erwähnen müßte, aber es gibt heute viele Menschen, die nicht nur an die eine oder andere unhaltbare Theorie glauben, sondern die auch nach ihnen handeln.

Ich habe in Kapitel 10, «Die expressive Komponente des Verhaltens», den Begriff der Apollonischen Kontrollen eingeführt, das heißt, wünschenswerter Kontrollen, die Befriedigung nicht gefährden, sondern sie fördern. Ich betrachte diesen Begriff als besonders wichtig sowohl für die reine psychologische Theorie wie auch für die angewandte Psychologie. Er hat es mir ermöglicht, zwischen (kranker) Impulsivität und (gesunder) Spontaneität zu unterscheiden, eine Unterscheidung, die man heute besonders braucht, insbesondere bei jungen Menschen und vielen anderen, die dazu neigen, *jede* Kontrolle als notwendig repressiv und böse zu betrachten. Ich hoffe, die Einsicht ist für andere ebenso hilfreich, wie sie es für mich war.

Ich habe mir nicht die Zeit genommen, dieses begriffliche Instrument auf die alten Probleme der Freiheit, Ethik, Politik, Glücklichkeit und ähnliches anzuwenden, aber ich glaube, daß seine Relevanz und Kraft jedem ernsthaften Denker in diesen Bereichen klar sein wird. Der Psychoanalytiker wird bemerken, daß meine Lösung sich in einem gewissen Ausmaß mit Freuds Integration des Lustprinzips und des Realitätsprinzips überschneidet. Die Ähnlichkeiten und Unterschiede zu überdenken, wird, wie ich glaube, eine nützliche Übung für die Theoretiker der Psychodynamik sein.

In Kapitel 11 über die Selbstverwirklichung habe ich eine Quelle der Verwirrung beseitigt, indem ich den Begriff sehr endgültig auf ältere Menschen beschränkt habe. Gemessen mit den Kriterien, die ich verwendet habe, kommt Selbstverwirklichung bei jüngeren Menschen nicht vor. Zumindest in unserer Kultur haben junge Leute noch keine Identität oder Autonomie erreicht, noch haben sie genügend Zeit gehabt, eine dauernde, loyale, nachromantische Beziehung zu erfahren, noch haben sie im allgemeinen ihre Berufung gefunden, den Altar, auf dem sie sich opfern. Sie haben ihr *eigenes* Wertsystem noch nicht erarbeitet; noch haben sie genügend Erfahrung gehabt (Verantwortung für andere, Tragödie, Versagen, Leistung, Erfolg), um perfektionistische Illusionen abzulegen und realistisch zu werden; noch haben sie im allgemeinen ihren Frieden mit dem Tod geschlossen; sie haben auch nicht gelernt, wie man Geduld aufbringen kann; noch haben sie genug über das Böse in sich und in anderen gelernt, um Mitleid zu haben; noch haben sie Zeit gehabt, postambivalent hinsichtlich der Eltern und der Älteren, der Macht und Autorität zu werden; noch sind sie im allgemeinen kenntnisreich und gebildet genug geworden, als daß sich ihnen die Möglichkeit, weise zu werden, öffnet; noch haben sie im allgemeinen genügend Courage erworben, um unpopulär zu sein, sich nicht dafür zu schämen, geradeheraus tugendhaft zu sein und so weiter.

Jedenfalls ist es eine bessere psychologische Strategie, den Begriff des reifen, voll menschlichen, selbstverwirklichenden Menschen, in dem die menschlichen Potentialitäten realisiert und aktualisiert wurden, von dem Begriff der Gesundheit auf *jeder* Altersstufe zu trennen. Dies kann man, wie ich gefunden habe, in «gutes Wachstum zur Selbstverwirklichung» übersetzen, ein ziemlich sinnvoller und erforschbarer Begriff. Ich habe den Eindruck, daß gesunde junge Männer und Frauen dazu neigen, sich noch immer im Wachsen zu befinden, liebenswert zu sein, frei von Bosheit, insgeheim freundlich und altruistisch (doch nur sehr verschämt), im privaten voller Zuneigung zu jenen unter den Älteren, die es verdienen. Junge Leute sind ihrer selbst nicht sicher, noch nicht ausgeformt, verlegen wegen ihrer unterlegenen Postition ihresgleichen gegenüber (ihre privaten Meinungen sind ‹gerader›, metamotivierter, das heißt, tugendhafter als im Durchschnitt). Sie sind insgesamt besorgt über die Grausamkeit, Gemeinheit und den Mobgeist, den man so häufig bei jungen Leuten findet, und so weiter.

Natürlich weiß ich nicht, ob sich dieses Syndrom unvermeidlich in jene Selbstverwirklichung auswächst, die ich für ältere Menschen beschrieben habe. Nur Untersuchungen, die sich über entsprechend lange Zeitspannen erstrecken, können dies klarstellen.

Ich habe in meinen Beschreibungen von selbstverwirklichenden Personen erwähnt, daß sie den Nationalismus transzendieren. Ich hätte hinzufügen können, daß sie auch Klassen und Kasten transzendieren. Meine Erfahrung bestätigt das, auch wenn ich erwartet hätte, a priori, daß Wohlstand und soziale Würde imstande sind, Selbstverwirklichung wahrscheinlicher zu machen. Eine andere Frage, die ich in meinem ersten

Bericht nicht vorgesehen habe, ist die folgende: Sind selbstverwirklichende Menschen nur imstande, mit «guten» Menschen und in einer guten Welt zu leben? Es ist zurückblickend mein Eindruck, der freilich erst überprüft werden muß, daß selbstverwirklichende Menschen im wesentlichen *flexibel* sind und sich realistisch an andere Menschen, eine andere Umwelt anpassen können. Ich glaube, daß sie bereit sind, gute Menschen als solche zu behandeln, ebenso wie schlechte.

Eine andere Ergänzung der Beschreibung von selbstverwirklichenden Menschen entstand aus meiner Untersuchung des «Nörgelns» (291) und der weitverbreiteten Tendenz, die bereits erreichten Bedürfnis-Befriedigungen unterzubewerten oder sie sogar abzuwerten und wegzuwerfen. Selbstverwirklichende Menschen sind relativ ausgenommen von dieser tiefen Quelle menschlichen Unglücks. Mit einem Wort, sie sind fähig, «dankbar» zu sein. Die Gesegnetheit ihrer Segnungen bleibt ihnen bewußt. Wunder bleiben Wunder, auch wenn sie immer wieder vorkommen. Das Bewußtsein des unverdienten Glücks, grundloser Gnade garantiert ihnen, daß das Leben wertvoll bleibt und niemals schal wird.

Meine Untersuchung selbstverwirklichender Personen hat gute Ergebnisse gebracht – zu meiner großen Erleichterung, wie ich gestehen muß. Es war schließlich ein ausgesprochenes Glücksspiel, hartnäckig eine intuitive Überzeugung zu verfolgen und im Verlauf des Prozesses einigen der Grundregeln der wissenschaftlichen Methodik und des philosophischen Kritizismus zu trotzen. Es handelte sich schließlich um Regeln, an die ich selbst geglaubt und die ich akzeptiert hatte, und es war mir außerordentlich klar, daß ich mich auf dünnem Eis bewegte. Dementsprechend bewegten sich meine Untersuchungen auf einem Hintergrund von Unbehagen, Konflikt und Selbstzweifel.

Es haben sich in den letzten Jahrzehnten genügend Verifizierungen und Bestätigungen angehäuft (siehe die Bibliographie), um diese Art grundlegenden Alarms überflüssig zu machen. Und doch ist mir bewußt, daß wir mit den grundlegenden methodologischen und theoretischen Problemen noch immer konfrontiert werden. Die Arbeit, die bereits getan wurde, ist nur ein Anfang. Wir sind nunmehr für weitaus objektivere, übereinstimmende und unpersönliche Team-Methoden bereit, um selbstverwirklichende (gesunde, voll-menschlich-autonome) Einzelne für die Untersuchung auszuwählen. Interkulturelle Arbeit ist offensichtlich geboten. Folge-Untersuchungen, von der Wiege bis zum Grab, werden die einzige, wirklich befriedigende Bestätigung ergeben, zumindest meiner Meinung nach. Stichproben der gesamten Bevölkerung sind zusätzlich zur Selektion des Äquivalents olympischer Goldmedaillengewinner notwendig, wie ich sie vorgenommen habe. Doch können wir, wie ich meine, das nicht zu vermindernde menschliche Böse nicht verstehen, bevor wir nicht, mehr in die Tiefe gehend, als ich es getan habe, die «unheilbaren» Sünden und Unzulänglichkeiten der besten menschlichen Wesen erforschen, die wir finden können.

Solche Untersuchungen werden, davon bin ich überzeugt, unsere Wissenschaftsphilosophie (292) ändern, unsere Ethik und Wertphilosophie (314), unsere Philosophie der Religion (293), der Arbeit, des Managements und der zwischenmenschlichen Beziehungen (291), der Gesellschaft (312) und vieles andere auch. Zusätzlich glaube ich, könnten große soziale und erzieherische Änderungen sich fast augenblicklich ergeben, wenn wir zum Beispiel unsere jungen Menschen lehren könnten, ihren unrealistischen Perfektionismus aufzugeben, ihre Forderungen nach perfekten Menschen, perfekter Gesellschaft, perfekten Lehrern, Eltern, Politikern, Ehen, Freunden, Organisationen und so weiter – die alle nicht existieren und einfach nicht existieren können – das heißt, außer in vergänglichen Augenblicken der Grenzerfahrung, des vollkommenen Eins-Werdens und so weiter. Wir wissen bereits, auch aus unserem unzulänglichen Wissensstand heraus, daß solche Erwartungen Illusionen sind und deshalb unvermeidlich und unausweichlich Desillusionierung hervorbringen müssen, gemeinsam mit den Begleiterscheinungen des Ekels, der Wut, der Depression und der Rache. Die Forderung nach «Nirwana *jetzt!*» ist selbst eine wichtige Quelle des Bösen, meine ich. Wenn man einen perfekten Führer oder eine perfekte Gesellschaft verlangt, gibt man damit die Möglichkeit auf, zwischen besser und schlechter zu wählen. Wenn das Unvollkommene als schlecht definiert wird, dann wird alles schlecht, weil alles unvollkommen ist.

Ich glaube auch, auf der positiven Seite, daß diese große Grenze der Forschung unsere wahrscheinlichste Quelle der Erkenntnis hinsichtlich der Werte darstellt, die der menschlichen Natur angehört. Hier befindet sich das Wertsystem, das Religionsurrogat, die Befriedigung für den Idealismus, die normative Philosophie, die alle menschlichen Wesen zu brau-

chen scheinen, nach denen sie sich sehnen und ohne die sie gemein und unangenehm, vulgär und trivial werden.
Psychologische Gesundheit wird nicht nur subjektiv als gut empfunden, sie ist auch richtig, wahr, real. In diesem Sinn ist sie «besser» als Krankheit und dieser überlegen. Sie ist nicht nur richtig und wahr, sondern auch klarsichtiger, mehr für Wahrheiten und auch für die höheren Wahrheiten empfänglich. Das heißt, der Mangel an Gesundheit wird nicht nur als schrecklich empfunden, sondern ist auch eine Form der Blindheit, eine kognitive Pathologie, ein moralischer und emotioneller Verlust. Außerdem handelt es sich um eine Art Verkrüppelung, den Verlust der geringeren Fähigkeit, etwas zu tun und zu erreichen.
Gesunde Personen existieren, wenn auch nicht in großer Zahl. Gesundheit mit all ihren Werten – Wahrheit, Güte, Schönheit und so weiter – stellt, weil sie als möglich erwiesen ist, im Prinzip eine erreichbare Realität dar. Für alle, die es vorziehen, zu sehen anstatt blind zu sein, sich gut anstatt sich schlecht zu fühlen, unversehrt anstatt verkrüppelt zu sein, kann die Empfehlung ausgesprochen werden, daß sie nach psychologischer Gesundheit streben mögen. Man erinnert sich an das kleine Mädchen, das, gefragt, warum das Gute besser als das Böse sei, antwortete, «weil es *netter* ist». Ich glaube, wir können mehr als das tun: Derselbe Gedankengang kann zeigen, daß es «besser» ist in einer «guten Gesellschaft» (einer bürgerlichen, synergischen, vertrauensvollen – Theorie Y) zu leben als in einer Dschungel-Gesellschaft (Theorie X, autoritär, feindlich, Hobbes'isch), *sowohl* wegen biologischen, medizinischen und darwinistischen Werten, wie auch Wachstumswerten, sowohl subjektiven wie auch objektiven (314). Dasselbe gilt für eine gute Ehe, eine gute Freundschaft, gute Eltern. Nicht nur sind diese begehrt (bevorzugt, ersehnt), sondern sie sind auch in einem besonderen Sinn «begehrenswert». Ich bin mir darüber im klaren, daß das professionellen Philosophen große Sorgen bereiten kann, aber ich bin zuversichtlich, daß sie damit fertig werden.
Das Wissen darum, daß wunderbare Menschen existieren *können* und auch existieren – wenn auch in geringer Zahl und auf tönernen Füßen – genügt, um uns Mut, Hoffnung, Stärke für den weiteren Kampf zu geben, Glauben an uns selbst und in unsere Möglichkeiten des Wachstums. Hoffnung für die menschliche Natur, so nüchtern sie auch sein mag, sollte uns auf dem Weg zur Brüderlichkeit und zum Mitleid weiterhelfen.

Ich habe mich entschlossen, das letzte Kapitel der ersten Ausgabe dieses Buches, «Zu einer positiven Psychologie», wegzulassen; was zu 98% im Jahr 1954 wahr war, ist heute in Reichweite, wenn auch nicht in weiten Bereichen. Die humanistische Psychologie, die neuen transzendenten Psychologien, die existentiellen, die Rogerianischen, die Erfahrungs-, Ganzheits- und wertsuchenden Psychologen gedeihen alle und sind alle verfügbar, zumindest in den Vereinigten Staaten, obwohl unglücklicherweise noch nicht in den meisten Psychologiedepartements, so daß der interessierte Student sie suchen muß oder einfach zufällig auf sie stößt. Der Leser, der sich gern selbst überzeugen möchte, hat eine gute Auswahl, glaube ich, in den verschiedenen Schriften von Moustakas (344), Severin (419), Bugenthal (69) und Sutich und Vich (441) zur Verfügung. Was Adressen der entsprechenden Schulen, Zeitschriften, Vereinigungen anbelangt, würde ich das Eupsychische System empfehlen, den Anhang meines Buches «Psychologie des Seins» (siehe 295).

Für unsichere Doktoranden würde ich noch immer das letzte Kapitel der ersten Ausgabe empfehlen, die wahrscheinlich in den meisten Universitätsbibliotheken erhältlich ist. Empfohlen sei auch meine «Psychology of Science» aus denselben Gründen. Für alle, die bereit sind, diese Fragen ernst genug zu nehmen, um hart an ihrer Beantwortung zu arbeiten, gibt es das größte Buch auf diesem Felde, Polanyis «Personal Knowledge» (376).

Diese überarbeitete Ausgabe ist ein Beispiel der immer stärkeren Ablehnung der traditionell wertfreien Wissenschaft – oder vielmehr der vergeblichen Anstrengung, eine wertfreie Wissenschaft zu besitzen. Die neue Ausgabe ist normativer als die alte, vertrauensvoller in der Bejahung einer Wissenschaft, die ein wertorientiertes Unternehmen wertorientierter Wissenschaftler ist, die ihrerseits, wie ich behaupte, wesentliche und definitive und speziesweite Werte in der Struktur der menschlichen Natur selbst entdecken können.

Manchen wird das wie ein Angriff auf die Wissenschaft vorkommen, die sie lieben und verehren, so wie ich es auch tue. Ich weiß, daß ihre Angst manchmal wohlbegründet ist. Es gibt viele, besonders in den Gesellschaftswissenschaften, die im totalen politischen Engagement (per definitionem also im Mangel an Informiertheit) die einzige vorstellbare Alternative zur wertfreien Wissenschaft sehen und meinen, beides schließe

einander aus. Sich dem einen zuzuwenden bedeutet für sie notwendigerweise die Ablehnung des anderen.
Daß diese Zweiteilung unreif ist, wird sofort von der einfachen Tatsache bestätigt, daß man korrekte Information auch dann bekommen sollte, wenn man gegen einen Feind kämpft, auch dann, wenn man zugegebenermaßen ein Politiker ist.
Doch über diese sich selbst vereitelnde Narretei hinaus, und indem wir uns dieser sehr ernsten Aufgabe auf der höchstmöglichen Ebene zuwenden, kann man, glaube ich, zeigen, daß der normative Eifer (Gutes zu tun, der Menschheit helfen, die Welt verbessern) vereinbar ist mit wissenschaftlicher Objektivität und sogar zu einer besseren, wirksameren Wissenschaft führen könnte, mit einem weit größeren Zuständigkeitsbereich als jetzt, wo sie bemüht ist, wertfrei zu sein (und es zuläßt, daß Werte willkürlich von Naturwissenschaftlern aus nicht-empirischen Gründen aufgestellt werden). Man kann das einfach erreichen, indem man die Konzeption der Objektivität erweitert, so daß sie nicht nur «Zuschauer-Wissen» (laissez-faire, unengagiertes Wissen, Wissen von außerhalb) einbezieht, sondern auch Erfahrungswissen (85) und das, was ich als Wissen aus Liebe oder Taoistisches Wissen bezeichnen möchte.
Das einfache Modell taoistischer Objektivität stammt aus der Phänomenologie desinteressierter Liebe und Bewunderung für das Wesen des anderen (S-Liebe). Zum Beispiel kann Liebe zum Kind, zum Freund, zum Beruf, oder sogar zum eigenen «Problem» oder Wissenschaftsbereich so vollständig und akzeptierend sein, daß sie unaufdringlich, nichteinmischend wird, das heißt, daß sie die Dinge nimmt, wie sie sind und wie sie sein werden, ohne jeden Impuls, sie zu ändern oder zu verbessern. Es bedarf großer Liebe dazu, imstande zu sein, etwas in Ruhe zu lassen, es sein und werden zu lassen. Man kann so das eigene Kind rein lieben und es werden lassen, was zu werden in ihm steckt. Doch – und dies ist die Spitze meines Arguments – kann man auch die Wahrheit *in derselben Weise* lieben. Man kann sie genügend lieben, um auch Vertrauen zu ihrem *Werden* zu haben. Es ist möglich, das Kind noch vor seiner Geburt zu lieben, und mit angehaltenem Atem und großem Glück zu warten, was für eine Art Person es wird, und dann diese künftige Person zu lieben. A priori-Pläne, Ehrgeiz für das Kind, vorbereitete Rollen, sogar Hoffnung, daß es dies oder jenes werde – das alles ist nicht-taoistisch. Es stellt Forderungen an

das Kind dar, daß es werden *sollte*. Solch ein Kind kommt in einer unsichtbaren Zwangsjacke auf die Welt.

Ähnlich ist es möglich, die Wahrheit zu lieben, die sich erst einstellen wird, ihr zu vertrauen, glücklich zu sein und voller Bewunderung darüber, wie sich ihr Wesen enthüllt. Man kann glauben, daß die unbefleckte, unmanipulierte, ungezwungene, unverlangte Wahrheit schöner, reiner, *wahrer* sein wird, als dieselbe Wahrheit gewesen wäre, wenn wir sie zur Übereinstimmung mit a-priori-Erwartungen oder Hoffnungen oder Plänen oder den laufenden politischen Bedürfnissen gezwungen hätten. Wahrheit kann ebenfalls in «unsichtbarer Zwangsjacke» auf die Welt kommen.

Normativer Eifer kann falsch verstanden werden und kann die künftige Wahrheit mit a-priori-Forderungen verzerren. Ich fürchte, daß einige Wissenschaftler gerade dies tun, im Endeffekt die Wissenschaft zugunsten von Politik aufgeben. Doch dies ist keineswegs eine Notwendigkeit für den mehr taoistischen Wissenschaftler, der die künftige Wahrheit genügend lieben kann, um anzunehmen, daß sie sich zum besten wendet, und sie aus diesem Grund sein läßt, gerade wegen seines normativen Eifers.

Ich glaube auch, je reiner die Wahrheit und je weniger sie vergiftet ist von doktrinären Wissenschaftlern, die ihre Entschlüsse schon vorher gefaßt haben, um so besser wird es um die Zukunft der Menschheit bestellt sein. Ich vertraue darauf, daß die Welt mehr von der Wahrheit der Zukunft profitieren wird als von den politischen Überzeugungen, die ich heute habe. Ich vertraue darauf, was erst bekannt wird, mehr als ich meinem gegenwärtigen Wissen vertraue.

Das ist die humanistisch-wissenschaftliche Version von «Nicht mein Wille geschehe, sondern der Deine». Meine Befürchtungen und Hoffnungen für die Menschheit, mein Eifer, Gutes zu tun, meine Sehnsucht nach Frieden und Brüderlichkeit, mein normativer Eifer – für all das, glaube ich, ist es besser, wenn ich bescheiden bleibe und offen für die Wahrheit, objektiv und desinteressiert im taoistischen Sinn, indem ich es ablehne, Vorurteile zu haben oder es mit der Wahrheit nicht genau zu nehmen, und wenn ich weiterhin darauf vertraue, daß ich umso besser helfen kann, je mehr ich weiß.

An vielen Punkten in diesem Buch und in vielen Veröffentlichungen seitdem habe ich angenommen, daß die Verwirklichung der realen Potentialitäten einer Person bedingt ist durch die Anwesenheit von Grundbedürfnissen, befriedigenden Eltern und anderen Menschen, von all den Faktoren also, die man jetzt «ökologisch» nennt, von der «Gesundheit» der Kultur oder dem Mangel daran, von der Weltsituation, und so weiter, die das Wachstum in Richtung der Selbstverwirklichung und «Voll-Menschlichkeit» ermöglichen. Diese physikalischen, chemischen, biologischen, zwischenpersönlichen, kulturellen Bedingungen sind für den einzelnen in dem Ausmaß relevant, in dem sie ihn mit den grundlegenden menschlichen Notwendigkeiten und «Rechten» versorgen oder nicht; diese erlauben es ihm dann, stark genug und Persönlichkeit genug zu werden, um das eigene Schicksal selbst in die Hand zu nehmen. Während man diese Voraussetzungen untersucht, wird man traurig über die Leichtigkeit, mit der menschliches Potential vernichtet oder unterdrückt werden kann. Eine vollmenschliche Person erscheint dann wie ein Wunder, als ein so unwahrscheinliches Ereignis, daß es schon ehrfurchterregend ist. Und gleichzeitig wird man durch die Tatsache ermuntert, daß selbstverwirklichende Personen tatsächlich existieren, daß sie daher möglich sind, daß der Hürdenlauf der Gefahren bewältigt werden, daß die Ziellinie überquert werden kann.

Der Forscher wird an dieser Stelle sicherlich ins Kreuzfeuer der Anklagen sowohl interpersoneller wie auch intrapsychischer Art geraten, Anklagen, daß er entweder «optimistisch» oder «pessimistisch» sei, je nachdem, worauf er sich gerade konzentriert. So wird man ihn also von einer Seite als Anhänger der Vererbungstheorie und von der anderen als Anhänger der Umweltthese brandmarken. Politische Gruppen werden ihn sicherlich mit der einen oder anderen Etikettierung versehen, je nach den aktuellen Schlagzeilen.

Der Wissenschaftler wird selbstverständlich diesen Alles-oder-Nichts-Tendenzen, zu teilen und rubrizieren, widerstehen und wird weiterhin in den Termini der Abstufungen denken und sich ganzheitlich der vielen, vielen Determinanten bewußt sein, die gleichzeitig wirken. Er wird sich im höchsten Maße anstrengen, den Ergebnissen gegenüber rezeptiv zu sein, sie so klar wie nur möglich von seinen Wünschen, Hoffnungen und Ängsten trennen. Es ist nunmehr ganz klar, daß diese Probleme – was denn eine gute Person und was eine gute Gesellschaft sei – in den Zuständigkeitsbereich der empirischen Wissenschaft gehören und daß wir auf den Fortschritt der Erkenntnis in diesen Bereichen vertrauen können (316).

Dieses Buch konzentriert sich mehr auf das erste Problem – die vollmenschliche Persönlichkeit – als auf das zweite Problem – in welcher Art von Gesellschaft sie möglich wird. Ich habe darüber, seit dem Erscheinen dieses Buches 1954, viel veröffentlicht, doch ich habe davon Abstand genommen, meine Befunde in diese revidierte Ausgabe hineinzunehmen. Anstatt dessen werde ich die Leser auf einige meiner Schriften über diesen Gegenstand (291, 301, 303, 311 a 311 b, 312, 315) hinweisen und auch so intensiv wie möglich darauf dringen, daß man sich mit der reichen Forschungsliteratur über normative Sozialpsychologie vertraut macht (die verschiedentlich Organisationsentwicklung, Organisationstheorie, Managementtheorie und so fort genannt wird). Die Implikationen dieser Theorien, Fallstudien und Forschungen erscheinen mir tiefgreifend eine reale Alternative zum Beispiel anzubieten für die verschiedenen marxistischen, die demokratischen und autoritären Theorien und andere verfügbare Sozialphilosophien. Ich wundere mich immer wieder darüber, daß so wenig Psychologen die Arbeiten zum Beispiel von Argyris (15, 16), Bennis (42, 43, 45), Likert (275) und McGregor (332) kennen, nur um einige der bekannten Forscher in diesem Bereich zu erwähnen. So oder so, jeder, der die Theorie der Selbstverwirklichung ernst nehmen möchte, muß auch diese neue Art Sozialpsychologie ernst nehmen. Wenn ich eine einzige Zeitschrift erwähnen sollte, um sie demjenigen zu empfehlen, der mit den neuen Entwicklungen in diesem Bereich auf dem laufenden bleiben möchte, würde ich das «Journal of Applied Behavioral Sciences» nennen, trotz seines total irreführenden Titels.

Schließlich möchte ich ein Wort über dieses Buch als Übergang zu einer humanistischen Psychologie sagen, oder dazu, was man jetzt die Dritte Kraft zu nennen pflegt. Obwohl es von einem wissenschaftlichen Standpunkt aus noch verfrüht ist, hat die humanistische Psychologie bereits die Tore für die Erforschung all jener psychologischen Phänomene geöffnet, die man transzendental oder transpersonal nennen kann, jener Fakten, die im Prinzip von den inhärenten philosophischen Grenzen des Behaviorismus und des Freudianismus unter Verschluß gehalten wurden. Zu solchen Phänomenen zähle ich nicht nur die höheren und positiveren

Zustände des Bewußtseins und der Persönlichkeit, das heißt solcher, die den Materialismus, das in seiner Haut steckengebliebene Ich, die atomistisch-aufsplitternden, divisiv-gegensätzlichen Haltungen und so weiter transzendieren, sondern auch eine Konzeption von Werten (ewigen Wahrheiten) als Teil eines stark erweiterten Selbst. Schon hat ein neues «Journal of Transpersonal Psychology» angefangen, zu diesem Thema Veröffentlichungen anzubieten.
Es ist möglich, bereits jetzt über das Transhumane *nachzudenken,* über eine Psychologie und eine Philosophie, die die menschliche Spezies selbst transzendiert. Es ist jedenfalls zu erwarten.

W. P. Laughlin Charitable Foundation A. H. M.

1. Ein psychologischer Zugang zur Wissenschaft

Eine psychologische Interpretation der Wissenschaft beginnt mit der klaren Vergegenwärtigung, daß die Wissenschaft eine menschliche Schöpfung ist und nicht ein autonomes, nichtmenschliches «Ding» *per se,* mit eigenen grundsätzlich gegebenen Regeln. Ihre Ursprünge muß man in menschlichen Motiven suchen, ihre Ziele sind menschliche Ziele, sie wird von menschlichen Wesen geschaffen, erneuert und erhalten. Ihre Gesetze, Organisation und Formulierungen beruhen nicht nur auf der Natur der Wirklichkeit, die sie aufdeckt, sondern auch auf der Natur des menschlichen Wesens, das die Entdeckung betreibt. Der Psychologe wird, besonders dann, wenn er klinische Erfahrung hat, ganz natürlich und spontan alles Material in einer persönlichen Art und Weise behandeln, weil er Menschen untersucht und nicht die Abstraktionen, die sie hervorbringen, die Wissenschaftler ebenso wie die Wissenschaft.

Die fehlgelenkte Anstrengung, glaubhaft zu machen, daß es sich anders verhält, der hartnäckige Versuch, Wissenschaft vollständig autonom und sich selbst regulierend zu machen und sie als ein desinteressiertes Spiel zu betrachten, das inhärente, willkürliche, schach-gleiche Regeln hat, muß vom Psychologen als unrealistisch, falsch und sogar anti-empirisch angesehen werden.

In diesem Kapitel möchte ich zuerst auf einige der wichtigen Allgemeinplätze hinweisen, auf denen diese These beruht. Dann werde ich einige Implikationen und Konsequenzen der These präsentieren.

Die Motive der Wissenschaftler

Wissenschaftler sind, wie alle anderen Mitglieder der menschlichen Spezies, von spezies-weiten Bedürfnissen nach Nahrung motiviert; von Bedürfnissen nach Sicherheit, Schutz und Pflege, von Bedürfnissen nach Geselligkeit und nach Beziehungen der Zuneigung und Liebe, von Bedürfnissen nach Achtung, Position und Status, mit daraus folgender Selbstachtung, und von einem Bedürfnis nach Selbstverwirklichung oder Selbsterfüllung der idiosynkratischen und spezies-weiten Potentialitäten des einzelnen. Dies sind die Bedürfnisse, die den Psychologen am besten bekannt sind, aus dem einfachen Grund, weil ihre Frustrierung Psychopathologie erzeugt.

Weniger erforscht, aber durch allgemeine Beobachtung genügend bekannt, sind die kognitiven Bedürfnisse nach schierem Wissen (Neugier) und Verstehen (das philosophische, theologische Wertsysteme errichtende Bedürfnis nach Erklärung).

Schließlich gibt es die am wenigsten bekannten Impulse nach Schönheit, Symmetrie und, möglicherweise, Einfachheit und Vollendung und Ordnung, die wir die ästhetischen Bedürfnisse nennen, sowie die Bedürfnisse, sich auszudrücken, auszuagieren und eine Bewegung zu vollenden, die mit diesen ästhetischen Bedürfnissen verwandt sein könnten.

Gegenwärtig besteht der Anschein, als wären alle anderen Bedürfnisse, Wünsche oder Triebe entweder neurotisch, Mittel zu den grundlegenden, vorhin aufgezählten Zwecksetzungen, oder Ergebnisse bestimmter Arten des Lernprozesses.

Offenkundig sind die kognitiven Bedürfnisse für den Wissenschaftsphilosophen von größtem Belang. Es ist die persistierende Neugier des Menschen, die für die Wissenschaft in ihrem naturwissenschaftlichen Stadium am meisten verantwortlich ist. Es ist das gleichermaßen dauernde Verlangen zu verstehen, zu erklären und zu systematisieren, das Wissenschaft auf ihren abstrakteren und theoretischeren Ebenen hervorbringt. Jedoch ist es dieser spätere theoretische Impuls, der spezifischer ein sine qua non der Wissenschaft ist. Bloße Neugier kann man oft genug auch bei Tieren beobachten (172, 174). Aber auch andere Motive sind sicherlich in allen Stadien der Wissenschaft mit im Spiel. Es wird zu oft übersehen, daß die ursprünglichen Theoretiker der Wissenschaft sie häufig als ein Mittel betrachteten, dem menschlichen Geschlecht zu helfen. Bacon (24) zum Beispiel erwartete Milderung der Folgen von Krankheit und Armut von der Wissenschaft. Sogar in der griechischen Wissenschaft, in der die reine, nichtmanuelle platonische Kontemplation eine starke Tradition darstellte, war auch die praktische und humanistische Tendenz ziemlich stark. Das Gefühl der Identifikation und Zugehörigkeit zu den Menschen im allgemeinen, und noch stärker das Gefühl der Liebe zum Menschen mag oft die primäre Motivation bei vielen Gelehrten gewesen sein. Einige Menschen ergreifen den Beruf des Wissenschaftlers so, wie sie den des Sozialarbeiters oder Arztes ergreifen würden – um Menschen zu helfen.

Und schließlich müssen wir auch erkennen, daß jedes andere menschliche Bedürfnis als primäre Motivation für wissenschaftliche Tätigkeit dienen kann, für das Arbeiten in der Wissenschaft und das Verbleiben in diesem Beruf. Wissenschaft kann Lebensunterhalt sein, Quelle von Prestige, Mittel zum Selbstausdruck oder Befriedigung für irgendeines von vielen neurotischen Bedürfnissen.

Bei den meisten Menschen findet man weniger häufig ein einziges, primäres und über alles wichtiges Motiv, sondern eine Kombination *aller* Motivationen in verschiedener Zusammensetzung, die alle gleichzeitig wirksam sind. Man geht nicht fehl in der Annahme, daß bei jedem einzelnen Wissenschaftler die Arbeit nicht nur von Liebe, sondern auch von einfacher Neugier, nicht nur von Prestige, sondern auch von der Notwendigkeit, Geld zu verdienen, motiviert ist.

Die synergische Natur der Rationalität und des Antriebs

Jedenfalls ist es nunmehr ziemlich klar, daß die Dichotomie von Vernunft und Animalität überholt ist, denn Vernunft ist so animalisch wie Essen, jedenfalls beim menschlichen Lebewesen. Antrieb steht nicht notwendig im Gegensatz zum intelligenten Urteil, denn Intelligenz ist selbst ein Antrieb. Jedenfalls scheint es immer mehr klar zu sein, daß beim gesunden Menschenwesen Rationalität und Antrieb synergisch sind und stark dazu tendieren, ähnliche Schlußfolgerungen zu erreichen, und nicht entgegengesetzte. Das Unrationale ist nicht notwendig irrational oder antirational; es ist häufiger prorational. Chronische Diskrepanz oder der Antagonismus zwischen Antrieb und Erkenntnis ist gewöhnlich in sich selbst ein Produkt sozialer oder individueller Pathologie.

Das menschliche Bedürfnis nach Liebe oder Achtung ist ebenso «heilig» wie das Bedürfnis nach Wahrheit. «Reine» Wissenschaft besitzt nicht mehr eigene, im Inneren vorhandene Tugend als eine «humanistische» Wissenschaft, aber auch nicht weniger. Die menschliche Natur bestimmt beides, und man muß sie nicht einmal polarisieren. Es ist ohne weiteres möglich, Spaß an der Wissenschaft zu haben und gleichzeitig damit Gutes zu tun. Der griechische Respekt für die Vernunft war nicht falsch, nur zu exklusiv. Aristoteles sah nicht, daß Liebe ebenso menschlich ist wie Vernunft. Die gelegentlichen Fälle, in denen es einen vorübergehenden Konflikt zwischen kognitiver und emotioneller Bedürfnisbefriedigung gibt, stellen uns vor ein Problem der Integration, Koordinierung und Tempobestimmung, also nicht vor eines der Strittigkeit und der Gegensätzlichkeit. Es *kann* geschehen, daß die reine, objektive, desinteressierte nichthumanistische Neugier des reinen Wissenschaftlers die Befriedigung anderer ebenso wichtiger menschlicher Bedürfnisse, der Sicherheit zum Beispiel, gefährdet. Ich beziehe mich hier nicht nur auf das offenkundige Beispiel der Atombombe, sondern auch auf die allgemeine Tatsache, daß Wissenschaft selbst ein Wertsystem impliziert. Schließlich heißt die Grenze, der sich der «reine» Wissenschaftler nähert, nicht ‹Einstein› oder ‹Newton›, sondern eher der Nazi-«Wissenschaftler» der Konzentrationslager-Experimente oder der «verrückte» Wissenschaftler Hollywoods. Eine vollere, humanistischere und transzendentalere Definition der Wahrheit und Wissenschaft kann man in der angegebenen Literatur (66, 292, 376) finden. Wissenschaft um ihrer selbst willen kann genauso krank sein wie l'art pour l'art.

Die pluralistische Natur der Wissenschaft

Menschen suchen nach ebenso unterschiedlicher Befriedigung in wissenschaftlicher Arbeit, wie sie es in ihrem gesellschaftlichen Leben, in ihren

Berufen oder in ihren Ehen tun. Es gibt für alle etwas in der Wissenschaft, für alte und junge, wagemutige und ängstliche, pflichtbewußte oder unterhaltungsfreudige. Manche suchen darin unmittelbar humanistische Ziele; andere haben genau an ihren unpersönlichen, nonhumanen Eigenschaften Spaß. Manche suchen in erster Linie nach Gesetzmäßigkeit; andere betonen den Inhalt und wollen mehr über die «wichtigen» Dinge wissen, wenn auch in weniger präziser und eleganter Manier. Einige freut die Pioniertat und die Wegbereitung; andere bevorzugen die Arbeit des Pioniers, das Organisieren, das Ordnen und das Beaufsichtigen des bereits eroberten Territoriums. Manche suchen in der Wissenschaft Sicherheit, andere Abenteuer und Aufregung. Wir können den idealen Wissenschaftler, die ideale Wissenschaft, Methode, Frage, Aktivität, Forschung genauso wenig beschreiben wie die ideale Frau. Ebenso wie wir Heirat im allgemeinen billigen können und individuelle Entscheidungen dem individuellen Geschmack überlassen, können wir auch hinsichtlich der Wissenschaft pluralistisch sein.

Wir können in der Wissenschaft zumindest folgende Funktionen unterscheiden:

1. Ihre Probleme suchende, Fragen stellende, Ahnungen unterstützende, Hypothesen produzierende Funktion
2. Ihre erprobende, kontrollierende, bestätigende und falsifizierende und verifizierende Funktion; das Erproben und Testen von Hypothesen; Wiederholung und Überprüfung von Experimenten; Anhäufen von Tatsachen; Tatsachen zuverlässiger machen
3. Ihre organisierende, theoretisierende, strukturierende Funktion; ihre Suche nach immer größeren Verallgemeinerungen
4. Ihre Geschichte sammelnde, gelehrte Funktion
5. Ihre technologische Seite; Instrumente, Methoden, Verfahren
6. Ihre administrative, exekutive und organisatorische Seite
7. Ihre Informations- und Erziehungsfunktionen
8. Ihre Anwendung auf menschliche Zwecke
9. Ihre Wertschätzung, die Freude an ihr, ihre Zelebrierung und Glorifikation

Diese Vielfalt der Funktionen impliziert notwendigerweise Arbeitsteilung, denn wenige einzelne könnten selbst alle diese Fertigkeiten kombinieren. Arbeitsteilung bedeutet die Forderung nach verschiedenen Arten von Menschen, verschiedenem Geschmack, verschiedenen Fähigkeiten und Fertigkeiten.

Geschmack reflektiert und drückt Charakter und Persönlichkeit aus. Das ist auf dem Gebiet der Wissenschaft nicht weniger wahr, zum Beispiel Physik kontra Anthropologie, als für Bereiche innerhalb eines Gebiets, zum Beispiel Ornithologie kontra Genetik. Es stimmt auch, wenngleich wahrscheinlich in einem geringeren Grad, für die Wahl eines bestimmten Problems innerhalb eines Bereichs, wie auch für die Wahl der Methoden, Materialien, für den Genauigkeitsgrad, den Grad der Anwendbarkeit und Praktikabilität, die Nähe zu den gerade aktuellen Belangen usw.

Wir alle ergänzen uns und brauchen einander in der Wissenschaft. Wenn jeder die Physik der Biologie vorzöge, wäre wissenschaftlicher Fortschritt unmöglich. Zum Glück haben wir verschiedenen Geschmack in der wissenschaftlichen Arbeit, ähnlich wie es ein Glück ist, daß nicht alle dasselbe Klima oder dasselbe Musikinstrument bevorzugen. Nur weil einige die Geige, und andere das Klarinett oder Schlagzeug wählen, kann ein Orchester entstehen. So wird Wissenschaft im breitesten Sinn durch die Verschiedenheit der Geschmäcker möglich. Wissenschaft *bedarf* aller Arten von Menschen (ich sage das anstatt «Wissenschaft *toleriert* alle Arten von Menschen»), ebenso wie Kunst, oder Philosophie, oder Politik, da jede einzelne Person verschiedene Fragen stellt und verschiedene Welten sehen kann. Sogar der Schizophrene kann von eigentümlichem Nutzen sein, denn seine Krankheit macht ihn in einer bestimmten, besonderen Hinsicht empfänglich.

Der monistische Druck stellt eine reale Gefahr in der Wissenschaft dar, weil «Wissen über die menschliche Spezies» häufig nur «Wissen von sich selbst» bedeutet. Wir neigen allzusehr dazu, unseren eigenen Geschmack, unsere Vorurteile und Hoffnungen, auf das All zu projizieren. Zum Beispiel haben der Physiker, der Biologe und der Soziologe bereits gezeigt, daß sie sich durch die Wahl ihres Gebietes in wichtigen Aspekten fundamental unterscheiden (401). Vernünftigerweise werden wir von ihnen erwarten, auf Grund ihrer großen Geschmacksverschiedenheit verschiedene Definitionen der Wissenschaft, der Methode und der Ziele und Werte der Wissenschaft zu erhalten. Offenkundig brauchen wir dieselbe Art von Toleranz und Annahme individueller Verschiedenheiten unter Wissenschaftlern ebenso wie in anderen menschlichen Bereichen.

Einige Folgerungen aus dem psychologischen Zugang zur Wissenschaft

Die Untersuchung des Wissenschaftlers

Die Erforschung der Wissenschaftler ist offenkundig ein grundlegender, sogar notwendiger Aspekt der Erforschung der Wissenschaft. Da Wissenschaft als Institution zum Teil eine vergrößerte Projektion gewisser Aspekte der menschlichen Natur ist, wird jede Zunahme des Wissens über diese Aspekte automatisch multipliziert. Zum Beispiel wird jede Wissenschaft und jede Theorie innerhalb jeder Wissenschaft von der besseren Erkenntnis folgender Punkte tangiert: 1. Wesen des Vorurteils und der Objektivität, 2. Wesen des abstrahierenden Prozesses, 3. Wesen der Kreativität, 4. Wesen der Anpassung und des Widerstands des Wissenschaftlers dagegen, 5. die Verfälschung der Wahrnehmung durch Wünsche, Hoffnungen, Befürchtungen, Erwartungen, 6. das Wesen der Rolle oder des Status des Wissenschaftlers, 7. Antiintellektualismus in unserer Kultur, 8. das Wesen von Glauben, Überzeugung, Meinung, Gewißheit und so weiter. Natürlich sind die Fragen, die wir bereits erwähnt haben, insbesondere über die Motivationen und Ziele der Wissenschaftler (292, 458) von noch ursprünglicherer Bedeutung.

Wissenschaft und menschliche Werte

Wissenschaft beruht auf menschlichen Werten und ist selbst ein *Wertsystem.* (66). Die emotionalen, kognitiven, expressiven und ästhetischen Bedürfnisse des Menschen sind die Ursprünge der Wissenschaft und geben ihr ihre Ziele. Die Befriedigung jedes dieser Bedürfnisse ist ein «Wert». Das gilt für die Liebe der Sicherheit wie auch für die Wahrheits- oder Gewißheitsliebe. Die ästhetische Befriedigung aus Bündigkeit, Sparsamkeit, Eleganz, Einfachheit, Genauigkeit, Sauberkeit stellen Werte für den Mathematiker und den Wissenschaftler wie auch für den Handwerker, Künstler oder Philosophen dar. Hierin handelt es sich um etwas ganz anderes als um die Tatsache, daß wir als Wissenschaftler die Grundwerte unserer Kultur gemeinsam haben und wahrscheinlich immer haben werden, zumindest in einigem Ausmaß, zum Beispiel also Ehrlichkeit, humanitäre Gesinnung, Achtung für den einzelnen, Sozialdienst, demokratischer Respekt für die Rechte des einzelnen, eigene Entscheidungen zu treffen, auch wenn sie falsch sind, die Bewahrung von Leben und Gesundheit, die Befreiung von Schmerz, Vertrauen schenken, wo Vertrauen gefordert wird, Vertrauen teilen, «fair» sein und sportlich sein, und so fort.

Offenkundig sind «Objektivität» und «desengagierte Beobachtungen» Phrasen, die der Neudefinierung bedürfen (292). «Werte ausschließen» bedeutete ursprünglich theologische und andere autoritäre Dogmen auszuschließen, die sich den Tatsachen gegenüber als Vorurteile erweisen. Diese Ausschließung ist heute ebenso notwendig, wie sie es zur Zeit der Renaissance war, da wir uns die Tatsachen noch immer so verfälscht wünschen wie möglich. Wenn die organisierte Religion heute nur eine schwache Bedrohung der Wissenschaft in unserem Land darstellt, haben wir dennoch starke politische und ökonomische Dogmen, mit denen wir uns auseinandersetzen müssen.

Werte verstehen

Die einzige Art und Weise jedoch, die wir kennen, um die Verfälschung unserer Wahrnehmung der Natur, der Gesellschaft oder unserer selbst durch menschliche Werte zu vermeiden ist, sich dieser Werte ständig und immer bewußt zu sein, ihren Einfluß auf die Wahrnehmung zu verstehen und mit Hilfe solchen Verstehens die notwendigen Korrekturen vorzunehmen.

(Mit Verfälschung meine ich die Vermischung psychischer Determinanten und Realitätsdeterminanten, wenn es die letzteren sind, die wir wahrzunehmen trachten.) Die Erforschung von Werten, Bedürfnissen und Wünschen, Neigungen, Ängsten, Interessen und Neurosen muß zu einem grundlegenden Aspekt aller wissenschaftlichen Forschungstätigkeit werden.

Eine solche Feststellung muß auch die sehr allgemeinen Tendenzen aller menschlichen Wesen enthalten, zu abstrahieren, zu klassifizieren, Ähnlichkeiten und Unterschiede zu sehen und generell sich mit selektiver

Aufmerksamkeit der Wirklichkeit zuzuwenden und sie in Übereinstimmung mit menschlichen Interessen, Bedürfnissen, Wünschen und Ängsten immer wieder neu zu arrangieren. Unsere Wahrnehmungen verschiedenen Rubriken zuzuordnen («zu rubrizieren»), ist auf diese Art und Weise wünschenswert und in einiger Hinsicht nützlich, in anderer wiederum unerwünscht und schädlich, denn wenn dies auch einige Aspekte der Realität schärfer hervortreten läßt, stellt es gleichzeitig andere in den Schatten. Wir müssen verstehen, daß uns zwar die Natur manchmal Hinweise auf Klassifikationsmöglichkeiten gibt und daß sie manchmal «natürliche» Trennungslinien aufweist, aber daß solche Hinweise oft nur minimal und vieldeutig sind. Oft müssen wir Klassifikationen erst erschaffen und sie der Natur aufzwingen. Das tun wir nicht nur in Übereinstimmung mit den Hinweisen der Natur, sondern auch mit unserer eigenen menschlichen Natur, unseren unbewußten Werten, Neigungen und Interessen. Zwar ist es das Ideal der Wissenschaft, diese menschlichen Determinanten der Theorie auf ein Minimum zu reduzieren, aber man wird es nie erreichen, wenn man ihren Einfluß verneint, sondern nur, wenn man ihn gut genug kennt.
Es sollte den besorgten reinen Wissenschaftler beruhigen, daß es der Zweck all dieses beunruhigenden Geredes über Werte ist, *sein* Ziel effizienter zu erreichen, das heißt, unsere Kenntnis der Natur zu verbessern, unsere Kenntnis des Bekannten durch die Erforschung des Erkennenden zu läutern (376, 377).

Menschliche und nichtmenschliche Gesetze

Die Gesetze der menschlichen Psychologie und der nichtmenschlichen Natur sind in einiger Hinsicht die gleichen, aber in anderer vollkommen verschieden. Die Tatsache, daß Menschen in der Naturwelt leben, bedeutet nicht, daß die Regeln und Gesetze die gleichen sein müssen. Das menschliche Wesen, das in der realen Welt lebt, muß sicherlich einige Zugeständnisse an sie machen, aber das bedeutet an sich noch nicht die Negation der Tatsache, daß das menschliche Wesen eigene Gesetze hat, die nicht diejenigen der natürlichen Realität sind. Wünsche, Ängste, Träume, Hoffnungen, sie alle verhalten sich verschieden von Kieseln, Drähten, Temperaturen oder Atomen. Philosophie kann nicht in derselben Art und Weise konstruiert werden wie eine Brücke. Familien und Kristalle muß man auf verschiedene Art und Weise untersuchen. Unser ganzes Gerede über Motive und Werte beinhaltet nicht den Wunsch, die nichtmenschliche Natur zu subjektivieren oder zu psychologisieren, aber selbstverständlich *müssen* wir eines psychologisieren – die *menschliche* Natur.

Die nichtmenschliche Wirklichkeit ist unabhängig von den Wünschen und Bedürfnissen der menschlichen Natur, da sie weder wohlwollend noch übelwollend ist, keine Zwecke, Ziele, Funktionen hat (nur lebende Wesen haben Zwecke), keine begehrlichen oder affektiven Tendenzen. Dies ist die Wirklichkeit, die auch weiterbestehen würde, wenn alle menschlichen Wesen verschwänden – keineswegs ein unmögliches Ereignis.

Diese Realität so zu kennen, wie sie ist, und nicht, wie wir sie haben möchten, ist von *jedem* Standpunkt aus wünschenswert, entweder vom Standpunkt der «reinen», unengagierten Neugier oder vom Standpunkt des Interesses am Voraussagen und Kontrollieren der Realität für unmittelbar menschliche Zwecke. Kant hatte sicherlich recht, wenn er behauptete, daß wir niemals die nichtmenschliche Realität voll erkennen können, doch es *ist* möglich, ihr näher zu kommen, sie mehr oder auch minder richtig zu erkennen.

Die Soziologie der Wissenschaft

Die Erforschung der Soziologie der Wissenschaft und der Wissenschaftler verdient mehr Aufmerksamkeit, als es gegenwärtig der Fall ist. Wenn Wissenschaftler zum Teil von Kulturvariablen determiniert werden, dann werden es auch die Forschungsprodukte der Wissenschaftler. Bis zu welchem Ausmaß Wissenschaft des Beitrags von Menschen anderer Kulturen bedarf, bis zu welchem Ausmaß der Wissenschaftler sich von seiner eigenen Kultur distanzieren muß, damit seine Wahrnehmung mehr Gültigkeit hat, bis zu welchem Ausmaß er international eher als, zum Beispiel, amerikanisch sein muß, bis zu welchem Ausmaß die Erkenntnisse der Wissenschaftler von ihrer Klasse und von ihrer Kastenzugehörigkeit bestimmt werden – das sind Fragen von jener Art, die gestellt und beantwortet werden müssen, damit man die «verfälschenden» Wirkungen der Kultur auf die Wahrnehmung der Natur besser versteht.

Die verschiedenen Verfahren, Wirklichkeit zu erkennen

Wissenschaft ist nur ein Mittel, um Zugang zur Erkenntnis der natürlichen, gesellschaftlichen und psychologischen Realität zu erhalten. Der kreative Künstler, der Philosoph, der literarische Humanist oder auch der Straßenarbeiter können ebenfalls Wahrheit entdecken und sollten dazu ebenso stark wie der Wissenschaftler ermuntert werden [1]. Man sollte sie nicht als sich gegenseitig ausschließend oder sogar notwendig verschieden voneinander betrachten. Der Wissenschaftler, der auch etwas von einem Dichter, einem Philosophen, ja sogar einem Träumer hat, ist sicherlich eine bessere Version seiner mehr eingeengten Kollegen.

Wenn wir uns von diesem psychologischen Pluralismus leiten lassen und uns die Wissenschaft als Orchestrierung verschiedener Talente, Motive und Interessen denken, verschwimmt die Trennlinie zwischen dem Wissenschaftler und dem Nichtwissenschaftler. Der Wissenschaftstheoretiker, der sich mit der Kritik und Analyse der Begriffe der Wissenschaft beschäftigt, steht sicherlich dem Wissenschaftler, der auch an reiner

[1] Vielleicht kann der Hauptunterschied heute zwischen dem idealisierten Künstler und dem idealisierten Wissenschaftler folgendermaßen formuliert werden: Ersterer ist für gewöhnlich ein Spezialist in der Erkenntnis oder Entdeckung des Idiographischen (des Einzigartigen, Idiosynkratischen, Individuellen), während letzterer ein Spezialist im Nomothetischen ist (das Verallgemeinerte, das Abstrakte). Zweitens steht der Künstler dem Wissenschaftler näher als Problem-Entdecker, als Fragesteller oder Hypothesenerfinder, als dem Wissenschaftler als Problemlöser, Überprüfer und einem, der Gewißheit verschafft. Diese letzteren Funktionen sind gewöhnlich ausschließlich ‹Verantwortlichkeit des Wissenschaftlers›. In dieser Hinsicht ist er mehr wie ein Geschäftsmann oder ein Athlet oder Arzt, indem er behandelt, was überprüfbar und verifizierbar ist. Es gibt Ergebnisse, von denen seine Behauptungen beurteilt werden können. Wenn jemand Fahrräder erzeugen soll, dann kann man seine Leistung in Fahrrädern messen. Doch Lehrer, Künstler, Professoren, Therapeuten, Geistliche können dieselben Fehler vierzig Jahre lang begehen, nichts erreichen, und sich noch immer tugendhaft und effektiv fühlen. Das klassische Beispiel ist der Therapeut, der sein ganzes Leben lang denselben Fehler begangen und dies dann «reiche klinische Erfahrung» genannt hat.

Theorie interessiert ist, näher als letzterer dem rein technologischen Wissenschaftler. Der Wissenschaftshistoriker kann entweder Historiker oder Wissenschaftler sein, es spielt keine Rolle, was von beidem er ist. Der klinische Psychologe oder der Arzt, der den individuellen Fall sorgfältig untersucht, mag mehr Anregung vom Romancier erhalten haben als von seinen abstrahierenden, experimentierenden Kollegen.

Ich sehe keine Möglichkeit, Wissenschaftler von Nichtwissenschaftlern säuberlich zu trennen. Man kann nicht einmal experimentelles Forschen als Kriterium verwenden, weil so viele Menschen, die auf der Gehaltsliste als Wissenschaftler ausgewiesen werden, niemals ein wirkliches Experiment getätigt haben und auch nie eines tätigen werden. Wer Chemie in einem College lehrt, betrachtet sich als Chemiker, auch wenn er nie etwas Neues in der Chemie entdeckt hat, sondern einfach nur die Chemiezeitschriften gelesen und die Experimente anderer wie nach einem Kochbuch wiederholt hat. Er ist weniger Wissenschaftler als ein aufgeweckter Zwölfjähriger, der im Keller systematisch seiner Neugier nachgeht, oder die skeptische Hausfrau, die die zweifelhaften Behauptungen der Werbeagenturen überprüft. In welcher Hinsicht bleibt der Präsident eines Forschungsinstitutes ein Wissenschaftler? Seine Zeit mag bis zu seinem Tod vollständig mit administrativen und organisatorischen Aufgaben ausgefüllt sein. Und doch wird er Wert darauf legen, sich Wissenschaftler zu nennen.

Wenn der ideale Wissenschaftler in sich den kreativen Hypothesensteller, den sorgfältigen Experimente-Überprüfer, den philosophischen Systemerbauer, den Historiker, den Technologen, den Organisator, den Erzieher-Schriftsteller-Publizisten, den Anwender und den Einschätzer kombiniert, dann können wir leicht erkennen, daß das ideale Forschungsteam aus zumindest individuellen Spezialisten in allen diesen Funktionen zusammengesetzt sein wird, *von denen kein einziger ein Wissenschaftler im vollen Sinn des Begriffs sein muß!*

Aber während dies bedeutet, daß die Wissenschaftler-Nichtwissenschaftler-Dichotomie zu einfach ist, müssen wir auch in Betracht ziehen, daß derjenige, der sich zu stark überspezialisiert, auf längere Sicht wenig taugt, weil er als ein ganzes menschliches Wesen Schaden erleidet. Die generalisierte, abgerundete und gesunde Persönlichkeit wird die meisten Dinge besser bewältigen als das generalisierte, verkrüppelte menschliche

Wesen, das heißt jene Person, die versucht, ein *zu* reiner Denker zu sein. Indem sie ihre Impulse und Emotionen unterdrückt, erweist sie sich paradoxerweise als ein kranker Mensch, der nur in einer kranken Art und Weise denken kann, das heißt, er wird zu einem schlechten Denker. Mit einem Wort, wir können mit Recht erwarten, daß der Wissenschaftler, der auch ein wenig ein Künstler ist, ein besserer Wissenschaftler ist als sein Kollege, der nicht auch ein bißchen von einem Künstler hat. Wenn wir die Methode der Fallgeschichte anwenden, wird das sehr deutlich. Die großen Gestalten der Wissenschaft haben für gewöhnlich weite Interessen und waren sicherlich nicht engstirnige Technologen. Von Aristoteles bis zu Einstein, von Leonardo bis zu Freud waren die großen Entdecker wendig und vielseitig, mit humanistischen, philosophischen, sozialen und ästhetischen Interessen.

Wir müssen daraus schließen, daß uns der psychologische Pluralismus in der Wissenschaft lehrt, daß es viele Wege zur Erkenntnis und Wahrheit gibt. Sowohl der kreative Künstler als auch der Philosoph und der literarische Humanist können, entweder als einzelne oder als Aspekte innerhalb des einzelnen, ebenfalls Wahrheit entdecken.

Die Psychopathologie und der Wissenschaftler

Wenn alles andere gleich ist, werden wir erwarten können, daß der Wissenschaftler (oder Künstler, Ingenieur, Manager), der glücklich, sicher, heiter und gesund ist, ein besserer Wissenschaftler (Künstler, Ingenieur oder Manager) ist, als wenn er unglücklich, unsicher, gestört und ungesund wäre. Die neurotische Persönlichkeit verzerrt die Realität, stellt an sie Ansprüche, zwingt ihr verfrühte Begriffsbildungen auf, fürchtet sich vor dem Unbekannten und vor dem Neuen, wird zu stark von ihren intrapersonalen Bedürfnissen dominiert, um einen guten Realitätsbericht geben zu können, ist zu leicht verängstigt, zu begierig nach der Billigung durch andere Menschen und so weiter.

Aus dieser Tatsache ergeben sich zumindest drei Folgerungen: Erstens sollte der Wissenschaftler (oder besser, der Wahrheitssuchende im allgemeinen) psychologisch gesund sein, um die bestmögliche Arbeit zu leisten. Zweitens kann erwartet werden, daß mit der Besserung der Kultur

und damit auch der Besserung in der Gesundheit aller ihrer Bürger, die Wahrheitssuche Fortschritte macht; und drittens sollten wir erwarten, daß Psychotherapie dem einzelnen Wissenschaftler in seiner individuellen Funktion helfen würde.
Wir erkennen es bereits als eine Tatsache an, daß bessere gesellschaftliche Bedingungen dem Erkenntnissuchenden behilflich sind, wenn wir mehr akademische Freiheit, lebenslange Professuren, bessere Gehälter und anderes mehr fordern[2].

[2] Für alle jene Leser, die erkannt haben, daß dies eine revolutionäre Feststellung ist, und die die Verpflichtung fühlen, mehr darüber zu lesen, würde ich empfehlen, sich durch *das* große Buch auf diesem Gebiet durchzukämpfen: Michael Polanyis «Personal Knowledge» (376). Wenn Sie dieses Buch nicht studiert haben, können Sie es nicht wagen, sich als vorbereitet auf das nächste Jahrhundert zu betrachten. Wenn Sie nicht die Zeit, die Entschlossenheit oder die Kraft für diesen Riesen eines Buches aufbringen können, dann empfehle ich meine «Psychology of Science: A Reconnaissance» (292), die den Vorzug hat, kurz und lesbar zu sein und dabei die gleichen Feststellungen zu treffen. Dieses Kapitel, diese beiden Bücher und die anderen, in deren Bibliographien erwähnten, repräsentieren gut genug den neuen humanistischen *Zeitgeist,* wie er von der Wissenschaft reflektiert wird.

2. Konzentration auf Probleme vs. Konzentration auf die Mittel in der Wissenschaft

Während der letzten Jahrzehnte hat man den Unzulänglichkeiten und Sünden der «offiziellen» Wissenschaft immer mehr Aufmerksamkeit gewidmet. Mit einer großen Ausnahme, Lynds brillianter Analyse (282), ist die Diskussion über diese Fehler jedoch vernachlässigt worden. In diesem Kapitel werde ich versuchen zu zeigen, daß viele der Schwächen der orthodoxen Wissenschaft und besonders der Psychologie die Folgen eines Vorgangs sind, der sich in der Definition der Wissenschaft auf die Mittel, beziehungsweise die Techniken konzentriert.
Mit der Konzentration auf die Mittel beziehe ich mich auf die Tendenz, das Wesen der Wissenschaft in ihren Instrumenten, Verfahren, Techniken, Apparaten und Methoden zu sehen, mehr als in ihren Problemen, Fragen, Funktionen oder Zielen. In ihrer primitiven Form verwechselt die Konzentration auf Mittel Wissenschaftler mit Ingenieuren, Ärzten, Dentisten, Labortechnikern, Glasbläsern, Maschinenbetreuern und so fort. Konzentration auf die Mittel auf den höchsten intellektuellen Ebenen nimmt gewöhnlich die Form von Gleichsetzungen von Wissenschaft und wissenschaftlicher Methode an.

Überbetonung der Technik

Unvermeidlicherweise hat die Betonung von Eleganz, Schliff, Technik und Apparat häufig die Folge, daß Bedeutung, Vitalität und Signifikanz des Problems und der Kreativität im allgemeinen heruntergespielt werden. Fast jeder Doktorand der Psychologie wird verstehen, was dies in der Praxis bedeutet. Ein methodologisch zufriedenstellendes Experiment, ob es nun trivial ist oder nicht, wird selten kritisiert. Ein kühnes, bahnbrechendes Problem wird, weil es ein «Versager» sein könnte, oft zu Tode kritisiert, bevor es überhaupt begonnen wird. Tatsächlich scheint Kritik in der wissenschaftlichen Literatur häufig nur Kritik der Methoden, Technik, Logik und so weiter zu bedeuten. Ich kann mich nicht erinnern, in der Literatur, mit der ich vertraut bin, irgendeine Abhandlung bemerkt zu haben, in der eine andere als unwichtig, trivial oder folgenlos kritisiert wurde[1]. Die Tendenz verstärkt sich, zu behaupten, daß das Dissertationsproblem selbst keine Rolle spielt – wenn die Dissertation nur gut gemacht ist. Mit einem Wort, sie muß nicht mehr ein Beitrag zur Erkenntnis sein. Vom Dr. phil.-Kandidat wird verlangt, daß er die Techniken auf seinem Gebiet kennt und die darin bereits angesammelten Ergebnisse. Normalerweise wird gar nicht betont, daß gute Forschungsideen ebenfalls erwünscht sind. In der Folge ist es auch für vollständig und deutlich unkreative Menschen möglich, Wissenschaftler zu werden.

Auf einer niedrigeren Ebene – im Wissenschaftsunterricht auf der Mittelstufe – kann man ähnliches beobachten. Der Student wird ermuntert, Wissenschaft mit der Bedienung der Apparate zu identifizieren und mit auswendig aus einem Kochbuch gelernten Verfahren – mit einem Wort, mit der Befolgung der Anweisungen anderer Menschen und der Wiederholung dessen, was andere bereits entdeckt haben. Nirgendwo wird ihm beigebracht, daß sich ein Wissenschaftler von einem Techniker oder dem Leser von Büchern über Wissenschaft unterscheidet.

Man kann leicht den Zweck dieser Behauptungen mißverstehen. Ich möchte nicht das Problem der Methodik herunterspielen; ich möchte nur zeigen, daß sogar in der Wissenschaft die Mittel mit den Zielen verwechselt werden können. Nur die Ziele und Zwecke der Wissenschaft geben ihren Methoden Würde und Gültigkeit. Der arbeitende Wissenschaftler muß sich selbstverständlich mit seiner Technik befassen, aber nur, weil sie ihm helfen kann, seine eigentlichen Ziele zu erreichen, das heißt, die Beantwortung wichtiger Fragen. Wenn er dies einmal vergißt, ist er wie der

[1] «Doch sogar die Gelehrten arbeiteten meistens an großen Monographien über kleine Themen. Sie nannten das Grundlagenforschung. Was zählte, war, daß die Tatsachen, die sie fanden, zuvor nicht bekannt gewesen waren, nicht daß es dafürstand, sie zu kennen. Irgendein anderer Fachmann würde früher oder später auf sie zurückkommen. Die Spezialisten an allen Universitäten schrieben einer für den anderen, mit der Geduld von Sandkastenbauern, für mysteriöse Zwecke.» (Van Doren, C., Three Worlds, Harper & Row, 1936, S. 107.)

Mann, von dem Freud erzählt: Er verbrachte seine ganze Zeit damit, seine Brille zu polieren, anstatt sie aufzusetzen und mit ihr zu sehen.
Die Konzentration auf die Mittel zielt darauf ab, Techniker und die «Apparate-Menschen» in die Spitzenpositionen der Wissenschaft zu bringen, anstatt die «Fragesteller» und die Problemlöser. Auch ohne eine extreme und unrealistische Diochotomie schaffen zu wollen, ist es möglich, auf den Unterschied zwischen jenen hinzuweisen, die nur wissen, *wie* man etwas macht, und jenen, die auch wissen, *was* es zu tun gibt. Die ersteren, von denen es immer eine Mehrzahl gibt, neigen unvermeidlich dazu, in der Wissenschaft eine Priesterkaste zu bilden, Autoritäten hinsichtlich des Protokolls, des Verfahrens und sozusagen des Rituals und Zeremoniells zu werden. Während in der Vergangenheit solche Menschen nichts weiter als ein Ärgernis waren, können sie nunmehr, da die Wissenschaft eine Angelegenheit der nationalen und internationalen Politik geworden ist, eine aktive Gefahr darstellen. Die Tendenz ist doppelt gefährlich, weil Laien die Manipulatoren weit leichter verstehen als die Schöpfer und Theoretiker.
Die Konzentration auf Mittel führt, ohne Unterschiede zu machen und als Selbstzweck, zur Überbewertung der Quantifizierung. Das muß so sein, weil die mittelorientierte Wissenschaft mehr Betonung darauf legt, *wie* die Feststellungen getroffen werden, als darauf, *was* gesagt wird. Eleganz und Präzision werden dann der Eignung und den möglichen Implikationen gegenübergestellt.
Auf Mittel, nicht auf den Zweck konzentrierte Wissenschaftler neigen trotz ihrer selbst dazu, ihre Probleme ihren Techniken anzupassen anstatt umgekehrt. Ihre Anfangsfrage ist meistens: «Welche Fragen kann ich mit den Verfahren und der Ausrüstung angehen, die gerade jetzt zu meiner Verfügung stehen?» und nicht, wie es sein sollte: «Was sind die dringendsten und wichtigsten Probleme, auf die ich meine Zeit verwenden sollte?» Wie sonst kann man die Tatsache erklären, daß die meisten Durchschnittswissenschaftler ihr Leben in einem kleinen Bereich verbringen, dessen Grenzen nicht von einer Grundfrage nach der Welt, sondern von den Beschränkungen eines Apparats oder einer Technik bestimmt werden?»[2] In der Psychologie findet man nichts Witziges am Begriff eines

[2] «Wir neigen dazu, Dinge zu tun, die wir bereits beherrschen, anstatt die Dinge zu tun,

«Tierpsychologen» oder eines «statistischen Psychologen», das heißt also, an Personen, denen es nichts ausmacht, an *irgendeinem* Problem zu arbeiten, solange sie ihre Tiere beziehungsweise ihre Statistik verwenden können. In letzter Instanz muß uns das an den berühmten Betrunkenen erinnern, der nach seiner Brieftasche sucht, nicht dort, wo er sie verloren hat, sondern unter einer Straßenlampe, «weil das Licht dort besser ist», oder an den Arzt, der bei allen seinen Patienten Anfälle produzierte, weil es die einzige Krankheit war, die er zu kurieren verstand.

Die Konzentration auf die Mittel läuft auf die Tendenz hinaus, eine Hierarchie der Wissenschaften zu schaffen, in der, ziemlich schädlich, die Physik für «wissenschaftlicher» gehalten wird als die Biologie, die Biologie für wissenschaftlicher als die Psychologie und die Psychologie für wissenschaftlicher als die Soziologie. Solch eine Annahme hierarchischer Gliederung ist nur auf der Grundlage von Eleganz, Erfolg und Verfahrensgenauigkeit möglich. Vom Standpunkt einer problemorientierten Wissenschaft würde niemals eine solche Hierarchie vorgeschlagen, denn wer könnte schon behaupten, daß Fragen über Arbeitslosigkeit, Rassenvorurteile, Liebe in irgendeiner immanenten Art und Weise weniger wichtig sind als Fragen über Sterne, oder Sodium oder Nierenfunktionen?

Die Konzentration auf die Mittel läuft auf die Tendenz hinaus, die Wissenschaften zu stark in Fächer einzuteilen, Mauern zu errichten, die sie in getrennte Territorien aufteilen. Jacques Loeb antwortete auf die Frage, ob er ein Neurologe, ein Chemiker, ein Physiker, ein Psychologe oder ein Philosoph sei, nur, «ich löse Probleme». Sicherlich sollte dies die üblichere Antwort sein. Und es wäre gut für die Wissenschaft, wenn sie mehr solche Persönlichkeiten besäße wie Jacques Loeb. Doch solche Desiderata werden offensichtlich von einer Philosophie unterdrückt, die aus dem Wissenschaftler einen Techniker und Experten macht, anstatt einen unternehmungslustigen Wahrheitssucher, ihn in jemanden verwandelt, der *Bescheid weiß*, mehr als in jemanden, der sich *den Kopf zerbricht.*

Wenn sich Wissenschaftler als Fragesteller und Problemlöser betrachteten, und nicht als spezialisierte Techniker, gäbe es einen Sturm auf die neuesten Grenzen der Wissenschaft, auf die psychologischen und sozialen

die wir tun sollten.» (Anshen, R., Hsgb., Science and Man, Harcourt, Brace & World, 1942, S. 466.)

Probleme, über die wir am wenigsten wissen und am meisten wissen sollten. Warum gibt es so wenig Verkehr über die Fachgebietsgrenzen hinweg? Wie kann es geschehen, daß hundert Wissenschaftler, die sich mit physikalischen oder chemischen Forschungen beschäftigen, auf ein Dutzend kommen, die sich den psychologischen Problemen widmen? Was wäre besser für die Menschheit, tausende kluge Geister auf die Produktion besserer Bomben (oder sogar besseren Penizillins) anzusetzen oder auf die Probleme des Nationalismus oder der Psychotherapie oder der Ausbeutung?

Die Konzentration auf die Mittel in der Wissenschaft läuft hinaus auf eine zu große Kluft zwischen Wissenschaftlern und anderen Wahrheitssuchern und zwischen ihren verschiedenen Methoden, nach Wahrheit und Verstehen zu suchen. Wenn wir Wissenschaft als die Suche nach Wahrheit, Einsicht und Verstehen definieren, werden wir uns schwer tun, zwischen Wissenschaftlern einerseits und Dichtern, Künstlern und Philosophen andererseits zu unterscheiden. Ihre eingestandenen Probleme werden die gleichen sein. In letzter Instanz freilich sollte man eine semantisch ehrliche Unterscheidung treffen, und man muß zugeben, daß dies meistens auf der Grundlage der Verschiedenheit der Methoden und der Techniken, sich vor Fehlern zu bewahren, geschehen sollte[3]. Und doch wäre es offensichtlich besser für die Wissenschaft, wenn die Kluft zwischen Wissenschaftler und Dichter und Philosoph weniger abgrundtief wäre als sie es heute ist. Die Konzentration auf die Mittel stellt sie einfach in ganz verschiedene Bereiche, die Konzentration auf Probleme würde helfen, sie als wechselseitig hilfreiche Menschen, die zusammenarbeiten, zu betrachten. Die Biographien der meisten großen Wissenschaftler zeigen, daß letzteres der Wahrheit näherkommt als das erstere. Viele der größten Wissenschaftler waren selbst auch Künstler und Philosophen und haben oft ebenso viel Unterstützung von Philosophen bezogen wie von ihren wissenschaftlichen Kollegen.

[3] «Du mußt die Fragen selbst lieben» – Rilke. «Wir haben alle Antworten gelernt, alle die Antworten: Es sind die Fragen, die wir nicht kennen.» (A. MacLeish, The Hamlet of A. MacLeish, Houghton Mifflin.)

Die Konzentration auf Mittel und die wissenschaftliche Orthodoxie

Die Konzentration auf die Mittel erzeugt unvermeidlich eine wissenschaftliche Orthodoxie, die ihrerseits wiederum eine Heterodoxie hervorbringt. Fragen und Probleme in der Wissenschaft können selten formuliert, klassifiziert oder in ein Ablagesystem eingeordnet werden. Die Fragen der Vergangenheit sind nicht länger Fragen, sondern Antworten. Die Fragen der Zukunft existieren noch nicht. Aber es *ist* möglich, die Methoden und Techniken der Vergangenheit zu formulieren und klassifizieren. Diese werden dann als «Gesetze der wissenschaftlichen Methodik» bezeichnet. Kanonisiert, von Tradition, Loyalität und Geschichte verkrustet, tendieren sie dazu, verbindlich bis auf den heutigen Tag zu bleiben (anstatt nur Hilfe und Möglichkeiten anzubieten). In den Händen der weniger Kreativen, Furchtsamen, Konventionellen werden diese «Gesetze» buchstäblich zu einer Aufforderung, unsere heutigen Probleme *nur* so, wie es unsere Vorfahren mit ihren getan haben, zu lösen.

Solch eine Haltung ist auf dem Gebiet der psychologischen und Sozialwissenschaften besonders gefährlich. Hier wird das Gebot, wahrlich wissenschaftlich vorzugehen, oft wie folgt ausgelegt: Verwende die Techniken der Naturwissenschaften. Deshalb besteht unter vielen Psychologen und Sozialwissenschaftlern die Tendenz, alte Techniken zu imitieren, anstatt neue zu erfinden. Sie werden nötig, weil ihr Entwicklungsgrad, ihre Probleme und ihre Ergebnisse a priori verschieden von denjenigen der physikalischen Wissenschaften sind. Tradition kann in der Wissenschaft eine gefährliche Segnung sein. Loyalität ist eine ausgesprochene Gefahr.

Die Gefahren der wissenschaftlichen Orthodoxie

Eine Hauptgefahr der wissenschaftlichen Orthodoxie besteht darin, daß sie dazu neigt, die Entwicklung neuer Verfahren zu blockieren. Wenn die Gesetze der wissenschaftlichen Methodik bereits formuliert worden sind, bleibt nur ihre Anwendung. Neue Methoden, neue Verfahrenswege müssen unvermeidlich verdächtig sein und sind meistens mit Feindseligkeit begrüßt worden, siehe zum Beispiel die Psychoanalyse, die Gestaltpsychologie, der Rorschach-Test. Die Erwartung solcher Feindseligkeit ist wahrscheinlich zum Teil dafür verantwortlich zu machen, daß die relationale, holistische und syndromatische Logik, Statistik und Mathematik noch nicht erfunden wurden, die für die neuen psychologischen und Sozialwissenschaften erforderlich sind.

Normalerweise ist der Fortschritt der Wissenschaft ein Gemeinschaftsprodukt. Wie sonst könnten einzelne mit ihren Grenzen wichtige, sogar große Entdeckungen machen? Wenn es keine Zusammenarbeit gibt, stagniert der Fortschritt, bis sich irgendein Riese zeigt, der keine Hilfe braucht. Orthodoxie bedeutet die Verweigerung der Hilfe für den Heterodoxen. Da wenige nur (unter den Heterodoxen wie unter den Orthodoxen) Genies sind, bedeutet dies einen kontinuierlichen, glatt verlaufenden Fortschritt einzig für die orthodoxe Wissenschaft. Wir können erwarten, daß heterodoxe Ideen in langen Perioden mißtrauischer Vernachlässigung oder Opposition aufgehalten werden, nur um dann ziemlich plötzlich den Durchbruch zu schaffen (wenn sie richtig sind) und später ihrerseits orthodox zu werden.

Eine andere, wahrscheinlich schwerwiegendere Gefahr der Orthodoxie, die von der Konzentration auf die Mittel gefördert wird, ist die Tatsache, daß sie mehr und mehr den Zuständigkeitsbereich der Wissenschaft einengt. Dadurch wird nicht nur die Entwicklung neuer Techniken blockiert; auch viele Fragestellungen, und zwar, weil der Leser nunmehr darauf vorbereitet sein sollte, daß solche Fragen von den gerade verfügbaren Techniken nicht beantwortet werden können, Fragen also zum Beispiel über das Subjektive, über Werte, über Religion. Nur diese ziemlich törichten Gründe machen jenes überflüssige Geständnis der Niederlage, jene contradictio in se, den Begriff des «unwissenschaftlichen Problems» möglich, als ob es *irgendeine* Frage gäbe, die man nicht fragen und beantworten dürfte. Sicherlich würde es niemand, der die Geschichte der Wissenschaft gelesen und verstanden hat, wagen, von einem *unlösbaren* Problem zu sprechen; er würde nur von Problemen sprechen, die noch nicht gelöst worden sind. Damit haben wir einen klaren Ansporn fürs Handeln, für die weitere Anwendung von Einfallsreichtum und Erfindungskraft zur

Verfügung. Wenn wir das in den Begriffen der wissenschaftlichen Orthodoxie formulieren, das heißt, wenn wir danach fragen, was wir mit der wissenschaftlichen Methode (wie wir sie kennen) anfangen können, werden wir zum Gegenteil ermuntert, das heißt, zu freiwillig auferlegten Selbstbeschränkungen, zur Abdankung in weiten Bereichen menschlichen Interesses. Es ist sogar in jüngsten Diskussionen der Bemühungen des Kongresses um die Errichtung nationaler Forschungsstiftungen vorgekommen, daß einige Physiker vorgeschlagen haben, die psychologischen und die Sozialwissenschaften von der Förderung auszuschließen, weil sie nicht «wissenschaftlich» genug seien. Auf welcher möglichen Grundlage hätte diese Forderung aufgestellt werden können, wenn nicht auf der Grundlage der ausschließlichen Hochachtung vor polierten und erfolgreichen Techniken und einem vollständigen Mangel an Bewußtsein von der fragestellenden Natur der Wissenschaft und ihrer Verwurzelung in menschlichen Werten und Motiven? Wie soll ich als Psychologe diese und ähnliche Sticheleien meiner Physiker-Freunde übersetzen? Soll ich ihre Techniken verwenden? Aber sie sind doch für meine Probleme nutzlos. Wie würde das die psychologischen Probleme einer Lösung zuführen? Sollen sie denn nicht gelöst werden? Oder sollten Wissenschaftler an diesem Bereich vollständig abdanken und ihn wiederum den Theologen überlassen? Oder existiert hier vielleicht ein höhnisches Lächeln ad hominem? Wird gefolgert, daß Psychologen dumm und Physiker intelligent sind? Aus welchen Gründen denn kann man eine so im Innersten unwahrscheinliche Feststellung treffen? Eindrücke? Dann muß ich *meine* Eindrücke vorbringen, daß es in einer wissenschaftlichen Gruppe so viele Narren gibt wie in jeder anderen. Welcher Eindruck ist gültiger?

Ich muß leider sagen, daß ich keine andere mögliche Erklärung sehe als eine, die heimlich der Technik den ersten Platz – vielleicht den einzigen – gibt.

Mittel-konzentrierte Orthodoxie ermuntert Wissenschaftler, «sicher und vernünftig» zu sein, anstatt kühn und herausfordernd. Sie läßt es als die normale Beschäftigung des Wissenschaftlers erscheinen, sich Zentimeter um Zentimeter vorwärts zu bewegen, auf gut gebauten Straßen, anstatt neue Wege durch das Unbekannte zu schlagen. Sie forciert konservative anstatt radikale Verfahren, das Noch-nicht-Bekannte zu erforschen. Sie läßt den Wissenschaftler zu einem Siedler anstatt zu einem Pionier werden[4].

Der richtige Platz für den Wissenschaftler – einmal in der Zeit zumindest – befindet sich inmitten des Unbekannten, des Chaotischen, des noch Dunklen, des Unhandlichen, des Mysteriösen, des Noch-nicht-gut-genug-Formulierten. Dies ist, wo ihn die problemorientierte Wissenschaft so stark wie möglich haben möchte. Und dies ist, wohin zu gehen man ihn warnt, durch den mittel-orientierten Zugang zur Wissenschaft.

Die Überbetonung von Methode und Technik ermuntert die Wissenschaftler zur Annahme, 1. daß sie objektiver und weniger subjektiv sind als in Wirklichkeit und 2. daß sie sich nicht mit Werten befassen müssen. Methoden sind ethisch neutral; Probleme und Fragen müssen es nicht sein, denn früher oder später berühren sie ebenfalls den Punkt, wo sich all die gewundenen Argumente über Werte ergeben. Ein Weg, Wertprobleme zu vermeiden, besteht in der Betonung der Technik in der Wissenschaft mehr als ihrer Ziele. Wahrscheinlich ist eine der Hauptursachen für die mittelorientierte Ausrichtung der Wissenschaft die Bemühung, so objektiv (unbewertet) wie möglich zu sein.

Doch wie uns das Kapitel 1 vorgeführt hat, kann Wissenschaft nicht vollkommen objektiv sein, war es nicht und ist es nicht, das heißt, unabhängig von menschlichen Werten. Es ist auch höchst fraglich, ob sie es überhaupt *versuchen* sollte (das heißt, *vollständig* objektiv und nicht so objektiv, wie es Menschen nur sein können). Alle die in diesem und im vorigen Kapitel angeführten Fehler bezeugen die Gefahren des Versuchs, die Mängel der menschlichen Natur zu vernachlässigen. Der Neurotiker zahlt nicht nur einen großen subjektiven Preis für seine vergeblichen Versuche, sondern wird ironischerweise auch zu einem immer schlechteren Denker.

Wegen dieser eingebildeten Unabhängigkeit der Werte werden die Wertmaßstäbe immer verschwommener. Wären die mittelorientierten Philosophien extrem (was sie selten sind) und ziemlich konsistent (was zu sein sie nicht wagen, wegen der Furcht vor den offensichtlich törichten Konsequen-

[4] «Das Genie ist eine Panzervorhut; ihr blitzschnelles Vordringen ins Niemandsland läßt ihre Flanken notwendigerweise ungeschützt.» (Koestler, A., Der Yogi und der Kommissar.)

zen), gäbe es keinen Weg, zwischen einem wichtigen und einem unwichtigen Experiment zu unterscheiden. Es gäbe nur technisch gut durchgeführte und technisch schlecht durchgeführte Experimente[5]. Bei ausschließlicher Anwendung von methodologischen Kriterien müßte man der trivialsten Forschung ebensoviel Respekt entgegenbringen wie der fruchtbarsten. Selbstverständlich ist das nicht der Fall, zumindest nicht extrem, aber nur deshalb, weil andere als nur methodologische Kriterien und Maßstäbe angewendet werden. Doch obwohl dieser Fehler selten in seiner offenkundigen Form auftritt, gibt es ihn häufig genug in seiner weniger offenkundigen. Die Annalen der Wissenschaft sind voll von Beispielen, die illustrieren, daß alles, was man überhaupt nicht zu tun braucht, auch nicht gut getan werden muß.

Wenn die Wissenschaft nicht mehr als ein Kompendium von Regeln und Verfahren wäre, was für einen Unterschied gäbe es zwischen Wissenschaft auf der einen und Schach, Alchemie, «Regenschirmkunde» oder Dentistenpraxis auf der anderen?[6]

[5] «Ein Wissenschaftler wird ‹groß› genannt, nicht weil er ein Problem gelöst hat, sondern weil er ein Problem gestellt hat, dessen Lösung einen wirklichen Fortschritt darstellt.» (Cantril, H., An inquiry concerning the characteristics of man, J. abnorm. social Psychol., 1950, 45, 491–503.) «Die Formulierung eines Problems ist viel häufiger wesentlicher als seine Lösung, die nur eine Angelegenheit der mathematischen oder experimentellen Geschicklichkeit sein kann. Neue Fragen zu stellen, neue Möglichkeiten zu finden, alte Probleme unter einem neuen Gesichtspunkt zu betrachten, erfordert kreative Vorstellungskraft und bezeichnet den wirklichen Fortschritt in der Wissenschaft.» (Einstein, A., and Infeld, L., The Evolution of Physics, Simon and Schuster, 1938.)

[6] Sir Richard Livingstone, vom Corpus Christi College, Oxford, hat den Techniker als «einen Menschen» definiert, «der alles an seinem Beruf versteht außer dessen letztlichen Zweck und dessen Rang in der Ordnung des Alls.» Jemand anders hat in ähnlicher Weise einen Experten als eine Person definiert, die alle kleinen Fehler vermeidet, während sie mit Riesenschritten auf den großen zueilt.

3. Vorwort zur Motivationstheorie

In diesem Kapitel werden sechzehn Thesen zur Motivation vorgestellt, die jede vernünftige Motivationstheorie berücksichtigen muß. Manche dieser Thesen sind so wahr, daß sie bereits Allgemeinplätze darstellen. Sie müssen daher, glaube ich, neu herausgestrichen werden. Andere werden weniger annehmbar und daher diskutabler sein.

Der einzelne als ein integriertes Ganzes

Unsere erste These stellt fest, daß der einzelne ein integriertes, organisiertes Ganzes ist. Diese theoretische Feststellung wird gewöhnlich von den Psychologen scheinheilig akzeptiert, um dann in ihren tatsächlichen Experimenten ignoriert zu werden. Daß es sich um eine experimentelle wie auch um eine theoretische Realität handelt, muß man erkennen, bevor vernünftiges Experimentieren und eine vernünftige Motivationstheorie möglich werden. In der Motivationstheorie bedeutet diese These viele spezifische Dinge. Zum Beispiel bedeutet sie, daß der gesamte einzelne motiviert ist und nicht nur ein Teil von ihm. In einer vernünftigen Theorie existiert daher keine Einheit wie ein Magen- oder Mund-Bedürfnis, oder ein Genitalbedürfnis. Es gibt nur ein Bedürfnis des einzelnen. Es ist Johann Schmidt, der Nahrung verlangt, nicht Johann Schmidts Magen. Außerdem ergibt sich Befriedigung für den ganzen einzelnen und nicht nur für einen Teil von ihm. Nahrung befriedigt Johann Schmidts Hunger und nicht den Hunger seines Magens.
Die Behandlung von Johann Schmidts Hunger als einer bloßen Funktion seines gastrointestinalen Traktes hat die Experimentalpsychologen dazu gebracht, die Tatsache zu vernachlässigen, daß ein einzelner, wenn er hungrig ist, sich nicht nur in seinen gastrointestinalen Funktionen ändert,

sondern in vielen anderen, vielleicht sogar in den meisten anderen Funktionen, derer er fähig ist. Seine Wahrnehmung ändert sich (er wird Nahrung rascher wahrnehmen als zu anderen Zeiten). Seine Erinnerungen ändern sich (er wird sich leichter an eine gute Mahlzeit erinnern als sonst). Seine Emotionen ändern sich (er ist angespannter und nervöser als sonst). Der Inhalt seines Denkens ändert sich (er wird mehr nachdenken, wie er zur Nahrung kommt, als über ein algebraisches Problem). Und diese Aufzählung kann man auf fast jede andere Fähigkeit und Funktion, sowohl physiologischer wie auch psychologischer Natur, ausdehnen. Mit anderen Worten, wenn Johann Schmidt hungrig ist, ist er es ganz; er ist als einzelner jemand anders als er sonst zu anderen Zeiten ist.

Hunger als Paradigma

Hunger als ein Beispiel für alle anderen Motivationszustände zu wählen, ist sowohl theoretisch wie auch praktisch unvernünftig. Man kann nach näherer Betrachtung erkennen, daß der Hungertrieb mehr ein Spezialfall der Motivation ist als ein genereller. Er ist isolierter (um dieses Wort so zu verwenden, wie es die Gestalt- und die Goldstein-Psychologen tun) als andere Motivationen, und auch weniger allgemein. Und schließlich unterscheidet er sich von anderen Motivationen darin, daß er eine bekannte somatische Basis besitzt, was für Motivationszustände ungewöhnlich ist. Was sind die allgemeineren unmittelbaren Motivationen? Wir können sie leicht erkennen, indem wir einen durchschnittlichen Tag von innen her durchleuchten. Die Wünsche, die im Bewußtsein aufblitzen, sind am häufigsten Wünsche nach Kleidern, Autos, Freundlichkeit, Gesellschaft, Lob, Prestige und ähnlichem. Gewohnheitsgemäß hat man sie als sekundäre oder kulturelle Triebe formuliert und sie im Rang als verschieden von den wahrhaft «respektablen» oder Primärtrieben betrachtet, das heißt, den physiologischen Trieben. Doch in Wirklichkeit sind sie für uns weit wichtiger und auch weit allgemeiner. Deshalb ist es besser, einen von ihnen als Beispiel zu wählen und nicht den Hunger.
Allgemein hat man angenommen, daß alle Triebe dem von den physiologischen Trieben gesetzten Beispiel folgen. Man kann bereits jetzt vor-

aussagen, daß dies nie der Fall sein wird. Die meisten Triebe sind nicht isolierbar, noch können sie somatisch lokalisiert werden, noch können sie betrachtet werden, als wären sie das einzige, was im Organismus in einem bestimmten Zeitpunkt geschieht. Der typische Trieb oder das typische Bedürfnis oder Verlangen kann man nicht auf eine spezifische, isolierte, lokalisierte somatische Basis beziehen, und wird es auch wahrscheinlich nie können. Das typische Verlangen ist offenkundig viel mehr ein Bedürfnis der ganzen Person. Es wäre viel besser, zu Forschungszwecken ein Modell, wie etwa das Verlangen nach Geld, zu wählen, als den Hungertrieb, oder noch besser ein tiefergehendes, wie das Verlangen nach Liebe. Wenn man die bisher vorliegenden Indizien betrachtet, stimmt es wahrscheinlich, daß wir niemals das Bedürfnis nach Liebe verstehen würden, soviel wir auch über den Hungertrieb wüßten. Tatsächlich kann man auch die dezidiertere Behauptung aufstellen, daß wir nämlich aus der vollen Kenntnis des Liebesbedürfnisses mehr über die allgemeine menschliche Motivation (einschließlich des Hungers) lernen können, als aus einer gründlichen Untersuchung des Nahrungstriebs.

Man sollte sich in diesem Zusammenhang die kritische Analyse des Begriffs der Einfachheit in Erinnerung rufen, die so oft von den Gestaltpsychologen angestellt wurde. Der Nahrungstrieb, der einfach zu sein scheint, wenn man ihn mit dem Liebesbedürfnis vergleicht, ist auf lange Zeit gesehen tatsächlich keineswegs so einfach (160). Der Schein der Einfachheit kann durch die Auswahl isolierter Fälle erreicht werden, solcher Aktivitäten, die relativ unabhängig von der Ganzheit des Organismus sind. Eine wichtige Aktivität wird leicht in dynamische Zusammenhänge mit fast allem anderen zu stellen sein, was in einer Person wichtig ist. Warum dann eine Aktivität heraussuchen, die in diesem Sinn überhaupt nicht durchschnittlich ist, eine Aktivität, der man besondere Aufmerksamkeit nur deshalb zuwendet, weil man sie mit unseren üblichen (aber deshalb nicht notwendig korrekten) experimentellen Verfahren der Isolierung, Reduktion oder Unabhängigkeit von anderen Aktivitäten behandeln kann? Wenn wir vor die Wahl gestellt sind, entweder 1. experimentell einfache Probleme zu behandeln, die jedoch trivial oder ungültig sind, oder 2. experimentelle Probleme, die sehr schwierig sind, aber wichtig, sollten wir nicht zögern, uns für die letzteren zu entscheiden.

Mittel und Zwecke

Wenn wir die durchschnittlichen Bedürfnisse unseres täglichen Lebens sorgfältig untersuchen, sehen wir, daß sie zumindest eine wichtige Eigenschaft haben, das heißt, daß sie gewöhnlich Mittel zu einem Zweck sind und nicht ein Zweck an sich. Wir wollen Geld, um ein Auto zu besitzen. Wir wünschen uns ein Auto, weil die Nachbarn eines haben und wir ihnen nicht unterlegen sein wollen, damit wir unsere Selbstachtung behalten und von anderen geliebt und geachtet werden können. In der Analyse eines bewußten Verlangens finden wir gewöhnlich andere, sozusagen tieferliegende Ziele des Individuums. Mit anderen Worten, wir finden hier eine Situation vor, die der Rolle der Symptome in der Psychopathologie sehr gleicht. Die Symptome sind wichtig, nicht so sehr an sich, sondern darin, was sie letztlich bedeuten, das heißt, was letztlich ihre Ziele oder Wirkungen sein mögen. Die Untersuchung von Symptomen an sich ist ziemlich unwichtig, doch die Analyse der dynamischen Bedeutung der Symptome ist wichtig, weil sie fruchtbar ist – zum Beispiel zur Ermöglichung der Psychotherapie. Die besonderen Bedürfnisse, die in unserem Bewußtsein dutzende Male am Tag auftauchen, sind nicht an sich wichtig, sondern vor allem darin, wofür sie stehen, wohin sie führen, was sie letztlich nach gründlicherer Analyse bedeuten.

Es ist für diese gründlichere Analyse charakteristisch, daß sie immer letztlich zu bestimmten Zielen oder Bedürfnissen führt, über die wir nicht hinausreichen; das heißt, zu bestimmten Bedürfnisbefriedigungen, die schon Zweck an sich zu sein scheinen und keiner weiteren Rechtfertigung oder Manifestation bedürfen. Solche Bedürfnisse haben im Durchschnittsmenschen die besondere Eigenschaft, selten direkt betrachtet werden zu können, jedoch häufiger eine Art begriffliche Ableitung der Vielfalt an spezifischen bewußten Bedürfnissen zu sein. Mit anderen Worten, die Motivationsanalyse muß zum Teil auch Untersuchung der elementaren menschlichen Ziele, Wünsche oder Bedürfnisse sein.

Diese Fakten ergeben eine andere Notwendigkeit für eine vernünftige Motivationstheorie. Da solche Ziele nicht oft direkt im Bewußtsein beobachtet werden können, werden wir gezwungen, das gesamte Problem der unbewußten Motivation zu behandeln. Sorgfältige Untersuchungen des bewußten Motivationslebens allein werden häufig vieles auslassen, was genauso oder noch wichtiger ist als das, was man im Bewußtsein beobachten kann. Die Psychoanalyse hat häufig gezeigt, daß die Beziehung zwischen einem bewußten Verlangen und dem letztlich unbewußten Ziel, das dem Verlangen zugrunde liegt, überhaupt nicht unmittelbar sein muß. Tatsächlich kann die Beziehung eine negative sein, wie etwa in Reaktionsformationen. Wir können abschließend also behaupten, daß eine vernünftige Motivationstheorie das unbewußte Leben nicht vernachlässigen darf.

Verlangen und Kultur

Es gibt bereits genügend anthropologisches Beweismaterial dafür, daß die tiefen oder elementaren Bedürfnisse aller menschlichen Wesen nicht annähernd so stark voneinander verschieden sind wie ihre bewußten alltäglichen Wünsche. Der Hauptgrund dafür ist, daß verschiedene Kulturen vollkommen verschiedene Wege zur Befriedigung eines bestimmten Bedürfnisses anbieten können, etwa für Selbstachtung oder anderes. In der einen Gesellschaft erhält man Selbstachtung, indem man ein guter Jäger ist; in einer anderen als großer Medizinmann oder mutiger Krieger oder als emotionslose Persönlichkeit und anderes mehr. Deshalb kann es, mit Hinsicht auf das Elementare, dazu kommen, daß das Verlangen danach, ein guter Jäger zu sein, dieselbe Dynamik und dasselbe fundamentale Ziel hat wie das Verlangen eines anderen, ein guter Medizinmann zu sein. Wir können deshalb behaupten, daß es für den Psychologen nützlicher ist, diese beiden scheinbar verschiedenen bewußten Wünsche in derselben Kategorie zu vereinen, anstatt sie auf Grund von rein verhaltensmäßigen Überlegungen in verschiedene Kategorien einzuordnen.

Anscheinend sind Zwecke an sich weit allgemeiner als die Wege dahin, denn diese werden lokal von der jeweiligen Kultur bestimmt. Die Menschen gleichen einander mehr, als man auf den ersten Blick sieht.

Multiple Motivationen

Wir haben aus der Analyse der Psychopathologie gelernt, daß ein bewußtes Verlangen oder ein motiviertes Verhalten eine weitere Besonderheit hat, die mit jener verknüpft ist, die wir gerade besprochen haben. Das heißt, daß das Verlangen oder Verhalten als eine Art Kanal dienen kann, durch den andere Zwecke ausgedrückt werden. Es gibt einige Möglichkeiten, dies aufzuzeigen. So ist bekannt, daß sexuelles Verhalten und bewußte sexuelle Wünsche ungeheuer komplex hinsichtlich ihrer darunterliegenden unbewußten Ziele sein können. Bei dem einen kann sexuelles Verlangen faktisch das Bedürfnis bedeuten, sich seiner Männlichkeit zu vergewissern. Beim anderen mag es im Grund das Bedürfnis repräsentieren, Eindruck zu machen, oder das Verlangen nach Nähe, Freundlichkeit, Sicherheit, Liebe oder jedwede Kombination davon. Auf der bewußten Ebene mag das sexuelle Verlangen bei jedem einzelnen denselben Inhalt haben, und wahrscheinlich würden alle den Fehler begehen, zu denken, daß sie nur sexuelle Befriedigung suchen. Doch wir wissen jetzt, daß dies nicht richtig ist, daß es für das Verständnis des einzelnen nützlich ist, sich damit zu befassen, was sexuelles Verlangen und Verhalten grundsätzlich darstellen, mehr als damit, was jeder einzelne denkt, daß sie darstellen. (Das stimmt sowohl für das vorbereitende wie auch für das konsumierende Verhalten.)

Ein anderer Beweis in diesem Punkt ist der Befund, daß ein einziges psychopathologisches Symptom zugleich einige verschiedene, ja sogar einander entgegengesetzte Bedürfnisse repräsentieren kann. Ein hysterisch paralysierter Arm kann die Erfüllung gleichzeitiger Wünsche nach Rache, Mitleid, Liebe und Achtung darstellen. Den bewußten Wunsch im ersten oder das äußere Symptom im zweiten Beispiel nur nach Verhaltensmerkmalen zu beurteilen, bedeutet, willkürlich die Möglichkeit aufzugeben, das Verhalten und den Motivationszustand des einzelnen total zu verstehen. Es sei betont, daß es ungewöhnlich ist, *nicht* üblich, daß eine Handlung oder ein bewußter Wunsch nur eine Motivation haben.

Motivierende Zustände

In einem gewissen Sinn ist fast jeder organische Zustand an sich auch ein motivierender Zustand. Wenn wir sagen, daß sich jemand zurückgewiesen fühlt, was meinen wir damit? Eine statische Psychologie wäre damit zufrieden, nach einer solchen Feststellung einen Punkt zu setzen. Doch eine dynamische Psychologie würde weit mehr in dieser Feststellung erblicken, mit voller empirischer Rechtfertigung. Denn ein solches Gefühl hat Nachwirkungen im ganzen Organismus, sowohl in physiologischer wie auch psychischer Hinsicht. Zum Beispiel bedeutet es auch Spannung und Anstrengung und Unglücklichsein. Außerdem, ganz abgesehen von der gleichzeitigen Beziehung mit dem Rest des Organismus, führt ein solcher Zustand automatisch und notwendig zu vielen anderen Ereignissen, zum Beispiel zu zwanghaftem Verlangen, Zuneigung zurückzuerobern, zu Verteidigungsanstrengungen verschiedener Art, zu einem Stau von Feindseligkeit, und zu anderem mehr.

Klarerweise gelingt es uns also, den Zustand, der in der Feststellung, «diese Person fühlt sich zurückgewiesen», angedeutet wird, nur dann zu erklären, wenn wir viele weitere Feststellungen darüber treffen, was der Person zustößt, weil sie sich zurückgewiesen fühlt. Mit anderen Worten, das Gefühl des Zurückgewiesenseins selbst ist ein motivierender Zustand. Gegenwärtige Motivationskonzeptionen gehen gewöhnlicherweise von der Annahme aus, oder scheinen von ihr auszugehen, daß ein Motivationszustand ein besonderer, spezieller Zustand ist, ganz verschieden von anderen Ereignissen des Organismus. Eine vernünftige Motivationstheorie sollte jedoch im Gegenteil von der Annahme ausgehen, daß Motivation konstant ist, nie endet, fluktuiert, komplex strukturiert ist, und daß Motivation ein fast universelles Charakteristikum praktisch jedes organischen Zustands ist.

Beziehungen von Motivationen

Der Mensch ist ein Lebewesen mit Bedürfnissen und erreicht selten einen Zustand vollständiger Befriedigungen, außer für kurze Zeit. Sobald ein Bedürfnis befriedigt ist, stellt sich ein anderes an seiner Statt ein. Wenn

dieses befriedigt ist, schiebt sich ein anderes in den Vordergrund und so fort. Es ist für das menschliche Wesen während seines ganzen Lebens charakteristisch, daß es praktisch immerzu etwas begehrt. Deshalb stehen wir vor der Notwendigkeit, die Beziehungen aller Motivationen untereinander zu untersuchen, und müssen deshalb in Einklang damit das Konzept isolierter Motivationseinheiten aufgeben, wenn wir jenes breite Verständnis erreichen wollen, nach dem wir suchen. Das Erscheinungsbild des Triebs oder Verlangens, die Handlungen, in denen sie resultieren, und die Befriedigung, die sich aus dem Erreichen des Zielobjekts ergibt, geben zusammen nur ein künstliches, isoliertes, singuläres Beispiel, herausgerissen aus dem gesamten Zusammenhang der Motivationseinheit. Ein solches Erscheinungsbild hängt praktisch immer vom Zustand der Befriedigung oder des Unbefriedigtseins aller anderen Motivationen ab, die im Organismus jeweils vorhanden sind, das heißt, von der Tatsache, daß diese oder jene anderen übermächtigen Wünsche den Zustand der relativen Befriedigung erreicht haben. Etwas an sich zu begehren, schließt bereits die Existenz von Befriedigungen anderer Bedürfnisse ein. Wir würden nie das Verlangen haben, Musik zu komponieren oder mathematische Systeme aufzustellen oder unser Heim zu dekorieren oder gut angezogen zu sein, wenn unsere Mägen die meiste Zeit leer wären, oder wenn wir ständig vor Durst fast stürben, oder wenn wir ständig von einer nahen Katastrophe bedroht wären, oder wenn uns alle haßten.
Von den Motivationstheoretikern hat noch niemand diesen beiden Tatsachen richtig Rechnung getragen: erstens, daß das menschliche Wesen niemals befriedigt ist, außer in einer relativen, stufenweisen Art, und zweitens, daß sich Bedürfnisse selbst in einer Art Hierarchie der Vormacht ordnen.

Triebkatalog

Wir sollten ein für alle Mal den Versuch aufgeben, atomistische Kataloge von Trieben oder Bedürfnissen anzulegen. Erstens bedeuten sie eine Gleichheit der verschiedenen katalogisierten Triebe, eine Gleichheit ihrer Mächtigkeit und der Wahrscheinlichkeit ihres Auftretens. Das ist unrichtig, denn die Wahrscheinlichkeit jedes Bedürfnisses, im Bewußtsein aufzutauchen, hängt vom Zustand der Befriedigung anderer mächtigerer Bedürfnisse ab. Es bestehen große Unterschiede in der Wahrscheinlichkeit des Auftretens verschiedener besonderer Triebe.

Zweitens bedeutet ein solcher Katalog die Isolierung aller katalogisierten Triebe untereinander. Selbstverständlich sind sie keineswegs in dieser Weise isoliert.

Drittens läßt ein solcher Katalog, da er gewöhnlich auf einer Verhaltensbasis angefertigt wird, alles außer acht, was wir über die dynamische Natur der Triebe wissen, so etwa, daß ihre bewußten und unbewußten Aspekte verschieden sein können, daß ein bestimmtes Verlangen in Wirklichkeit ein Kanal für die Äußerung einiger anderer Bedürfnisse sein kann, und so weiter.

Solche Kataloge sind auch schon deshalb töricht, weil sich die Triebe nicht zu einer arithmetischen Summe isolierter, separater Teile fügen. Sie sind eher in einer Hierarchie ihrer Besonderheit gegliedert. Damit ist gemeint, daß die Anzahl der Triebe, die man aufzählen will, gänzlich vom Grad der Vereinzelung abhängt, mit dem man sie zu analysieren sich entschließt. Das wahre Bild ergibt sich nicht aus einer großen Anzahl von Hölzchen, die Seite an Seite liegen, sondern eher aus einem Nest von Schachteln, in dem eine Schachtel drei andere enthält, von denen wiederum jede zehn andere birgt und so fort. Eine andere Analogie ergibt sich etwa aus der Beschreibung eines histologischen Schnitts in verschiedenen Vergrößerungsgraden. So können wir von einem Bedürfnis nach Befriedigung oder Gleichgewicht sprechen; oder spezifischer, von einem Bedürfnis nach Nahrung; oder noch spezifischer, von einem Bedürfnis, den Magen zu füllen; oder von einem Verlangen nach Protein; oder von einem Verlangen nach einem bestimmten Protein, und so weiter. Zu viele der Kataloge, die uns gegenwärtig zur Verfügung stehen, kombinieren unterschiedslos Bedürfnisse auf verschiedenen Vergrößerungsebenen. Nach einer derartigen Verwirrung ist es verständlich, daß einige Kataloge drei oder vier Bedürfnisse enthalten und andere Hunderte. Wenn wir wollten, könnten wir eine Liste anfertigen, die von einem Trieb bis zu einer Million enthält, je nachdem wie spezifisch die Analyse ist. Außerdem sollte man erkennen, daß wir beim Versuch, grundlegende Bedürfnisse zu beschreiben, sie als Ensembles verstehen sollten, als grundlegende Kategorien oder *Kollektionen* von Bedürfnissen. Mit anderen Worten, eine Aufzählung fundamentaler Ziele wäre eine abstrakte Klassifikation, mehr als ein Katalog. Außerdem scheinen alle Triebkataloge, die je publiziert wurden, zu implizieren, daß sich die verschiedenen Triebe wechselseitig ausschließen. Doch es gibt keine gegenseitige Ausschließlichkeit. Im Regelfall überlappen die Triebe einander dermaßen, daß es fast unmöglich ist, sie klar und scharf voneinander zu unterscheiden. Jede Kritik der Triebtheorie sollte auch einen Hinweis darauf enthalten, daß der Begriff des Triebes selbst wahrscheinlich aus einer Präokkupation mit den physiologischen Bedürfnissen entsteht. In der Untersuchung solcher Bedürfnisse ist es sehr leicht, Antrieb, motiviertes Verhalten und Zielobjekt voneinander zu trennen. Doch es ist keineswegs leicht, zwischen Trieb und Zielobjekt zu unterscheiden, wenn man vom Bedürfnis nach Liebe spricht. Hier scheinen der Trieb, das Bedürfnis, das Zielobjekt, die Aktivität alles dasselbe zu sein.

Klassifikation des Motivationslebens

Die gegenwärtige Beweislage scheint anzudeuten, daß die einzige vernünftige und tragfähige Basis, auf der man irgendeine Klassifizierung des Motivationslebens errichten kann, aus den grundlegenden Zielen oder Bedürfnissen besteht, nicht aus irgendeiner Aufzählung von Trieben im gewöhnlichen Sinn von Antrieben («Ziehen» mehr als «Drängen»). Nur die grundlegenden Ziele bleiben in der Bewegung konstant, die ein dynamisches Untersuchungsprinzip der psychologischen Theoriebildung aufzwingt. Die Erwägungen, die wir bereits diskutierten, sollten diese Feststellung ohne alle weiteren Beweise abstützen. Sicherlich stellt motiviertes Verhalten keine geeignete Basis für die Klassifikation dar, da es, wie wir gesehen haben, viele Dinge ausdrücken kann. Das spezifische Zielobjekt ist ebenfalls aus denselben Gründen keine geeignete Klassifikationsbasis. Ein Mensch, der ein Verlangen nach Nahrung hat, der sich dann richtig verhält, um sie zu erhalten, und sie dann kaut und schluckt, kann in Wirklichkeit mehr Sicherheit suchen als Nahrung. Und der einzelne, der den ganzen Prozeß des sexuellen Verlangens, des Flirtverhaltens und des Konsumationsaktes durchläuft, sucht vielleicht mehr nach Selbstachtung als nach sexueller Befriedigung. Der Trieb, so wie er introspektiv im Bewußtsein erscheint, das motivierte Verhalten, und auch die ausdrücklich offensichtlichen Zielobjekte oder angestrebten Zieleffekte sind keineswegs eine vernünftige Grundlage für eine dynamische Klassifikation des Motivationslebens im menschlichen Wesen. Wenn auch nur durch das Verfahren der logischen Ausschließung allein, bleiben uns letztlich nur die weitgehend unbewußten grundlegenden Ziele oder Bedürfnisse als die einzige vernünftige Grundlage der Klassifikation in der Motivationstheorie[1].

Motivation und Ergebnisse aus der Verhaltensforschung an Tieren

Akademische Psychologen haben sich weitgehend bei ihrer Arbeit auf dem Motivationsgebiet auf Tierexperimente verlassen. Es ist eine Binsenweisheit, zu sagen, daß eine weiße Ratte nicht ein Menschenwesen ist, aber unglücklicherweise muß man sie immer wieder aussprechen, da zu häufig die Resultate von Tierexperimenten als Grundlage für Theorien über die menschliche Natur betrachtet werden[2]. Ergebnisse von Tierexperimenten können sicherlich von großem Nutzen sein, doch nur, wenn man sie mit Vorsicht und weise verwendet.

Es gibt einige weitere Erwägungen, die für meine Behauptung von Belang sind, daß eine Motivationstheorie anthropozentrisch sein muß und nicht tierbezogen. Zunächst sei ein Begriff des Instinkts Gegenstand der Diskussion, den man rigid als eine Motivationseinheit definieren kann, in der Trieb*, motiviertes Verhalten und Zielobjekt oder Zieleffekt alle in

[1] Siehe «Explorations in Personality» von Murray und anderen, zwecks einer gründlicheren Diskussion über manche der erwähnten Punkte (346).

[2] Z. B. hat P. T. Young (492) willkürlich den Begriff der Absicht oder des Zieles aus der Motivationstheorie ausgeschlossen, weil man eine Ratte nicht nach ihrer Absicht fragen kann: Ist es wirklich notwendig, darauf hinzuweisen, daß wir einen Menschen ja nach seinen Absichten fragen können? Anstatt den Begriff der Absicht oder des Zieles abzulehnen, weil wir Ratten nicht danach fragen können, erscheint es viel vernünftiger, Ratten abzulehnen, weil wir sie nicht nach ihren Absichten fragen können.

* In der Maslowschen Hierarchie der Bedürfnisse sind es die grundlegendsten und damit zuunterst stehenden, für die man den Begriff «Trieb» verwenden könnte: Hunger und

einem feststellbaren Ausmaß hereditär determiniert sind. Auf der phylogenetischen Skala gibt es nach oben einen ständigen Trend zum Verschwinden der solcherart definierten Instinkte. Zum Beispiel ist die Behauptung richtig, daß man bei der weißen Ratte dieser Definition folgend den Hungerinstinkt, den Sexinstinkt und den Mutterinstinkt vorfindet. Beim Affen ist der Sexualinstinkt endgültig verschwunden, der Hungerinstinkt ist in verschiedener Hinsicht modifiziert, und nur der Mutterinstinkt ist ohne Zweifel vorhanden. Beim Menschen, unserer Definition nach, sind alle drei verschwunden zugunsten von Konglomeraten hereditärer Reflexe, hereditärer Triebe, autogenem Lernen und kulturellem Lernen im Motivationsverhalten und in der Wahl der Zielobjekte (siehe Kapitel 6). So erkennt man bei der Untersuchung des menschlichen Sexuallebens, daß der bloße Trieb durch die Vererbung gegeben ist, doch daß die Objektwahl und die Verhaltenswahl erworben oder im Verlauf der Lebensgeschichte erlernt werden müssen. Wenn wir der phylogenetischen Skala aufwärts folgen, werden Appetite immer wichtiger und Hunger immer weniger wichtig. Das bedeutet, daß es viel weniger Variabilität in der Nahrungswahl der weißen Ratte gibt als beim Affen, und weniger beim Affen als beim Menschen (302).

Schließlich gibt es auf der phylogenetischen Skala in den oberen Bereichen, sobald die Instinkte fallengelassen werden, immer mehr Abhängigkeit von der Kultur als einem Instrument der Anpassung. Wenn man also die Ergebnisse von Tierversuchen verwenden soll, muß man sich dieser Tatsachen bewußt sein. So sollten etwa Affen gegenüber der weißen Ratte als Objekte von Motivationsexperimenten den Vorzug finden, wenn auch nur aus dem einfachen Grund, daß wir Menschen Affen viel ähnlicher sind als weißen Ratten. Harlow und viele andere Primatenforscher haben das ausreichend gezeigt (172, 202).

Sex. «Instinkt», wie Maslow das Wort gebraucht, bedeutet ein gleichsam automatisch ablaufendes Verhalten zur Befriedigung eines Bedürfnisses, in dem der Trieb am Anfang und die Erlangung des Triebziels am Ende steht. Maslow spricht von einem «Instinkt» häufig auch dann, wenn im Deutschen «Trieb» gebräuchlich ist. «Drive» verwendet er selten, etwas häufiger «impulse», aber zumeist in der Bedeutung von «Antrieb», «Anstoß», eben – «Impuls». Im folgenden wird «instinct» immer dann mit «Trieb» übersetzt, wenn es der deutsche Sprachgebrauch vorsieht – wie etwa in «Aggressionstrieb», obwohl Maslow von einem «aggressive instinct» spricht.

Umwelt

Bislang habe ich nur von der Natur des Organismus selbst gesprochen. Es ist an dieser Stelle notwendig, auch etwas über die Situation oder die Umwelt zu sagen, in der sich der Organismus befindet. Wir müssen sicherlich sofort zugeben, daß sich menschliche Motivierung selten im Verhalten außerhalb der Beziehung zur Situation und zu anderen Menschen realisiert. Jede Theorie der Motivation muß selbstverständlich dieser Tatsache Rechnung tragen, einschließlich der Rolle der kulturellen Determinierung in der Umwelt und auch im Organismus selbst.

Ist dies einmal der Fall, bleibt noch, den Theoretiker zu warnen, sich zu sehr mit dem Äußeren, mit der Kultur, mit der Umwelt oder der Situation zu befassen. Unser zentrales Untersuchungsobjekt ist schließlich der Organismus oder die Charakterstruktur. Es ist leicht, in der Situationstheorie so weit zu übertreiben, daß der Organismus nur ein zusätzliches Objekt auf dem Feld wird, gleichbedeutend vielleicht mit einer Barriere oder irgendeinem Gegenstand, den er zu bekommen versucht. Wir müssen daran denken, daß der einzelne zum Teil seine Barrieren selbst *erzeugt,* ebenso auch seine Wertobjekte, und daß sie daher teilweise in den Begriffen definiert werden müssen, die vom jeweiligen Organismus in den jeweiligen Situationen gesetzt werden. Ich kenne keine Möglichkeit, ein Feld generell so zu beschreiben oder zu definieren, daß die Beschreibung unabhängig wird vom jeweiligen im Feld funktionierenden Organismus. Man muß darauf hinweisen, daß ein Kind, das in den Besitz eines bestimmten, für es wertvollen Gegenstands zu gelangen versucht, aber von irgendeiner Barriere davon abgehalten wird, nicht nur bestimmt, daß der Gegenstand wertvoll ist, sondern auch, daß die Barriere eine Barriere ist. Psychologisch gibt es keine Barriere; es gibt sie nur für eine bestimmte Person, die versucht, zu erlangen, was sie gerade begehrt.

Meinem Eindruck nach gedeiht diese extreme oder exklusive Situationstheorie am besten dann, wenn sie auf unzulänglichen Motivationstheorien beruht. Zum Beispiel bedarf jede Verhaltenstheorie der Situationstheorie, um überhaupt irgendeinen Sinn zu haben. Eine Motivationstheorie, die auf den existierenden Trieben und nicht auf Zielen oder Bedürfnissen basiert, bedarf ebenfalls einer starken Situationstheorie, wenn sie nicht widerlegt werden soll. Eine Theorie jedoch, die konstante grundlegende Bedürfnisse betont, wird sie relativ beständig und unabhängiger von der besonderen Situation vorfinden, in der sich der Organismus befindet. Denn nicht nur organisiert das Bedürfnis seine Aktionsmöglichkeiten in einer sozusagen möglichst effizienten Form und mit beträchtlicher Variationsbreite, sondern es organisiert und kreiert sogar noch die äußere Realität. Anders formuliert heißt das: Wenn wir Koffkas Unterscheidung zwischen geographischer und psychologischer Umwelt akzeptieren, ist die einzige befriedigende Art und Weise zu verstehen, wie eine geographische Umwelt zu einer psychologischen wird, zu begreifen, daß das Organisationsprinzip der psychologischen Umwelt das gerade aktuelle Ziel des Organismus in einer bestimmten Umgebung ist.

Eine vernünftige Motivationstheorie muß also die Situation in Rechnung stellen, darf jedoch niemals zu einer bloßen Situationstheorie werden; das heißt, wenn wir nicht ausdrücklich unsere Suche nach einem Verstehen der Natur der Beständigkeit des Organismus zugunsten eines Verstehens der Welt aufgeben wollen, in der er lebt.

Um unnötige Argumentationen zu vermeiden, sei betont, daß wir uns jetzt nicht mit einer Verhaltenstheorie, sondern mit einer Motivationstheorie befassen. Verhalten wird von einigen Klassen von Determinanten bestimmt, von denen Motivation eine darstellt und die Kräfte der Umgebung eine andere. Die Erforschung der Motivation negiert nicht die Erforschung der Situationsdeterminanten, sondern ergänzt sie. Sie haben beide Platz in einer umfassenderen Struktur.

Integration

Jede Motivationstheorie muß die Tatsache in Rechnung stellen, daß der Organismus sich gewöhnlich als ein integriertes Ganzes verhält, aber auch, daß er es zuweilen nicht tut. Es gibt spezifische isolierte Konditionierungen und Gewohnheiten, die in Betracht gezogen werden müssen, segmentierte Reaktionen verschiedener Art, und eine Schar von bekannten Phänomenen der Dissoziation und des Mangels an Integration. Der Organismus kann sich außerdem in einer nicht einheitlichen Art im täglichen Leben verhalten, so etwa, wenn wir viele Dinge zugleich tun.

Offensichtlich ist der Organismus am meisten integriert, wenn er sich erfolgreich entweder mit großer Freude oder einem kreativen Moment konfrontiert sieht, oder mit einem großen Problem oder einer Bedrohung oder einer Notlage. Doch wenn die Bedrohung überwältigend ist oder wenn der Organismus zu schwach oder hilflos ist, um mit ihr fertig zu werden, neigt er dazu, zu desintegrieren. Insgesamt kann ein Organismus, wenn das Leben leicht und erfolgreich ist, gleichzeitig verschiedene Dinge tun und sich vielen Richtungen zuwenden.

Es ist meine feste Meinung, daß ein beachtlicher Teil der Phänomene, die spezifisch und isoliert zu sein scheinen, es in Wirklichkeit nicht sind. Häufig kann man mit einer tieferen Analyse zeigen, daß sie einen sinnvollen Platz in der gesamten Struktur beanspruchen, zum Beispiel konversionshysterische Symptome. Dieser scheinbare Mangel an Integration mag manchmal einfach eine Reflexion unserer eigenen Ignoranz sein, aber wir wissen bereits auch genug, um sicher zu sein, daß isolierte, segmentale oder unintegrierte Reaktionen unter bestimmten Umständen durchaus möglich sind. Darüber hinaus wird es immer deutlicher, daß man solche Phänomene nicht als schwach oder schlecht oder pathologisch betrachten soll. Vielmehr müssen sie häufig als Evidenz für eine der allerwichtigsten Fähigkeiten des Organismus angesehen werden, unwichtige oder vertraute oder leicht lösbare Probleme auf eine partielle, spezifische oder segmentale Weise anzugehen, damit die Hauptfähigkeiten des Organismus frei bleiben für wichtigere Probleme, die mehr herausfordern (160).

Nichtmotiviertes Verhalten

Obwohl die Psychologen fast allgemein das Gegenteil annehmen, scheint mir klar zu sein, daß *nicht* alles Verhalten, *nicht* alle Reaktionen motiviert sind, zumindest nicht im gewöhnlichen Sinn der Suche nach Bedürfnisbefriedigung, das heißt, der Suche danach, was fehlt oder gebraucht wird. Die Phänomene des Reifens, des Ausdrucks und des Wachsens oder der Selbstverwirklichung sind alles Beispiele für die Ausnahme von der Regel der allgemeinen Motivation und sollten besser als Ausdruck und nicht als

Bewältigung betrachtet werden. Sie werden ausführlich im folgenden behandelt werden, besonders in den Kapiteln 10 und 14.
Zusätzlich hat Norman Maier (284) unsere Aufmerksamkeit auf eine Unterscheidung gelenkt, die von den Freudianern oft impliziert, aber nie scharf und unmißverständlich herausgearbeitet wurde. Die meisten neurotischen Symptome oder Trends sind auf Grundbedürfnisbefriedigung gerichtete Impulse, die irgendwie unterdrückt oder fehlgerichtet oder mit anderen Bedürfnissen vermengt oder auf falsche Mittel fixiert wurden. Andere Symptome jedoch sind nicht länger bedürfnisgerichtet, sondern einfach protektiv oder defensiv. Sie haben kein Ziel, außer weitere Verletzung oder Bedrohung oder Frustration zu vermeiden. Der Unterschied ist gleich wie derjenige zwischen einem Boxer, der noch zu siegen hofft, und einem, der keine Hoffnungen mehr auf Sieg hat und nur noch versucht, so schmerzlos wie nur möglich zu verlieren. Da Aufgeben und Hoffnungslosigkeit letztlich von beträchtlicher Relevanz für die Therapieprognose ist, für die Lernerwartungen, wahrscheinlich sogar für die Langlebigkeit, muß jede Motivationstheorie Maiers Unterscheidung und ebenso auch Klees Interpretation dazu (233) berücksichtigen.

Möglichkeit von Erlangung

Dewey (108) und Thorndike (249) haben einen wichtigen Aspekt der Motivation betont, der von den meisten Psychologen vollständig vernachlässigt wurde, nämlich Möglichkeit. Insgesamt sehnen wir uns bewußt danach, was möglicherweise tatsächlich erreicht werden kann. Das heißt, daß wir viel realistischer in unseren Wünschen sind, als es die Psychoanalytiker zugeben, die mit unbewußten Wünschen beschäftigt sind. Wenn das Einkommen einer Person wächst, fängt sie an, sich Dinge aktiv zu wünschen, von denen sie einige Jahre vorher nicht geträumt hätte. Der durchschnittliche Amerikaner sehnt sich nach Autos, Kühlschränken und TV-Apparaten, weil sie reale Möglichkeiten sind; er sehnt sich nicht nach Jachten oder Flugzeugen, weil sie de facto nicht in Reichweite des durchschnittlichen Amerikaners liegen. Wahrscheinlich sehnt er sich auch *unbewußt* nicht nach ihnen.

Aufmerksamkeit für diesen Faktor der «Möglichkeit von Erlangung» ist entscheidend für das Verständnis der Unterschiede in der Motivation zwischen verschiedenen Klassen und Kasten unserer Bevölkerung und zwischen dieser und derjenigen anderer, ärmerer Länder und Kulturen.

Realitätseinfluß

Verwandt mit diesem Problem ist auch das Problem des Realitätseinflusses auf unbewußte Triebe. Für Freud ist der Es-Trieb eine separate Einheit, die keine tiefergehenden Bezüge auf etwas anderes auf der Welt hat, nicht einmal auf andere Es-Triebe.

«Wir nähern uns dem Es mit Vergleichen, nennen es ein Chaos, einen Kessel voll brodelnder Erregungen... Von den Trieben her erfüllt es sich mit Energie, aber es hat keine Organisation, bringt keinen Gesamtwillen auf, nur das Bestreben, den Triebbedürfnissen unter Einhaltung des Lustprinzips Befriedigung zu schaffen. Für die Vorgänge im Es gelten die logischen Denkgesetze nicht, vor allem nicht der Satz des Widerspruchs. Gegensätzliche Regungen bestehen nebeneinander, ohne einander aufzuheben oder sich voneinander abzuziehen, höchstens daß sie unter dem herrschenden ökonomischen Zwang zur Abfuhr der Energie zu Kompromißbildungen zusammentreten. Es gibt im Es nichts, was man der Negation gleichstellen könnte, auch nimmt man mit Überraschung die Ausnahme vom Satz der Philosophen wahr, daß Raum und Zeit notwendige Formen unserer seelischen Akte seien...

Selbstverständlich kennt das Es keine Wertungen, kein Gut und Böse, keine Moral. Das ökonomische oder, wenn Sie wollen, quantitative Moment, mit dem Lustprinzip innig verknüpft, beherrscht alle Vorgänge. Triebbesetzungen, die nach Abfuhr verlangen, das, meinen wir, sei alles im Es.» (Freud, Sigmund, Neue Folge der Vorlesungen zur Einführung in die Psychoanalyse, Studienausgabe, Band I, S. 511 und 512, S. Fischer, Frankfurt/Main 1970)

In dem Ausmaß, in dem diese Impulse von den Bedingungen der Realität kontrolliert, modifiziert oder zurückgehalten werden, werden sie Teil des Ichs und nicht des Es.

«Die Auffassung bedarf kaum einer Rechtfertigung, daß das Ich jener Teil des Es ist, der durch die Nähe und den Einfluß der Außenwelt modifiziert wurde, zur Reizaufnahme und zum Reizschutz eingerichtet, vergleichbar der Rindenschicht, mit der sich ein Klümpchen lebender Substanz umgibt. Die Beziehung zur Außenwelt ist für das Ich entscheidend geworden, es hat die Aufgabe übernommen, sie bei dem Es zu vertreten, zum Heil des Es, das ohne Rücksicht auf diese übergewaltige Außenmacht im blinden Streben nach Triebbefriedigung der Vernichtung nicht entgehen würde. In der Erfüllung dieser Funktion muß das Ich die Außenwelt beobachten, eine getreue Abbildung von ihr in den Erinnerungsspuren seiner Wahrnehmungen niederlegen, durch die Tätigkeit der Realitätsprüfung fernhalten, was an diesem Bild der Außenwelt Zutat aus inneren Erregungsquellen ist. Im Auftrag des Es beherrscht das Ich die Zugänge zur Motilität, aber es hat zwischen Bedürfnis und Handlung den Aufschub der Denkarbeit eingeschaltet, während dessen es die Erinnerungsreste der Erfahrung verwertet. Auf solche Weise hat es das Lustprinzip entthront, das uneingeschränkt den Ablauf der Vorgänge im Es beherrscht und es durch das Realitätsprinzip ersetzt, das mehr Sicherheit und größere Erfolge verspricht» (ibid., S. 512–513).

Freilich behauptet John Dewey, daß alle Triebe beim Erwachsenen – oder zumindest die charakteristischen Triebe – in die Realität integriert sind und von ihr tangiert werden. Mit einem Wort, dies ist gleichbedeutend mit der Behauptung, daß es keine Ich-Triebe gibt, oder, zwischen den Zeilen gelesen, wenn es welche gibt, dann sind sie im tiefsten Innern pathologisch und nicht im tiefsten Inneren gesund.

Dieser Widerspruch sei hier angemerkt, obwohl keine empirische Lösung angeboten werden kann, weil es sich um einen entscheidenden, frontalen Unterschied handelt.

Uns scheint, daß die Frage nicht darin besteht, ob es solche Es-Triebe gibt, wie sie Freud beschreibt. Jeder Psychoanalytiker wird das Vorkommen von Phantasietrieben bezeugen, die ohne Rücksicht auf die Realität, den gesunden Menschenverstand, die Logik oder auch nur persönlichen Vorteil existieren. Die Frage ist dann, sind sie ein Indiz für Krankheit oder Regression, oder sind sie eine Enthüllung des innersten Kerns des gesunden Menschenwesens? An welchem Punkt in der Lebensgeschichte beginnt die infantile Phantasie von der Realitätswahrnehmung modifiziert zu werden? Ist sie dieselbe für alle, Neurotiker wie Gesunde? Kann das erfolgreich funktionierende menschliche Wesen irgendeine verborgene Ecke seines Trieblebens vollkommen von solchen Einflüssen freihalten? Oder wenn es sich herausstellt, daß solche im Ursprung vollständig intraorganische Triebe tatsächlich in uns allen vorhanden sind, dann müssen wir fragen: Wann zeigen sie sich? Unter welchen Bedingungen? Sind sie notwendigerweise jene Störenfriede, als die sie Freud angesehen hat? *Müssen* sie sich im Gegensatz zur Realität befinden?

Wissen über gesunde Motivation

Das meiste, was wir über die menschliche Motivation wissen, stammt nicht von den Psychologen, sondern von den Psychotherapeuten, die Patienten behandeln. Diese Patienten sind eine große Quelle von Irrtümern wie auch von nützlichen Resultaten, denn sie stellen offensichtlich eine schlechte Stichprobe aus der Bevölkerung dar. Das Motivationsleben von Neurotikern sollte, sogar prinzipiell, als Paradigma für gesunde Motivation zurückgewiesen werden. Gesundheit ist nicht einfach die Abwesenheit von Krankheit, nicht einmal deren Gegenteil. Jede Motivationstheorie, die der Aufmerksamkeit wert sein soll, muß die höchsten Fähigkeiten des gesunden und starken Menschen behandeln wie auch die defensiven Manöver des verkrüppelten Geistes. Die wichtigsten Aspekte der größten und besten Menschen der Geschichte müssen alle einbezogen und erklärt werden.

Ein solches Verständnis kann sich nie aus der Beobachtung nur von kranken Menschen ergeben. Wir müssen unsere Aufmerksamkeit auch den Gesunden zuwenden. Die Motivationstheoretiker müssen in ihrer Orientierung positiver werden.

4. Eine Theorie der menschlichen Motivation

Einführung

Dieses Kapitel stellt den Versuch dar, eine positive Theorie der Motivation zu formulieren, die den in den vorherigen Kapiteln aufgezählten theoretischen Anforderungen genügt und zugleich den bekannten klinischen wie auch experimentellen und beobachteten Tatsachen entspricht. Sie leitet sich jedoch am direktesten von der klinischen Erfahrung ab. Diese Theorie befindet sich meiner Meinung nach in der funktionalistischen Tradition von James und Dewey und ist vom Holismus Wertheimers, Goldsteins und der Gestaltpsychologie, wie auch von der Dynamik Freuds, Fromms, Horneys, Reichs, Jungs und Adlers durchdrungen. Man kann die Integration oder Synthese eine holistisch-dynamische Theorie nennen.

Die grundlegenden Bedürfnisse

Die physiologischen Bedürfnisse

Die Bedürfnisse, die man gewöhnlich als Ausgangspunkt der Motivationstheorie benützt, sind die sogenannten physiologischen Triebe. Zwei jüngste Forschungsrichtungen machen es notwendig, unsere gewohnte Betrachtungsweise dieser Bedürfnisse zu revidieren: erstens die Entwicklung des Begriffs der Homöostase, und zweitens die Erkenntnis, daß Appetite (bevorzugte Nahrung) einen ziemlich guten Hinweis auf die tatsächlichen Bedürfnisse oder Mängel des Körpers darstellen.

Homöostase bezieht sich auf die automatischen Anstrengungen des Körpers, eine stetige, normale Blutzirkulation aufrechtzuerhalten. Cannon (78) beschrieb diesen Prozeß hinsichtlich 1. des Wassergehaltes im Blut, 2. des Salzgehaltes, 3. des Zuckergehaltes, 4. des Protein-, 5. des Fett-, 6. des Calcium-, 7. des Sauerstoffgehaltes, 8. des stetigen Pegels der Wasserstoff-Ionen (Säure-Lauge-Gleichgewicht) und 9. der konstanten Bluttemperatur. Diese Aufzählung könnte offensichtlich andere Minerale, Hormone, Vitamine und so weiter einschließen.

Young (491, 492) hat die Appetit-Forschung in ihrer Beziehung zu den körperlichen Bedürfnissen zusammengefaßt. Wenn der Körper Mangel an irgendeinem Bestandteil hat, wird der einzelne (unvollkommen) dazu neigen, einen spezifischen Appetit oder partiellen Hunger nach dem vermißten Nahrungselement zu entwickeln.

So erscheint es sowohl unmöglich wie auch zwecklos, Kataloge von grundlegenden physiologischen Bedürfnissen anzulegen, da sie so lang sein werden, wie man es selbst will, je nach dem Vereinzelungsgrad der Beschreibung. Wir können nicht alle physiologischen Bedürfnisse als homöostatisch identifizieren. Daß Sexualverlangen, Schläfrigkeit, schiere Aktivität und Training sowie mütterliches Verhalten bei Lebewesen homöostatisch sind, wurde noch nicht bewiesen. Außerdem würde ein solcher Katalog nicht die verschiedenen Sinnesfreuden (Geschmack, Geruch, Kitzeln, Streicheln) einschließen, die wahrscheinlich physiologischer Natur sind und Ziele motivierten Verhaltens sein können. Auch wissen wir die Tatsache nicht zu interpretieren, daß es im Organismus gleichzeitige Tendenzen zur Unbeweglichkeit, Faulheit und dem Minimum an Anstrengung *und* auch Bedürfnisse nach Aktivität, Stimulierung und Erregung gibt.

Im vorigen Kapitel wurde darauf hingewiesen, daß man diese physiologischen Triebe oder Bedürfnisse als ungewöhnlich und nicht als typisch betrachten muß, weil sie isolierbar und somatisch lokalisierbar sind. Das bedeutet soviel, als daß sie relativ unabhängig voneinander, von anderen Motivationen und vom Organismus als ganzem sind, und zweitens, daß es in vielen Fällen möglich ist, eine lokalisierte, somatische Basis für den Trieb aufzuzeigen. Das stimmt weniger allgemein als man dachte (Ausnahmen sind Müdigkeit, Schläfrigkeit, mütterliche Reaktionen), aber es ist noch immer für die klassischen Beispiele des Hungers, der Sexualität und des Durstes richtig.

Es sei noch einmal darauf hingewiesen, daß alle physiologischen Bedürfnisse und das konsumierende Verhalten, das mit ihnen verknüpft ist, als Kanäle für alle möglichen anderen Bedürfnisse dienen können. Das heißt also, eine Person, die glaubt, daß sie hungrig ist, mag tatsächlich mehr nach Bequemlichkeit oder Geborgenheit verlangen als nach Vitaminen oder Proteinen. Umgekehrt ist es möglich, das Nahrungsbedürfnis teilweise mit anderen Aktivitäten zu befriedigen, mit Zigarettenrauchen oder Wassertrinken. Mit anderen Worten, diese physiologischen Bedürfnisse sind relativ, aber nicht vollständig isolierbar.

Ohne Zweifel sind diese physiologischen Bedürfnisse die mächtigsten unter allen. Das bedeutet insbesondere, daß in einem menschlichen Wesen, dem es im Leben extrem an allem mangelt, am wahrscheinlichsten die physiologischen Bedürfnisse vor allen anderen die Hauptmotivation darstellen werden. Jemand, dem es an Nahrung, Sicherheit, Liebe und Wertschätzung mangelt, würde wahrscheinlich nach Nahrung mehr als nach etwas anderem hungern.

Wenn alle Bedürfnisse unbefriedigt sind und der Organismus damit von den physiologischen Bedürfnissen beherrscht wird, können alle anderen Bedürfnisse einfach aufhören oder sie werden in den Hintergrund gedrängt. Dann kann man auch zu Recht den ganzen Organismus charakterisieren, indem man einfach sagt, er sei hungrig, denn das Bewußtsein wird fast vollständig vom Hunger erfüllt sein. Alle Fähigkeiten werden in den Dienst der Hunger-Befriedigung gestellt, und die Organisation der Fähigkeiten wird fast vollständig von dem einen Zweck, den Hunger zu stillen, determiniert. Die Rezeptoren und die Effektoren, die Intelligenz, das Gedächtnis, alle Gewohnheiten können nunmehr einfach als hungerstillende Instrumente definiert werden. Fähigkeiten, die für diesen Zweck von keinem Nutzen sind, bleiben latent oder werden in den Hintergrund gedrängt. Der Drang, Gedichte zu schreiben, das Verlangen nach einem neuen Auto, das Interesse an Geschichte, der Wunsch nach einem neuen Paar Schuhe sind im Extremfall vergessen oder werden zweitrangig. Für den, der äußerst und gefährlich hungrig ist, existieren keine anderen Interessen als Nahrung. Er träumt von Nahrung, er erinnert sich an Nahrung, er denkt über Nahrung nach, seine Gefühle beziehen sich nur auf Nahrung, er nimmt nur Nahrung wahr und verlangt nur nach Nahrung. Die subtileren Determinanten, die gewöhnlich mit den physiologischen Trieben vereint auch Essen, Trinken oder das sexuelle Verhalten organisieren, können jetzt so vollständig überwältigt sein, daß man zu diesem Zeitpunkt (und *nur* zu diesem) vom reinen Hungertrieb und -verhalten sprechen kann, mit dem einzigen, nicht näher qualifizierten Ziel – der Hungerbefriedigung.

Eine weitere besondere Eigenschaft des menschlichen Organismus, wenn er von einem bestimmten Bedürfnis beherrscht wird, besteht darin, daß sich auch die ganze Zukunftsphilosophie ändern kann. Für den chronisch und extrem hungrigen Menschen wird Utopia einfach als ein Ort definiert werden, an dem es genügend Nahrung gibt. In diesem Zustand neigt der Mensch dazu, zu denken, daß er vollkommen glücklich sein und niemals etwas anderes verlangen wird, wenn er nur für den Rest seines Lebens garantiert genügend zu essen hat. Das Leben selbst wird in den Begriffen des Essens definiert, und alles übrige als unwichtig abgetan. Freiheit, Liebe, Gemeinschaftssinn, Achtung, Philosophie werden als nutzloser Tand beiseite geschoben, weil sie nicht den Magen füllen können. In diesem Zustand kann man von einem Menschen behaupten, er lebe vom Brot allein.

Man kann nicht abstreiten, daß solche Zustände vorkommen, aber ihre *Verallgemeinerung* muß bestritten werden. Notstandsbedingungen sind, fast per definitionem, in einer normal funktionierenden friedlichen Gesellschaft selten. Daß man diesen Allgemeinplatz vergessen kann, mag zwei Gründen zugeschrieben werden. Erstens haben Ratten wenige andere Motivationen als die physiologischen, und da die meiste Motivationsforschung mit diesen Tieren durchgeführt wurde, ist es leicht, das Rattenbild auf den Menschen zu übertragen. Zweitens wird häufig nicht realisiert, daß die Kultur selbst ein Anpassungsinstrument ist, dessen wichtigste Funktion es ist, physiologischen Notstand selten zu machen. In den meisten bekannten Gesellschaften ist chronischer extremer Hunger vom Notstandstypus selten. Jedenfalls trifft dies auf die Vereinigten Staaten zu. Der durchschnittliche amerikanische Bürger fühlt Appetit und nicht Hunger, wenn er sagt: «Ich bin hungrig.» Er wird schieren Hunger auf Leben und Tod nur zufällig und auch dann höchstens einige wenige Male in seinem Leben erfahren.

Offensichtlich kann man die höheren Motivationen vernebeln und ein schiefes Bild von den menschlichen Fähigkeiten und von der menschlichen Natur bekommen, wenn man den Organismus extrem und chronisch hungrig oder durstig sein läßt. Jeder, der aus einem vom Notstand bedingten Bild ein typisches machen und alle menschlichen Ziele und Wünsche vom Verhalten in extremer physiologischer Deprivation messen möchte, ist sicherlich blind vielen Dingen gegenüber. Es stimmt zwar, daß der Mensch von Brot allein lebt – wenn es keines gibt. Aber was geschieht mit menschlichen Wünschen, wenn es Brot genug gibt und wenn der Magen chronisch voll ist?

Sofort tauchen andere (und höhere) Bedürfnisse auf, und diese, mehr als physiologischer Hunger, beherrschen den Organismus. Und wenn diese ihrerseits befriedigt sind, kommen neue (und wiederum höhere) Bedürfnisse zum Vorschein, und so weiter. Dies ist, was wir mit der Behauptung meinten, daß die grundlegenden menschlichen Bedürfnisse in einer Hierarchie der relativen Vormächtigkeit organisiert sind.

Diese Aussage bedeutet auch, daß Befriedigung ein eben so wichtiger Begriff der Motivationstheorie wird wie Entbehrung, denn sie entläßt den Organismus aus der Beherrschung durch ein relativ physiologischeres Bedürfnis und läßt damit das Auftauchen anderer, mehr sozialer Ziele zu. Die physiologischen Bedürfnisse, zusammen mit ihren Teilzielen, hören, wenn sie dauernd befriedigt werden, auf, als aktive Determinanten oder Ordner des Verhaltens zu existieren. Sie sind dann nur als Möglichkeiten vorhanden, in dem Sinn, daß sie wiederum auftauchen können, um den Organismus zu beherrschen, wenn sie frustriert werden. Der Organismus wird nur von unbefriedigten Bedürfnissen dominiert und sein Verhalten wird nur von ihnen organisiert. Wenn der Hunger gestillt ist, wird er in der aktuellen Dynamik des einzelnen unwichtig.

Diese Feststellung wird von einer Hypothese etwas eingeschränkt, die später ausführlicher besprochen werden soll: Es sind genau jene Individuen, bei denen ein bestimmtes Bedürfnis immer befriedigt wurde, die am besten gerüstet sind, die Frustration dieses Bedürfnisses in der Zukunft zu tolerieren. Darüber hinaus werden diejenigen, die in der Vergangenheit an Entbehrung gelitten haben, anders auf die aktuellen Befriedigungen reagieren als jemand, dem nie etwas versagt wurde.

Die Sicherheitsbedürfnisse

Sobald die physiologischen Bedürfnisse relativ gut befriedigt sind, taucht ein neues Bedürfnisensemble auf, das wir grob als Sicherheitsbedürfnis katalogisieren können (Sicherheit; Stabilität; Geborgenheit; Schutz; Angstfreiheit; Bedürfnis nach Struktur, Ordnung, Gesetz, Grenzen; Schutzkraft; und so fort). Alles, was über die physiologischen Bedürfnisse gesagt wurde, stimmt auch für diese Wünsche, wenn auch in einem geringeren Grad. Der Organismus kann genauso gut in seiner Gesamtheit von ihnen dominiert werden. Sie können das Verhalten ebenfalls fast ausschließlich organisieren und alle Fähigkeiten des Organismus in ihre Dienste stellen. Dann kann man den ganzen Organismus zu Recht als einen Sicherheit suchenden Mechanismus beschreiben. Die Rezeptoren, Effektoren und die Intelligenz, wie auch alle anderen Fähigkeiten, wird man dann als primär Sicherheit suchende Instrumente beschreiben können. Wie beim hungrigen Menschen wird auch in diesem Fall das dominierende Ziel nicht nur seine gegenwärtige Weltanschauung und Philosophie, sondern auch seine Philosophie der Zukunft und sein Wertsystem determinieren. Alles wird praktisch weniger wichtig scheinen als Sicherheit und Schutz (manchmal sogar die physiologischen Bedürfnisse, die dann, im Zustand der Befriedigung, unterschätzt werden). In diesem Zustand wird man einen Menschen als nur für die Sicherheit allein lebend charakterisieren können, wenn der Zustand extrem und chronisch genug ist.

Auch wenn uns in diesem Kapitel vor allem die Bedürfnisse des erwachsenen Menschen interessieren, werden wir seine Sicherheitsbedürfnisse vielleicht besser durch die Beobachtung von Säuglingen und Kindern verstehen lernen, bei denen diese Bedürfnisse viel einfacher und klarer auftreten. Ein Grund für die Deutlichkeit der Reaktion auf Bedrohung oder Gefahr bei Kindern besteht darin, daß sie die Reaktion überhaupt nicht zurückhalten, während die Erwachsenen in unserer Gesellschaft gelernt haben, sie unter allen Umständen zu unterdrücken. Daher wird man, auch wenn Erwachsene sich in ihrer Sicherheit bedroht fühlen, dies kaum an der Oberfläche beobachten können. Kinder werden in ihrer Gesamtheit reagieren, als wären sie gefährdet, wenn man sie stört oder plötzlich unbeachtet läßt, mit lautem Lärm, grellem Licht oder anderer

ungewohnter sensorischer Stimulation erschreckt, mit grober Behandlung, mit dem allgemeinen Verlust der Stützung in den mütterlichen Armen, oder durch unzureichende Unterstützung [1].
Bei Kindern kann man auch eine viel direktere Reaktion auf körperliche Erkrankungen verschiedener Art beobachten. Manchmal scheinen solche Krankheiten unmittelbar und *per se* bedrohlich zu sein und das Kind sich unsicher fühlen zu lassen. So scheinen Erbrechen, Durchfall oder andere starke Schmerzen des Kindes die ganze Welt in einem anderen Licht zu zeigen. Man kann behaupten, daß in einem solchen Moment des Schmerzes die ganze Welt sich für das Kind verwandelt, von einem sonnigen Platz zu einem finsteren, wo alles möglich ist, wo, was vorher stabil war, nunmehr zu schwanken beginnt. So wird ein Kind, das wegen verdorbener Nahrung für ein oder zwei Tage krank wird, Angst, Alpträume und das Bedürfnis nach Schutz und Ermunterung entwickeln wie nie zuvor. Neueste Studien über die psychologischen Auswirkungen von chirurgischen Eingriffen an Kindern zeigen das deutlich (270).
Auch die Vorliebe für irgendeine Art ungestörter Routine, einen glatten Ablaufrhythmus weist auf das kindliche Sicherheitsbedürfnis hin. Das Kind scheint nach einer voraussagbaren, geregelten, ordentlichen Welt zu verlangen. Ungerechtigkeit, Unehrlichkeit oder Inkonsistenz bei den Eltern scheint das Kind ängstlich und unsicher zu machen. Diese Haltung ergibt sich nicht so sehr wegen der Ungerechtigkeit an sich oder wegen der besonderen daraus entstehenden Schmerzgefühlen, sondern weil eine solche Behandlung die Welt unzuverlässig, unsicher oder unvorsehbar erscheinen läßt. Kleinkinder scheinen besser in einem System zu gedeihen, das zumindest ein starkes Skelett mit einer Zeiteinteilung, Routine und Zuverlässigkeit besitzt, nicht nur in der Gegenwart, sondern auch für die Zukunft. Kinderpsychologen, Lehrer und Psychotherapeuten haben festgestellt, daß Kinder nicht eine uneingeschränkte Permissivität, sondern eine eingegrenzte vorziehen und auch *brauchen*. Vielleicht kann das

[1] Wenn das Kind älter wird, lassen bloßes Wissen und Vertrautheit wie auch bessere motorische Koordination diese Gefahren immer weniger gefährlich und immer beherrschbarer erscheinen. Man kann sagen, daß während des ganzen Lebens eine der wichtigsten Willensfunktionen der Erziehung in der Neutralisierung der scheinbaren Gefahren durch Wissen besteht, zum Beispiel, man fürchtet sich nicht vor dem Gewitter, weil man darüber Bescheid weiß.

genauer mit der Formulierung ausgedrückt werden, daß das Kind eine organisierte und strukturierte Welt braucht, nicht das Gegenteil.

Die zentrale Rolle der Eltern und der normalen Familienstruktur ist nicht zu bestreiten. Streit, physische Attacke, Trennung, Scheidung oder Tod in der Familie sind besonders erschreckend. Auch elterliche Wutausbrüche, Strafandrohungen, Beschimpfungen, grobe Behandlung oder körperliche Bestrafung wecken im Kind zuweilen eine so totale Panik und einen derartigen Schrecken, daß man das Vorhandensein von mehr als nur körperlichem Schmerz annehmen muß. Zwar mag bei einigen Kindern solcher Terror auch die Angst, die elterliche Liebe zu verlieren, zeigen. Andererseits stellt er sich jedoch auch bei vollständig zurückgewiesenen Kindern ein, die sich auch an Eltern klammern, von denen sie gehaßt werden, mehr um Sicherheit und Schutz zu erhalten, als aus Hoffnung auf Liebe.

Wenn man das durchschnittliche Kind mit neuen, unvertrauten, fremden, nicht zu bewältigenden Reizen oder Situationen konfrontiert, weckt man ebenfalls häufig Alarm- oder Angstreaktionen, so etwa, wenn das Kind verlorengeht oder auch nur von seinen Eltern für kurze Zeit getrennt, mit neuen Gesichtern, neuen Situationen, neuen Aufgaben konfrontiert wird, oder beim Anblick fremder, unvertrauter oder unkontrollierbarer Gegenstände, bei Krankheit und Tod. Besonders bei solchen Gelgenheiten ist die wahnsinnig scheinende Anklammerung des Kindes an die Eltern beredtes Zeugnis für deren Rolle als Beschützer (abgesehen von ihrer Rolle als Nahrungs- und Liebesspender) [2].

Wir können diese und ähnliche Beobachtungen verallgemeinern und behaupten, daß das durchschnittliche Kind und – weniger offenkundig – auch der durchschnittliche Erwachsene in unserer Gesellschaft eine sichere, ordentliche, voraussehbare, gesetzmäßige, organisierte Welt bevorzugen, auf die sie rechnen können, in der unerwartete, unbewältigbare,

[2] Eine Testbatterie für Sicherheit mag das Kind etwa mit einem kleinen Feuerwerk, einem schnurrbartbewehrten Gesicht oder einer subkutanen Injektion konfrontieren, oder mit einer den Raum verlassenden Mutter, mit einer Maus, mit einer Position hoch oben auf der Leiter und mit ähnlichem mehr. Natürlich kann ich nicht die vorsätzliche Anwendung solcher Tests befürworten, denn sie könnten dem getesteten Kind Schaden zufügen. Aber solche und ähnliche Situationen ergeben sich dutzendweise im gewöhnlichen Alltag des Kindes und können beobachtet werden.

chaotische oder anders gefährliche Dinge nicht geschehen, und in der das Kind mächtige Eltern und Beschützer hat, die es vor Schaden bewahren.

Daß man solche Reaktionen so leicht bei Kindern beobachten kann, ist eine Art Beweis dafür, daß sich Kinder in unserer Gesellschaft zu unsicher fühlen (oder mit einem Wort, schlecht erzogen werden). Kinder, die in einer nicht bedrohenden, liebenden Familie aufwachsen, reagieren normalerweise nicht so, wie wir es beschrieben haben. Bei solchen Kindern stellen sich Alarmreaktionen meistens nach der Konfrontation mit Objekten oder Situationen ein, die von Erwachsenen ebenfalls für gefährlich gehalten werden.

Der gesunde und von Glück begünstigte Erwachsene ist in unserer Kultur in seinen Sicherheitsbedürfnissen im großen und ganzen befriedigt. Die friedvolle, glatt funktionierende, stabile, gute Gesellschaft läßt ihre Mitglieder gewöhnlich sich sicher genug fühlen vor wilden Tieren, extremen Temperaturen, kriminellen Attacken, Mord, Chaos, Tyrannei und dergleichen. Deshalb hat man sehr real kaum mehr irgendwelche Sicherheitsbedürfnisse als aktive Motivatoren. So, wie ein satter Mensch nicht länger Hunger fühlt, fühlt sich ein sicherer Mensch nicht länger bedroht. Wenn man solche Bedürfnisse direkt und klar beobachten will, muß man sich neurotischen oder fast-neurotischen Individuen zuwenden, und den ökonomisch und gesellschaftlich Unterprevilegierten, oder den Situationen des sozialen Chaos, der Revolution oder des Zusammenbruchs der Autorität. Zwischen diesen Extremen können wir das Auftreten von Sicherheitsbedürfnissen nur an Hand solcher Phänomene beobachten wie etwa der allgemeinen Bevorzugung von sozialer Sicherheit am Arbeitsplatz, vom Wunsch nach einem Sparkonto, und nach Versicherungen verschiedener Art (Kranken-, Arbeitslosen-, Invaliditäts-, Altersversicherung).

Andere, breitere Aspekte des Versuchs, Sicherheit und Stabilität in der Welt zu erlangen, kann man in der sehr allgemeinen Bevorzugung des Familiären gegenüber dem Unfamiliären (309), oder des Bekannten gegenüber dem Unbekannten beobachten. Die Tendenz zu einer Religion oder Weltanschauung, die Ordnung ins Universum bringt und die Menschen darin zu einer Art zufriedenstellendem, zusammenhängendem, sinnvollem Ganzen werden läßt, wird ebenfalls zum Teil vom Sicherheitsbedürfnis motiviert. Hier kann man auch Wissenschaft und Philosophie anführen, als teilweise von Sicherheitsbedürfnissen motiviert (wir werden später sehen, daß es auch andere Motivationen für wissenschaftliche, philosophische oder religiöse Unternehmungen gibt).

Anders kann man das Sicherheitsbedürfnis als aktiven und beherrschenden Mobilisationsfaktor der Kräfte, die dem Organismus zur Verfügung stehen, nur bei wirklichen Notfällen beobachten, zum Beispiel im Krieg, bei Krankheit, Naturkatastrophen, Verbrechen, sozialer Desorganisation, Neurose, Hirnverletzung, Zusammenbruch der Autorität, chronisch schlechten Situationen.

Manche neurotische Erwachsene in unserer Gesellschaft verhalten sich in mancher Hinsicht wie das unsichere Kind in ihrem Verlangen nach Sicherheit, obwohl dies beim Erwachsenen eine speziellere Form annimmt. Sie reagieren häufig auf die unbekannten, psychologischen Gefahren in einer Welt, die als feindlich, überwältigend und bedrohlich wahrgenommen wird. Solche Personen verhalten sich, als würde ständig eine große Katastrophe drohen, das heißt, sie reagieren gewöhnlich wie auf einen Notstand. Ihre Sicherheitsbedürfnisse finden häufig spezifischen Ausdruck in der Suche nach einem Beschützer, oder einer starken Persönlichkeit, auf die man sich verlassen kann – vielleicht einem ‹Führer›.

Den neurotischen einzelnen kann man mit großem Nutzen als eine erwachsene Person beschreiben, die gegenüber der Welt ihre kindlichen Haltungen aufrechterhält. Das heißt, daß man vom neurotischen Erwachsenen behaupten kann, er betrage sich, als hätte er tatsächlich Angst vor Bestrafung, oder Mißbilligung seitens seiner Mutter, oder davor, von seinen Eltern verlassen zu werden oder um seine Nahrung zu kommen. Es ist, als wären seine kindischen Attitüden der Angst- und Bedrohungsreaktion auf eine gefährliche Welt in den Untergrund gewandert und bereit, unberührt vom Prozeß des Lernens und Erwachsen-Werdens, von jedem Reiz hervorgeholt zu werden, der ein Kind sich bedroht und gefährdet fühlen ließe[3]. Horney (197) hat die «Grundangst» besonders gut beschrieben.

[3] Nicht alle Neurotiker fühlen sich unsicher. Der Kern der Neurose mag in der Vereitelung der Bedürfnisse nach Zuneigung und Achtung in einer Person bestehen, die im allgemeinen sicher genug ist.

Die Zwangsneurose läßt die Formen der Suche nach Sicherheit am klarsten zutage treten. Zwangsneurotiker versuchen, die Welt so zu ordnen und zu stabilisieren, daß nicht zu bewältigende, unerwartete und unvertraute Gefahren niemals auftreten können. Sie umgeben sich mit allen Arten von Zeremonien, Regeln und Formeln, um für jeden Zufall gerüstet zu sein oder jeden neuen Vorfall zu vermeiden. Sie verhalten sich ähnlich wie die Hirnverletzten, die Goldstein beschrieben hat und die ihren Gleichgewichtszustand aufrechterhalten können, indem sie alles Fremde und Unvertraute vermeiden und ihre beschränkte Welt so sauber, diszipliniert und ordentlich gestalten, daß man sich auf alles verlassen kann. Sie versuchen, die Welt so zu arrangieren, daß nichts Unerwartetes eintreten kann, denn Unerwartetes bedeutet Gefahr. Wenn, ohne daß sie einen Fehler begangen haben, etwas Unerwartetes tatsächlich vorkommt, steigern sie sich in eine Panikreaktion, als würde das unerwartete Ereignis wirklich große Gefahr bedeuten. Was bei gesunden Personen als eine nicht zu starke Bevorzugung beobachtet werden kann, etwa die Bevorzugung des Vertrauten, wird bei abnormen Fällen zu einer Lebensnotwendigkeit. Der gesunde Appetit auf Neues und Unbekanntes fehlt oder ist beim durchschnittlichen Neurotiker nur minimal vorhanden.

Das Sicherheitsbedürfnis kann in der Gesellschaft sehr dringlich werden, wenn es reale Bedrohungen für das Gesetz, die Ordnung, die Autorität gibt. Die Bedrohung durch Chaos oder Nihilismus wird bei den meisten Menschen voraussichtlich eine Regression von allen höheren Bedürfnissen auf das mächtigere Bedürfnis nach Sicherheit bewirken. Eine allgemeine, fast voraussehbare Reaktion ist die leichtere Akzeptierung von Diktatur oder Militärregierung. Das stimmt meistens für alle Menschen, einschließlich der Gesunden, denn auch sie werden auf eine Gefahr mit der realistischen Regression auf das Niveau der Sicherheitsbedürfnisse antworten und sich auf Verteidigung vorbereiten. Doch am meisten scheint es im Blick auf die Menschen zu stimmen, die nahe an der Sicherheitslinie leben. Sie werden von Bedrohungen der Autorität, Legalität und der Repräsentanten des Gesetzes besonders verstört.

Die Bedürfnisse nach Zugehörigkeit und Liebe

Wenn sowohl die physiologischen wie die Sicherheitsbedürfnisse zufriedengestellt sind, werden die Bedürfnisse nach Liebe, Zuneigung und Zugehörigkeit auftauchen, und der ganze bereits beschriebene Zyklus wird sich rund um diesen neuen Mittelpunkt wiederholen. Man fühlt nunmehr, so stark wie nie zuvor, die Abwesenheit von Freunden, der Geliebten, der Ehefrau, der Kinder. Man wird nach liebevollen Beziehungen mit den Menschen im allgemeinen hungern, also nach einem Platz in der Gruppe oder Familie, und man wird sich sehr intensiv bemühen, dieses Ziel zu erreichen. Man wird sich mehr als alles andere wünschen, einen solchen Platz zu erhalten, und wird sogar vergessen, daß man einst, als man hungrig war, sich über Liebe als unwirklich, unnotwendig oder unwichtig lustig gemacht hat. Jetzt hingegen wird man Einsamkeit, Ächtung, Zurückweisung, Isolierung, Entwurzelung besonders stark empfinden.

Wir haben nur wenig wissenschaftliche Information über das Zugehörigkeitsbedürfnis, obwohl es ein allgemeines Thema von Romanen, Autobiographien, Gedichten und Theaterstücken ist, auch der neueren soziologischen Literatur. Aus diesen Quellen beziehen wir unsere sehr allgemeine Kenntnis der destruktiven Auswirkungen auf Kinder, wenn sie zu oft den Wohnort wechseln, die Auswirkungen der Desorientierung; der allgemein zu großen Mobilität durch die Industrialisierung; der Entwurzelung, der Verachtung der eigenen Ursprünge, der eigenen Gruppe; des Herausgerissen-Werdens aus der eigenen Familie und dem eigenen Heim und der Umgebung von Freunden und Nachbarn; davon, ein Neuankömmling zu sein oder sich irgendwo nur vorübergehend aufzuhalten. Wir unterspielen immer noch die große Bedeutung der Nachbarschaft, des eigenen Territoriums, des eigenen Klans, der eigenen «Art», Klasse, Bande, der eigenen vertrauten Arbeitskollegen. Ich will mich damit begnügen, ein einziges Buch zu empfehlen, das dies alles mit großer Deutlichkeit und Überzeugung ausspricht (196), und das uns hilft, unsere zutiefst animalische Neigung zur Herde und Meute, dazu zu gehören, sich anzuschließen zu verstehen. Vielleicht verhilft uns auch Ardreys «Der territoriale Imperativ» (14) zum Verständnis von alldem. Gerade Ardreys Übereiltheit hat mich gezwungen, ernsthaft darüber nachzudenken, weil sie als lebenswichtig betont hat, was ich nur nebenbei behandelt hatte.

Ich bin der Meinung, daß der unglaublich rasche Anstieg in der Zahl von T-Gruppen und anderen intentionalen Gemeinschaften teilweise von diesem unbefriedigten Hunger nach Kontakt, Intimität, Zugehörigkeit und dem Bedürfnis kommt, das weitverbreitete Gefühl der Entfremdung, Einsamkeit, Fremdheit und Verlassenheit zu überwinden, das von unserer Mobilität, vom Zusammenbruch traditioneller Gruppierungen, der Verstreutheit der Familien, dem Generationenunterschied, der zunehmenden Urbanisierung und dem Verschwinden der dörflichen Nähe, und der daraus resultierenden Oberflächlichkeit der amerikanischen Freundschaft entstanden ist. Ich habe ganz stark den Eindruck, daß auch ein Teil der jugendlichen Revolte – ich weiß nicht, wie groß er ist – vom profunden Hunger nach Gruppenkontakt, nach wirklichem Zusammensein angesichts eines gemeinsamen Feindes motiviert wird, *irgendeines* Feindes, der allein dadurch, daß er eine Bedrohung von außen darstellt, zur Bildung einer Freundesgruppe führen kann. Man beobachtete ähnliches bei Soldatengruppen, die durch die gemeinsame Bedrohung von außen in eine unwillkürliche Brüderlichkeit und Intimität getrieben wurden und die in der Konsequenz während ihres ganzen Lebens miteinander befreundet blieben. Jede gute Gesellschaft muß dieses Bedürfnis befriedigen, auf die eine oder andere Art und Weise, wenn sie überleben und gesund bleiben will.

In unserer Gesellschaft ist die Frustrierung solcher Bedürfnisse der häufigste Kern der Fälle schlechter Anpassung und auch schwerer Pathologie. Liebe und Zuneigung, wie auch deren möglicher Ausdruck in der Sexualität, werden im allgemeinen mit Ambivalenz betrachtet und gewöhnlich mit vielen Einschränkungen und Hemmungen umgeben. Praktisch alle Theoretiker der Psychopathologie haben die grundlegende Bedeutung frustrierter Liebesbedürfnisse für das Bild der Anpassungsschwierigkeiten unterstrichen. Deshalb sind gerade über dieses Bedürfnis viele klinische Studien angestellt worden, und wir wissen wahrscheinlich mehr darüber als über alle anderen Bedürfnisse, ausgenommen die physiologischen. Suttie (442) hat eine ausgezeichnete Analyse unseres «Zärtlichkeitstabus» geschrieben.

Etwas, was an dieser Stelle betont werden muß, ist, daß Liebe nicht synonym mit Sex ist. Sexualität kann als rein physiologisches Bedürfnis untersucht werden. Gewöhnlich ist sexuelles Verhalten vielfach determiniert, das heißt, nicht nur von den sexuellen, sondern auch von anderen Bedürfnissen, darunter an erster Stelle den Liebes- und Zuneigungsbedürfnissen. Auch darf man nicht übersehen, daß Liebesbedürfnisse sowohl Liebe geben wie auch Liebe nehmen einschließen.

Die Bedürfnisse nach Achtung

Alle Menschen in unserer Gesellschaft (mit einigen pathologischen Ausnahmen) haben das Bedürfnis oder den Wunsch nach einer festen, gewöhnlich recht hohen Wertschätzung ihrer Person, nach Selbstachtung und der Achtung seitens anderer. Solche Bedürfnisse kann man deshalb in zwei Untergruppen einteilen. Erstens gibt es das Bedürfnis nach Stärke, Leistung, Bewältigung und Kompetenz, Vertrauen angesichts der übrigen Welt und Unabhängigkeit und Freiheit[4]. Zweitens gibt es, was man den Wunsch nach einem guten Ruf oder nach Prestige nennen könnte (definiert als Respekt oder Hochachtung seitens anderer Leute), nach Status, Berühmtheit und Ruhm, nach Dominanz, Anerkennung, Aufmerksamkeit, Bedeutung, Würde oder Wertschätzung. Solche Bedürfnisse sind von Alfred Adler und seinen Schülern ziemlich betont worden, und von Freud relativ vernachlässigt. Heute jedoch erkennt man immer mehr ihre zentrale Bedeutung, sowohl unter Psychoanalytikern wie auch unter klinischen Psychologen.

Die Befriedigung des Bedürfnisses nach Selbstachtung führt zu Gefühlen des Selbstvertrauens, der Stärke, der Fähigkeit, zum Gefühl, nützlich und notwendig für die Welt zu sein. Doch Frustrierung dieses Bedürfnisses

[4] Ob dieses besondere Bedürfnis generell ist oder nicht, wissen wir nicht. Die entscheidende Frage, und heute besonders wichtig, ist: Werden Menschen, die versklavt und unfrei leben, unzufrieden und rebellisch? Wir können auf der Grundlage der allgemein bekannten klinischen Beobachtungen annehmen, daß jemand, der wahre Freiheit gekannt hat (nicht eine mit der Aufgabe von Sicherheit bezahlte, sondern mehr eine auf der Basis zureichender Sicherheit errichtete), sich nicht gern oder leicht seine Freiheit wieder wegnehmen läßt. Doch wir wissen das nicht mit Sicherheit im Fall von Personen, die in Sklaverei geboren wurden. Siehe auch eine Diskussion dieses Problems in RLf. 145.

bewirkt Gefühle der Minderwertigkeit, der Schwäche und der Hilflosigkeit. Solche Gefühle wiederum lassen entweder grundlegende Entmutigung oder kompensierende oder neurotische Trends entstehen. Einsicht in die Notwendigkeit grundlegenden Selbstvertrauens und Verständnis dafür, wie hilflos Menschen ohne Selbstvertrauen sind, kann leicht aus der Untersuchung schwerer traumatischer Neurosen gewonnen werden (222)[5].

Aus der theologischen Diskussion von Stolz und Hybris, aus den Frommschen Theorien über die eigene Wahrnehmung der Untreue sich selbst gegenüber, aus Rogers' Arbeit über das Selbst, aus den Essays etwa von Ayn Rand (388), und aus anderen Quellen haben wir immer mehr über die Gefahren gelernt, Selbstachtung auf der Basis der Meinung von anderen zu errichten und nicht auf wirklicher Fähigkeit, Kompetenz und Zulänglichkeit für eine Aufgabe. Die stabilste und daher gesündeste Selbstachtung basiert auf *verdientem* Respekt anderer und nicht auf äußerem Ruhm und unverdienter Bewunderung. Sogar in diesem Punkt ist es zweckmäßig, die tatsächliche Kompetenz und Leistung, die auf reiner Willenskraft, Entschlußkraft und Verantwortlichkeit beruht, von jener zu unterscheiden, die sich natürlich und leicht aus der eigenen, wahren, inneren Natur, der eigenen Konstitution, dem eigenen biologischen Schicksal ergibt, oder wie es Karen Horney formuliert, aus dem eigenen realen Selbst, und nicht aus dem idealisierten Pseudo-Selbst (199).

Das Bedürfnis nach Selbstverwirklichung

Auch wenn alle diese Bedürfnisse befriedigt sind, wird man häufig (wenn auch nicht immer) erwarten können, daß neue Unzufriedenheit und Unruhe entsteht, wenn der einzelne nicht das tut, wofür *er,* als Individuum, geeignet ist. Musiker müssen Musik machen, Künstler malen, Dichter schreiben, wenn sie sich letztlich in Frieden mit sich selbst befinden wollen. Was ein Mensch sein *kann, muß* er sein. Er muß seiner eigenen

[5] Was eine ausführlichere Behandlung der normalen Selbstachtung anbelangt, wie auch Berichte über verschiedene Forschungen, siehe die Bibliographie auf Seite 445 ff. Siehe auch die Arbeit von McClelland und seinen Mitarbeitern (326, 327, 328). (Auch 473).

Natur treu bleiben. Dieses Bedürfnis bezeichnen wir als Selbstverwirklichung. Siehe auch Kapitel 11, was eine umfassendere Beschreibung anlangt.

Der Begriff, erstmals von Kurt Goldstein geprägt (160), wird in diesem Buch in einer viel spezifischeren und eingeschränkten Form verwendet. Er bezieht sich auf das menschliche Verlangen nach Selbsterfüllung, also auf die Tendenz, das zu aktualisieren, was man an Möglichkeiten besitzt. Diese Neigung kann als das Verlangen formuliert werden, immer mehr zu dem zu werden, was man idiosynkratisch ist, alles zu werden, was zu werden man fähig ist.

Die spezifische Form dieser Bedürfnisse wird selbstverständlich von Person zu Person verschieden sein. In einem Fall kann es das Verlangen sein, eine ideale Mutter zu sein, in einem anderen wird es sich athletisch ausdrücken, oder im Malen von Bildern, oder in Erfindungen[6]. Auf diesem Niveau sind die individuellen Unterschiede am größten.

Das deutliche Auftreten solcher Bedürfnisse beruht gewöhnlich auf der vorherigen Befriedigung der physiologischen Bedürfnisse und jener nach Sicherheit, Liebe und Achtung.

Die Voraussetzungen für die Befriedigung von Grundbedürfnissen

Es gibt bestimmte Bedingungen, die unmittelbare Voraussetzung für die Befriedigung grundlegender Bedürfnisse sind. Jede Gefahr für diese Bedingungen löst dieselben Reaktionen aus wie direkte Gefahr für die Grundbedürfnisse selbst. Solche Bedingungen, wie Meinungsfreiheit, Ausdrucksfreiheit, die Freiheit, Untersuchungen anzustellen und Infor-

[6] Kreatives Verhalten, wie Malen, ähnelt jedem anderen Verhalten darin, daß es vielfache Determinanten hat. Man kann an angeboren kreativen Menschen beobachten, ob sie befriedigt sind oder nicht, glücklich oder unglücklich, hungrig oder satt. Fest steht auch, daß kreative Aktivität kompensatorisch, verbessernd oder rein ökonomisch sein kann. Meinem Eindruck nach (aus informellen Experimenten) kann man die künstlerischen und intellektuellen Produkte der grundlegend zufriedenen Menschen von jenen der grundlegend unbefriedigten schon auf den ersten Blick unterscheiden. Jedenfalls müssen wir hier ebenfalls dynamisch das offenkundige Verhalten von seinen verschiedenen Motivationen und Zielen unterscheiden.

mationen zu erlangen, sich zu verteidigen, Gerechtigkeit, Fairneß, Ehrlichkeit, Ordentlichkeit in der Gruppe, sind Beispiele solcher Voraussetzungen für die Befriedigung der Grundbedürfnisse. Frustrierung dieser Freiheiten wird Notstandsreaktionen auslösen. Die Bedingungen sind nicht ganz Zweck an sich, aber *fast*, denn sie sind eng verwandt mit den Grundbedürfnissen, die offenbar der einzige Zweck an sich sind. Sie werden verteidigt, weil ohne sie die Grundbefriedigungen unmöglich sind oder zumindest stark gefährdet.

Wenn wir uns in Erinnerung rufen, daß die kognitiven Fähigkeiten (Wahrnehmung, Intellekt, Lernen) Anpassungsinstrumente sind, die unter anderem auch die Aufgabe haben, unsere Grundbedürfnisse zu befriedigen, dann wird klar, daß jede Gefährdung, jeder Entzug oder jede Blockierung ihrer freien Anwendung indirekt auch bedrohlich für die grundlegenden Bedürfnisse selbst sein muß. Diese Feststellung stellt eine Teillösung der allgemeinen Probleme der Neugier dar, der Suche nach Wissen, Wahrheit und Weisheit, und den immerwährenden Drang, die kosmischen Geheimnisse zu lüften. Geheimnis, Zensur, Unehrlichkeit, Unterbindung von Kommunikation bedrohen *alle* Grundbedürfnisse.

Wir müssen daher eine weitere Hypothese einführen und von Graden der Nähe zu den Grundbedürfnissen sprechen, denn wir haben bereits darauf hingewiesen, daß *alle* bewußten Wünsche (partiellen Ziele) mehr oder weniger wichtig sind, je nachdem wie nahe sie sich an den Grundbedürfnissen befinden. Dieselbe Feststellung kann für die verschiedenen Verhaltensweisen getroffen werden. Eine Handlung ist psychologisch wichtig, wenn sie direkt zur Befriedigung der Grundbedürfnisse beiträgt. Je indirekter sie dazu beiträgt, oder je schwächer der Beitrag ist, als um so unwichtiger muß man die Handlung vom Standpunkt der dynamischen Psychologie aus betrachten. Ähnliches kann man von den verschiedenen Defensiv- oder Bewältigungsmechanismen behaupten. Manche beziehen sich direkt auf den Schutz oder die Erlangung der Grundbedürfnisse, andere nur schwach und entfernt. Tatsächlich könnte man, wenn man wollte, von mehr und von weniger grundlegenden Defensivmechanismen sprechen und dann behaupten, daß Gefahr für die mehr grundlegenden Defensivmechanismen bedrohlicher ist als die Gefahr für die weniger grundlegenden (freilich immer mit Bedacht darauf, daß es sich so verhält, weil sie sich auf die Grundbedürfnisse beziehen).

Der Hauptgrund, warum man so wenig über die kognitiven Antriebe, ihre Dynamik und ihre Pathologie weiß, besteht darin, daß sie in der Klinik nicht wichtig sind, sicherlich vor allem nicht in der von der medizinisch-therapeutischen Tradition beherrschten, das heißt, der Tradition, in der es das klinische Ziel ist, Krankheitszustände zu beseitigen. Hier fehlen die bunten, aufregenden und mysteriösen Symptome der klassischen Neurosen. Kognitive Psychopathologie ist blaß, subtil und leicht zu übersehen, außerdem auch leicht als normal definierbar. Sie ruft nicht nach Hilfe. In der Folge findet man in den Schriften der großen Erfinder der Psychotherapie und Psychodynamik, Freud, Adler, Jung und anderen, nichts zu diesem Thema.

Schilder ist der einzige bedeutendere Psychoanalytiker, den ich kenne, dessen Schriften die Neugier und das Verstehen dynamisch behandeln[7]. Unter den akademischen Psychologen haben Murphy, Wertheimer und Asch (19, 142, 466) das Problem behandelt. Bisher haben wir die kognitiven Bedürfnisse nur en passant erwähnt. Wissen zu erwerben und das Universum in ein System zu bringen, wurde teilweise als eine Technik für die Erlangung grundlegender Sicherheit in der Welt betrachtet oder, beim intelligenten Menschen, als Ausdruck der Selbstverwirklichung. Auch die Freiheit des Fragens und des Ausdrucks wurde als Voraussetzung für die Befriedigung der Grundbedürfnisse behandelt. Nützlich wie solche Formulierungen sein mögen, stellen sie dennoch nicht definitive Antworten auf die Fragen nach der motivierenden Rolle der Neugier, des Lernens, Philosophierens, Experimentierens und so weiter dar. Es handelt sich bestenfalls um Teilantworten.

Über diese negativen Determinanten für den Erwerb von Wissen (Angst, Furcht) hinaus gibt es einige vernünftige Gründe dafür, positive Antriebe

[7] «Menschen jedoch haben ein echtes Interesse an der Welt, am Handeln und am Experimentieren. Sie beziehen tiefe Befriedigung aus ihren Aktivitäten. Sie erfahren Realität nicht als Existenzbedrohung. Organismen, und besonders menschliche, haben ein echtes Gefühl für Sicherheit und Geborgenheit in dieser Welt. Bedrohungen kommen nur aus spezifischen Situationen und Entbehrungen. Auch dann werden Unbehagen und Gefahr als vorübergehende Momente erfahren, was schließlich zu neuer Sicherheit und Geborgenheit in der Berührung mit der Welt führt.» (412, S. 220.)

an sich zu behalten für die Befriedigung der Neugier, des Wissens-, Erklärungs- und Verstehensdranges (295).

1. Etwas Ähnliches wie menschliche Neugier kann man leicht bei den höheren Lebewesen beobachten. Affen nehmen Dinge auseinander, stecken ihre Finger in Löcher, stellen Untersuchungen in allen möglichen Situationen an, in denen es unwahrscheinlich ist, daß Hunger, Angst, Sex, Bequemlichkeit, Status eine Rolle spielen. Harlows Experimente (174) haben dies deutlich gezeigt, in einer akzeptablen Experimentalsituation.

2. Die Geschichte der Menschheit liefert uns eine zufriedenstellende Anzahl von Beispielen, in denen der Mensch angesichts größter Gefahr, sogar für sein Leben, nach Tatsachen suchte und Erklärungen schuf. Es hat unzählige bescheidenere Galileis gegeben.

3. Untersuchungen psychologisch Gesunder deuten an, daß es als bestimmende Eigenschaft eine Anziehungskraft des Mysteriösen, Unbekannten, Chaotischen, Unorganisierten und Unerklärten gibt. Es scheint sich um eine Anziehungskraft an sich zu handeln; gewisse Bereiche sind an sich und aus eigenem Recht interessant. Die Kontrastreaktion auf das Wohlbekannte ist Langeweile.

4. Es kann als gültig angesehen werden, vom Psychopathologischen aus zu extrapolieren. Der Zwangsneurotiker (und der Neurotiker im allgemeinen), Goldsteins hirnverletzte Soldaten, Maiers fixierte Ratten (285) zeigen alle (auf dem klinischen Beobachtungsniveau) eine zwanghafte und angstvolle Abhängigkeit vom Bekannten und einen Schrecken vor dem Unvertrauten, dem Anarchischen, Unerwarteten, Ungezähmten. Auf der anderen Seite gibt es einige Phänomene, die diese Möglichkeit wiederum aufheben können. Darunter befinden sich der erzwungene Nonkonformismus, die chronische Rebellion gegen jede Autorität, das Bohemien-Leben, das Verlangen zu schockieren und zu überraschen, die alle bei bestimmten neurotischen Menschen vorgefunden werden können, wie auch bei jenen im Prozeß der Deakkulturation.

Von Bedeutung mögen hier auch die perseverierenden Detoxifikationen sein, wie sie in Kapitel 10 beschrieben werden, die in ihrem Verhaltensaspekt jedenfalls eine Faszination des Schrecklichen, Unverstandenen und Mysteriösen darstellen.

5. Wahrscheinlich entstehen durch die frustrierten kognitiven Bedürf-

nisse auch echte psychopathologische Effekte (295, 314). Die folgenden klinischen Eindrücke sind diesbezüglich ebenfalls relevant.

6. Ich habe einige Fälle gesehen, in denen es für mich klar war, daß die Pathologie (Langeweile, Verlust der Lebensfreude, Abneigung gegen sich selbst, allgemeine Depression der körperlichen Funktionen, stetige Verschlechterung des intellektuellen Lebens, und so fort)[8] bei intelligenten Menschen entstanden war, die ein stupides Leben in stupiden Berufen führten. Ich habe zumindest einen Fall, in dem die angemessene kognitive Therapie (Wiederaufnahme von Freizeitstudium, ein Beruf, der intellektuell größere Ansprüche stellt, Einsichten) die Symptome beseitigt hat. Ich habe *viele* Frauen beobachtet, intelligent, vermögend und unbeschäftigt, wie sie langsam dieselben Symptome intellektueller Leerheit entwickeln. Diejenigen, die meiner Empfehlung, sich in etwas zu stürzen, was ihrer wert ist, gefolgt sind, zeigten Besserung oder Heilung oft genug, um mir die Realität der kognitiven Bedürfnisse nachdrücklich zu beweisen. In jenen Ländern, in denen der Zutritt zu Nachrichten, Informationen und Tatsachen unmöglich gemacht wurde, und in jenen, in denen die offiziellen Theorien tiefgreifend im Widerspruch zu den bekannten Tatsachen standen, reagierten zumindest einige mit allgemeinem Zynismus, Mißtrauen gegenüber *allen* Werten, Verdacht auch hinsichtlich des Offenkundigen, gründlichem Verfall der gewöhnlichen zwischenmenschlichen Beziehungen, Hoffnungslosigkeit, Moralverlust und ähnlichem mehr. Andere scheinen in einer passiveren Richtung mit Stumpfheit, Unterwürfigkeit, Fähigkeits- und Initiativverlust reagiert zu haben.

7. Die Bedürfnisse nach Wissen und Verstehen können in später Kindheit vielleicht stärker noch als beim Erwachsenen beobachtet werden. Außerdem scheinen sie ein spontanes Reifungsprodukt zu sein, und nicht des Lernens, wie immer es definiert wird. Kinder muß man nicht lehren, neugierig zu sein. Aber sie *können* durch Institutionalisierung lernen, *nicht* neugierig zu sein – siehe Goldfarb (158).

8. Schließlich ist die Befriedigung der kognitiven Antriebe subjektiv zufriedenstellend und führt zu Enderfahrungen. Obwohl man diesen Aspekt der Einsicht und des Verstehens zugunsten der erreichten Resul-

[8] Dieses Syndrom ist jenem sehr ähnlich, das Ribot (396) und später Myerson (349) «Anhedonie» nannten, jedoch anderen Ursachen zuschrieben.

tate, des Lernens und so weiter vernachlässigt hat, trifft es dennoch zu, daß Einsicht gewöhnlich einen glücklichen, strahlenden, emotionalen Punkt im Leben darstellt, vielleicht sogar den Höhepunkt eines Lebens.

Die Überwindung von Hindernissen, das Vorkommen von Pathologie bei Frustrierung, das weitverbreitete Vorhandensein (quer durch die Spezies und die Kulturen), das nie absterbende, wenn auch schwache Beharren, das Verlangen nach Befriedigung dieses Bedürfnisses als Voraussetzung für die Vollentwicklung der menschlichen Fähigkeiten, das spontane Erscheinen in der frühen Lebensgeschichte des einzelnen, all dies weist auf ein grundlegendes kognitives Bedürfnis hin.

Doch als Postulat genügt dies nicht. Auch nachdem wir es wissen, sehen wir uns gezwungen, einerseits mehr darüber zu erfahren, detaillierter und mehr mikroskopisch, andererseits extensiver in der Richtung einer Weltanschauung, Theologie und so fort. Die Fakten, die sich ergeben, führen, wenn sie isoliert bleiben oder atomisiert werden, zum Theoretisieren und werden entweder analysiert oder organisiert oder beides. Dieser Prozeß ist manchmal als das Suchen nach Bedeutung definiert worden. Daher behaupten wir, ein Verlangen zu verstehen, zu systematisieren, zu organisieren, zu analysieren, nach Beziehungen und Bedeutungen zu suchen, Wertsysteme aufzustellen.

Wenn einmal dieses Verlangen als Diskussionsgegenstand akzeptiert ist, kann man beobachten, daß es sich in seinen Bestandteilen ebenfalls in einer kleinen Hierarchie organisiert, in der das Verlangen nach Wissen über das Verlangen nach Verstehen Vormacht hat. Alle die Charakteristika der Hierarchie der Vormächtigkeit, wie wir sie vorher beschrieben haben, scheinen für dieses Bedürfnis ebenfalls zuzutreffen.

Wir müssen uns davor hüten, dieses Verlangen von den Grundbedürfnissen zu trennen, die wir vorher beschrieben haben, das heißt, zwischen kognitiven und konativen Bedürfnissen scharf zu polarisieren. Das Bedürfnis zu wissen und zu verstehen ist in sich selbst willentlich, das heißt, hat einen begehrenden Charakter, und stellt ebenso Persönlichkeitsbedürfnisse dar wie die bereits diskutierten Grundbedürfnisse. Außerdem, wie wir gesehen haben, hängen die beiden Hierarchien untereinander zusammen und sind nicht scharf getrennt. Wie wir später sehen werden, sind sie synergisch und nicht antagonistisch. Siehe (295, 314) bezüglich der Weiterentwicklung dieses Teils.

Die ästhetischen Bedürfnisse

Über sie wissen wir noch weniger als über die anderen, und doch verbieten es uns die Aussagen der Geschichte, der Geisteswissenschaften und der Ästhetiker, diese (für den Wissenschaftler) unbequemen Gebiete zu übergehen. Ich habe versucht, dieses Phänomen auf einer klinisch-persönlichen Grundlage mit ausgesuchten Personen zu untersuchen, und habe mich zumindest davon überzeugt, daß es bei *einigen* Personen ein wirklich grundlegendes ästhetisches Bedürfnis gibt. Sie werden (in einer besonderen Art und Weise) durch Häßlichkeit krank und werden von schöner Umgebung geheilt; sie haben ein aktives *Verlangen,* und dies kann *nur* von Schönheit befriedigt werden (314). Man kann es fast allgemein bei gesunden Kindern beobachten. Irgendeinen Beleg für diesen Antrieb kann man in jeder Kultur und in jedem Zeitalter finden, bis zur Höhlenkultur zurück.

Da die ästhetischen Bedürfnisse sich mit den konativen und kognitiven Bedürfnissen überlappen, kann man sie schwer deutlich unterscheiden. Die Bedürfnisse nach Ordnung, Symmetrie, Geschlossenheit, Beendigung, Systematik und Struktur können unterschiedslos auf kognitive wie auch konative oder ästhetische oder sogar neurotische Bedürfnisse bezogen werden. Ich selbst betrachte diesen Forschungsbereich als einen Ort der Begegnung der Gestalt- und der dynamischen Psychologen. Was zum Beispiel bedeutet es, wenn man einen starken bewußten Impuls verspürt, ein schief hängendes Bild zurechtzurücken?

Weitere Charakteristika der Grundbedürfnisse

Der Stabilitätsgrad der Hierarchie der Grundbedürfnisse

Bisher schien es in unseren Beschreibungen, als wäre die Hierarchie der Grundbedürfnisse eine feste Ordnung, doch tatsächlich ist sie nicht annähernd so starr, wie wir unterstellt haben. Zwar haben die meisten Menschen, die wir beobachtet haben, die Grundbedürfnisse ungefähr in der

Rangordnung, die angedeutet wurde. Doch es gab eine Anzahl von Ausnahmen.

1. Es gibt Menschen, bei denen zum Beispiel Selbstachtung wichtiger zu sein scheint als Liebe. Diese häufigste Umkehrung in der Hierarchie erfolgt gewöhnlich infolge der Vorstellung, daß die Person, die am wahrscheinlichsten geliebt wird, stark und mächtig ist, Respekt oder Angst erweckt oder Selbstvertrauen besitzt und aggressiv ist. Deshalb werden Menschen, denen es an Liebe mangelt und die Liebe suchen, angestrengt versuchen, sich den Anschein des aggressiven, zuversichtlichen Verhaltens zu geben. Doch im wesentlichen suchen sie nach hoher Selbstachtung und deren Ausdruck im Verhalten mehr als ein Mittel für einen Zweck um seines selbst willen; sie suchen nach Selbstbehauptung der Liebe wegen und nicht wegen der Selbstachtung an sich.

2. Es gibt andere, scheinbar geboren kreative Menschen, in denen der Kreativitätstrieb wichtiger zu sein scheint als jede andere Gegendeterminante. Ihre Kreativität mag nicht als Selbstverwirklichung erscheinen, die von der Grundbefriedigung ausgelöst wurde, sondern stellt sich gleichsam trotz des Mangels an Grundbefriedigung ein.

3. Bei gewissen Menschen kann das Niveau des Strebens permanent gesenkt oder abgestumpft sein. Das heißt, daß die weniger vormächtigen Ziele einfach verlorengegangen und auf immer verschwunden sind, und daß die Person, die Leben nur auf sehr niedrigem Niveau erfahren hat, etwa bei chronischer Arbeitslosigkeit, für den Rest ihres Lebens schon damit zufrieden ist, wenn es genügend zu Essen gibt.

4. Die sogenannte psychopathische Persönlichkeit ist ein weiteres Beispiel des permanenten Verlusts der Liebesbedürfnisse. Es handelt sich um Menschen, die, den genauesten erhältlichen Beobachtungen nach, in den ersten Monaten ihres Lebens nach Liebe hungern mußten und dann einfach für immer die Fähigkeit und das Verlangen verloren haben, Zuneigung zu gewähren und zu empfangen (so wie Tiere ihre Saug- oder Pickreflexe verlieren, die nicht früh genug nach der Geburt geübt werden).

5. Eine weitere Ursache für die Umkehrung in der Hierarchie ist es, wenn ein Bedürfnis, das lange Zeit hindurch befriedigt wurde, unterschätzt wird. Menschen, die nie chronischen Hunger erfahren haben, neigen dazu, seine Auswirkungen zu unterschätzen und Nahrung als etwas Un-

wichtiges anzusehen. Wenn sie von einem höheren Bedürfnis beherrscht werden, wird es ihnen bald am wichtigsten von allen erscheinen. Dann wird es möglich, und geschieht tatsächlich auch, daß sie wegen des höheren Bedürfnisses sich in eine Position bringen, in der sie in einem grundlegenderen Bedürfnis frustriert werden. Wir können erwarten, daß nach einer langen Entbehrung hinsichtlich des grundlegenderen Bedürfnisses eine Tendenz entsteht, beide Bedürfnisse neu zu bewerten, so daß das vormächtigere Bedürfnis tatsächlich vormächtiger wird im Bewußtsein des Individuums, das es leichtfertig aufgegeben hat. So wird ein Mann, der seine Stellung aufgegeben hat, weil er nicht seine Selbstachtung verlieren wollte, und der dann sechs Monate hungert, vielleicht willens sein, seine Stellung wieder anzunehmen, auch um den Preis des Verlustes seiner Selbstachtung.

6. Eine andere teilweise Erklärung für *scheinbare* Umkehrungen kann in der Tatsache erblickt werden, daß wir über die Hierarchie der Vormächtigkeit in den Termini von bewußt gefühlten Wünschen und Bedürfnissen gesprochen haben, und nicht in den Begriffen des Verhaltens. Das Verhalten selbst zu betrachten, kann einen falschen Eindruck hervorrufen. Was wir behauptet haben, ist, daß ein Mensch nach dem grundlegenderen von zwei Bedürfnissen *verlangen* wird, wenn er in beiden Entbehrungen hinnehmen muß. Hier besteht keine notwendige Implikation, daß er den Bedürfnissen folgend handeln wird. Wir müssen noch einmal betonen, daß es viele Verhaltensdeterminanten abgesehen von Bedürfnissen und Wünschen gibt.

7. Wichtiger vielleicht als alle diese Ausnahmen sind diejenigen, die sich auf Ideale, hohe gesellschaftliche Maßstäbe, hohe Werte und ähnliches beziehen. Mit solchen Werten werden Menschen zu Märtyrern; sie geben alles wegen eines besonderen Ideals oder Wertes auf. Solche Menschen kann man, zumindest zum Teil, durch den Bezug auf ein grundlegendes Konzept (oder Hypothese) verstehen, das man größere Frustrationstoleranz aufgrund früher Befriedigung nennen kann. Menschen, die in ihren Grundbedürfnissen ihr Leben lang, besonders in jungen Jahren, befriedigt wurden, scheinen außergewöhnliche Kräfte des Widerstands gegen gegenwärtige oder künftige Frustration dieser Bedürfnisse zu entwickeln, einfach weil sie eine gesunde, starke Charakterstruktur als Folge der Grundbefriedigung aufweisen. Es handelt sich um starke Menschen, die

Meinungsverschiedenheit oder Opposition leicht ertragen, die gegen den Strom der öffentlichen Meinung schwimmen und für die Wahrheit auf große persönliche Kosten geradestehen können. Es sind gerade diejenigen, die geliebt haben und wiedergeliebt wurden und die viele tiefe Freundschaften hatten, die gegen Haß, Zurückweisung oder Verfolgung ausharren.

Ich sage dies trotz der Tatsache, daß ein gewisses Maß reiner Gewöhnung ebenfalls in jede Diskussion der Frustrationstoleranz einbezogen werden muß. Zum Beispiel ist es wahrscheinlich, daß solche Personen, die an relatives Verhungern längere Zeit hindurch gewöhnt waren, damit teilweise die Fähigkeit erlangt haben, der Entbehrung in diesem Punkt zu trotzen. Was für eine Balance man zwischen diesen beiden Tendenzen, der Gewöhnung einerseits, der früheren Befriedigung andererseits, für die Erreichung gegenwärtiger Frustrationstoleranz annehmen muß, kann nur durch weitere Forschung herausgearbeitet werden. Inzwischen können wir annehmen, daß beide, Seite an Seite, tätig sind, da sie einander nicht widersprechen. Hinsichtlich des Phänomens der größeren Frustrationstoleranz scheint es wahrscheinlich, daß die wichtigsten Befriedigungen diejenigen in den ersten Lebensjahren sind. Das heißt, daß Menschen, die in ihren frühesten Jahren sicher und stark gemacht wurden, dazu neigen, auch später trotz aller möglichen Bedrohungen sicher und stark zu bleiben.

Grade relativer Befriedigung

Bisher könnten unsere Theorien den Eindruck vermittelt haben, daß die fünf Ensembles von Bedürfnissen irgendwie in folgender Weise funktionieren: Wenn ein Bedürfnis befriedigt ist, taucht das nächste auf. Eine solche Behauptung könnte den falschen Eindruck erwecken, daß ein Bedürfnis hundertprozentig befriedigt sein muß, bevor das nächste auftritt. Tatsächlich sind die meisten Menschen in unserer Gesellschaft, die normal sind, teilweise befriedigt, was ihre Grundbedürfnisse anbetrifft, zugleich aber auch teilweise unbefriedigt. Eine realistischere Beschreibung der Hierarchie wäre in den Begriffen abnehmender Prozentsätze der Befriedigung auf dem Weg hinauf in der Hierarchie der Vormächtigkeit möglich. Zum Beispiel, wenn es gestattet ist, willkürliche Zahlen zu Illustrationszwecken anzunehmen, wird der durchschnittliche Bürger vielleicht zu 85% in seinen physiologischen Bedürfnissen befriedigt sein, zu 70% in seinen Sicherheitsbedürfnissen, zu 50% in seinen Liebesbedürfnissen, zu 40% in seinen Selbstachtungsbedürfnissen und zu 10% in seinen Selbstverwirklichungsbedürfnissen.

Der unbewußte Charakter der Bedürfnisse

Diese Bedürfnisse sind nicht notwendigerweise bewußt oder unbewußt. Insgesamt jedoch sind sie beim durchschnittlichen Menschen häufiger unbewußt als bewußt. Es ist an dieser Stelle nicht unbedingt erforderlich, die massiven Indikationen neu zu interpretieren, die die entscheidende Bedeutung unbewußter Motivation herausstreichen. Was wir Grundbedürfnis genannt haben, ist häufig weitgehend unbewußt, auch wenn es mit angemessenen Verfahren und bei gebildeten hochentwickelten Menschen bewußt werden kann.

Die Kulturabhängigkeit der Bedürfnisse

Die vorliegende Klassifikation der Grundbedürfnisse versucht, die relative Einheitlichkeit hinter den oberflächlichen Verschiedenheiten spezifischer Bedürfnisse in verschiedenen Kulturen in Rechnung zu stellen. Sicherlich wird in jeder gegebenen Kultur die bewußte Motivation einer Person extrem vom bewußten Motivationsinhalt einer Person in einer anderen Gesellschaft verschieden sein. Doch machen Anthropologen allgemein die Erfahrung, daß Menschen auch in verschiedenen Gesellschaften einander weit mehr gleichen, als man aus dem ersten Kontakt mit ihnen annehmen würde, und daß diese Ähnlichkeit zunimmt, je besser man sie kennt. Man sieht dann, daß die überraschendsten Unterschiede mehr oberflächlich als grundlegend sind, zum Beispiel also Unterschiede in der Frisur, in der Kleidung, in der bevorzugten Nahrung, und so fort. Unsere Klassifikation der Grundbedürfnisse ist zum Teil ein Versuch, dieser Einheit hinter der scheinbaren Verschiedenheit der jeweiligen Kulturen Rechnung zu tragen. Es wird noch nicht behauptet, daß sie allgemein gültig für alle Kulturen sei, sondern nur, daß sie relativ mehr allgemein, mehr grundlegend ist als die oberflächlichen bewußten Wünsche und den allgemeinen menschlichen Eigenschaften besser gerecht wird. Grundbedürfnisse sind allgemeiner menschlich als die oberflächlichen Wünsche oder Verhaltensweisen.

Multiple Motivationen von Verhaltensweisen

Diese Bedürfnisse muß man so verstehen, daß sie *keineswegs* ausschließliche oder alleinige Determinanten bestimmter Verhaltensweisen sind. Ein Beispiel kann man in jedem Verhalten sehen, das physiologisch motiviert zu sein scheint, wie Essen, Liebesspiel oder ähnliches. Klinische Psychologen haben längst beobachtet, daß ein bestimmtes Verhalten ein Kanal für verschiedene Impulse sein kann. Oder, um es in einer anderen Art und Weise zu sagen, ist Verhalten meistens überdeterminiert oder multimotiviert. Im Bereich der Motivationsdeterminanten neigt jedes Verhalten dazu, von einigen oder *allen* Grundbedürfnissen determiniert zu werden, anstatt nur von einem. Letzteres wäre eher eine Ausnahme als das erstere. Man ißt teilweise des vollen Magens wegen und teilweise wegen des Behaglichkeitsgefühls und der Besserung anderer Bedürfnisse. Man schläft mit einer Frau nicht nur wegen der rein sexuellen Befriedigung, sondern auch, um sich seiner eigenen Männlichkeit zu vergewissern oder um eine Eroberung bestätigt zu bekommen, sich machtvoll zu fühlen, mehr grundlegende Zuneigung zu gewinnen. Als Illustration darf ich darauf hinweisen, daß es möglich wäre (theoretisch, wenn auch nicht praktisch), eine einzelne Handlung zu analysieren und darin den Ausdruck von physiologischen, Sicherheits-, Liebes-, Achtungs- und Selbstverwirklichungsbedürfnissen des handelnden Individuums zu erkennen. Das steht in scharfem Kontrast zu der naiveren Art der Charakterpsychologie, in der ein Charakterzug oder ein Motiv eine bestimmte Handlung determiniert, das heisst, eine aggressive Handlung allein auf den Charakterzug der Aggressivität zurückgeführt wird.

Multiple Determinanten des Verhaltens

Nicht alles Verhalten wird von den Grundbedürfnissen determiniert. Man kann sogar behaupten, daß nicht jedes Verhalten motiviert ist. Es gibt viele andere Verhaltensdeterminanten als nur Motive. So ist etwa eine weitere wichtige Klasse von Determinanten das sogenannte Außenfeld. Theoretisch zumindest kann Verhalten vollständig vom Außenfeld determiniert sein oder sogar von spezifischen, isolierten, externen Stimuli, wie in Ideenassoziationen oder gewissen konditionierten Reflexen. Wenn man als Reaktion auf das Reizwort «Tisch» sofort eine Erinnerung des Bildes Tisch hat, oder an einen Sessel denkt, hat diese Reaktion sicher nichts mit den Grundbedürfnissen zu tun.

Zweitens dürfen wir wiederum auf den Begriff des Grades der Nähe zu den Grundbedürfnissen oder des Grades der Motivation aufmerksam machen. Manches Verhalten ist stark motiviert, anderes wiederum nur schwach. Und manches Verhalten ist überhaupt nicht motiviert (aber alles Verhalten ist determiniert).

Ein anderer wichtiger Punkt ergibt sich aus der Existenz eines grundlegenden Unterschieds zwischen expressivem Verhalten und bewältigendem Verhalten (funktionellem Streben, zweckvoller Zielsuche). Expressives Verhalten versucht nicht etwas zu tun; es ist einfach eine Reflexion der Persönlichkeit. Ein dummer Mensch verhält sich dumm, nicht weil er es will oder versucht oder motiviert ist dazu, dumm zu sein, sondern einfach, weil er *ist,* was er ist. Dasselbe trifft zu, wenn jemand mit einer Baßstimme spricht, und nicht in der Tenor- oder Sopranstimmlage. Die zufälligen Bewegungen eines gesunden Kindes, das Lächeln eines glücklichen Mannes, auch wenn er allein ist, der federnde Gang eines gesunden Menschen und seine aufrechte Körperhaltung sind weitere Beispiele für expressives, nichtfunktionales Verhalten. Auch ist der *Stil* des Verhaltens eines Menschen, motiviert wie nicht motiviert, nichtmotiviert, meistens expressiv (8, 486).

Wir können also fragen, ob *jedes* Verhalten expressiv oder reflektiv hinsichtlich der Charakterstruktur sei. Die Antwort ist negativ. Auswendiggelerntes, gewohntes, automatisiertes oder konventionelles Verhalten kann expressiv, muß es aber nicht sein. Dasselbe trifft für das meiste reizabhängige Verhalten zu.

Schließlich muß man betonen, daß die Expressivität des Verhaltens und die Zielgerichtetheit des Verhaltens nicht einander ausschließende Kategorien sind. Das durchschnittliche Verhalten ist meistens beides. – Siehe Kapitel 10 hinsichtlich weiterer Behandlung dieses Themas.

Mittelpunkt Mensch oder Tier

Unsere Theorie beginnt mit menschlichen Wesen anstatt mit irgendwelchen niedereren und daher voraussichtlich einfacheren Lebewesen. Zu viele Beobachtungen an Tieren haben sich als richtig für Tiere, aber nicht für Menschen erwiesen. Es gibt keinen Grund, warum man bei den Tieren anfangen sollte, wenn man menschliche Motivation untersuchen will. Die Logik oder eher Alogik hinter dem allgemeinen Irrtum der Pseudosimplizität ist oft genug von Philosophen und Logikern aufgedeckt worden, wie auch von den Wissenschaftlern selbst, in ihren verschiedenen Bereichen. Es ist ebensowenig notwendig, Tiere zu untersuchen, bevor man Menschen untersucht, wie es erforderlich ist, Mathematik zu studieren, bevor man Geologie oder Psychologie oder Biologie studieren kann.

Motivation und die Theorie der Psychopathogenese

Der bewußte Motivationsinhalt des täglichen Lebens wird, den vorangegangenen Erwägungen zufolge, als relativ wichtig oder unwichtig betrachtet, je nachdem, wie stark er auf die grundlegenden Ziele bezogen ist. Das Verlangen nach einer Portion Schokoladeneis kann in Wirklichkeit der indirekte Ausdruck eines Verlangens nach Liebe sein. Wenn das zutrifft, wird das Verlangen nach Eis zu einer äußerst wichtigen Motivation. Wenn jedoch das Eis nur etwas zur Abkühlung ist, oder eine beiläufige Appetitäußerung, ist das Verlangen relativ unwichtig. Die alltäglichen bewußten Wünsche müssen als Symptome betrachtet werden, als *Oberflächenindizes* grundlegenderer Bedürfnisse. Wenn man diese oberflächlichen Wünsche für bare Münze nehmen sollte, würde man sich in einem Zustand kompletter, nicht auflösbarer Verwirrung befinden, da man es mit Symptomen zu tun hätte, anstatt damit, was die Symptome verbergen.

Frustration unwichtiger Wünsche führt zu keinen psychopathologischen Ergebnissen; Frustrierung grundlegend wichtiger Bedürfnisse hingegen führt dazu. Jede Theorie der Psychopathogenese muß auf einer vernünftigen Motivationstheorie aufbauen. Konflikt oder Frustration sind nicht notwendig pathogen. Sie werden es nur, wenn sie die Grundbedürfnisse bedrohen oder frustrieren, oder die Teilbedürfnisse, die auf sie eng bezogen sind.

Die Rolle der befriedigten Bedürfnisse

Es wurde weiter oben mehrmals betont, daß unsere Bedürfnisse sich gewöhnlich dann einstellen, wenn die vormächtigeren Bedürfnisse befriedigt sind. Deshalb spielt die Befriedigung eine wichtige Rolle in der Motivationstheorie. Abgesehen davon jedoch hören Bedürfnisse auf, eine aktiv determinierende oder organisierende Rolle zu spielen, sobald sie befriedigt sind.

Das bedeutet zum Beispiel, daß eine grundbefriedigte Person nicht länger Bedürfnisse nach Achtung, Liebe, Sicherheit und so weiter aufweist. Sie mag sie nur noch in dem fast metaphysischen Sinn haben, in dem ein satter Mensch Hunger hat, oder eine volle Flasche Leere hat. Wenn wir daran interessiert sind, was uns *tatsächlich* motiviert, und nicht daran, was uns motiviert hat, motivieren wird oder könnte, dann ist ein befriedigtes Bedürfnis nicht motivierend. Man muß es als praktisch nicht existent, als verschwunden betrachten. Man muß diesen Punkt betonen, weil man ihn in jeder Motivationstheorie, die ich kenne, entweder übersehen oder ihm widersprochen hat. Der tadellos gesunde, normale, glückliche Mensch hat keine Sexual- oder Nahrungsbedürfnisse, oder Sicherheits-, Liebes-, Prestige-, Selbstachtungsbedürfnisse, außer in verstreuten Augenblicken rasch vorübergehender Bedrohung. Etwas anderes vorzugeben, würde zu der Behauptung führen, daß jeder Mensch alle pathologischen Reflexe hat, so etwa, Babinski und so weiter, weil sie aufscheinen würden, wäre sein Nervensystem verletzt.

Solche Erwägungen legen die kühne Behauptung nahe, daß ein Mensch, der in irgendeinem seiner Grundbedürfnisse frustriert ist, einfach als ein

kranker Mensch oder zumindest nicht als ein ganzer, vollmenschlicher Mensch betrachtet werden muß. Dies stellt eine Parallele dazu dar, einen Menschen, dem es an Vitaminen oder Mineralen mangelt, als krank zu bezeichnen. Wer wird behaupten wollen, daß ein Mangel an Liebe weniger wichtig sei als ein Mangel an Vitaminen? Da wir die pathogenen Auswirkungen des Mangels an Liebe kennen, könnte irgendjemand behaupten, daß wir Wertfragen in einer unwissenschaftlichen oder illegitimen Art und Weise stellen, anders als der Arzt, der Pellagra oder Skorbut diagnostiziert und behandelt? Wenn man mir diesen Gebrauch gestattet, würde ich dann einfach sagen, daß ein gesunder Mensch primär von seinen Bedürfnissen motiviert ist, seine vollen Fähigkeiten und Potentialitäten zu entwickeln und zu verwirklichen. Wenn ein Mensch irgendwelche anderen Grundbedürfnisse in einer aktiven, chronischen Art und Weise hat, ist er einfach nicht gesund. Er ist so sicher krank, wie wenn er plötzlich einen starken Salz- oder Calciumhunger entwickelt hätte[9].
Wenn diese Feststellung ungewöhnlich oder paradox erscheint, kann ich dem Leser versichern, daß es sich nur um eines von vielen Paradoxen handelt, die auftauchen werden, während wir unsere Sicht der tieferen Motivationen beim Menschen revidieren. Wenn wir fragen, was ein Mensch vom Leben will, haben wir es mit seinem wahren Wesen zu tun.

Funktionale Autonomie

Gordon Allport (67) hat das Prinzip untersucht und verallgemeinert, daß die Mittel zum Zweck letztlich Befriedigungen an sich werden können und nur noch historisch mit ihrem Ursprung verknüpft sind. Sie

[9] Wenn man das Wort «krank» in dieser Weise verwendet, dann sollte man sich auch die Beziehungen des Menschen zur Gesellschaft klar bewußt machen. Eine Implikation unserer Definition wäre, daß 1), da ein Mensch krank genannt wird, wenn er grundlegend frustriert ist, und daß, 2), da eine solche grundlegende Frustration nur von Mächten außerhalb des einzelnen möglich gemacht wird, 3) Krankheit des Einzelnen letztlich von der Krankheit der Gesellschaft abstamme. Eine gute oder gesunde Gesellschaft würde man dann als eine definieren, die es gestattet, daß die höchsten Singgebungen des Menschen erreicht werden, indem sie ihm die Befriedigung all seiner Grundbedürfnisse gewährt.

können um ihrer selbst willen begehrt werden. Diese Erinnerung an die ungeheure Wichtigkeit des Lernens und des Wandelns im motivationalen Leben bringt in alles, was zuvor war, eine enorme zusätzliche Komplexität. Es gibt keinen Widerspruch zwischen den beiden psychologischen Prinzipien; sie ergänzen einander. Ob in dieser Art erworbene Bedürfnisse als wahre Grundbedürfnisse betrachtet werden können, den bisher verwendeten Kriterien folgend, ist eine Frage, die weiterer Forschung bedarf.

Jedenfalls haben wir bereits gesehen, daß die höheren Grundbedürfnisse nach längerer Befriedigung sowohl von ihren mächtigeren Voraussetzungen wie auch von ihren eigenen angemessenen Befriedigungen unabhängig werden können, das heißt, ein Erwachsener, der in seinen frühen Jahren im Liebesbedürfnis befriedigt war, wird unabhängiger als der Durchschnitt hinsichtlich Sicherheit, Zugehörigkeit und Liebe. Ich ziehe es vor, die Charakterstruktur als das wichtigste einzelne Beispiel funktionaler Autonomie in der Psychologie zu betrachten. Es ist die starke, gesunde autonome Person, die am ehesten imstande ist, Verlust von Liebe und Beliebtheit zu ertragen. Doch diese Stärke und Gesundheit sind in unserer Gesellschaft durch frühe dauernde Befriedigung der Bedürfnisse nach Sicherheit, Liebe, Zugehörigkeit und Wertschätzung bewirkt worden. Das heißt, daß diese Aspekte funktional autonom geworden sind, in andern Worten, unabhängig von gerade den Befriedigungen, die sie geschaffen haben.

5. Die Rolle der Grundbedürfnis-Befriedigung in der psychologischen Theorie

Dieses Kapitel unternimmt die Untersuchung der vielfältigen theoretischen Konsequenzen aus der im letzten Kapitel dargelegten Stellungnahme gegenüber menschlicher Motivation. Es sollte als positives oder gesundes Gegengewicht hinsichtlich der gegenwärtigen einseitigen Betonung der Pathologie und Frustration betrachtet werden.

Wir haben gesehen, daß das Hauptprinzip in der Organisation des menschlichen Motivationslebens die Anordnung der Grundbedürfnisse in einer Hierarchie von größerer oder kleinerer Priorität und Durchschlagskraft ist. Das wichtigste dynamische Prinzip in dieser Organisation ist das Auftauchen der weniger vormächtigen Bedürfnisse nach Befriedigung der mächtigeren bei einem gesunden Menschen. Die unbefriedigten physiologischen Bedürfnisse beherrschen den Organismus und bringen alle seine Fähigkeiten in ihre Dienste, organisieren sie so, daß sie diesen Dienst möglichst wirksam versehen. Relative Befriedigung unterdrückt sie und erlaubt es dem nächst höheren Ensemble von Bedürfnissen, in der Hierarchie aufzutauchen, zu dominieren und die Persönlichkeit zu organisieren, so daß sie, anstatt zum Beispiel von Hunger, von Sicherheit präokkupiert ist. Dasselbe Prinzip gilt auch für die anderen Bedürfnisensembles in der Hierarchie, das heißt Liebe, Achtung und Selbstverwirklichung.

Es stimmt wahrscheinlich auch, daß die höheren Bedürfnisse zuweilen nicht nur nach der Befriedigung, sondern auch nach erzwungener oder freiwilliger Entbehrung, Verneinung oder Unterdrückung der niedrigeren Grundbedürfnisse und Befriedigungen auftauchen (Asketismus, Sublimation, die stärkende Wirkung der Zurückweisung, Disziplin, Verfolgung, Isolierung und so weiter). Über die Frequenz oder das Wesen solcher Ereignisse wissen wir wenig, obwohl berichtet wird, daß sie in den orientalischen Kulturen allgemein üblich sind. In jedem Fall widersprechen solche Phänomene nicht der These dieses Buches, daß Befriedigung

nicht die einzige Quelle der Stärke oder anderer psychologischer Desiderata ist.
Die Befriedigungstheorie ist offensichtlich eine spezielle, begrenzte oder partielle Theorie, unfähig zu einer unabhängigen Existenz oder Gültigkeit. Sie kann Gültigkeit nur erlangen, wenn sie zumindest von 1. der Frustrationstheorie, 2. der Lerntheorie, 3. der Neurosentheorie, 4. der Theorie der psychologischen Gesundheit, 5. der Werttheorie und 6. der Theorie der Disziplin, des Willens, der Verantwortlichkeit und so fort, strukturiert wird. Dieses Kapitel stellt den Versuch dar, nur einen Faden im komplizierten Gewebe der psychologischen Determinanten des Verhaltens, des subjektiven Lebens und der Charakterstruktur zu verfolgen. Inzwischen sei zugegeben, anstatt eines abgerundeteren Bildes, daß es andere Determinanten gibt als die Befriedigung der Grundbedürfnisse, daß die Befriedigung der Grundbedürfnisse notwendig sein mag, aber sicherlich allein nicht genügt, daß Befriedigung und Entbehrung beides, sowohl wünschenswerte wie unerwünschte Konsequenzen haben und daß sich die Befriedigung der Grundbedürfnisse von der neurotischen Bedürfnisbefriedigung in wichtigen Aspekten unterscheidet.

Einige allgemeine Folgen der Bedürfnissättigung

Die grundlegendste Folge der Sättigung jedes Bedürfnisses ist das Untertauchen dieses Bedürfnisses und das Auftauchen eines neuen und höheren[1]. Andere Folgen sind Epiphänomene dieser grundlegenden Tatsache. Beispiele solcher sekundärer Folgen sind:
1. Die Unabhängigkeit von den alten befriedigenden Faktoren und Zielobjekten und eine gewisse Verachtung für sie, verbunden mit einer neuen Abhängigkeit von befriedigenden Faktoren und Zielobjekten, die bisher übersehen wurden, nicht erwünscht oder nur beiläufig erwünscht waren. Dieser Austausch alter gegen neue befriedigende Faktoren bezieht viele tertiäre Folgen ein. So gibt es Änderungen der Interessen. Das heißt, gewisse Phänomene werden zum ersten Mal interessant und alte werden

[1] Alle diese Feststellungen treffen nur auf die Grundbedürfnisse zu.

langweilig oder sogar abstoßend. Das ist gleichbedeutend mit der Behauptung, daß es Änderungen in den menschlichen Werten gibt. Im allgemeinen besteht die Neigung: 1. die befriedigenden Faktoren der mächtigsten der unbefriedigten Bedürfnisse zu überschätzen; 2. die befriedigenden Faktoren der weniger mächtigen unter den unbefriedigten Bedürfnissen (und deren Stärke) zu unterschätzen; und 3. die befriedigenden Faktoren der bereits befriedigten Bedürfnisse (und deren Stärke) zu unterschätzen oder sogar abzuwerten. Diese Wertverschiebung enthält als abhängiges Phänomen die Rekonstruktion der Zukunftsphilosophie, der Utopie, von Himmel und Hölle, des guten Lebens und des unbewußten Wunscherfüllungszustands des einzelnen, und zwar in einer grob voraussagbaren Richtung.

Mit einem Wort, wir neigen dazu, die bereits vorhandenen Segnungen als gegeben hinzunehmen, besonders, wenn wir für sie nicht mehr arbeiten oder kämpfen müssen. Nahrung, Sicherheit, Liebe, Bewunderung, Freiheit, die immer vorhanden waren, an denen es nie gemangelt hat, haben eine Tendenz, unbemerkt zu bleiben oder sogar abgewertet, verspottet, vernichtet zu werden. Dieses Phänomen der Unterschätzung des bereits Erreichten ist selbstverständlich unrealistisch und kann deshalb als eine Form der Pathologie betrachtet werden. In den meisten Fällen kann es sehr leicht beseitigt werden, einfach durch die Erfahrung einer solchen Entbehrung, zum Beispiel von Schmerz, Hunger, Armut, Einsamkeit, Zurückweisung, Ungerechtigkeit und so weiter.

Dieses relativ vernachlässigte Phänomen des Vergessens und der Abwertung nach der Befriedigung ist meiner Meinung nach von großer potentieller Bedeutung und Mächtigkeit. Weitere Ausführungen dazu können im Kapitel «Über niedriges, höheres und Meta-Nörgeln» in meinem Buch «Eupsychisches Management. Ein Tagebuch» (291), in den verschiedenen Schriften F. Herzbergs (193) und in Colin Wilsons Begriff des «St. Neot Margin» (481, 493) gefunden werden.

Es gibt keine andere Art und Weise, den Sinn des Rätsels zu finden, warum Überfluß (ökonomischer und psychologischer) *entweder* Wachstum zu höheren Ebenen der menschlichen Natur ermöglicht *oder* verschiedene Formen der Wertpathologie, wie sie eben erwähnt worden sind und wie sie die Zeitungen der jüngsten Zeit in ihren Schlagzeilen brachten. Vor langer Zeit sprach Adler in vielen seiner Schriften (2, 3, 13) über den «verwöhnten Lebensstil» und vielleicht sollten wir diesen Begriff verwenden, um zwischen pathogenen und gesunden, notwendigen Befriedigungen zu unterscheiden.

2. Mit dieser Wertänderung gehen Änderungen der kognitiven Fähigkeiten einher. Aufmerksamkeit, Wahrnehmung, Lernen, Erinnern, Vergessen, Denken, das alles ändert sich in einer grob voraussagbaren Richtung wegen neuer Interessen und Werte des Organismus.

3. Diese neuen Interessen, befriedigenden Faktoren und Bedürfnisse sind nicht nur neu, sondern in einem gewissen Sinn auch höher (siehe Kapitel 7). Wenn die Sicherheitsbedürfnisse befriedigt sind, wird der Organismus frei, nach Liebe, Unabhängigkeit, Achtung, Selbstachtung und so fort zu suchen. Die leichteste Art und Weise, den Organismus von den Fesseln der niedrigeren, materiellen, egoistischeren Bedürfnisse zu befreien, ist, sie zu befriedigen. (Überflüssig zu sagen, daß es auch andere Verfahren gibt.)

4. Die Befriedigung jedweden Bedürfnisses, so lang es sich um eine echte Befriedigung handelt, das heißt, eines grundlegenden und nicht eines neurotischen oder eines Pseudobedürfnisses, hilft, die Charakterformation zu determinieren (siehe unten.) Außerdem tendiert jede echte Bedürfnisbefriedigung zur Verbesserung, Stärkung und gesunden Entwicklung des einzelnen. Das heißt, die Befriedigung jedes Grundbedürfnisses, soweit wir sie isoliert betrachten können, stellt einen Schritt in die gesunde Richtung dar, weg von der neurotischen. In diesem Sinn spricht zweifellos Kurt Goldstein davon, daß *jede* spezifische Bedürfnisbefriedigung auf lange Sicht einen Schritt auf die Selbstverwirklichung hin darstellt.

5. Spezifische Bedürfnisbefriedigungen und Sättigungen haben zusätzlich zu diesen allgemeinen Ergebnissen bestimmte, spezifische ad hoc Resultate. So bringt etwa, wenn alle anderen Faktoren gleich bleiben, die Befriedigung der Sicherheitsbedürfnisse spezifisch ein subjektives Gefühl der Sicherheit, erholsameren Schlaf, Abwesenheit des Gefühls der Gefährdung, größere Courage, mehr Mut und so weiter.

Die Untersuchung der Auswirkungen der Bedürfnisbefriedigung resultiert zunächst in einer wachsenden Unzufriedenheit über die Überbewertung des rein assoziativen Lernens.

Im allgemeinen zeigen die Befriedigungsphänomene, zum Beispiel Appetitverlust nach Sättigung, Änderung der Quantität und des Typs der Verteidigungsbereitschaft nach der Befriedigung der Sicherheitsbedürfnisse und so fort, 1. ein *Verschwinden* infolge größerer Übung (oder Wiederholung, Anwendung, Praxis) und 2. ein *Verschwinden* mit größerer Belohnung (oder Zufriedenheit, Lob oder Verstärkung). Außerdem widersprechen nicht nur die Befriedigungsphänomene und diejenigen, die in der Tafel am Ende dieses Kapitels erwähnt werden, den Gesetzen der Assoziation, obwohl sie Anpassungsänderungen erfahren haben, sondern eine Überprüfung zeigt auch, daß willkürliche Assoziation nur in einer sekundären Art und Weise einbezogen ist. Jede Definition des Lernens, die einfach nur die Änderungen im Zusammenhang zwischen Reiz und Antwort betont, muß daher unzureichend sein.

Die Aufgabe der Bedürfnisbefriedigung ist fast vollständig auf die tieferliegenden angemessenen Befriedigungsfaktoren beschränkt. Auf lange Sicht kann es keine zufälligen und willkürlichen Wahlmöglichkeiten geben, außer für nicht grundlegende Bedürfnisse. Für die Liebeshungrigen gibt es nur einen echten, auf lange Sicht wirkenden Befriedigungsfaktor, das ist ehrliche und zufriedenstellende Zuneigung. Für die Sexbedürftigen, Hungrigen oder Durstigen gibt es letztlich eben nur Sex, Nahrung oder Wasser. Dies ist die Art der inhärenten Angemessenheit, wie sie von Wertheimer (465), Köhler (238), und anderen Gestaltpsychologen der jüngsten Vergangenheit wie Asch, Arnheim, Katona als zentraler Begriff in allen Gebieten der Psychologie betont wurde. Hier sind keine zufälligen Zusammenstellungen oder willkürlichen Nebeneinanderstellungen zureichend. Auch die Signale oder Warnungen oder assoziierten Befriedigungsfaktoren werden nicht genügen (350); nur die Befriedigungsfaktoren selbst stellen die Bedürfnisse zufrieden. Wir müssen mit Murphy von Kanalisation sprechen, anstatt von bloßer Assoziation.

Das Wesen dieser Kritik an der behavioristischen, assoziativen Lerntheorie ist, daß sie die Ziele und Zwecke des Organismus als gegeben annimmt. Sie behandelt nur die Manipulation der Mittel auf einen unerwähnten Zweck hin. Im Gegensatz dazu behandelt die hier vorgestellte Theorie der Grundbedürfnisse die Ziele und höchsten Werte des Organismus. Diese Ziele sind wesentlich und an sich wertvoll für den Organismus. Dieser wird daher alles unternehmen, um die Ziele zu erreichen, sogar indem er die willkürlichen, irrelevanten, trivialen oder dummen Prozeduren lernt, die ein Experimentator ihm als einzigen Weg zu diesen Zielen vorschreibt. Die erlernten Tricks sind klarerweise entbehrlich und werden abgelegt (ausgelöscht), wenn sie nicht mehr die tieferliegenden Befriedigungen (oder Verstärkungen) erkaufen können.

Es ist also klar, daß die verhaltensmäßigen und subjektiven Änderungen, wie sie auf den Seiten 153–157 aufgezählt werden, von den Gesetzen des assoziativen Lernens her allein nicht erklärt werden können. Tatsächlich ist es wahrscheinlicher, daß sie nur eine sekundäre Rolle spielen. Wenn eine Mutter ihr Kind häufig küßt, wird der Trieb selbst verschwinden und das Kind lernt, sich *nicht* nach Küssen zu sehnen (268). Die meisten zeitgenössischen Autoren sprechen über Persönlichkeit, Charakterzüge, Haltungen als Ansammlungen von Gewohnheiten, die man entsprechend den Gesetzen des assoziativen Lernens erworben hat. Es scheint jedoch geboten zu sein, diese Betrachtungsweise neu zu überdenken und zu korrigieren.

Nicht einmal in dem mehr annehmbaren Sinn der Erwerbung von Einsicht und Verstehen (Gestaltlernen) kann man Charakterzüge als vollständig erlernt betrachten. Diese erweiterte, gestaltmäßige Betrachtungsweise des Lernens ist, teilweise wegen ihrer Zurückhaltung bezüglich der Erkenntnisse der Psychoanalyse, noch zu beschränkt, in der rationalistischen Betonung des Erkennens von grundsätzlich gegebenen Strukturen in der Außenwelt. Wir brauchen eine stärkere Verbindung zum konativen und affektiven Prozeß *innerhalb* der Persönlichkeit, als sie sowohl das assoziative Lernen wie auch das Gestaltlernen liefern. (Doch siehe auch die Schriften Kurt Lewins (274), die ohne Zweifel bei der Lösung dieses Problems sehr hilfreich waren.)

Ohne daß an dieser Stelle eine detaillierte Behandlung versucht werden sollte, würde ich versuchsweise vorschlagen, vom Charakterlernen oder wesenhaftem, von Innen heraus angelegtem Lernen zu sprechen, in dessen Mittelpunkt die Änderungen der Charakterstruktur und nicht des

Verhaltens stehen. Unter den Hauptkomponenten befinden sich 1. die Erziehungseffekte der einmaligen (nicht wiederholbaren) und profunden persönlichen Erfahrungen, 2. die *affektiven* Änderungen, hervorgerufen von wiederholter Erfahrung (309), 3. die konativen Änderungen, bewirkt von Erfahrungen der Befriedigung und Frustration, 4. die breiten Änderungen im Verhalten, in den Erwartungen und in der Weltanschauung, die von gewissen Arten früher Erfahrung (266) hervorgerufen werden, 5. die Determinierung durch die Konstitution von Variationen in der selektiven Assimilierung jeder Erfahrung durch den Organismus und so weiter.

Solche Überlegungen verweisen auf eine engere Annäherung der Begriffe des Lernens und der Charakterformung, bis es schließlich, wie ich glaube, für die Psychologen fruchtbar wird, das typische paradigmatische Lernen als *Änderung in der persönlichen Entwicklung, in der Charakterstruktur,* zu definieren, also als Bewegung hin zur Selbstverwirklichung und darüber hinaus (308, 315, 317).

Bedürfnisbefriedigung und Charakterformung

Gewisse a priori Überlegungen deuten auf eine starke Verbindung von Bedürfnisbefriedigung mit der Entwicklung einiger, vielleicht sogar vieler Charakterzüge hin. Eine solche Doktrin wäre nichts weiter als das logische Pendant der bereits wohletablierten Beziehung zwischen Frustration und Psychopathologie.

Wenn es leicht fällt, die Frustration von Grundbedürfnissen als eine Determinante der Feindseligkeit zu akzeptieren, ist es ebenso leicht, das Gegenteil der Frustration, das heißt, die Befriedigung von Grundbedürfnissen, als eine a priori Determinante des Gegenteils von Feindseligkeit, das heißt Freundlichkeit, zu betrachten. Das eine wird von den psychoanalytischen Erkenntnissen ebenso nachdrücklich eingeschlossen wie das andere. Und obwohl es noch immer an der entsprechenden explizit formulierten Theorie fehlt, wird unsere Hypothese in ihrer Betonung der impliziten Bestätigung, Unterstützung, Permissivität, Billigung, Akzeptierung, das heißt, der elementaren Befriedigung der tiefsitzenden Bedürfnisse des Patienten nach Sicherheit, Liebe, Schutz, Achtung, Wertschätzung und so fort, durch die therapeutische *Praxis* bestätigt. Besonders trifft dies für Kinder zu, bei denen Liebeshunger, Unabhängigkeitsbedürfnis, Sicherheitsverlangen und dergleichen häufig ohne weiteres Hin und Her direkt mit einer Ersatz- oder Befriedigungstherapie behandelt werden, indem man ihnen etwa Liebe, Unabhängigkeit oder Sicherheit gewährt (anaklitische Therapie). Doch siehe auch Ref. 1 hinsichtlich der Grenzen einer solchen Therapie.

Leider gibt es nur wenig experimentelles Material dazu. Wo es vorhanden ist, ist es jedoch sehr eindrucksvoll, zum Beispiel in den Experimenten von Levy (264–269). Das allgemeine Verfahren in diesen Experimenten bestand darin, daß man Tiergruppen nach der Geburt entweder der Sättigung eines Bedürfnisses oder seiner partiellen Frustration unterwarf, zum Beispiel beim Säugebedürfnis.

Experimente dieser Art wurden mit dem Picken bei Kücken, Säugen bei Kindern, Aktivität bei verschiedenen Tieren angestellt. In allen Fällen entdeckte man, daß ein Bedürfnis, das voll befriedigt war, seinen typischen Verlauf nahm und dann, abhängig von seiner Beschaffenheit, entweder ganz verschwand, wie etwa das Säugen, oder ein bestimmtes niedriges Optimalniveau für den Rest der Lebensspanne aufrechterhielt, wie zum Beispiel bei Aktivität. Jene Versuchstiere, bei denen das Bedürfnis frustriert war, entwickelten verschiedene halbpathologische Erscheinungen, unter denen die für uns relevanteste die Dauer des Bedürfnisses über seinen normalen Zeitpunkt des Verschwindens hinaus war, und zweitens die stark steigende Aktivität des Bedürfnisses.

Die volle Bedeutung der Befriedigung in der Kindheit für den Charakter des Erwachsenen wird besonders von Levys Arbeit über Liebe (263, 268) unterstrichen. Es scheint ganz klar zu sein, daß viele Charakterzüge des gesunden Erwachsenen positive Folgen der kindlichen Befriedigung der Liebesbedürfnisse darstellen, zum Beispiel der Fähigkeit, dem geliebten Wesen Unabhängigkeit zu gewähren, dem Mangel an Liebe gewachsen zu sein, zu lieben, ohne die Autonomie aufzugeben und so fort.

Um diesen theoretischen Widerspruch so klar und direkt zu formulieren, wie es nur geht, handelt es sich um folgendes: Eine Mutter, die ihr Kind liebt, bewirkt in ihm (durch Belohnung, Verstärkung, Wiederholung, Übung und dergleichen) eine *Reduktion* in der Stärke des Liebesbedürfnisses im späteren Leben, eine niedrigere Wahrscheinlichkeit im Küssen etwa, weniger Anklammerung und so weiter. Am besten bringt man dem Kind bei, daß es in allen Richtungen nach Zuneigung suchen und eine beständige Sehnsucht nach Zuneigung haben soll, indem man ihm Liebe partiell *verweigert* (268). Dies ist nur eine weitere Illustration des Prinzips der funktionalen Autonomie (siehe S. 154), das Allport gezwungen hat, der zeitgenössischen Lerntheorie mit Skepsis zu begegnen.

Jeder Psychologielehrer trifft auf diese Theorie der erlernten Charakterzüge, sooft er über die Befriedigung der Grundbedürfnisse bei Kindern spricht oder über Experimente mit freier Wahl. «Wenn Sie das Kind aufnehmen, sooft es aus seinem Traum erwacht, wird es nicht weinen lernen, sooft es aufgenommen werden will (da Sie ja das Weinen belohnen)?» «Wenn Sie dem Kind erlauben, zu essen, was es will, wird es nicht verwöhnt werden?» «Wenn Sie die Kindereien beachten, wird das Kind nicht lernen, zu blödeln, um Aufmerksamkeit zu erlangen?» «Wenn Sie das Kind immer gewähren lassen, wird es nicht immer die Durchsetzung seines Willens verlangen?» Solche Fragen können nicht von Lerntheorien allein beantwortet werden; wir müssen uns auch auf die Befriedigungstheorie beziehen und auf die Theorie der funktionalen Autonomie, um das Bild abzurunden. Weitere Resultate sind in der allgemeinen Literatur über die dynamische Kinderpsychologie und Psychiatrie zu finden, besonders derjenigen über die Permissivität, zum Beispiel Ref. 296.

Andere Ergebnisse, die auf die Beziehung zwischen Bedürfnisbefriedigung und Charakterformation hinweisen, sind in den direkt beobachtbaren klinischen Wirkungen der Befriedigung vorhanden. Sie sind für jeden verfügbar, der direkt mit Menschen arbeitet, und werden in fast jedem therapeutischen Kontakt sichtbar.

Am leichtesten überzeugen wir uns davon, indem wir die direkten und unmittelbaren Wirkungen der Befriedigung der Grundbedürfnisse untersuchen, mit den mächtigsten beginnend. Wenn die physiologischen Bedürfnisse betroffen sind, betrachten wir in unserer Kultur Sättigung von Durst und Hunger nicht als Charakterzüge, obwohl wir es unter anderen kulturellen Umständen tun würden. Doch sogar auf dieser physiologischen Ebene sehen wir einige Grenzfälle unserer These. Sicherlich können wir, wenn wir von Bedürfnissen nach Ruhe und Schlaf sprechen, auch von deren Frustration und den Auswirkungen der Frustration sprechen (Schläfrigkeit, Müdigkeit, Energiemangel, Faulheit, Trägheit, Lethargie und dergleichen) und von deren Befriedigung (Wachheit, Energie, Kraft). Hier gibt es direkte Folgen einfacher Bedürfnisbefriedigung, die, wenn sie auch nicht als Charakterzüge betrachtet werden, zumindest von bestimmtem Interesse für jeden Charakterforscher sind. Und obwohl wir noch nicht so zu denken gewöhnt sind, kann man dasselbe vom Sexbedürfnis behaupten. So kann man eine Kategorie des Sexbesessenen und die kontrastierende des Sexbefriedigten aufstellen, für die wir noch kein entsprechend passendes Vokabular besitzen.

Wenn wir jedenfalls von Sicherheitsbedürfnissen sprechen, befinden wir uns auf weit sichererem Grund. Besorgtheit, Angst, Schrecken, Spannung, Nervosität und Zittrigkeit sind alles Folgen der Frustration von Sicherheitsbedürfnissen. Derselbe Typus klinischer Beobachtung zeigt deutlich die korrespondierenden Effekte der Befriedigung von Sicherheitsbedürfnissen (für die uns wie üblich das adäquate Vokabular fehlt), zum Beispiel also Fehlen von Angst und Nervosität, Entspanntheit, Vertrauen auf die Zukunft, Sicherheit und so fort. Welche Worte wir auch verwenden, es gibt einen Charakterunterschied zwischen dem Menschen, der sich sicher fühlt, und einem, der sein Leben lebt, als wäre er ein Spion auf fremdem Gebiet.

So verhält es sich auch im Fall der übrigen grundlegenden emotionellen Bedürfnisse nach Zugehörigkeit, Liebe, Achtung und Selbstachtung. Ihre Befriedigung gestattet das Sichtbarwerden von Charaktermerkmalen wie Zuneigung, Selbstachtung, Selbstvertrauen, Sicherheit und so weiter. Einen Schritt weiter weg von diesen unmittelbaren charakterologischen Konsequenzen der Bedürfnisbefriedigung befinden sich solche allgemeine Züge, wie Freundlichkeit, Großzügigkeit, Selbstlosigkeit, Größe (als Gegensatz zur Kleinlichkeit), Gleichmut, Heiterkeit, Glücklichkeit, Zufriedenheit und ähnliche. Dies scheinen Folgen von Folgen zu sein, Nebenprodukte der allgemeinen Bedürfnisbefriedigung, das heißt, der allgemeinen Besserung der psychologischen Lebensbedingungen, des Überflusses, des Wohlstands.

Lernen spielt sowohl in seiner eingeschränkten wie auch in seiner erweiterten Form selbstverständlich auch eine bedeutende Rolle in der Genese solcher und anderer Charakterzüge. Ob Lernen darüber hinaus eine mächtigere Determinante darstellt, das festzustellen gestatten uns die verfügbaren Beobachtungsergebnisse noch nicht, und die Frage danach würde man gewöhnlich als unfruchtbar beiseite schieben. Und doch sind die Folgen größerer Betonung des einen oder anderen so widersprechend, daß uns das Problem zumindest bewußt bleiben muß. Ob Charaktererziehung im Schulraum stattfinden kann, ob Bücher, Vorträge, Katechismen und Ermahnungen die besten Mittel und Wege darstellen, ob Gebete und Sonntagsschulen bessere Menschenwesen hervorbringen können, oder ob im Gegenteil ein gutes Leben gute Menschen hervorbringt, ob Liebe, Wärme, Freundschaft, Achtung und gute Behandlung des Kindes von mehr Belang für seine spätere Charakterstruktur sind – das sind die Alternativen, die sich vom Standpunkt der einen oder der anderen Theorie der Charakterformation und des Lernens präsentieren.

Der Begriff der Befriedigungsgesundheit

Angenommen, A hat einige Wochen in einem gefährlichen Dschungel gelebt und ist am Leben geblieben, weil es ihm gelungen ist, gelegentlich Nahrung und Wasser zu finden. B bleibt nicht nur am Leben, sondern hat auch ein Gewehr und eine verborgene Höhle mit einem versperrbaren Eingang. C hat alles dies und außerdem noch zwei Begleiter. D hat Nahrung, Waffe, Begleiter, Höhle und außerdem seinen besten Freund mit. E schließlich hat all dies und zusätzlich ist E auch der geachtete Anführer der Gruppe. Der Kürze wegen nennen wir A, B, C, D und E den bloß Überlebenden, den Sicheren, den Zugehörigen, den Geliebten und den Geachteten.

Doch dies stellt nicht nur eine Stufenleiter von Befriedigungen der Grundbedürfnisse dar: Es handelt sich auch um eine *Skala zunehmender psychologischer Gesundheit*[2]. Es ist klar, daß jemand, der sicher ist und dazu gehört und geliebt wird, gesünder sein wird (nach jeder vernünftigen Definition) als jemand, der sicher ist und dazu gehört, aber zurückge-

[2] Später wird darauf verwiesen, daß dasselbe Kontinuum zunehmender Grade der Bedürfnisbefriedigung auch als Grundlage für eine mögliche Klassifikation der Persönlichkeiten verwendet werden kann. Als Stufen oder Ebenen der Reife oder des persönlichen

wiesen wird und ungeliebt bleibt – wenn alle anderen Faktoren gleich sind. Und wenn er zusätzlich Achtung und Bewunderung gewinnt und deshalb seine Selbstachtung steigert, dann ist er ein noch gesünderes, selbstverwirklichendes, vollmenschliches Wesen.

Es scheint, daß der Grad an Grundbedürfnisbefriedigung positiv mit dem Grad psychologischer Gesundheit korreliert. Können wir weiter gehen und den Grenzwert solcher Korrelation festhalten, daß nämlich vollständige Befriedigung der Grundbedürfnisse und ideale Gesundheit dasselbe sind? Die Gratifikationstheorie würde eine solche Möglichkeit zumindest nahelegen. (Aber siehe 315). Obwohl selbstverständlich erst künftige Forschung die Antwort auf diese Frage geben kann, lenkt schon die bloße Behauptung der Hypothese unseren Blick auf vernachlässigte Tatsachen und fordert uns auf, alte und unbeantwortete Fragen wieder zu stellen. So müssen wir selbstverständlich zugeben, daß es andere Wege zur Gesundheit gibt. Und doch muß man auch fragen, wie oft, wenn wir die Lebenswege für unsere Kinder festlegen, Gesundheit durch Asketismus, Verweigerung der Grundbedürfnisse, Disziplin und Temperierung im Feuer der Frustration, der Tragödie und des Unglücks erreicht wird, mit anderen Worten: Was sind die relativen Häufigkeiten der Gesundheit aus Befriedigung und derjenigen aus Frustration?

Diese Theorie konfrontiert uns auch mit dem dornigen Problem des Egoismus, wie es von Wertheimer und seinen Schülern gestellt wurde, die dazu neigten, alle Bedürfnisse als eo ipso egoistisch und ego-zentriert zu betrachten. Zwar wird Selbstverwirklichung, das elementare Bedürfnis also, von Goldstein und in diesem Buch in einer sehr individualistischen Weise definiert. Die empirische Untersuchung sehr gesunder Menschen zeigt aber, daß sie zugleich extrem individuell und gesund egoistisch sind, und auf der anderen Seite altruistisch und mitfühlend, wie man im Kapitel 11 sehen wird.

Wenn wir den Begriff der Gratifikationsgesundheit (oder Glücksgesundheit) aufstellen, begeben wir uns zugleich in die Gesellschaft dieser Autoren, also Goldsteins, Jungs, Adlers, Angyals, Horneys, Fromms,

Wachstums zur Selbstverwirklichung im Leben des einzelnen genommen, ergibt es ein Schema für eine Entwicklungstheorie, die zu Freuds und Eriksons Entwicklungssystem annäherungsweise parallel läuft (123, 141).

Mays, Bühlers, Rogers' und anderer, die im Organismus, der von innen aus nach Vollentwicklung getrieben wird, eine positive Wachstumstendenz als Triebkraft postulieren[3].

Denn wenn wir annehmen, daß der gesunde Organismus paradigmatisch in den Grundbedürfnissen befriedigt und deshalb für die Selbstverwirklichung freigegeben ist, dann haben wir damit auch angenommen, daß dieser Organismus sich von innen aus durch inhärente Wachstumstendenzen entwickelt, im Bergsonschen Sinn, und nicht von außerhalb, im behavioristischen Sinn des Umwelt-Determinismus. Der neurotische Organismus ist einer, dem es an der Befriedigung der Grundbedürfnisse mangelt, die nur von anderen Menschen kommen kann. Er ist deshalb von anderen Menschen abhängiger und weniger autonom und selbstbestimmt, das heißt, von der Umwelt geformter als von seiner eigenen inneren Natur. Solche relative Unabhängigkeit von der Umwelt, wie man sie bei gesunden Menschen findet, bedeutet natürlich nicht den Mangel an Umgang mit ihr; es bedeutet nur, daß im Umgang mit der Umwelt die Ziele eines Menschen und seine eigene Natur die primären Determinanten sind und daß die Umwelt primär ein Mittel für die selbstverwirklichenden Zwecke ist. Das ist wahrhaft psychologische Freiheit (398).

Andere Phänomene, die zum Teil von der Bedürfnisbefriedigung determiniert sind

Was hier folgt, ist ein kurzes Verzeichnis einiger der wichtigeren, von der Befriedigungstheorie vermittelten Hypothesen. Andere werden auf den Seiten 124–130 angeführt.

[3] Es gibt buchstäblich Dutzende und Hunderte solcher Autoren und Forscher. Eine vollständige Liste wäre sehr lang und ich erwähne hier nur einige der älteren Generation. Die Mitgliedsliste der American Association of Humanistic Psychology ist vollständiger. So auch das Verzeichnis der Mitarbeiter in (344, 419, 69, 441).

Psychotherapie

Man könnte wahrscheinlich behaupten, daß die Befriedigung der Grundbedürfnisse in der Dynamik der tatsächlichen Heilung oder Besserung an erster Stelle steht. Gewiß muß zugegeben werden, daß sie zumindest ein Faktor ist und ein besonders wichtiger, weil bisher vernachlässigter. Diese These wird ausführlicher im Kapitel 15 dargestellt.

Haltungen, Interesse, Geschmacksbildung und Werte

Einige Beispiele für die Art und Weise, in der Interessen von der Befriedigung und Frustration von Bedürfnissen determiniert wurden, liegen vor. Siehe auch Maier (284). Es wäre möglich, darin viel weiter zu gehen und schließlich auch eine Diskussion der Moral, der Werte und der Ethik abzuleiten, insofern als diese mehr darstellen als Etikette, Manieren, Gebräuche und andere lokale soziale Gewohnheiten. Gegenwärtig ist es Mode, Haltungen, Geschmacksfragen, Interessen und sogar auch Werte *aller* Art zu behandeln, als hätten sie keine andere Determinante außer derjenigen des lokalen kulturellen Lernens durch Assoziation, das heißt, als wären sie ganzheitlich von den willkürlichen Umweltkräften determiniert. Doch wir haben gesehen, daß es notwendig ist, auch im Inneren gegebene Erfordernisse und die Wirkungen der Befriedigung von Bedürfnissen des Organismus ins Spiel zu bringen.

Klassifikation der Persönlichkeit

Wenn wir die Befriedigung der Hierarchie grundlegender emotioneller Bedürfnisse als ein geradliniges Kontinuum betrachten, dann haben wir ein hilfreiches (wenn auch unvollkommenes) Werkzeug für die Klassifizierung von Persönlichkeitstypen zur Verfügung. Wenn die meisten Menschen ähnliche Bedürfnisse haben, kann man jede Person mit einer anderen im Grad der Befriedigung dieser Bedürfnisse vergleichen. Es handelt sich um ein holistisches oder organismisches Prinzip, weil es ganze Personen auf einem einzigen Kontinuum klassifiziert, anstatt Teile oder Aspekte von Personen mit einer Vielfalt miteinander unzusammenhängender Kontinua.

Langeweile und Interesse

Was schließlich ist Langeweile anderes als übermäßige Befriedigung? Und doch ergeben sich auch hier ungelöste und noch nicht wahrgenommene Probleme. Warum bedeutet wiederholte Berührung mit dem Gemälde A, der Frau A, der Komposition A Langeweile, während dieselbe Zahl von Berührungen mit Gemälde B, Frau B, Komposition B erhöhtes Interesse und erhöhte Freude ergibt?

Glück, Freude, Zufriedenheit, Begeisterung, Ekstase

Welche Rolle spielt Befriedigung bei der Erzeugung positiver Emotionen? Die Emotionsforscher haben zu lange ihre Studien auf die affektiven Effekte der Frustration beschränkt (259).

Soziale Effekte

In der Tafel unten werden verschiedene Arten angeführt, in denen Befriedigung gute soziale Effekte zu haben scheint. Das heißt, es wird als These für weitere Untersuchungen angeboten, daß die Befriedigung der menschlichen Grundbedürfnisse (wenn alles andere gleich ist, wenn man gewisse rätselhafte Ausnahmen außer acht läßt und für den Augenblick die erwünschten Wirkungen der Entbehrung und Disziplin vernachlässigt) den Menschen nicht nur in seiner Charakterstruktur verbessert, sondern auch als Bürger auf der nationalen und internationalen Ebene, sowie in seinen zwischenmenschlichen Beziehungen. Die möglichen Implikationen für die politische, wirtschaftliche, erzieherische, historische und soziologische Theoriebildung sind bedeutend und klar. (17, 104, 356, 488).

Frustrationsniveau

In einem gewissen Sinn ist die Befriedigung von Bedürfnissen, so paradox das klingen mag, eine Determinante der Bedürfnisfrustration. Dies ist deshalb richtig, weil höhere Bedürfnisse so lange nicht im Bewußtsein auftauchen werden, bis nicht die niedrigeren, vormächtigeren Bedürfnisse befriedigt sind. Der bloß überlebende Mensch wird sich keine Sorgen über die höheren Dinge des Lebens machen, über das Studium der Geometrie, das Wahlrecht, den guten Ruf seiner Stadt, Achtung; er wird primär mit den grundlegenderen Gütern befaßt sein. Es bedarf eines gewissen Befriedigungsgrades der niedrigeren Bedürfnisse, um zu einem Punkt zu gelangen, an dem man zivilisiert genug ist, um sich in den weiteren persönlichen, sozialen und intellektuellen Fragen frustriert zu fühlen.
In der Folge müssen wir zugeben, daß die meisten Menschen dazu verurteilt sind, sich zu wünschen, was sie nicht besitzen, und doch behaupten wir, daß es nicht nutzlos ist, an der größeren Befriedigung für alle zu arbeiten. So lernt man gleichzeitig, von keiner einzelnen Sozialreform Wunder zu erwarten (zum Beispiel Frauenwahlrecht, freie Erziehung, geheime Wahlen, Gewerkschaften, Sozialwohnbau, Direktwahlen) und doch nicht die Realität des langsamen Vorgehens zu unterschätzen.
Wenn man sich schon frustriert oder besorgt fühlen muß, ist es für die Gesellschaft besser, wenn man über die Beendigung eines Krieges besorgt ist, als von Kälte und Hunger frustriert. Das Frustrationsniveau (wenn man von höheren und niedrigeren Frustrationen sprechen kann) anzuheben, hat nicht nur persönliche, sondern auch soziale Folgen. Annähernd das gleiche kann man auch über die Schuld- und Schamniveaus sagen.

Das Auftauchen von Spaß, angenehmer Ziellosigkeit, von sorglosem und zufälligem Verhalten

Obwohl von den Philosophen, Künstlern und Dichtern lange besprochen, ist dieser Verhaltensbereich von den wissenschaftlichen Psychologen merkwürdig vernachlässigt worden. Vielleicht wegen des weithin akzeptierten Dogmas, daß alles Verhalten motiviert ist. Ohne an dieser Stelle diesen Fehler (meiner Meinung nach) diskutieren zu wollen, kann es keine Frage darüber geben, daß sich der Organismus sofort nach Sättigung gestattet, Spannung, Dringlichkeit, Notwendigkeit, Nachdruck aufzugeben, um sich zu entspannen, faul zu sein, sich passiv zu verhalten, die Sonne zu genießen, etwas zu dekorieren und mit Ornamenten zu versehen, die Töpfe und Pfannen zu polieren, zu spielen und Spaß zu haben, zu beobachten, was nicht von Wichtigkeit ist, lässig und ziellos zu sein, zufällig und nicht zweckgebunden zu lernen; in einem Wort, um (relativ) unmotiviert zu sein. Bedürfnisbefriedigung erlaubt das Auftauchen unmotivierten Verhaltens (siehe Kapitel 14 für ausführlichere Abhandlung).

Pathologie durch Befriedigung

Das Leben in letzter Zeit hat uns sicher einiges über die Pathologie des *materiellen* (niedrigere Bedürfnisse) Überflusses gelehrt, über solche Ergebnisse wie Langeweile, Egoismus, elitäres Verhalten, «verdiente» Überlegenheit, Fixierung auf dem niedrigen Niveau der Unreife, Vernichtung der Brüderlichkeit. Offensichtlich ist es noch nicht an sich befriedigend, über längere Perioden nur ein materielles Leben zu führen oder ein Leben der niedrigeren Bedürfnisse.

Doch nunmehr werden wir mit einer neuen Möglichkeit der Pathologie aus psychologischem Überfluß konfrontiert; das heißt, des Leidens an den Folgen daraus (anscheinend), daß man mit Ergebenheit geliebt und versorgt, daß man bewundert, verehrt und selbstverneinend angehört wird, daß man stets im Mittelpunkt steht, ergebene Diener hat, jeden Wunsch sofort erfüllt bekommt, sogar Gegenstand der Selbstaufopferung und Selbstverneinung wird.

Zwar wissen wir nicht viel über diese neuen Phänomene, jedenfalls nicht in irgendeinem vollwissenschaftlichen Sinn. Was wir haben, sind der starke Verdacht, weitverbreitete klinische Eindrücke, die langsam erhärtete Meinung von Kinderpsychologen und Erziehern, daß die bloße Befriedigung der Grundbedürfnisse nicht reicht, sondern daß das Kind auch einige Erfahrung mit Festigkeit, Härte, Frustration, Disziplin, Einschränkungen braucht. Oder, um es anders auszudrücken, die Befriedigung der Grundbedürfnisse sollte sorgfältiger definiert werden, weil sie so leicht zu ungezügelter Verwöhnung, Selbstverneinung, totaler Permissivität, Überbeschützung, Speichelleckerei wird. Liebe und Achtung für das Kind müssen zumindest mit der Liebe und Achtung für sich selbst als Elternteil und für die Erwachsenen im allgemeinen gepaart sein. Kinder sind sicherlich Personen, aber nicht erfahrene Personen. Man muß damit rechnen, daß sie in vielen Dingen unerfahren und dumm in anderen sind.

Die Pathologie aus Befriedigung kann sich auch zum Teil als etwas herausstellen, was man Metapathologie (314) nennen könnte, ein Fehlen der Werte, der Sinnhaftigkeit und der Erfüllung im Leben. Viele Humanwissenschaftler und Existenzpsychologen glauben – allerdings nicht auf Grund zureichender Beobachtungsergebnisse – daß die Befriedigung aller Grundbedürfnisse nicht *automatisch* das Problem der Identität löst, der Wertsysteme, der Berufung im Leben, der Sinngebung. Für einige Menschen zumindest, und besonders für die jungen, sind das getrennte und zusätzliche Lebensaufgaben über die Befriedigung der Grundbedürfnisse hinaus.

Schließlich möchte ich wieder die wenig verstandene Tatsache erwähnen, daß Menschen niemals dauerhaft befriedigt oder zufrieden zu sein scheinen (291) – und in tiefem Zusammenhang damit stehend – daß wir dazu neigen, uns an unsere Segnungen zu gewöhnen, sie zu vergessen, sie für gegeben zu nehmen, aufzuhören, sie zu schätzen. Für viele Menschen – wir wissen nicht, wie viele – werden auch die höchsten Freuden langweilig, schal und verlieren ihre Neuheit (483), und sie können nur durch einige Erfahrung der Entbehrung, Frustration, Bedrohung oder sogar Tragödie wieder wertvoll gemacht werden. Für solche Leute, besonders die mit wenig Unternehmungslust hinsichtlich neuer Erfahrungen, mit wenig Vitalität, mit schwachausgeprägter Fähigkeit zu Grenzerfahrungen, mit starken Hemmungen gegen Freude und Spaß, kann es *notwendig* sein, den Verlust ihres Glücks zu erfahren, um es wiederum zu würdigen.

Die funktionale Autonomie der höheren Bedürfnisse

Obwohl es im allgemeinen zutrifft, daß wir uns nach der Befriedigung der niedrigeren Bedürfnisse zu immer höheren Ebenen bewegen, bleibt jedoch als beobachtbares Phänomen, daß, wenn einmal diese höheren Ebenen und die Werte und Vorlieben, die sie begleiten, erreicht sind, sie autonom, von der Befriedigung der niedrigeren Grundbedürfnisse unabhängig werden. Solche Menschen werden die Befriedigungen der niedrigeren Bedürfnisse, die ihnen das «höhere Leben» ermöglicht haben, sogar verachten und abtun, ungefähr in jenem Geist, in dem die in dritter Generation Reichen sich für die Neureichen der ersten Generation schämen, oder die gebildeten Kinder von Emigranten für ihre ungeschliffeneren Eltern.

Einige zum großen Teil durch die Befriedigung der Grundbedürfnisse bedingte Phänomene

A. Konative Affektive

1. Gefühle der physischen Sättigung und Übersättigung – Nahrung, Sex, Schlaf und dergleichen mehr – und, als *Nebenprodukte* – Wohlgefühl, Gesundheit, Energie, Euphorie, physische Zufriedenheit
2. Gefühle der Sicherheit, des Friedens, der Gesichertheit, der Geborgenheit, des Fehlens von Gefahr und Bedrohung
3. Gefühle der Zugehörigkeit zur Gruppe, der Identifikation mit Gruppenzielen und Triumphen, der Akzeptanz oder des Platz-gefunden-Habens, des Zu-Hause-Seins
4. Gefühle der Liebe und des Geliebtwerdens, des Liebenswert-Seins, der Liebesidentifikation
5. Gefühle der Selbstachtung, des sich auf sich selbst Verlassen-Könnens, der Selbsthochschätzung, des Vertrauens auf sich selbst; Gefühle der Fähigkeit, der Leistung, Kompetenz, des Erfolgs, der Ich-Stärke, des Geschätzt-Werdens, des Prestiges, der Führungsqualitäten, der Unabhängigkeit

6. Gefühle der Selbstverwirklichung, Selbsterfüllung, der immer kompletteren Entwicklung und Entfaltung der eigenen Möglichkeiten und Potenzen und die daraus folgenden Gefühle des Wachsens, Reifens, der Gesundheit und Autonomie
7. Zufriedengestellte Neugier, das Gefühl, etwas gelernt zu haben und immer mehr zu wissen
8. Zufriedengestelltes Verstehen, größere philosophische Befriedigung; die Bewegung zu immer umfassenderen und einheitlicheren Weltanschauungen oder Religionen; wachsende Wahrnehmung der Zusammenhänge und Beziehungen; Ehrfurcht; Wertverpflichtung
9. Zufriedengestelltes Schönheitsbedürfnis, Erregung, sinnlicher Schock, Freude, Ekstase, Sinn für Symmetrie, Richtigkeit, Angemessenheit, Vollkommenheit
10. Auftauchen der höheren Bedürfnisse
11. Zeitweilige oder lang andauernde Abhängigkeit und Unabhängigkeit von verschiedenen Befriedigern; zunehmende Unabhängigkeit von den niedrigeren Bedürfnissen und niedrigeren Befriedigern und Geringschätzung für sie
12. Aversion und Appetitgefühle
13. Langeweile und Interesse
14. Verbesserung der Werte; Besserung im Geschmack; bessere Wahl
15. Größere Möglichkeit und Intensität der freudigen Erregung, des Glücks, der Freude, des Genusses, der Zufriedenheit, der ausgeglichenen Ruhe, der Heiterkeit, des Jubels; reicheres und positiveres emotionelles Leben
16. Häufigeres Vorkommen der Ekstase, der Grenzerfahrungen, der orgasmischen Emotion, der Exaltation und der mystischen Erfahrung
17. Änderungen im Wunschniveau
18. Änderungen im Frustrationsniveau
19. Bewegung zur Metamotivation (314) und zu Seins-Werten (293)

B. Kognitive

1. Schärfere, effizientere, realistischere Erkenntnis aller Arten; bessere Realtitätsüberprüfung

2. Verbesserte Intuition; erfolgreichere Ahnungen
3. Mystische Erfahrung mit Erleuchtungen und Einsichten
4. Mehr Konzentration auf Realität, Gegenstand und Problem; weniger Projektion und Egokonzentration; mehr transpersonale und jenseitige Erkenntnis (295, 317)
5. Verbesserung in der Weltsicht und Philosophie (im Sinn von wahrer, realistischer, weniger selbstdestruktiv, mehr umfassend, mehr integriert und holistisch und so weiter werden)
6. Mehr Kreativität, Kunst, Poesie, Musik, Weisheit, Wissenschaft
7. Weniger strenge roboterhafte Konventionalität; weniger Stereotypisieren, weniger zwanghaftes Einordnen (siehe Kapitel 13); bessere Wahrnehmung der individuellen Einzigartigkeit durch die Trennwand der von Menschen geschaffenen Kategorien und Rubriken hindurch; weniger Dichotomisieren
8. Viele der grundlegenderen, tieferen Haltungen (demokratischer, basischer Respekt für alle Menschen, Zuneigung für andere, Liebe und Achtung für Kinder, Kameradschaft mit Frauen und so fort)
9. Weniger Bevorzugung und Bedürfnis nach Vertrautem, besonders bezüglich der wichtigen Dinge; weniger Angst vor dem Neuen und Unvertrauten
10. Mehr Möglichkeit für zufälliges oder latentes Lernen
11. Weniger Bedürfnis nach dem Einfachen; mehr Freude am Komplexen

C. Charakterzüge

1. Mehr Ruhe, Gleichmut, Heiterkeit, Seelenfriede, Gelassenheit (Gegenteil von Spannung, Nervosität, Unglücklichkeit, sich elend fühlen)
2. Freundlichkeit, Sympathie, Selbstlosigkeit (Gegenteil von Grausamkeit)
3. Gesunde Großzügigkeit
4. Größe (Gegenteil von Kleinlichkeit, Gemeinheit, Kleinheit)
5. Selbstvertrauen, Selbstrespekt, Selbstachtung
6. Gefühle der Sicherheit, der Friedlichkeit, Fehlen von Gefahr
7. Freundlichkeit (Gegenteil der im Charakter beruhenden Feindseligkeit)

8. Größere Frustrationstoleranz
9. Toleranz für individuelle Verschiedenheit, Interesse und Billigung dafür, und deshalb Aufgeben von Vorurteilen und verallgemeinerter Feindseligkeit (aber nicht Urteilsverlust), größeres Gefühl für Brüderlichkeit, Kameradschaftlichkeit, brüderliche Liebe, Achtung für andere
10. Mehr Mut; weniger Angst
11. Psychologische Gesundheit und alle ihre Nebenprodukte; sich wegbewegen von Neurose, psychopathischer Persönlichkeit, und vielleicht Psychose
12. Tiefgreifender demokratisch sein (angstlose und realistische Achtung für andere, die es wert sind)
13. Entspannung; weniger Anspannung
14. Mehr Ehrlichkeit, Ursprünglichkeit und Geradheit; weniger Lüge und Heuchelei, Scheinheiligkeit und Falschheit
15. Stärkerer Wille; mehr Freude an Verantwortlichkeit

D. Zwischenmenschliche

1. Besserer Bürger, Nachbar, Elternteil, Freund, Liebhaber
2. Politische, ökonomische, religiöse, pädagogische Reife und Offenheit
3. Achtung für Frauen, Kinder, Angestellte und Minoritäten oder Gruppen mit weniger Macht
4. Mehr demokratisch, weniger autoritär (303)
5. Weniger ungerechtfertigte Feindseligkeit und mehr Freundlichkeit, mehr Interesse an anderen, mehr Identifikation mit anderen
6. Besserer Geschmack in der Wahl von Freunden, Freundinnen, Führern und so fort, bessere Menschenkenntnis; bessere Entscheidungen
7. Nettere Person, mehr attraktiv, schöner
8. Besserer Psychotherapeut

E. Verschiedenes

1. Gewandeltes Bild von Himmel, Hölle, Utopie, gutem Leben, Erfolg und Versagen und dergleichen

2. Bewegung zu höheren Werten hin; zu einem höheren «geistigen Leben»
3. Änderungen in allem expressivem Verhalten, zum Beispiel Lächeln, Lachen, Gesichtsausdruck, Haltung, Gehen, Handschrift; Bewegung zu expressiverem und weniger bewältigendem Verhalten
4. Energieänderungen, Läßigkeit, Schlaf, Ruhe, Rast, Munterkeit
5. Hoffnung, Interesse an der Zukunft (Gegenteil vom Verlust der Moral, Apathie, Anhedonie)
6. Änderungen im Traumleben, in der Phantasie, den frühen Erinnerungen (9)
7. Änderungen in der charakterlichen Moralität, Ethik, im Wertsystem
8. Sich wegbewegen von einem Leben, das auf der Dichotomie Gewinnen-Verlieren beruht, auf Gegnerschaft

6. Die instinktoide Natur der Grundbedürfnisse

Überprüfung der Triebtheorie

Gründe für die Überprüfung der Triebtheorie

Die in den vorigen Kapiteln skizzierten Theorien der Grundbedürfnisse legen eine Überprüfung der Triebtheorie nahe, ja rufen geradezu danach, wenn auch nur wegen der Notwendigkeit, zwischen den mehr und den weniger grundlegenden, den mehr und den weniger gesunden, den natürlicheren und weniger natürlichen zu unterscheiden. Weiter sollten wir nicht die Überprüfung gewisser verwandter Fragen aufschieben, die von dieser und anderen Theorien der Grundbedürfnisse (353, 160) gestellt werden, zum Beispiel das mitbedingte Verwerfen der kulturellen Relativität, die Theorie von konstitutionell gegebenen Werten, die unmißverständliche Einengung des Geltungsbereichs für das assoziative Lernen und so weiter.

Es gibt in jedem Fall eine beachtliche Anzahl anderer theoretischer, klinischer und experimenteller Erwägungen, die in dieselbe Richtung weisen, das heißt, auf die Erwünschtheit einer Neubewertung der Triebtheorie und vielleicht sogar deren Wiedererstehung in irgendeiner Form. Das alles führt zu einer gewissen Skepsis hinsichtlich der gegenwärtigen, fast ausschließlichen Betonung der Plastizität, Flexibilität und Anpassungsfähigkeit der Menschen und ihrer Lernfähigkeit seitens der Psychologen, Soziologen und Anthropologen. Menschen scheinen weit autonomer und sich selbst regulierender zu sein, als es die gegenwärtige psychologische Theorie annimmt.

1. Das Homöostase-Konzept Cannons (78), der Todestrieb Freuds (138) und dergleichen
2. Die Appetit-, Freie-Wahl-, Selbstbedienungsexperimente (492, 491)

3. Die Triebsättigungsexperimente Levys (264–269), wie auch seine Arbeit über mütterliche Schutzübertreibungen (263) und über Affekthunger
4. Die verschiedenen psychoanalytischen Entdeckungen der schädlichen Auswirkungen von übertriebener Reinlichkeitserziehung und zu rascher Entwöhnung bei Kindern
5. Die Anzahl der Beobachtungen, die viele Erzieher, Kindergartenbetreuer und praktische Kinderpsychologen dazu gebracht haben, in ihrem Umgang mit Kindern mehr das Vertrauen auf die Eigenentscheidungen zu betonen
6. Das Begriffssystem, das explizit der Rogerschen Therapie zugrundeliegt
7. Die vielen neurologischen und biologischen Ergebnisse, die von den Vitalisten (112), den Evolutionisten (46), den zeitgenössischen experimentellen Embryologen (435) und solchen Holisten wie Goldstein (160) über die spontane Neuanpassung des Organismus nach Beschädigung berichtet werden

Diese und andere, noch zu erwähnende Forschungsergebnisse weisen vereint darauf hin, daß der Organismus zuverlässiger, selbstschützender, selbstregelnder und selbstbeherrschter ist, als man üblicherweise annimmt. Zusätzlich kann man sagen, daß die verschiedenen jüngsten Entwicklungen die theoretische Notwendigkeit für die Behauptung einer Tendenz im Organismus zum positiven Wachstum oder zur Selbstverwirklichung gezeigt haben, die von der konservierenden, gleichgewichtserhaltenden oder homöostatischen Tendenz verschieden ist, wie auch von der Tendenz, auf Impulse von der Außenwelt zu reagieren. Diese Art der Tendenz zum Wachsen und zur Selbstverwirklichung wurde in der einen oder anderen ungefähren Form von so verschiedenen Denkern wie Aristoteles und Bergson und vielen anderen Philosophen behauptet. Unter den Psychiatern, Psychoanalytikern und Psychologen haben sie Goldstein, Bühler, Jung, Horney, Fromm, Rogers und viele andere für notwendig gehalten.

Der wichtigste Einfluß zugunsten einer Überprüfung der Triebtheorie stammt jedoch aus der Erfahrung der Psychotherapeuten, besonders der Psychoanalytiker. In diesem Bereich ist die Logik der Tatsachen, so unklar sie vielleicht zu sehen ist, unmißverständlich; unausweichlich sieht sich der Therapeut gezwungen, zwischen grundlegenderen und weniger grundlegenden Wünschen (oder Bedürfnissen, oder Trieben) zu unterscheiden. So einfach ist es: Die Frustration einiger Bedürfnisse bewirkt Pathologie, die Frustration anderer nicht. Die Befriedigung der einen bewirkt Gesundheit, der anderen nicht. Die ersteren Bedürfnisse sind unvorstellbar hartnäckig und widerspenstig. Sie leisten allen Schmeicheleien, jedem Ersatz, jeder Bestechung und jeder Alternative Widerstand; nichts genügt ihnen außer ihre eigentliche und inhärente Befriedigung. Bewußt oder unbewußt empfindet man sie immer und sucht sie ständig zu befriedigen. Sie verhalten sich immer wie hartnäckige, unveränderliche, endgültige, unanalysierbare Tatsachen, die so genommen werden müssen, wie sie sind, oder als nicht weiter befragbarer Ausgangspunkt. Daß fast alle Richtungen der Psychiatrie, Psychoanalyse, klinischer Psychologie, Sozialarbeit oder Kindertherapie irgendeine Doktrin triebgleicher Bedürfnisse behaupten mußten, ohne Rücksicht darauf, wie sehr sie sich in jedem anderen Punkt unterschieden haben, ist ein überwältigend eindrucksvoller Sachverhalt.

Unvermeidlich bringen uns solche Erfahrungen die Eigenschaften der Gattung in Erinnerung, die Merkmale der Konstitution und der Vererbung, mehr als oberflächliche und leicht manipulierbare Gewohnheiten. Wann immer zwischen den Hörnern dieses Dilemmas zu wählen war, hat sich der Therapeut fast immer für den Trieb und nicht für den bedingten Reflex oder die Gewohnheit als seinen grundlegenden Baustein entschieden. Das ist natürlich keineswegs günstig, denn wie wir sehen werden, gibt es andere dazwischenliegende und gültigere Möglichkeiten, für die wir uns entscheiden können, das heißt, das Dilemma hat mehr als nur zwei Hörner.

Doch scheint es klar zu sein, daß vom Standpunkt der Forderungen einer allgemeinen dynamischen Theorie die Triebtheorie, besonders wie sie von McDougall und Freud formuliert wurde, gewisse Tugenden hatte, die seinerzeit nicht genügend bewertet wurden, vielleicht weil ihre Fehler um so vieles deutlicher waren. Die Triebtheorie akzeptierte die Tatsache, daß der Mensch der Urheber seiner selbst war; daß seine eigene Natur wie auch seine Umwelt sein Verhalten zu entscheiden halfen; daß ihn seine eigene Natur mit einem fertigen Rahmen von Zielen, Zwecken oder Werten versah; daß er am häufigsten unter günstigen Bedingungen das wünscht, was er braucht (was für ihn gut ist), um Krankheit zu vermeiden; daß alle Menschen eine einzige biologische Spezies darstellen; daß Verhalten sinnlos ist, wenn man nicht die Motivationen und die Ziele dahinter versteht, und daß insgesamt sich selbst überlassene Organismen häufig eine Art biologischer Leistungsfähigkeit, Weisheit zeigen, die der Erklärung bedarf.

Fehler der Triebtheorie

Unsere These ist es hier, daß viele der Fehler der Triebtheoretiker, obzwar profund und verwerfenswert, nicht unbedingt auch inhärent oder unvermeidlich waren und daß weiter eine beachtliche Anzahl dieser Fehler den Triebtheoretikern und ihren Kritikern gemeinsam waren.

1. Die semantischen und die logischen Irrtümer waren am offenkundigsten. Man legte den Instinktivisten zu Recht zur Last, daß sie Instinkte ad hoc erfanden, um Verhalten zu erklären, das sie nicht verstehen konnten oder dessen Ursprung zu bestimmen sie nicht imstande waren. Freilich ist man heute entsprechend gewarnt und muß nicht hypostasieren, Etiketten mit Tatsachen verwechseln oder ungültige Syllogismen aufstellen. Heute wissen wir *weit* mehr über Semantik.

2. Wir wissen heute so viel über Ethnologie, Soziologie und Genetik, daß wir sowohl den einfachen Ethnozentrismus und Klassenzentrismus wie auch den einfachen Sozialdarwinismus vermeiden können, der den frühen Instinktivisten so viel Kummer bereitete.

Wir müssen heute auch erkennen, daß das Zurückschrecken vor der Naivität der Instinktivisten so extrem und allgemein war, daß es selbst wiederum in sich einen Fehler, mit andern Worten, eine Kulturbedingtheit darstellte. Diese Lehre, so einflußreich und allgemein akzeptiert sie während der letzten zwei Jahrzehnte war, wird heute sehr stark kritisiert (148). Sicher kann man jetzt wiederum nach interkulturellen, speziesеigenen Merkmalen suchen, wie es die Instinktivisten taten. Offenbar müssen (und können) wir sowohl den Ethnozentrismus wie auch einen überbetonten Kulturrelativismus vermeiden. Zum Beispiel ist instrumentales Verhalten (Mittel) deutlich viel mehr von lokalen kulturellen Determinanten abhängig als die Grundbedürfnisse (Zwecke).

3. Die meisten Anti-Instinktivisten, wie etwa Bernard, Watson, Kuo

und andere, haben in den zwanziger und dreißiger Jahren die Triebtheorie kritisiert, weil Triebe nicht in den spezifischen Begriffen von Reiz und Antwort beschrieben werden konnten. Das kommt der Beschuldigung gleich, daß sich Triebe nicht konform zur einfachen behavioristischen Theorie verhalten. Es stimmt: Sie tun es nicht. Solche Kritik allerdings wird von den dynamischen und humanistischen Psychologen heute nicht ernst genommen. Sie meinen übereinstimmend, daß es unmöglich ist, *irgendeine* wichtige menschliche Eigenschaft oder Aktivität in den Reiz-Antwort-Begriffen allein zu definieren.

Diese Versuche stiften nur Verwirrung. Als einziges typisches Beispiel können wir die Verwechslung von Reflex und klassischem niedrigem Tierinstinkt heranziehen. Ersterer ist ein rein motorischer Akt; letzterer ist dies und noch weit mehr, das heißt, vorbestimmter Impuls, expressives Verhalten, bewältigendes Verhalten, Zielobjekt und Affekt.

4. Auch aus Gründen der Logik allein gibt es keinen Grund, warum wir gezwungen sein sollten, zwischen dem vollen, in allen Teilen kompletten Instinkt und dem Nichtinstinkt zu wählen. Warum kann es nicht Instinktreste geben, instinktgleiche Aspekte des Triebs und des Verhaltens allein, Verschiedenheiten im Grad, partielle Instinkte?

Zu viele Autoren verwendeten das Wort Instinkt unterschiedslos für Bedürfnis, Ziel, Fähigkeit, Verhalten, Wahrnehmung, Ausdruck, Wert und emotionale Begleitumstände, einzeln oder für mehrere zusammen. Das Resultat war ein Gemisch, in dem jede bekannte menschliche Reaktion von dem einen oder anderen Autor, wie Marmor (289) und Bernard (47) gezeigt haben, als instinktiv bezeichnet wurde.

Unsere Haupthypothese ist es, daß nur menschliche *Triebe* oder *Grundbedürfnisse* allein in irgendeinem wahrnehmbaren Grad angeboren sein können. Das einschlägige Verhalten oder die einschlägige Fähigkeit, Erkenntnis oder das einschlägige Gefühl müssen nicht auch angeboren sein, sondern können (unserer Hypothese zufolge) erlernt, kanalisiert oder expressiv sein. (Selbstverständlich sind viele menschliche *Fähigkeiten* oder *Kapazitäten* stark determiniert oder werden durch die Vererbung ermöglicht, so etwa Farbsehen und dergleichen, doch das betrifft uns an dieser Stelle nicht.) Das heißt soviel, als daß die erbliche Komponente der Grundbedürfnisse als ein einfacher konativer Mangel betrachtet werden kann, mit keinem von Innen heraus zielgerichteten Verhalten verknüpft, als blinde, richtungslose Forderungen, wie die Freudschen Ich-Triebe. (Wir werden im weiteren Verlauf noch sehen, daß auch die Befriediger dieser Grundbedürfnisse in einer definierbaren Art und Weise inhärent zu sein scheinen.) Was erlernt werden muß, ist zielgerichtetes (bewältigendes) Verhalten.

Es war ein schwerer Fehler sowohl der Instinktivisten wie auch ihrer Gegner, in Polaritäten, schwarz-weiß zu denken, anstatt in graduellen Begriffen. Wie konnte behauptet werden, daß ein Komplex von Reaktionen entweder *ganz* von der Vererbung bestimmt war oder *überhaupt nicht?* Es gibt keine noch so einfache Struktur, von einer ganzen Reaktion ganz zu schweigen, die nur genetische Determinanten allein hat. Sogar Mendels Erbsen bedurften Luft und Wasser und Nahrung. Schließlich haben sogar die Gene eine Umwelt, das heißt, Nachbargene.

Andererseits ist es für das andere Extrem ebenso zutreffend, daß nichts frei vom Einfluß der Erblichkeit ist, denn der Mensch ist eine biologische Spezies. Diese Tatsache, von der Erblichkeit determiniert, ist eine Voraussetzung jeder menschlichen Handlung, Fähigkeit, Erkenntnis, und so weiter, das bedeutet, daß alles, was ein Mensch tun kann, dadurch ermöglicht wird, daß er ein Mitglied der menschlichen Spezies ist. Und diese Mitgliedschaft ist erblich.

Eine verwirrende Folge der erwähnten ungültigen Dichotomie ist die Tendenz, jede Aktivität als nichtinstinktiv zu definieren, sobald *irgendein* erblicher Einfluß festgestellt werden kann. Da es leicht ist, für die meisten, vielleicht für alle, Triebe, Fähigkeiten und Emotionen beide Arten der Determinierung zu zeigen, müssen diese Probleme für immer unlösbar bleiben.

Die Instinktivisten wie auch die Anti-Instinktivisten bezogen Alles-oder-Nichts-Positionen; wir müssen das nicht tun. Es handelt sich um einen vermeidbaren Fehler.

5. Das Paradigma für die Instinkttheoretiker war der Tierinstinkt. Das führte zu verschiedenen Fehlern, so etwa zur Unterlassung der Suche nach für die menschliche Spezies einzigartigen Instinkten. Die am meisten irreführende Lektion aus den Beobachtungen der niedrigeren Lebewesen war das Axiom, daß Instinkte mächtig, stark, unmodifizierbar, unkontrollierbar, ununterdrückbar seien. Wie es sich auch im Fall der Lachse, Frösche oder Lemminge verhält, für Menschen stimmt es nicht.

Wenn, wie wir meinen, die Grundbedürfnisse eine wahrnehmbare erbliche Basis haben, dann mögen wir einen Fehler begangen haben, wenn wir nur mit dem bloßen Auge nach Instinkten suchten und eine Einheit nur als instinktiv bezeichneten, wenn sie deutlich und unverwechselbar von allen Umweltkräften unabhängig war und mächtiger als sie. Warum sollte es nicht Bedürfnisse geben, die, obzwar instinktoider Natur, dennoch leicht verdrängt, unterdrückt oder anders kontrolliert werden können, und die von Gewohnheiten, Andeutungen, von kulturellem Druck, von Schuld und so fort leicht maskiert sein können oder modifiziert oder sogar unterdrückt werden (wie es etwa im Fall des Liebesbedürfnisses zu stimmen scheint)? Das bedeutet soviel, wie zu fragen, warum nicht *schwache* Instinkte? Es kann sein, daß die Motivationskraft hinter den Attacken der Kulturtheoretiker auf die Triebtheorie weitgehend von dieser falschen Identifikation der Instinkte mit übermächtiger Stärke stammt. Die Erfahrung jedes Ethnologen widerspricht dieser Annahme, und die Angriffe sind deshalb verständlich. Doch bei angemessenem Respekt für das Kulturelle wie auch das Biologische (wie in meinem Fall), und wenn man außerdem Kultur als die stärkere Kraft im Vergleich mit den instinktoiden Bedürfnissen betrachtet (wie ich es tue), dann würde es nicht paradox, sondern selbstverständlich erscheinen, daß man behauptet (wie ich es tue), man solle die schwächeren, subtileren und zarteren instinktoiden Bedürfnisse schützen, damit sie nicht von der stärkeren, robusteren Kultur überwältigt werden, und nicht umgekehrt. Dies könnte auch dann der Fall sein, obwohl dieselben instinktoiden Bedürfnisse in einem anderen Sinn stärker sind, das heißt, sie bleiben fest, verlangen nach Befriedigung, ihre Frustration hat starke pathologische Folgen und so weiter.

Ein Paradox mag behilflich sein, diesen Punkt klar zu machen. Ich denke, daß die aufdeckenden, die Einsicht- und Tiefentherapien, zu denen alle, bis auf die Hypnose und die Verhaltenstherapien gehören, von einem Standpunkt aus in der Aufdeckung, Wiedergewinnung und Stärkung unserer geschwächten und verlorengegangenen instinktoiden Tendenzen und Instinktreste bestehen, unserer übermalten animalischen Ichs und subjektiven Biologie. Dieser elementare Zweck wird in den sogenannten Workshops für persönliches Wachstum noch klarer festgestellt. Es handelt sich – sowohl bei den Therapien wie bei den Workshops – um teure, schmerzhafte, sich lang hinziehende Anstrengungen, die letztlich ein ganzes Leben des Kampfes, der Geduld und der Seelenstärke beanspruchen, und auch dann vielleicht noch fehlschlagen. Doch wie viele Katzen oder Hunde oder Vögel brauchen Hilfe, um zu entdecken, wie man Katze oder Hund oder Vogel ist? Ihre Instinktstimmen sind laut, klar und unmißverständlich, unsere hingegen schwach, verwirrt und leicht zu übersehen, so daß wir Hilfe brauchen, um sie zu hören.

Dies erklärt, warum man animalische Natürlichkeit am deutlichsten bei selbstverwirklichenden Menschen beobachten kann, am wenigsten bei neurotischen oder «normal kranken» Menschen. Ich gehe so weit, zu behaupten, daß Krankheit häufig *gerade* im Verlust der animalischen Natur besteht. Die deutlichste Spezieshaftigkeit und Animalität kann man also paradoxerweise bei den am *meisten* durchgeistigten, heiligen und weisen, den (organismisch) rationalsten Individuen beobachten.

6. Ein noch schlimmerer Fehler entsteht aus dieser Konzentration auf die animalischen Instinkte. Aus unerklärlichen Gründen, die vielleicht nur der intellektuelle Historiker dereinst wird aufhellen können, hat man in der westlichen Zivilisation immer angenommen, daß das Tier in uns böse sei und daß unsere primitivsten Impulse böse, gierig, egoistisch und feindlich seien [1].

[1] «Ist es unmöglich, daß die primitive und unbewußte Seite der menschlichen Natur nicht effektiver gezähmt, sogar radikal verwandelt werden kann? Wenn nicht, ist die Zivilisation zum Untergang verurteilt» (S. 5). «Unter der anständigen Fassade des Bewußten mit seiner Disziplin, seiner moralischen Ordnung und seinen guten Absichten schauen die kruden Triebkräfte des Lebens hervor, wie Tiefenmonstren – verschlingend, sich endlos bekriegend. Sie bleiben größtenteils unsichtbar, doch von ihrem Antrieb und ihrer Energie hängt das Leben selbst ab: Ohne sie wären lebendige Wesen so träge wie Steine. Doch läßt man sie ungestört funktionieren, würde Leben seine Bedeutung verlieren, würde es wieder einmal auf bloßes Gebären und Sterben reduziert werden, wie in der wuchernden Welt der Ursümpfe» (S. 1). «Die Triebkräfte, die den dynamischen Aufruhr in Europa herbeigeführt haben und in einem Jahrzehnt das Werk von Jahrhunderten der Zivilisation zunichte machten...» (S. 3). «Solange die religiösen und sozialen Formen die inneren und äußeren Lebensbedürfnisse der einzelnen in einer Gemeinschaft zähmen und in einem gewissen Maß befriedigen können, bleiben die instinktiven Kräfte latent und wir vergessen größtenteils selbst ihre Existenz. Doch zeitweise erwachsen sie aus ihrem Schlaf, und dann bricht der Lärm und Tumult ihres elementaren Kampfes in unser geordnetes Leben ein und weckt uns grob aus unserem Frieden und unserer Zufriedenheit. Dennoch versuchen wir verblendet zu glauben, daß die

7. Wir müssen der größeren Variabilität im Bereich der Instinkte weit mehr Raum gewähren als es die Instinkttheoretiker erlaubten. Die Bedürfnisse nach Wissen und Verstehen scheinen nur bei intelligenten einzelnen *deutlich* wirksam zu sein. Sie scheinen bei den Schwachsinnigen nur sehr rudimentär vorhanden oder praktisch abwesend zu sein. Levy (263) hat gezeigt, daß der Mutterinstinkt bei Frauen so verschieden stark ist, daß man ihn bei einigen Frauen überhaupt nicht mehr bemerken kann. Die speziellen Begabungen, die sehr wahrscheinlich genetische Determinanten haben, wie etwa Musik, Mathematik, Kunst (411), sind bei den meisten Menschen nicht vorhanden.

Die instinktoiden Triebe können ganz verschwinden, wie es offenbar die Tierinstinkte nicht können. Zum Beispiel sind in der psychopathischen Persönlichkeit die Bedürfnisse nach Liebe und Geliebt-Werden verschwunden, und unserem heutigen Wissensstand nach handelt es sich gewöhnlich um einen dauernden Verlust, das bedeutet, die psychopathische Persönlichkeit ist durch keine der bekannten psychotherapeutischen Techniken heilbar. Ältere Beispiele aus Untersuchungen (119) über Arbeitslosigkeit in einem österreichischen Dorf zeigen, daß lange Arbeitslosigkeit die Moral so stark zerstören kann, daß gewisse Bedürfnisse vernichtet werden. Solche zerstörten Bedürfnisse kehren bei manchen nicht einmal dann zurück, wenn die Umweltsbedingungen wieder besser werden. Ähnliches Material liegt aus den Nazi-Konzentrationslagern vor. Batesons und Meads (34) Beobachtungen von den Bali-Inseln sind hier ebenfalls relevant. Der erwachsene Bali-Bewohner ist keine liebende Person in unserem westlichen Sinn und muß es nicht sein. Da die Dokumentarfilme von Bali zeigen, daß die Säuglinge und Kinder weinen und das Fehlen an Zuneigung heftig verübeln, können wir nur zu dem Schluß gelangen, daß dieser Verlust des Zuneigungs-Triebs ein erworbener Mangel ist.

8. Wir haben gesehen, daß Instinkte und flexible, kognitive Anpassung an das Neue auf der phylogenetischen Skala einander ausschließen. Je mehr wir von einem vorfinden, umso weniger haben wir vom anderen zu er-

menschliche Vernunft nicht nur die Natur um uns erobert hat, sondern auch die Welt des natürlichen Instinktlebens in uns» (S. 2). Harding, M. E., Psychic Energy, Pantheon, 1947.)

warten. Deshalb hat man den großen und sogar tragischen Fehler (angesichts der historischen Konsequenzen) begangen, seit jeher die instinktiven Triebe und die Rationalität beim Menschen zu polarisieren. Selten ist es jemandem eingefallen, daß sie *beide* beim Menschen instinktoid sein können, und was noch wichtiger ist, daß ihre Ergebnisse oder ihre dazugehörenden Ziele identisch und synergisch anstatt antagonistisch sein könnten. Wir behaupten, daß die Triebe des Wissens und des Verstehens ebenso konativ sein können wie die Bedürfnisse nach Liebe und Zugehörigkeit. In der gewöhnlichen Dichotomie oder im Kontrast von Trieb und Vernunft sind es ein schlecht definierter Trieb und eine schlecht definierte Vernunft, die einander entgegengesetzt sind. Wenn sie in Übereinstimmung mit dem gegenwärtigen Wissen richtig definiert wären, würden sie nicht als entgegengesetzt und nicht einmal als stark verschieden erscheinen. Gesunde Vernunft, wie sie heute definiert werden kann, und gesunde instinktoide Triebe zeigen alle in dieselbe Richtung und stehen bei der gesunden Person *nicht* im Gegensatz zueinander (obwohl sie bei der ungesunden antagonistisch sein *können*). Ein einziges Beispiel: Alle wissenschaftlichen Ergebnisse, die heute verfügbar sind, deuten darauf hin, daß es für Kinder psychiatrisch erwünscht ist, beschützt, akzeptiert, geliebt und geachtet zu werden. Doch das ist es eben, was Kinder (instinktiv) begehren. In diesem sehr greifbaren und wissenschaftlich überprüfbaren Sinn behaupten wir, daß instinktoide Bedürfnisse und Vernunft wahrscheinlich synergisch und nicht antagonistisch sind. Ihr scheinbarer Antagonismus ist künstlich, durch die ausschließliche Beschäftigung mit kranken Menschen hervorgerufen. Wenn sich dies als richtig erweist, werden wir damit das uralte Problem gelöst haben, wer Herr sein sollte, die Instinkte oder die Vernunft, eine Frage, die jetzt so obsolet ist wie zum Beispiel, wer in einer guten Ehe der Herr und Meister sein sollte, der Ehemann oder die Ehefrau.

9. Aus der Triebtheorie, wie man sie zu ihren Blütezeiten verstand, ergaben sich soziale, ökonomische und politische Folgen von einem sehr konservativen und sogar antidemokratischen Charakter, wie es Pastore (372) besonders in seiner Analyse von McDougall und Thorndike zeigte (ich würde Jung hinzufügen und vielleicht Freud). Diese Folgen entstanden aus der (falschen) Identifikation der Erblichkeit mit einem Schicksal, das unausweichlich, unwiderstehlich und unveränderlich sei.

Diese Schlußfolgerung war ein Irrtum, wie wir sehen werden. *Schwache* instinktoide Bedürfnisse brauchen eine wohlwollende Kultur für ihr Erscheinen, ihren Ausdruck und ihre Befriedigung, und werden von ungünstigen kulturellen Bedingungen leicht gesprengt. Unsere Gesellschaft, zum Beispiel, muß sich stark verbessern, bevor man für die schwachen erblichen Bedürfnisse Befriedigung erwarten kann.

In jedem Fall erweist sich Pastores (372) Korrelation nicht als wesentlich, durch die jüngst entdeckte Notwendigkeit, zwei Kontinua zu verwenden und nicht nur eines. Das Kontinuum liberal-konservativ ist sogar in wissenschaftlichen Fragen den beiden Kontinuen sozialistisch-kapitalistisch *und* demokratisch-autoritär gewichen. Man kann jetzt Umwelt-Autoritär-Sozialistische oder Umwelt-Demokratisch-Sozialistische oder Umwelt-Demokratisch-Kapitalistische Theorien zählen, und so fort.

Einen Antagonismus zwischen Trieb und Gesellschaft, individuellen und sozialen Interessen anzunehmen, hieße in jedem Fall, die Frage falsch zu stellen. Daß das im Fall einer kranken Gesellschaft und eines kranken Individuums tatsächlich richtig sein mag, war vielleicht eine Entschuldigung. Aber wie Benedict (40, 291, 312) bewiesen hat, *muß* es nicht stimmen. Und in einer gesunden Gesellschaft, oder zumindest in jener, die sie beschreibt, *kann* es nicht wahr sein. Die individuellen und die sozialen Interessen sind unter gesunden sozialen Bedingungen synergisch und *nicht* antagonistisch. Der falsche Gegensatz dauert nur deshalb weiter an, weil die irrtümlichen Konzeptionen von den individuellen und den sozialen Interessen unter schlechten individuellen und sozialen Bedingungen natürlich erscheinen.

10. Ein Fehler der Triebtheorie wie auch der meisten anderen Motivationstheorien war es, nicht zu realisieren, daß die Triebe untereinander in einer Hierarchie verschiedener Stärke Bezüge haben. Wenn man die Triebe unabhängig voneinander betrachtet, bleiben verschiedene Probleme ungelöst, und es entstehen viele Pseudoprobleme. Zum Beispiel wird die essentiell holistische oder einheitliche Eigenschaft des Motivationslebens verwischt und es entsteht das unlösbare Problem der Motivkataloge. Zusätzlich geht das Wert- oder Wahlprinzip verloren, das uns die Aussage ermöglicht, daß ein Bedürfnis höher ist als ein anderes, oder wichtiger, oder grundlegender. Die weit wichtigste einzelne Folge davon,

daß das Motivationsleben derart atomisiert wird, ist die Öffnung für Instinkte, deren Zielsetzung etwa das Nirwana, Tod, Ruhe, Homöostase, Behagen, Gleichgewicht ist. Und es verhält sich deshalb so, weil es das *einzige* ist, was ein Bedürfnis einzeln und für sich genommen tun kann, auf seine Befriedigung zu drängen, was so viel bedeutet, wie auf seine Auslöschung.

Damit wird die offensichtliche Tatsache vernachlässigt, daß die Befriedigung jedes Bedürfnisses anderen schwächeren Bedürfnissen erlaubt, sich in den Vordergrund zu drängen und dort ihre Forderungen durchzusetzen, während das befriedigte Bedürfnis gleichsam ruht. Bedürfnisse hören nie auf. Die Befriedigung eines Bedürfnisses weckt ein anderes.

11. Im Einklang mit der «böses Tier»-Interpretation der Triebe stand die Erwartung, daß sie am deutlichsten beim Kranken, Neurotischen, Kriminellen, Schwachsinnigen oder Verzweifelten hervortreten würden. Das ist die natürliche Folge der Lehre, daß Gewissen, Rationalität und Ethik nicht mehr als eine erworbene Politur sind, die sich vollständig davon unterscheiden, was sich darunter verbirgt, und zu diesem verborgenen Untergrund in derselben Beziehung stehen wie Fesseln zum Gefangenen. Aus diesem Fehlbegriff folgt die Formulierung, Zivilisation und alle ihre Institutionen – Schule, Kirche, Gericht, Gesetzgebung – seien die Kräfte, die die böse Animalität in Schranken halten.

Dieser Irrtum ist so wichtig, so tragisch, daß man ihn hinsichtlich seiner historischen Wichtigkeit mit solchen Fehlern wie dem Glauben an das göttliche Recht der Könige, der ausschließlichen Gültigkeit einer einzigen Religion, der Verneinung der Evolution oder dem Glauben an eine flache Erdgestalt vergleichen kann. Jeder Glaube, der die Menschen dazu bringt, daß sie einander und sich selbst unnötig mißtrauen und in einer unrealistischen Weise pessimistisch hinsichtlich der menschlichen Möglichkeiten sind, ist zum Teil für jeden Krieg verantwortlich zu machen, der je geführt wurde, für jeden rassischen Antagonismus und für jedes religiöse Massaker.

Merkwürdigerweise haben sowohl die Instinktivisten wie auch die Anti-Instinktivisten bis zum heutigen Tag diese falsche Theorie der menschlichen Natur aufrechterhalten. Alle, die auf eine bessere Zukunft für die menschliche Spezies hoffen, die Optimisten, Humanisten, Unitaristen, die Liberalen, Radikalen und die Umwelttheoretiker im allgemeinen lehnen die Triebtheorie schreckerfüllt ab, weil sie, derartig mißinterpretiert, alle Menschen zur Irrationalität, zum Krieg und zum Dschungel-Antagonismus zu verurteilen scheint. Die Instinktivisten, ähnlich mißdeutend, aber ohne gegen ein unausweichliches Schicksal kämpfen zu wollen, haben im allgemeinen jeden Optimismus aufgegeben, ohne auch mit der Wimper zu zucken. Manche freilich haben auf den Optimismus mit großem Eifer verzichtet.

Man wird hier an den Alkoholismus erinnert, dem sich manche eifrig hingeben, andere zögernd; die Auswirkungen sind letztlich dieselben. Dies erklärt auch, warum man Freud im selben Lager wie Hitler antreffen kann, in vielen Fragen, und warum so wunderbare Menschen wie Thorndike und McDougall durch die schiere Logik des «Böses-Tier»-Instinktivismus zu Hamiltonschen und antidemokratischen Schlußfolgerungen gedrängt wurden.

Man braucht nur zu erkennen, daß die instinktoiden Bedürfnisse nicht schlecht, sondern neutral oder gut sind, und Tausende von Pseudoproblemen lösen sich von selbst und verschwinden. Um ein einziges Beispiel zu erwähnen – die Erziehung von Kindern würde revolutioniert werden, sogar bis zu einem Punkt, wo man ein Wort mit so vielen häßlichen Implikationen wie «Erziehung» nicht mehr verwenden müßte. (Maslow verwendet hier das Wort «training», Anm. d. Üb.) Die Verschiebung in Richtung der Annehmbarkeit legitimer tierischer Verlangen würde auf die Befriedigung anstatt auf Frustration drängen. In unserer Kultur setzt das durchschnittlich frustrierte Kind, das noch nicht ganz angepaßt ist, das heißt noch nicht ganz seiner gesunden und erwünschten Animalität beraubt ist, sein Verlangen nach Bewunderung, Sicherheit, Autonomie, Liebe und so fort auf jede kindische Weise durch, die es erfinden kann. Die gewöhnliche Reaktion der Erwachsenen ist es, zu sagen, «es spielt Theater», oder «es will nur die Aufmerksamkeit auf sich lenken», und das Kind damit aus der Gesellschaft der Erwachsenen zu verbannen. Das bedeutet so viel, wie zu sagen, daß diese Diagnose gewöhnlich als ein Verbot interpretiert wird, dem Kind zu gewähren, wonach es verlangt, es also zu beachten, zu bewundern, zu loben.

Wenn wir jedoch solche Bitten nach Zuwendung, Liebe oder Bewunderung als legitime Forderung oder *Rechte* betrachten lernen, auf derselben Ebene wie Klagen über Hunger, Durst, Kälte oder Schmerz, würden wir automatisch zu Befriedigern werden, anstatt die Urheber von Frustrationen zu sein. Eine direkte Folge davon wäre, daß Eltern und Kinder mehr Spaß zusammen hätten, mehr Freude aneinander, und deshalb einander mehr lieben würden.

Dies sollte nicht als vollständige und unterschiedslose Permissivität mißinterpretiert werden. Ein Minimum an Anpassung, das heißt Erziehung, Disziplin, Erwerb kulturell geforderter Gewohnheiten, Vorbereitung für die Zukunft, Wahrnehmung der Bedürfnisse von anderen Menschen, wäre noch immer notwendig, obwohl eine derartige Erziehung in einer Atmosphäre der Befriedigung von Grundbedürfnissen keine besonderen Schwierigkeiten machen sollte. Keine Permissivität wird außerdem hinsichtlich neurotischer Bedürfnisse, Suchtbedürfnisse, Gewohnheits- und Vertrautheits-Bedürfnisse, Fixierungen, «acting out» oder anderer nichtinstinktoider Bedürfnisse eingeschlossen. Schließlich müssen wir uns in Erinnerung bringen, daß auch Frustration, Tragödie und Unglücklichkeit zuweilen erwünschte Wirkungen haben.

Die Grundbedürfnisse, als instinktoid betrachtet

Die vorangegangenen Erwägungen ermuntern uns zu der Hypothese, daß die Grundbedürfnisse in einem gewissen Sinn und bis zu einem gewissen Grad in ihrer Determinierung konstitutionell oder erblich sind. Sie kann gegenwärtig nicht direkt getestet werden, da die direkten genetischen oder neurologischen Testverfahren dafür noch nicht existieren. Andere Arten der Analyse, etwa die soziale, ethnologische, verhaltensmäßige, auf die Familie bezogene, dienen im allgemeinen eher dem Beweis gegen als für die Erblichkeitshypothese, außer in eindeutigen Fällen, und unsere Hypothese ist keineswegs eindeutig.

Auf den nachfolgenden Seiten und in (298) werden die Beobachtungsergebnisse und die theoretischen Überlegungen präsentiert, die die instinktoide Hypothese unterstützen könnten.

1. Das Hauptargument für eine neue Hypothese ist das Versagen der alten Erklärung. Die Triebtheorie wurde auf Grund komplexer umweltbezogener und behavioristischer Theorien aufgestellt, die fast ausschließlich

auf dem assoziativen Lernen als grundlegendem, fast allen Ansprüchen genügendem Erklärungsinstrument beruhten.

Insgesamt kann man zu Recht behaupten, daß dieser Zugang zur Psychologie in der Lösung der Probleme der Dynamik versagt hat, zum Beispiel der Werte, Zwecke, der wesentlichen Bedürfnisse, ihrer Befriedigung und Frustrierung und der Folgen davon, das heißt Gesundheit, Psychopathologie, Psychotherapie.

Man muß nicht ins Detail gehen, um diese Schlußfolgerung zu erhärten. Es genügt anzumerken, daß die klinischen Psychologen, Psychiater, Psychoanalytiker, Sozialarbeiter und alle anderen Kliniker die behavioristischen Theorien fast überhaupt nicht verwenden. Sie verfahren hartnäkkig in einer ad-hoc Art und Weise und bauen eine ausgedehnte praktische Struktur auf unzureichendem theoretischem Grund. Sie sind mehr Praktiker als Theoretiker. Es sei angemerkt, daß die Theorie in dem Ausmaß, in dem sie klinisch verwendet wird, eine organisierte, dynamische ist, in der Triebe eine grundlegende Rolle spielen, wie etwa in der modifizierten Freudschen.

Im allgemeinen stimmen die nichtklinischen Psychologen darin überein, daß sie nur solche psychologischen Triebe wie Hunger, Durst als instinktoid gelten lassen. Auf dieser Grundlage, und mit der Unterstützung des Konditionierungsprozesses allein, wird angenommen, daß alle höheren Bedürfnisse erlernt oder derivativ sind.

Das bedeutet also, daß wir unsere Eltern angeblich nur lieben, weil sie uns ernähren und in anderer Weise belohnen. Liebe ist dieser Theorie zufolge das Nebenprodukt eines zufriedenstellenden Geschäfts- oder Tauscharrangements, oder ist, wie die Reklamefachleute sagen würde, synonym mit Kundenzufriedenheit.

Kein einziges Experiment ist dem Autor bekannt, das zeigen könnte, daß dies für die Bedürfnisse nach Liebe, Sicherheit, Zugehörigkeit, Achtung, Verständnis und dergleichen zutrifft. Man hat es nur einfach ohne weiteres angenommen, und die Annahme hat nur aus diesem Grund überlebt – daß sie in Wirklichkeit niemals näher überprüft wurde.

Sicherlich unterstützen die Untersuchungsergebnisse der Behavioristen diese Hypothese keineswegs: Im Gegenteil, die Bedürfnisse verhalten sich viel mehr wie die unbedingten Reflexe, auf denen die Konditionierung ursprünglich beruht, als wie die sekundär bedingten Reflexe. Im operativen Konditionieren, das durchwegs auf «inneren Verstärkern» basiert, werden die instinktoiden Gegebenheiten einfach als gegeben angenommen, und das *alles* wird dann Lerntheorie genannt.

Tatsächlich stößt die Theorie schon auf der Ebene der allgemeinen Beobachtung auf viele Schwierigkeiten. Warum ist die Mutter so eifrig im Ausgeben von Belohnungen? Was sind *ihre* Belohnungen? Wie lohnend sind die Unannehmlichkeiten der Schwangerschaft und die Schmerzen des Gebärens? Wenn es sich tatsächlich bei der Beziehung im Grund um ein quid pro quo Arrangement handelt, warum sollte sie ein so schlechtes Geschäft eingehen? Warum bestätigen die Kliniker einmütig, daß ein Kleinkind nicht nur Nahrung, Wärme, gute Behandlung und andere Belohnungen braucht, sondern auch Liebe, als wäre dies etwas, das über eine Belohnung hinausgeht? Handelt es sich dabei nur um Redundanz? Wird die tüchtige und nichtliebende Mutter mehr geliebt als die untüchtige (und von Armut geplagte) und liebende Mutter?

Viele andere beunruhigende Fragen stellen sich ein. Was genau ist eine Belohnung – eine physiologische außerdem? Wir müssen annehmen, daß es sich um eine physiologische Lust handelt, da die diesbezügliche Theorie den Beweis unternimmt, daß alle Lustgefühle von den physiologischen abstammen. Aber sind die Sicherheitsbefriedigungen physiologisch, zum Beispiel sanft gehalten zu werden, nicht grob behandelt zu werden, nicht fallengelassen, nicht erschreckt werden, und so weiter? Warum *scheint* es das Kleinkind zu freuen, wenn man es küßt, umarmt, leise auf es einspricht, es mit Aufmerksamkeit bedenkt, es anlächelt, es in den Armen hält? In welchem Sinn ist es für den Gebenden lohnend, das Kind zu füttern, es zu belohnen, sich für es aufzuopfern, sich ihm zuzuwenden?

Es häufen sich die Beweise, die nahelegen, daß die *Art*, wie die Belohnung vorgenommen wird, so wirksam ist wie die Belohnung selbst. Was bedeutet dies für den Begriff der Belohnung? Belohnen Regelmäßigkeit und Zuverlässigkeit des Fütterns das Nahrungsbedürfnis? Oder ein anderes? Welches Bedürfnis wird durch Permissivität belohnt? Durch die Achtung für die Bedürfnisse des Kindes? Durch Entwöhnung oder Sauberkeitserziehung dann, wenn es das Kind wünscht? Warum entwickeln Kinder in Heimen so häufig Psychopathologien, ganz gleich, wie gut man sich um sie kümmert, das heißt, sie physiologisch belohnt (158)?

Wenn das Liebesbedürfnis letztlich einen Nahrungswunsch darstellt, warum kann es nicht von Nahrung gestillt werden?
Murphys Begriff der Kanalisierung (350) ist an diesem Punkt sehr nützlich. Er weist darauf hin, daß willkürliche Assoziationen zwischen einem unbedingten Stimulus und jedem anderen Reiz hergestellt werden können, weil letzterer willkürlicher Reiz nur ein Signal darstellt und nicht selbst ein Befriediger ist. Wenn man es mit physiologischen Bedürfnissen wie Hunger zu tun hat, *sind Signale unzureichend – nur Befriediger sind zureichend. Nur* Nahrung kann Hunger stillen. In einer ziemlich stabilen Welt wird solches Lernen auf Signal stattfinden und nützlich sein, etwa das Glockenzeichen fürs Abendessen. Doch eine viel wichtigere Lernweise in der Natur, die nicht bloß assoziativ ist, stellt die Kanalisierung dar, das heißt lernen, welche Gegenstände die richtigen Befriediger sind und welche nicht und welche der Befriediger am *meisten* befriedigend sind oder aus irgendeinem Grund die am meisten bevorzugten.
Die Relevanz unserer Argumentation liegt in der Beobachtung des Autors, daß die gesunde Befriedigung der Liebes-, Achtungs-, Verständnisbedürfnisse und ähnlichen in der Kanalisierung besteht, das heißt in der richtigen Befriedigung und nicht durch willkürliche Assoziationen. Wo letztere vorkommen, sprechen wir von Neurosen und neurotischen Bedürfnissen, zum Beispiel Fetischismus.
Sehr wichtig sind hier die verschiedenen Experimente von Harlow und seinen Kollegen im Primatenlaboratorium von Wisconsin (175–178). In einem berühmten Experiment bot man Affenbabys, denen man die Mutter weggenommen hatte, an ihrer Stelle eine Drahtpuppe, von der sie säugen konnten, an und eine andere, mit Frottétuch bedeckte, die jedoch keine Nahrung anzubieten hatte. Die Affenjungen wählten als Mutterersatz die letztere kuschelige, an die sie sich anklammern konnten, und nicht die erstere, die «Drahtmutter», auch wenn sie von dieser ihre Nahrung beziehen konnten. Diese mutterlosen, obwohl guternährten Affen wurden in verschiedenen Richtungen extrem abnorm, einschließlich eines vollständigen Verlustes der eigenen mütterlichen «Instinkte». Offensichtlich sind Nahrung und Unterkunft auch für Affen nicht annähernd genug.
2. Die gewöhnlichen biologischen Kriterien für Instinkte helfen nicht viel, teilweise, weil es uns an Beobachtungsergebnissen mangelt, aber

auch, weil wir die Kriterien selbst in Zweifel ziehen müssen. (Siehe jedoch Howells herausfordernde Arbeiten [201, 202], die eine neue Möglichkeit andeuten, diese Schwierigkeit zu umgehen.)

Wie wir zuvor gesehen haben, war es ein schwerer Fehler der frühen Triebtheoretiker, die Kontinuität zwischen der menschlichen und der animalischen Welt zu stark zu betonen, ohne zugleich auch die tiefen Unterschiede zwischen der Spezies Mensch und allen anderen zu unterstreichen. Wir können in ihren Schriften die fraglose Tendenz beobachten, Instinkte in einer allgemeinen animalischen Art und Weise zu definieren und aufzuzählen, das heißt, alle Instinkte jedes Lebewesens zu erfassen. Aus diesem Grund wurde jeder nur bei Menschen und nicht bei anderen Lebewesen vorgefundene Trieb sehr häufig, ipso facto, als nichtinstinktiv betrachtet. Selbstverständlich trifft es zu, daß jeder Trieb und jedes Bedürfnis, die man beim Menschen *und* bei allen anderen Tieren finden kann, so etwa Essen und Atmen, damit als instinktiv erwiesen wird, ohne die Notwendigkeit weiterer Beweise. Dies widerlegt jedoch nicht die Möglichkeit, daß einige instinktoide Impulse nur beim Menschen gefunden werden können, wie es im Fall des Liebestriebs zu stimmen scheint, den die Menschen nur mit den Schimpansen teilen, und sonst mit keinem anderen Lebewesen. Brieftauben, Lachse, Katzen usw. haben gattungsspezifische Instinkte. Warum sollten Menschen nicht ebenfalls charakteristische Instinkte haben?

Man hatte übereinstimmend angenommen, daß Instinkte verschwinden, je weiter oben man sich auf der phylogenetischen Skala befindet, und von einer Adaptabilität ersetzt werden, die auf der stark verbesserten Fähigkeit, zu lernen, zu denken und sich mitzuteilen beruht. Wenn wir den Instinkt, auf der Ebene niedriger Lebewesen, als einen Komplex von angeborenem Trieb, der Bereitschaft zur Wahrnehmung, instrumentalem Verhalten, Geschicklichkeit, und einem Zielobjekt (und vielleicht sogar affektiver Begleiterscheinungen, wenn wir einen Weg finden könnten, sie zu beobachten) definieren, dann scheint diese Theorie zu stimmen. Unter weißen Ratten finden wir mit dieser Definition einen Sexualtrieb, einen mütterlichen Instinkt, einen Futtertrieb (unter anderem) vor. Bei Affen bleibt der Mutterinstinkt, der Futtertrieb wird modifiziert und ist modifizierbar, und der Sexualtrieb verschwindet, läßt nur einen instinktgleichen Antrieb zurück. Der Affe muß lernen, seinen Sexualpartner zu wählen und den Geschlechtsakt erfolgreich zu praktizieren (304). Der Mensch hat *keinen* dieser Instinkte (oder andere) mehr. Die Sexual- und Nahrungstriebe bleiben, vielleicht sogar der Mutterinstinkt (263), wenn auch schwach, doch instrumentales Verhalten, Geschicklichkeit, selektive Wahrnehmung und Zielobjekte müssen erlernt werden (meistens im Sinn der Kanalisation). Der Mensch hat keine Instinkte, nur Instinktreste.

3. Das kulturelle Kriterium für Instinkte («Ist die fragliche Reaktion kultur-unabhängig?») ist ein wesentliches, doch bedauerlicherweise sind die Beobachtungsergebnisse noch vieldeutig. Es ist die Meinung des Autors, daß sie soweit mit der Theorie, die auf diesen Seiten Gegenstand der Überlegungen ist, vereinbar sind oder sie direkt unterstützen. Es muß jedoch zugegeben werden, daß andere bei der Prüfung derselben Ergebnisse möglicherweise zur entgegengesetzten Schlußfolgerung gelangen könnten.

Da sich die Erfahrung des Autors auf einen kurzen Aufenthalt mit nur einer Indianer-Gruppe beschränkt hat und da die Beantwortung der Frage von den künftigen Ergebnissen der Ethnologen und nicht der Psychologen abhängt, werden wir hier die Angelegenheit nicht weiter verfolgen.

4. Ein Grund dafür, die grundlegenden Bedürfnisse als instinktoid zu betrachten, wurde bereits erwähnt. Alle Kliniker stimmen darin überein, daß die Frustrierung dieser Bedürfnisse psychopathogen ist. Dies trifft für neurotische Bedürfnisse, für Gewohnheiten, für Süchte, für Bevorzugungen der Vertrautheit, für instrumentale oder Mittel-Bedürfnisse nicht zu, und es stimmt nur in einem besonderen Sinn bei den Bedürfnissen, eine Handlung zu vollenden, beim Bedürfnis nach Stimulierung der Sinnesempfindungen und für die Bedürfnisse, die eigene Begabung und Kapazität auszudrücken. (Zumindest kann man diese Vielfalt der Bedürfnisse auf einer operationalen oder pragmatischen Basis unterscheiden und *sollte* es auch tun, aus verschiedenen theoretischen und praktischen Gründen.) Wenn die Gesellschaft alle Werte erzeugt und prägt, warum sind dann nur einige psychopathogen und andere nicht, wenn sie durchkreuzt werden? Wir lernen, dreimal am Tag zu essen, mit Messer und Gabel, wir lernen danke schön zu sagen und Tisch und Stuhl zu verwenden. Wir werden gezwungen, Kleider und Schuhe zu tragen, in der

Nacht im Bett zu schlafen, und unsere Sprache zu sprechen. Wir essen Kühe und Schafe, aber nicht Hunde und Katzen. Wir waschen uns, konkurrieren um akademische Grade und gieren nach Geld. Und doch können alle diese mächtigen Gewohnheiten ohne Schmerz frustriert werden, manchmal sogar mit positivem Ergebnis. Unter gewissen Umständen, wie auf einem Boots- oder Zeltausflug, anerkennen wir ihre äußerliche Natur, indem wir sie mit einem Seufzer der Erleichterung aufgeben. Doch im Fall von Liebe, Sicherheit und Achtung kann man das *niemals* behaupten.

Klarerweise haben also die Grundbedürfnisse einen besonderen psychologischen und biologischen Status. Sie sind verschieden. Man *muß* sie befriedigen, oder man wird krank.

5. Die Befriedigung der Grundbedürfnisse hat Folgen, die man verschiedentlich erwünscht, gut, gesund, selbstverwirklichend nennen kann. Die Worte erwünscht und gut werden hier in einem biologischen und nicht in einem a priori-Sinn verwendet und sind der operativen Definition unterworfen. Die Folgen sind jene, die der gesunde Organismus selbst aussucht und unter Bedingungen anstrebt, die ihm die Wahl ermöglichen.

Die psychologischen und somatischen Folgen sind bereits in dem Kapitel über die Befriedigung von Grundbedürfnissen skizziert worden und müssen hier nicht weiter verfolgt werden. Man kommt jedoch um die Feststellung nicht herum, daß es nichts Esoterisches oder Nichtwissenschaftliches an diesem Kriterium gibt. Man kann es leicht auf eine experimentelle oder sogar eine technische Basis stellen, wenn wir uns daran erinnern, daß sich das Problem nicht sehr von der Entscheidung für das richtige Motorenöl unterscheidet. Ein Öl ist besser als ein anderes, wenn die Maschine damit besser läuft. Die allgemeinen klinischen Ergebnisse weisen darauf hin, daß der Organismus, mit Sicherheit, Liebe und Achtung gefüttert, besser arbeitet, das heißt bessere Wahrnehmung aufweist, Intelligenz umfangreicher verwendet, häufiger die richtigen Schlußfolgerungen findet, besser verdaut, weniger anfällig für verschiedene Krankheiten ist und so weiter.

6. Die Erforderlichkeit der Grundbedürfnis-Befriediger unterscheidet sie von allen anderen Bedürfnisbefriedigern. Es ist der Organismus selbst, aus seiner eigenen Natur heraus, der auf einen im Innern gegebenen Bereich von Befriedigern verweist, für die kein Ersatz möglich ist, wie es etwa auf

Gewohnheitsbedürfnisse und sogar viele neurotische Bedürfnisse zutrifft. Diese Erforderlichkeit ist auch für die Tatsache verantwortlich, daß die Bedürfnisse an ihre Befriediger schließlich durch Kanalisation gebunden sind und nicht durch willkürliche Assoziationen (350).

7. Die Wirkungen der Psychotherapie sind für unsern Zweck von beträchtlichem Interesse. Für den Autor scheint es auf alle bedeutenderen Arten der Psychotherapie zuzutreffen, daß sie in dem Maß, in dem sie sich als erfolgreich betrachten, das fördern, ermuntern und stärken, was wir die grundlegenden instinktoiden Bedürfnisse genannt haben, während sie die sogenannten neurotischen Bedürfnisse schwächen oder ganz vertreiben.

Es ist besonders im Fall jener Therapien, die ausdrücklich behaupten, daß sie die Persönlichkeit so belassen, wie sie in ihrem tiefsten Wesen *ist*, das heißt also, die Therapien von Rogers, Jung, Horney und so weiter, eine wichtige Tatsache, denn es schließt ein, daß die Persönlichkeit eine eigene innere Natur hat und nicht von Grund auf vom Therapeuten wieder erschaffen wird, sondern von ihm nur freigestellt wird, um in der eigenen Art und Weise zu reifen und sich zu entwickeln. Wenn Einsicht und die Auflösung einer Hemmung eine Reaktion verschwinden lassen, muß man sie vernünftigerweise nachher als fremd und nicht als grundsätzlich gegeben betrachten. Wenn Einsicht sie stärker macht, können wir sie dann als grundsätzlich gegeben betrachten. Wenn, wie Horney (143) ausführt, die Erlösung von Angst den Patienten liebevoller und weniger feindlich werden läßt, ist dies nicht ein Hinweis darauf, daß Zuneigung für die menschliche Natur grundlegend ist und Feindlichkeit nicht? Hier befindet sich im Prinzip eine Goldmine von Material für die Theorie der Motivation, der Selbstverwirklichung, der Werte, des Lernens, des Erkennens im Allgemeinen, der zwischenmenschlichen Beziehungen, der Akkulturierung und Deakkulturierung und so weiter. Leider hat man dieses Material über die Implikationen der therapeutischen Wandlung noch nicht gesammelt.

8. Die klinische und theoretische Untersuchung des selbstverwirklichenden Menschen deutet soweit eindeutig auf den besonderen Status unserer Grundbedürfnisse hin. Das gesunde Leben ist von der Befriedigung dieser Bedürfnisse, und keiner anderen, bedingt (siehe Kapitel 11). Außerdem kann man bei den selbstverwirklichenden Menschen leicht feststellen,

daß sie die Triebe akzeptieren, so wie es die instinktoide Hypothese fordert, und ihre Triebe nicht zurückweisen oder verdrängen. Insgesamt jedoch müssen wir über diese Art der Untersuchungen dasselbe sagen wie über die Untersuchungen therapeutischer Auswirkungen – sie müssen noch durchgeführt werden.

9. In der Anthropologie kam die Unzufriedenheit mit dem Kultur-Relativismus von den Feldforschern, die spürten, daß dieser tieferliegende und unversöhnlichere Unterschiede beim Menschen einschloß als tatsächlich vorhanden sind. Die erste und bedeutendste Lektion für den Autor auf seinem Feldausflug war es, daß Indianer erstens Menschen, individuelle Wesen sind und nur in zweiter Linie Blackfoot-Indianer. Im Vergleich mit den Gemeinsamkeiten erschienen die Unterschiede, obzwar zweifellos vorhanden, oberflächlich. Nicht nur sie, sondern alle anderen Volksstämme, über die in der Literatur berichtet wird, scheinen Stolz zu haben, möchten, daß man sie gern hat, suchen nach Achtung und Prestige, meiden Angst. Außerdem sind die in unserer Kultur beobachteten konstitutionellen Verschiedenheiten überall in der Welt zu beobachten, zum Beispiel Unterschiede in der Intelligenz, im Lebensschwung, in der Aktivität oder Lethargie, in der Ruhe oder Emotionalität und so fort. Auch wo man Unterschiede beobachtet hat, können sie das Gefühl der Universalität untermauern. Sehr oft sind sie unmittelbar als solche Reaktionen verständlich, die jeder Mensch in einer ähnlichen Situation zeigen würde, etwa Reaktionen auf Frustration, Angst, schmerzlichen Verlust, Triumph, Todesnähe.

Zugegeben, solche Gefühle sind vage, unquantifizierbar, und kaum wissenschaftlich. Doch gemeinsam mit den bereits dargestellten Hypothesen wie auch den in der Folge präsentierten, zum Beispiel der schwachen Stimme der instinktoiden Grundbedürfnisse, der unerwarteten Autonomie und Distanziertheit selbstverwirklichender Menschen und ihres Widerstandes gegen Anpassung, der Trennbarkeit der Begriffe der Gesundheit und Anpassung, erscheint es fruchtbar, die Beziehungen zwischen Kultur und Persönlichkeit einer Revision zu unterziehen, in einer Richtung, in der die Determinierung durch intraorganismische Kräfte, jedenfalls beim gesünderen Menschen, größeres Gewicht zugemessen wird.

Wenn der gesunde Mensch ohne Rücksicht auf diese Strukturierung geformt wird, werden ihm zwar keine Knochen gebrochen, und nichts

deutlich oder unmittelbar Pathologisches stellt sich ein. Doch stimmt man allgemein darin überein, daß sich eine Pathologie ergibt, wenn nicht deutlich, dann in subtiler Form, und wenn nicht gleich, dann später. Es ist nicht zu ungenau, die gewöhnliche Erwachsenenneurose als ein Beispiel für solche frühe Verletzung der im Inneren vorgegebenen (wenn auch schwachen) Forderungen des Organismus zu erwähnen. Der Widerstand einer Person gegen die Anpassung, im Interesse der eigenen Integrität und der eigenen inneren Natur, sollte also in den psychologischen und sozialen Wissenschaften einen respektierten Bereich der Untersuchung darstellen. Eine Person, die den entstellten Kräften ihrer Kultur eifrig nachgibt, das heißt, ein gut angepaßter Mensch, kann gelegentlich weniger gesund sein als ein Sträfling, ein Krimineller, der mit seinem Verhalten vielleicht nur demonstriert, daß er genug Substanz hat, dem Brechen seiner psychologischen Knochen Widerstand zu leisten.
Aus derselben Überlegung resultiert außerdem, was zunächst als ein auf den Kopf gestelltes Paradoxon erscheint. Erziehung, Zivilisation, Rationalität, Religion, Gesetz, Regierung, das alles wurde meistens als eine primär Instinkte zähmende und unterdrückende Kraft betrachtet. Doch wenn unsere Behauptung richtig ist, daß Instinkte von der Zivilisation weit mehr zu fürchten haben als umgekehrt, sollte es sich vielleicht andersherum verhalten (wenn man noch immer bessere Menschen und bessere Gesellschaften erwirken will): Vielleicht sollte es zumindest eine Funktion der Erziehung, des Gesetzes, der Religion und dergleichen sein, den Ausdruck und die Befriedigung der instinktoiden Bedürfnisse nach Sicherheit, Liebe, Selbstachtung, Selbstverwirklichung sicherzustellen, zu pflegen und zu ermuntern.
10. Dieser Standpunkt hilft vielleicht, viele alte philosophische Widersprüche aufzulösen und zu transzendieren, zum Beispiel Biologie gegen Kultur, Angeborenes gegen Erlerntes, Subjektives gegen Objektives, Idiosynkratisches gegen Universelles und so fort. Und dies deshalb, weil die aufdeckenden, selbsterforschenden Psychotherapien und die Techniken des persönlichen Wachsens, des «Seelenforschens» auch ein Weg sind, um die eigene objektive, biologische Natur, die eigene Animalität und Spezieshaftigkeit zu entdecken, das heißt das eigene Sein.
Die meisten Psychotherapeuten, gleich welcher Richtung, nehmen an, daß sie eine grundlegendere, wahrere, realere Persönlichkeit aufdecken

oder freisetzen, wenn sie durch die Neurose durchdringen, das heißt zu einem Kern, den es irgendwie die ganze Zeit gegeben hat, der jedoch von kranken Oberflächenschichten belegt, versteckt, gehemmt war. Horneys Formulierung (199) zeigt das sehr deutlich, wenn sie davon spricht, vom Pseudo-Ich zum wahren Ich zu gelangen. Selbstverwirklichungs-Formulierungen betonen ebenfalls diesen Aspekt, mit andern Worten, real und aktuell das zu machen, was man bereits ist, wenn auch nur in einer potentiellen Form. Die Suche nach Identität bedeutet dasselbe wie auch «werden, was man wahrhaft ist». Und so auch «vollfunktionierend» oder «voll-menschlich werden» oder «authentisch man selbst» (166) und so weiter.

Offensichtlich besteht hier die zentrale Aufgabe darin, sich bewußt zu werden, was man *ist,* biologisch, im Temperament, in der Konstitution als Mitglied einer besonderen Spezies. Und dies ist es sicherlich auch, was alle die verschiedenen psychoanalytischen Richtungen anstreben – zu helfen, daß man sich seiner Bedürfnisse, Triebe, Emotionen, Lustgefühle und Schmerzen bewußt wird. Es handelt sich um eine Art der Phänomenologie der eigenen inneren Biologie, der eigenen Animalität und Spezieshaftigkeit, um eine Entdeckung der Biologie, indem man *sie erfährt,* etwas, was man subjektive, introspektive, erfahrene Biologie oder ähnlich nennen könnte.

Doch dies kommt einer subjektiven Entdeckung des Objektiven gleich, das heißt den spezifischen Eigenschaften der Menschlichkeit. Es kommt einer individuellen Entdeckung des Allgemeinen und des Universellen, der persönlichen Entdeckung des Unpersönlichen oder Überpersönlichen (und sogar Übermenschlichen) gleich. Mit einem Wort, man kann das Instinktoide, *sowohl* subjektiv wie objektiv, durch «Seelenerforschung» *und* durch die üblichere wissenschaftliche Beobachtung von außen studieren. Biologie ist nicht nur eine objektive Wissenschaft; sie kann auch eine subjektive sein.

Wenn ich Archibald MacLeishs Gedicht ein wenig paraphrasieren darf, würde ich sagen:

Eine Person bedeutet nicht:
Eine Person ist.

7. Höhere und niedrigere Bedürfnisse

Unterschiede zwischen höheren und niedrigeren Bedürfnissen

Dieses Kapitel wird zeigen, daß es reale psychologische und funktionale Unterschiede zwischen den «höher» genannten und den als «niedriger» bezeichneten Bedürfnissen gibt. Dies geschieht, um festzusetzen, daß der Organismus selbst die Werthierarchie bestimmt, die vom wissenschaftlichen Beobachter nicht geschaffen, sondern berichtet wird. Es ist erforderlich, auf diese Weise das Offensichtliche zu beweisen, weil so viele noch immer der Meinung sind, daß Werte nie mehr sein können als die willkürliche Prägung der Beobachtungsergebnisse durch den Geschmack, die Vorurteile, Intuitionen oder andere unbewiesene und unbeweisbare Meinungen des Autors. In der zweiten Hälfte des Kapitels werden einige der Konsequenzen dieser Darstellung beschrieben.
Die Beseitigung der Werte schwächt nicht nur die Psychologie, sondern hindert sie auch an ihrer vollen Entfaltung und überläßt die Menschheit dem Supernaturalismus, dem ethischen Relativismus und der nihilistischen Wertlosigkeit. Doch wenn man zeigen könnte, daß der Organismus selbst zwischen Schwächer und Stärker, Höher und Niedriger wählt, dann wäre es sicher unmöglich zu behaupten, daß ein Gutes denselben Wert hat wie jedes andere oder daß es unmöglich ist, zwischen ihnen zu wählen, oder daß man keine natürlichen Kriterien für die Unterscheidung von Gut und Böse hat. Ein solches Entscheidungsprinzip wurde bereits in Kapitel 4 angegeben. Die Grundbedürfnisse arrangieren sich in einer ziemlich definitiven Hierarchie auf der Basis des Prinzips der relativen Mächtigkeit. So ist das Sicherheitsbedürfnis stärker als das Liebesbedürfnis, weil es den Organismus dann auf verschiedene, aufzeigbare Weise beherrscht, wenn beide Bedürfnisse frustriert sind. In diesem Sinn sind die physiologischen Bedürfnisse (die selbst in einer Subhierarchie geord-

net sind) stärker als die Sicherheitsbedürfnisse, die stärker sind als die Liebesbedürfnisse, die ihrerseits wiederum stärker sind als die Achtungsbedürfnisse, die wiederum stärker sind als jene idiosynkratischen Bedürfnisse, die wir das Bedürfnis nach Selbstverwirklichung genannt haben. Dies ist eine Ordnung der Wahl oder des Vorrangs. Doch es ist eine Ordnung, die in verschiedenen anderen, in diesem Kapitel angeführten Bedeutungen von unten nach oben reicht.

1. *Das höhere Bedürfnis ist eine spätere phylogenetische oder evolutionäre Entwicklung.* Wir teilen das Nahrungsbedürfnis mit allen lebenden Wesen, das Liebesbedürfnis (vielleicht) mit den Menschenaffen, das Bedürfnis nach Selbstverwirklichung mit niemandem. Je höher das Bedürfnis ist, um so spezifisch menschlicher ist es.

2. *Höhere Bedürfnisse sind spätere ontogenetische Entwicklungen.* Jedes Individuum zeigt bei Geburt physische Bedürfnisse und wahrscheinlich auch in einer sehr unfertigen Weise Sicherheitsbedürfnisse; zum Beispiel kann es erschreckt oder überrascht werden und gedeiht es besser, wenn seine Welt genügend Regelmäßigkeit und Ordnung zeigt, so daß man sich auf sie verlassen kann. Nur nach einigen Lebensmonaten zeigt das Kleinkind die ersten Zeichen der zwischenmenschlichen Bindung und selektive Zuneigung. Noch später kann man ziemlich bestimmt die Antriebe zu Autonomie, Unabhängigkeit, Leistung, Achtung und Lob über Sicherheit und Elternliebe hinaus beobachten. Was die Selbstverwirklichung betrifft, mußte sogar Mozart warten, bis er drei oder vier Jahre alt war.

3. *Je höher das Bedürfnis, desto weniger zwingend ist es für das bloße Überleben, um so länger kann die Befriedigung aufgeschoben werden und um so leichter kann das Bedürfnis auch permanent verschwinden.* Höhere Bedürfnisse sind weniger fähig, zu dominieren, zu organisieren und die autonomen Reaktionen und andere Fähigkeiten des Organismus in ihre Dienste zu pressen; zum Beispiel ist es leichter, monoman, verzweifelt und entschlossen in bezug auf Sicherheit als in bezug auf Achtung zu sein. Die Entbehrung in den höheren Bedürfnissen bewirkt nicht eine so verzweifelte Abwehr- und Notreaktion wie bei den niedrigeren Bedürfnissen. Achtung ist ein entbehrlicher Luxus, verglichen mit Nahrung oder Sicherheit.

4. *Auf einem höheren Bedürfnisniveau zu leben, bedeutet größeren biologischen Wirkungsgrad, Längerlebigkeit, weniger Krankheit, besseren Schlaf, Appetit und so fort.* Psychosomatische Forschungen beweisen immer wieder, daß

Angst, Liebesmangel, Dominierung und dergleichen zu unerwünschten physischen wie auch psychologischen Resultaten führen. Die höheren Bedürfnisbefriedigungen haben Überlebens- und Wachstumswert.

5. Die höheren Bedürfnisse sind subjektiv weniger dringlich. Sie sind weniger wahrnehmbar, weniger unmißverständlich, mehr mit anderen Bedürfnissen zu verwechseln, durch Suggestion, Imitation, falschen Glauben oder falsche Gewohnheit. Es ist eine beachtliche psychologische Leistung, die eigenen Bedürfnisse erkennen zu können, das heißt, zu wissen, was man wirklich will. Dies gilt doppelt für die höheren Bedürfnisse.

6. Höhere Bedürfnisbefriedigungen führen zu erwünschteren subjektiven Resultaten, das heißt zu tieferem Glück, Gelassenheit und Reichtum des inneren Lebens. Zufriedenstellung der Sicherheitsbedürfnisse führt maximal zu einem Gefühl der Erleichterung und Entspannung. In jedem Fall kann sie nicht Folgen bewirken wie etwa die Ekstase, Grenzerfahrungen und das Glücksdelirium der zufriedengestellten Liebe oder Folgen wie Heiterkeit, Verständnis, Geistesadel und ähnliches mehr.

7. Die Beschäftigung mit den höheren Bedürfnissen und ihre Befriedigung repräsentieren einen Trend zur Gesundheit und weg von der Psychopathologie. Die Beweise dafür werden in Kapitel 5 angeboten.

8. Die höheren Bedürfnisse haben mehr Vorbedingungen. Das trifft schon deshalb zu, weil die vormächtigeren Bedürfnisse schon vorher befriedigt sein müssen. So bedarf es mehr Befriedigungen für das Liebesbedürfnis, um im Bewußtsein zu erscheinen, als beim Sicherheitsbedürfnis. In einem allgemeineren Sinn kann man sagen, daß das Leben auf dem Niveau der höheren Bedürfnisse komplexer ist. Das Streben nach Respekt und Status bezieht mehr Menschen, eine größere Szene, eine längere Laufdauer, mehr Mittel und Teilzwecke und mehr untergeordnete und mehr vorbereitende Schritte ein als das Streben nach Liebe. Dasselbe kann man wiederum vom letzteren Bedürfnis sagen, wenn man es mit dem Streben nach Sicherheit vergleicht.

9. Höhere Bedürfnisse erfordern bessere äußere Bedingungen, damit sie möglich werden. Bessere Umweltbedingungen (in der Familie, wirtschaftliche, politische, pädagogische und so weiter) sind notwendiger für die wechselseitige Nächstenliebe als für die Verhinderung gegenseitigen Tötens. *Sehr* gute Bedingungen sind für die Selbstverwirklichung erforderlich.

10. Alle, die in ihren höheren wie auch niedrigeren Bedürfnissen befriedigt wur-

den, werten die höheren mehr als die niedrigeren. Sie werden für die höheren Befriedigungen mehr opfern und werden außerdem besser imstande sein, der niedrigeren Entbehrung Widerstand zu leisten. Zum Beispiel werden sie es leichter finden, ein asketisches Leben zu führen, aus prinzipiellen Gründen Gefahr auf sich zu nehmen, Geld und Prestige zugunsten der Selbstverwirklichung aufzugeben. Wer beides kennt, wird allgemein Selbstachtung als eine höhere, wertvollere subjektive Erfahrung einstufen als einen vollen Magen.

11. Je höher das Bedürfnisniveau, um so weiter ist der Bereich der Liebesidentifikation, das heißt, um so größer ist die Anzahl der Menschen, mit denen man sich liebevoll identifiziert, und um so größer ist der durchschnittliche Grad der Liebesidentifikation. Wir können Liebesidentifikation als ein Verschmelzen der Vormächtigkeit der Bedürfnisse bei zwei oder mehr Menschen zu einer einzigen Hierarchie definieren. Zwei Menschen, die einander lieben, werden auf die wechselseitigen Bedürfnisse reagieren wie auf die eigenen. Tatsächlich – das eigene Bedürfnis wird identisch mit demjenigen des anderen.

12. Die Beschäftigung mit den höheren Bedürfnissen und ihre Befriedigung haben erwünschte bürgerliche und soziale Folgen. Bis zu einem gewissen Grad muß das Bedürfnis um so selbstloser sein, je höher es ist. Hunger ist stark egozentrisch; die einzige Art und Weise, ihn zu befriedigen, besteht darin, den eigenen Hunger zu befriedigen. Doch das Streben nach Liebe und Achtung bezieht notwendigerweise andere Menschen ein. Darüberhinaus enthält es auch Befriedigung für die anderen. Menschen, die genügend Grundbefriedigung haben, um nach Liebe und Respekt zu trachten (nicht nur nach Nahrung und Sicherheit), neigen dazu, solche Eigenschaften wie Loyalität, Freundlichkeit und staatsbürgerliche Bewußtheit zu entwickeln, bessere Eltern, Eheleute, Lehrer, Beamte und so weiter zu werden.

13. Die Befriedigung höherer Bedürfnisse steht der Selbstverwirklichung näher als diejenige der niedrigeren. Das stellt, wenn man die Theorie der Selbstverwirklichung akzeptiert, einen wichtigen Unterschied dar. Unter anderem bedeutet es, daß man erwarten kann, unter den auf einem höheren Bedürfnisniveau lebenden Menschen eine größere Anzahl und einen größeren Grad der Eigenschaften vorzufinden, die man bei selbstverwirklichenden Menschen beobachten kann.

14. Die Beschäftigung mit den höheren Bedürfnissen und ihre Befriedigung führt zu größerer, stärkerer und wahrerer Individualität. Das kann scheinbar der vorherigen Behauptung widersprechen, daß Leben auf höherem Bedürfnisniveau mehr Liebesidentifikation, das heißt mehr Sozialisation bedeutet. Doch gleich, wie es logisch aussieht, es handelt sich nichtsdestoweniger um eine empirische Realität. Menschen, die auf dem Niveau der Selbstverwirklichung leben, werden gleichzeitig die Menschheit mehr lieben und idiosynkratisch am meisten entfaltet sein. Dies bestätigt vollkommen Fromms Behauptung, daß Selbstliebe (oder besser, Selbstachtung) synergisch mit der Liebe für andere ist, und nicht im Widerspruch dazu. Seine Abhandlung der Individualität, Spontaneität und Robotisierung ist ebenfalls relevant dafür (145).

15. Je höher das Bedürfnisniveau, um so leichter und wirksamer wird die Psychotherapie: auf dem niedrigsten Bedürfnisniveau nutzt sie kaum etwas. Hunger kann von Psychotherapie nicht gestillt werden.

16. Die niedrigeren Bedürfnisse sind weit mehr lokalisiert, greifbar und begrenzter als die höheren. Hunger und Durst sind offensichtlich körperlicher als Liebe, die ihrerseits mehr physisch ist als Achtung. Außerdem sind die niedrigeren Bedürfnisbefriediger greifbarer und beobachtbarer als die höheren. Zudem sind sie beschränkter in dem Sinn, daß eine kleinere Quantität für die Befriedigung erforderlich ist. Man kann nur soundso viel essen und trinken, doch Liebe, Achtung und die kognitiven Befriedigungen sind fast unbeschränkt.

Einige Konsequenzen dieser Unterscheidung

Dieser Standpunkt, nämlich daß erstens die höheren und die niedrigeren Bedürfnisse verschiedene Eigenschaften haben und daß zweitens diese höheren Bedürfnisse so wie auch die niedrigeren im Repertoir der grundlegenden und gegebenen menschlichen Natur vorhanden sein müssen (*nicht* als von ihr verschieden und im Gegensatz zu ihr), muß viele und revolutionäre Konsequenzen für die psychologische und philosophische Theorie haben. Die meisten Zivilisationen waren, gemeinsam mit ihren Theorien der Politik, Erziehung, Religion und so fort auf dem genauen Gegensatz dieser Meinung gegründet. Insgesamt haben sie angenommen, daß die biologischen, animalischen und instinktoiden Aspekte der menschlichen Natur streng auf die physiologischen Bedürfnisse nach Nahrung, Sex und ähnlichem beschränkt sind. Die höheren Antriebe für Liebe, Wahrheit, Schönheit werden als zutiefst verschieden von diesen animalischen Bedürfnissen angenommen. Außerdem hat man eine Gegensätzlichkeit und wechselseitige Ausschließlichkeit sowie ewigen Konflikt um die Vorherrschaft zwischen ihnen angenommen. Jede Kultur mit allen ihren Instrumenten wird von solch einem Standpunkt als auf der Seite der höheren und gegen die niedrigeren stehend betrachtet. Sie ist deshalb notwendig eine frustrierende und hemmende Kraft und bestenfalls eine bedauerliche Notwendigkeit.

Wenn man die höheren Bedürfnisse als instinktoid und biologisch anerkennt, ebenso biologisch wie es das Nahrungsbedürfnis ist, hat dies viele Konsequenzen, von denen wir nur einige anführen können.

1. Am wichtigsten vielleicht ist die Realisierung, daß die Dichotomie zwischen kognitiv und konativ falsch ist und aufgelöst werden muß. Die Bedürfnisse nach Wissen, Verstehen, nach einer Lebensphilosophie, nach einem theoretischen Bezugspunkt, nach einem Wertsystem sind selbst auch konativ, Teil unserer primitiven und animalischen Natur (wir sind Tiere sehr besonderer Art).

Da wir wissen, daß unsere Bedürfnisse nicht vollkommen blind sind, daß sie von Kultur, Realität und Möglichkeit modifiziert werden, spielt folglich die Erkenntnis eine große Rolle in ihrer Entwicklung. John Dewey behauptet, daß die Existenz und Definition selbst eines Bedürfnisses von der Erkenntnis der Realität abhängt, von der Erkenntnis der Möglichkeit oder Unmöglichkeit der Befriedigung.

Wenn das Konative in seiner Natur auch kognitiv ist und umgekehrt, ist die Dichotomie zwischen beidem nutzlos und muß abgelegt werden, außer, wenn sie ein Zeichen für Pathologie ist.

2. Viele uralte philosophische Probleme müssen in einem neuen Licht betrachtet werden. Einige davon können sich sogar als Pseudoprobleme erweisen, die auf Mißverständnissen der menschlichen Motivation beruhen. Man kann hier etwa die scharfe Unterscheidung zwischen Egoismus und Selbstlosigkeit nennen. Wenn unser instinktoides Bedürfnis, zum Beispiel nach Liebe, uns mehr persönliche «egoistische» Freude an der

Betrachtung unserer Kinder gewährt, wenn sie etwas Gutes essen und nicht wir, wie sollen wir dann «egoistisch» definieren und es von «selbstlos» unterscheiden? Ist der Mann, der sein Leben für die Wahrheit riskiert, weniger egoistisch als derjenige, der sie um der Nahrung wegen aufs Spiel setzt, wenn das Bedürfnis nach Wahrheit so animalisch ist wie dasjenige nach Nahrung?

Offensichtlich muß man auch den Hedonismus neu formulieren, wenn animalische, egoistische, persönliche Lust sowohl aus der Befriedigung der Bedürfnisse nach Nahrung und Sex wie auch Wahrheit, Schönheit, Liebe oder Achtung bezogen werden kann. Dies schließt ein, daß ein Hedonismus der höheren Bedürfnisse sehr wohl bestehen bleiben kann, wo einer der niedrigeren zu Fall kommen müßte.

Der romantisch-klassische Gegensatz von dionysisch und apollinisch muß sicherlich neu gefaßt werden. Zumindest in einigen seiner Formen beruht er auf derselben illegitimen Dichotomie der niedrigeren Bedürfnisse als animalisch, und der höheren als nicht- oder antianimalisch. Zugleich muß man die Begriffe des Rationalen und Irrationalen, den Gegensatz zwischen rational und impulsiv revidieren und die Auffassung, daß sich das Vernunftleben im Gegensatz zum instinktiven befindet.

3. Der Ethiker kann viel aus einer Nahüberprüfung des menschlichen Motivationslebens lernen. Wenn unsere nobelsten Impulse nicht als Zügel für Pferde, sondern selbst als Rosse betrachtet werden, wie auch unsere animalischen Bedürfnisse in ihrer Natur mit unseren höchsten Bedürfnissen gleichgesetzt werden, wie kann man noch eine scharfe Dichotomie zwischen ihnen aufrechterhalten? Wie können wir weiterhin glauben, daß sie aus verschiedenen Quellen stammen?

Außerdem, wenn wir klar und voll erkennen, daß die noblen und guten Triebe entstehen und mächtig werden, vor allem, weil zuvor die anspruchsvolleren, dringenderen animalischen Bedürfnisse befriedigt wurden, sollten wir weniger ausschließlich von Selbstkontrolle, Hemmung, Disziplin und dergleichen sprechen und häufiger von Spontaneität, Befriedigung und eigenem Willen. Es scheint weniger Widerspruch zwischen der ernsten Stimme der Pflicht und dem fröhlichen Aufruf zur Freude zu bestehen, als wir dachten. Auf dem höchsten Niveau des Lebens, das heißt des Seins, *ist* Pflicht Freude, man liebt die eigene «Arbeit», und es gibt keinen Unterschied zwischen Arbeit und Urlaub.

4. Unsere Konzeption von Kultur und der menschlichen Beziehung dazu muß in Richtung der «Synergie» geändert werden, wie es Ruth Benedict (40, 291, 312) genannt hat. Kultur kann für die Grundbedürfnisse befriedigend (314, 315) anstatt hemmend sein. Außerdem wird sie nicht nur für die menschlichen Bedürfnisse geschaffen, sondern auch von ihnen gestaltet. Die Dichotomie Kultur-Individuum bedarf der Überprüfung. Es sollte weniger ausschließlich der Antangonismus betont werden und mehr die Zusammenarbeit und Synergie.

5. Die Erkenntnis, daß die besten menschlichen Triebe feststellbar im Inneren gegeben sind, und nicht zufällig und relativ, muß gewaltige Implikationen für die Werttheorie haben. Das bedeutet einmal, daß es nicht mehr notwendig und auch nicht erwünscht ist, Werte durch Logik abzuleiten oder sie an Autoritäten oder Offenbarungen abzulesen. Alles, was wir offenbar tun müssen, ist beobachten und untersuchen. Die menschliche Natur trägt in sich selbst die Antwort auf die Frage, wie kann ich gut sein, glücklich, fruchtbar? Der Organismus sagt uns, was er braucht (und deshalb hochschätzt), indem er krank wird, wenn ihm diese Werte entzogen werden, und indem er wächst, wenn er an keinem Entzug leiden muß.

6. Eine Untersuchung der Grundbedürfnisse hat gezeigt, daß sie, obwohl ihre Natur in einem erkennbaren Ausmaß instinktoid ist, in mancher Weise anders sind, wie die Instinkte, die uns so gut von den niedrigeren Lebewesen her bekannt sind. Am wichtigsten von allen Verschiedenheiten ist der unerwartete Befund, daß im Gegensatz zu der uralten Annahme, daß Instinkte stark, unerwünscht und unwandelbar sind, unsere Grundbedürfnisse, obzwar instinktoid, schwach sind. Triebbewußt zu sein, zu wissen, daß man wirklich Liebe, Achtung, Wissen, eine Philosophie, Selbstverwirklichung und dergleichen braucht und wünscht – das ist eine schwierige psychologische Errungenschaft. Nicht nur das – je höher die Bedürfnisse sind, um so schwächer sind sie, leichter zu ändern und zu unterdrücken. Schließlich sind sie auch nicht böse, sondern neutral oder gut. Wir enden mit dem Paradox, daß unsere menschlichen Instinkte – was von ihnen übriggeblieben ist – so schwach sind, daß sie Schutz gegen Kultur, Erziehung, Lernen brauchen, mit einem Wort, dagegen, von der Umwelt überwältigt zu werden.

7. Unser Begriff von den Zielen der Psychotherapie (und der Erziehung,

des Lernens, der Formation eines gesunden Charakters im allgemeinen) muß sich ändern. Für viele ist das Ziel immer noch der Erwerb einer Garnitur von Hemmungen und Kontrollen der im Inneren gegebenen Triebe. Disziplin, Kontrolle, Unterdrückung sind die Kennworte eines solchen Regimes.

Doch wenn Therapie Druck in Richtung der Aufhebung von Kontrollen und Hemmungen bedeutet, dann müssen unsere neuen Schlüsselworte Spontaneität, Erlösung, Natürlichkeit, Selbstannahme, Triebbewußtsein, Befriedigung, Eigenwahl heißen. Wenn unsere Triebe als bewundernswert und nicht als verwerflich betrachtet werden, werden wir ihnen sicher vollen Ausdruck wünschen, anstatt sie in eine Zwangsjacke zu stekken.

8. Wenn Instinkte schwach sein können, und höhere Bedürfnisse als instinktoid betrachtet werden und Kultur als mächtiger, und wenn sich die Grundbedürfnisse als gut und nicht als böse herausstellen, dann kann sich die Besserung der menschlichen Natur durch die Pflege der instinktoiden Tendenzen wie auch der sozialen Verbesserungen ergeben. Tatsächlich wird man den Zweck der Verbesserung der Kultur darin sehen, den inneren biologischen Tendenzen des Menschen eine bessere Gelegenheit zur Selbstverwirklichung zu gewähren.

9. In der Erkenntnis, daß das Leben auf einem höheren Bedürfnisniveau manchmal relativ unabhängig von der Befriedigung niedrigerer Bedürfnisse (und sogar von derjenigen der höheren Bedürfnisse, bei denen man sich in einer Klemme befindet) werden kann, mag vielleicht die Lösung für ein uraltes Dilemma der Theologen liegen. Sie haben es immer für notwendig gehalten, Geist und Fleisch, Engel und Teufel zu versöhnen zu versuchen – das höhere und das niedrigere im menschlichen Organismus, doch keiner hat je eine befriedigende Lösung gefunden. Die funktionelle Autonomie des höheren Bedürfnislebens scheint ein Teil der Antwort zu sein. Das Höhere entfaltet sich nur auf der Basis des Niedrigeren, doch mag es, wenn es fest genug eingerichtet ist, relativ unabhängig vom Niedrigeren werden (5).

10. Zusätzlich zum Darwinschen Überlebenswert, können wir jetzt auch «Wachstums-Werte» behaupten. Es ist nicht nur gut, zu überleben, sondern es ist auch gut (bevorzugt, gewählt, gut-für-den-Organismus), zur vollen Menschlichkeit, zur Verwirklichung der Fähigkeiten, zum Glück,

zur Gelassenheit, zu Grenzerfahrungen, zur Transzendenz (317), zur reicheren und genaueren Erkenntnis der Realität zu wachsen. Wir verlassen uns nicht länger auf bloße Lebensfähigkeit und Überleben als unseren einzigen elementaren Beweis, daß Armut oder Krieg oder Vorherrschaft oder Grausamkeit nicht gut, sondern schlecht sind. Wir betrachten sie als böse, weil sie auch die Qualität des Lebens, der Persönlichkeit, des Bewußtseins, der Weisheit hindern.

8. Psychopathogenese und die Theorie der Bedrohung

Die bislang skizzierte Konzeption der Motivation enthält einige wichtige Hinweise für das Verständnis der Ursprünge der Psychopathologie wie auch der Natur von Frustration, Konflikt und Bedrohung.
Praktisch alle Theorien, die eine Erklärung über die Entstehung von Psychopathologie und ihren Ablauf enthalten, stützen sich auf die beiden Begriffe der Frustration und des Konflikts, die wir im folgenden behandeln werden. Einige Frustrationen führen zu Pathologie, andere nicht. Auch Konflikte führen manchmal zur Pathologie, aber nicht alle. Ein Rekurs auf die Theorie der Grundbedürfnisse wird notwendig sein, um das Rätsel zu entwirren.

Entbehrung, Frustration und Bedrohung

Es ist in der Diskussion der Frustration leicht, dem Irrtum zu erliegen, das menschliche Wesen in Segmente einzuteilen. Das heißt, es besteht noch immer die Tendenz, über Frustrationen eines Organs oder eines Bedürfnisses zu sprechen. Wir müssen uns stets in Erinnerung rufen, nur das gesamte menschliche Wesen kann frustriert werden, nie ein Teil von ihm. Damit wird eine wichtige Unterscheidung sichtbar, nämlich die Verschiedenheit von Entbehrung und Bedrohung der Persönlichkeit. Die üblichen Definitionen der Frustration erfolgen in den Begriffen der Störung eines Bedürfnisses oder einer Befriedigung, das heißt einfach, daß man nicht bekommt, was man wünscht. Solch eine Definition verfehlt den Unterschied zwischen einer Entbehrung, die für den Organismus unwichtig ist (leicht ersetzt werden kann, mit wenig ernsten Nachwirkungen) und andererseits einer Entbehrung, die zugleich für die Persönlichkeit eine Bedrohung darstellt, das heißt, für die Lebensziele des einzelnen, für seine Verteidigungssysteme, für seine Selbstachtung, für seine Selbstverwirklichung, das heißt, für seine Grundbedürfnisse. Wir behaupten, daß nur die *bedrohliche* Entbehrung die Vielfalt von Wirkungen (gewöhnlich unerwünschten) hat, die allgemein der Frustration zugeschrieben werden.

Ein Zielobjekt kann zwei Bedeutungen für den einzelnen haben. Erstens eine grundsätzlich gegebene und zweitens möglicherweise auch eine sekundäre, symbolische. So kann ein bestimmtes Kind, um sein Eis gebracht, das es sich gewünscht hat, einfach eine Eistüte nicht bekommen haben. Ein zweites Kind jedoch, um sein Eis gebracht, mag nicht nur eine Sinnesbefriedigung verloren haben, sondern sich auch um die Liebe seiner Mutter gebracht fühlen, weil sie es abgelehnt hat, ihm das Eis zu kaufen. Für das zweite Kind hat das Eis nicht nur einen wesenhaften Wert, sondern kann auch der Träger psychologischer Werte sein. Eine Portion Eiskreme qua Eiskreme entbehren zu müssen, bedeutet für ein gesundes Individuum wahrscheinlich wenig, und es ist fraglich, ob man den Begriff Frustration hier überhaupt verwenden soll, der doch andere, bedrohlichere Entbehrungen charakterisiert. Nur wenn ein Zielobjekt Liebe, Prestige, Achtung oder andere Grundbedürfnisse repräsentiert, wird eine entsprechende Entbehrung die schlechten Folgen haben, die man gewöhnlich der Frustration im allgemeinen zuschreibt.

Man kann diese doppelte Bedeutung eines Objekts bei gewissen Gruppen von Tieren und in gewissen Situationen sehr klar zeigen. Zum Beispiel hat sich gezeigt, daß für zwei Affen in einer Dominanz-Unterordnung-Beziehung ein Stück Nahrung 1. als Hunger stillend verstanden wird, und 2. auch als Symbol des dominierenden Status. So wird das untergeordnete Tier, wenn es versucht, die Nahrung an sich zu nehmen, sofort vom dominierenden attackiert. Wenn es ihm jedoch gelingt, der Nahrung ihren symbolischen Dominanzwert zu nehmen, dann erlaubt es ihm das dominierende Tier, sie aufzuessen. Dies kann sehr leicht durch eine Geste der Unterwürfigkeit geschehen, das heißt, durch sexuelle Präsentation bei Annäherung an die Nahrung; es ist, als wollte das Tier sagen: «Ich will diese Nahrung nur, um meinen Hunger zu stillen, ich will nicht deine Dominanz angreifen, ich gebe sie gerne zu.» In derselben Weise können wir Kritik von einem Freund auf zwei verschiedene Arten auffassen. Gewöhnlich wird der Durchschnittsmensch mit dem Gefühl reagieren, angegriffen und bedroht worden zu sein (was oft richtig ist, weil Kritik häufig ein Angriff ist). Man wird also wütend. Doch wenn man versichert, daß die Kritik nicht ein Angriff oder eine Ablehnung ist, wird der andere vielleicht auf die Kritik nicht nur hören, sondern möglicherweise sogar dankbar für sie sein. So erscheint die Kritik nur als Kritik, wenn man bereits tausende von Beweisen für die Liebe und Achtung des Freundes hat; und stellt dann nicht auch eine Attacke oder Bedrohung dar (304, 313).

Die Vernachlässigung dieses Unterschieds hat in psychiatrischen Kreisen viel unnötige Aufregung verursacht. Eine immer wiederkehrende Frage ist, ob sexuelle Entbehrung unvermeidlich zu den vielfältigen Effekten der Frustration führt, das heißt, zu Aggression, Sublimation und so weiter. Es ist bereits gut genug bekannt, daß es viele Fälle gibt, in denen Keuschheit keine psychopathologischen Effekte hat. In vielen anderen Fällen jedoch sind sie vorhanden. Welcher Faktor entscheidet über das Resultat? Klinische Arbeit mit nichtneurotischen Menschen zeigt deutlich, daß sexuelle Entbehrung pathogen im strengen Sinn nur dann wird, wenn sie der einzelne als Ablehnung durch das andere Geschlecht empfindet, als Minderwertigkeit, Wertlosigkeit, Mangel an Achtung, Isolierung, oder andere Vereitelung der Grundbedürfnisse. Sexuelle Entbehrung kann relativ leicht von solchen Personen ertragen werden, für die sie keine solchen Implikationen hat (freilich wird es geben, was Rosenberg [408] bedürfnispersistierende Reaktionen nennt, doch diese sind, obwohl irritierend, nicht notwendig pathogen).

Die unvermeidlichen Entbehrungen der Kindheit werden gewöhnlich auch als frustrierend betrachtet. Entwöhnung, Kot- und Harnkontrolle, Gehenlernen, tatsächlich jedes neue Niveau der Anpassung betrachtet man als einen Erfolg von Zwangsausübung. Auch hier legt uns die Unterscheidung zwischen bloßer Entbehrung und Bedrohung der Persönlichkeit Vorsicht auf. Beobachtungen von Kindern, die der Liebe und der Achtung ihrer Eltern vollständig sicher sind, haben gezeigt, daß Entbehrungen, Disziplin und Bestrafung manchmal mit erstaunlicher Leichtigkeit ertragen werden können. Es gibt wenig Frustrationseffekte, wenn die Entbehrungen vom Kind nicht als Bedrohung seiner inneren Persönlichkeit, seiner hauptsächlichen Lebensziele oder -Bedürfnisse betrachtet werden.

Von diesem Standpunkt aus folgt auch, daß das Phänomen der bedrohlichen Frustration viel enger mit anderen bedrohlichen Situationen verknüpft ist als mit bloßer Entbehrung. Die klassischen Wirkungen der Frustrationen sind häufig auch eine Folge anderer Arten von Bedrohung – Traumatisierung, Konflikt, Cortexschäden, schwere Krankheit, tatsächliche physische Bedrohung, Todesnähe, Demütigung oder großer Schmerz.

Das führt zu unserer abschließenden Hypothese, daß Frustration als ein einziger Begriff weniger nützlich ist als die beiden sich damit überschneidenden Begriffe: 1. Entbehrung in den nicht grundlegenden Bedürfnissen und 2. Bedrohung der Persönlichkeit, das heißt, der Grundbedürfnisse oder der verschiedenen damit verknüpften Bewältigungssysteme. Entbehrung bedeutet viel weniger, als gewöhnlich im Begriff der Frustration enthalten ist, Bedrohung besagt viel mehr. Entbehrung ist nicht psychopathogen, Bedrohung ist es.

Konflikt und Bedrohung

Der einzelne Begriff des Konflikts kann sich mit dem Begriff der Bedrohung so überschneiden, wie wir es gerade bei der Frustration gesehen haben. Die Konflikttypen können wie folgt klassifiziert werden.

Reine Wahl

Dieses ist ein Konflikt im einfachsten Sinn von allen. Das tägliche Leben jedes Menschen ist voll von zahllosen Entscheidungen dieser Art. Ich würde den Unterschied zwischen dieser Wahl und dem nächsten Typus folgendermaßen beschreiben: Der erstere Typus enthält eine Entscheidung zwischen zwei Wegen zum selben Ziel, wobei das Ziel für den Organismus relativ unwichtig ist. Die physiologische Reaktion auf eine derartige Wahlsituation ist praktisch nie eine pathologische. Tatsächlich ist sehr häufig kein subjektives Konfliktgefühl vorhanden.

Wahl zwischen zwei Wegen zum selben (vitalen, grundlegenden) Ziel

In einer derartigen Situation ist das Ziel selbst für den Organismus wichtig, aber es gibt Alternativen, um es zu erreichen. Das Ziel selbst ist nicht gefährdet. Die Wichtigkeit oder Unwichtigkeit des Zieles ist selbstverständlich eine Angelegenheit, die von jedem einzelnen Organismus selbst entschieden wird. Was für einen wichtig ist, ist es vielleicht für den anderen nicht. Ein Beispiel wäre die Frau, die zu entscheiden versucht, ob sie diese oder jene Schuhe, dieses oder jenes Kleid zu einer Party anziehen soll, die ihr wichtig ist und auf der sie einen guten Eindruck machen will. Es stimmt jedoch, daß solche Konflikte bei einer Frau sehr intensiv sein können, die nicht zwischen zwei Kleidern zu wählen hat, sondern zwischen zwei potenziellen Ehemännern. Wir werden wiederum an Rosenzweigs Unterscheidung zwischen bedürfnispersistierenden und ichdefensiven Effekten erinnert.

Bedrohliche Konflikte

Dieser Konflikttypus ist grundlegend von den Konflikten der ersten beiden Typen verschieden. Es handelt sich noch immer um eine Wahlsituation, doch jetzt geht es um die Wahl zwischen zwei verschiedenen, gleich lebensnotwendigen Zielen. Hier löst eine Wahlreaktion gewöhnlich nicht den Konflikt, denn die Entscheidung bedeutet die Aufgabe von etwas, was fast ebenso notwendig ist wie das, wofür man sich entschieden hat. Eine notwendige Ziel- oder Bedürfnisbefriedigung aufzugeben ist bedrohlich, und die Bedrohungswirkung hält an, auch wenn die Entscheidung getroffen ist. Mit einem Wort, diese Art von Wahl kann nur in einer chronischen Durchkreuzung eines Grundbedürfnisses enden. Und das ist pathogen.

Katastrophaler Konflikt

Man sollte ihn besser eine reine Bedrohung mit keiner Alternative oder Wahlmöglichkeit nennen. Alle Entscheidungen sind gleich katastrophal oder bedrohend in ihren Wirkungen, oder es gibt nur eine Möglichkeit und diese stellt eine katastrophale Bedrohung dar. Solch eine Situation kann nur durch Dehnung des Begriffsumfangs eine Konfliktsituation genannt werden. Man kann das leicht sehen, wenn man das Beispiel eines Mannes nimmt, der in einigen Minuten hingerichtet werden soll, oder eines Tieres, das in die Richtung einer Entscheidung gezwungen wird, von der es weiß, daß sie eine Bestrafung nach sich zieht, und in der alle Möglichkeiten der Flucht, Attacke oder des Ersatzverhaltens abgeschnitten sind, wie es der Fall in vielen Experimenten über Tierneurose ist (285).

Konflikt und Bedrohung

Vom Standpunkt der Psychopathologie aus gesprochen gelangen wir zu derselben Schlußfolgerung, wie nach unserer Analyse der Frustration. Es gibt im allgemeinen zwei Typen von Konfliktsituationen oder Konfliktreaktionen: nichtbedrohliche und bedrohliche. Die nichtbedrohlichen Konflikte sind ziemlich unwichtig, da sie gewöhnlich nicht pathogen sind; die bedrohlichen Konflikttypen sind wichtig, weil sie sehr oft pathogen sind [1]. Wiederum könnte es erscheinen, daß wir, wenn wir über ein Konfliktgefühl als Symptomursache sprechen, besser über eine Bedrohung oder einen bedrohlichen Konflikt sprechen sollten, da es Konflikttypen gibt, die nicht Symptome hervorrufen. Manche stärken den Organismus tatsächlich.

Wir können jetzt daran gehen, unsere Begriffe im allgemeinen Bereich der Psychopathogenese neu zu klassifizieren. Wir können erstens von Entbehrung, und zweitens von Wahl (Entscheidung) sprechen, und beides als nicht pathogen betrachten, und daher als unwichtige Begriffe für den Erforscher der Psychopathologie. Derjenige Begriff, der wichtig ist,

[1] Bedrohung ist nicht immer pathogen; es gibt gesunde Arten und Weisen, damit umzugehen, wie auch neurotische oder psychotische Lösungen. Außerdem kann eine offenbar bedrohliche Situation bei jedem Gefühle der psychologischen Bedrohung hervorrufen oder auch nicht. Ein Bombenangriff oder eine Lebensbedrohung mag nicht so bedrohlich sein wie ein höhnisches Lächeln, eine Zurückweisung, die Abtrünnigkeit eines Freundes, Krankheit des eigenen Kindes, oder ein Unrecht an einem vollkommen Fremden kilometerweit weg. Außerdem kann eine Bedrohung stärkende Auswirkung haben.

ist weder Konflikt noch Frustration, sondern die wesentlich pathogene Eigenschaft beider, die Bedrohung der Durchkreuzung oder die tatsächliche Durchkreuzung der grundlegenden Bedürfnisse und der Selbstverwirklichung eines Organismus.

Die Natur der Bedrohung

Doch ist es wiederum notwendig, darauf hinzuweisen, daß der Begriff der Bedrohung Phänomene einschließt, die weder unter dem Begriff des Konflikts, noch der Frustration subsumiert werden können, so wie diese Worte allgemein verwendet wurden. Schwere Krankheit bestimmten Typs kann psychopathogen sein. Jemand, der einen schweren Herzanfall hatte, verhält sich oft bedroht. Krankheit oder Krankenhauserfahrung bei kleinen Kindern ist häufig direkt bedrohlich, getrennt von den damit auferlegten Entbehrungen.

Eine andere Art von Patienten, bei denen eine allgemeine Bedrohung gezeigt werden konnte, sind die Gehirngeschädigten, wie sie von Gelb, Goldstein, Scheerer und anderen untersucht wurden. Die einzige Art und Weise, in der man diese Patienten letztlich verstehen kann, ist anzunehmen, daß sie sich bedroht fühlen. Möglicherweise kann man *alle* organisch-psychotischen Patienten jedweden Typs unter der Annahme verstehen, daß sie sich bedroht fühlen. Bei diesen Patienten kann man die Symptome nur verstehen, wenn man sie von zwei Standpunkten aus betrachtet: erstens die direkte Auswirkung der Funktionsbeschädigung, oder des Funktionsverlustes jeder Art auf den Organismus (Verlusteffekte) und zweitens die dynamischen Reaktionen der Persönlichkeit auf diese bedrohlichen Verluste (Bedrohungseffekt).

Aus Kardiners Monographie über traumatische Neurosen (222) ersehen wir, daß wir die Auswirkung einer sehr grundlegenden und schweren Traumatisierung unserer Liste der Bedrohungen hinzufügen können, die weder ein Konflikt noch eine Frustration sind[2]. Nach Kardiner sind die

[2] Wiederum muß darauf hingewiesen werden, daß eine traumatische Situation nicht dasselbe ist wie das Gefühl der Traumatisierung, das heißt, eine traumatische Situation *kann* psychologisch bedrohlich sein, aber *muß* es nicht. Sie kann tatsächlich erzieherisch und stärkend wirken, wenn sie richtig behandelt wird.

traumatischen Neurosen die Auswirkung einer Grundbedrohung der am meisten grundlegenden exekutiven Funktionen des Lebens selbst – Gehen, Sprechen, Essen und ähnliches. Wir können seine Argumentation wie folgt paraphrasieren:

Wer einen schweren Unfall erlitten hat, mag zu der Folgerung gelangen, daß er nicht der Meister des eigenen Schicksals ist und daß der Tod immerzu vor seiner Tür steht. Angesichts einer so überwältigend stärkeren und bedrohlicheren Welt scheinen manche Menschen das Vertrauen auf ihre eigenen Fähigkeiten zu verlieren, sogar auf die einfachsten. Andere, schwächere Traumata werden natürlich wendiger bedrohlich sein. Ich würde hinzufügen, daß eine derartige Reaktion häufiger bei Menschen mit einem bestimmten Charakter angetroffen werden kann, der sie für Bedrohung prädisponiert.

Die Todesnähe, gleich wodurch verursacht, kann uns (nicht notwendigerweise) in den Zustand der Bedrohung aus dem Grund versetzen, daß wir dann unser grundlegendes Selbstvertrauen verlieren. Wenn wir die Situation nicht länger bewältigen können, wenn uns die Welt zu viel wird, wenn wir nicht die Herren unseres Schicksals sind, wenn wir nicht mehr die Kontrolle über die Welt oder uns selbst haben, können wir sicher von Gefühlen der Bedrohung sprechen. Andere Situationen, in denen «es nichts gibt, was man tun könnte», werden häufig ebenfalls als bedrohlich empfunden. Vielleicht sollte man starke Schmerzen dieser Kategorie hinzufügen. Das ist sicher etwas, wogegen wir nichts ausrichten.

Vielleicht ist es sogar möglich, den Begriff so zu erweitern, daß er Phänomene einschließt, die gewöhnlich in anderen Kategorien enthalten sind. Zum Beispiel können wir von plötzlicher intensiver Stimulierung sprechen, davon, daß das Kind plötzlich ohne Vorwarnung fallen gelassen wird, daß es die Standfestigkeit verliert, wir können von allem Unerklärlichen oder Unvertrauten sprechen, von der Störung der Routine oder des Rhythmus beim Kind. Alles das wird ihm bedrohlich erscheinen, und nicht nur Emotionen hervorrufen.

Wir müssen natürlich auch von den wahren Kernaspekten der Bedrohung sprechen, von der direkten Entbehrung oder Durchkreuzung oder Gefahr der grundlegenden Bedürfnisse – Demütigung, Zurückweisung, Isolierung, Prestigeverlust, Stärkeverlust – alles dies ist direkt bedrohlich. Zusätzlich bedroht Mißbrauch oder Nichtgebrauch der eigenen Fähigkeiten die Selbstverwirklichung direkt. Schließlich kann Gefahr für die Metabedürfnisse oder Seinswerte (293, 314) für die reife Person direkt bedrohlich sein.

Wir können zusammenfassen, indem wir sagen, daß im allgemeinen das folgende als bedrohlich in unserem Sinn gefühlt wird: Gefahr der Durchkreuzung oder die tatsächliche Durchkreuzung der Grundbedürfnisse und Metabedürfnisse (einschließlich der Selbstverwirklichung) oder der Bedingungen, auf denen sie beruhen, Bedrohung für das Leben selbst, Bedrohung für die allgemeine Integrität des Organismus, Bedrohung der Integrierung des Organismus, Bedrohung der grundlegenden Meisterung der Welt im Organismus, und Bedrohung der höchsten Werte.

Wie wir auch Bedrohung definieren, es gibt sicherlich einen Aspekt, der nie vernachlässigt werden darf. Jede abschließende Definition, gleich was sie sonst einschließen mag, muß sich sicherlich auf die grundlegenden Ziele, Werte oder Bedürfnisse des Organismus beziehen. Das bedeutet, daß jede Theorie der Psychopathogenese ihrerseits direkt auf eine Motivationstheorie gestützt sein muß.

Die allgemeine dynamische Theorie, wie auch verschiedene spezifische empirische Befunde, würden die Notwendigkeit einer individuellen Definition der Bedrohung andeuten. Das heißt, daß wir letztlich eine Situation oder eine Bedrohung nicht nur in den Begriffen der speziesweiten Grundbedürfnisse, sondern auch in den Begriffen des individuellen, mit seinen eigenen Problemen konfrontierten Organismus definieren müssen. So sind Frustration und Konflikt beide häufig in den Termini äußerer Situationen allein definiert worden, anstatt in den Termini der inneren Reaktionen des Organismus oder seiner Wahrnehmung der äußeren Situationen. Unter den am meisten persistierenden Sündern in dieser Hinsicht haben sich einige der Forscher auf dem Gebiet der sogenannten Tierneurosen befunden.

Wie erfahren wir, ob eine bestimmte Situation vom Organismus als Bedrohung wahrgenommen wird? Beim Menschen kann man das einfach genug durch jedes Verfahren bestimmen, das zureichend ist für die Beschreibung der ganzen Persönlichkeit, wie zum Beispiel die Psychoanalyse. Solche Techniken gestatten es uns, zu erkennen, was jemand braucht, was ihm fehlt und was ihn gefährdet. Doch bei Tieren ist die Situation schwieriger. Wir werden in zirkulären Definitionen involviert. Wir wissen, daß eine Situation bedrohlich ist, wenn das Tier mit Symptomen der Bedrohung reagiert. Das heißt, die Situation wird in den Begriffen von Reaktionen definiert, und die Reaktion in den Begriffen der Situation. Die zirkuläre Definition genießt im allgemeinen keinen guten Ruf, aber wir müssen lernen, daß sich gemeinsam mit einer allgemeinen dynamischen Psychologie auch die Respektabilität der sogenannten zirkulären Definition bessern muß. In jedem Fall ist das für praktische Laborarbeit kein unüberwindliches Hindernis.

Aus der dynamischen Theorie würde sich sicherlich auch die Notwendigkeit ergeben, das Gefühl der Bedrohung an sich als dynamischen Ansporn für andere Reaktionen zu betrachten. Kein Bild von der Bedrohung eines Organismus ist vollständig, bevor man nicht weiß, wozu dieses Gefühl der Bedrohung führt, was es den einzelnen zu tun veranlaßt, wie der Organismus auf Bedrohung reagiert. Sicherlich ist es in der Neurosentheorie absolut notwendig, sowohl die Natur des Gefühls der Bedrohung zu verstehen, wie auch die Reaktion des Organismus auf dieses Gefühl.

Der Begriff der Bedrohung in den Tierexperimenten

Die Analyse der Arbeiten über Verhaltensstörungen bei Tieren[3] deutet an, daß sie gewöhnlich in externen Begriffen oder in den Begriffen der Situation angelegt werden anstatt in Begriffen der Dynamik. Es ist ein alter Fehler, anzunehmen, daß man die psychologische Situation unter Kontrolle hat, wenn man die externe experimentelle Anordnung oder Situation konstant macht. (Siehe zum Beispiel die Emotionsexperimente aus der Zeit vor 25 Jahren.) Letztlich ist natürlich nur das *psychologisch* wichtig, was der Organismus wahrnimmt oder worauf er reagiert, oder wovon er in irgend einer Weise betroffen ist. Diese Tatsache, wie auch diejenige, daß sich jeder Organismus vom anderen unterscheidet, muß

[3] Offensichtlich sind die in diesem Kapitel dargestellten Konzepte so allgemein, daß sie auf viele Typen experimenteller Arbeit zutreffen. Das gewählte Beispiel könnte etwa um die gegenwärtigen Forschungen über Repression, Vergessen, Perseveration in nicht zuendegeführten Aufgaben, wie auch die direkteren Forschungen über Konflikt und Frustration erweitert werden.

nicht nur verbal erkannt werden, sondern auch als Einfluß auf die Anordnung unserer Experimente und die daraus gezogenen Schlußfolgerungen. Zum Beispiel hat Pavlov (373) gezeigt, daß das grundlegende physiologische Temperament des Tieres von einer bestimmten Beschaffenheit sein muß, oder die externe Konfliktsituation wird keinen internen Konflikt hervorrufen. Und selbstverständlich sind wir nicht an Konfliktsituationen, sondern nur an den Konfliktgefühlen innerhalb des Organismus interessiert. Wir müssen auch erkennen, daß die einzigartige Geschichte des einzelnen Tieres verschiedene individuelle Reaktionen auf jede gegebene externe Situation bewirken wird, wie zum Beispiel in den Arbeiten von Gantt und Liddell und seiner Mitarbeiter. Die Arbeit mit weißen Ratten hat gezeigt, daß die Eigentümlichkeit des Organismus in einigen Fällen bestimmend für den Zusammenbruch in identischen externen Situationen ist. Verschiedene Gattungen werden verschiedene Mittel haben, um eine externe Situation wahrzunehmen, auf sie zu reagieren, sich von ihr bedroht oder nicht bedroht zu fühlen. Sicherlich werden die Begriffe des Konflikts und der Frustration in vielen dieser Experimente locker verwendet. Außerdem erscheinen gewisse Unterschiede in den Reaktionen verschiedener Tiere auf eine identische Situation wegen der Vernachlässigung des individuell definierten Charakters der Bedrohung für den Organismus unerklärlich.

Eine bessere Formulierung als diejenige, die gewöhnlich in der einschlägigen Literatur verwendet wird, liefert Scheerer: «Vom Tier das verlangen, was es gewöhnlich nicht tun kann.» Dies ist eine leistungsfähigere Definition, weil sie alle bekannten Tierexperimente erfaßt, aber wir sollten einige ihrer Implikationen expliziter machen. Zum Beispiel kann es pathologische Effekte ähnlich jenen hervorrufen, die man dadurch erhält, daß man einem Organismus etwas abverlangt, was er nicht tun kann, wenn man den Tieren Dinge wegnimmt, die für sie wichtig sind. Beim Menschen muß die Definition zusätzlich zu den erwähnten Faktoren diejenigen des bedrohlichen Charakters gewisser Krankheiten und Schäden in der Integrität des Organismus enthalten. Zusätzlich dazu sollten wir ausdrücklich den Faktor des Temperaments anerkennen, der es dem Tier erlaubt, mit einer Situation konfrontiert zu werden, in der es etwas Unmögliches tun soll und auf die es in einer unpathologischen Art einfach damit reagiert, daß es sich um die Situation nicht kümmert, indem es sich gelassen verhält oder vielleicht sogar die Wahrnehmung der Situation verweigert. Vielleicht kann man eine schärfere Definition teilweise durch den Zusatz einer starken Motivation in Scheerers Formulierung erreichen. «Pathologische Reaktionen ergeben sich, wenn der Organismus mit einer Aufgabe oder einer Situation konfrontiert wird, die er unmöglich *lösen oder bewältigen kann und die er sehr gern lösen möchte oder die er lösen muß.*» Auch dies wird selbstverständlich nicht zureichend sein, weil es einige der erwähnten Phänomene nicht einschließt. Doch es hat den Vorzug, eine praktische Formulierung der Bedrohungstheorie für Laborzwecke zu sein.

Das Verhalten des Tieres, und dies ist ein weiterer Punkt, scheint inkonsistent zu sein, weil man es versäumt, beim Tier zwischen nichtbedrohlichen Wahlsituationen und bedrohlichen, und zwischen nichtbedrohlichen Frustrationen und bedrohlichen zu unterscheiden. Wenn man das Tier betrachtet, wie es sich an einem bestimmten Punkt im Labyrinth in einer Konfliktsituation befindet, fragt man sich, warum bricht es nicht häufiger zusammen. Wenn Nahrungsentzug für 24 Stunden als frustrierend für die Ratte angesehen wird: warum bricht sie nicht zusammen? Irgendeine Änderung in der Phrasierung der Begriffsbildung ist offensichtlich notwendig. Ein Beispiel der Nachlässigkeit in der Differenzierung ist das Versagen, zwischen einer Wahl zu unterscheiden, in der das Tier etwas aufgibt, und einer, in der das Tier nichts aufgibt, einer, in der das Ziel konstant und unbedroht bleibt, aber wo das Tier zwei oder mehrere Wege zum selben gesicherten Ziel hat. Wenn ein Tier sowohl durstig wie auch hungrig ist, würde es sich wahrscheinlich bedrohter fühlen, wenn es zwischen Nahrung und Wasser entscheiden müßte, weil es nur eines von beiden, aber nicht beides bekommt.

Mit einem Wort, wir müssen die Situation oder den Reiz nicht per se, sondern als im Subjekt enthalten definieren, sei es Tier oder Mensch – durch seine psychologische Bedeutung für das jeweilige im Experiment dynamisch involvierte Subjekt.

Bedrohung in der Lebensgeschichte

Gesunde Erwachsene sind von äußeren Situationen im allgemeinen weniger bedroht, als durchschnittliche oder neurotische Erwachsene. Wir müssen uns wiederum in Erinnerung rufen, daß der Erwachsene immer immuner gegen Bedrohung wird, je älter er wird, obwohl seine Gesundheit auf der Abwesenheit von Bedrohung in der Kindheit oder auf erfolgreich überwundenen Bedrohungen beruht, das heißt, daß es praktisch unmöglich ist, die Männlichkeit eines Mannes zu bedrohen, der seiner selbst *ziemlich* sicher ist. Liebesentzug ist keine große Bedrohung für jemanden, der sein Leben lang genug geliebt wurde und der sich liebenswert fühlt. Wiederum muß man sich auf das Prinzip der funktionellen Autonomie berufen.

Bedrohung als Hindernis der Selbstverwirklichung

Man kann die meisten individuellen Beispiele von Bedrohung in der Rubrik erfassen: «die Entwicklung zur endgültigen Selbstverwirklichung behindernd oder ihre Behinderung androhend», wie es Goldstein getan hat. Diese Betonung der zukünftigen wie auch der gegenwärtigen Beschädigung hat viele ernste Konsequenzen. Als Beispiel dürfen wir Fromms revolutionäre Konzeption des «humanistischen» Gewissens als einer Wahrnehmung der Abweichung vom Pfad des Wachsens und der Selbstverwirklichung anführen. Diese Formulierung läßt den Relativismus und daher die Unzulänglichkeit der Freudschen Konzeption des Über-Ich scharf hervortreten.

Wir sollten auch hinzufügen, daß es die Möglichkeit einer Situation schafft, die momentan subjektiv nicht bedrohlich ist, aber die in der Zukunft bedrohlich oder wachstumsbehindernd sein kann, wenn man «Bedrohung» mit «Wachstumsbehinderung» gleichsetzt. Das Kind mag jetzt und hier nach einer Befriedigung verlangen die ihm angenehm ist, es beruhigt, es dankbar macht und so weiter, die jedoch in der Zukunft wachstumsbehindernd sein wird. Ein Beispiel ist in der elterlichen Unterwerfung unter die Wünsche des Kindes gegeben, die den verwöhnten Psychopathen hervorruft.

Ein anderes Problem, durch die Identifizierung von Psychopathogenese mit letztlich fehlerhafter Entwicklung entstanden, ergibt sich aus ihrem monistischen Charakter. Was wir mitberücksichtigt haben, ist, daß alle oder die meisten Krankheiten aus der einzigen Quelle kommen; das heißt, Psychopathogenese scheint einheitlich zu sein und nicht vielfältig. Woher stammen dann die einzelnen Syndrome der Krankheit? Vielleicht ist nicht nur die Pathogenese, sondern auch die Psychopathologie einheitlich. Vielleicht sind die getrennten Krankheitseinheiten des medizinischen Modells, von denen wir immer sprechen, tatsächlich nur oberflächliche und idiosynkratische Reaktionen auf eine tiefere, allgemeine Krankheit, wie es Horney (197) behauptet. Mein Test für Sicherheit-Unsicherheit (294) ist auf gerade dieser grundlegenden Annahme aufgebaut und scheint bisher ziemlich gut Menschen erfaßt zu haben, die allgemein psychisch erkrankt sind und nicht speziell an Hysterie oder Hypochondrie oder Angstneurose.

Da es hier mein einziges Ziel ist, anzudeuten, wie die wichtigen Probleme und Hypothesen von dieser Theorie der Psychopathogenese abgeleitet werden können, unternehme ich keine Anstrengung, diese Hypothesen weiter zu verfolgen. Es ist ausreichend, ihre vereinheitlichenden, vereinfachenden Möglichkeiten zu unterstreichen.

9. Ist Destruktivität instinktoid?

An der Oberfläche sind die Grundbedürfnisse (Motive, Impulse, Triebe) nicht böse oder sündig. Es ist nichts Böses daran, Nahrung zu verlangen und zu brauchen, oder Sicherheit, Geborgenheit und Liebe, soziale Anerkennung und Selbstachtung, Selbstverwirklichung. Im Gegenteil, in den meisten Kulturen würde man sie – in einer der lokalen Formen – als wünschens- und lobenswert betrachten. Auch mit großer wissenschaftlicher Vorsicht müßten wir noch immer sagen, daß sie neutral und nicht böse sind. Dies trifft in irgendeiner Form auf die meisten oder alle menschlichen, spezieseigenen Fähigkeiten, die wir kennen, zu. (Die Fähigkeit zu abstrahieren, eine grammatikalische Sprache zu sprechen, Philosophien zu errichten und so weiter; und auch auf die konstitutionellen Verschiedenheiten: Aktivität oder Passivität, Mesomorphie oder Ectomorphie, höhere oder niedrigere Energieniveaus usw.). Was die Metabedürfnisse nach Güte, Wahrheit, Schönheit, Gesetzlichkeit, Einfachheit und so weiter (314) anlangt, ist es praktisch unmöglich, sie in unserer Kultur und in den meisten uns bekannten Kulturen schlecht oder böse oder sündig zu nennen.

Das Rohmaterial der Menschlichkeit und der menschlichen Spezieshaftigkeit erklärt daher nicht an sich die große Menge des Bösen, die in unserer Welt, in der menschlichen Geschichte und in unseren eigenen individuellen Charakteren so deutlich wird. Zwar wissen wir bereits genug, um viel von dem, was man böse nennt, der Krankheit von Körper und Persönlichkeit, der Ignoranz und Stupidität, der Unreife und schlechten sozialen und institutionalen Anordnungen zuschreiben zu können. Doch kann man nicht behaupten, daß wir genügend wissen, um zu sagen, *wie* viel. Wir wissen, daß man das Böse durch Gesundheit und Therapie, Wissen und Weisheit, chronologische und psychologische Reife, gute politische, ökonomische und andere soziale Institutionen und Systeme reduzieren kann. Doch um wieviel? Können derartige Maßnahmen je das Böse auf Null reduzieren? Man kann es heute als gegeben annehmen, daß unser Wissen ausreicht, um jede Behauptung zurückzuweisen, daß die menschliche Natur in ihrem Wesen *primär, biologisch, fundamental* böse, sündig, boshaft, wild, grausam oder mörderisch ist. Aber wir wagen es nicht zu behaupten, daß es *keine* instinktoiden Tendenzen zu bösem Verhalten gibt. Es ist ziemlich klar, daß wir nicht genügend wissen, um eine derartige Behauptung aufzustellen, und es gibt zumindest einiges Beweismaterial dagegen. Jedenfalls ist es ebenso klar, daß man solches Wissen erhalten kann, und daß derartige Fragen in die Zuständigkeit einer angemessen erweiterten humanistischen Wissenschaft fallen (292, 379).

Dieses Kapitel ist ein Muster für das empirische Verfahren in einem wichtigen Fragebereich dessen, was man Gut und Böse genannt hat. Auch wenn keine Anstrengung unternommen wird, die Antworten definitiv zu machen, zeigt es, daß das Wissen über Destruktivität Fortschritte gemacht hat, wenn auch nicht bis zu dem Punkt, wo sich abschließende und schlüssige Antworten ergeben.

Tierergebnisse

Erstens trifft es zu, daß man bei einigen Tierarten das beobachten kann, was wie primäre Aggressivität aussieht; nicht bei allen Tieren, nicht einmal bei vielen, aber immerhin bei einigen. Einige Tiere töten anscheinend des Tötens wegen, und sie sind aus keinem beobachtbaren äußeren Grund aggressiv. Ein Fuchs in einem Hühnerstall wird mehr Hühner töten, als er fressen kann, und die Katze, die mit der Maus spielt, ist sprichwörtlich. Hirsche und andere Huftiere in Brunft werden nach Kämpfen Ausschau halten und manchmal sogar ihre Gefährtinnen verlassen. Bei vielen Tieren, sogar den höheren, scheint der Beginn des Alterns größere Bösartigkeit aus anscheinend konstitutionellen Gründen hervorzurufen, und vorher sanfte Tiere werden ohne provoziert worden zu sein, zum Angriff übergehen. Bei verschiedenen Tierarten geschieht das Töten nicht wegen der Nahrungsbeschaffung allein.

Eine bekannte Untersuchung an Laboratoriumsratten zeigt, daß man Wildheit, Aggressivität und Grausamkeit züchten kann wie anatomische

Merkmale. Die Neigung zur Grausamkeit, zumindest bei den Ratten und bei anderen Tiergattungen möglicherweise auch, kann eine primär ererbte Determinante des Verhaltens sein. Plausibler macht dies die allgemeine Feststellung, daß die Adrenaldrüsen bei aggressiven und grausamen Ratten viel größer sind als bei den sanfteren, zahmeren. Andere Gattungen können natürlich in der entgegengesetzten Richtung gezüchtet werden, zur Sanftheit und Zahmheit und dem Mangel an Grausamkeit. Es sind solche Beispiele und Beobachtungen, die es uns gestatten, die einfachste aller möglichen Erklärungen aufzustellen und zu akzeptieren, nämlich, daß das fragliche Verhalten von einer ad hoc Motivation abzuleiten ist, daß es einen erblichen Trieb für gerade diese Art von Verhalten gegeben hat.

Doch sind viele andere Beispiele anscheinend primärer Grausamkeit bei Tieren nicht das, als was sie bei näherer Überprüfung erscheinen. Aggression kann bei Tieren wie bei Menschen auf verschiedene Weisen und durch viele Situationen hervorgerufen werden. Zum Beispiel existiert eine Determinante, die man Territorialität (14) nennt und die man bei auf dem Boden nistenden Vögeln beobachten kann. Wenn sie ihren Brutplatz aussuchen, findet man, daß sie jeden anderen Vogel angreifen, der sich innerhalb eines Bereichs niederläßt, den sie für sich abgegrenzt haben. Doch sie greifen nur diese Übertreter an und niemanden sonst. Sie greifen nicht allgemein an; nur die Übertreter. Gewisse Gattungen greifen jedes andere Tier an, sogar eines von ihrer eigenen Gattung, das nicht den Geruch oder das Aussehen ihrer besonderen Gruppe oder Herde hat. Zum Beispiel formen die Heulaffen eine Art geschlossener Körperschaft. Jeder andere Heulaffe, der versucht, sich der Gruppe anzuschließen, wird von einem Lärmangriff in die Flucht gejagt. Doch wenn ein fremder Heulaffe sich lange genug in der Nähe der Gruppe herumtreibt, wird er schließlich akzeptiert und attackiert seinerseits jeden fremden Heulaffen, der in die Nähe kommt.

Wenn man die höheren Tiere beobachtet, findet man, daß die Angriffe immer mehr mit Dominanz korrelieren. Die Untersuchungen darüber sind zu komplex, um genauer zitiert zu werden, doch kann man sagen, daß solche Dominanz und die Aggressivität, die sich aus ihr manchmal ergibt, funktionalen oder Überlebenswert für das Tier besitzt. Der Platz des Tieres in der Dominanzhierarchie wird zum Teil von seiner erfolg-

reichen Aggression determiniert, und der Platz in der Hierarchie determiniert wiederum, wieviel Nahrung es erhält, ob es eine Gefährtin findet, ob es andere biologische Befriedigungen erhält. Praktisch alle Grausamkeit, die solche Tiere zeigen, ergibt sich nur, wenn es notwendig ist, den Dominanzstatus zu behaupten oder ihn zu überwinden. Wie weit das für andere Gattungen zutrifft, bin ich nicht sicher. Doch ich habe den Verdacht, daß das Phänomen der Territorialität, des Angriffs auf Fremde, der eifersüchtigen Beschützung der Weibchen, der Attacke auf die Schwachen oder Kranken, und andere Phänomene, die häufig durch instinktive Aggression oder Grausamkeit erklärt werden, in den meisten Fällen von Dominanz motiviert werden, und nicht von einer spezifischen Motivation zur Aggression ihrer selbst wegen, zum Beispiel kann die Aggression also ein Mittelverhalten sein, mehr als ein Zweckverhalten.
Wenn man Primaten untersucht, entdeckt man, daß Aggression immer weniger primär und immer mehr derivativ und reaktiv, immer mehr funktional wird, immer mehr zu einer vernünftigen, verständlichen Reaktion auf eine Totalität von Motivationen, sozialen Kräften und unmittelbaren Situationsdeterminanten. Wenn man beim Schimpansen angelangt ist, diesem unter allen Tieren dem Menschen am nächsten stehenden Tier, findet man überhaupt kein Verhalten mehr, das man auch nur im entferntesten als aggressiv um der Aggression wegen verdächtigen kann. So liebenswert und kooperativ und freundlich sind diese Tiere, besonders die jungen, daß man in einigen Gruppen überhaupt keine gewalttätige Aggression aus irgendwelchen Gründen finden kann. Etwas ähnliches stimmt auch im Fall der Gorillas.
An diesem Punkt muß ich anmerken, daß die ganze Argumentation von Tier auf Mensch immer verdächtig bleiben muß. Doch wenn man sie des Arguments wegen akzeptiert, muß man zu der Schlußfolgerung gelangen, daß man, wenn man von den menschennächsten Tieren deduziert, genau das gegenteilige Beweismaterial erhält von dem, was man üblicherweise als gegeben annimmt. Wenn der Mensch animalisches Erbe aufweist, muß es weitgehend ein anthropoides sein, und die Menschenaffen sind mehr kooperativ als aggressiv.
Dieser Denkfehler ist ein Beispiel für eine allgemeine Art des pseudowissenschaftlichen Denkens, das man am besten als illegitimen animalischen Zentrismus beschreiben kann. Das richtige Verfahren für diese Art von

Fehlschlüssen ist es, zuerst eine Theorie zu konstruieren, oder ein Vorurteil zu fassen, und dann aus dem gesamten evolutionären Bereich das Tier zu wählen, das die vorgefaßte Theorie am besten illustriert. Zweitens muß man sich dem Verhalten aller nicht in die Theorie passenden Tiere gegenüber absichtlich blind verhalten. Wenn man instinktive Destruktivität beweisen will, wähle man unter allen Umständen den Wolf und vergesse den Hasen. Drittens ist es notwendig zu vergessen, daß man klare Entwicklungstendenzen erkennen kann, wenn man die ganze phylogenetische Skala von niedrig zu hoch untersucht, anstatt irgendeine besondere bevorzugte Spezies auszusuchen. Zum Beispiel werden weiter oben auf der tierischen Skala die Appetite fortschreitend immer wichtiger, und bloßer Hunger wird immer weniger wichtig (302). Außerdem wird die Variabilität immer größer; die Zeitspanne zwischen Zeugung und Reife wird, mit einigen Ausnahmen, immer länger; und vielleicht am meisten signifikant werden Reflexe, Hormone und Instinkte immer weniger wichtige Determinanten und werden fortschreitend von Intelligenz, Lernen und sozialer Determination ersetzt.

Die Beweise aus dem Tierverhalten können zusammengefaßt werden, indem man sagt, daß erstens die Argumentation von Tier zu Mensch immer eine heikle Sache ist, die man mit großer Vorsicht angehen muß, daß zweitens eine primäre und ererbte Tendenz zur destruktiven oder grausamen Aggression bei einigen Tieren vorgefunden werden kann, obwohl wahrscheinlich bei weniger, als die meisten Menschen annehmen. Bei einigen Gattungen fehlt sie vollständig. Drittens erweisen sich spezifische Beispiele aggressiven Verhaltens bei Tieren, wenn man sie sorgfältig analysiert, häufiger als das Gegenteil, als sekundäre, derivative Reaktionen auf verschiedene Determinanten und nicht nur als Äußerungen eines Instinkts zur Aggressivität um ihrer selbst willen. Viertens, je höher auf der phylogenetischen Skala und je näher zum Menschen, umso klarer wird die Beweislage für einen angenommenen primären Trieb zur Aggressivität schwächer und schwächer, bis sie bei den Affen vollkommen verschwindet. Fünftens, wenn man die Affen, die nächsten Verwandten des Menschen, näher untersucht, findet man wenig oder keine Beweise für primäre bösartige Aggression, hingegen jedoch viele Beweise für Freundlichkeit, Bereitschaft zur Zusammenarbeit, sogar Altruismus. Ein letzter wichtiger Punkt ergibt sich aus unserer Tendenz, Motive anzunehmen, wo alles, was wir kennen, Verhalten ist. Die Tierforscher stimmen nunmehr darin allgemein überein, daß die meisten fleischfressenden Tiere, die ihre Beute töten, einfach Nahrung suchen und nicht sadistisch sind, ungefähr so, wie wir Steaks essen, der Ernährung wegen und nicht aus der Lust am Töten. Was dies schließlich bedeutet, ist, daß in Zukunft jedes evolutionäre Argument über die animalische Natur des Menschen, die ihn zur Aggressivität oder Destruktivität um ihrer selbst willen zwingt, zurückgewiesen, als verdächtig angesehen werden muß.

Beobachtungen an Kindern

Beobachtungen und experimentelle Untersuchungen und Befunde von Kindern scheinen manchmal einer Art projektiver Methode zu gleichen, einem Rorschachfarbklecks, auf den die Erwachsenen ihre Feindseligkeit projizieren können. Man hört viel Gerede über die angeborene Egozentrik und angeborene Destruktivität von Kindern, und es gibt viel mehr Arbeiten darüber, als über Kooperativität, Freundlichkeit, Sympathie und ähnliches. Außerdem werden diese letzteren Arbeiten, obwohl wenige an ihrer Anzahl, immer übersehen. Psychologen und Psychoanalytiker haben das Kind häufig als einen kleinen Teufel angesehen, mit der Erbsünde auf die Welt gekommen und mit Haß im Herzen. Sicherlich stimmt dieses verfälschte Bild nicht. Ich muß zugeben, daß es in diesem Bereich einen bedauernswerten Mangel an wissenschaftlichem Material gibt. Ich gründe meine Meinung nur auf einige wenige ausgezeichnete Studien, besonders die von Lois Murphy über Sympathie bei Kindern (352), auf meine eigene Erfahrung mit Kindern und schließlich auf einige theoretische Erwägungen (301). Doch scheint für mich auch die karge Beweislage zu genügen, um die Schlußfolgerung anzuzweifeln, daß Kinder primär destruktive, aggressive, feindliche kleine Tiere sind, denen durch Disziplin und Bestrafung ein klein bißchen Güte eingeprügelt werden muß.

Die Tatsachen, die sich aus den Experimenten und Beobachtungen ergeben, scheinen darauf hinzuweisen, daß normale Kinder wirklich häufig feindlich, destruktiv und egoistisch in einer primitiven Art und Weise sind, so wie es behauptet wurde. Doch sind sie zu anderen Zeiten und vielleicht genau so häufig, großzügig, kooperativ und selbstlos, in demselben primitiven Stil. Das Hauptprinzip, das die relative Häufigkeit beider Arten des Verhaltens bestimmt, scheint zu sein, daß das Kind, das unsicher und in seinen Bedürfnissen nach Sicherheit, Liebe, Geborgenheit und Selbstachtung frustriert oder bedroht ist, mehr Egozentrik, Haß, Aggression und Destruktivität aufweisen wird. Kinder, die grundlegend geliebt und respektiert werden von ihren Eltern, werden weniger Destruktivität zeigen und meiner Meinung nach ergibt die Beweislage tatsächlich weniger Destruktivität bei diesen Kindern. Das schließt eine reaktive, instrumentale oder defensive Interpretation der Feindseligkeit ein und nicht eine instinktive.

Wenn man das gesunde und genug geliebte und umsorgte Kleinkind betrachtet, sagen wir in einem Alter von einem Jahr und vielleicht später, dann ist es ziemlich unmöglich, etwas zu bemerken, was man böse nennen könnte, was man als Erbsünde, Sadismus, Bosheit, Freude am Quälen, Destruktivität, Feindlichkeit ihrer selbst wegen oder absichtliche Grausamkeit bezeichnen könnte. Im Gegenteil, sorgfältige und langzeitige Beobachtung zeigt etwas anderes. Praktisch jedes Persönlichkeitsmerkmal der selbstverwirklichenden Menschen, alles Liebenswerte, Bewundernswerte und Beneidenswerte findet man bei den Kindern dieses Alters – das heißt, alles außer Wissen, Erfahrung, Weisheit. Einer der Gründe, warum Kleinkinder so geliebt und gewünscht werden, muß gerade dies sein – daß sie ohne sichtbare Bosheit, ohne Haß oder Arglist in den ersten Jahren ihres Lebens sind.

Was die Destruktivität anlangt, zweifle ich sehr, daß sie je bei normalen Kindern als direkter, primärer Ausdruck eines einfachen Destruktionstriebs vorkommt. Ein Beispiel nach dem anderen für anscheinende Destruktivität kann dynamisch weganalysiert werden, wenn man es näher untersucht. Das Kind, das eine Uhr zerlegt, zerstört diese in seinen eigenen Augen nicht, sondern untersucht sie. Wenn man hier schon von einem primären Trieb sprechen muß, wäre Neugier die vernünftigere Wahl als Destruktivität. Viele andere Beispiele, die der geplagten Mutter wie Destruktivität vorkommen, stellen sich nicht nur als Neugier heraus, sondern als Aktivität, Spiel, Ausübung der wachsenden Fähigkeiten und Geschicklichkeiten, und zuweilen sogar tatsächlich als Kreativität, so, wenn ein Kind die sorgfältig abgetippten Anmerkungen des Vaters in hübsche kleine Formen zerschneidet. Eine mögliche Ausnahme sind pathologische Fälle; zum Beispiel Epilepsie und Postencephalitis, und sogar bei diesen sogenannten pathologischen Fällen weiß man bis heute nicht, ob nicht die Destruktivität ebenfalls reaktiv ist, eine Antwort auf Bedrohungen irgendwelcher Art.

Geschwisterrivalität ist ein besonderer und manchmal rätselhafter Fall. Ein zweijähriges Kind kann sich seinem neugeborenen Bruder gegenüber gefährlich aggressiv verhalten. Manchmal wird die feindliche Absicht sehr naiv und direkt ausgedrückt. Eine vernünftige Erklärung wäre die, daß ein zweijähriges Kind sich einfach nicht vorzustellen vermag, daß die Mutter *zwei* Kinder lieben kann. Es ist aggressiv nicht der Aggressivität wegen, sondern um die Liebe seiner Mutter zu behalten.

Ein anderer besonderer Fall ist die psychopathische Persönlichkeit, deren Aggression oft unmotiviert zu sein scheint, das heißt, um ihrer selbst willen erfolgt. Ich betrachte es als notwendig, mich hier auf ein Prinzip zu berufen, das ich zuerst von Ruth Benedikt ausgesprochen gehört habe (40), um zu erklären, warum eine sichere Gesellschaft einen Krieg anfangen sollte. Ihre Erklärung war, daß sichere, gesunde Menschen gegen Menschen, die in einem weiten Sinn ihre Brüder sind, mit denen sie sich identifizieren können, nicht feindlich eingestellt oder aggressiv sind. Wenn bestimmte Menschen *nicht* als menschliche Wesen gesehen werden, können sie ganz leicht auch von freundlichen, liebenden, gesunden Menschen ausgelöscht werden, in derselben Weise, in der man vollkommen ohne Schuldgefühle lästige Insekten tötet, oder Tiere für Fleisch schlachtet.

Für das Verständnis von Psychopathen war es für mich wichtig, anzunehmen, daß sie keine Liebesidentifikationen mit anderen Menschen haben und ihnen deshalb ganz leicht Schmerzen zufügen oder sie sogar beiläufig töten können, ohne Haß und ohne Lust, genau so wie sie Tiere töten, die sich als Schädlinge erweisen. Einige kindliche Reaktionen, die grausam erscheinen, kommen wahrscheinlich ebenfalls von einem Mangel an Identifikation dieser Art, das heißt, bevor das Kind genügend Reife hat, um zwischenmenschliche Beziehungen einzugehen.

Schließlich scheint es für mich hier auch um gewisse semantische Überlegungen von beträchtlicher Bedeutung zu gehen. Um es klipp und klar zu sagen, Aggression, Feindseligkeit und Destruktivität sind alles Erwachsenenworte. Sie bedeuten für die Erwachsenen bestimmte Dinge, die sie für die Kinder *nicht* bedeuten, und man sollte sie deshalb nicht unmodifiziert oder nur neu definiert verwenden.

Zum Beispiel können Kinder im zweiten Lebensjahr unabhängig nebeneinander spielen, ohne miteinander in eine Interaktion zu gelangen (73). Wenn egozentrische oder aggressive Interaktionen vorkommen, handelt es sich nicht um dieselbe Art von interpersoneller Beziehung, wie sie zwischen Zehnjährigen vorkommt; sie kann ohne Wahrnehmung des anderen entstehen. Wenn ein Kind also ein Spielzeug einem anderen Kind gegen dessen Widerstand wegnimmt, mag dies mehr wie ein Herausziehen des Spielzeugs aus einem engen Behälter sein als erwachsene selbstische Aggression.

Dies also über das aktive Kleinkind, dem der Schnuller aus dem Mund genommen wird und das dann wütend brüllt, oder den Dreijährigen, der zurückschlägt, wenn er von der Mutter bestraft wird, oder den zornigen Fünfjährigen, der schreit, «Ich wünschte, du wärst tot», oder den Zweijährigen, der dauernd seinen neugeborenen Bruder angreift. In keinem von diesen Fällen sollten wir das Kind behandeln, als wäre es erwachsen, noch sollten wir seine Reaktion interpretieren, als wäre es eine erwachsene.

Man muß solches Verhalten dynamisch aus dem Bezugsrahmen des Kindes selbst heraus verstehen und es wahrscheinlich als reaktiv akzeptieren. Das heißt, daß es sich am wahrscheinlichsten aus Enttäuschung, Zurückweisung, Einsamkeit, Furcht vor dem Respektverlust, Furcht vor dem Schutzverlust, das heißt, aus der Vereitelung von Grundbedürfnissen oder aus deren Androhung ergibt, und nicht aus einem ererbten Trieb an sich, zu hassen oder zu verletzen. Ob diese reaktive Erklärung für *alles* destruktive Verhalten gilt, und nicht nur für den größten Teil, die Antwort darauf läßt unser Wissen – oder eher unser Mangel an Wissen – einfach nicht zu.

Die Diskussion der vergleichbaren Ergebnisse kann durch die Einbeziehung der Ethnologie erweitert werden. Ich kann sofort sagen, daß auch nur ein flüchtiger Überblick des Materials jedem interessierten Leser beweisen würde, daß die Menge an Feindseligkeit, Aggression oder Destruktivität in gegenwärtigen primitiven Kulturen nicht gleich ist, sondern zwischen den Extremen von beinahe 0 bis fast 100 Prozent variiert. Es gibt Stämme wie die Arapesh, die so sanft, freundlich, unaggressiv sind, daß sie sich äußerst anstrengen müssen, um einen Mann zu finden, der auch nur selbstbewußt genug ist, um die Stammeszeremonien zu organisieren. Am anderen Ende findet man Völker wie die Chukchi und die Dobu, die so voller Haß sind, daß man sich wundert, was sie davon abhält, einander vollständig abzuschlachten. Selbstverständlich handelt es sich hier um Beschreibungen von Verhaltensweisen, die von außen beobachtet wurden. Wir können uns noch immer fragen, welche unbewußte Impulse diesem Verhalten zugrundliegen, und die *können* verschieden sein von dem, was wir *sehen.*

Ich kann aus direkter Erfahrung [1] mit nur einer Indianergruppe sprechen – den Nördlichen Blackfoots (Schwarzfüßen) – doch dies war, obwohl unzureichend, genug, um mich von der grundlegenden Tatsache zu überzeugen, daß die Summe der Destruktivität und Aggression weitgehend kulturell determiniert ist. In einer Gruppe mit einer konstanten Bevölkerung von ungefähr 800 Menschen erhielt ich Berichte über nur 5 Faustkämpfe in den letzten 15 Jahren. Intrasoziale Feindlichkeit, die ich mit allen anthropologischen und psychiatrischen Mitteln, über die ich verfügte, aufzuspüren trachtete, war sicherlich minimal, verglichen mit unserer größeren Gesellschaft [2]. Der Humor war freundlich und nicht boshaft, Tratsch ersetzte Nachrichten eher als Bissigkeit; Magie, Zauberei, Religion wurden fast gänzlich für das Wohl der ganzen Gruppe angewandt, oder für Heilzwecke, und nicht für Destruktivität, Aggression oder Rache. Während meines Aufenthaltes habe ich niemals eine gegen

[1] Ich möchte an dieser Stelle dem Social Science Research Council danken, der diesen Feldausflug durch ein Stipendium unterstützte.

[2] Diese Feststellungen gelten primär für die älteren, weniger angepaßten Stammesmitglieder, im Jahr 1939 beobachtet. Die Kultur hat sich seither drastisch gewandelt.

mich gerichtete Grausamkeit oder Feindseligkeit beobachtet. Kinder wurden kaum physisch bestraft, und man verachtete die Weißen wegen der Grausamkeit, mit der sie ihre Kinder und Mitmenschen behandelten. Sogar Alkohol bewirkte vergleichsweise wenig Aggressivität. Unter Einfluß von Alkohol neigte der ältere Blackfoot-Indianer mehr dazu, jovial, expansiv und allgemein freundlich zu sein als streitsüchtig. Bei den Ausnahmen handelte es sich definitiv um Ausnahmen. Die Blackfoot waren keineswegs ein schwaches Volk. Sie waren ein stolzer, aufrechter, selbstbewußter Stamm. Sie neigten einfach dazu, Aggression als falsch oder erbärmlich oder verrückt zu betrachten.

Offensichtlich müssen Menschen nicht einmal so aggressiv oder destruktiv wie der Durchschnittsmensch in der amerikanischen Gesellschaft sein, ganz zu schweigen von jenen in einigen anderen Teilen der Welt. Die anthropolgische Beweislage scheint eine mächtige Quelle für eine Betrachtungsweise zu sein, von der aus Destruktivität, Bosheit oder Grausamkeit bei Menschen am wahrscheinlichsten eine sekundäre, reaktive Konsequenz der Vereitelung oder Bedrohung der grundlegenden menschlichen Bedürfnisse darstellt.

Einige theoretische Erwägungen

Wie wir gesehen haben, besteht die allgemeine Meinung, daß Destruktivität ein sekundäres oder derivatives Verhalten darstellt und nicht primäre Motivation. Damit meint man die Erwartung, daß feindseliges oder destruktives Verhalten beim Menschen praktisch immer aus irgendeinem bestimmbaren Grund irgendeiner Art resultiert, daß es sich um eine Reaktion auf einen anderen Zustand handelt, daß es ein Produkt ist und nicht selbst Ursprung. Vom entgegengesetzten Standpunkt aus stellt sich Destruktivität als direktes und primäres Produkt eines Triebs für Destruktivität dar, ganz oder teilweise.

In jeder Diskussion darüber ist die wichtigste Unterscheidung, die man treffen kann, diejenige zwischen Motivation und Verhalten. Verhalten wird von vielen Kräften determiniert, unter denen interne Motivation nur eine darstellt. Ich möchte nur ganz kurz andeuten, daß jede Theorie der Verhaltensdetermination die Untersuchung zumindest der folgenden Determinanten einschließen muß: 1. die Charakterstruktur, 2. die Kulturzwänge und 3. die unmittelbare Situation oder das gerade aktuelle Feld. Mit anderen Worten ist das Studium der inneren Motivation nur ein Teil von drei größeren Bereichen, die in jeder Untersuchung der Hauptdeterminanten des Verhaltens einbezogen sind. Mit solchen Erwägungen im Kopf möchte ich meine Frage neu formulieren. Sie heißt: Wie ist destruktives Verhalten determiniert? Zweitens, ist die einzige Determinante destruktiven Verhaltens irgendeine ererbte, vorgegebene, ad hoc Motivation? Diese Fragen beantworten sich natürlich sofort selbst auf einer apriorischen Grundlage allein. Alle möglichen Motivationen zusammen, ganz zu schweigen von einem spezifischen Trieb, determinieren an sich noch nicht das Vorkommen von Aggression oder Destruktivität. Man muß die Kultur im allgemeinen mit einbeziehen, und die unmittelbare Situation oder das Feld, in dem das Verhalten sich äußert, müssen ebenfalls in Betracht gezogen werden.

Es gibt noch eine andere Art, das Problem zu formulieren. Man kann sicherlich zeigen, daß destruktives Verhalten beim Menschen aus so vielen verschiedenen Quellen entsteht, daß es lächerlich wird, von irgendeinem einzelnen destruktiven Trieb zu sprechen. Das kann an Hand einiger Beispiele gezeigt werden. Destruktivität kann sich zufällig äußern, wenn man etwas aus dem Weg zu einem Ziel räumt. Ein Kind, das angestrengt versucht, irgendein entferntes Spielzeug zu erreichen, wird kaum bemerken, daß es auf anderem Spielzeug herumtrampelt (233).

Destruktivität kann eintreten als eine der Begleitreaktionen auf eine grundlegende Bedrohung. So wird jede Androhung der Durchkreuzung eines Grundbedürfnisses, jede Bedrohung für das Defensiv- oder Bewältigungssystem, jede Bedrohung für die allgemeine Lebensweise Angst und Feindseligkeit auslösen, was bedeutet, daß feindliches, aggressives oder destruktives Verhalten in solchen Reaktionen erwartungsgemäß häufig sein wird. Es handelt sich um ein letztlich defensives Verhalten, um einen Gegenangriff und nicht um einen Angriff seiner selbst wegen.

Jeder Schaden am Organismus, jede Wahrnehmung eines organischen Verfalls wird wahrscheinlich bei einem unsicheren Menschen ähnliche Gefühle der Bedrohung wecken, und destruktives Verhalten kann daher erwartet werden, wie bei vielen Fällen von Kopfverletzungen, in denen

der Patient wie rasend versucht, seine schwankende Selbstachtung durch eine Vielfalt von verzweifelten Maßnahmen abzustützen.
Ein Grund für aggressives Verhalten, der üblicherweise übersehen wird, oder wenn nicht, dann falsch formuliert wird, ist die autoritäre (303) Weltanschauung. Wenn man *tatsächlich* in einem Dschungel lebte, in dem alle anderen Tiere in zwei Klassen eingeteilt wären, die, die einen auffressen, und die, die man selbst ißt, Aggression würde zu einem vernünftigen und logischen Zustand werden. Menschen, die als autoritär beschrieben werden, müssen häufig unbewußt dazu neigen, sich die Welt als genau solchen Dschungel vorzustellen. Nach dem Prinzip, daß die beste Verteidigung der Angriff ist, neigen solche Menschen dazu, auszuschlagen, zuzuschlagen, zu vernichten, alles ohne jedweden offenkundigen Grund, und die ganze Reaktion bleibt sinnlos, bis man realisiert, daß es sich um eine Antizipation des Angriffs einer anderen Person gehandelt hat. Es gibt auch viele andere wohlbekannte Formen defensiver Feindseligkeit.
Die Dynamik sadistisch-masochistischer Reaktionen ist bereits ziemlich gut analysiert worden, und man ist allgemein der Meinung, daß das, was wie einfache Aggression aussieht, tatsächlich eine sehr komplexe Dynamik haben kann. Diese Dynamik läßt die Berufung auf irgendeinen angeblichen Instinkt für Feindseligkeiten viel zu einfach erscheinen. Untersuchungen von Horney und anderen haben deutlich gezeigt, daß auch in diesem Bereich ein Rückgriff auf instinktuelle Erklärung unnötig ist (198, 448). Der Zweite Weltkrieg war uns eine Lektion, daß der Angriff eines Gangsters und die Verteidigung der gerechtfertigt Empörten psychologisch nicht dasselbe sind.
Diese Aufzählung könnte man leicht erweitern. Ich zitiere die wenigen Beispiele, um meine Feststellung zu erläutern, daß destruktives Verhalten sehr häufig ein Symptom ist, eine Verhaltensweise, die aus vielen Faktoren resultieren kann. Wenn man wirklich dynamisch denken will, muß man lernen, gegenüber der Tatsache vorsichtig zu sein, daß solche Verhaltensweisen einander ähneln, obwohl sie aus verschiedenen Quellen entstehen. Der dynamische Psychologe ist nicht eine Kamera oder ein Tonbandgerät. Er ist daran interessiert, zu erfahren, warum etwas geschieht, und nicht nur, was geschieht.

Klinische Erfahrung

Die in der Literatur der Psychotherapie berichtete, übliche Erfahrung ist, daß Gewalt, Wut, Haß, destruktive Wünsche, Racheimpulse und dergleichen bei praktisch jedermann in großer Quantität vorhanden sind, wenn nicht sichtbar, dann unter der Oberfläche.

Doch ist es auch die allgemeine Erfahrung in der Therapie, daß es die Impulse zur Gewalttätigkeit abführt, ihre Häufigkeit reduzieren hilft und ihre neurotischen, unrealistischen Komponenten eliminiert, wenn man über sie frei spricht (ohne sie auszuagieren). Das allgemeine Ergebnis erfolgreicher Therapie (oder erfolgreichen Wachsens und Reifens) gleicht annähernd dem, was man bei selbstverwirklichenden Menschen beobachten kann: 1. sie fühlen Feindseligkeit, Haß, Gewalttätigkeit, Bosheit, destruktive Aggression viel weniger häufig als durchschnittliche Menschen; 2. sie *verlieren* nicht ihren Zorn und ihre Aggression, doch deren Qualität verwandelt sich in Empörung, Selbstbestätigung, Widerstand dagegen, ausgebeutet zu werden, in Zorn über Unrecht, das heißt, von ungesunder in gesunde Aggression; und 3. scheinen gesündere Menschen viel weniger Angst vor ihrem eigenen Zorn und ihren Aggressionen zu haben, und sind deshalb imstande, sie aus vollem Herzen auszudrücken, wenn überhaupt. Gewalt hat zwei Gegenteile: Das Gegenteil von Gewalt kann weniger Gewalt sein, oder Kontrolle der eigenen Gewalttätigkeit, oder die Anstrengung, nicht gewalttätig zu sein. *Oder* es kann sich um den Gegensatz von gesunder und ungesunder Gewalt handeln.

Diese «Ergebnisse» jedoch erledigen unser Problem nicht, und es ist sehr instruktiv zu erfahren, daß Freud und seine loyalistischen Schüler Gewalt als instinktiv betrachten, während Fromm, Horney und andere Neu-Freudianer zum Schluß gelangen, daß sie keineswegs instinktiv ist.

Material aus der Endokrinologie, Genetik usw.

Jeder, der alles zusammenfassen möchte, was über den Ursprung von Gewalt bekannt ist, müßte auch das Material ausgraben, das die Endokrinologen gesammelt haben. Wiederum ist die Situation bei den niederen

Tieren relativ einfach. Es gibt wenig Zweifel, daß die Sexualhormone und die adrenalen und Hypophyse-Hormone unmißverständlich determinierende Faktoren der Aggression, des Dominanzverhaltens, der Passivität, der Wildheit sind. Doch weil alle endokrinen Drüsen gegenseitig determinierend sind, sind einige der Ergebnisse sehr komplex und erfordern Spezialwissen. Das gilt noch stärker für die menschliche Spezies, wo die Situation noch komplexer ist. Und doch darf man es nicht wagen, sie beiseite zu schieben. Es gibt wiederum Beweise dafür, daß die männlichen Hormone etwas mit Selbstbehauptung, mit der Bereitschaft und Fähigkeit zu kämpfen und so weiter zu tun haben. Es gibt einige Beweise, daß verschiedene einzelne verschiedene Proportionen von Adrenalin und Nichtadrenalin sekretieren, und daß diese Wirkstoffe etwas mit der individuellen Bereitschaft zu kämpfen, anstatt zu fliehen und so weiter zu tun haben. Die neue interdisziplinäre Wissenschaft der Psychoendokrinologie wird uns sicher viel über das Problem sagen.
Selbstverständlich werden die Ergebnisse der Genetik, der Chromosomen und Gene selbst, von besonderer Relevanz sein. Zum Beispiel macht die jüngste Entdeckung, daß Männer mit einem doppelten männlichen Chromosom (einer doppelten Dosis männlicher Erblichkeit) dazu neigen, fast unkontrollierbar gewalttätig zu sein, einen reinen Umweltstandpunkt unmöglich. In den friedlichsten aller Gesellschaften, unter den perfektesten sozialen und ökonomischen Bedingungen, werden einige Menschen gewalttätig sein müssen, wegen der Art und Weise, wie sie konstruiert sind. Diese Erkenntnis führt selbstverständlich zu der vieldiskutierten, doch ungelösten Frage: Braucht der Mann, besonders der pubertäre Mann, vielleicht einige Gewalttätigkeit, etwas oder jemanden, wogegen er kämpfen kann, womit er sich im Konflikt befinden kann? Es gibt einige Beweise, daß es sich so verhält, nicht nur für Erwachsene, sondern auch für Kleinkinder, und für Affenjunge ebenfalls. Der Grad, in dem dies von Innen heraus determiniert ist oder nicht, zu bestimmen, müssen wir der künftigen Forschung überlassen.
Ich könnte Material aus der Geschichte, Soziologie, aus Managementstudien, aus der Semantik, aus medizinischen Pathologien aller Art, aus der Politik, Mythologie, Psychopharmakologie erwähnen, und anderen Quellen ebenfalls. Doch mehr ist nicht notwendig, um die Feststellung zu untermauern, daß die zu Beginn dieses Kapitels gestellten Fragen *empiri-*

sche sind und daß man deshalb vertrauensvoll erwarten kann, daß sie von künftiger Forschung beantwortet werden. Selbstverständlich läßt die Integration der Ergebnisse aus so vielen Bereichen die Team-Forschung wahrscheinlich erscheinen, vielleicht sogar notwendig. In jedem Fall sollte diese beiläufige Aufzählung des verfügbaren Materials genügen, uns zu lehren, das extreme schwarz-weiße Polarisieren: *entweder* Instinkt, Erblichkeit, biologisches Schicksal *oder* nur Umwelt, soziale Kräfte, Lernen, zurückzuweisen. Die alte Erblichkeit vs. Umwelt-Polemik ist noch nicht tot, auch wenn sie es sein sollte. Es ist klar und deutlich, daß wir zu den Determinanten auch Kultur, Lernen, Umwelt zählen müssen. Es ist weniger klar, daß biologische Determinanten auch eine wesentliche Rolle spielen, obwohl wir nicht ganz sicher sein können, welche. Zumindest müssen wir die Unvermeidlichkeit der Gewalt als einen Teil der menschlichen Natur akzeptieren, wenn auch nur, weil die Grundbedürfnisse dazu verurteilt sind, zeitweise frustriert zu werden, und weil wir wissen, daß die menschliche Spezies so konstituiert ist, daß Gewalt, Zorn, Rache ziemlich allgemeine Folgen solcher Frustration sind.

Schließlich ist es nicht notwendig, eine Entscheidung zwischen allmächtigen Instinkten und einer allmächtigen Kultur zu treffen. Die Position, die in diesem Kapitel präsentiert wird, transzendiert diese Dichotomie und macht sie unnötig. Erbliche oder andere biologische Determination ist nicht ausschließlich als Alles oder Nichts gegeben; sie ist eine Angelegenheit des Grades, von weniger oder mehr. Beim Menschen ergibt die Beweislage, daß es biologische und erbliche Determinanten gibt, doch daß sie bei den meisten Personen ziemlich schwach sind und leicht von erlernten kulturellen Kräften zu überwältigen. Sie sind nicht nur schwach, sondern auch fragmentiert, Reste und Teilstücke anstatt der ganzen und kompletten Instinkte, wie man sie bei niederern Tieren findet. Der Mensch hat keine Instinkte, doch er scheint Instinktreste zu haben, «instinktoide» Bedürfnisse, inhärente Fähigkeiten und Potenzialität. Außerdem legt die klinische und personologische Erfahrung im allgemeinen nahe, daß diese schwachen instinktoiden Tendenzen gut, erwünscht und gesund sind und nicht bösartig oder böse, und daß die große Anstrengung, sie vor der Vernichtung zu retten, sowohl möglich wie auch wünschenswert ist, und daß dies tatsächlich eine wichtige Funktion jeder Kultur ist, die sich gut nennen möchte.

10. Die expressive Komponente des Verhaltens

Die Unterscheidung zwischen expressiven (nichtinstrumentalen) und bewältigenden (instrumentalen, adaptiven, funktionalen, zweckgerichteten) Komponenten des Verhaltens ist bereits getroffen (vor allem in den Schriften G. Allports, Werners, Arnheims und W. Wolffs), doch sie ist als Basis für die Wertpsychologie noch nicht richtig eingesetzt worden[1].

Weil die zeitgenössische Psychologie zu pragmatisch ist, dankt sie in gewissen Bereichen ab, die für sie von großer Bedeutung sein sollten. In ihrer ausschließlichen Beschäftigung mit praktischen Resultaten, mit Technologie und Mitteln, hat sie bekannterweise wenig zum Beispiel über Schönheit, Kunst, Spaß, Spiel, Ehrfurcht, Freude, Liebe, Glücklichkeit und andere «nutzlose» Reaktionen und Enderfahrungen zu sagen. Sie ist daher von wenig oder keinem Nutzen für den Künstler, den Musiker, den Poeten, den Romanschriftsteller, den Humanisten, den Kenner, den Axiologen, den Theologen oder für andere end- oder freudeorientierte einzelne. Dies ist gleichbedeutend mit der Anklage, daß die Psychologie dem modernen Menschen wenig anbieten kann, dessen verzweifeltes Bedürfnis sich auf ein naturalistisches oder humanistisches Ziel- oder Wertsystem richtet.

Indem wir die Unterscheidung zwischen Ausdruck und Bewältigung untersuchen und anwenden – die zugleich auch eine zwischen «nutzlosem» und «nützlichem» Verhalten ist –, können wir den Geltungsbereich

[1] Wir müssen hier sorgfältig jedes entweder-oder-Einandergegenüberstellen vermeiden. Die meisten Verhaltensweisen haben sowohl eine expressive wie auch eine bewältigende Komponente, z. B. hat Gehen gleichzeitig einen Zweck und einen Stil. Und doch möchten wir nicht, wie es Allport und Vernon (8) tun, die theoretische Möglichkeit der praktisch rein expressiven Akte, z. B. Schlendern anstatt Gehen; Erröten; Grazie; schlechte Haltung; Pfeifen; das freudige Kinderlachen; private, nichtkommunikative künstlerische Aktivität; reine Selbstverwirklichung usw. ausschließen.

der Psychologie in diesen erwünschten Richtungen erweitern. Dieses Kapitel ist auch als eine notwendige Vorbereitung auf die wichtige Aufgabe konzipiert, den allgemein akzeptierten Glauben in Frage zu stellen, daß alles Verhalten motiviert ist. Dies wird das Kapitel 14 versuchen. Dieses Kapitel behandelt spezifischer die Unterschiede zwischen Ausdruck und Bewältigung und wendet sie dann auf einige Probleme der Psychopathologie an.

1. Bewältigung ist per definitionem zweckgerichtet und motiviert; Ausdruck ist häufig unmotiviert.

2. Bewältigung wird mehr von äußeren Umwelt- und Kulturvariablen determiniert; Ausdruck wird weitgehend vom Zustand des Organismus determiniert. Ein Zusatz ist die viel höhere Korrelation von Ausdruck mit tiefliegender Charakterstruktur. Sogenannte projektive Tests sollten genauer «Ausdruckstests» genannt werden.

3. Bewältigung ist sehr häufig erlernt; Ausdruck ist sehr häufig nicht erlernt oder freigesetzt oder enthemmt.

4. Bewältigung wird leichter kontrolliert (unterdrückt, verdrängt, gehemmt, akkulturiert); Ausdruck ist häufiger unkontrolliert und manchmal sogar unkontrollierbar.

5. Bewältigung ist gewöhnlicherweise so angelegt, daß sie Änderungen der Umwelt verursacht; Ausdruck ist auf nichts hin angelegt. Wenn Ausdruck Umweltänderungen verursacht, dann unbeabsichtigt.

6. Bewältigung ist charakteristisch ein Mittel-Verhalten und der Zweck ist Bedürfnisbefriedigung oder Drohungsminderung. Ausdruck ist oft ein Zweck an sich.

7. Typischerweise ist die bewältigende Komponente bewußt (obwohl sie unbewußt werden kann); Ausdruck ist häufiger nicht bewußt.

8. Bewältigung ist mühevoll; Ausdruck ist in den meisten Fällen mühelos. Künstlerischer Ausdruck ist natürlich ein spezieller Fall irgendwo dazwischen, weil man dann *lernt,* spontan und expressiv zu sein (wenn man erfolgreich ist). Man kann *versuchen,* sich zu entspannen.

Bewältigung und Ausdruck

Bewältigendes Verhalten hat unter seinen Determinanten immer Triebe, Bedürfnisse, Ziele, Zwecke und Funktionen. Es entsteht, damit etwas geschieht, zum Beispiel irgendwohin gehen, Nahrung einkaufen, einen Brief aufgeben, ein Bücherregal aufstellen, und die Arbeit tun, für die man bezahlt wird. Der Begriff der Bewältigung selbst (296) bedeutet den Versuch, ein Problem zu lösen oder zumindest es in Angriff zu nehmen. Er bedeutet deshalb einen Bezug auf etwas über ihn selbst hinaus; er ist nicht in sich abgeschlossen. Dieser Bezug kann entweder auf die unmittelbaren oder die grundlegenden Bedürfnisse gerichtet sein, auf Mittel wie auch auf Zwecke, auf von Frustration bewirktes Verhalten wie auch auf zielsuchendes Verhalten.

Expressives Verhalten von dem bisher besprochenen Typus ist allgemein unmotiviert, obwohl es selbstverständlich determiniert ist. (Das heißt, obwohl expressives Verhalten viele Determinanten hat, braucht Bedürfnisbefriedigung nicht eine davon zu sein.) Es spiegelt einfach, reflektiert, bedeutet etwas, oder drückt irgendeinen Zustand des Organismus aus. Tatsächlich ist es sehr häufig ein *Teil* des Zustands, zum Beispiel die Dummheit des Schwachsinnigen, die wohlwollende Miene des Freundlichen und Herzlichen, die Schönheit einer schönen Frau, die schlaffe Haltung, der niedrige Muskeltonus und die hoffnungslose Miene der deprimierten Person, der Charakter der Handschrift, des Gehens, der Gesten, des Lachens und des Tanzens und so weiter. Dies alles ist nicht zweckgerichtet. Es hat kein Ziel. Es ist nicht der Bedürfnisbefriedigung wegen entstanden[2]. Es ist epiphänomenal.

Soweit stimmt das alles, aber ein besonderes Problem ergibt sich aus dem Umstand, der auf den ersten Blick paradox erscheint, nämlich aus dem Begriff des motivierten Selbstausdrucks.

Die kultiviertere Person kann *versuchen,* ehrlich, graziös, freundlich oder sogar kunstlos zu sein. Menschen, die eine Psychoanalyse absolviert

[2] Diese Feststellung ist unabhängig von jeder besonderen Formulierung der Motivationstheorie. Zum Beispiel trifft sie auch auf den einfachen Hedonismus zu; so können wir unsere Feststellung auch so formulieren: Bewältigendes Verhalten antwortet auf Lob oder Tadel, Belohnung oder Strafe; expressives Verhalten normalerweise nicht, zumindest solange es expressiv bleibt.

haben, wie auch solche auf den höchsten Motivationsniveaus wissen genau, wie das geht.
Tatsächlich ist es ihr grundlegendstes einzelnes Problem. Selbstakzeptierung und Spontaneität sind die einfachsten Leistungen, zum Beispiel bei gesunden Kindern, und die schwersten zum Beispiel bei den Selbstzweiflern, den sich selbst verbessernden Erwachsenen, besonders bei solchen, die neurotisch waren oder es noch sind. Tatsächlich ist es für einige eine unerreichbare Leistung, zum Beispiel bei bestimmten Fällen der Neurose ist der einzelne ein Schauspieler, der kein Ich im gewöhnlichen Sinn hat, sondern nur ein Repertoire von Rollen, aus denen er wählen kann.
Wir bringen zwei Beispiele, eines einfach, das andere komplex, um zu zeigen, welche (scheinbare) Widersprüche im Begriff der motivierten, zweckgerichteten Spontaneität, des taoistischen Nachgebens und Gehenlassens vorhanden sind: Die erwünschteste Art zu Tanzen, zumindest für einen Amateur, ist, spontan, flüssig, automatisch auf den Rhythmus der Musik und die unbewußten Wünsche des Partners einzugehen. Ein guter Tänzer kann sich gehen lassen, ein passives, von der Musik gestaltetes Instrument werden. Er braucht keinen Wunsch, keine Kritik, keine Richtung, keinen Willen zu haben. In einem sehr realen und nützlichen Sinn des Wortes wird er passiv, auch wenn er bis zur Erschöpfung tanzt. Solche passive Spontaneität oder willige Hingabe kann die größten Freuden des Lebens gewähren, so, wenn man es dem Wellengang gestattet, einen herumzuschwenken, oder wenn man versorgt und betreut, massiert, rasiert wird, oder wenn man umarmt wird, oder wie die Mutter, die ihrem Kind passiv das Säugen gestattet, das Beißen und über sie Kriechen. Doch nur wenige können so gut tanzen. Viele werden es versuchen, werden dirigiert, sich selbst kontrollieren, zweckgerichtet sein, werden sorgfältig auf den Rhythmus der Musik achten und durch einen bewußten Entscheidungsakt sich in den Rhythmus fügen. Sie werden schlechte Tänzer sein, vom Standpunkt des Zuschauers aus und vom subjektiven ebenfalls, denn sie werden sich des Tanzens nie als einer tiefen Erfahrung des Selbstvergessens und des willentlichen Verzichts auf Kontrolle erfreuen, wenn sie nicht schließlich das angestrengte Versuchen transzendieren und spontan werden.
Viele Tänzer tanzen ohne zu üben gut. Und doch kann Erziehung auch hier helfen. Aber sie muß von einer anderen Art sein, eine Erziehung in

Spontaneität, in eifriger Preisgabe, dazu natürlich, unwillentlich, unkritisch und passiv in der taoistischen Weise zu sein, eine Erziehung zum Versuchen, sich nicht anzustrengen. Man muß für solche Zwecke «lernen», Hemmungen, Selbstbefangenheit, Wille, Kontrolle, Akkulturierung und Würde aufzugeben. («Wenn du einmal frei von allem Schein, von allem Verlangen, von allen Gelüsten bist, dann wirst du dich aus Eigenem bewegen, ohne daß du auch nur weißt, daß du dich bewegst» – Lao Tse.)

Schwierigere Probleme entstehen, wenn man das Wesen der Selbstverwirklichung untersucht. Von den Menschen auf diesem Niveau der Motivationsentwicklung kann man sagen, daß ihre Handlungen und Schöpfungen in hohem Maß spontan, arglos, offen, selbstenthüllend, unredigiert und deshalb expressiv sind (der «leichte Zustand», könnten wir es mit Asrani nennen). Außerdem ändern sich ihre Motivationen in ihrer Beschaffenheit so stark und sind so verschieden von den gewöhnlichen Bedürfnissen nach Sicherheit oder Liebe oder Respekt, daß man sie nicht einmal mit demselben Namen bezeichnen sollte. (Ich habe das Wort «Metabedürfnisse» vorgeschlagen, um die Motivationen selbstverwirklichender Menschen zu beschreiben.)

Wenn man den Wunsch nach Liebe ein Bedürfnis nennt, sollte der Drang, sich selbst zu verwirklichen, mit einer anderen Bezeichnung versehen werden, denn er hat so viele verschiedene Merkmale. Der eine Hauptunterschied, der für unsere gegenwärtige Aufgabe am wichtigsten ist, besteht darin, daß Liebe und Achtung, und so weiter als äußere Qualitäten betrachtet werden können, an denen es dem Organismus mangelt und die er daher braucht. Selbstverwirklichung ist nicht ein Mangel in diesem Sinn. Es ist nicht etwas Äußerliches, das der Organismus für seine Gesundheit braucht, wie zum Beispiel ein Baum Wasser. Selbstverwirklichung ist ein inneres Wachsen dessen, was sich bereits im Organismus befindet, oder genauer, was der Organismus selbst *ist*. So wie der Baum Nahrung, Sonne, Wasser von der Umwelt braucht, so braucht der Mensch Sicherheit, Liebe und Achtung von der gesellschaftlichen Umwelt. Doch wie im ersten, so auch im letzteren Fall ist dies der Punkt, an dem die wirkliche Entwicklung, das heißt, diejenige der Individualität beginnt. Alle Bäume brauchen Sonnenlicht und alle Menschenwesen Liebe, und doch fangen jeder Baum und jeder Mensch an, wenn einmal eine dieser elementaren Notwendigkeiten gesättigt ist, sich in der eigenen Art und Weise zu entwickeln, einzigartig, die universellen Notwendigkeiten für die eigenen privaten Zwecke nutzend. Mit einem Wort, die Entwicklung beginnt dann von innen anstatt von außen, und paradoxerweise ist das höchste Motiv, unmotiviert und nichtstrebend zu sein, das heißt, sich rein expressiv zu verhalten. Oder, um es in einer anderen Weise zu sagen, Selbsverwirklichung ist wachstumsmotiviert und nicht mangelmotiviert. Sie ist eine «zweite Naivität», eine weise Unschuld, ein «leichter Zustand» (295, 314, 315).

Man kann versuchen, sich in Richtung auf die Selbstverwirklichung zu bewegen, indem man die kleineren, vorher erforderlichen motivationalen Probleme löst. So bemüht man sich bewußt und absichtlich um Spontaneität. Und so wird auf den höchsten Ebenen der menschlichen Entwicklung der Unterschied zwischen Bewältigung und Ausdruck, wie so viele andere psychologische Dichotomien, aufgelöst und transzendiert, und Bemühung wird zum Weg der Nichtbemühung.

Innere und äußere Determinanten

Bewältigendes Verhalten wird charakteristischerweise mehr von relativ äußerlichen Determinanten bestimmt als expressives. Es ist meistens eine funktionale Antwort auf eine Notsituation, auf ein Problem oder ein Bedürfnis, dessen Lösung oder Befriedigung aus der physischen und/oder kulturellen Welt kommt. Letztlich ist es, wie wir gesehen haben, der Versuch, innere Mängelerscheinungen durch äußere Befriediger zu kompensieren.

Expressives Verhalten steht zum bewältigenden in seiner ausschließlich charakterologischen Determination im Gegensatz. (Siehe weiter unten.) Wir können sagen, daß bewältigendes Verhalten im wesentlichen eine Interaktion des Charakters mit der nichtpsychischen Welt ist, wobei sich beide mit wechselseitiger Wirkung aneinander anpassen; Ausdruck ist im wesentlichen ein Epiphänomen oder Nebenprodukt der Natur der Charakterstruktur. Im ersteren mag man deshalb die Wirkungen sowohl der Gesetze der physischen Welt wie auch des inneren Charakters bemerken; im letzeren primär die psychologischen oder charakterologischen Geset-

ze. Eine Illustration dazu wäre der Unterschied zwischen gegenständlicher und abstrakter Kunst.
Einige Zusätze folgen. 1. Es steht fest, daß das beste Verhalten, das man untersuchen kann, wenn man etwas über die Charakterstruktur erfahren will, das expressive und nicht das bewältigende ist. Das wird von der bereits ausführlichen Erfahrung mit Projektionstests (Ausdruckstests) bestätigt. 2. Mit Bezug auf die ewige Diskussion darüber, was Psychologie sei und das beste Verfahren für ihr Studium, ist es klar, daß adaptives, zweckgerichtetes, motiviertes, bewältigendes Verhalten nicht das einzige ist, das es gibt. 3. Unsere Unterscheidung kann einige Relevanz für die Frage der Kontinuität oder Diskontinuität der Psychologie hinsichtlich anderer Wissenschaften haben. Im Prinzip sollte uns die Naturwissenschaft helfen, das bewältigende, aber wahrscheinlich nicht das expressive Verhalten zu verstehen. Letzteres scheint mehr rein psychologisch zu sein, es hat wahrscheinlich seine eigenen Regeln und Gesetzmäßigkeiten, und wird daher besser direkt untersucht als mit Hilfe der Naturwissenschaften.

Beziehung zum Lernen

Ideales bewältigendes Verhalten ist bezeichnenderweise erlernt, während ideales expressives Verhalten ungelernt ist. Wir müssen nicht lernen, wie man sich hilflos fühlt oder gesund aussieht oder dumm ist oder Ärger zeigt, während wir gewöhnlich lernen müssen, wie man Bücherregale montiert, Fahrrad fährt, oder sich anzieht. Diesen Unterschied kann man klar in den Determinanten der Reaktionen auf Leistungstests einerseits und Rorschachtests andererseits erkennen. Auch wird bewältigendes Verhalten absterben, wenn es nicht belohnt wird; Ausdruck persistiert häufig ohne Belohnung und Verstärkung. Eines ist befriedigungsbezogen, das andere nicht.

Die Möglichkeit von Kontrolle

Verschiedene Determinierung durch innere und äußere Faktoren zeigt sich in der verschiedenen Empfänglichkeit für bewußte oder unbewußte

Kontrolle (Hemmung, Unterdrückung, Verdrängung.) Spontaner Ausdruck ist sehr oft schwierig zu beherrschen, zu ändern, zu verbergen, zu kontrollieren oder in irgendeiner Weise zu beeinflussen. Tatsächlich sind Kontrolle und Ausdruck per definitionem antithetisch. Das trifft sogar auf den motivierten Selbstausdruck zu, von dem vorher gesprochen wurde, denn dieser ist ein Endprodukt einer Serie von Anstrengungen, zu lernen, wie man nicht kontrolliert.

Kontrolle der Handschrift, des Tanzens, Singens, Sprechens, emotionellen Reagierens kann man bestenfalls nur für kurze Zeit aufrechterhalten. Aufsicht oder Kritik der eigenen Reaktionen kann nicht dauerhaft sein. Früher oder später verliert man die Kontrolle aus Müdigkeit, Ablenkung, oder Unaufmerksamkeit, und tiefere, weniger bewußte, automatischere, mehr charakterologische Determinanten übernehmen sie (6). Ausdruck ist nicht in der vollen Bedeutung willentliches Verhalten. Ein anderer Aspekt des Gegensatzes ist die Mühelosigkeit des Ausdrucks. Bewältigung ist im Prinzip mühevoll. (Wiederum ist der Künstler ein besonderer Fall.)

Man muß hier vor einigen Dingen warnen. Man macht sehr leicht den Fehler, Spontaneität und Expressivität als immer gut und Kontrolle jeder Art als schlecht und unerwünscht zu betrachten. Dem ist nicht so. Sicher, Expressivität *fühlt* sich besser, die meiste Zeit, macht mehr Spaß, ist ehrlicher, müheloser und so weiter als Selbstkontrolle, und ist daher in diesem Sinn wünschenswert sowohl für den Menschen selbst wie auch für seine interpersonellen Beziehungen, wie zum Beispiel Jourard (217) gezeigt hat. Und doch gibt es verschiedene Bedeutungen der Selbstkontrolle und der Hemmung, und einige davon sind ziemlich erwünscht und gesund, abgesehen davon, was für die Befassung mit der äußeren Welt notwendig ist. Kontrolle muß nicht Frustration oder Aufgabe der Grundbedürfnisbefriedigungen bedeuten. Was ich die «apollonisierenden Kontrollen» nennen würde, stellt die Befriedigung der Bedürfnisse *nicht* in Frage; sie machen sie *mehr* und nicht weniger lustvoll, durch zum Beispiel passenden Aufschub (Sex), Grazie (Tanzen und Schwimmen), Ästhetisieren (Essen und Trinken), Stilisieren (Sonette), Zeremonialisieren, Sakralisieren, Verherrlichen, etwas besser tun anstatt es nur zu tun.

Und dann ist die gesunde Person – und man muß es immer wiederholen – nicht *nur* expressiv. Sie muß expressiv sein, wenn sie es will. Sie muß imstande sein, sich gehen zu lassen. Sie muß imstande sein, Kontrollen, Hemmungen, Verteidigungshaltungen fallen zu lassen, wenn sie es für wünschenswert hält. Doch sie muß auch die Fähigkeit haben, sich unter Kontrolle zu halten, die Freuden aufzuschieben, höflich zu sein, den Mund zu halten und die eigenen Impulse zu beherrschen. Sie muß imstande sein, entweder dionysisch oder apollinisch zu sein, stoisch oder epikureisch, expressiv oder bewältigend, kontrolliert oder unkontrolliert, selbstenthüllend oder selbstverbergend, Spaß zu haben und Spaß aufzugeben, an die Zukunft wie an die Gegenwart zu denken. Die gesunde oder selbstverwirklichende Person ist im Wesen wendig; sie hat weniger menschliche Fähigkeiten verloren als der durchschnittliche Mensch. Sie hat ein größeres Arsenal von Antworten und Zügen in Richtung einer Vollmenschlichkeit als dem Limit; das heißt, sie hat *alle* menschlichen Fähigkeiten.

Wirkungen auf die Umwelt

Bewältigendes Verhalten entsteht charakteristischerweise als ein Versuch, die Welt zu ändern, und dieser ist mehr oder minder erfolgreich. Expressives Verhalten hat andererseits oft überhaupt keine Auswirkung auf die Umwelt. Und wo es sie hat, ist sie nicht überlegt, gewollt oder bezweckt; es ist unwillentlich.

Als Beispiel können wir einen Menschen im Gespräch nehmen. Das Gespräch hat einen Zweck, zum Beispiel ist er ein Vertreter, der einen Auftrag bekommen will und das Gespräch wird bewußt und zugegebenermaßen aus diesem Grund begonnen. Doch sein Sprechstil mag unbewußt feindlich oder versnobt oder oberflächlich sein und kann ihn den Auftrag kosten. So kann der expressive Aspekt seines Verhaltens Umweltauswirkungen haben, doch es muß angemerkt werden, daß der Sprecher diese Auswirkungen nicht wollte, daß er nicht versucht hat, oberflächlich oder feindselig zu sein, und daß er nicht einmal gewußt hat, daß er diesen Eindruck vermittelt hatte. Die Umweltauswirkungen des Ausdrucks, wenn es sie überhaupt gibt, sind alle unmotiviert, unbeabsichtigt und epiphänomenal.

Mittel und Zweck

Bewältigendes Verhalten ist immer instrumental, immer ein Mittel zu einem motivierten Zweck. Umgekehrt muß auch jedes Mittel-zum-Zweck-Verhalten (mit der einen Ausnahme, die schon diskutiert wurde, nämlich das Bewältigenwollen bewußt aufgeben) bewältigendes Verhalten sein.

Andererseits haben die verschiedenen Formen expressiven Verhaltens entweder nichts mit Mitteln und Zwecken zu tun, zum Beispiel der Charakter der Handschrift, oder sie sind fast ein Zweck-an-sich-Verhalten, zum Beispiel Singen, Schlendern, Malen, am Klavier Improvisieren und so weiter[3]. Dieser Punkt wird im Kapitel 14 Gegenstand näherer Untersuchung sein.

Bewältigung und Bewußtsein

Ausdruck in seinen reinsten Formen ist unbewußt, oder zumindest nicht vollbewußt. Gewöhnlich sind wir uns unserer Gangart, oder unserer Haltung, oder unseres Lächelns oder Lachens nicht bewußt. Zwar können wir darauf durch Film, Tonband, Karikatur oder Imitation aufmerksam gemacht werden. Doch das sind uncharakteristische Ausnahmen. Expressive Handlungen, die bewußt sind, wie unsere Kleidung, die Wohnungseinrichtung, die Frisur zu wählen, werden als spezielle, unübliche oder vermittelnde Fälle betrachtet. Doch Bewältigen kann voll bewußt sein und ist es charakteristischerweise auch. Wenn es unbewußt ist, dann wird man dies als Ausnahme oder als unüblich betrachten.

[3] In unserer überpragmatischen Kultur kann der instrumentale Geist auch die Enderfahrungen übernehmen; Liebe («Die ist etwas Normales»), Sport («Gut für die Verdauung»); Erziehung («Steigert das Einkommen»); Singen («Gut für die Brustentwicklung»); Hobby («Entspannung macht den Schlaf besser»); schönes Wetter («... gut fürs Geschäft»); Lesen («Man muß sich auf dem laufenden halten»), Zuneigung («Wollen Sie, daß Ihr Kind neurotisch wird?»); Wissenschaft («Landesverteidigung!»).

Befreiung und Katharsis
Die unvollendete Handlung
Geheimnisse bewahren

Es gibt eine spezielle Verhaltensform, die, obwohl wesentlich expressiv, dennoch einige Nützlichkeiten für den Organismus besitzt, manchmal sogar eine erwünschte Nützlichkeit, zum Beispiel das, was Levy erlösendes Verhalten genannt hat. Fluchen ist sicherlich expressiv, da es eine Reflexion des Zustands ist, in dem sich der Organismus befindet. Es ist nicht bewältigendes Verhalten im gewöhnlichen Sinn, das heißt, es ist nicht entstanden, um ein Grundbedürfnis zu befriedigen, obwohl es in einem anderen Sinn befriedigend sein mag. Eher scheint es als Nebenprodukt selbst eine Änderung im Zustand des Organismus zu erzeugen.

Wahrscheinlich kann alles befreiende Verhalten allgemein so definiert werden, daß es dem Organismus mehr Bequemlichkeit gewährt, das heißt, das Spannungsniveau niedrig hält, indem es 1. einem unvollständigen Akt den Vollzug gewährt; 2. Stauungen von Feindseligkeit, Angst, Aufregung, Freude, Ekstase, Liebe oder andere spannungserzeugende Emotionen ableitet, dadurch, daß es konsumatorischen, motorischen Ausdruck gestattet, oder 3. Aktivität einfach ihrer selbst wegen zuläßt, von der Art, die sich jeder gesunde Organismus erlaubt. Dasselbe scheint für die Selbstenthüllung (217) und die Geheimhaltung zu stimmen.

Es ist sehr wahrscheinlich, daß Katharsis, wie sie ursprünglich von Breuer und Freud definiert wurde, im wesentlichen eine komplexere Variante des Befreiungsverhaltens ist. Sie ist ebenfalls der freie (und in einem besonderen Sinn befriedigende) Ausdruck eines behinderten, unvollendeten Aktes, der, wie alle unvollendeten Akte, nach Ausdruck zu verlangen scheint. Dies mag auch für einfache Beichte und für die Enthüllung von Geheimnissen stimmen. Vielleicht würde sogar die volle psychoanalytische Einsicht, wenn wir nur genug über sie wüßten, in unsere Reihe von Befreiungs- oder Vollendungsphänomenen passen.

Es ist notwendig, die perseverierenden Verhaltensweisen, die eine Bewältigungsreaktion auf Drohung sind, und jene, die einfach und emotionell Tendenzen zur Vollendung halbvollzogener Handlungen oder Handlungsserien darstellen, auseinanderzuhalten. Erstere beziehen sich auf Bedrohung und Befriedigung der grundlegenden, partiellen, und/oder neurotischen Bedürfnisse. Sie befinden sich deshalb eigentlich im Geltungsbereich der Motivationstheorie. Letztere sind sehr wahrscheinlich ideomotorische Phänomene, die wiederum sehr engen Bezug auf solche neurologischen und physiologischen Variablen haben, wie Blutzuckerniveau, Adrenalinsekretion, automatische Erregung und Reflextendenzen. So wird es besser sein, wenn man den kleinen Jungen verstehen will, der auf und ab springt, um eine (lustvolle) Erregung zu erhalten, das Prinzip des motorischen Ausdrucks eines physiologischen Zustands ins Spiel zu bringen, anstelle eines Bezugs auf sein Motivationsleben. Und selbstverständlich muß man, um ein Schauspiel zu veranstalten, nicht man selbst zu sein, seine eigene wahre Natur verbergen, dieselbe Art der Spannung verursachen, die ein Spion aushalten muß. Man selbst zu sein, natürlich zu sein, muß weniger anstrengend und ermüdend sein. Das gilt auch für Ehrlichkeit, Entspanntheit, Arglosigkeit.

Wiederholungsphänomene Andauernd erfolgloses Bewältigen Entgiftung

Die repetitiven Alpträume der traumatischen Neurose, die schlimmen Träume des verunsicherten Kindes (oder Erwachsenen), die beständige Faszination, die auf das Kind gerade das ausübt, was es am meisten erschreckt. Ticks, Rituale und andere symbolische Handlungen, dissoziative Akte und neurotisches «acting out» sind alles Beispiele repetitiver Phänomene, die besondere Erklärung verlangen[4]. Wie wichtig sie sind, kann man aus der Tatsache ersehen, daß es Freud für notwendig gehalten

[4] Wir beschränken uns hier auf symbolische Handlungen und widerstehen der Versuchung, uns dem faszinierenden und offensichtlich relevanten Problem des Symbolismus im allgemeinen hinzugeben. Was Träume anlangt, ist es klar, daß es zusätzlich zum hier erwähnten Traumtypus auch primär bewältigende (z. B. einfache Wunscherfüllungsträume) und primär expressive Träume (z. B. Unsicherheitsträume, Projektionsträume) gibt. Diese letztere Art von Träumen sollte in der Theorie als eine Art projektiver oder expressiver Test für die Diagnose der Charakterstruktur verwendbar sein.

hat, einige seiner grundlegendsten Theorien wegen solcher Phänomene zu revidieren. Einige neuere Autoren, zum Beispiel Fenichel (9), Kubie (245) und Kasanin (223) haben darauf hingewiesen, was wahrscheinlich die Lösung dieses Problems darstellt. Sie sehen solches Verhalten als wiederholte, manchmal erfolgreiche, häufiger erfolglose Anstrengungen, ein fast unlösbares Problem zu lösen. Solches Verhalten kann man mit dem hoffnungslos unterlegenen, doch verzweifelten Boxer vergleichen, der sich immer wieder vom Boden erhebt, nur um immer wieder niedergeschlagen zu werden. Kurz, solches Verhalten scheint das persistierende, doch fast hoffnungslose Bemühen um die Meisterung eines Problems durch den Organismus zu sein. In unseren Begriffen muß man es also als bewältigendes Verhalten sehen, oder jedenfalls als Bewältigungsversuch. So unterscheidet es sich von einfachen Perseverationen, von der Katharsis oder der Befreiung, da letztere ja nichts anderes bedeuten, als das Unvollständige zuende zu führen und das Ungelöste zu lösen.

Ein Kind, überwältigt von wiederholten Geschichten von Wölfen, wird in manchen Fällen dazu neigen, immer wieder auf das Problem zurückzukommen, zum Beispiel im Spiel, im Gespräch, in den Fragen, die es stellt, in den erfundenen Geschichten und in den Zeichnungen. Man kann sagen, daß das Kind das Problem entgiftet oder immunisiert. Dieses Resultat ergibt sich, weil Wiederholung Vertrautmachung, Befreiung und Katharsis bedeutet, man arbeitet sich durch etwas durch, hört auf, mit Notreaktionen zu antworten, baut langsam die Verteidigung auf, probiert verschiedene Meisterungstechniken durch, wendet die erfolgreichen an und so weiter.

Wir werden erwarten können, daß der Wiederholungszwang mit dem Verschwinden der Determinanten abklingt, die den Zwang hervorgebracht haben. Doch was sollen wir über die Wiederholungen sagen, die nicht abklingen? Es scheint, als hätten in solchen Fällen die Meisterungsversuche versagt.

Offenbar kann der Unsichere die Niederlage nicht gelassen hinnehmen. Er muß es immer wieder versuchen, so nutzlos das auch sein mag. Hier sollen die Experimente von Ovsiankina (367) und Zeigarnik (493) über die Perseveration, in unbeendigten Aufgaben in Erinnerung gerufen werden, das heißt also, in ungelösten Problemen. Die jüngste Forschung hat gezeigt, daß sich diese Tendenz nur einstellt, wo es sich um die Bedrohung des Persönlichkeitskernes handelt, das heißt, wo Versagen den Verlust von Sicherheit, Selbstachtung, Prestige oder ähnlichem bedeutet. Auf Grund dieser Experimente scheint es vernünftig, unsere Formulierung ähnlich einzuengen. Wir können dauerhafte Wiederholung, das heißt, erfolgloses Bewältigen dort erwarten, wo ein Grundbedürfnis der Persönlichkeit bedroht ist und wo der Organismus keinen erfolgreichen Weg zur Lösung des Problems findet.

Die Unterscheidung zwischen relativ expressiven und relativ bewältigenden Perseverationen geht nicht nur quer durch eine einzige Klasse von Handlungen, sondern erweitert auch jede der neu entstandenen Unterklassen. Wir haben gesehen, daß die Rubrik «expressive Perseveration» oder «einfacher Handlungsvollzug» nicht nur Befreiung und Katharsis einschließen, sondern wahrscheinlich auch motorische Unruhe, Ausdruck von Erregung, entweder lustvoller oder unlustvoller, und ideomotorische Tendenzen im allgemeinen. Es ist genau so möglich (oder ganz fruchtbar), in der Rubrik «repetitive Bewältigung» solche Phänomene einzuschließen wie unaufgelöste Gefühle der Beleidigung oder Erniedrigung, unbewußte Eifersucht und Neid, ständige Kompensation von Minderwertigkeitsgefühlen, die zwanghafte und ständige Promiskuität der latenten Homosexuellen, und andere solche vergeblichen Anstrengungen zur Beseitigung einer Bedrohung. Wir könnten sogar vorschlagen, daß man mit passenden Begriffsmodifikationen auch die Neurose selbst so definieren könnte.

Selbstverständlich ist es notwendig, uns daran zu erinnern, daß die Aufgabe der Differenzialdiagnose bestehen bleibt, das heißt, ist dieser besondere sich wiederholende Traum bei einer bestimmten Person expressiv oder bewältigend oder beides? Siehe auch Murrays (353) Aufzählung wegen weiterer Beispiele[5].

[5] Unbewußte Bedürfnisse drücken sich allgemein in Träumen, Visionen, emotionellen Ausbrüchen und unüberlegten Handlungen aus, in Versprechungen und Verschreibungen, in abwesenden Gesten, in Lachen, in zahllosen getarnten Formen, vermischt mit annehmbaren (bewußten) Bedürfnissen, in Zwängen, in rationalisierten Gefühlen, in Projektionen (Illusionen, Täuschungen und Glauben) und in allen Symptomen (in Symptomen der Konversionshysterie besonders), und in solchen Tatbeständen wie Kinderspielen, Regressionen, Puppenspielen, Geschichten erfinden (TAT), mit dem Finger malen, Männchenzeichnen und Fantasieproduktionen. Wir können dieser Aufzählung Rituale, Zeremonien, Märchen und ähnliches hinzufügen.

Die Definition der Neurose

Man sollte heute allgemein darin übereinstimmen, daß die klassische Neurose als ganzes wie auch die einzelnen neurotischen Symptome charakteristische Bewältigungsmechanismen sind. Es war einer der größten Beiträge Freuds, zu zeigen, daß diese Symptome eine Funktion hatten, ein Ziel, einen Zweck, und daß sie Wirkungen verschiedener Arten erreichten (primär gewinnbringende).

Doch es trifft auch zu, daß man viele Symptome neurotisch genannt hat, die nicht wirklich bewältigendes, funktionales oder zweckgerichtetes Verhalten darstellen, sondern eher expressives. Es sollte viel fruchtbarer und weniger verwirrend sein, nur solches Verhalten neurotisch zu nennen, das primär funktional oder bewältigend ist; vorwiegend expressives Verhalten sollte nicht neurotisch genannt werden, sondern anders bezeichnet werden (siehe weiter unten).

Es gibt einen Test, der zumindest in der Theorie einfach genug ist, um die Unterscheidung zwischen wirklich neurotischen, das heißt funktionalen, zweckgerichteten oder bewältigenden Symptomen und solchen zu unterscheiden, die primär expressiv sind. Wenn ein neurotisches Symptom eine Funktion hat, eine Aufgabe für die Person erledigt, müssen wir annehmen, daß die Person mit diesem Symptom besser dran ist als ohne es. Wenn es möglich wäre, den Patienten eines wirklich neurotischen Symptoms zu berauben, dann wäre er, der Theorie nach, in irgendeiner Art und Weise verletzt, das heißt der Angst preisgegeben oder anders tief gestört. Eine gute Analogie wäre die Beseitigung des Grundsteins eines Hauses. Wenn das Haus tatsächlich auf diesem Stein gegründet ist, dann ist es gefährlich, ihn herauszureißen, obwohl er abbröckeln mag oder verrottet ist oder nicht so gut wie ein anderer Stein[6].

Wenn andererseits das Symptom nicht wirklich funktional ist, wenn es

[6] Mekeel hat das gute Beispiel einer Frau angegeben, die hysterisch paralysiert war und der man sagte, daß sie es ist. Einige Tage später kollabierte sie vollständig, doch die Paralyse verschwand. Im Spital blieb sie im Kollaps. Die Paralyse tauchte nie wieder auf, doch später wurde sie hysterisch blind (laut persönlicher Mitteilung). Die «Verhaltenstherapeuten» waren jüngst überraschend erfolgreich in der Beseitigung von Symptomen ohne weitere Konsequenzen. Vielleicht kommt Symptomsubstitution nicht so häufig vor, wie es die Psychoanalytiker erwarteten.

nicht irgendeine vitale Rolle spielt, wird es keinen Schaden anfügen, wenn man es beseitigt, sondern die Beseitigung wird dem Patienten nur helfen. Eine der üblichen Einschränkungen der Symptomtherapie beruht gerade auf diesem Punkt, das heißt auf der Annahme, daß Symptome, die für den Beobachter ganz nutzlos erscheinen, tatsächlich eine wichtige Rolle in der psychischen Ökonomie des Patienten spielen und daher nicht berührt werden sollten, bis der Therapeut genau weiß, was diese Rolle ist. Was hier impliziert wird, ist, daß während Symptomtherapie zugestandenermaßen bei wirklich neurotischen Symptomen gefährlich ist, sie es bei Symptomen, die nur expressiv sind, überhaupt nicht ist. Letztere können ohne alle Folgen, außer wohltuenden, für den Patienten beseitigt werden. Das schließt eine bedeutendere Rolle für die Symptomtherapie ein, als die Psychoanalyse gegenwärtig zugeben würde (463, 487). Einige Hypnotherapeuten und Verhaltenstherapeuten glauben fest, daß die Gefahren der Symptomtherapie stark übertrieben wurden.
Dies lehrt uns auch, daß die Neurose gewöhnlich zu simpel konzipiert wurde. Bei jeder neurotischen Person kann man sowohl expressive wie auch bewältigende Symptome finden. Es ist ebenso wichtig, zwischen ihnen zu unterscheiden, wie zwischen ursächlichen und daraus folgenden. So läßt das Gefühl der Hilflosigkeit in einer neurotischen Person häufig verschiedene Reaktionen entstehen, mit denen sie es zu überwinden versucht, oder zumindest damit zu leben. Diese Reaktionen sind wirklich funktional. Doch das Gefühl der Hilflosigkeit selbst ist primär expressiv; es hat keine wohltuende Auswirkung auf die Person; sie hat es nie gewünscht. Es ist für sie eine ursprüngliche oder gegebene Tatsache, auf die sie nichts als nur reagieren kann.

Katastrophaler Zusammenbruch Hoffnungslosigkeit

Gelegentlich geschieht es, daß alle defensiven Anstrengungen des Organismus versagen, entweder, weil die von außen drängenden Gefahren zu überwältigend sind, oder weil die Verteidigungsmöglichkeiten des Organismus zu schwach sind.

Goldsteins profunde Analysen von gehirngeschädigten Patienten (160) demonstrierte zum erstenmal die Unterscheidung zwischen – noch so schwachen – bewältigenden Reaktionen, und dem katastrophalen Zusammenbruch, wenn Bewältigung unmöglich oder nutzlos ist.
Die Verhaltensweise, die dann folgt, kann man beim Phobieerkrankten beobachten, der in einer Situation gefangen gehalten wird, vor der er Angst hat (260), und in Reaktionen auf überwältigend traumatische Erfahrungen (222) und so weiter. Vielleicht kann man es noch besser bei dem rasenden desorganisierten Verhalten der sogenannten neurotischen Ratten (285). Die Tiere sind selbstverständlich keineswegs neurotisch in irgendeiner strikten Bedeutung des Wortes. Neurose ist eine organisierte Reaktion. Ihr Verhalten ist ziemlich desorganisiert.
Zusätzlich ist eine andere Eigenschaft des katastrophalen Zusammenbruchs seine Funktions- oder Zwecklosigkeit; mit anderen Worten ist er expressiv und nicht bewältigend. Man sollte ihn daher nicht neurotisches Verhalten nennen, sondern am besten mit irgendeinem besonderen Namen charakterisieren, wie eben katastrophaler Zusammenbruch, desorganisiertes Verhalten, induzierte Verhaltensstörung und so weiter. Siehe jedoch Klee (233), der eine andere Interpretation anbietet.
Ein weiteres Beispiel dieser Ausdrucksart, die man vom neurotischen Bewältigen unterscheiden sollte, ist die tiefe Hoffnungs- und Mutlosigkeit, die man manchmal bei Menschen oder Affen (304) findet, die eine lange Reihe von Enttäuschungen, Entbehrungen und Traumata erleben mußten. Solche Menschen können zu einem Punkt kommen, an dem sie einfach jede Bemühung einstellen, meistens, weil sie keinen Sinn darin zu sehen scheinen. Wenn man nichts zu hoffen hat, kämpft man um nichts. Es gibt zum Beispiel die Möglichkeit, daß die Apathie des einfachen Schizophrenen als Ausdruck von Hoffnungslosigkeit oder Entmutigung interpretiert werden kann, das heißt also, als das Aufgeben des Bewältigens und nicht als irgendeine besondere Form davon. Apathie kann man sicher differenzieren als Symptom des gewalttätigen Verhaltens des Katatonikers oder als Delusionen des Paranoikers. Diese könnten als wahre bewältigende Reaktionen erscheinen und würden deshalb andeuten, daß der paranoide und der katatone Schizophrene noch immer kämpfen und hoffen. In der Theorie wie auch in der Praxis sollten wir dann in ihren Fällen bessere Prognosen erwarten.

Eine ähnliche Unterscheidung mit ähnlichen Folgen kann man bei Selbstmord-inklinierten Menschen, auf dem Totenbett und in den Reaktionen der Patienten auf ihre kleineren Krankheiten beobachten. Hier beeinflußt die Aufgabe des Bewältigens die Prognose ebenfalls markant.

Psychosomatische Symptome

Unsere Unterscheidung sollte im Bereich der psychosomatischen Medizin besonders nützlich sein. In diesem Bereich hat Freuds zu naiver Determinismus den meisten Schaden angerichtet. Freud machte den Fehler, «determiniert» mit «unbewußt motiviert» zu identifizieren, als gäbe es keine anderen Determinanten des Verhaltens, zum Beispiel betrachtete er das Vergessen, die Fehlleistungen, als nur von unbewußten Motivationen allein determiniert. Er brandmarkte als nichtdeterministisch jeden, der auf andere Determinanten des Vergessens usw. hinwies. Bis zum heutigen Tag können viele Psychoanalytiker sich keine andere Erklärung als unbewußte Motivation vorstellen. Solch ein Standpunkt muß im Bereich der Neurose nicht verkrüppelnd sein, weil praktisch alle neurotischen Symptome tatsächlich unbewußte Motivationen haben (zusammen mit anderen Determinanten selbstverständlich).

Im psychosomatischen Bereich hat dieser Standpunkt viel Verwirrung angerichtet, denn recht viele relativ somatische Reaktionen haben keine Ziele oder Funktionen und sind nicht bewußt oder unbewußt motiviert. Solche Reaktionen, wie hoher Blutdruck, Verstopfung, Magengeschwüre usw. sind eher Nebenprodukte oder Epiphänomene komplexer Ketten psychischer und somatischer Prozesse. Niemand hat, am Anfang jedenfalls, sich Geschwüre, Hypertension oder Koronarattacken gewünscht (die Frage nach dem sekundären Gewinn mag im Augenblick außer Acht gelassen werden). Was man sich wünscht – passive Tendenzen vor der Welt zu verbergen, aggressive Tendenzen zu unterdrücken oder seinem Ichideal entsprechend zu leben –, mag nur um einen somatischen Preis erhältlich sein, doch dieser Preis ist selbstverständlich nicht antizipiert und sicher nicht gewünscht. Mit anderen Worten, solche Symptome haben gewöhnlich keinen primären Gewinn wie die allgemeinen

neurotischen. Ein ausgezeichnetes Beispiel kann man in den gebrochenen Knochen von Dunbars unfallgefährdeten Fällen (114) sehen. Ihre Sorglosigkeit, Hast, Nachlässigkeit und ihr Vagabunden-Charakter lassen Knochenbrüche sicher wahrscheinlicher erscheinen, doch sie sind ihr Schicksal, nicht ihr Ziel. Sie haben keine Funktion und tun nichts Gutes. Zugegebenermaßen ist es möglich – wenn auch nicht wahrscheinlich –, daß solche somatischen Symptome, wie wir sie erwähnt haben, als neurotischer Primärgewinn produziert werden. In solchen Fällen sollte man sie besser als das bezeichnen, was sie sind – Konversionssymptome oder, im weiteren Sinn, neurotische Symptome. Wo somatische Symptome der unvorgesehene somatische Preis oder das Epiphänomen von neurotischen Prozessen sind, sollte man sie besser mit irgendeiner anderen Etikette versehen, zum Beispiel Physioneurose, oder wie wir vorgeschlagen haben, expressive somatische Symptome. Die Nebenprodukte eines neurotischen Prozesses sollten nicht mit dem Prozess selbst verwechselt werden.
Bevor wir uns von diesem Thema wieder abwenden, soll noch die am deutlichsten expressive Art von Symptomen erwähnt werden. Es handelt sich um die Symptome, die in sehr allgemeinen organismischen Zuständen zum Ausdruck kommen oder tatsächlich deren Bestandteil sind, zum Beispiel Depression, Gesundheit, Aktivität, Apathie usw. Wenn jemand deprimiert ist, ist er es ganz. Verstopfung ist daher klarerweise nicht Bewältigung, sondern Ausdruck (obwohl sie sicher bei einem anderen Patienten ein bewältigendes Symptom sein kann, zum Beispiel bei einem Kind, das seine Feces nicht hergeben will, als eine Handlung der unbewußten Feindlichkeit einer lästigen Mutter gegenüber). Das gilt also auch für den Appetitverlust oder die Sprache bei Apathie, für guten Muskeltonus bei Gesundheit, oder für Nervosität der emotionell unsicheren Person.
Eine Arbeit von Sontag (433) mag die verschiedenen möglichen alternativen Interpretationen einer psychosomatischen Störung zeigen. Es handelt sich um einen Fallbericht über eine Frau mit schwerer und entstellender Akne im Gesicht. Das ursprüngliche Auftauchen der Akne und das Wiederauftreten in drei getrennten Episoden fielen mit starkem emotionalem Stress und einem Konflikt zusammen, der aus sexuellen Problemen kam. Die Hautkrankheit kam in allen drei Episoden gerade zu dem Zeitpunkt, um sie von einem sexuellen Kontakt abzuhalten. Es

kann sein, daß die Akne unbewußt aus einem Wunsch, das sexuelle Problem zu vermeiden, entstanden war, und vielleicht, wie Sontag meint, als Selbstbestrafung für die Sünde. Mit anderen Worten, es kann sich um einen zweckgerichteten Prozeß gehandelt haben. Es ist unmöglich, Sicherheit darüber aus der internen Beweislage allein zu erhalten. Sontag selbst gibt zu, daß das Ganze eine Serie von Zufällen sein kann. Doch es kann sich auch um den Ausdruck einer generellen organismischen Störung gehandelt haben, die Konflikt, Streß, Angst einbezogen hat, das heißt um ein expressives Symptom. Sontags Arbeit ist in einer Hinsicht ungewöhnlich. Der Autor erkennt deutlich das Grund-Dilemma in dieser Art von Fällen, nämlich daß es alternierende Möglichkeiten der Erklärung der Akne gibt, als expressives oder als bewältigendes Symptom. Die meisten Autoren haben mit dem gleichen Material wie Sontag sich eine eindeutige Schlußfolgerung in der einen oder anderen Richtung erlaubt, das heißt, sie waren sich in einigen Fällen sicher, daß es um ein neurotisches Symptom ging, und in anderen des Gegenteils ebenso sicher. Ich kann mir keinen besseren Weg denken, mit Nachdruck auf die Notwendigkeit von Vorsicht in Fällen aufmerksam zu machen, in denen man Zweckgerichtetheit zu erkennen meint, wenn es sich um Zufall handelt, als den folgenden Fall zu beschreiben, dessen Quelle ich leider nicht eruieren konnte. Das Subjekt war ein psychoanalytischer Patient, ein verheirateter Mann mit schweren Schuldgefühlen wegen seines geheimgehaltenen Verhältnisses zu einer anderen Frau. Er berichtete auch von einem starken Ausschlag jedes Mal nach einem Besuch bei seiner Freundin. So wie die Zustände heute in Kreisen der psychosomatischen Medizin sind, würden viele Therapeuten annehmen, daß es sich um eine neurotische Reaktion handelt, und zwar eine bewältigende, weil selbstbestrafende. Die nähere Untersuchung führte jedoch zu einer viel weniger esoterischen Erklärung. Es stellte sich heraus, daß das Bett der Freundin verwanzt war!

Freie Assoziation als Ausdruck

Dieselbe Differenzierung kann man für die weitere Klärung des Prozesses der freien Assoziation verwenden. Wenn man deutlich realisiert, daß freie Assoziation ein expressives Phänomen ist und nicht ein zweckgerichtetes, bewältigendes, dann kann man viel besser verstehen, warum freie Assoziation das leistet, was sie tut.

Wenn wir in Betracht ziehen, daß die große Struktur der psychoanalytischen Theorie und aller Theorien und Praktiken, die sich daraus ergeben, fast völlig auf dem einen Verfahren der freien Assoziation beruhen, dann erscheint es phantastisch, daß diesem Verfahren bisher so wenig analytische Betrachtung zuteil wurde. Es gibt praktisch keine Forschungsliteratur über den Gegenstand und sehr wenig theoretische Erwägungen. Wenn freie Assoziation Katharsis und Einsicht fördert oder herbeiführt, müssen wir im Augenblick sagen, daß wir wirklich nicht wissen, warum.

Wenden wir uns der Untersuchung von projektiven Tests wie dem von Rorschach zu, denn hier können wir leicht ein bereits wohlbekanntes Beispiel von Ausdruck untersuchen. Die Wahrnehmungen, die der Patient berichtet, sind primär Ausdruck seiner Weltbetrachtung und nicht zweckgerichtete, funktionale Versuche, ein Problem zu lösen. Weil die Situation primär eine unstrukturierte ist, erlauben uns diese Ausdrucksweisen, Deduktionen über die darunterliegende (oder die ausstrahlende) Charakterstruktur anzustellen. Das heißt, die vom Patienten angegebenen Wahrnehmungen werden fast ganz von der Charakterstruktur und fast überhaupt nicht von der Forderung der äußeren Realität nach bestimmten Lösungen determiniert. Sie stellen Ausdruck dar und nicht Bewältigung.

Es ist meine Behauptung, daß freie Assoziation sinnvoll und nützlich aus genau denselben Gründen wie der Rorschachtest ist. Außerdem leistet freie Assoziation das Optimum in unstrukturierten Situationen ebenso wie der Rorschachtest. Wenn wir die freie Assoziation vor allem als Abkehr von den zweckgerichteten Anforderungen der äußeren Realität verstehen, einer Realität, die verlangt, daß der Organismus sich den Bedürfnissen der Situation unterordnet und nach den physikalischen mehr als nach den psychischen Gesetzen lebt, dann werden wir sehen, warum Anpassungsprobleme eine auf Aufgaben gerichtete Orientierung verlangen. Was für die Lösung der Aufgabe tauglich ist, kommt in den Vordergrund. Die Anfordernisse der Aufgabe dienen als organisierendes Prinzip, unter dem sich die verschiedenen Fähigkeiten des Organismus in einer

Anordnung arrangieren, die für die Lösung des von außen gestellten Problems am wirksamsten ist.

Dies ist es, was wir mit einer strukturierten Situation meinen, eine Situation, in der Reaktionen durch die Logik der Situation selbst verlangt und auch aufgezeigt werden. Die unstrukturierte Situation ist sehr anders. Die Außenwelt wird absichtlich unwichtig in dem Sinn gemacht, daß sie nicht mit einer klaren Forderung auf bestimmte Antworten hinweist. So können wir sagen, daß die Rorschachtafeln unstrukturiert sind in dem Sinn, daß eine Antwort fast so leicht ist wie die andere. In diesem Sinn unterscheiden sie sich selbstverständlich diametral von den Geometrieproblemen, in denen die Situation so strukturiert ist, daß nur eine Antwort möglich ist, gleichgütig was man denkt oder fühlt oder hofft.

In derselben Art und Weise und noch intensiver als im Rorschachtest, weil es überhaupt keine Tafeln mehr gibt, wird in der freien Assoziation keine andere Aufgabe gestellt als die Abkehr von jeder Aufgabenorientiertheit und allem Bewältigen. Wenn der Patient schließlich das freie Assoziieren gut erlernt hat, und wenn er der Anweisung folgen kann, ohne Zensur oder realistische Logik zu berichten, was in seinem Bewußtsein auftaucht, dann sollten letztlich diese freien Assoziationen die Charakterstruktur des Patienten ausdrücken, und zwar immer mehr und mehr, je weniger die Realität determinierend wirkt und je leichter man ihre Forderungen nach Anpassung vernachlässigen kann. Die Antworten werden dann eine radiumähnliche Ausstrahlung von innen und hören auf, Reaktionen auf Außenreize zu sein.

Die Bedürfnisse, die Frustrationen, die Haltungen, aus denen die Charakterstruktur besteht, werden dann fast völlig determinieren, was der Patient in seinen freien Assoziationen sagt. Das trifft auch auf den Traum zu, den wir ebenfalls als expressiv hinsichtlich der Charakterstruktur betrachten müssen, denn im Traum werden Realität und Struktur sogar noch weniger wichtig als Determinanten, als sie es im Rorschachtest sind. Ticks, nervöse Gewohnheiten, Freudsche Fehlleistungen und Vergessen sind funktionaler, aber nicht völlig; sie haben ebenfalls eine Ausdruckskomponente.

Der nächste Effekt des Ausdrucks besteht darin, uns die Charakterstruktur immer deutlicher zu zeigen. Aufgabenorientierung, Problemlösung, Bewältigung, zweckgerichtete Bemühung gehören alle zur anpassungsfähigen Oberfläche der Persönlichkeit. Die Charakterstruktur ist weiter entfernt von der Realität, von ihren eigenen Gesetzen determiniert, mehr als von jenen der Physik und Logik. Es ist die Oberflächenpersönlichkeit, Freuds Ich, die mit der Realität direkter in Berührung tritt und die deshalb, um erfolgreich zu sein, von deren Gesetzen, denjenigen der Realität, determiniert sein muß. Im Prinzip besteht der Weg zur Charakterstruktur in der Beseitigung der determinierenden Kraft der Realität und Logik, soweit es nur geht. Das ist es genau, was wir mit dem ruhigen Raum, der psychoanalytischen Couch, der permissiven Atmosphäre und der Abdankung des Psychoanalytikers wie auch des Patienten von allen Verantwortungen als Repräsentanten einer bestimmten Kultur bezwekken. Wenn der Patient gelernt hat, sich in Worten auszudrücken, und aufhört, mit Worten zu bewältigen, werden alle die erwünschten Konsequenzen der freien Assoziation eintreffen.

Selbstverständlich konfrontiert uns die Erkenntnis, daß absichtliche und freiwillige expressive Handlungen eine Art Feedback zur Charakterstruktur selbst haben können, mit einem speziellen theoretischen Problem. Zum Beispiel habe ich bei geeigneten ausgesuchten Personen häufig beobachtet, wenn ich sie Mut, Zuneigung oder Ärger *spielen* ließ, daß es für sie schließlich leichter war, wirklich mutig, liebevoll oder zornig zu sein. Man sucht sich für solche therapeutischen Experimente Menschen aus, bei denen man spürt, daß Mut und so weiter vorhanden, aber unterdrückt ist. Dann kann gewollter Ausdruck die Person ändern.

Vielleicht sollte man noch ein letztes Wort über die Überlegenheit der Kunst als Ausdruck einer einzigartigen Persönlichkeit sagen. Jede wissenschaftliche Tatsache oder Theorie könnte von jemandem anderen präsentiert worden sein, wie auch jede Erfindung und jede Maschine. Doch nur Cézanne konnte Cézannes gemalt haben. *Nur* der Künstler ist nicht ersetzbar. In diesem Sinn ist jedes wissenschaftliche Experiment mehr von der Welt determiniert als ein ursprüngliches Kunstwerk.

11. Selbstverwirklichende Menschen: eine Untersuchung psychologischer Gesundheit

Persönliches Vorwort

Die Untersuchung, über die in diesem Kapitel berichtet wird, ist in verschiedener Weise ungewöhnlich. Sie war nicht als ein gewöhnliches Forschungsvorhaben geplant; sie war kein soziales, sondern ein privates Unternehmen, motiviert von meiner eigenen Neugier und auf die Lösung verschiedener persönlicher moralischer, ethischer und wissenschaftlicher Probleme abgestellt. Ich wollte mich nur überzeugen und etwas lernen, und nicht anderen etwas zeigen oder beweisen.

Unerwartet für mich haben sich die Untersuchungen als so aufklärend und so voller aufregender Implikationen herausgestellt, daß es mir richtig erscheint, darüber in irgendeiner Art und Weise zu berichten, trotz der methodischen Mängel.

Außerdem betrachte ich das Problem der psychologischen Gesundheit als so dringlich, daß *jeder* Vorschlag, jedes Teilergebnis, so strittig es auch sein mag, großen heuristischen Wert hat. Diese Art von Forschung ist im Prinzip so schwierig – sie verlangt eine Art, sich selbst an den eigenen Normen aus dem Sumpf zu ziehen –, daß wir ewig warten müßten, wollten wir auf konventionell zuverlässige Angaben warten. Es scheint besser zu sein, Fehler nicht zu fürchten, ins kalte Wasser zu springen und sein Bestes zu tun, und zu hoffen, daß man aus den Fehlern genug lernt, um sie später korrigieren zu können. Gegenwärtig ist die einzige Alternative, die Arbeit an dem Problem einfach abzulehnen. Dementsprechend wird der folgende Bericht, welchen Gebrauch man von ihm auch machen kann, mit den obligaten Entschuldigungen an die Adresse derjenigen präsentiert, die auf Konventionalität, Zuverlässigkeit, Validität, geeigneten Stichproben und so weiter insistieren.

Subjekte und Methoden

Die Versuchspersonen wurden unter persönlichen Bekannten und Freunden ausgesucht und unter öffentlichen und historischen Persönlichkeiten. Zusätzlich wurden in einer ersten Untersuchungsreihe mit jungen Leuten dreitausend College-Studenten geprüft, doch die Prüfung ergab nur eine unmittelbar geeignete Versuchsperson und ein oder zwei Dutzend möglicher künftiger («gut wachsend»).

Ich mußte daraus schließen, daß Selbstverwirklichung der Art, wie ich sie unter meinen älteren Versuchspersonen gefunden hatte, vielleicht in unserer Gesellschaft für junge Menschen, die sich noch in der Entwicklung befinden, nicht möglich war.

Dementsprechend suchte ich, in Zusammenarbeit mit E. Raskin und D. Freedman, nach einer Gruppe *relativ* gesunder College-Studenten. Wir beschlossen, willkürlich das gesündeste 1 Prozent der College-Bevölkerung auszuwählen. Das Forschungsprojekt, das zwei Jahre nach Maßgabe der Zeit lief, mußte vor Beendigung unterbrochen werden, war aber auch so auf klinischer Ebene sehr instruktiv.

Es bestand auch die Hoffnung, daß Roman- oder Schauspielfiguren für Demonstrationszwecke verwendet werden könnten, doch keine wurden gefunden, die in unserer Kultur und zu dieser Zeit verwendbar wären (an sich ein überlegenswertes Resultat).

Die erste klinische Definition, auf deren Grundlage die Versuchspersonen schließlich ausgesucht oder zurückgewiesen wurden, war die Abwesenheit von Neurose, psychopathischer Persönlichkeit, Psychose oder starken Tendenzen in dieser Richtung. Psychosomatische Erkrankung bedeutete nähere Untersuchung und Überprüfung. Wo es möglich war, wurde der Rorschachtest verwendet, doch er erwies sich viel nützlicher in der Aufdeckung verborgener Psychopathologie als in der Selektion gesunder Menschen. Positives Kriterium für die Selektion war die positive Evidenz von Selbstverwirklichung (SV), ein Syndrom, das schwierig genau zu beschreiben war. Für den Zweck der hier angestellten Überlegungen kann es lose als die volle Anwendung und Nutzung der Talente, Kapazitäten und Fähigkeiten beschrieben werden. Solche Menschen scheinen sich selbst zu erfüllen und das Bestmögliche zu tun, dessen sie fähig sind, uns an Nietzsches Ermahnung erinnernd: «Werde was du

bist!» Es handelt sich um Menschen, die sich zur vollen Größe, deren sie fähig sind, entwickeln oder entwickelt haben (148, 160, 347, 398). Solche Potentialitäten können entweder idiosynkretisch oder speziesweit sein.
Dieses Kriterium schließt Befriedigung ein, vergangene oder gegenwärtige, Grundbedürfnisse nach Sicherheit, Zugehörigkeit, Liebe, Achtung und Selbstachtung, und kognitive Bedürfnisse nach Wissen und Verstehen, oder in einigen Fällen die Überwindung solcher Bedürfnisse. Das heißt, daß alle Versuchspersonen sich sicher und angstlos, akzeptiert, geliebt und liebevoll, achtungswert und geachtet fühlten und daß sie ihre philosophischen, religiösen oder axiologischen Richtungen klargestellt hatten. Es bleibt noch offen, ob diese Grundbefriedigung eine zureichende oder nur vorbedingende Kondition der Selbstverwirklichung ist.
Im allgemeinen bestand die Selektionstechnik in der Wiederholung (iteration), wie sie vorher in den Untersuchungen der Persönlichkeitssyndrome der Selbstachtung und Sicherheit verwendet wurde. Sie wird im Appendix B beschrieben. Sie besteht, kurz gesagt, in der Aufforderung, zuerst den persönlichen oder kulturellen nichttechnischen Glaubensstand mitzuteilen, die verschiedenen existierenden Verwendungsformen und Definitionen des Syndroms zu vergleichen und dann das ganze noch einmal und sorgfältiger zu definieren, noch immer in den Begriffen der aktuellen Verwendung (was man das lexikographische Stadium nennen könnte), aber mit Ausschließung der logischen und faktischen Inkonsistenzen, wie man sie gewöhnlich in populären Definitionen findet.
Auf der Basis der korrigierten Populärdefinition werden die ersten Gruppen von Versuchspersonen selektiert, eine hochqualitative und eine mit niedriger Qualität. Diese werden so sorgfältig wie nur möglich in der klinischen Art und Weise untersucht, und auf der Basis der empirischen Studie wird die ursprüngliche korrigierte Populärdefinition weiter geändert und korrigiert, wie nach den nun vorhandenen Ergebnissen erforderlich. Das liefert die erste klinische Definition. Auf Grund dieser neuen Definition wird die ursprüngliche Gruppe neu selektiert, manche behält man, andere läßt man gehen, einige neue nimmt man auf. Diese Versuchsgruppe zweiter Stufe wird dann ihrerseits klinisch und, wenn möglich, experimentell und statistisch untersucht, was seinerseits Modifikationen, Korrekturen und Anreicherung der ersten klinischen Definition mit sich bringt, wonach wiederum eine neue Versuchsgruppe selektiert

wird usw. In dieser Art und Weise kann ein ursprünglicher vager und unwissenschaftlicher Populärbegriff immer genauer, immer operativer und deshalb wissenschaftlicher werden.

Selbstverständlich können äußerliche, theoretische und praktische Erwägungen in diesen spiralgleichen Prozeß der Selbstkorrektur eindringen. Zum Beispiel fand man im frühen Stadium der Untersuchung, daß die Populärformulierung so unrealistisch in ihren Ansprüchen war, daß kein menschliches Wesen ihr genügen könnte. Wir mußten aufhören, eine mögliche Versuchsperson aufgrund eines einzigen Fehlers auszuschließen; oder um es anders zu sagen, wir konnten nicht Perfektion als Basis der Selektion verwenden, da keine Versuchsperson vollkommen war.

Ein anderes Problem ergab sich aus der Tatsache, daß es in allen Fällen unmöglich war, jene volle und zufriedenstellende Information zu bekommen, die üblicherweise in klinischer Arbeit erforderlich ist. Mögliche Versuchspersonen, wenn sie über den Zweck des Forschungsprojektes informiert wurden, wurden verlegen, erstarrten, lachten über die ganze Bemühung oder brachen die Beziehung ab. In der Folge, nach diesen frühen Erfahrungen, wurden alle älteren Versuchspersonen indirekt untersucht, fast verstohlen oder heimlich. Nur jüngere konnten direkt untersucht werden.

Da lebende Menschen untersucht wurden, deren Namen nicht angegeben werden konnten, konnten zwei Desiderate oder sogar Erfordernisse gewöhnlicher wissenschaftlicher Arbeit nicht erreicht werden: Wiederholbarkeit der Untersuchung und öffentliche Zugänglichkeit der Ergebnisse, aus denen die Schlußfolgerungen gezogen wurden. Diese Schwierigkeiten sind durch die Einbeziehung öffentlicher und historischer Gestalten teilweise überwunden worden und durch die ergänzende Untersuchung junger Menschen und Kinder, die möglicherweise öffentlich verwendet werden könnten.

Die Versuchspersonen wurden in folgende Kategorien unterteilt:

Fälle:

7 ziemlich sichere und 2 sehr wahrscheinliche Zeitgenossen (mit Interview);

2 ziemlich sichere historische Gestalten (Lincoln in den letzten Jahren und Thomas Jefferson);

7 sehr wahrscheinliche öffentliche und historische Gestalten (Einstein, Eleanor Roosevelt, Jane Addams, William James, Albert Schweitzer, Aldous Huxley und Spinoza).

Teilfälle:

5 Zeitgenossen, die sicher irgendwo nicht ganz genügen, aber für die Untersuchung verwendet werden können.

Potenzielle oder mögliche Fälle (oder Fälle, von anderen vorgeschlagen oder untersucht):

G. W. Carver, Eugene V. Debs, Thomas Eakins, Fritz Kreisler, Goethe, Pablo Casals, Martin Buber, Danilo Dolci, Arthur E. Morgan, John Keats, David Hilbert, Arthur Waley, D. T. Suzuki, Adlai Stevenson, Sholom Aleichem, Robert Browning, Ralph Waldo Emerson, Frederick Douglass, Joseph Schumpeter, Bob Benchley, Ida Tarbell, Harriet Tubman, George Washington, Karl Muenzinger, Joseph Haydn, Camille Pissarro, Edward Bibring, George William Russell (A. E.), Pierre Renoir, Henry Wadsworth Longfellow, Peter Kropotkin, John Altgeld, Thomas More, Edward Bellamy, Benjamin Franklin, John Muir, Walt Whitman[1].

Sammeln und Präsentation der Ergebnisse

Die Ergebnisse bestehen hier nicht so sehr in der üblichen Ansammlung spezifischer und diskreter Tatsachen als in der langsamen Entwicklung eines globalen oder holistischen Eindrucks von der Art, wie wir ihn uns von unseren Freunden und Bekannten bilden. Es war selten möglich, eine Situation herzustellen, eine pointierte Frage zu stellen, oder mit den älteren Versuchspersonen Tests anzustellen (obwohl es bei den jüngeren möglich war und auch getan wurde). Die Kontakte waren zufällig und von der üblichen gesellschaftlichen Art. Freunde und Verwandte wurden befragt, wo es möglich war.

Deshalb und auch wegen der kleinen Anzahl der Versuchspersonen wie auch der Unvollständigkeit der Angaben bei vielen, ist eine quantitative

[1] Siehe also auch (58, S. 97) (68, S. 264–276) und das Manual und die Bibliographie für Shostroms POI Test der Selbstverwirklichung (425, 426).

Präsentation nicht möglich: nur zusammengesetzte Eindrücke können angeboten werden, was immer sie auch wert sein mögen.
Die holistische Analyse dieser Eindrücke liefert, als wichtigstes, nützliche Merkmale selbstverwirklichender Menschen.

Bessere Wahrnehmung der Realität und bequemere Beziehungen zu ihr

Die erste Form, in der diese Fähigkeit beobachtet wurde, war die ungewöhnliche Begabung, das Unechte, Falsche und Unehrliche in einer Persönlichkeit zu bemerken, und im allgemeinen Menschen richtig und erfolgreich zu beurteilen. In einem informellen Experiment mit einer Gruppe von College-Studenten war eine klare Tendenz bei den mehr sicheren (gesünderen) zu unterscheiden, ihre Professoren genauer zu beurteilen, als die weniger sicheren Studenten, das heißt also jene, die im S-I-Test (294) hohe Punktzahlen erreichten.
Mit der Zeit wurde es langsam offenkundig, daß diese Fähigkeit sich auf viele andere Lebensbereiche erstreckte – tatsächlich *alle,* die beobachtet wurden. In Kunst und Musik, in intellektuellen Angelegenheiten, in wissenschaftlichen Fragen, in der Politik und im öffentlichen Leben schienen sie als Gruppe imstande zu sein, die verborgene oder verwirrte Realität rascher und richtiger als andere zu erkennen. So deutete ein informeller Überblick an, daß ihre Voraussagen der Zukunft, nach welchen vorhandenen Tatsachen auch immer, häufiger richtig zu sein schienen, weil sie weniger auf Wunschdenken, Begehren, Angst, Furcht oder auf verallgemeinertem, charakterdeterminiertem Optimismus oder Pessimismus beruhten.
Zunächst wurde dies als guter Geschmack oder gutes Urteilsvermögen formuliert, wobei die Implikation relativ und nicht absolut war. Doch aus vielen Gründen (manche davon werden im folgenden näher bezeichnet) wurde es fortschreitend klarer, daß man es besser Wahrnehmung (nicht Geschmack) von etwas nennen sollte, das absolut vorhanden war (Realität, nicht Meinung). Es ist zu hoffen, daß diese Schlußfolgerung – oder Hypothese – eines Tages experimentell überprüft werden kann.

Wenn es sich so verhält, wäre es unmöglich, die Bedeutung zu stark zu betonen. Money-Kyrle (388), ein englischer Psychoanalytiker, hat angedeutet, daß er es für möglich hält, eine neurotische Person nicht nur *relativ*, sondern *absolut* leistungsunfähig zu nennen, einfach weil sie nicht die reale Welt so genau oder so erfolgreich wahrnehmen kann wie die gesunde. Der neurotische Mensch ist nicht emotional krank – seine Erkenntnisse sind falsch. Wenn Gesundheit und Neurose richtige beziehungsweise unrichtige Wahrnehmung der Realität sind, vermengen sich Feststellungen von Tatsachen und Feststellungen von Werten in diesem Bereich. Im Prinzip sollten dann Wertvorschläge empirisch demonstrierbar sein, anstatt nur eine Angelegenheit des Geschmacks oder der Ermahnung. Für alle, die sich mit diesem Problem befaßt haben, wird es klar sein, daß wir hier eine Teilbasis für eine echte Wertwissenschaft erhalten können, und folglich der Ethik, der Sozialbeziehungen, der Politik, Religion und so weiter.

Es ist definitiv möglich, daß schlechte Anpassung oder sogar extreme Neurose die Wahrnehmung genug stören würden, um die Schärfe der Wahrnehmung von Licht oder Geruch oder Berührung zu beeinflussen. Doch es ist *wahrscheinlich*, daß diese Auswirkung in den Bereichen der Wahrnehmung gezeigt werden kann, die weiter entfernt sind vom bloß Physiologischen, zum Beispiel die *Einstellungs*experimente (279) und so weiter.* Daraus sollte auch folgen, daß die Auswirkungen von Wunschdenken, Verlangen, Vorurteil auf die Wahrnehmung, wie sie in vielen jüngsten Experimenten festgestellt wurden, bei gesunden Menschen sehr viel geringer sein sollten als bei Kranken. A priori Erwägungen unterstützen die Hypothese, daß diese Überlegenheit in der Wahrnehmung der Realität sich in der überlegenen Fähigkeit nachzudenken, die Wahrheit zu erkennen, Schlußfolgerungen zu ziehen, logisch und kognitiv erfolgreich zu sein, niederschlägt.

Ein besonders eindrucksvoller und instruktiver Aspekt dieser überlegenen Beziehung zur Realität wird ausführlich in Kapitel 13 diskutiert. Man hat gefunden, daß selbstverwirklichende Menschen viel leichter als die meisten das Frische, Konkrete und Idiographische vom Allgemeinen, Abstrakten und Eingeordneten unterscheiden. Die Folge davon ist, daß

* Der Autor verwendet hier das deutsche Wort, d. h. Einstellung.

mehr in der realen Welt der Natur leben als in der vom Menschen gemachten Verwirrung der Begriffe, Abstraktionen, Erwartungen, Glauben und Stereotypen, die von den meisten Menschen mit der Welt verwechselt wird. Sie können deshalb viel besser das wahrnehmen, was da ist, anstelle ihrer Wünsche, Hoffnungen, Ängste, Befürchtungen, ihrer eigenen Theorien und Meinungen, oder derjenigen ihrer Kulturgruppe. «Das unschuldige Auge» hat das Herbert Read sehr treffend genannt.

Die Beziehung zum Unbekannten scheint außerordentlich vielversprechend als eine weitere Brücke zwischen akademischer und klinischer Psychologie zu sein. Unsere gesunden Versuchspersonen sind im allgemeinen vom Unbekannten nicht bedroht und nicht verängstigt und unterscheiden sich darin beträchtlich vom Durchschnittsmenschen. Sie akzeptieren es, es ist ihnen nicht unbequem, und häufig fühlen sie sich sogar *mehr* davon angezogen als vom Bekannten. Sie tolerieren nicht nur das Vieldeutige und Unstrukturierte (135); sie mögen es. Einsteins Feststellung ist ziemlich charakteristisch: «Das Schönste, was wir erfahren können, ist das Geheimnisvolle. Es ist der Quell aller Kunst und Wissenschaft.»

Es handelt sich zwar um Intellektuelle, Forscher und Wissenschaftler, daher ist die Determinante hier wahrscheinlich die intellektuelle Fähigkeit. Und doch wissen wir alle, wieviele Wissenschaftler mit einem hohen IQ sich ausschließlich mit dem, was bereits bekannt ist, beschäftigen, aus Furchtsamkeit, Konvention, Angst oder anderen Charakterdefekten, es polieren, neu arrangieren, klassifizieren, und andere damit herumspielen anstatt etwas zu entdecken, wie man es von ihnen erwartet.

Da für gesunde Menschen das Unbekannte nicht furchterregend ist, müssen sie nicht Zeit damit vertun, die Geister zu beruhigen, in Friedhofsnähe zu pfeifen oder sich anders gegen eingebildete Gefahren zu schützen. Sie vernachlässigen das Unbekannte nicht, noch verneinen sie es oder laufen davor weg, oder machen glauben, daß es in Wirklichkeit bekannt ist, noch organisieren, polarisieren oder ordnen sie es voreilig ein. Sie hängen nicht am Vertrauten, noch ist ihre Suche nach Wahrheit ein katastrophales Bedürfnis nach Sicherheit, Gewißheit, Endgültigkeit und Ordnung, wie wir es in einer übertriebenen Form bei Goldsteins Gehirngeschädigten oder beim Zwangsneurotiker beobachten können. Die Gesunden können, wenn die gesamte objektive Situation es erforderlich macht, bequem unordentlich, nachlässig, anarchistisch, chaotisch, vage, zweifelnd, ungewiß, unbestimmt, annähernd ungenau sein (alles dies kann in gewissen Momenten in der Wissenschaft, in der Kunst oder im allgemeinen Leben ziemlich erwünscht sein).

So kommt es, daß Zweifel, Vagheit, Unsicherheit, mit der nachfolgenden Notwendigkeit der Entscheidungsungewißheit, die für die meisten eine Qual darstellt, für manche eine freudig stimulierende Herausforderung darstellen können, einen Höhepunkt im Leben anstatt eines Tiefpunktes.

Akzeptierung (sich selbst, andere, die Natur)

Viele persönliche Eigenschaften, die man an der Oberfläche beobachten kann und die zunächst verschieden und unzusammenhängend erscheinen, können als Manifestationen oder Ableitungen einer einzigen grundlegenderen Haltung verstanden werden, nämlich, eines relativen Mangels an übermächtigen Schuldgefühlen, an verkrüppelndem Schamgefühl, und an extremer oder schwerer Angst. Dies steht in direktem Gegensatz zu der neurotischen Person, die man in jedem Fall als verkrüppelt von Schuldgefühlen und/oder Schamgefühlen und/oder Angst beschreiben kann. Sogar das normale Mitglied unserer Kultur hat unnötige Schuld- oder Schamgefühle hinsichtlich zu vieler Dinge und empfindet Angst in zu vielen unnötigen Situationen. Unsere gesunden Individuen halten es für möglich, sich und ihre eigene Natur ohne Verdruß oder Klage zu akzeptieren, ja sogar ohne überhaupt über die Angelegenheit viel nachzudenken.

Sie sind imstande, ihre eigene menschliche Natur in stoischer Art zu akzeptieren, mit allen ihren Unzulänglichkeiten, Diskrepanzen, Abweichungen vom Idealbild. Es würde den falschen Eindruck erwecken, wenn man sagt, daß sie selbstzufrieden sind. Eher müssen wir sagen, daß sie die Gebrechlichkeiten und Sünden, Schwächen und Übel der menschlichen Natur ebenso fraglos hinnehmen, wie man die Eigenschaften der Natur hinnimmt. Man klagt nicht übers Wasser, weil es feucht ist, oder über Felsbrocken, weil sie hart sind, oder über Bäume, weil sie grün sind. So wie das Kind die Welt mit geweiteten, unkritischen, anspruchslosen unschuldigen Augen betrachtet, einfach notiert und beobachtet, was der Fall ist, ohne darüber zu diskutieren oder zu verlangen, daß es sich anders verhält, so neigt die selbstverwirklichende Person dazu, die menschliche Natur in sich und in anderen in der gleichen Weise zu betrachten. Das ist selbstverständlich nicht dasselbe wie Resignation im orientalischen Sinn, doch Resignation kann man bei unseren Versuchspersonen ebenfalls beobachten, besonders angesichts von Krankheit und Tod.

Es sei angemerkt, daß dies soviel bedeutet, wie in einer anderen Form zu behaupten, was wir bereits beschrieben haben; nämlich, daß die selbstverwirklichende Person die Realität klarer sieht: Unsere Versuchspersonen sehen die menschliche Natur, wie sie *ist,* und nicht, wie sie sie gern haben möchten. Ihre Augen sehen, was sich vor ihnen befindet, ohne dabei durch unterschiedliche Brillengläser beeinträchtigt zu werden, die die Realität verzerren oder verformen oder verfärben (46).

Die erste und offensichtlichste Ebene der Akzeptierung befindet sich auf der sogenannten animalischen Ebene. Die selbstverwirklichenden Menschen haben die Tendenz, gute Tiere zu sein, herzhaft in ihren Appetiten und vergnügt ohne Bedauern oder Scham oder Entschuldigung. Sie scheinen einen übereinstimmend guten Appetit nach Nahrung zu haben; gut zu schlafen, ihr Sexualleben ohne unnötige Hemmungen zu genießen, und so weiter, hinsichtlich aller relativ physiologischen Triebe. Sie sind imstande, sich selbst nicht nur auf diesen niedrigen Ebenen zu akzeptieren, sondern auf allen anderen ebenfalls; zum Beispiel auf denjenigen der Liebe, Sicherheit, Geborgenheit, Ehre, Selbstachtung. Alles das wird fraglos als wertvoll akzeptiert, einfach, weil sie dazu neigen, das Werk der Natur anzuerkennen, anstatt zu argumentieren, daß sie die Dinge nicht nach anderem Muster verfertigt hat. Dies zeigt sich auch im relativen Mangel an Ekel und Abneigung, wie man sie beim Durchschnittsmenschen häufig vorfindet, und besonders beim Neurotiker, zum Beispiel also Nahrungsunverträglichkeiten, Ekel vor den Körperprodukten, Körpergerüchen und Körperfunktionen.

Eng verwandt mit der Selbstakzeptierung und der Akzeptierung anderer ist 1. der Mangel an Verteidigung, Schutzfärbung oder Pose und 2. Abneigung gegen solche Gekünsteltheit bei anderen. Lüge, Arglist, Heuchelei, Spiel, Rolle, Eindruckschinden in der üblichen Art: dies ist alles bei den selbstverwirklichenden Menschen in einem ungewöhnlichen Grad nicht vorhanden. Da sie sogar bequem mit ihren eigenen Unzulänglichkeiten leben können, werden sie diese schließlich, besonders in späteren Lebensstadien, nicht als Unzulänglichkeiten, sondern einfach als neutrale Eigenschaften betrachten.

Es handelt sich nicht um einen absoluten Mangel an Schuld, Scham, Trauer, Angst, Defensivität; nur um einen Mangel an nichtnotwendiger oder neurotischer (weil unrealistischer) Schuld und so weiter. Die animalischen Prozesse, zum Beispiel Sex, Urinieren, Schwangerschaft, Menstruation, Altwerden und so weiter sind Teil der Realität und müssen so akzeptiert werden. So braucht keine gesunde Frau sich schuldig oder defensiv zu fühlen, daß sie weiblich ist, oder über irgendeinen der weiblichen Prozesse.

Weshalb sich gesunde Menschen schuldig fühlen (oder schämen, Angst haben, traurig oder bedauernd sind), das sind 1. verbesserungsfähige Unzulänglichkeiten, zum Beispiel Faulheit, Gedankenlosigkeit, Unbeherrschtheit, anderen Schmerz zufügen; 2. hartnäckige Reste psychologischer Krankheit, zum Beispiel Vorurteil, Eifersucht, Neid; 3. Gewohnheiten, die, obwohl relativ unabhängig von der Charakterstruktur, noch sehr stark sein können; oder 4. Unzulänglichkeiten der Spezies oder der Kultur oder der Gruppe, mit der sie sich identifiziert haben. Die allgemeine Formel scheint es zu sein, daß sich die gesunden Menschen wegen Diskrepanzen zwischen dem, was ist, und zwischen dem, was sein könnte oder sollte, schlecht fühlen (52, 148, 199).

Spontaneität, Einfachheit, Natürlichkeit

Selbstverwirklichende Menschen kann man alle als relativ spontan im Verhalten und weit spontaner als das in ihrem inneren Leben, Denken, in ihren Trieben und so weiter beschreiben. Ihr Verhalten wird von Einfachheit und Natürlichkeit, sowie vom Mangel an Künstlichkeit oder Effekthascherei charakterisiert. Das bedeutet nicht notwendig ein konsistent unkonventionelles Verhalten. Wenn wir tatsächlich nachrechneten, wie oft sich der selbstverwirklichende Mensch unkonventionell verhalten hat, wäre das Ergebnis nicht sehr hoch. Die Unkonventionalität ist nicht oberflächlich, sondern wesentlich und intern. Es sind seine Impulse, sein Denken, sein Bewußtsein, die so ungewöhnlich unkonventionell, spontan und natürlich sind. Weil er erkennt, daß die Welt der Menschen, in der er lebt, dies nicht verstehen oder akzeptieren könnte, und da er niemanden verletzen oder mit niemandem über jede Trivialität streiten will, wird er die Zeremonien und die Rituale der Konvention mit einem gutmütigen Achselzucken und mit der bestmöglichen Eleganz auf sich nehmen. So habe ich einen Mann eine Ehrung annehmen sehen, über die er lachte und die er privat verachtete, anstatt einen Streitfall daraus zu machen und die Menschen zu verletzen, die dachten, daß sie ihm eine Freude bereiten.

Daß die Konventionalität ein Mantel ist, der sehr leicht über seinen Schultern hängt und sehr leicht abgelegt werden kann, mag die Tatsache erhellen, daß der selbstverwirklichende Mensch nur selten der Konvention gestattet, ihn zu behindern oder ihm etwas zu tun zu verbieten, was er für sehr wichtig hält oder für grundlegend. In solchen Augenblicken kommt sein wesentlicher Mangel an Konventionalität zum Vorschein, anders als beim durchschnittlichen Bohemien und Rebellen gegen die Autorität, der aus Trivialitäten große Probleme macht und gegen irgendeine unwichtige Regelung kämpft, als wäre sie weltweit bedeutend. Dieselbe innere Haltung kann auch in solchen Momenten beobachtet werden, wenn man von etwas vollständig eingenommen wird, das den eigenen Hauptinteressen nahesteht. Man wird dann ziemlich lässig jene Verhaltensregeln fallen lassen, an die man sich sonst hält; es ist, als würde der selbstverwirklichende Mensch eine bewußte Anstrengung machen, konventionell zu sein; als wäre er freiwillig und absichtlich konventionell.

Schließlich kann diese äußere Gewohnheit im Verhalten freiwillig fallengelassen werden, wenn er sich in der Gesellschaft von Menschen befindet, die Routineverhalten nicht verlangen oder erwarten. Daß diese relative Verhaltenskontrolle als eine Last empfunden wird, kann man in der Bevorzugung unserer Versuchspersonen für eine solche Gesellschaft beobachten, die es ihnen gestattet, freier, natürlicher und spontaner zu sein, und die sie von dem befreit, was sie manchmal als angestrengtes Betragen empfinden.

Eine Folge oder ein Korrelat dieses Merkmals ist, daß solche Menschen ethische Normen haben, die relativ autonom und individuell sind und nicht konventionell. Der gedankenlose Beobachter könnte manchmal glauben, daß sie unethisch sind, da sie nicht nur mit den Konventionen, sondern auch mit den Gesetzen brechen, wenn es die Situation zu erfordern scheint. Doch das genaue Gegenteil ist der Fall. Sie sind die ethischsten aller Menschen, obwohl ihre Ethik nicht notwendig dieselbe ist wie diejenige der Menschen rund um sie. Es ist diese Art von Beobachtungen, die uns dazu führt, sehr sicher anzunehmen, daß das gewöhnliche ethische Verhalten der durchschnittlichen Menschen weitgehend konventionelles Verhalten ist, mehr als wahrhaft ethisches Verhalten, zum Beispiel ein Verhalten, das auf den grundsätzlich akzeptierten Prinzipien beruht (die als wahr gesehen werden).

Wegen dieser Entfremdung von den gewöhnlichen Konventionen und von den gewöhnlich akzeptierten Heucheleien, Lügen und Widersprüchlichkeiten des gesellschaftlichen Lebens, fühlen sie sich manchmal wie Spione oder Fremde in einem fremden Land und verhalten sich hin und wieder auch so.

Ich sollte nicht den Eindruck erwecken, daß sie versuchen, zu verbergen, wie sie sind. Manchmal lassen sie sich absichtlich gehen, aus einer momentanen Irritation mit der gewohnten Starrheit oder mit der konventionellen Blindheit heraus. Sie mögen zum Beispiel versuchen, jemandem etwas beizubringen, oder jemanden vor Verletzung oder Unrecht zu schützen, oder sie mögen manchmal empfinden, daß die Emotionen in ihnen aufsteigen wie die Kohlensäureblasen im Champagner und daß das so angenehm oder sogar ekstatisch ist, daß es fast ein Sakrileg wäre, sie zu unterdrücken. In solchen Fällen habe ich beobachtet, daß sie sich für den Eindruck, den sie auf den Zuschauer machen, nicht schämen oder schuldig fühlen oder ängstlich sind. Sie gehen davon aus, daß sie sich normal in einer konventionellen Art und Weise einfach deshalb benehmen, weil keine großen Fragen angerührt sind oder weil sie wissen, daß die Menschen von jeder anderen Art von Verhalten verletzt oder in Verlegenheit gebracht werden.

Die Leichtigkeit, mit der sie zur Realität vordringen, und ihre Annäherung an animalische oder kindliche Akzeptierung und Spontaneität schließen eine überlegende Bewußtheit ihrer eigenen Impulse, Verlangen, Meinungen und allgemeinen subjektiven Reaktionen (148, 388, 392) ein. Klinische Studien dieser Fähigkeit bestätigen über jeden Zweifel hin-

aus die Meinung zum Beispiel Fromms (145), daß der durchschnittlich normale, gut angepaßte Mensch häufig nicht die geringste Idee hat, was er ist, was er will, und was seine Meinungen sind.
Befunde dieser Art haben schließlich zur Entdeckung des tiefsten Unterschieds zwischen selbstverwirklichenden Menschen und anderen geführt; nämlich, daß das Motivationsleben der selbstverwirklichenden Menschen nicht nur quantitativ verschieden, sondern auch qualitativ verschieden von demjenigen der gewöhnlichen Menschen ist. Es erscheint wahrscheinlich, daß wir eine zutiefst verschiedene Motivationspsychologie für selbstverwirklichende Menschen konstruieren müssen, das heißt eine Metamotivation oder Wachstumsmotivation anstatt einer Mangelmotivation. Vielleicht ist es nützlich, zwischen Leben und sich aufs Leben *Vorbereiten* zu unterscheiden. Vielleicht sollte man den gewöhnlichen Begriff der Motivation *nur* auf Nicht-Selbstverwirklicher anwenden. Unsere Versuchspersonen ringen nicht mehr im gewöhnlichen Sinn, sondern entfalten sich. Sie versuchen, zur Vollkommenheit zu wachsen und sich in ihrem eigenen Stil mehr und mehr vollständig zu entwickeln. Die Motivation gewöhnlicher Menschen ist ein Ringen um die Befriedigung von Grundbedürfnissen, die ihnen fehlen. Den selbstverwirklichenden Menschen fehlt es tatsächlich an keiner dieser Befriedigungen; und doch haben sie Antriebe. Sie arbeiten, sie bemühen sich, sie sind ehrgeizig, wenn auch in einem unüblichen Sinn. Für sie ist Motivation nur eine Charakterentfaltung, Charakterausdruck, Reife und Entwicklung; mit einem Wort: Selbstverwirklichung. Könnten diese selbstverwirklichenden Menschen mehr menschlich, mehr bezeichnend für die ursprüngliche Natur der Spezies, näher dem Speziestypus im taxonomischen Sinn sein? Sollte eine biologische Spezies nach ihren verkrüppelten, verbogenen, nur teilentwickelten Spezies oder nach den Beispielen beurteilt werden, die zu stark domestiziert, gezähmt und trainiert worden sind?

Problemeinstellung

Unsere Versuchspersonen sind im allgemeinen stark auf Probleme außerhalb ihrer selbst eingestellt. In der geläufigen Terminologie sind sie also

problemorientiert und nicht ichorientiert. Sie stellen im allgemeinen kein Problem für sich selbst dar und sind im allgemeinen nicht sehr um sich selbst besorgt, zum Beispiel, im Gegensatz zu der gewöhnlichen Nabelschau der unsicheren Menschen. Sie haben gewöhnlich irgendeine Aufgabe im Leben, eine Mission, ein Problem außerhalb ihrer selbst, auf das sie viel von ihren Energien verwenden (72, 134).
Das ist nicht notwendigerweise eine Aufgabe, die sie selbst bevorzugen oder für sich aussuchen würden; es kann eine Aufgabe sein, die sie als ihre Verantwortung, Pflicht oder Obliegenheit empfinden. Deshalb verwenden sie die Formulierung: «eine Aufgabe, die sie erfüllen müssen», und nicht: «eine Aufgabe, die sie erfüllen wollen». Im allgemeinen sind diese Aufgaben unpersönlich oder selbstlos, mit dem Wohl der Menschheit im allgemeinen, oder der Nation im allgemeinen, oder einiger einzelner in der Familie der Versuchsperson befaßt. Mit einigen Ausnahmen können wir sagen, daß unsere Versuchspersonen gewöhnlich mit den Grundfragen und ewigen Problemen vom Typus befaßt sind, den wir als philosophisch oder ethisch zu bezeichnen gelernt haben. Solche Menschen leben gewohnheitsgemäß in dem weitestmöglichen Bezugsrahmen. Sie scheinen den Bäumen nie so nah zu kommen, daß sie den Wald nicht sehen. Sie arbeiten in einem Wertrahmen, der weit und nicht kleinlich ist, universal und nicht lokal, und in den Begriffen des Jahrhunderts und nicht des Augenblicks. Mit einem Wort: diese Leute sind alle im einen oder anderen Sinn Philosophen, wenn auch manchmal sehr schlichte.
Selbstverständlich enthält solch eine Haltung Dutzende von Implikationen für jeden Bereich des täglichen Lebens. Zum Beispiel kann eines der Hauptdarstellungssymptome, mit dem ursprünglich gearbeitet wurde (Größe, Mangel an Kleinlichkeit oder Trivialität), unter diesem mehr allgemeinen Titel subsumiert werden. Der Eindruck, daß sie über den kleinen Dingen stehen, einen größeren Horizont haben, eine weitere Vision, daß sie im weitestmöglichen Bezugsrahmen leben, sub specie aeternitatis, ist von der allergrößten sozialen und interpersonellen Bedeutung. Eine gewisse Gelassenheit und Sorglosigkeit den unmittelbaren Belangen gegenüber scheint sich daraus zu ergeben, die beide das Leben nicht nur für sie selbst leichter machen, sondern auch für alle, die mit ihnen in einer Beziehung stehen.

Die Eigenschaft der Objektivität
Das Bedürfnis nach Privatheit

Es trifft für alle meine Versuchspersonen zu, daß sie ohne Schaden einsam und ohne Unbehagen für sich selbst sein können. Außerdem trifft es für fast alle zu, daß sie Einsamkeit und Privatheit viel lieber haben als ein Durchschnittsmensch.

Häufig ist es ihnen möglich, über dem Kampf zu stehen, unbeteiligt, unbetroffen davon zu bleiben, was in anderen Stürme verursacht. Sie finden es leicht, distanziert, reserviert und auch ruhig und heiter zu bleiben; so wird es ihnen möglich, persönliches Unglück aufzunehmen, ohne heftig zu reagieren, wie es die gewöhnliche Person tut. Sie scheinen ihre Würde auch in unwürdigen Situationen und Umgebungen behalten zu können. Vielleicht kommt das teilweise aus ihrer Tendenz, bei ihrer eigenen Interpretation der Situation zu bleiben, anstatt sich darauf zu verlassen, was andere Menschen fühlen oder meinen. Diese Reserviertheit kann auch in Entferntheit und Strenge umschlagen.

Die Qualität der Objektivität kann auch mit einigen anderen Eigenschaften in Verbindung stehen. Einmal ist es möglich, meine Versuchspersonen objektiver (in *jedem* Sinn des Wortes) zu nennen als durchschnittliche Menschen. Wir haben gesehen, daß sie mehr problem- als ichorientiert sind. Das stimmt, auch wenn die Probleme sie selbst betreffen, ihre eigenen Wünsche, Motivationen, Hoffnungen oder Absichten. Folglich haben sie die Fähigkeit, sich in einem für gewöhnliche Menschen nicht üblichen Ausmaß zu konzentrieren. Intensive Konzentration führt als Nebenprodukt zu solchen Phänomenen wie Abwesenheit, die Fähigkeit, die Außenwelt zu vergessen und nicht wahrzunehmen. Beispiele sind die Fähigkeit zu tiefem Schlaf, ungestörten Appetit zu haben, auch in Zeiten von Problemen, Sorgen und Verantwortlichkeit zu lächeln und zu lachen.

In den gesellschaftlichen Beziehungen mit den meisten Menschen schafft Objektivität gewisse Probleme und Unannehmlichkeiten. «Normale» Menschen halten sie leicht für Kälte, Snobismus, Mangel an Zuneigung, Unfreundlichkeit oder sogar Feindseligkeit. Im Gegensatz dazu ist die gewöhnliche Freundschaftsbeziehung mehr fordernd, mehr nach Versicherungen verlangend, nach Komplimenten, Unterstützung, Wärme und Ausschließlichkeit. Zwar brauchen selbstverwirklichende Menschen andere nicht im gewöhnlichen Sinn. Doch da dieses Gebraucht- oder Vermißtwerden der übliche Ernst der Freundschaft ist, wird Distanziertheit vom Durchschnittsmenschen nicht leicht akzeptiert.

Eine andere Bedeutung der Autonomie ist die Selbst-Entscheidung, die Selbst-Regierung; man ist ein aktiver, verantwortlicher, selbstdisziplinierter, entscheidender Handelnder und nicht eine Schachspielfigur, oder von anderen hilflos «determiniert»; man ist stark und nicht schwach. Meine Versuchspersonen treffen selbst ihre Entscheidungen, sind Selbststarter, für sich und ihr Geschick verantwortlich. Es handelt sich um eine subtile Eigenschaft, schwer in Worte zu kleiden, und doch zutiefst bedeutsam. Sie haben mich gelehrt, als zutiefst krank, abnorm oder schwach anzusehen, was ich immer als menschlich normal für gegeben hielt; nämlich, daß zu viele Menschen ihre Entscheidungen nicht selbst treffen, sondern für sich von Vertretern, Werbeagenturen, Eltern, Propagandisten, Fernsehen, Zeitungen usw., Entscheidungen treffen lassen. Sie sind Schachspielfiguren, die von anderen bewegt werden, und nicht selbstbewegende, selbstdeterminierende Individuen. Deshalb neigen sie dazu, sich hilflos, schwach und total determiniert zu fühlen; sie sind Freiwild für Raubtiere, schlaffe Jammerer und nicht selbstbestimmende, verantwortliche Personen. Was diese Nichtverantwortlichkeit für die Politik und Ökonomie der Selbstentscheidung bedeutet, ist selbstverständlich offensichtlich: es ist katastrophal. Die demokratische Gesellschaft der Eigenentscheidung muß Selbstbeweger, Selbstentscheider, Eigenwähler haben, die ihre eigenen Entscheidungen treffen, frei Handelnde, frei Wollende.

Die umfangreichen Experimente von Asch (20) und McClelland (326, 328) erlauben uns die Vermutung, daß die Selbstentscheider vielleicht 5 bis 30 Prozent der Bevölkerung ausmachen, abhängig von den jeweiligen Umständen. Von meinen selbstverwirklichenden Versuchspersonen sind 100 Prozent Selbstentscheider.

Schließlich muß ich eine Feststellung machen, obwohl sie sicher für viele Theologen, Philosophen und Wissenschaftler beunruhigend sein wird: selbstverwirklichende einzelne haben mehr «freien Willen» und sind weniger «determiniert» als die durchschnittliche Bevölkerung. Wie auch die Begriffe «freier Wille» und «Determinismus» operativ definiert werden mögen, in dieser Untersuchung sind sie empirische Realitäten. Außerdem sind sie graduelle Begriffe, im Ausmaß verschieden; es handelt sich nicht um Alles-oder-nichts-Begriffe.

Autonomie
Unabhängigkeit von Kultur und Umwelt
Wille
Aktiv Handelnde

Eine der Eigenschaften selbstverwirklichender Menschen, die bis zu einem gewissen Ausmaß viel, was wir bereits beschrieben haben, streift, ist ihre Unabhängigkeit von der physischen und sozialen Umwelt. Da sie von Wachstumsmotivation und nicht von Mangelmotivation angetrieben werden, sind selbstverwirklichende Personen in ihren Hauptbefriedigungen nicht von der realen Welt, oder anderen Menschen, oder von der Kultur, oder von Mitteln zum Zweck, oder im allgemeinen von äußeren Befriedigungen abhängig. Eher hängen sie in ihrer eigenen Entwicklung und in ihrem kontinuierlichen Wachstum von ihren eigenen Potentialitäten und latenten Quellen ab. So wie der Baum Sonne und Wasser und Nahrung braucht, so brauchen die meisten Menschen Liebe, Sicherheit und die anderen Befriedigungen von Grundbedürfnissen, die nur von außen kommen können. Doch sind diese äußeren Befriediger einmal vorhanden, die inneren Mängel von äußeren Befriedigern gesättigt, beginnt das wahre Problem der individuellen menschlichen Entwicklung, zum Beispiel die Selbstverwirklichung.
Diese Unabhängigkeit von der Umwelt bedeutet relative Stabilität angesichts harter Schläge, Entbehrungen, Frustrationen und ähnlichem. Solche Menschen können eine relative Gelassenheit inmitten von Umständen aufrechterhalten, die andere Menschen zum Selbstmord treiben würden; sie wurden auch als «in sich abgeschlossen» («self-contained») beschrieben.
Mangelmotivierte Menschen *müssen* andere Menschen verfügbar haben, da die meisten ihrer Hauptbedürfnisbefriedigungen (Liebe, Sicherheit,

Achtung, Prestige, Geborgenheit) nur von anderen menschlichen Wesen kommen können. Doch wachstumsmotivierte Menschen können von anderen in Wirklichkeit *behindert* sein. Die Determinanten der Befriedigung und des guten Lebens sind für sie dann intraindividuell und *nicht* sozial. Sie sind stark genug geworden, um von der guten Meinung anderer Menschen unabhängig zu werden, ja sogar von deren Zuneigung. Die Ehrungen, der Status, die Belohnungen, Popularität, Prestige und Liebe, die von anderen gewährt werden kann, werden weniger wichtig als Selbstentfaltung und inneres Wachstum (209, 360, 388, 403). Wir müssen uns erinnern, daß die beste Technik, die wir kennen, wenn auch nicht die einzige, um zu diesem Punkt relativer Unabhängigkeit von Liebe und Achtung zu gelangen, darin besteht, viel Liebe und Achtung in der Vergangenheit erhalten zu haben.

Unverbrauchte Wertschätzung

Selbstverwirklichende Menschen haben die wunderbare Fähigkeit, die grundlegenden Lebensgüter mit Ehrfurcht, Freude, Staunen, und sogar Ekstase immer wieder, unverbraucht und naiv, hochzuschätzen, wie schal auch diese Erfahrungen für andere geworden sind, was C. Wilson «Neuheit» (483) genannt hat. So wird für solche Menschen jeder Sonnenuntergang so schön sein wie der erste, jede Blume von atemberaubender Lieblichkeit, auch nachdem er eine Million Blumen gesehen hat. Das tausendste Baby, das er sieht, ist ein ebenso wunderbares Wesen wie das erste. Er bleibt von seinem Eheglück auch noch dreißig Jahre nach seiner Heirat überzeugt und ist ebenso überrascht von der Schönheit seiner Frau, wenn sie sechzig ist, als er es vierzig Jahre vorher war. Für solche Menschen kann auch der beiläufige Arbeitstag, das Geschäft des Lebens von Augenblick zu Augenblick aufregend, spannend und ekstatisch sein. Diese intensiven Gefühle stellen sich nicht immer ein; sie ergeben sich gelegentlich eher als gewöhnlich, auch in den unerwartetsten Augenblikken. Man kann den Fluß zehn Mal mit der Fähre überqueren und beim elften Mal eine starke Wiederkehr derselben Gefühle, Reaktionen der Schönheit und Erregung empfinden wie beim ersten Mal (115).

Es gibt einige Unterschiede in der Wahl schöner Gegenstände. Manche Versuchspersonen suchen primär die Natur auf. Für andere ist es primär das Kind, und für einige wenige klassische Musik; doch man kann sicherlich sagen, daß sie Ekstase, Inspiration und Stärke aus den Grunderfahrungen des Lebens gewinnen. Nicht einer unter ihnen wird zum Beispiel diese Art von Reaktion aus dem Besuch eines Nachtklubs oder dem Erhalt einer großen Geldsumme oder von einer gelungenen Party beziehen. Vielleicht sollte noch eine spezielle Erfahrung hinzugefügt werden: Für einige meiner Versuchspersonen haben die Sexualfreuden und besonders der Orgasmus nicht vorübergehende Lust geliefert, sondern irgendeine Art grundlegender Stärkung und Wiederbelebung, die manche Menschen aus der Musik oder Natur beziehen. Ich werde darüber im Abschnitt über die mystische Erfahrung mehr sagen.

Es ist wahrscheinlich dieser klare Reichtum der subjektiven Erfahrung, der einen Aspekt der Beziehung zum Konkreten und Unverbrauchten der *per se* Realität darstellt, wie sie weiter oben besprochen wurde. Vielleicht ist das, was wir eine schale Erfahrung nennen, eine Folge davon, daß man eine reiche Wahrnehmung in die eine oder andere Kategorie oder Rubrik einordnet, sobald sie sich nicht länger als vorteilhaft oder nützlich oder bedrohend oder anders, das Ich einbeziehend erweist (46).

Ich habe mich auch überzeugen lassen, daß die Gewöhnung an unsere Segnungen ein sehr wichtiger nicht-böser Ursprungsfaktor menschlichen Übels, menschlicher Tragödie und menschlichen Leidens ist. Was wir als gegeben annehmen, unterschätzen wir und wir neigen deshalb zu sehr dazu, ein wertvolles Geburtsrecht für eine Tasse Suppe zu verkaufen, Bedauern, Reue und geminderte Selbstachtung zurücklassend. Frauen, Ehemänner, Kinder, Freunde werden nach ihrem Tod bedauerlicherweise mehr geliebt und geschätzt als während ihres Lebens. Etwas Ähnliches gilt auch für physische Gesundheit, politische Freiheit, ökonomischen Wohlstand; wir lernen ihren wahren Wert kennen, nachdem wir sie verloren haben.

Herzbergs Untersuchungen der «Hygiene»-Faktoren in der Industrie (193), Wilsons Überlegungen über den St. Neot's-Margin (481, 483), meine Arbeit über «niedriges Nörgeln, hohes Nörgeln und Metanörgeln» (291) zeigen, daß man das Leben sehr verbessern könnte, wenn wir unsere Segnungen zählten, wie es die selbstverwirklichenden Menschen können und tun, und wenn wir ihr beständiges Bewußtsein des Glücks und der Dankbarkeit dafür behalten könnten.

Die mystische Erfahrung, die Grenzerfahrung

Jene subjektiven Eindrücke, die man die mystische Erfahrung genannt hat und die so gut von William James (212) beschrieben wurden, sind für unsere Versuchspersonen ziemlich geläufige Erfahrungen, wenn auch nicht für alle. Die starken, im vorigen Abschnitt beschriebenen Emotionen werden manchmal stark, chaotisch und weit genug, um mystische Erfahrungen genannt zu werden. Mein Interesse und meine Aufmerksamkeit für dieses Thema wurde zuerst von einigen meiner Versuchspersonen geweckt, die ihren Orgasmus in vage vertrauten Worten beschrieben hatten, die, wie ich mich später erinnerte, von verschiedenen Autoren für die Beschreibung dessen verwendet wurde, was sie mystische Erfahrung nannten. Es waren dieselben Gefühle des grenzenlosen Horizonts, der sich dem Blick öffnet, das Gefühl, gleichzeitig mehr mächtig und zugleich auch hilfloser zu sein als je zuvor, das Gefühl größter Ekstase und Ehrfurcht und großen Staunens, der Verlust des Gefühls für die Stellung in Zeit und Raum, und schließlich die Überzeugung, daß etwas extrem Wichtiges und Wertvolles geschehen war, so daß die Versuchsperson in einigem Ausmaß sogar in ihrem täglichen Leben von diesen Erfahrungen verwandelt und gestärkt wurde.
Es ist sehr wichtig, diese Erfahrung von jedem theologischen ober übernatürlichen Bezug zu trennen, obwohl sie Tausende Jahre damit verknüpft waren. Weil diese Erfahrung eine natürliche ist, im Geltungsbereich der Wissenschaft, nenne ich sie Grenzerfahrung.
Wir können von unseren Versuchspersonen auch lernen, daß solche Erfahrungen in einem weniger intensiven Grad vorkommen können. Die theologische Literatur hat allgemein eine absolute, qualitative Verschiedenheit zwischen der mystischen Erfahrung und allen anderen angenommen. Sobald sie von dem übernatürlichen Bezug getrennt und als ein Naturphänomen untersucht wird, kann man die mystische Erfahrung in

ein quantitatives Kontinuum von intensiv bis sanft stellen. Wir entdekken, daß die sanfte mystische Erfahrung bei vielen, vielleicht bei den meisten Menschen vorkommt, und daß sie sich beim bevorzugten einzelnen häufig einstellt, vielleicht sogar täglich.

Offensichtlich ist die akute mystische oder Grenzerfahrung eine ungeheure Intensivierung aller der Erfahrungen, in denen es einen Ich-Verlust oder eine Ich-Transzendenz gibt, zum Beispiel Konzentration auf ein Problem, Muga-Verhalten, wie es von Benedict (40) beschrieben wird, intensive sinnliche Erfahrung, selbstvergessendes und intensives Genießen der Musik oder Kunst. Weitere Untersuchungen der Grenzerfahrung werden in (252, 293, 310, 315) beschrieben.

Ich habe in den Jahren, seit diese Untersuchung begonnen wurde – 1935 – (sie geht noch immer weiter), gelernt, viel mehr als zuerst die Unterschiede zwischen «Grenzerfahrenden» und «Nicht-Grenzerfahrenden» zu betonen. Wahrscheinlich geht es nur um einen graduellen Unterschied, doch er ist sehr wichtig. Einige seiner Folgen werden detailliert in (315) behandelt. Wenn ich es sehr kurz zusammenfassen soll, würde ich sagen, daß die nichtgrenzerfahrenden Selbstverwirklicher die Tendenz zu haben scheinen, praktische, effektive Menschen zu sein, Mesomorphe, die in der Welt leben und darin erfolgreich sind. Grenzerfahrende scheinen *außerdem* im Bereich des Seins zu leben; der Poesie, Ästhetik; der Symbole; der Transzendenz; der «Religion» von der mystischen, persönlichen, nichtinstitutionellen Art; und der Enderfahrung. Meine Voraussage ist, daß sich dies als einer der entscheidenden charakterologischen «Klassenunterschiede» erweisen wird, entscheidend besonders für das gesellschaftliche Leben, weil es so aussieht, als wären die «nur gesunden», nicht grenzerfahrenden Selbstverwirklicher die gesellschaftlichen Weltverbesserer, die Politiker, die Sozialarbeiter, die Reformer, die Kreuzzügler, während die transzendierenden Grenzerfahrenden dazu tendieren, Poesie, Musik, Philosophie und Religion zu betreiben.

*Gemeinschaftsgefühl**

Dieses Wort, von Alfred Adler erfunden (2)*, ist das einzig verfügbare, das die Art des Gefühls selbstverwirklichender Versuchspersonen für die Menschheit beschreibt. Sie haben für menschliche Wesen im allgemeinen ein tiefes Gefühl der Identifikation, Sympathie und Zuneigung trotz gelegentlichem Ärger, Ungeduld oder Ekel, wie im folgenden beschrieben: Es ist, als wären sie alle Mitglieder derselben Familie. Deshalb haben sie alle den echten Wunsch, der menschlichen Rasse zu helfen. Die eigenen Gefühle dem Bruder gegenüber würden insgesamt zuneigungsvoll sein, auch wenn der Bruder töricht, schwach oder manchmal sogar unangenehm wäre. Man würde ihm dennoch leichter vergeben als dem Fremden.

Wenn der eigene Überblick nicht allgemein genug ist und sich nicht über eine lange Zeitperiode erstreckt, dann wird man dieses Gefühl der Identifikation mit der Menschheit nicht erkennen. Die selbstverwirklichende Person ist schließlich von allen anderen Menschen in ihren Gedanken, Trieben, Verhalten, Emotionen sehr verschieden. Wenn es darauf ankommt, ist sie in gewissen grundlegenden Weisen wie ein Fremder in einem fremden Land. Sehr wenige verstehen sie, auch wenn sie ihr Zuneigung entgegenbringen. Ein solcher Mensch ist häufig traurig, verzweifelt und sogar wütend über die Unzulänglichkeiten der durchschnittlichen Menschen. Während sie für ihn gewöhnlich nichts anderes sind als eine Belästigung, können sie zuweilen zur bitteren Tragödie werden. So fern sie ihnen zuweilen auch stehen mögen, fühlt dieser Mensch nichtsdestoweniger eine grundlegende Verwandtschaft mit diesen Geschöpfen, die er, wenn schon nicht mit Herablassung, so doch zumindest mit dem Wissen betrachten muß, daß er viele Dinge besser tun kann als sie es können, daß er Dinge sehen kann, die sie nicht sehen können, daß die Wahrheit, die für ihn so klar ist, für die meisten Menschen verhängt und verborgen ist. Dies ist, was Adler die «Älterer-Bruder-Haltung» genannt hat.

* Der Autor verwendet es deutsch.

Interpersonelle Beziehungen

Selbstverwirklichende Menschen haben tiefere und wertvollere interpersonelle Beziehungen als alle anderen Erwachsenen (obwohl nicht notwendigerweise tiefere als Kinder). Sie sind zu mehr Vereinigung, größerer Liebe, perfekterer Identifikation, mehr Beseitigung der Ich-Grenze fähig, als andere Menschen es für möglich halten würden. Es gibt jedoch gewisse spezielle Eigenschaften dieser Beziehungen. An erster Stelle habe ich beobachtet, daß die anderen Teilnehmer dieser Beziehungen wahrscheinlich gesünder sind und näher der Selbstverwirklichung stehen als der Durchschnitt, häufig *viel* näher. Es gibt hier eine hohe Selektivität, in Anbetracht des niedrigen Vorkommens solcher Menschen in der allgemeinen Bevölkerung.

Eine Folge dieses Phänomens und einiger anderer auch ist, daß selbstverwirklichende Menschen solche besonders tiefe Verbindungen nur mit wenigen einzelnen haben. Ihr Freundeskreis ist eher klein. Diejenigen, die sie tief lieben, sind wenige an der Zahl. Teilweise verhält es sich deshalb so, weil jemandem in dieser selbstverwirklichenden Form sehr nahe zu stehen, ziemlich viel Zeit zu beanspruchen scheint. Ergebenheit ist nicht eine Angelegenheit des Augenblicks. Eine Versuchsperson hat dies wie folgt ausgedrückt: «Ich habe keine Zeit für viele Freunde. Niemand hat sie, das heißt, wenn es sich um *wirkliche* Freunde handeln soll.» Die einzige mögliche Ausnahme in meiner Gruppe war eine Frau, die gesellschaftlich besonders gut ausgestattet schien. Es war fast, als wäre es ihre Lebensaufgabe, enge und tiefe Beziehungen mit allen Mitgliedern ihrer Familie und deren Familien wie auch mit allen ihren Freunden und den Freunden der Familie zu haben. Vielleicht deshalb, weil sie eine ungebildete Frau war, die keine formelle Aufgabe oder Karriere vor sich hatte. Diese Exklusivität der Ergebenheit kann zusammen mit einem weitverbreiteten Gemeinschaftsgefühl, Wohlwollen, Zuneigung und Freundlichkeit (wie oben beschrieben) auftreten und tut es auch. Solche Menschen haben die Tendenz, fast jedem gegenüber freundlich oder zumindest geduldig zu sein. Sie zeigen eine besonders zärtliche Liebe für Kinder und lassen sich von ihnen leicht rühren. In einem sehr realen, wenn auch besonderen Sinn lieben sie die ganze Menschheit, oder haben eher Mitgefühl für sie.

Diese Liebe schließt ein fehlendes Unterscheidungsvermögen nicht aus.

Tatsächlich sprechen die Selbstverwirklicher realistisch und streng über diejenigen, die es verdienen, und vor allem über die Heuchler, die Angeber, die Prahler oder die Schwülstigen. Doch auch die direkten Beziehungen sogar mit solchen Menschen zeigen nicht immer Zeichen niedriger Einschätzung. Eine Erklärung dazu war die folgende: «Die meisten Menschen sind letztlich belanglos, aber sie *hätten* etwas werden können. Sie machen alle Arten von törichten Fehlern und sind dann unglücklich und wissen nicht wie es so weit gekommen ist, wenn doch ihre Absichten nur gut waren. Die, die nicht nett sind, zahlen gewöhnlich dafür mit tiefem Unglücklichsein. Man sollte Mitleid mit ihnen haben anstatt sie anzugreifen.»

Vielleicht die kürzeste mögliche Beschreibung ist, zu sagen, daß ihre feindlichen Reaktionen anderen gegenüber 1. verdient sind, 2. oder zum Besten der angegriffenen Person oder einer anderen geschehen. Das heißt, mit Fromm zu behaupten, daß ihre Feindseligkeit nicht im Charakter begründet ist, sondern reaktiv oder situational ist.

Alle die Versuchspersonen, über die ich Ergebnisse vorliegen habe, zeigen eine andere gemeinsame Eigenschaft, die hier erwähnt werden soll, nämlich, daß sie zumindest einige Bewunderer, Freunde oder sogar Schüler oder Verehrer anziehen. Die Beziehung zwischen dem einzelnen und seiner Umgebung wird eher einseitig sein. Die Bewunderer werden mehr verlangen, als der einzelne geben will. Und außerdem können solche Verehrungen Verlegenheit bereiten, quälend oder sogar widerwärtig für die selbstverwirklichende Person sein, weil sie häufig die normalen Grenzen überschreiten. Das übliche Bild unserer Versuchspersonen ist eines, in dem sie freundlich und nett sind, wenn sie zu solchen Beziehungen gezwungen werden, aber sie gewöhnlich so elegant wie nur möglich zu vermeiden trachten.

Die demokratische Charakterstruktur

Alle meine Versuchspersonen ohne Ausnahme können als demokratische Menschen im tiefst möglichen Sinn angesprochen werden. Ich sage dies auf Grund einer vorangegangenen Analyse der autoritären (303) und demokratischen Charakterstrukturen, die zu kompliziert ist, um hier dargestellt zu werden. Man kann nur einige Aspekte dieses Verhaltens in einigen Zeilen beschreiben. Die Selbstverwirklicher haben alle die offensichtlichen oder offen liegenden demokratischen Eigenschaften. Sie können mit allen Menschen jeden Charakters freundlich sein und sind es, ungeachtet der Klasse, Erziehung, des politischen Glaubens, der Rasse oder Hautfarbe. Tatsächlich scheinen sie oft Unterschiede gar nicht wahrzunehmen, die für die Durchschnittsperson so deutlich und wichtig sind.

Ihr demokratisches Gefühl reicht über diese Eigenschaft hinaus. Zum Beispiel sind sie imstande, von jedem zu lernen, der sie etwas lehren kann – gleich welche anderen Eigenschaften er haben mag. In einer solchen Lernbeziehung versuchen sie nicht, irgendeine äußere Würde oder einen Status oder Prestige oder ähnliches aufrechtzuerhalten. Man könnte sogar behaupten, daß meine Versuchspersonen eine Eigenschaft gemeinsam haben, die man Bescheidenheit von einem gewissen Typus nennen könnte. Es ist ihnen allen sehr gut klar, wie wenig sie im Vergleich zu dem wissen, was man wissen könnte und was andere wissen. Deshalb ist es ihnen ohne Pose möglich, ehrlichen Respekt oder sogar Bescheidenheit Menschen zu bezeugen, die sie etwas lehren können, was sie nicht wissen, oder die eine Fähigkeit haben, die sie nicht haben. Sie zollen ehrlichen Respekt dem Tischler, der tüchtig in seinem Handwerk ist; oder jedem, der Meister seines Handwerks oder seiner Zunft ist.

Man muß sorgfältig zwischen diesem demokratischen Gefühl und einem Mangel an Unterscheidungsfähigkeit im Geschmack trennen oder dem undiskriminierenden Gleichsetzen aller Menschen untereinander. Die Selbstverwirklicher, selbst eine Elite, wählen als Freunde die Elite, aber es ist eine des Charakters, der Fähigkeiten und Begabungen und nicht eine der Geburt, Rasse, des Geblüts, des Namens, der Familie, des Alters, der Jugend, der Berühmtheit oder der Macht.

Am tiefgehendsten, doch auch am unbestimmtesten ist die schwer zu definierende Tendenz, ein gewisses Maß an Respekt für jedes menschliche Wesen aufzubringen, weil es menschlich ist; unsere Versuchspersonen scheinen nicht über einen bestimmten minimalen Punkt hinausgehen zu wollen, auch bei Halunken, in der Herabwürdigung, Herabsetzung, Erniedrigung. Und doch geht dies mit ihrem stark entwickelten Sinn für Recht und Unrecht, Gut und Böse einher. Sie werden wahrscheinlich eher mehr als weniger Übeltäter und übles Benehmen aufs Korn nehmen. Sie sind weit weniger ambivalent, verwirrt oder schwachen Willens über ihren eigenen Zorn als die Durchschnittsmenschen.

Unterscheidung zwischen Mittel und Zweck, Gut und Böse

Ich habe bei keinem meiner Versuchspersonen irgendeine chronische Unsicherheit hinsichtlich des Unterschieds zwischen richtig und falsch in seinem tatsächlichen Leben vorgefunden. Ob sie die Angelegenheit verbalisieren konnten oder nicht, sie zeigten selten in ihrem täglichen Leben das Chaos, die Verwirrung, die Inkonsistenz oder den Konflikt, die so allgemein in den ethischen Handlungen des durchschnittlichen Menschen auftreten. Man kann das auch in den folgenden Begriffen formulieren: Die Selbstverwirklicher sind stark ethisch veranlagt, sie haben definitive moralische Normen, sie tun das Richtige und nicht das Falsche. Man braucht es nicht zu sagen, aber ihre Ansichten über richtig und falsch und über Gut und Böse sind häufig nicht die konventionellen.

Dr. David Levy hat darauf hingewiesen, daß das, was ich mit dieser Eigenschaft ausdrücken möchte, vor einigen wenigen Jahrhunderten so aussah, daß die Selbstverwirklicher alle als Menschen beschrieben worden wären, die auf Gottes Pfaden wandeln oder als Männer Gottes. Einige wenige sagen, daß sie an Gott glauben, aber sie beschreiben diesen Gott mehr als einen metaphysischen Begriff als eine Person. Wenn man Religion nur in sozialbehavioralen Begriffen beschreibt, dann handelt es sich bei allen um religiöse Menschen, die Atheisten eingeschlossen. Doch wenn wir, mehr konservativ, den Begriff *Religion* verwenden, um das übernatürliche Element und die institutionelle Orthodoxie zu betonen (sicherlich die üblichere Verwendung), dann müssen unsere Antworten anders ausfallen, denn dann sind nur wenige Selbstverwirklicher religiös.

Selbstverwirklichende Menschen verhalten sich die meiste Zeit, als wäre für sie Mittel und Zweck deutlich unterscheidbar. Im allgemeinen beziehen sie sich mehr auf den Zweck als auf die Mittel, und die Mittel werden sehr definitiv dem Zweck untergeordnet. Dies jedoch ist eine zu einfache

Feststellung. Unsere Versuchspersonen komplizieren die Situation, indem sie als Zweck an sich viele Erfahrungen und Aktivitäten betrachten, die für andere Menschen nur ein Mittel sind. Unsere Versuchspersonen neigen irgendwie mehr dazu, die Tätigkeit um ihrer selbst willen und in einer absoluten Art und Weise zu schätzen; sie können häufig die Reise irgendwohin genauso genießen wie die Ankunft. Manchmal gelingt es ihnen, aus der trivialsten und gewohntesten Tätigkeit ein Spiel oder Tanzen werden zu lassen. Wertheimer hat darauf hingewiesen, daß die meisten Kinder so kreativ sind, daß sie Routine, mechanische und auswendig gelernte Erfahrungen, wie zum Beispiel in einem seiner Experimente den Transport von Büchern von einem Schrank zum anderen, in strukturiertes und unterhaltendes Spiel transformieren können, indem sie die Tätigkeit mit einem gewissen System oder Rhythmus durchführen.

Philosophischer, nicht feindseliger Sinn für Humor

Ein klarer und leicht zu machender Befund, weil für alle meine Versuchspersonen gültig, war, daß ihr Sinn für Humor nicht vom gewöhnlichen Typus ist. Sie halten es nicht für lustig, was der durchschnittliche Mensch als lustig betrachtet. So lachen sie nicht über feindselige Witze (jemanden zum Lachen zu bringen, indem man einen anderen verletzt), oder Überlegenheitswitze (über die Unterlegenheit eines anderen zu lachen) oder Witze aus Rebellion gegen Autorität (die wenig lustigen, oedipalen oder schmutzigen Witze). Charakteristischerweise ist das, was sie als Humor betrachten, mehr der Philosophie verbunden als etwas anderem. Man kann es auch den Humor des Realen nennen, weil er zum großen Teil daraus besteht, daß man sich über den Menschen im allgemeinen lustig macht, wenn sie sich töricht verhalten oder vergessen, was ihr Platz im Universum ist, oder Größe vorgeben, die sie nicht haben. Das kann die Form des Sich-über-Sich-Selbst-Lustig-Machens annehmen, aber es geschieht nicht in irgendeiner masochistischen oder in der Art und Weise eines Clowns. Lincolns Humor mag ein geeignetes Beispiel sein; wahrscheinlich machte Lincoln niemals einen Witz, der jemanden anderen verletzte; es ist auch wahrscheinlich, daß viele, oder die meisten seiner

Witze etwas zu sagen hatten, eine Funktion über das Lachen hinaus besaßen. Oft schienen sie Erziehung in einer verträglicheren Form zu sein, den Parabeln oder Fabeln verwandt.

Auf einer simplen quantitativen Basis kann über unsere Versuchspersonen gesagt werden, daß sie weniger häufig humorvoll sind als der Durchschnitt der Bevölkerung. Wortspiele, Witze, geistreiche Bemerkungen, witzige Antworten, Persiflage der gewöhnlichen Art kann man weit weniger häufig beobachten als den ziemlich gedankenvollen philosophischen Humor, der ein Lächeln eher als ein Lachen hervorruft, der in der Situation beruht und nicht ihr hinzugefügt wird, der eher spontan als ungeplant ist, und der sehr häufig nicht mehr wiederholt werden kann. Es sollte nicht weiter überraschen, daß der durchschnittliche Mensch, gewöhnt an Witzbücher und schallendes Gelächter, unsere Versuchspersonen eher als nüchtern und ernst beurteilt.

Ihr Humor kann sehr durchdringend sein; die conditio humana, menschlicher Stolz, Ernst, Betriebsamkeit, Ehrgeiz, Streben und Planen können alle als unterhaltend, humorvoll, ja sogar lustig betrachtet werden. Ich habe einmal, glaube ich, diese Haltung in einem Raum voll von «kinetischer Kunst» verstanden, der mir eine humorvolle Parodie des menschlichen Lebens zu sein schien, mit seinem Lärm, seiner Bewegung, seiner Aufregung, Eile und Geschäftigkeit, ohne Zweck und Ziel. Eine ähnliche Haltung färbt auch auf die Berufsarbeit ab, die in einem gewissen Sinn ebenfalls Spiel ist, und die, obwohl ernst genommen, irgendwie auch leicht genommen wird.

*Kreativität SV**

Sie ist eine allgemeine Eigenschaft aller der untersuchten oder beobachteten Versuchspersonen und zwar ohne Ausnahme. Jeder zeigt in der einen oder anderen Art eine besondere Kreativität oder Originalität oder Er-

* SV-Selbstverwirklichung. Der Autor verwendet seit diesem Kapitel den Index «SV» als Zeichen dafür, daß es sich um den jeweiligen Begriff als Eigenschaft von selbstverwirklichenden Menschen bzw. seinen Versuchspersonen handelt.

findungsgabe, die bestimmte bezeichnende Merkmale hat. Sie können besser im Licht der Ausführungen an einer späteren Stelle dieses Kapitels verstanden werden. Einmal ist sie von der Kreativität als besonderer Begabung des Mozart-Typus verschieden. Wir müssen der Tatsache ins Gesicht sehen, daß das sogenannte Genie Fähigkeiten aufweist, die wir nicht verstehen. Alles, was wir von ihnen sagen können, ist, daß sie offenbar mit einem Antrieb und einer Kapazität versehen sind, die ziemlich wenig Beziehung zum Rest der Persönlichkeit haben, und mit denen sie, der Beweislage nach, geboren zu sein scheinen. Mit solchen Begabungen brauchen wir uns hier nicht zu befassen, da sie nicht auf psychischer Gesundheit oder Grundbefriedigung beruhen. Die Kreativität des selbstverwirklichenden Menschen scheint eher der naiven und allgemeinen Kreativität unverwöhnter Kinder verwandt zu sein. Sie scheint mehr ein grundlegendes Merkmal der allgemeinen menschlichen Natur zu sein – eine Potentialität, die alle menschlichen Wesen in die Wiege gelegt bekommen. Die meisten verlieren sie, sobald sie angepaßt werden, doch einige wenige scheinen entweder diese frische und naive, direkte Art der Lebensbetrachtung behalten zu haben, oder, wenn sie in Verlust geraten ist, sie später im Leben wiederzuentdecken. Santayana nannte das die «zweite Naivität», eine sehr gute Bezeichnung.

Diese Kreativität taucht bei einigen unserer Versuchspersonen nicht in den üblichen Formen des Bücherschreibens, Komponierens oder Herstellens von künstlerischen Gegenständen auf, sondern kann eher sehr bescheiden sein. Es ist, als würde diese spezielle Art der Kreativität, als Ausdruck der gesunden Persönlichkeit auf die Welt projiziert werden oder würde alle Aktivität berühren, in der man sich engagiert. In diesem Sinn kann es kreative Schuhmacher oder Tischler oder Beamte geben. Was man tut, kann mit einer gewissen Haltung getan werden, in einem gewissen Geist, der aus der Natur des Charakters der Person entsteht. Man kann sogar *kreativ* sehen, wie das Kind es tut.

Diese Eigenschaft wird hier herausgearbeitet, der Beschreibung wegen, als wäre sie getrennt von den Eigenschaften, die ihr vorangehen und aus ihr folgen, was nicht der Fall ist. Wenn wir hier von Kreativität sprechen, beschreiben wir vielleicht nur von einem anderen Standpunkt aus, nämlich von jenem der Konsequenzen, was wir vorher als größere Frische, Durchdringung und Wirksamkeit der Wahrnehmung beschrieben haben. Die Selbstverwirklicher scheinen das Wahre und das Reale leichter zu erkennen. Deshalb erscheinen sie anderen, begrenzten Menschen kreativ. Außerdem, wie wir gesehen haben, sind solche Personen weniger gehemmt, weniger eingeschränkt, weniger gebunden, mit einem Wort, weniger angepaßt. In positiveren Begriffen sind sie spontaner, natürlicher, menschlicher. Dies hätte ebenfalls zur Folge, was anderen Menschen wie Kreativität vorkommen mag. Wenn wir annehmen, wie wir es aus unseren Kinderuntersuchungen tun können, daß alle Menschen einmal spontan waren, und es in ihrem tiefsten Inneren noch immer sind, daß sie aber zusätzlich zu ihrer tiefen Spontaneität eine oberflächliche, aber mächtige Hemmung haben, dann muß diese Spontaneität in Schach gehalten werden, um nicht zu oft aufzuscheinen. Wenn es keine hemmenden Kräfte gäbe, würden wir erwarten, daß alle Menschen diesen speziellen Kreativitätstypus zeigen.

Widerstand gegen die Anpassung
Die Transzendenz jeder besonderen Kultur

Selbstverwirklichende Menschen sind nicht gut angepaßt (im naiven Sinn des Billigens der Kultur und der Identifizierung mit ihr). Sie kommen mit der Kultur in verschiedener Weise aus, aber man kann von ihnen allen sagen, daß sie einer bestimmten tiefgehenden und sinnvollen Art der Anpassung widerstehen (295) und eine bestimmte innere Distanz zu der Kultur aufrechterhalten, in der sie sich befinden. Da in der Literatur über Kultur und Persönlichkeit, über den Widerstand gegen die Formung durch die Kultur sehr wenig gesagt wurde, und da, wie Riesman (398) deutlich gezeigt hat, der rettende Rest besonders wichtig für die amerikanische Gesellschaft ist, sind sogar unsere mageren Angaben von einiger Bedeutung.

Im ganzen ist die Beziehung dieser gesunden Menschen mit ihrer viel weniger gesunden Kultur komplex; zumindest die folgenden Komponenten lassen sich herauspräparieren:

1. Alle diese Menschen befinden sich innerhalb der Grenzen der offenkundigen Konformität in der Wahl der Kleidung, der Sprache, der Nah-

rung, der Art und Weise, wie Dinge in unserer Kultur getan werden. Und doch sind sie nicht *wirklich* konformistisch, sicherlich aber nicht modisch oder smart oder schick.

Ihre innere Haltung, wie sie zum Ausdruck kommt, ist gewöhnlich, daß von wenig Bedeutung ist, welche Gebräuche befolgt werden, daß eine Garnitur von Verkehrsregeln so gut ist wie die andere, daß sie, wenn sie auch das Leben glätten, doch nicht genügend Bedeutung haben, daß man sich über sie aufregt. Hier sehen wir wiederum die allgemeine Tendenz solcher Menschen, Zustände, die sie für unwichtig oder unabänderlich oder nicht von primärem Belang für sich als einzelne halten, einfach zu akzeptieren. Da die Wahl der Schuhe oder der Frisur oder der Höflichkeit oder des Betragens auf einer Party nicht von primärem Belang für unsere Versuchspersonen ist, antworten sie darauf nur mit Achselzucken. Es handelt sich ja nicht um Fragen der Moral.

Da jedoch diese tolerante Hinnahme harmloser Volksgebräuche nicht Billigung und Identifikation bedeutet, wird ihr Nachgeben der Konvention gegenüber eher beiläufig und zufällig sein, mit Abweichungen in Richtung von Direktheit, Ehrlichkeit, Energiesparen usw. In der Zwickmühle, wenn das Nachgeben den Konventionen gegenüber zu ärgerlich oder zu aufwendig ist, enthüllt sich die offensichtliche Konventionalität als das, was sie ist, nämlich als oberflächlich und wird so leicht abgelegt wie ein Mantel.

2. Kaum einer kann im jugendlichen oder revolutionären Sinn ein Rebell gegen die Autorität genannt werden. Meine Versuchspersonen zeigen keine aktive Ungeduld, oder chronische, langzeitige Unzufriedenheit mit der Kultur oder wollen sie rasch ändern, obwohl sie häufig Ausbrüche von Empörung über die mangelnde Gerechtigkeit zeigen. Eine der Versuchspersonen, die ein aktiver Rebell in der Jugend war, ein Gewerkschaftsorganisator in den Tagen, wo dies noch ein sehr gefährlicher Beruf war, gab aus Hoffnungslosigkeit und Ekel auf. Als er über die Langsamkeit gesellschaftlicher Änderung resignierte (in dieser Kultur und in jener Ära), wandte er sich schließlich der Erziehung zu. Alle anderen zeigen, was man ein ruhiges, langdauerndes Interesse an der Verbesserung der Kultur nennen könnte und was für mich zu bedeuten scheint, daß sie die Langsamkeit des Wandels zusammen mit seiner unfraglichen Erwünschtheit und Notwendigkeit akzeptieren.

Das bedeutet keineswegs einen Mangel an kämpferischer Veranlagung. Wenn rascher Wandel möglich ist oder wenn Entschlossenheit und Courage gebraucht werden, sind sie bei solchen Menschen verfügbar. Obwohl es sich bei ihnen nicht um Radikale im gewöhnlichen Sinn handelt, glaube ich, daß sie es leicht sein *könnten*. Denn vor allem sind sie primär eine intellektuelle Gruppe (man muß sich in Erinnerung rufen, wer sie ausgesucht hat), die meisten haben bereits eine Mission und fühlen, daß sie etwas wirklich Wichtiges zur Weltverbesserung beitragen. Zweitens sind sie eine realistische Gruppe und scheinen unwillig zu sein, große, aber nutzlose Opfer zu bringen. In einer drastischeren Situation erscheint es sehr wahrscheinlich, daß sie willens wären, ihre Arbeit zugunsten radikaler gesellschaftlicher Aktion aufzugeben; zum Beispiel der Anti-Nazi-Untergrund in Deutschland oder Frankreich. Mein Eindruck ist, daß sie nicht gegen das Kämpfen an sich, sondern nur gegen unwirksames Kämpfen sind.

Ein anderer Punkt, der in der Diskussion recht häufig erwähnt wurde, war, daß man wünschte, das Leben zu genießen und es sich gut gehen zu lassen. Das scheint für alle bis auf einen unvereinbar mit direkter und ausschließlicher Rebellion zu sein. Außerdem erscheint es ihnen als zu großes Opfer angesichts der kleinen Gewinne, die zu erwarten sind. Die meisten hatten ihre Kampfepisoden, waren ungeduldig und eifrig in ihrer Jugend und lernten in vielen Fällen, daß ihr Optimismus hinsichtlich rascher Änderungen ungerechtfertigt war. Worauf sie sich als Gruppe einigten, war eine ruhige, gutmütige tägliche Anstrengung zur Besserung der Kultur, gewöhnlich von innen her, anstatt sie ganz zurückzuweisen und sie von außen her zu bekämpfen.

3. Das innere Gefühl der Distanz zur Kultur ist nicht notwendigerweise bewußt, wird jedoch von allen gezeigt, besonders in den Diskussionen über die amerikanische Kultur als Ganzes, in verschiedenen Vergleichen mit anderen Kulturen und in der Tatsache, daß sie sehr häufig imstande zu sein scheinen, von ihr zurückzutreten, als würden sie nicht ganz zu ihr gehören. Die Mischung von Zuneigung oder Billigung und Feindseligkeit und Kritik in verschiedenem Verhältnis deutete darauf hin, daß sie aus der amerikanischen Kultur das heraussuchen, was ihrer Meinung nach gut ist, und verwerfen, was sie für schlecht halten. Mit einem Wort, sie wägen ab, versuchen, probieren und treffen dann ihre eigene Entscheidung.

Das unterscheidet sich sicherlich sehr von der gewöhnlichen Art und Weise des passiven Nachgebens der kulturellen Formung gegenüber, wie sie zum Beispiel von den ethnozentrischen Subjekten vieler Studien der autoritären Persönlichkeit gezeigt wird. Es unterscheidet sich auch von der totalen Zurückweisung dessen, was schließlich und endlich eine relativ gute Kultur ist, das heißt, verglichen mit anderen Kulturen, die tatsächlich *existieren,* und nicht mit dem Phantasiehimmel der Vollkommenheit (oder, wie es eine Knopfinschrift ausdrückte: Nirwana *jetzt!*).
Distanz zur Kultur spiegelt sich wahrscheinlich auch in der Distanz unserer selbstverwirklichenden Versuchspersonen zu anderen Menschen, in ihrer Vorliebe für Privatheit, die oben beschrieben wurde, wie auch in ihrem weniger als durchschnittlichen Bedürfnis nach dem Vertrauten und Gewohnten.

4. Aus diesen und anderen Gründen kann man sie autonom nennen, das heißt, von den Gesetzen beherrscht, die sich aus ihrem eigenen Charakter ergeben und nicht von jenen der Gesellschaft. Und in diesem Sinn sind sie auch nicht nur oder bloß Amerikaner, sondern auch in einem größeren Ausmaß als andere Mitglieder der menschlichen Spezies. Zu sagen, daß sie sich über der amerikanischen Kultur befinden, wäre bei strenger Interpretation irreführend, denn schließlich sprechen sie amerikanisch, handeln amerikanisch, haben amerikanischen Charakter und so weiter.

Und doch sind wir, wenn wir sie mit den Übersozialisierten, Robotisierten oder Ethnozentrischen vergleichen, unwiderstehlich versucht, die Hypothese aufzustellen, daß es sich bei dieser Gruppe nicht einfach um eine andere Subkultur handelt, sondern um eine weniger angepaßte, weniger breitgeschlagene, weniger verformte. Dies bedeutet graduelle Verschiedenheit und Plazierung in einem Kontinuum, das von der relativen Akzeptierung der Kultur bis zur relativen Distanz zu ihr reicht.

Wenn sich dies als eine haltbare Annahme herausstellt, kann man daraus zumindest eine weitere ableiten, daß nämlich diese einzelnen in verschiedenen Kulturen, die von ihrer Kultur einigermaßen distanziert sind, nicht nur einen weniger nationalen Charakter haben sollten, sondern einander auch in gewissen Aspekten ähneln müßten, mehr als den weniger entwickelten Mitgliedern ihrer eigenen Gesellschaften.

Zusammenfassend kann die ewige Frage, ob es möglich ist, ein guter oder gesunder Mensch in einer unvollkommenen Kultur zu sein, durch die

Beobachtung beantwortet werden, daß es für relativ gesunde Menschen möglich *ist*, sich in der amerikanischen Kultur zu entfalten. Sie kommen zurecht durch eine komplexe Kombination innerer Autonomie und äußerlicher Akzeptierung, die selbstverständlich nur so lang möglich sein wird, solange die Kultur Toleranz für diese Art distanzierter Verweigerung kompletter kultureller Identifikation zeigt.

Selbstverständlich handelt es sich nicht um ideale Gesundheit. Unsere unvollkommene Gesellschaft erzwingt klarerweise Hemmungen und Zurückhaltung von unseren Versuchspersonen. In dem Ausmaß, in dem sie ihre kleinen Geheimnisse aufrechterhalten müssen, ist ihre Spontaneität vermindert und sind einige ihrer Potentialitäten nicht verwirklicht. Und da nur wenige Menschen in unserer Kultur Gesundheit erreichen können (oder vielleicht in *jeder* Kultur), sind diejenigen, die sie erreichen, einsam, ohne die Gesellschaft von ihresgleichen, und deshalb weniger spontan und weniger verwirklicht[1].

Die Unvollkommenheiten der selbstverwirklichenden Menschen

Gewöhnlich begehen Romanautoren, Dichter und Essayisten bei der Beschreibung guter Menschen den Fehler, sie so gut zu machen, daß sie eine Karikatur sind, so daß sich niemand mit ihnen identifizieren will. Die eigenen Wünsche des einzelnen nach Vollkommenheit und seine Schuldgefühle und seine Scham über seine Unzulänglichkeiten werden auf verschiedene Arten von Menschen projiziert, von denen der Durchschnittsmensch weit mehr verlangt, als er selbst gibt. So stellt man sich Lehrer und Priester manchmal als freudlose Menschen vor, die keine weltlichen Wünsche und keine Schwächen haben. Ich glaube, daß die meisten Romanautoren, die versucht haben, gute (gesunde) Menschen zu zeichnen, eben dies getan haben, sie zu Marionetten oder unwirklichen Projektionen unwirklicher Ideale machten, anstatt zu robusten, herzlichen, lustvollen Individuen, die wirklich sind. Unsere Versuchs-

[1] Ich schulde Dr. Tamara Dembo Dank für ihre Hilfe bei diesem Problem.

personen weisen viele der kleineren menschlichen Fehler auf. Sie sind ebenfalls mit dummen, verschwenderischen oder gedankenlosen Gewohnheiten belastet. Sie können langweilig, hartnäckig, irritierend sein. Sie sind keineswegs frei von einer ziemlich oberflächlichen Eitelkeit, von Stolz, Parteinahme für ihre eigenen Produktionen, ihre Familie, Freunde und Kinder. Zornausbrüche sind nicht selten.

Unsere Versuchspersonen sind gelegentlich zu einer außergewöhnlichen und unerwarteten Skrupellosigkeit fähig. Man muß sich erinnern, daß es sich um sehr starke Menschen handelt. Das ermöglicht ihnen, eine kühle Distanz zu zeigen, wenn es verlangt wird, die außerhalb der Reichweite des Durchschnittsmenschen liegt. Jemand, der herausfand, daß ein Bekannter, dem er lange vertraut hatte, unehrlich war, brach die Freundschaft scharf und abrupt und ohne irgendwelchen beobachtbaren Skrupel ab. Eine Frau, die mit jemandem verheiratet war, den sie nicht liebte, entschied sich für eine Scheidung mit einer Plötzlichkeit und Entschiedenheit, die fast wie Skrupellosigkeit aussah. Manche erholen sich so rasch vom Tod von nahestehenden Menschen, daß es fast herzlos erscheint.

Nicht nur sind diese Menschen stark, sondern auch unabhängig von den Meinungen anderer Menschen. Eine Frau, von der muffigen Konventionalität einiger Menschen äußerst irritiert, die ihr bei einer Versammlung vorgestellt wurden, ging aus sich heraus und schockierte durch ihre Sprache und durch ihr Betragen. Man könnte sagen, daß es richtig war, in dieser Art auf Irritation zu reagieren, doch ein weiteres Ergebnis war, daß diese Leute nicht nur gegenüber der Frau vollkommen feindselig waren, sondern auch gegenüber den Freunden, in deren Haus es zu der Begegnung gekommen war. Während unsere Versuchsperson diese Menschen abstoßen *wollte,* wollten es der Gastgeber und seine Frau nicht.

Wir erwähnen ein weiteres Beispiel, das sich primär aus der Vertiefung unserer Versuchspersonen in eine unpersönliche Welt ergibt. In ihrer Konzentration, in ihrem faszinierten Interesse, in ihrer Hingabe an irgendein Phänomen oder ein Problem, können sie abwesend in ihren Gedanken oder humorlos werden und ihre normale Höflichkeit vergessen. Unter solchen Umständen sind sie imstande, sich klar und deutlich als völlig uninteressiert an Konversation, Partys oder ähnlichem zu zeigen, und werden eine Sprache oder ein Betragen an den Tag legen, die quälend, schockierend, beleidigend oder verletzend für andere ist. Andere unerwünschte (zumindest vom Standpunkt der anderen gesehen) Folgen der Distanziertheit sind schon früher aufgezählt worden.

Sogar ihre Freundlichkeit kann sie zu Fehlern verleiten, zum Beispiel aus Mitleid heiraten, zu engen Kontakt mit Neurotikern, Langweilern, unglücklichen Menschen aufnehmen und es dann bedauern, Gaunern für einige Zeit erlauben, daß sie sich aufdrängen, mehr geben als sie sollten, so daß sie gelegentlich Parasiten und Psychopathen ermuntern und so weiter.

Schließlich wurde bereits darauf hingewiesen, daß auch diese Menschen *nicht* frei von Schuld, Angst, Trauer, Selbstbestrafung, Selbstvorwürfen, innerer Zerrissenheit und Konflikt sind. Die Tatsache, daß dies aus nichtneurotischen Quellen kommt, ist für die meisten Menschen heute (sogar für die meisten Psychologen) von wenig Bedeutung, die dann dazu tendieren, sie aus diesen Gründen für *un*gesund zu halten.

Was mich das gelehrt hat, sollten wir alle, meine ich, lernen. *Es gibt keine perfekten menschlichen Wesen!* Man kann Menschen finden, die gut sind, sehr gut, de facto großartig. Es gibt Schöpfer, Seher, Weise, Heilige, Menschen, die etwas in Bewegung setzen, und solche, die etwas verändern. Shaker und Mover. Das gewährt uns sicherlich Hoffnung für die Zukunft der Spezies, auch wenn sie selten sind und nicht dutzendweise auftreten. Und doch können solche Menschen zuweilen langweilig, irritierend, launenhaft, egoistisch, zornig oder deprimiert sein. Um Desillusionierung mit der menschlichen Natur zu vermeiden, müssen wir zuerst unsere Illusionen über sie aufgeben.

Werte und Selbstverwirklichung

Feste Grundlagen für ein Wertsystem werden dem Selbstverwirklicher automatisch durch seine philosophische Akzeptierung der Natur seiner selbst, des Menschen, des sozialen Lebens und der physikalischen Realität gewährt. Diese Akzeptierungswerte zählen für einen hohen Prozentsatz seiner gesamten Werturteile von Tag zu Tag. Was er billigt, mißbilligt, fordert oder verneint, was ihn freut oder ihm mißfällt kann man häufig als Oberflächenderivationen dieses Quellenmerkmals der Akzeptierung verstehen.

Nicht nur wird diese Grundlage automatisch (und universell) *allen* Selbstverwirklichern durch ihre innere Dynamik zur Verfügung gestellt (so daß zumindest in dieser Hinsicht die voll entwickelte menschliche Natur universell und kulturell invariant sein mag); auch andere Determinanten werden von der selben Dynamik geliefert. Darunter sind: 1. seine sonderbar unproblematische Beziehung zur Realität, 2. sein Gemeinschaftsgefühl, 3. sein grundlegend befriedigter Zustand, aus dem sich als Epiphänomene verschiedene Folgen des Überschusses, des Reichtums, des Überflusses ergeben, 4. seine charakteristisch differenzierenden Beziehungen zu Mittel und Zweck und so weiter (siehe weiter oben).

Eine der wichtigsten Folgen dieser Haltung der Welt gegenüber wie auch deren Bestätigung ist die Tatsache, daß Konflikt und Kampf, Ambivalenz und Unsicherheit in der Wahl in verschiedenen Bereichen des Lebens zurückgehen oder verschwinden. Offenbar ist vieles an der sogenannten «Moralität» weitgehend ein Epiphänomen des Nicht-Akzeptierens oder der Unzufriedenheit. Viele Probleme werden gegenstandslos und verschwinden in der Atmosphäre heidnischer Akzeptierung. Das Problem erscheint nicht sehr gelöst; eher sieht man, daß es kein immanentes Problem gegeben hat, sondern nur ein von Kranken geschaffenes, zum Beispiel Kartenspielen, Tanzen, kurze Kleider tragen, ohne Kopfbedeckung in manchen Kirchen erscheinen und in anderen mit Kopfbedeckung, Weintrinken, oder dieses Fleisch essen und anderes nicht, oder es an einigen Tagen essen und an anderen nicht. Solche Trivialitäten werden nicht nur zum Verschwinden gebracht; der Prozeß geht auch auf einer wichtigeren Ebene weiter, zum Beispiel den Beziehungen zwischen den Geschlechtern, den Haltungen der Körperstruktur gegenüber und zu seinem Funktionieren und zum Tod selbst.

Die Zurückführung dieser Erkenntnis auf tieferliegende Ebenen hat bei dem Autor die Meinung hervorgerufen, daß vieles, was als Moral, Ethik und Wert aussieht, einfach das Nebenprodukt der alles durchdringenden Psychopathologie des Durchschnittlichen ist. Viele Konflikte, Frustrationen und Bedrohungen (die jene Art der Wahl erzwingen, in der sich Werte ausdrücken) verdampfen und lösen sich für die selbstverwirklichende Person in derselben Art und Weise auf wie die Konflikte über das Tanzen. Für Selbstverwirklicher stellt sich der scheinbar unversöhnliche Kampf der Geschlechter nicht als Konflikt, sondern als vergnügliche

Zusammenarbeit dar. Die antagonistischen Interessen von Erwachsenen und Kindern stellen sich als gar nicht so sehr antagonistisch heraus. Wie bei den Sexual- und Altersunterschieden, verhält es sich auch mit den Verschiedenheiten der Natur, der Klasse und Kaste, der Politik, der Rollen, der Religionen und so fort. Soweit wir wissen, sind das alles fruchtbare Böden für die Erzeugung von Angst, Furcht, Feindseligkeit, Aggression, Defensivität und Eifersucht. Doch es beginnt sich herauszustellen, daß sie es nicht sein *müssen*, denn die Reaktion unserer Versuchspersonen auf Unterschiede ist weit weniger häufig von dieser unerwünschten Art. Sie neigen mehr dazu, Unterschiede zu genießen als sie zu fürchten.

Wenn man die Beziehung Lehrer-Schüler als ein spezifisches Paradigma nimmt, dann verhielten sich unsere Lehrer-Versuchspersonen sehr unneurotisch, einfach, indem sie die ganze Situation verschieden interpretierten, zum Beispiel als eine angenehme Zusammenarbeit und nicht als einen Zusammenprall des Willens, der Autorität, der Würde und so weiter; der Ersatz künstlicher Würde – die leicht und unvermeidlicherweise bedroht werden kann – durch die natürliche Einfachheit, die *nicht* leicht bedroht werden kann; die Aufgabe des Versuchs, allwissend und allmächtig zu sein; die Abwesenheit der die Studenten bedrohenden überspannten Autorität; die Ablehnung, die Studenten als untereinander oder mit dem Lehrer konkurrierend zu betrachten; die Weigerung, das professorale Stereotyp einzunehmen und das Beharren darauf, realistischerweise menschlich zu bleiben wie, sagen wir, ein Installateur oder ein Tischler; das alles schafft eine Schulatmosphäre, in der Verdacht, Vorsicht, Verteidigung, Feindseligkeit und Angst zu verschwinden neigen. So werden auch ähnliche Bedrohungsreaktionen in Ehe, Familie und anderen interpersonalen Situationen verschwinden, wenn die Bedrohung selbst herabgesetzt wird.

Die Prinzipien und die Werte verzweifelter Menschen und psychologisch Gesunder müssen sich zumindest in einiger Hinsicht unterscheiden. Beide haben zutiefst verschiedene Wahrnehmungen (Interpretationen) der physischen, der sozialen und der privaten psychologischen Welt, deren Organisation und Ökonomie zum Teil vom eigenen Wertsystem verantwortet wird. Für den grundlegend frustrierten Menschen ist die Welt ein gefährlicher Ort, ein Dschungel, ein feindliches Land, bevölkert

1. von jenen, die er dominieren kann, und 2. jenen, die ihn dominieren. Sein Wertsystem wird notwendigerweise, wie dasjenige jedes Dschungelbewohners, von den niedrigeren Bedürfnissen, besonders den animalischen und den Sicherheitsbedürfnissen dominiert und organisiert. Der grundlegend Befriedigte stellt einen anderen Fall dar. Er kann es sich aus seiner Überflußsituation heraus leisten, diese Bedürfnisse und ihre Befriedigung als gegeben anzunehmen und kann sich den höheren Befriedigungen widmen. Das bedeutet nicht nur, daß ihre Wertsysteme verschieden sind; tatsächlich *müssen* sie verschieden sein.

Der oberste Teil des Wertsystems eines Selbstverwirklichers ist vollkommen einzigartig und idiosynkratischerweise hinsichtlich der Charakterstruktur expressiv. Das muß per definitionem richtig sein, denn Selbstverwirklichung ist die Verwirklichung eines Ichs und keine zwei Ich sind ganz gleich. Es gibt nur einen Renoir, einen Brahms, einen Spinoza. Unsere Versuchspersonen hatten vieles gemeinsam, wie wir gesehen haben, und doch waren sie zur gleichen Zeit vollständig individualisiert, unmißverständlich sich selbst, weniger leicht mit anderen zu verwechseln, als es jede durchschnittliche Kontrollgruppe sein könnte. Das bedeutet, daß sie gleichzeitig einander sehr ähnlich und sehr verschieden voneinander sind. Sie sind vollständiger individuell als jede Gruppe, die je beschrieben wurde, und doch auch kompletter sozialisiert, mit der Menschlichkeit mehr identifiziert als jede andere bisher beschriebene Gruppe. Sie befinden sich sowohl ihrer Spezieshaftigkeit wie auch ihrer einzigartigen Individualität näher.

Die Auflösung von Dichotomien in der Selbstverwirklichung

An diesem Punkt angelangt, können wir uns schließlich erlauben, eine sehr wichtige theoretische Schlußfolgerung zu verallgemeinern und zu unterstreichen, die sich aus der Untersuchung selbstverwirklichender Menschen ergibt. An einigen Punkten in diesem – und in anderen Kapiteln – ergab sich die Schlußfolgerung, daß das, was in der Vergangenheit als Gegensätze oder Polaritäten oder Dichotomien betrachtet wurde, es *nur bei den weniger gesunden Menschen war.* Bei gesunden wurden diese Dichotomien aufgelöst, die Polaritäten verschwanden und viele Gegensätze wurden als im Innern verschmolzen und miteinander zu einer Einheit verwachsen betrachtet. Doch siehe auch (82).

Zum Beispiel sieht man die uralte Gegensätzlichkeit zwischen Herz und Kopf, Vernunft und Instinkt, Kognition und Konation bei gesunden Menschen verschwinden, wenn sie synergisch eher als antagonistisch werden, und wo der Konflikt zwischen ihnen verschwindet, weil sie dasselbe aussagen und auf dieselbe Schlußfolgerung verweisen. Mit einem Wort, es befindet sich bei diesen Menschen das Begehren in ausgezeichnetem Einklang mit der Vernunft. St. Augustins «Liebe Gott und tue was du willst» kann man leicht mit «Sei gesund und dann kannst du deinen Trieben vertrauen» übersetzen.

Die Dichotomie zwischen Egoismus und Selbstlosigkeit verschwindet bei gesunden Menschen in Ganzheit, weil im Prinzip jede Handlung sowohl egoistisch wie selbstlos ist (312). Unsere Versuchspersonen sind gleichzeitig sehr durchgeistigt und sehr heidnisch und sinnlich, sogar bis zu dem Punkt, wo Sexualität ein *Weg* zum Geistigen und «Religiösen» wird. Man kann nicht Pflicht dem Vergnügen oder Arbeit dem Spiel entgegensetzen, wenn Pflicht Vergnügen und Arbeit Spiel ist und wenn die Person, die ihre Pflicht tut und tugendhaft ist, gleichzeitig Vergnügen und Glück sucht. Wenn die am meisten sozial identifizierten Menschen selbst auch die am meisten individualistischen sind, welchen Nutzen hat es, die Polarität zu behalten? Wenn die am meisten reifen auch die kindlichsten sind? Und wenn die ethischsten und moralischsten auch die sinnlichsten und animalischsten sind?

Ähnliche Ergebnisse ergaben sich für Freundlichkeit–Skrupellosigkeit, Konkretheit–Abstraktheit, Akzeptierung–Rebellion, Ich–Gesellschaft, Anpassung–Nichtanpassung, Distanz–Identifikation, ernst–humorvoll, dionysisch–apollinisch, introvertiert–extravertiert, intensiv–lässig, ernst–frivol, konventionell–unkonventionell, mystisch–realistisch, aktiv–passiv, maskulin–feminin, Lust–Liebe und Eros–Agape. Bei den Selbstverwirklichern arbeiten das Es, Ich und Über-Ich zusammen und sind synergisch; sie kämpfen nicht untereinander noch sind ihre Interessen in grundlegendem Konflikt wie bei Neurotikern. Auch das Kognitive, Triebhafte und Emotionale verschmelzen zu einer organismischen

Einheit und in eine nichtaristotelische Durchdringung. Das Höhere und das Niedrigere befinden sich nicht im Gegensatz, sondern in Übereinstimmung, und Tausende ernste philosophische Dilemmas bekommen plötzlich mehr als nur zwei Hörner oder, paradoxerweise, keine mehr. Wenn der Kampf der Geschlechter bei reifen Menschen kein Krieg mehr ist, sondern nur ein Zeichen des verkrüppelten und gehemmten Wachstums, wer wollte dann Partei ergreifen? Wer würde überlegt und wissentlich Psychopathologie wählen? Ist es notwendig, zwischen einer guten und einer schlechten Frau zu wählen, als wären sie wechselseitig ausschließlich, wenn wir erkennen, daß die wirklich gesunde Frau beides zur gleichen Zeit ist?

Darin, wie auch in anderen Formen, sind Gesunde so verschieden von Durchschnittsmenschen, nicht nur im Grad, sondern auch in der Art, daß sie zwei ganz verschiedene Psychologien erforderlich machen. Es wird immer klarer, daß die Untersuchung verkrüppelter, gehemmter, unreifer und ungesunder Spezies nur eine Krüppelpsychologie und Krüppelphilosophie liefern kann. Das Studium selbstverwirklichender Menschen muß die Grundlage für eine universalere Wissenschaft der Psychologie werden.

12. Liebe bei selbstverwirklichenden Menschen

Es ist erstaunlich, wie wenig die empirischen Wissenschaften zum Thema Liebe anzubieten haben. Besonders befremdend ist das Schweigen der Psychologen, denn man möchte meinen, daß es ihr besonderes Anliegen wäre. Wahrscheinlich handelt es sich nur um ein weiteres Beispiel einer Gewohnheitssünde der Akademiker, wenn sie es vorziehen, das zu tun, was ihnen leichtfällt, anstatt das, was sie sollten, wie der nicht zu intelligente Küchenhelfer, den ich kannte und der eines Tages alle Dosen im Hotel öffnete, weil er so sehr gut im Dosenöffnen war.

Ich muß gestehen, daß ich dies jetzt besser verstehe, da ich die Aufgabe selbst in Angriff genommen habe. Es ist in jeder Weise ein sehr schwierig zu behandelndes Thema, dreifach schwierig in wissenschaftlicher Hinsicht. Es ist, als wären wir in der fortgeschrittensten Position im Niemandsland angelangt, an einem Punkt, an dem die konventionellen Verfahren der orthodoxen psychologischen Wissenschaft nur wenig helfen. (Tatsächlich machte diese Unzulänglichkeit es notwendig, neue Methoden der Informationsbeschaffung über diese und andere einzigartig menschliche Reaktionen zu entwickeln. Und dies wiederum führte zu einer veränderten Wissenschaftsphilosophie [292, 376]).

Unsere Pflicht ist hier klar und deutlich. Wir *müssen* Liebe verstehen; wir müssen imstande sein, sie zu lehren, sie zu erschaffen, sie vorauszusagen, oder die Welt verliert sich in Feindseligkeit und Argwohn. Die Bedeutung des Ziels verleiht sogar auch den hier angebotenen unzuverlässigen Ergebnissen Wert und Würde. Das Forschungsvorhaben, die Versuchspersonen und die wichtigeren Erkenntnisse sind bereits in den vorherigen Kapiteln beschrieben worden. Die spezifische Frage, die sich uns jetzt stellt, lautet: was haben uns diese Menschen über Liebe und Sex zu sagen?

Eine vorläufige Beschreibung einiger Merkmale der Liebe zwischen den Geschlechtern

Wir werden zunächst einige der besser bekannten Merkmale der Liebe zwischen den Geschlechtern erwähnen und dann zu den spezielleren Erkenntnissen aus unserer Studie über selbstverwirklichende Menschen übergehen.

Der Kern der Beschreibung von Liebe muß subjektiv oder phänomenologisch sein anstatt objektiv oder behavioristisch. Keine Beschreibung, keine Worte können je die vollen Eigenschaften der Liebeserfahrung jemandem mitteilen, der sie selbst nie gefühlt hat. Sie besteht primär aus einem Gefühl der Zärtlichkeit und Zuneigung mit großem Vergnügen, Glücksgefühl, Befriedigung, Begeisterung und sogar Ekstase über die Erfahrung (wenn alles gut geht). Es besteht die Neigung, näher kommen zu wollen, in einen intimeren Kontakt zu treten, die geliebte Person zu berühren und zu umarmen, sich nach ihr zu sehnen. Die Person wird außerdem als begehrenswert wahrgenommen, entweder als schön, gut oder als attraktiv; jedenfalls bereitet es Vergnügen, sie anzuschauen und mit ihr zusammen zu sein, und Kummer und Depression, wenn man von ihr getrennt ist. Vielleicht kommt daher die Tendenz, die Aufmerksamkeit auf die geliebte Person zu konzentrieren, andere Menschen zu vergessen, und die Wahrnehmung so einzuengen, daß viele Dinge nicht mehr bemerkt werden. Es ist, als wäre die geliebte Person an sich attraktiv und *zöge* die Aufmerksamkeit und Wahrnehmung der liebenden Person an. Dieses Gefühl des Vergnügens an dem Kontakt und dem Beisammensein zeigt sich auch in dem Verlangen, mit der geliebten Person so viel als möglich, in so vielen Situationen wie nur möglich zusammen zu sein; bei der Arbeit, beim Spiel, während ästhetischer und intellektueller Beschäftigungen. Häufig wird das Verlangen ausgedrückt, angenehme Erfahrungen mit der geliebten Person zu teilen, und daher wird häufig berichtet, daß eine angenehme Erfahrung angenehmer ist, weil die geliebte Person dabei war.

Schließlich gibt es auch eine spezielle sexuelle Erregung im Liebenden. Dies zeigt sich beim typischen Beispiel direkt in genitalen Änderungen. Die geliebte Person scheint eine besondere Macht zu haben, die niemand sonst in der Welt im selben Ausmaß besitzt, Erektion und Sekretion beim Partner hervorzurufen, spezifisches bewußtes sexuelles Begehren zu erregen, und das übliche Prickeln und Kribbeln herbeizuführen, das die sexuelle Erregung begleitet. Und doch ist dies nicht wesentlich, da man Liebe auch bei Menschen beobachten kann, die zu alt für Geschlechtsverkehr sind.

Das Verlangen nach Intimität ist nicht nur physiologisch, sondern auch psychologisch. Es drückt sich häufig als besondere Vorliebe für Privatheit bei dem Paar aus. Zusätzlich habe ich oft bei einem Liebespaar die Entwicklung einer Geheimsprache beobachtet, geheimer sexueller Worte, die andere nicht verstehen können, und besonderer Tricks und Gesten, die nur von den Liebenden verstanden werden.

Charakteristisch ist auch das Gefühl der Großzügigkeit, der Absicht zu geben und Vergnügen zu bereiten. Der Liebende bezieht besonderes Vergnügen daraus, der Geliebten Geschenke zu machen und Sachen für sie zu tun[1].

Sehr allgemein ist der Wunsch nach besserem Verständnis des anderen, die Sehnsucht nach einer Art psychologischer Intimität und Nähe und wechselseitiger geistiger Durchdringung. Allgemein vorhanden ist auch ein besonderes Vergnügen an gemeinsamen Geheimnissen. Vielleicht sind das Teilbeispiele, die in die erweiterte Kategorie der Persönlichkeitsverschmelzung fallen, die wir später behandeln werden.

Ein allgemeines Beispiel der Tendenz zur Großzügigkeit und Hingabe sind die sehr allgemeinen Phantasien, in denen man sich große Opfer für die geliebte Person vorstellt. Es gibt natürlich andere Liebesbeziehungen, zum Beispiel zwischen Freunden, Brüdern, Eltern und Kind. Ich muß zumindest einen Verdacht erwähnen, den ich im Verlauf dieser Untersuchungen faßte, daß die reinste Liebe für das Wesen des anderen (die S-Liebe / Seins-Liebe, siehe [1]) bei einigen Großeltern anzutreffen ist.

[1] Selbstverwirklichende Liebe oder S-Liebe (Seins-Liebe, siehe Maslows Buch «Psychologie des Seins», München 1973) tendiert dazu, ein freies Geben zu sein, ganz und mit Selbstaufgabe, ohne Reserve, Enthaltung oder Berechnung von der Art, wie sie folgende von Collegefrauen gesammelte Zitate illustrieren: «Gib nicht zu leicht auf», «Mach's schwer zu kriegen», «Mach ihn unsicher», «Er sollte sich meiner nicht so sicher sein», «Ich lass' ihn im Ungewissen», «Gib dich selbst nicht zu rasch oder ganz hin», «Wenn ich ihn zu sehr liebe, wird er der Beherrschende sein», «In der Liebe muß einer mehr

Das Fallenlassen der Verteidigungshaltungen in selbstverwirklichenden Liebesbeziehungen

Theodor Reik (393, S. 171) hat als eine Eigenschaft der Liebe die Abwesenheit von Angst definiert. Das kann man mit besonderer Klarheit bei gesunden einzelnen beobachten. Es gibt kaum Zweifel an der Tendenz zu immer größerer Spontaneität, dem Aufgeben der Verteidigungshaltungen, der Rollen und der Bemühung und Anstrengung in der Beziehung. Mit dem Fortschreiten der Beziehung wächst die Intimität, Ehrlichkeit und der Selbstausdruck, der auf seinem Höhepunkt ein seltenes Phänomen ist. Die Selbstverwirklicher berichten, daß man in der Anwesenheit der geliebten Person ganz man selbst sein kann, sich natürlich fühlt: «Ich kann mich zeigen, wie ich bin.» Diese Ehrlichkeit schließt auch ein, daß man es dem Partner erlaubt, die eigenen Schwächen, die physischen und psychologischen Unzulänglichkeiten zu sehen.

Die Tendenz, sich in der gesunden Liebesbeziehung einzig von der vorteilhaftesten Seite zu zeigen, ist gering. Dies geht so weit, daß auch das Verbergen sogar der physischen Defekte des mittleren Lebensalters und des Alters, von falschen Zähnen, Korsetts und so weiter, viel weniger wahrscheinlich wird. Distanz, Geheimnis und Glanz (Glamour) werden viel seltener aufrechterhalten, es gibt auch viel weniger Reserve, Verstekken und Geheimhalten. Dieses völlige Fallenlassen der Vorsicht widerspricht der Volksweisheit zu diesem Thema, ganz zu schweigen von einigen der psychoanalytischen Theoretiker. Reik zum Beispiel glaubt, daß ein guter Freund und ein guter Geliebter zu sein einander ausschließen und gegensätzlich sind. Meine Ergebnisse – oder eher – meine Eindrücke scheinen das Gegenteil anzudeuten. Meine Ergebnisse widersprechen auch definitiv der uralten Theorie der ursprünglich vorhandenen Feindseligkeit zwischen den Geschlechtern. Diese Feindseligkeit zwischen den Geschlechtern, der Verdacht gegenüber dem anderen Geschlecht, die Tendenz, sich mit dem eigenen zu identifizieren, in einem Bündnis gegen das andere, sogar die Formulierung vom «anderen» Geschlecht selbst,

lieben als der andere; und wer es tut, ist der schwächere», «Laß ihn ein bißchen Kummer haben».

findet man in unserer Gesellschaft bei neurotischen Menschen und sogar bei den Durchschnittsbürgern häufig genug, doch ganz sicher nicht bei selbstverwirklichenden Menschen, zumindest mit den Forschungsmethoden, die mir zur Verfügung standen.

Eine andere Erkenntnis, die der Volksweisheit und auch einigen der esoterischeren Theoretikern der Sexualität und Liebe widerspricht, ist der definitive Hinweis darauf, daß sich bei selbstverwirklichenden Menschen die Qualität der Liebes- und der Sex-Befriedigung mit der Länge der Beziehung fortschreitend verbessert. Es erscheint ganz klar, daß sogar die strikt sinnliche und physische Befriedigung durch die Vertrautheit mit dem Partner bei Gesunden verbessert werden kann, viel eher als durch Neuheit. Selbstverständlich besteht kein Zweifel daran, daß Neuheit beim sexuellen Partner für viele Leute sehr erregend und anziehend ist, doch unsere Ergebnisse lassen es geboten erscheinen, keine wie immer gearteten Verallgemeinerungen darüber anzustellen, sicherlich nicht hinsichtlich selbstverwirklichender Menschen.

Wir können dieses Merkmal der selbstverwirklichenden Liebe verallgemeinernd zusammenfassen, daß gesunde Liebe teilweise die Abwesenheit von Verteidigungsmechanismen einschließt, das heißt, eine Zunahme der Spontaneität und Ehrlichkeit bedeutet. Die gesunde Liebesbeziehung wird es zwei Menschen möglich machen, spontan zu sein, einander gut zu kennen, und dennoch einander zu lieben. Selbstverständlich heißt das auch, daß man, wenn man die andere Person immer besser und intimer kennenlernt, mögen wird, was man sieht. Wenn der Partner zutiefst böse ist und nicht gut, wird wachsende Vertrautheit nicht zunehmende Bevorzugung, sondern zunehmenden Antagonismus und Abneigung hervorrufen. Dies erinnert an eine Erkenntnis, die ich durch eine kleine Studie der Auswirkungen der Vertrautheit bei Bildern machte. Ich erfuhr, daß gute Bilder mit zunehmender Vertrautheit immer mehr bevorzugt und genossen, aber schlechte Bilder immer weniger gemocht werden. Die Schwierigkeit damals, über irgendein objektives Kriterium von gut und schlecht in der Malerei zu entscheiden, war so groß, daß ich es vorzog, die Studie nicht zu veröffentlichen. Doch wenn man mir ein gewisses Maß an Subjektivität gestattet, möchte ich sagen, daß die Menschen, je besser sie sind, mit zunehmender Vertrautheit nur um so mehr geliebt werden; und je schlechter sie sind, um so weniger mit wachsender Familiarität.

Eine der tiefsten Befriedigungen aus der gesunden Liebesbeziehung, über die meine Versuchspersonen berichten, entsteht daraus, daß die Beziehung größte Spontaneität, größte Natürlichkeit, größtmöglichen Verzicht auf Defensivmechanismen und größten Schutz gegen Bedrohung bietet. Es ist in einer solchen Beziehung nicht notwendig, Schutzstellung zu beziehen, etwas zu verbergen, Eindruck machen zu wollen, Spannung zu fühlen, auf die eigenen Worte oder Taten zu achten, etwas zu unterdrücken oder zu verdrängen. Meine Versuchspersonen berichten, daß sie sich selbst sein können, ohne irgendwelche Forderungen oder Erwartungen an sich gerichtet zu spüren; sie können sich psychologisch (wie auch physisch) nackt fühlen und trotzdem geliebt und begehrt und sicher.

Rogers hat dies gut beschrieben (401 a, S. 154 ff.). «‹Geliebt› hat hier vielleicht seine tiefste und allgemeinste Bedeutung – nämlich die, tief verstanden und tief akzeptiert zu werden. ... Mir scheint, daß wir eine Person nur soweit lieben können, wie wir von ihr nicht bedroht werden; wir können sie nur lieben, wenn ihre Reaktionen auf uns oder auf die Dinge, die uns nahestehen, uns verständlich sind und deutlich in Beziehung zu jenen grundlegenden Motivierungen in uns allen stehen, die uns angemessenen und bedeutsamen Beziehungen zu anderen Leuten und zur Welt näherbringen. Wenn also eine Person mir gegenüber feindlich auftritt, und ich im Augenblick außer der Feindseligkeit nichts in ihr sehe, dann bin ich ganz sicher, daß ich auf diese Feindseligkeit defensiv reagieren werde.»

Menninger (335 a, S. 22) beschreibt die andere Seite der Münze. «Liebe wird weniger durch das Gefühl beeinträchtigt, daß wir nicht geschätzt werden, als durch die Angst, die mehr oder minder undeutlich jeder fühlt, daß die anderen durch unsere Masken hindurch sehen, die Masken der Verdrängung, die uns durch Konvention und Kultur aufgezwungen wurden. Dies ist es, was uns dazu führt, Intimität zu meiden, Freundschaften auf einer oberflächlichen Ebene aufrechtzuerhalten, andere zu unterschätzen, damit sie uns nicht zu gut einschätzen.» Diese Schlußfolgerungen werden durch die größere Freiheit von Feindseligkeits- und Ärger-Ausdruck bei unseren Versuchspersonen unterstützt, wie auch durch deren gesenktes Bedürfnis nach konventioneller Höflichkeit untereinander.

Die Fähigkeit zu lieben und geliebt zu werden

Meine Versuchspersonen liebten und wurden geliebt, lieben und werden geliebt. Bei praktisch allen (nicht ganz allen), wo Material verfügbar war, schien das auf die Schlußfolgerung hinzuweisen, daß (bei Gleichheit aller anderen Umstände) psychologische Gesundheit sich aus dem Geliebtwerden mehr als aus Liebesentbehrung ergibt. Wenn man zugibt, daß der asketische Weg eine Möglichkeit ist, und daß die Frustration einige gute Auswirkungen hat, scheint dennoch Grundbedürfnisbefriedigung viel mehr der übliche Vorläufer oder die *Anlage** der Gesundheit in unserer Gesellschaft zu sein. Dies scheint nicht nur für das Geliebtwerden zu stimmen, sondern auch für das Lieben. (Daß *andere* Voraussetzungen ebenfalls erforderlich sind, wird von der psychopathischen Persönlichkeit bewiesen, besonders wie sie von Levys [264] verwöhntem Psychopathen dargestellt wird.)

Es trifft auch auf unsere selbstverwirklichenden Menschen zu, daß sie *jetzt* lieben und geliebt werden. Aus bestimmten Gründen sollte man besser sagen, daß sie die Kraft haben zu lieben, und die Fähigkeit, geliebt zu *werden*. (Auch wenn dies wie eine Wiederholung der vorherigen Feststellung aussehen mag, ist es wirklich keine.) Dies sind klinisch beobachtete Tatsachen, und sie können ziemlich öffentlich und leicht bestätigt oder widerlegt werden.

Menninger (335a) trifft die sehr scharfsinnige Feststellung, daß Menschen einander wirklich lieben *wollen*, aber nur nicht wissen, wie sie es anstellen sollen. Dies gilt viel weniger für gesunde Menschen. *Sie* wissen zumindest, wie man liebt, und tun es frei und leicht und natürlich und ohne in Konflikten oder Bedrohungen oder Hemmungen zu enden.

Doch meine Versuchspersonen verwendeten das Wort Liebe vorsichtig und mit Umsicht. Sie verwendeten es nur für wenige, und neigten dazu, scharf zu unterscheiden, ob man jemanden liebt und ihn gern hat, oder nur freundlich oder wohlwollend oder brüderlich zu ihm ist. Es beschrieb für sie ein intensives Gefühl, kein sanftes oder desinteressiertes.

* Der Autor verwendet das deutsche Wort.

Sexualität in der selbstverwirklichenden Liebe

Wir können sehr viel aus der besonderen und komplexen Beschaffenheit von Sex im Liebesleben selbstverwirklichender Menschen lernen. Es ist keineswegs eine einfache Geschichte, es gibt viele miteinander verwobene Fäden. Auch kann ich nicht sagen, daß ich viel Material hätte. Insgesamt jedoch ist ihr Sexualleben, soviel ich darüber weiß, charakteristisch und kann so beschrieben werden, daß man Vermutungen, sowohl positive wie auch negative, über das Wesen von Sexualität sowohl wie auch über die Beschaffenheit von Liebe anstellen kann.

Einmal kann man berichten, daß Sexualität und Liebe bei gesunden Menschen miteinander vollständig verschmelzen können. Obwohl es sicherlich zutrifft, daß es sich um trennbare Begriffe handelt und obwohl es keinen Zweck hätte, sie miteinander unnötig zu verwechseln (393, 442), muß berichtet werden, daß sie im Leben gesunder Menschen dazu neigen, sich zu verbinden und miteinander zu verschmelzen. Tatsächlich können wir auch sagen, daß sie weniger trennbar und getrennt werden können, im Leben der Menschen jedenfalls, die wir untersucht haben. Wir können nicht soweit gehen und uns der Meinung einiger anschließen, die sagen, daß jede Person, die imstande ist, sexuelles Vergnügen ohne Liebe zu empfinden, krank sein muß. Doch wir können sicherlich zumindest die Richtung bestätigen. Es stimmt sicherlich, daß selbstverwirklichende Männer und Frauen im Ganzen dazu neigen, nicht Sex seiner selbst wegen zu suchen, oder damit allein zufrieden zu sein. Ich bin nicht sicher, daß es mir mein Material gestattet, zu behaupten, daß sie lieber keinen Sex hätten, wenn er ohne Zuneigung bliebe, doch ich bin ganz sicher, daß ich eine beachtliche Anzahl von Beispielen habe, in denen zumindest zum gegebenen Zeitpunkt Sex aufgegeben oder zurückgewiesen wurde, weil er sich ohne Liebe oder Zuneigung anbot[2].

[2] Schwarz, Oswald, The Psychology of Sex, Penguin Books, 1951, S. 21: «Obwohl vollständig im Wesen verschieden, hängen Sexualtrieb und Liebe voneinander ab und ergänzen einander. *In einem vollkommenen, voll reifen menschlichen Wesen gibt es nur diese untrennbare Verschmelzung des Sexualtriebes und der Liebe.* Das ist das grundlegende Prinzip jeder Psychologie der Sexualität. Wenn jemand imstande ist, nur die physische Befriedigung von Sex zu erfahren, ist er als sexuell subnormal (unreif oder anderes) gebrandmarkt.»

Bereits im Kapitel 11 wurde auch über meinen sehr starken Eindruck berichtet, daß sexuelle Lust in ihrer intensivsten und ekstatischsten Vollendung bei selbstverwirklichenden Menschen vorgefunden wird. Wenn Liebe die Sehnsucht nach der perfekten und völligen Verschmelzung ist, dann bedeutet der Orgasmus, wie er zuweilen von den selbstverwirklichenden Menschen beschrieben wird, die Verwirklichung. Erfahrungen, die in den Berichten, die ich erhielt, beschrieben werden, haben tatsächlich auf einem so hohen Niveau der Intensität stattgefunden, daß ich es als gerechtfertigt empfand, sie als mystische Erfahrungen zu bezeichnen. Solche Redewendungen, die zu groß sind, um assimiliert zu werden, zu gut, um wahr zu sein, zu gut, um von Dauer zu sein und so weiter, waren mit Berichten darüber verknüpft, daß man durch unkontrollierbare Kräfte einfach völlig davongetragen worden sei. Diese Kombination vollkommener und intensiver Sexualität zusammen mit anderen Merkmalen, über die noch zu berichten sein wird, führt zu einigen scheinbaren Paradoxa, die ich jetzt behandeln möchte.

Bei selbstverwirklichenden Menschen ist der Orgasmus gleichzeitig mehr und auch weniger wichtig als bei Durchschnittsmenschen. Es handelt sich oft um eine tiefe und fast mystische Erfahrung, und doch tolerieren diese Menschen den Mangel an Sex besser. Dies ist kein Paradox oder Widerspruch. Es folgt aus der dynamischen Motivationstheorie. Lieben auf einem höheren Bedürfnisniveau macht die niedrigeren Bedürfnisse und deren Frustrierungen und Befriedigungen weniger wichtig, weniger zentral, leicht zu vernachlässigen. Doch es läßt sie auch lustvoller erscheinen, wenn sie befriedigt werden.

Man kann eine ausgezeichnete Parallele zwischen dieser Tatsache und der Haltung solcher Menschen zum Essen ziehen. Essen bereitet gleichzeitig Genuß und wird doch als relativ unwichtig im gesamten Lebensplan der selbstverwirklichenden Menschen angesehen. Wenn sie Essen genießen, tun sie es ganz und ohne die leichteste Färbung durch Vorbehalte gegen Animalität und dergleichen. Und doch erhält gewöhnlich Nahrungsaufnahme bei ihnen einen relativ unwichtigen Platz im Gesamtbild zugewiesen. Die Selbstverwirklicher *brauchen* Sinnlichkeit nicht. Sie erfreuen sich einfach ihrer, wenn sie vorkommt.

Sicherlich nimmt Essen auch einen relativ unwichtigen Platz in der Philosophie der Utopie, des Himmels, des guten Lebens, der Werte und der

Ethik ein. Es ist etwas Grundlegendes, als gegeben Angenommenes, als Fundament zu verwenden, auf dem man weiterbauen kann. Die Selbstverwirklicher sind gern bereit anzuerkennen, daß die höheren Dinge nicht geschaffen werden können, bevor die niedrigeren nicht fertig, doch daß die niedrigeren Bedürfnisse, wenn sie befriedigt sind, aus dem Bewußtsein verschwinden und daß man sich dann weniger mit ihnen befassen muß.

Dasselbe scheint auch für Sex zu stimmen. Sex kann, wie ich sagte, aus ganzem Herzen genossen werden, weit über die Möglichkeiten des Durchschnittsmenschen hinaus, auch wenn er zur gleichen Zeit keine zentrale Rolle in der Lebensphilosophie spielt. Es ist etwas, was Spaß macht, etwas, was man als gegeben annimmt, worauf man weiterbauen kann, was sehr grundlegend wichtig ist wie Wasser oder Nahrung, und ebenso genossen werden kann; doch Befriedigungen sollten als gegeben angenommen werden. Ich glaube, daß eine Haltung wie diese das scheinbare Paradox auflöst, daß die selbstverwirklichenden Menschen gleichzeitig Sex so viel intensiver genießen als die Durchschnittsperson und doch Sex als so viel weniger wichtig im allgemeinen Bezugsrahmen betrachten.

Es sollte betont werden, daß aus dieser komplexen Haltung der Sexualität gegenüber die Tatsache entsteht, daß der Orgasmus manchmal eine mystische Erfahrung ist und zu anderen Zeiten ziemlich leicht genommen wird. Das heißt, daß der sexuelle Genuß der selbstverwirklichenden Menschen sehr intensiv sein kann und manchmal gar nicht. Dies widerspricht der romantischen Annahme, daß Liebe eine göttliche Verzükkung ist, eine Entrückung, eine mystische Erfahrung. Denn sie kann auch ein delikater Genuß sein anstatt eines intensiven, eine fröhliche, leichtherzige, verspielte Angelegenheit und nicht nur eine ernste und tiefe Erfahrung oder sogar eine neutrale Pflicht. Selbstverwirklicher leben nicht immer auf den Bergspitzen – sie leben gewöhnlich auf einem höheren durchschnittlichen Intensitätsniveau, und genießen Sex leicht und sanft als stimulierend, angenehm, verspielt, und nicht immer nur als eine Erfahrung, die in die intensivsten Tiefen der ekstatischen Emotionalität reicht. Dies gilt besonders, wenn die Versuchspersonen relativ müde sind. Unter solchen Umständen wird eher die leichtere Art der Sexualität stattfinden.

Selbstverwirklichende Liebe zeigt viele der Merkmale der Selbstverwirklichung im allgemeinen. Zum Beispiel ist es ein Merkmal, daß sie auf gesunder Akzeptierung seiner selbst und anderer gegründet ist. Von den Selbstverwirklichern kann viel mehr akzeptiert werden als von anderen. Zum Beispiel sind die Selbstverwirklicher zwar viel weniger geneigt, Liebesaffairen außerhalb der Ehe zu suchen, aber sie sind auch viel freier als der Durchschnitt, einzugestehen, daß sie von anderen als von ihren Ehepartnern sexuell angezogen werden. Mein Eindruck ist, daß sie eine ziemlich freie Beziehung zum anderen Geschlecht haben, wozu gehört, daß sie beiläufig akzeptieren, auf andere Menschen eine Anziehung auszuüben, ohne davon groß Gebrauch zu machen. Es erscheint mir auch, daß ihre Gespräche über Sex freier und beiläufiger und unkonventioneller als im Durchschnitt sind. Im Ergebnis bedeutet dies eine Akzeptierung der Tatsachen des Lebens, die es, gemeinsam mit intensiveren und tieferen und befriedigenderen Liebesbeziehungen, weniger *notwendig* erscheinen läßt, kompensatorische oder neurotische Sexaffären außerhalb der Ehe zu suchen. Es handelt sich um ein interessantes Beispiel dafür, daß Akzeptierung und Verhalten nicht korrelieren. Die leichtere Akzeptierung der Tatsache der Sexualität scheint es *leichter* als schwerer zu machen, relativ monogam zu sein.

Ein anderes Beispiel: Eine Frau, die sich längst von ihrem Mann getrennt hatte, bewies mit allem, was sie sagte, daß sie bevorzugte, was man Promiskuität nennen könnte. Sie hatte sexuelle Affären und betonte sehr, daß sie ihre Affären sehr genoß. Es handelte sich um eine fünfundfünfzigjährige Frau. Ich war nie imstande, mehr Details von ihr zu erhalten, als ihre Feststellung, daß sie Affären hatte und daß sie Sex sehr genoß. Es gab nicht das geringste Element von Schuldgefühl oder Angst oder des Bewußtseins, etwas Unrechtes getan zu haben, wenn sie darüber sprach. Offenbar bedeutet die Tendenz zur Monogamie etwas anderes als die Tendenz zur Keuschheit oder die Verneinung der Sexualität. Es ist nur so, daß, je tiefer die Liebesbeziehung befriedigt, um so weniger Notwendigkeit besteht für alle Arten von Zwängen hinsichtlich Sexaffären mit anderen Menschen als Ehemann oder Ehefrau.

Selbstverständlich ist diese Akzeptierung der Sexualität auch die Hauptgrundlage der Intensität des Genusses von Sexualität, die ich bei selbstverwirklichenden Menschen vorgefunden habe. Ein anderes Merkmal, das ich in der Liebe gesunder Menschen gefunden habe, ist, daß sie keine wirklich scharfen Unterscheidungen zwischen Rollen und Persönlichkeiten der beiden Geschlechter machen. Das heißt, sie nahmen nicht an, daß Frauen passiv und Männer aktiv seien, ob in der Liebe oder im Geschlechtsverkehr oder anderswo. Sie waren alle so sehr ihrer Männlichkeit oder Weiblichkeit sicher, daß es ihnen nichts ausmachte, einige der kulturellen Aspekte der entgegengesetzten Geschlechterrolle auf sich zu nehmen. Besonders bemerkenswert war es, daß sie sowohl aktive wie auch passive Liebhaber sein konnten, und dies war am deutlichsten im Geschlechtsakt und im physischen Geschlechtsverkehr. Küssen und geküßt werden, sich in der unteren oder oberen Position zu befinden, die Initiative ergreifen, ruhig bleiben und Liebkosungen empfangen, selbst liebkosen – dies trat bei beiden Geschlechtern auf. Die Berichte deuteten an, daß beides zu verschiedenen Zeiten von ein und derselben Person genossen wurde. Man betrachtete es als Unzulänglichkeit, nur auf aktiven oder passiven Geschlechtsverkehr beschränkt zu sein. Beides hatte spezielle Freuden für die selbstverwirklichenden Menschen.

Dies kann ziemlich weit gehen, fast bis zu dem Punkt, an dem es uns an den Sado-Masochismus erinnert. Es kann Lust im Benütztwerden geben, in der Unterwerfung und Passivität, sogar im Schmerz, im Ausgenütztwerden. Auch kann es aktiven und positiven Genuß im Drücken und Umarmen und Beißen und Gewalttätigsein und sogar im Schmerzzufügen und -zugefügtbekommen geben, solang dies alles nicht einen gewissen Punkt übersteigt.

Da dies sehr wahrscheinlich mit dem Mangel an Zweifel über die eigene Männlichkeit oder Weiblichkeit korreliert, ist es auch mein sehr starker Eindruck, daß gesündere Männer eher imstande sind, von der Intelligenz, Stärke, Kompetenz und so weiter ihrer Frauen angezogen zu werden, anstatt bedroht, wie es so häufig der Fall beim unsicheren Mann ist.

Hier liegt wiederum ein Beispiel für die Art und Weise vor, wie sich die üblichen Dichotomien bei Selbstverwirklichung auflösen, denn sie erscheinen nur als gültig, weil die Menschen nicht gesund genug sind.

Dies stimmt mit D'Arcys (103) These überein, daß Eros- und Agape-Liebe grundsätzlich verschieden sind, doch in den besten Menschen verschmelzen. Er spricht von zwei Arten von Liebe, die letztlich maskulin oder feminin, aktiv oder passiv, selbstbezogen oder selbstverneinend sind, und bei dem allgemeinen Publikum scheinen sie auch im Gegensatz zu stehen. Doch bei gesunden Menschen verhält es sich anders. Hier werden die Polaritäten aufgelöst und der einzelne wird sowohl aktiv und passiv, selbstbezogen wie selbstlos, maskulin wie feminin, selbstinteressiert und selbstverneinend. D'Arcy gibt zu, daß dies vorkommt, wenn auch sehr selten.

Eine negative Schlußfolgerung, die unsere Ergebnisse, beschränkt wie sie sind, zulassen, ist die mit ziemlich viel Vertrauen getroffene Feststellung, daß die Freudsche Tendenz, Liebe aus Sexualität abzuleiten oder sie beide zu identifizieren, ein schlimmer Fehler ist[3]. Selbstverständlich steht Freud mit diesem Fehler nicht allein da – er wird von vielen weit weniger gedankenvollen Personen geteilt –, doch man kann ihn als den einflußreichsten Exponenten dieser Annahme in der westlichen Zivilisation betrachten. Es gibt viele Hinweise in Freuds Schriften, daß er über die Angelegenheit gelegentlich anders dachte. Einmal zum Beispiel spricht er über die kindlichen Gefühle für die Mutter als aus den Selbsterhaltungsinstinkten abgeleitet, das heißt, als eine Art dankbarkeitsähnlichem Gefühl für das Ernährt- und Versorgtwerden: «Sie (die Zuneigung) entspringt den allerfrühesten Kindheitsjahren und ist auf der Grundlage der Interessen des Selbsterhaltungstriebes entstanden» (139, S. 204). An einer anderen Stelle interpretiert er sie als Reaktionsformation (S. 252); dann wieder als eine geistige Seite des Sexualtriebs (S. 259). In einem Vortrag, über den Hitschmann berichtet (195, S. 2–3), betrachtete er alle Liebe als Wiederholung der frühkindlichen Liebe zur Mutter. «... das Säugen des Kindes an der Mutterbrust (ist) das Modell jeder Liebesbeziehung. Das Finden des Gegenstands ist tatsächlich ein Wiederfinden.»

Insgesamt jedoch ist die am weitesten akzeptierte der verschiedenen von Freud postulierten Theorien, daß Zärtlichkeit zielgehemmte Sexualität ist[4]. Das heißt, um es grob zu sagen, für Freud handelt es sich um abgebo-

[3] Balint, M., «Über genitale Liebe», Int. J. Psychoanal., 1948, 29, S. 34–40: «Wenn man die psychoanalytische Literatur nach Anmerkungen zur genitalen Liebe durchliest, erscheinen überraschenderweise zwei Tatsachen: a) es wurde viel weniger über genitale als über prägenitale Liebe geschrieben, b) fast alles, was über genitale Liebe geschrieben wurde, ist negativ.» Siehe auch Balint, M., «Das letzte Ziel psychoanalytischer Behandlung», Int. J. Psychoanal., 1936, 17, 206–216, S. 206.

[4] Freud, Sigmund, Das Unbehagen in der Kultur: «Diese Personen machen sich von der

gene und verkleidete Sexualität. Wenn man uns verbietet, das Sexualziel des Beischlafs zu erreichen, und wenn wir darauf bestehen und es uns nicht einzugestehen wagen, dann heißt das Kompromißprodukt Zärtlichkeit und Zuneigung. Und umgekehrt, wenn wir auf Zärtlichkeit und Zuneigung stoßen, haben wir keine andere Möglichkeit, als dies mit Freud als zielgehemmte Sexualität zu betrachten. Eine andere Deduktion aus dieser Prämisse, die unvermeidbar erscheint, ist, daß, wenn Sexualität nie verdrängt würde und jeder mit jedem anderen schlafen könnte, es keine zärtliche Liebe gäbe. Inzesttabus und Verdrängungen – dies ist es, was Liebe erzeugt, nach Freud. Andere Ansichten siehe 27, 213.
Eine andere Art von Liebe, die von den Freudianern behandelt wird, ist die genitale Liebe, häufig mit ausschließlicher Betonung des Genitalen und ohne Bezug auf Liebe definiert. Zum Beispiel wird sie oft als die Potenzkraft definiert, zu einem guten Orgasmus zu gelangen, diesen Orgasmus vom penis-vaginalen Beischlaf zu bekommen, ohne die *Notwendigkeit,* auf die Klitoris, den Anus, auf Sadomasochismus zurückzukommen, und so weiter. Selbstverständlich findet man auch raffiniertere, komplexere Feststellungen, allerdings selten. Die besten Feststellungen in der Freudschen Tradition, die ich finden konnte, stammen von Michael Balint[5] und von Edward Hitschmann (195).

Zustimmung des Objekts unabhängig, indem sie den Hauptwert vom Geliebtwerden auf das eigene Lieben verschieben, sie schützen sich gegen dessen Verlust, indem sie ihre Liebe nicht auf einzelne Objekte, sondern im gleichen Maße auf alle Menschen richten, und sie vermeiden die Schwankungen und Enttäuschung der genitalen Liebe dadurch, daß sie von deren Sexualziel ablenken, den Trieb in eine *zielgehemmte* Regung verwandeln. Was sie auf diese Art bei sich zustande bringen, der Zustand eines gleichschwebenden, unbeirrbaren, zärtlichen Empfindens, hat mit dem stürmisch bewegten genitalen Liebesleben, von dem es doch abgeleitet ist, nicht mehr viel äußere Ähnlichkeit.» S. 231, Studienausgabe, Band IX, S. Fischer 1973.

[5] Balint, M., «Über Genitalliebe», Int. J. Psychoanal., 1948, 29, 34–40: «Um diese Fallgrube zu vermeiden (die Betonung auf den negativen Eigenschaften), werden wir einen Idealfall solcher postambivalenter Genitalliebe behandeln, der keine Spuren von Ambivalenz aufweist und zusätzlich keine Spuren progenitaler Objektbeziehung; a) es sollte keine Gier geben, keine Unersättlichkeit, keinen Wunsch, das Objekt zu verschlingen, ihm jede unabhängige Existenz abzusprechen, das heißt, es sollte keine oralen Merkmale geben; b) es sollte keine Wünsche geben, zu verletzen, zu demütigen, zu beherrschen, das Objekt zu dominieren usw., das heißt, keine sadistischen Merkmale; c) es sollte kein Wunsch vorhanden sein, den Partner zu verderben, ihn (sie) wegen seiner (ihrer) Se-

Wie Zärtlichkeit in genitaler Liebe eingeschlossen ist, bleibt ein Geheimnis, denn im Geschlechtsverkehr gibt es selbstverständlich keine Hemmung des Sexualziels (er *ist* das Sexualziel). Freud hat nichts über die ziel*befriedigte* Sexualität gesagt. Wenn man Zärtlichkeit in genitaler Liebe findet, dann muß man eine andere Quelle als die Zielhemmung finden, eine nichtsexuelle Quelle, scheint es. Sutties Analyse (442) enthüllt sehr wirkungsvoll die Schwäche dieser Position. So auch diejenigen von Reik (393), Fromm (145, 148), DeForest (106) und anderer aus der revisionistischen Freudianischen Tradition. Adler (13) hat schon 1918 bestätigt, daß das Bedürfnis nach Zuneigung nicht aus der Sexualität abgeleitet ist.

xualfreuden und -verlangen zu verachten. Es sollte keine Gefahr bestehen, vom Partner angeekelt zu werden, oder nur von irgendeinem unerfreulichen Merkmal angezogen zu werden usw. und es sollte keine Reste analer Züge geben; d) es sollte kein Zwang bestehen, mit dem Penisbesitz anzugeben, keine Furcht vor den Sexualorganen des Partners, keine Angst für die eigenen Sexualorgane, kein Neid auf die männlichen oder weiblichen Genitalien, kein Gefühl, unvollständig zu sein oder fehlerhafte Sexualorgane zu haben, oder dasselbe für den Partner zu empfinden usw. Es sollte keine Spur der phallischen Phase oder des Kastrationskomplexes geben ... Was ist dann «Genitalliebe» abgesehen von der Absenz aller der aufgezählten vorgenitalen Züge? Wir lieben unseren Partner also 1. weil er oder sie uns befriedigen kann; 2. weil wir ihn oder sie befriedigen können; weil wir einen vollen Orgasmus gemeinsam, fast oder ganz zur gleichen Zeit erreichen können ... Genitale Befriedigung ist offenbar nur eine notwendige und nicht eine zureichende Bedingung genitaler Liebe. Was wir gelernt haben, ist, daß Genitalliebe viel mehr ist Dankbarkeit für den oder Zufriedenheit mit dem Partner, der für genitale Befriedigung verfügbar ist. Außerdem, daß es keinen Unterschied macht, ob diese Dankbarkeit oder Zufriedenheit einseitig oder gegenseitig ist. Was ist das? Zusätzlich zur genitalen Befriedigung finden wir in einer wahren Liebesbeziehung 1. Idealisierung; 2. Zärtlichkeit; 3. eine besondere Form der Identifizierung. Um es zusammenzufassen: Genitalliebe ist beim Menschen tatsächlich eine Fehlbezeichnung ... Was wir Genitalliebe nennen, ist eine Verschmelzung widersprechender Elemente, genitaler Befriedigung und prägenitaler Zärtlichkeit ... die Belohnung für das Gefühl der Spannung aus dieser Verschmelzung ist die Möglichkeit, periodisch für einige glückliche Augenblicke auf ein wirklich infantiles Stadium zu regredieren, in dem man *nicht* die Wirklichkeit erprobt ... S. 34.

Pflege, Verantwortlichkeit, die Zusammenlegung der Bedürfnisse

Ein wichtiger Aspekt einer guten Liebesbeziehung ist das, was man Bedürfnisidentifikation nennen könnte, oder die Zusammenlegung der Hierarchien der Grundbedürfnisse bei zwei Personen in eine einzige Hierarchie. Die Auswirkung davon ist, daß eine Person die Bedürfnisse der anderen empfindet, als wären es ihre eigenen, und daher auch bis zu einem gewissen Ausmaß empfindet, als würden die eigenen Bedürfnisse der anderen Person gehören. Ein Ich expandiert jetzt, um zwei Menschen zu erfassen, und bis zu einem gewissen Grad sind die beiden jetzt für psychologische Zwecke eine einzige Einheit, eine Person, ein einziges Ich geworden.

Dieses Prinzip, wahrscheinlich zum ersten Mal in technischer Form von Alfred Adler (2, 13) präsentiert, ist von Erich Fromm (148) sehr gut formuliert worden, besonders in seinem Buch «Psychoanalyse und Ethik», in dem Liebe definiert wird (S. 144): «Im Prinzip ist Liebe unteilbar, soweit es den Zusammenhang zwischen Objekten und dem eigenen Ich betrifft. Echte Liebe ist ein Ausdruck von Produktivität und bedeutet Fürsorge, Respekt, Verantwortungsgefühl und Verstehen. Liebe ist kein Affekt in dem Sinn, daß man von jemandem «angetan» ist. Sie ist ein Streben, das in der eigenen Liebesfähigkeit wurzelt und auf die Entfaltung und das Glück der geliebten Person bedacht ist.»

Schlick hat ebenfalls eine gute Formulierung gefunden (413a, S. 136): «Die sozialen Triebe sind diejenigen Dispositionen in einem Wesen, vermöge deren die Vorstellung von freudigen, beziehungsweise unlustvollen Zuständen eines *andern* Wesens selbst ein lustvolles, beziehungsweise unlustvolles Erlebnis ist (auch die schlichte Wahrnehmung eines anderen Wesens, seine bloße Gegenwart, kann vermöge eines solchen Triebes schon Lustgefühle auslösen). Die Wirkung dieser Neigungen ist natürlich die, daß ihr Träger sich die Freudezustände der andern zum Ziele setzt. Und bei Erreichung des Zieles genießt er die Erfolgslust, denn nicht nur die Vorstellung, sondern auch die tatsächliche Wahrnehmung der Freudenäußerung freut ihn ...»

Die gewöhnliche Art und Weise, wie sich diese Bedürfnisidentifikation für die Welt zeigt, liegt in den Begriffen des Auf-sich-Nehmens von Verantwortlichkeit, Aufmerksamkeit und Sorge für die andere Person. Der liebende Mann kann genauso viel Freude aus der Liebe seiner Frau gewinnen als aus seiner eigenen. Die liebende Mutter würde selbst lieber Husten haben, als ihr Kind husten hören, und würde gern die Krankheit ihres Kindes auf sich nehmen, da dies für sie weniger schmerzlich wäre, als zu hören und zu sehen, daß ihr Kind krank ist. Ein gutes Beispiel dafür kann man in den unterschiedlichen Reaktionen in guten und in schlechten Ehen auf Krankheit und die in der Folge erforderliche Pflege sehen. Eine Krankheit in einer guten Ehe ist eine Krankheit des Ehepaars und nicht nur ein Mißgeschick eines Ehepartners. Gleiche Verantwortung wird automatisch von beiden auf sich genommen, und es ist, als wären sie beide gleichzeitig erkrankt. Der primitive Kommunismus der liebenden Familie zeigt sich in dieser Weise und nicht nur in der gemeinsamen Aufteilung von Nahrung und Geld. Hier kann man das Prinzip am besten und reinsten erblicken; von jedem nach seinen Fähigkeiten und für jeden nach seinen Bedürfnissen. Die einzige Modifikation, die hier notwendig wird, ist, daß die Bedürfnisse der anderen Person die Bedürfnisse des Liebenden *sind*.

In einer sehr guten Beziehung kann sich der Kranke oder Schwache auf die pflegende Sorgfalt und die Beschützung durch den liebenden Partner mit derselben Preisgabe und dem Mangel an Bedrohung und Verlegenheit verlassen, wie das Kind, das in den Armen seiner Eltern einschläft. Man beobachtet häufig genug bei weniger gesunden Paaren, daß Krankheit Streß erzeugt. Für den starken Mann, dessen Maskulinität praktisch mit seiner physischen Stärke identifiziert wird, ist Krankheit und Schwäche eine ähnliche Katastrophe. Für die Frau, die Femininität in den Begriffen der physischen Attraktivität von der Schönheitskonkurrenz-Art definiert, ist Krankheit oder Schwäche oder alles, was ihre physische Attraktivität mindert, eine Tragödie, und für den Mann ebenfalls, wenn er Weiblichkeit in derselben Art und Weise definiert. Unsere gesunden Versuchspersonen sind von diesem Fehler fast vollständig verschont.

Wenn wir uns erinnern, daß menschliche Wesen letztlich voneinander isoliert und eingekapselt sind, jeder in seiner eigenen kleinen Schale, und wenn wir darin übereinstimmen, daß letztlich Menschen einander nie kennen können, wie sie sich selbst kennen, dann ist jeder Verkehr zwischen Gruppen und Individuen wie die Bemühung «zweier Einsamkeiten einander zu beschützen und zu berühren und zu begrüßen» (Rilke). Von allen solchen Bemühungen, über die wir irgend etwas wissen, ist die gesunde Liebesbeziehung die wirksamste Art, den unüberbrückbaren Abgrund zwischen zwei separaten Menschenwesen doch zu überbrükken.

In der Geschichte der Theorien der Liebesbeziehungen wie auch des Altruismus, Patriotismus und so weiter ist viel über die Transzendenz des Ichs gesagt worden. Eine ausgezeichnete gegenwärtige Analyse dieser Tendenz auf einem technischen Niveau liegt in einem Buch von Angyal vor (12). Es werden die verschiedenen Beispiele einer Tendenz besprochen, die er Homonomie nennt, was er mit der Tendenz zur Autonomie, Unabhängigkeit, Individualität und so weiter vergleicht. Immer mehr klinisches und historisches Beweismaterial liegt vor, das darauf verweist, daß Angyal recht hatte in seiner Forderung, die systematische Psychologie möge diesen verschiedenen Tendenzen, über die Grenzen des Ichs hinauszugehen, Raum gewähren. Außerdem scheint es ganz klar zu sein, daß dieses Bedürfnis nach der Ich-Transzendenz ein Bedürfnis in demselben Sinn ist, in dem wir Bedürfnisse nach Vitaminen und Mineralen haben, das heißt, wenn das Bedürfnis nicht befriedigt wird, erkrankt die Person in der einen oder anderen Art und Weise. Ich würde sagen, daß eines der befriedigendsten und vollständigsten Beispiele für Ich-Transzendenz die gesunde Liebesbeziehung ist. Siehe auch (182, 314).

Spaß und Fröhlichkeit in der gesunden Liebesbeziehung

Die Konzeptionen von Erich Fromm und Alfred Adler, die zuvor erwähnt wurden, unterstreichen Produktivität, Aufmerksamkeit, Verantwortlichkeit. Dies trifft alles zu, doch Fromm, Adler und die anderen, die ähnlich schreiben, lassen merkwürdigerweise einen Aspekt der gesunden Liebesbeziehung unbeachtet, der bei meinen Versuchspersonen sehr deutlich hervortrat: nämlich, Spaß, Fröhlichkeit, Begeisterung, Wohlbefinden, Heiterkeit. Es ist für selbstverwirklichende Menschen ziemlich charakteristisch, daß sie an Liebe und Sex Spaß haben können. Sex wird häufig zu einem Spiel, bei dem Lachen genauso häufig auftritt wie Keuchen. Die Art und Weise, wie Fromm und andere ernste Denker zu diesem Thema, die ideale Liebesbeziehung geschrieben haben, läßt sie als eine Art Aufgabe oder Bürde erscheinen, anstatt eines Spiels oder eines Vergnügens. Wenn Fromm (148, 110) sagt: «Liebe ist die produktive Form der Bezogenheit auf andere und sich selbst. Sie impliziert Verantwortung, Aufmerksamkeit, Achtung und Wissen, und den Wunsch, daß die andere Person wachsen und sich entwickeln möge. Sie ist der Ausdruck der Intimität zwischen zwei Menschenwesen unter der Bedingung der Erhaltung der wechselseitigen Integrität», muß man zugeben, daß dies ein wenig wie ein Vertrag oder eine Handelsgemeinschaft irgendeiner Art klingt, anstatt wie spontane kameradschaftliche Einstellung. Es ist nicht das Wohlergehen der Spezies, oder die Aufgabe der Fortpflanzung oder die künftige Entwicklung der Menschheit, die Menschen untereinander anzieht. Liebe und Sex gesunder Menschen ist, obwohl sie häufig Gipfel großer Ekstase erreichen, nichtsdestoweniger auch den Spielen von Kindern und jungen Tieren vergleichbar. Sie sind fröhlich, humorvoll und verspielt. Wir werden im weiteren Verlauf detaillierter darauf hinweisen, daß es sich nicht primär um ein Streben handelt, wie es Fromm ausführt; sondern grundlegend um Genuß und Freude, und das ist eine ganz andere Angelegenheit.

Akzeptierung der Individualität des anderen Respekt für den anderen

Alle ernstzunehmenden Autoren zum Thema der idealen oder gesunden Liebe haben die Bestätigung der Individualität des anderen betont, den Eifer nach dem Wachstum des anderen, den wesentlichen Respekt für dessen Individualität und dessen einzigartige Persönlichkeit. Dies wird durch die Beobachtung selbstverwirklichender Menschen sehr stark bestätigt, die in einem unüblichen Ausmaß die seltene Fähigkeit besitzen, sich von den Triumphen des Partners nicht bedroht zu fühlen, sondern von ihnen erfreut zu sein. Sie respektieren tatsächlich ihren Partner in einer sehr tiefgehenden und grundlegenden Art, die viele, viele Implikationen hat. Wie es Overstreet (366a, S. 103) gut formuliert: «Die Liebe zu einer Person impliziert nicht deren Besitz, sondern deren Bestätigung. Sie bedeutet, ihm gerne das volle Recht auf seine einzigartige Menschlichkeit zu garantieren.»

Fromms Formulierung ist ebenfalls sehr eindrucksvoll (145): «Liebe ist die vornehmste Komponente solcher Spontaneität; nicht Liebe als die Auflösung des Ichs in einer anderen Person, doch Liebe als spontane Bestätigung anderer, als die Vereinigung des Individuums mit anderen auf der Basis der Erhaltung des Individuums selbst.» Ein sehr eindrucksvolles Beispiel dieser Achtung ist der bereitwillige Stolz des Mannes auf die Leistungen seiner Frau, auch wenn sie die seinen übertreffen. Ein anderes ist das Fehlen von Eifersucht.

Diese Achtung zeigt sich in vielen Aspekten, die, nebenbei, von den Auswirkungen der Liebesbeziehung per se unterschieden werden sollten. Liebe und Achtung sind trennbar, auch wenn sie häufig gemeinsam auftreten. Man kann jemandem Achtung entgegenbringen, ohne ihn zu lieben, auch auf dem Selbstverwirklichungsniveau. Ich bin mir nicht so sicher, daß es möglich ist, zu lieben, ohne zu achten, doch auch dies kann eine Möglichkeit sein. Viele der Merkmale, die man als Aspekte oder Eigenschaften der Liebesbeziehung betrachtet, sind sehr häufig auch Attribute der Achtungsbeziehung.

Achtung für die andere Person anerkennt diese als unabhängige Einheit und als besonderes und autonomes Individuum. Die selbstverwirklichende Person wird nicht beiläufig einen anderen benutzen oder ihn kontrollieren oder seine Wünsche unbeachtet lassen. Sie wird der respektierten Person eine grundlegende, unveränderbare Würde gestatten und wird sie nicht unnötig erniedrigen. Das gilt nicht nur für die Erwachsenenbeziehungen, sondern auch für die Beziehungen der selbstverwirklichenden Person zu Kindern. Es ist für sie möglich, wie praktisch für niemanden sonst in unserer Kultur, ein Kind mit großem Respekt zu behandeln.

Ein amüsanter Aspekt dieser Achtungsbeziehung zwischen den Geschlechtern ist, daß sie sehr häufig in genau der entgegengesetzten Art interpretiert wird, das heißt, als ein Mangel an Respekt. Zum Beispiel wissen wir, daß viele der sogenannten Zeichen der Achtung für Frauen tatsächlich Reste aus einer nichtrespektierenden Vergangenheit sind, und möglicherweise sogar gegenwärtig bei einigen unbewußte Symbole einer tiefen Verachtung für Frauen sind. Solche kulturelle Gewohnheiten, wie aufzustehen, wenn eine Frau den Raum betritt, ihr einen Sessel anzubieten, ihr aus dem Mantel zu helfen, sie zuerst durch die Tür gehen zu lassen, ihr das Beste von allem und die erste Wahl von allem zu geben – alles das schließt historisch und dynamisch die Meinung ein, daß die Frau schwach und unfähig sei, sich um sich selbst zu kümmern, denn es bedeutet Beschützung, wie für die Schwachen und Unfähigen. Frauen, die genug Selbstachtung haben, neigen im allgemeinen dazu, sich vor diesen Respektbezeugungen zu hüten, weil sie sehr genau wissen, daß sie gerade das Gegenteil bedeuten. Selbstverwirklichende Männer, die dazu tendieren, Frauen als Partner, als Gleichgestellte, als Kameraden und als volle menschliche Wesen wirklich und real zu respektieren und zu mögen, nicht nur als partielle Mitglieder der Spezies, werden im traditionellen Sinn viel mehr frei und familiär und unhöflich sein. Ich habe beobachtet, daß dies Verdruß bereitet, und daß selbstverwirklichende Männer des Mangels an Achtung für Frauen beschuldigt wurden.

Liebe als Zielerfahrung, Bewunderung, Staunen, Ehrfurcht

Die Tatsache, daß Liebe viele gute Auswirkungen hat, bedeutet nicht, daß sie von diesen motiviert ist oder daß sich Menschen verlieben, um sie zu erreichen. Die Liebe, die man bei gesunden Menschen vorfindet, wird viel besser in den Begriffen spontaner Bewunderung und jener Art der rezeptiven und nichtfordernden Ehrfurcht und des Vergnügens beschrieben, die wir erfahren, wenn wir zum Beispiel von einem schönen Bild beeindruckt sind. Es gibt in der psychologischen Literatur zu viel Gerede über Belohnungen und Zwecke, Verstärkung und Befriedigung, und nicht annähernd genug davon, was wir Zielerfahrungen (im Gegensatz zu Mittelerfahrungen) oder Ehrfurcht vor dem Schönen nennen könnten, das sich selbst Lohn ist. Bewunderung und Liebe bei meinen Versuchspersonen kommen meistens per se vor, ohne Ansprüche auf Belohnung und ohne zweckgerichtet zu sein, erlebt in Northrops «orientalischem Sinn» (361), konkret und reich, um ihrer selbst wegen, idiographisch (6).

Bewunderung fordert nichts und bekommt nichts. Sie ist zwecklos und nutzlos. Sie ist mehr passiv als aktiv und ähnelt dem einfachen Empfangen im taoistischen Sinn. Der ehrfürchtige Wahrnehmende stellt mit der Erfahrung wenig oder nichts an; eher stellt die Erfahrung etwas mit ihm an. Er beobachtet und starrt mit unschuldigem Auge, wie ein Kind, das weder zustimmt noch widerspricht, billigt oder mißbilligt, das aber, fasziniert von der aufmerksamkeitserregenden Eigenschaft der Erfahrung, sie einfach kommen und ihre Wirkung erreichen läßt. Die Erfahrung kann man mit der *eifrigen* Passivität vergleichen, mit der die Surfer es den Wellen erlauben, sie herumzuwerfen, um des Vergnügens wegen; oder vielleicht besser, mit dem unpersönlichen Interesse an der ehrfürchtigen, unprojizierenden Wertschätzung des langsam sich ändernden Sonnenuntergangs. Es gibt wenig in den Sonnenuntergang zu projizieren. In diesem Sinn projizieren wir uns nicht selbst in eine Erfahrung oder versuchen, sie zu formen, wie beim Rorschach. Auch ist sie kein Signal oder Symbol für irgend etwas; wir bewundern sie nicht durch Belohntwerden und Assoziation. Sie hat nichts mit Milch oder Nahrung oder anderen körperlichen Bedürfnissen zu tun. Wir können uns eines Gemäldes erfreuen, ohne es besitzen zu wollen, eines Rosenstocks, ohne Rosen pflükken zu wollen, eines Vogels, ohne ihn in den Käfig stecken zu wollen, und so kann auch eine Person die andere bewundern und genießen, ohne etwas für sie tun oder etwas von ihr bekommen zu wollen. Selbstverständlich stehen Ehrfurcht und Bewunderung Seite an Seite mit anderen Tendenzen, die Einzelpersonen in Beziehung miteinander bringen; es ist nicht die *einzige* vorhandene Tendenz, aber definitiv ein Teil davon.

Die vielleicht wichtigste Folgerung dieser Beobachtung besteht darin, daß wir damit den meisten Theorien der Liebe widersprechen, denn die meisten Theoretiker nehmen an, daß die Menschen dazu *getrieben* werden, einander zu lieben, mehr als sie dazu *hingezogen* werden. Freud (138) spricht von zielgehemmter Sexualität, Reik (393) von zielgehemmter Macht, und viele sprechen von der Unbefriedigtheit mit dem Ich, die uns zwingt, eine projizierte Halluzination zu erzeugen, einen unwirklichen (weil überschätzten) Partner.

Doch es scheint klar, daß gesunde Menschen sich verlieben, so wie man auf die erste eigene wertschätzende Wahrnehmung großer Musik reagiert – man ist ehrfürchtig und überwältigt und liebt sie, obwohl man vorher kein Bedürfnis verspürt hat, von großer Musik überwältigt zu werden. Horney hat in einem Vortrag nichtneurotische Liebe in den Begriffen definiert, andere als per se, als Ziel an sich und nicht als Mittel zum Ziel zu betrachten. Die daraus folgende Reaktion ist, zu genießen, zu bewundern, erfreut zu sein, zu betrachten, zu schätzen und nicht zu benützen. St. Bernhard sagte treffend: «Liebe sucht keinen Grund über sich selbst hinaus und keine Grenzen; sie ist ihre eigene Frucht, ihre eigene Freude. Ich liebe, weil ich liebe; Ich liebe, damit ich lieben kann ...» (209). Ähnliche Formulierungen sind reichlich in der theologischen Literatur anzutreffen (103). Die Bemühung, göttliche von menschlicher Liebe zu unterscheiden, beruhte häufig auf der Annahme, daß desinteressierte Bewunderung und altruistische Liebe nur übermenschliche Fähigkeiten sein konnten und nicht natürliche, menschliche. Selbstverständlich müssen wir hier widersprechen; Menschen, die voll entfaltet sind, zeigen viele Eigenschaften, die einmal, in früheren Zeiten, als übernatürlich galten.

Es ist meine Meinung, daß diese Phänomene am besten im Bezugsrahmen verschiedener theoretischer Überlegungen verstanden werden können, wie sie in den vorherigen Kapiteln präsentiert wurden. An erster Stelle sollten wir die Unterscheidung zwischen Mangelmotivation und Wachstumsmotivation (295) beachten. Ich habe vorgeschlagen, daß Selbstverwirklicher als Menschen definiert werden können, die nicht mehr von den Bedürfnissen nach Sicherheit, Geborgenheit, Liebe, Status und Selbstachtung motiviert werden, weil diese Bedürfnisse *bereits befriedigt worden sind.* Warum dann sollte sich eine liebesbefriedigte Person verlieben? Sicher nicht aus den gleichen Gründen, von denen die liebesfrustrierte Person motiviert wird, die sich verliebt, weil sie Liebe braucht, weil es ihr an Liebe mangelt, und weil sie gezwungen wird, diesen pathogenen Mangel wettzumachen (M-Liebe)[6].

Selbstverwirklicher haben keine ernsten Mangelerscheinungen, die sie wettmachen müßten, und sind freigestellt für Wachsen, Reifen, Ent-

[6] Siehe (295, S. 42–43) bezüglich der Unterscheidung zwischen S-Liebe und M-Liebe.

wicklung, mit einem Wort, für die Erfüllung und Verwirklichung ihrer höchsten individuellen und spezieshaften Natur. Sie lieben, weil sie liebende Wesen sind, in derselben Art und Weise, in der sie nett, ehrlich, natürlich sind, das heißt, weil es ihre Natur ist, spontan zu sein, wie ein starker Mann stark ist, ohne es sein zu wollen, wie eine Rose Duft verströmt, eine Katze katzenhaft ist oder ein Kind kindlich. Solche Epiphänomene sind so wenig motiviert wie physisches Wachsen oder psychologische Reifung.

Es gibt wenig vom Versuchen, Bemühen oder Streben im Lieben des Selbstverwirklichers, die das Lieben des Durchschnittsmenschen so beherrschen. In der philosophischen Sprache ist es ein Aspekt des Seins wie auch des Werdens, und kann S-Liebe genannt werden, das heißt, Liebe für das Sein des anderen.

Distanz und Individualität

Ein Paradox scheint sich auf den ersten Blick aus der Tatsache zu ergeben, daß selbstverwirklichende Menschen einen Grad an Individualität, Distanz und Autonomie aufrechterhalten, der zunächst unvereinbar mit der Art der Identifikation und Liebe erscheint, die ich vorher beschrieben habe. Doch es handelt sich nur um ein scheinbares Paradox. Wie wir gesehen haben, können die Tendenzen zur Distanzierung und diejenigen zur Bedürfnisidentifikation und tiefen Beziehungen zum anderen bei gesunden Menschen zusammengehören. Die Tatsache besteht, daß selbstverwirklichende Menschen gleichzeitig die am meisten individualistischen und am meisten altruistischen, sozialen und liebenden aller Menschen sind. Die Tatsache, daß wir in unserer Kultur diese Eigenschaften an die entgegengesetzten Enden eines einzigen Kontinuums plaziert haben, ist offenbar ein Fehler, den man jetzt korrigieren muß. Sie gehen einher und die Dichotomie löst sich bei selbstverwirklichenden Menschen auf.

Wir finden bei unseren Versuchspersonen einen gesunden Egoismus, großen Selbstrespekt, eine Abneigung, Opfer ohne guten Grund zu bringen. Was wir in der Liebesbeziehung sehen, ist eine Verschmelzung der großen Fähigkeit zu lieben und gleichzeitig der Achtung für andere und großer Achtung für sich selbst. Das zeigt sich daran, daß man von diesen Menschen nicht im allgemeinen Sinn des Wortes sagen kann, daß sie einander *brauchen*, wie es die gewöhnlichen Liebenden tun. Sie können einander sehr nahe stehen und sich dennoch trennen, wenn es notwendig ist, auch ohne zusammenzubrechen. Sie hängen nicht aneinander oder haben Widerhaken oder Anker irgendwelcher Art. Man hat das definitive Gefühl, daß sie aneinander großes Vergnügen haben und eine längere Trennung oder gar Tod philosophisch hinnehmen würden, das heißt, stark bleiben würden. Auch in den intensivsten und ekstatischsten Liebesbeziehungen bleiben diese Menschen sie selbst und Herr ihrer selbst, leben nach ihren eigenen Normen, auch wenn sie einander intensiv genießen. Klarerweise wird dieser Befund, falls bestätigt, eine Revision oder zumindest eine Erweiterung der Definition der idealen oder gesunden Liebe in unserer Kultur notwendig machen. Wir haben sie gewohnheitsgemäß in den Begriffen einer vollkommenen Verschmelzung der Ichs und des Verlustes definiert, als Aufgabe der Individualität, anstatt deren Stärkung. Zwar trifft das zu, doch erscheint es im Augenblick als Tatsache, daß die Individualität gestärkt wird, daß das Ich in einem Sinn mit dem anderen verschmilzt, aber in einem anderen getrennt lebt und stark wie immer bleibt. Die zwei Tendenzen, die Individualität zu transzendieren, einzuschärfen und zu stärken, muß man als Verbündete betrachten und nicht als einander widersprechend. Außerdem ist die beste Art und Weise, das Ich zu transzendieren, eine starke Identität.

Der bessere Geschmack und die größere Wahrnehmungsfähigkeit gesunder Liebender

Eine der auffallendsten Überlegenheiten der selbstverwirklichenden Menschen ist ihre außergewöhnliche Wahrnehmungsfähigkeit. Sie können Wahrheit und Realität wirksamer wahrnehmen als der Durchschnitt der Menschen, ob sie strukturiert ist oder nicht, persönlich oder unpersönlich.

Diese Schärfe zeigt sich im Bereich der Liebesbeziehungen primär in einem ausgezeichneten Geschmack (oder Wahrnehmungsfähigkeit) hinsichtlich der Sexual- und Liebespartner. Die engen Freunde, die Ehemänner und Ehefrauen unserer Versuchspersonen stellen eine viel bessere Gruppe menschlicher Wesen dar, als es in einer Zufallsgruppe möglich wäre.

Damit wollen wir nicht behaupten, daß *alle* beobachteten Ehe- und Sexualpartner sich auf dem selbstverwirklichenden Niveau befanden. Einige Fehler sind zu berichten, und obwohl man sie in einigem Ausmaß wegerklären kann, zeugen sie dennoch von der Tatsache, daß unsere Versuchspersonen nicht vollkommen oder allwissend sind. Sie haben ihre Eitelkeiten und ihre besonderen Schwächen. Zum Beispiel hat zumindest ein Mann von jenen, die ich untersucht habe, mehr aus Mitleid als aus gleichgestellter Liebe geheiratet. Einer heiratete eine viel jüngere Frau trotz der unvermeidlichen Probleme. Eine angemessene Feststellung wäre dann, zu betonen, daß ihr Partner-Geschmack, obzwar viel besser als im Durchschnitt, keinesfalls perfekt ist.

Doch sogar dies genügt, um dem allgemein gehegten Glauben zu widersprechen, daß Liebe blind ist, oder in den raffinierteren Versionen dieser Fehlbehauptung, daß der Liebende notwendigerweise seinen Partner überschätzt. Es ist ziemlich klar, daß es, obwohl es für den Durchschnitt stimmt, für die gesunden Individuen nicht stimmen muß. Tatsächlich gibt es einige Anzeichen dafür, daß die Wahrnehmungen gesunder Menschen wirkungsvoller, schärfer sind, wenn verliebt, als wenn nicht. Liebe mag es möglich machen, Eigenschaften im Geliebten zu sehen, für die andere vollkommen blind sind[7]. Dieser Fehler wird rasch begangen, weil gesunde Menschen sich in Menschen verlieben können, in die sich andere wegen bestimmter Fehler nicht verlieben würden. Doch diese Liebe ist den Fehlern gegenüber nicht blind; sie übersieht sie einfach, oder betrach-

[7] Schwarz, Oswald, Die Psychologie der Sexualität, Penguin 1951: «Man kann nicht stark genug betonen, daß diese wunderbare Fähigkeit, die Liebe den Liebenden verleiht, in der Kraft beruht, im Gegenstand der Liebe Tugenden zu entdecken, die er tatsächlich besitzt, doch die für den Uninspirierten unsichtbar sind; sie werden vom Liebenden nicht erfunden, der die Geliebte mit illusorischen Werten dekorieren könnte: Liebe ist keine Selbsttäuschung» (S. 100–101). Kein Zweifel, es gibt ein starkes, emotionales Element in der Liebe, doch im wesentlichen ist sie ein kognitiver Akt, tatsächlich die einzige Art und Weise, den innersten Kern der Persönlichkeit zu erfassen» (S. 20).

tet sie nicht als Unzulänglichkeiten. So sind physische Unvollkommenheiten wie auch ökonomische, bildungsmäßige und soziale Unzulänglichkeiten für gesunde Menschen viel weniger wichtig als Charakterdefekte. In der Folge ist es für die selbstverwirklichenden Menschen leicht möglich, sich in einfache Menschen tief zu verlieben. Dies wird von anderen Blindheit genannt, doch man sollte es besser guten Geschmack oder Wahrnehmungsfähigkeit nennen.

Ich hatte die Gelegenheit, die Entwicklung dieses guten Geschmacks bei einigen relativ gesunden jungen College-Studentinnen und Studenten zu beobachten. Je reifer sie werden, um so weniger fanden sie solche Merkmale wie gut aussehend, hübsch, guter Tänzer, hübscher Busen, physisch stark, groß, gute Figur, gut im Liebkosen («necking»), anziehend und um so mehr sprachen sie von Vereinbarkeit, Güte, Anstand, guter Kameradschaft, Rücksicht. In einigen Fällen konnte man tatsächlich sehen, daß sie sich in Personen mit Eigenschaften verliebten, die noch einige Jahre vorher spezifisch widerlich empfunden wurden, zum Beispiel behaarter Körper, zu dick, nicht schick genug. Bei einem jungen Mann konnte ich beobachten, wie die Zahl der potenziellen Freundinnen Jahr für Jahr geringer wurde, bis er, nachdem er sich immer von praktisch jeder Frau angezogen gefühlt hatte und Ausnahmen nur aus physischen Gründen gemacht worden waren (zu dick, zu groß), praktisch nur noch zwei Mädchen in Betracht zog, unter allen, die er kannte. Von denen sprach er dann in charakterologischen und nicht in physiologischen Begriffen.

Ich glaube, die Forschung wird zeigen, daß dies charakteristischer für wachsende Gesundheit als einfach für größeres Alter ist.

Unsere Ergebnisse widersprechen zwei anderen, allgemein üblichen Theorien. Eine ist, daß Gegensätze einander anziehen, und die andere, daß sich gleich gern zu gleich gesellt (Homogamie). Tatsächlich ist Homogamie bei gesunden Menschen nur die Regel hinsichtlich solcher Charaktermerkmale wie Ehrlichkeit, Aufrichtigkeit, Freundlichkeit und Courage. Hinsichtlich der äußerlicheren und oberflächlicheren Merkmale, wie Einkommen, Klassenzugehörigkeit, Bildung, Religion, ethnische Zugehörigkeit, Aussehen und so weiter scheint das Ausmaß der Homogamie signifikant geringer zu sein als im Durchschnitt. Selbstverwirklichende Menschen werden nicht von Verschiedenheiten noch von Fremdheit oder Merkwürdigkeit bedroht. Tatsächlich werden sie davon eher angezogen. Sie bedürfen vertrauter Aussprache, Kleidung, Nahrung, Gewohnheiten und Zeremonien viel weniger als Durchschnittsmenschen.

Was die Anziehung der Gegensätze anlangt, stimmt dies für meine Versuchspersonen in dem Ausmaß, in dem ich bei ihnen ehrliche Bewunderung für Geschicke und Begabungen beobachten konnte, die sie selbst nicht hatten. Solche Überlegenheiten machen einen potentiellen Partner eher mehr als weniger attraktiv, ob nun bei Mann oder Frau.

Schließlich möchte ich die Aufmerksamkeit auf die Tatsache lenken, daß uns die letzten wenigen Seiten ein anderes Beispiel der Auflösung oder der Verneinung einer uralten Dichotomie liefern, das ist, zwischen Trieb und Vernunft, Herz und Kopf. Die Menschen, in die sich meine Versuchspersonen verlieben, werden nach entweder kognitiven oder konativen Kriterien ausgesucht. Das heißt, meine Versuchspersonen fühlen sich *intuitiv*, sexuell, impulsiv zu Menschen hingezogen, die für sie auch nach kalter, intellektueller, klinischer Berechnung richtig wären. Ihr Appetit stimmt mit ihren Urteilen überein, und ist synergisch und nicht antagonistisch. Dies erinnert uns an Sorokins (434) Bemühungen, zu zeigen, daß das Wahre, das Gute und das Schöne positiv korreliert sind. Unsere Ergebnisse scheinen Sorokin zu bestätigen, doch nur für gesunde Menschen. Mit Hinsicht auf neurotische müssen wir in dieser Frage vorsichtig bleiben. Siehe auch (449).

13. Erkenntnis des Individuellen und der Gattung

Einleitung

Alle Erfahrung, alles Verhalten, alle Individuen können beim Psychologen zwei Reaktionen auslösen: Er kann eine Erfahrung oder ein Verhalten an sich untersuchen als einzigartig und idiosynkratisch, das heißt als verschieden von jeder anderen Erfahrung oder Person oder jedem anderen Verhalten in der ganzen Welt. Oder er kann auf die Erfahrung nicht als einzigartig, sondern als typisch reagieren, das heißt als ein Beispiel für diese oder jene Klasse, Kategorie oder Rubrik der Erfahrung, oder repräsentativ dafür. Das bedeutet soviel wie, daß er nicht im strengen Sinn des Wortes das Ereignis untersucht, sich ihm widmet, es wahrnimmt oder es erfährt; seine Reaktionen sind eher wie diejenigen eines Archivbeamten, der nur soviel von jeder Seite wahrnimmt, um sie unter A oder B und so weiter abzulegen. Für diese Aktivität soll die Bezeichnung «katalogisieren» vorgeschlagen werden. Jene, die Neologismen nicht mögen, können den Begriff «Abstrahieren» vorziehen. Die Indexbuchstaben B und W stehen für Bergson (461) [1] und Whitehead (475),

[1] «Selbst da noch, wo der Verstand gesteht, einen vorgelegten Gegenstand nicht zu kennen, scheint ihm dieses Nichtwissen ausschließlich an die Frage geknüpft, in welche seiner alten Kategorien der neue Gegenstand hineinpasse. In welches zum Öffnen bereite Schubfach soll er ihn legen? In welches längst zugeschnittene Gewand ihn kleiden? Ist er dies oder jenes, oder etwas anderes? Und «dies» und «jenes» und «was anderes» bedeuten für uns immer ein schon Begriffenes, schon Bekanntes. Der Gedanke, daß wir für einen neuen Gegenstand einen von Grund auf neuen Begriff, ja, daß wir vielleicht eine neue Denkmethode für ihn schaffen müßten, stößt uns im tiefsten zurück. Und doch steht vor uns unsere Geschichte der Philosophie mit ihrem ewigen Kampf der Systeme, mit ihrer Unmöglichkeit, das Wirkliche endgültig in die Konfektionskleider unserer fertigen Begriffe zu zwängen, sie, die uns die Notwendigkeit zeigt, «nach Maß zu arbeiten». Ehe aber unser Verstand zu diesem Äußersten schreitet, zieht er es vor, für alle Mal mit stolzer Bescheidenheit zu verkünden, er erkenne nur Relatives, und das Absolute

jene beiden Denker, die am meisten zu unserem Verständnis des gefährlichen Abstrahierens beigetragen haben.[2]

Diese Unterscheidung ist ein natürliches Nebenprodukt jeder seriösen Anteilnahme an den grundlegenden Theorien der Psychologie. Im allgemeinen geht man im größten Teil der amerikanischen psychologischen Aktivität vor, als wäre die Realität fixiert und stabil und nicht in einer stetigen Änderung und Entwicklung begriffen (auf eine Formel gebracht: als wäre sie ein Zustand und nicht ein Prozeß), und als wäre sie diskret und additiv und nicht verknüpft und in Mustern angeordnet. Diese Blindheit gegenüber den dynamischen und holistischen Aspekten der Realität ist für viele der Schwächen und Fehler der akademischen Psychologie verantwortlich.

Doch auch so ist es nicht notwendig, eine Dichotomie der Opposition zu schaffen oder Partei zu ergreifen. Es gibt Stabilität wie auch Wandel, Ähnlichkeiten wie Unterschiede, und der Holismus-Dynamismus kann so einseitig und doktrinär sein wie der Atomismus-Statizismus. Wenn wir das eine auf Kosten des anderen in diesem Kapitel betonen, dann des-

schlage nicht in sein Fach, welche vorausgeschickte Erklärung ihm dann erlaubt, seine gewohnte Methode skrupellos anzuwenden, und unter dem Vorwand, nicht an das Absolute zu rühren, absolute Entscheidungen über alle Dinge zu treffen. Platon als erster hat die Theorie aufgestellt, das Erkennen eines Gegenstandes bestehe in Auffindung seiner Idee, in seiner Einspannung, heißt das, in einen schon existierenden, immer zur Vergügung stehenden Rahmen, nicht anders, als besäßen wir implizite die Gesamtheit alles Wissens. Aber dieser Glaube ist nur natürlich für den menschlichen, stets von der Frage absorbierten Geist, unter welche alte Rubrik irgendein neuer Gegenstand einkatalogisiert werden soll. In gewissem Sinne werden wir alle als Platoniker geboren.» (Henri Bergson, Schöpferische Entwicklung, deutsch von Gertrude Kantorowicz, Diederichs, Jena 1930, S. 54–55.)

[2] Der interessierte Leser wird hier auf die psychologischen Autoren hingewiesen, die ähnliche wie die in diesem Kapitel getroffenen Unterscheidungen gemacht haben. Kurt Lewis' (274) Gegensatz zwischen Aristotelischen und Galileischen Verfahren in der Wissenschaft, Gordon Allports (6) Ruf nach einem «idiographischen» wie auch «nomothetischen» Verfahren in der Wissenschaft von der Persönlichkeit und jüngst die Betonung der generellen Semantiker der Unterschiede und nicht der Ähnlichkeiten der Erfahrungen (215) überschneiden sich alle mit der These dieses Kapitels und wurden in dessen Vorbereitung frei verwendet. Wir sollten auch einige der interessanten Fragen erwähnen, die Kurt Goldsteins Dichotomie abstrakt-konkret stellt (160). Relevant ist auch Itards «Wild Boy of Aveyron» (Der junge Wilde von Aveyron).

halb, weil es notwendig ist, das Bild abzurunden und das Gleichgewicht wieder herzustellen.

In diesem Kapitel werden wir einige der Probleme der Erkenntnis im Licht dieser theoretischen Erwägungen behandeln. Der Autor hofft besonders, etwas von seiner Überzeugung mitteilen zu können, daß viel von dem, was als Erkenntnis angesehen wird, tatsächlich ein Ersatz dafür ist, ein Trick aus zweiter Hand, notwendig durch die Schwierigkeiten des Lebens in einer Realität, die sich im Fluß befindet und ein Prozeß ist, ohne daß man bereit ist, diese Tatsache anzuerkennen. Weil Realität dynamisch ist und weil der durchschnittliche westliche Geist nur das erkennen kann, was statisch ist, behandelt vieles in unserem Wahrnehmen, Lernen, Erinnern und Denken tatsächlich statische Abstraktionen der Realität oder theoretische Konstruktionen.

Damit dieses Kapitel nicht als Polemik gegen Abstraktionen und Begriffe verstanden wird, lasse man mich klarstellen, daß wir keineswegs ohne Begriffe, Verallgemeinerungen und Abstraktionen leben könnten. Allerdings sollten sie auf Erfahrungen beruhen und nicht leer sein oder wie ein Ballon mit Helium gefüllt. Sie müssen in der konkreten Realität verankert und an sie gebunden sein. Sie müssen einen sinnvollen Gehalt haben und nicht bloße Worte, Etiketten, Abstrakte bleiben. Dieses Kapitel behandelt das pathologische Abstrahieren, die «Reduktion auf Abstrakta» und die Gefahren des Abstrahierens.

Katalogisieren in der Aufmerksamkeit

Sofern sich der Begriff der Aufmerksamkeit überhaupt vom Begriff der Wahrnehmung unterscheidet, liegt das an der relativ größeren Betonung auf den selektiven, vorbereitenden, organisierenden und mobilisierenden Handlungen. Diese müssen nicht reine und frische Reaktionen sein, die ausschließlich von der Natur der Realität determiniert sind, der man sich zuwendet. Es ist ein Allgemeinplatz, daß die Aufmerksamkeit auch vom Wesen des individuellen Organismus, von den Interessen, Motiven, Vorurteilen, vergangenen Erfahrungen und so weiter, einer Person bestimmt wird.

Doch relevanter für uns ist die Tatsache, daß es möglich ist, in den Aufmerksamkeitsreaktionen die Unterschiede zwischen frischer, idiosynkratischer Aufmerksamkeit für das einzigartige Ereignis und dem stereotypen, katalogisierenden Wiedererkennen einer Garnitur von Kategorien in der äußeren Welt auszumachen, die bereits im Geist der aufmerksam gewordenen Person existieren. Das bedeutet, Aufmerksamkeit wird nichts anderes sein als die Wiedererkennung oder Entdeckung dessen in der Welt, was wir selbst bereits eingegeben haben – eine Art der Beurteilung der Erfahrung, bevor sie gemacht wird. Es kann sich sozusagen um eine Rationalisierung für die Vergangenheit handeln, oder um einen Versuch, den status quo aufrechtzuerhalten, anstatt um eine wahre Erkenntnis des Wandels, der Neuheit und Veränderung. Man kann das erreichen, wenn man nur *dem* Aufmerksamkeit zuwendet, was bereits bekannt ist, oder das Vertraute dem Neuen aufzwingt.

Die Vorteile und Nachteile dieser stereotypisierenden Aufmerksamkeit für den Organismus sind gleichermaßen deutlich. Es ist klar, daß für bloßes Katalogisieren oder Einteilen der Erfahrung nicht volle Aufmerksamkeit nötig ist, was wiederum eine Ersparnis an Energie und Anstrengung bedeutet. Katalogisieren ist sicherlich weniger ermüdend als ungeteilte Aufmerksamkeit. Außerdem verlangt Katalogisieren nicht Konzentration, fordert nicht alle Fähigkeiten des Organismus. Konzentrierte Aufmerksamkeit, die für das Wahrnehmen und Verstehen eines wichtigen oder neuen Problems erforderlich ist, kann, wie wir wissen, extrem ermüdend sein und ist deshalb relativ selten. Beweise für diese Schlußfolgerung findet man in der allgemeinen Vorliebe für stromlinienförmiges Lesen, Kurzfassungen von Romanen, Digest-Zeitschriften, stereotypisierte Filme, phrasenreiche Konversationen und im allgemeinen in der Vermeidung wirklicher Probleme, oder zumindest der starken Bevorzugung stereotyper Pseudolösungen.

Katalogisieren ist eine partielle, ersatzweise oder nominelle Reaktion und nicht eine totale. Sie ermöglicht automatisches Verhalten, das heißt, verschiedene Dinge gleichzeitig zu tun, was seinerseits bedeutet, höhere Aktivitäten zu ermöglichen, indem man es erlaubt, die niedrigeren Aktivitäten reflexgleich abzuwickeln. Mit einem Wort, wir müssen den vertrauten Elementen der Erfahrungen keine Aufmerksamkeit schenken. So brauchen wir Personal, Kellner, Portiere, Liftboys, Straßenkehrer,

Männer in irgendwelchen Uniformen und so weiter nicht als Individuen wahrzunehmen.[3]

Ein Paradox liegt hier vor, denn ist es gleichzeitig wahr, daß wir dazu neigen 1. das, was nicht in die bereits errichteten Rubriken paßt, *nicht* zu beachten, also das Fremde, und 2. daß es das Unübliche, Unvertraute, das Gefährliche oder Bedrohende ist, das die Aufmerksamkeit am meisten auf sich lenkt. Ein unvertrauter Reiz kann entweder gefährlich sein (ein Geräusch im Dunkeln) oder nicht (neue Vorhänge an den Fenstern). Volle Aufmerksamkeit wird dem Unvertrauten-Gefährlichen gewährt; am wenigsten dem Vertrauten-Sicheren; einige Aufmerksamkeit dem Unvertrauten-Sicheren, oder es wird in das Vertraute-Sichere, das heißt Katalogisierte verwandelt[4].

Es gibt eine interessante Überlegung, die von der merkwürdigen Tendenz ausgeht, daß das Neue und Fremde entweder überhaupt keine Aufmerksamkeit erweckt oder eine überwältigende. Es scheint, daß ein großer Teil unserer (weniger gesunden) Bevölkerung nur auf bedrohliche Erfahrungen mit Aufmerksamkeit antwortet. Es ist, als müßte Aufmerksamkeit nur als Reaktion auf Gefahr und als Warnung der Notwendigkeit einer Notfallreaktion betrachtet werden. Diese Menschen lassen Erfahrungen links liegen, die nicht bedrohlich und die ungefährlich sind, als wären sie deshalb nicht der Aufmerksamkeit oder einer anderen kognitiven oder emotionalen Antwort wert. Für sie ist Leben entweder eine Begegnung mit der Gefahr oder Entspannung dazwischen.

Doch es gibt einige Menschen, für die es sich nicht so verhält. Das sind jene, die nicht nur auf gefährliche Situationen reagieren. Wahrscheinlich weil sie sich sicherer fühlen und Selbstvertrauen genug haben, können sie sich den Luxus leisten, auf Erfahrungen zu reagieren, sie zu bemerken oder sie sogar aufregend zu finden, die nicht gefährlich, sondern ange-

[3] Für weitere experimentelle Beispiele siehe Bartletts ausgezeichnete Studie (33).

[4] «Nichts ist mehr angemessen, von der Kindheit bis ans Lebensende, als fähig zu sein, das Neue dem Alten anzugleichen, jedem bedrohlichen Übertreter unserer wohlbekannten Begriffsserien zu begegnen, wie er daherkommt, durch seine Ungewohntheit hindurchzusehen und ihn als alten Freund in einer Verkleidung abzuhaken... Wir empfinden weder Neugier noch Staunen angesichts von Dingen, die so weit über uns stehen, daß wir keine Begriffe haben, um uns auf sie zu beziehen, oder Normen, an denen wir sie messen können» (211, Teil II, S. 110).

nehm erregend sind und so weiter. Es wurde darauf hingewiesen, daß diese positiven Reaktionen, ob schwach oder stark, ob eine leichte Stimulierung oder eine überwältigende Ekstase, ebenso wie die Notreaktion eine Mobilisierung durch das autonome Nervensystem bedeutet, einschließlich der Eingeweide und des Restes des Organismus. Der Hauptunterschied zwischen diesen Erfahrungen bedeutet, daß die einen introspektiv als angenehm, die anderen als unangenehm empfunden werden. Aus dieser Beobachtung ersehen wir, daß der Mensch sich nicht nur der Welt passiv anpaßt, sondern sie auch genießt und sie sogar aktiv prägt. Der Faktor, dessen Variation die meisten Verschiedenheiten zu verursachen scheint, ist, was man lose geistige Gesundheit nennen könnte. Für relativ ängstliche Menschen ist Aufmerksamkeit ein Alarmmechanismus, und die Welt teilen sie einfach in das Gefährliche und das Sichere auf.

Freuds Konzept der «gleichschwebenden Aufmerksamkeit» stellt wahrscheinlich den echtesten Gegensatz zur katalogisierenden Aufmerksamkeit dar[5]. Man beobachte, daß Freud die passive und nicht die aktive Aufmerksamkeit empfiehlt, weil aktive Aufmerksamkeit dazu tendiert, ein Register von Erwartungen auf die reale Welt zu applizieren. Solche Erwartungen können die Stimme der Wirklichkeit übertönen, wenn sie

[5] Siegmund Freud: Studienausgabe, Band XI (Ergänzungsband), S. Fischer, Frankfurt 1972, «Schriften zur Behandlungstechnik», S. 17.
«Sowie man nämlich seine Aufmerksamkeit absichtlich bis zu einer gewissen Höhe anspannt, beginnt man auch unter dem dargebotenen Materiale auszuwählen; man fixiert das eine Stück besonders scharf, eliminiert dafür ein anderes und folgt bei dieser Auswahl seinen Erwartungen oder seinen Neigungen. Gerade dies darf man aber nicht; folgt man bei der Auswahl seinen Erwartungen, so ist man in Gefahr, niemals etwas anderes zu finden, als was man bereits weiß; folgt man seinen Neigungen, so wird man sicherlich die mögliche Wahrnehmung fälschen. Man darf nicht darauf vergessen, daß man ja zumeist Dinge zu hören bekommt, deren Bedeutung erst nachträglich erkannt wird.
Wie man sieht, ist die Vorschrift, sich alles gleichmäßig zu merken, das notwendige Gegenstück zu der Anforderung an den Analysierten, ohne Kritik und Auswahl alles zu erzählen, was ihm einfällt. Benimmt sich der Arzt anders, so macht er zum großen Teile den Gewinn zunichte, der aus der Befolgung der «psychoanalytischen Grundregel» von seiten des Patienten resultiert. Die Regel für den Arzt läßt sich so aussprechen: Man halte alle bewußten Einwirkungen von seiner Merkfähigkeit ferne und überlasse sich völlig seinem «unbewußten Gedächtnisse», oder rein technisch ausgedrückt: Man höre zu und kümmere sich nicht darum, ob man sich etwas merke.»

schwach genug ist. Freud empfiehlt, daß wir nachgiebig, bescheiden, passiv, nur daran interessiert sind, herauszufinden, was uns die Wirklichkeit zu sagen hat, nur damit befaßt, der grundsätzlich gegebenen Struktur des Materials zu erlauben, das zu bestimmen, was wir wahrnehmen. Das alles bedeutet soviel wie zu sagen, daß wir die Erfahrung behandeln müssen, als wäre sie einzigartig und mit nichts anderem vergleichbar, und daß unsere einzige Anstrengung darin bestehen muß, sie in ihrem wahren Wesen zu erfassen, anstatt zu versuchen, nachzuprüfen, wie sie sich in unsere Theorien einfügt, in unsere Schemata und Begriffe. Dies bedeutet im vollen Sinn eine Empfehlung der Problemzentrierung und nicht der Ichzentrierung. Das Ich, seine Erfahrungen und Vorurteile, seine Hoffnungen und Befürchtungen, müssen im größtmöglichen Ausmaß beiseite gestellt werden, wenn man das per se immanente Wesen der Erfahrung begreifen soll.

Es mag helfen, den vertrauten (ja sogar stereotypen) Gegensatz zwischen dem Vorgehen des Wissenschaftlers in bezug auf die Erfahrung und jenem des Künstlers zu betrachten. Wenn wir uns solche Abstraktionen wie den echten Wissenschaftler und den echten Künstler gestatten wollen, ist es wahrscheinlich zutreffend, ihr Vorgehen hinsichtlich jeder Erfahrung einander gegenüberzustellen, indem man sagt, daß die Wissenschaftler im Grund die Erfahrung klassifizieren, sie zu allen anderen Erfahrungen in Beziehung setzen, sie auf ihren Platz in einer einheitlichen Philosophie von der Welt stellen, die Aspekte suchen möchten, in denen diese Erfahrung allen anderen Erfahrungen ähnelt oder sich von ihnen unterscheidet. Der Wissenschaftler tendiert dazu, der Erfahrung einen Namen zu geben, sie zu etikettieren, ihr ihren Platz zuzuweisen, mit einem Wort, sie zu klassifizieren. Der Künstler, das heißt, wenn er ist, was ein Künstler sein sollte, nach Bergson, Croce und anderen, ist am meisten am einzigartigen und idiosynkratischen Charakter seiner Erfahrung interessiert. Er muß die Erfahrung als individuell behandeln. Jeder Apfel ist einzigartig, verschieden, und so auch jedes Modell, jeder Baum, jeder Kopf – keiner ist wie der andere. Wie ein Kritiker von einem bestimmten Künstler sagte: «Er sieht, was andere nur anschauen.» Er ist keineswegs daran interessiert, die Erfahrung zu klassifizieren oder sie in irgendeiner geistigen Kartei abzulegen, die er haben mag. Es ist seine Aufgabe, die Erfahrung frisch zu sehen, und dann, wenn er Talent hat, die Erfahrung in irgendeiner Weise einzufrieren, damit vielleicht weniger aufmerksame Menschen sie ebenfalls frisch sehen können. Simmel sagte es so: «Der Wissenschaftler *sieht* etwas, weil er etwas *weiß* – der Künstler jedoch *weiß* etwas, weil er es *sieht.*»[6]

Vielleicht kann mir eine andere Parallele helfen, den Unterschied deutlich zu machen. Die Menschen, die ich echte Künstler genannt habe, unterscheiden sich von den gewöhnlichen Menschen zumindest durch ein weiteres Merkmal. Um es so kurz wie ich es nur kann zu sagen, scheinen sie imstande zu sein, jeden Sonnenuntergang, jede Blume und jeden Baum mit derselben Freude und Ehrfurcht und vollen Aufmerksamkeit und starker emotionaler Reaktion zu sehen, als wäre es der erste Sonnenuntergang und so weiter, den sie je gesehen haben. Der Durchschnittsmensch wird in einer allgemeinen Art auf jedes Wunder gleich reagieren, so wundervoll es auch sein mag, wenn er es fünfmal vorher schon erlebt hat. Ein ehrlicher Künstler kann seinen Sinn für das Wunderbare auch noch nach tausend Erfahrungen bewahren. «Er sieht die Welt mit der größeren Klarheit jener, für die sie ständig neu ist.»

Katalogisieren in der Wahrnehmung

Stereotypisieren ist ein Konzept, das nicht nur in der Sozialpsychologie des Vorurteils Gültigkeit hat, sondern auch im grundlegenden Prozeß des Wahrnehmens. Wahrnehmung kann etwas anderes sein als die Aufnahme oder Aufzeichnung des immanenten Wesens des wirklichen Ereignisses. Sie ist häufiger eine Klassifikation, ein Etikettieren der Erfahrung mehr als deren Überprüfung, und sollte deshalb anders genannt werden, nicht Wahrnehmung. Was wir tun, wenn wir stereotypisiert oder kata-

[6] Wie alle Stereotypen, sind auch diese gefährlich. Das Kapitel schließt ein, daß Wissenschaftler gut daran täten, mehr intuitiv, künstlerisch und aufmerksamer und achtungsvoller für die rohe, direkte Erfahrung zu sein. Gleicherweise sollte das Studium und das Verständnis der Realität, wie es die Wissenschaft unternimmt, die Reaktionen des Künstlers auf die Welt vertiefen, zusätzlich auch sie gültiger und erwachsen machen. Die Ermahnung an die Adresse sowohl des Künstlers wie auch des Wissenschaftlers ist tatsächlich dieselbe: Die Realität ganz zu sehen.

logisierend wahrnehmen, gleicht der Verwendung der Klischees und Allgemeinplätze beim Sprechen.

Zum Beispiel ist es möglich, wenn man jemand anderem vorgestellt wird, unbefangen zu reagieren, zu verstehen oder wahrzunehmen zu versuchen, was an ihm einzigartig, individuell ist, anders als bei jedem anderen. Häufiger jedoch werden wir unsere neue Bekanntschaft etikettieren oder einordnen. Wir plazieren ihn in einer Kategorie oder in einer Rubrik, betrachten ihn nicht als einzigartiges Individuum, sondern als ein Beispiel irgendeines Begriffs oder als Repräsentanten irgendeiner Kategorie. Zum Beispiel wird er ein Chinese sein, und nicht der Lum Wang, der Träume und Ambitionen und Ängste hat, die ziemlich verschieden von jenen seines Bruders sind. Oder er wird als Millionär oder als Mitglied der Oberen Zehntausend oder als Kind oder Jude oder etwas anderes etikettiert[7].

Mit anderen Worten sollte jeder, der stereotyp wahrnimmt, wenn wir ehrlich sein sollen, nicht mit einer Kamera, sondern mit einem Archivbeamten verglichen werden. Der Archivbeamte hat einen Schrank voll von Mappen, und seine Aufgabe ist es, jeden Brief auf dem Schreibtisch in die entsprechende Mappe abzulegen, unter dem A oder B oder wo auch immer.

Unter den vielen Beispielen des Katalogisierens in der Wahrnehmung möchten wir die Tendenz zur Wahrnehmung anführen:

1. des Vertrauten und Abgenutzten anstatt des Unvertrauten und Unverbrauchten;
2. des Schematisierten und Abstrakten anstatt des Tatsächlichen;
3. des Organisierten, Strukturierten, Eindeutigen anstatt des Chaotischen, Unorganisierten und Vieldeutigen;

[7] «Solche (Trivial-)Literatur repräsentiert verbale Starre in allen ihren Formen: Inhalt, Form und Werte. Die Handlung, die Personen, die Situationen und die ‹Moral› sind relativ standardisiert. Die Geschichten enthalten in großem Ausmaß ebenfalls standardisierte Worte und Phrasen; auf dieser Basis werden in einem beachtlichen Ausmaß die Figuren, die nicht Individuen sind, sondern *Typen,* als Kanonenmolly, der Detektiv, das arme Arbeitermädchen, der Sohn des Chefs usw. erkennbar» (215, S. 259).
Der Semantiker würde auch darauf hinweisen, daß, sobald ein einzelner in einer Kategorie plaziert wurde, die anderen dazu neigen, auf die Kategorie und nicht auf den einzelnen zu reagieren.

4. des Benannten oder Benennbaren anstatt des Unbenannten und Unbenennbaren;
5. des Sinnvollen anstatt des Sinnlosen;
6. des Konventionellen anstatt des Unkonventionellen;
7. des Erwarteten anstatt des Unerwarteten.

Außerdem zeigen wir, wo das Ereignis unvertraut, konkret, vieldeutig, unbenannt, sinnlos, unkonventionell oder unerwartet ist, eine starke Tendenz, es in eine Form zu zwängen oder zu bringen, die vertrauter, abstrakter, organisierter und so weiter ist. Wir haben die Tendenz, Ereignisse leichter als Repräsentanten von Kategorien denn in ihrem eigenen Recht als einzigartig und idiosynkratisch wahrzunehmen.

Zahlreiche Beispiele für jede dieser Tendenzen kann man im Rorschach-Test, der Literatur der Gestaltpsychologie, der Projektionstests und der Kunsttheorie finden. Hayakawa (99, S. 133) zitiert im letzteren Bereich das Beispiel eines Zeichenlehrers, der «die Gewohnheit hat, seinen Schülern zu erzählen, daß sie unfähig sind, einen Arm zu zeichnen, weil sie von ihm als *einem* Arm denken; und weil sie von ihm als einem Arm denken, glauben sie, daß sie wissen, wie er sein sollte.» Auch Schachtels Buch ist voll von faszinierenden Beispielen (410).

Es ist klar, daß man über ein Reizobjekt zum Zweck seiner Katalogisierung in einem bereits konstruierten System von Kategorien weniger wissen muß als für den Zweck, es zu verstehen und zu schätzen. Echte Wahrnehmung, die das Objekt als einzigartig betrachtet, es umspielt, es einsaugt und verstehen würde, müßte offenkundig weit mehr Zeit in Anspruch nehmen als jene Bruchteile einer Sekunde, die alles sind, was notwendig ist, um es zu etikettieren und katalogisieren.

Es ist auch wahrscheinlich, daß Katalogisieren weit weniger erfolgreich als die unverbrauchte Wahrnehmung ist, zum größten Teil wegen des bereits erwähnten Merkmals, in einem Sekundenbruchteil möglich zu sein. Nur die am meisten herausragenden Eigenschaften können dann verwendet werden, um die Reaktion festzulegen, und diese werden dann sehr leicht eine falsche Spur ergeben. Katalogisierende Wahrnehmung ist also eine Einladung zu Fehlern.

Diese Fehler werden doppelt wichtig, weil katalogisierende Wahrnehmung es auch weniger wahrscheinlich macht, daß jeder ursprüngliche Fehler korrigiert werden wird. Was man einmal in eine Rubrik abgelegt hat, neigt stark dazu, dort zu verbleiben, weil jedes Verhalten, das dem Stereotyp der jeweiligen Rubrik widerspricht, einfach als eine Ausnahme betrachtet werden kann, die man nicht ernst nehmen muß. Zum Beispiel, wenn wir aus irgendeinem Grund überzeugt sind, daß jemand unehrlich ist, und wenn wir dann in einem bestimmten Kartenspiel versuchen, ihn zu ertappen, und der Versuch mißlingt, werden wir ihn gewöhnlich weiterhin einen Dieb nennen, in der Annahme, daß er aus ad hoc Gründen ehrlich war, vielleicht aus Angst vor der Entdeckung oder aus Faulheit oder dergleichen. Wenn wir tief genug von seiner Unehrlichkeit überzeugt sind, wird es keinen Unterschied machen, wenn wir ihn *nie* bei einer unehrlichen Handlung ertappen. Er könnte dann einfach als ein Dieb betrachtet werden, der zufällig vor uns Angst hat. Oder ein widersprechendes Verhalten kann als interessant betrachtet werden, in dem Sinn, nicht für das Wesen der Person charakteristisch zu sein, sondern nur oberflächlich angenommen. Wenn wir ganz und gar überzeugt sind, daß Chinesen unergründlich sind, ändert es dann nicht unser Stereotyp eines Chinesen, einem zu begegnen, der lacht, sondern wir werden ihn eher einfach als einen Sonderling oder Ausnahmefall oder merkwürdigen Chinesen betrachten. Tatsächlich kann es sein, daß der Begriff des Stereotypisierens oder Katalogisierens uns einen guten Teil der Antwort auf das uralte Problem liefert, warum Menschen immer an etwas Falsches glauben, auch wenn die Wahrheit jahrzehntelang vor ihren Füßen liegt. Ich weiß, daß es üblich ist, diese Unempfänglichkeit für Beweise als völlig durch Verdrängung erklärbar zu betrachten oder, im allgemeinen, durch Motivationskräfte. Es gibt keinen Zweifel, daß dies ebenfalls zutrifft. Die Frage ist, ob es die ganze Wahrheit ist, und an und für sich auch eine zureichende Erklärung. Unsere Ausführungen deuten an, daß es auch andere Gründe für Beweisblindheit gibt.

Wir bekommen eine Ahnung von der Vergewaltigung eines Objekts, wenn wir auf der Empfangsposition einer stereotypisierenden Haltung sind. Selbstverständlich kann dies jeder Neger oder Jude bezeugen, doch es trifft zuweilen auf alle anderen auch zu. Siehe zum Beispiel solche Wendungen wie «Oh, es ist nur der Kellner» oder «Es ist noch einer von den Hubers» und so weiter.

Normalerweise fühlen wir uns beleidigt und falsch eingeschätzt, wenn wir mit anderen Menschen in einen Topf geworfen werden, von denen wir uns in vieler Weise verschieden wissen. Doch es ist unmöglich, es besser zu sagen als William James: «Das erste, was der Intellekt mit einem Gegenstand tut, ist ihn zusammen mit etwas anderem zu klassifizieren. Doch jeder Gegenstand, der unendlich wichtig für uns ist und unsere Verehrung weckt, fühlt sich für uns auch, als müßte er sui generis und einzigartig sein. Wahrscheinlich würde es eine Krabbe mit einem Gefühl persönlicher Beleidung erfüllen, wenn sie uns hören könnte, wie wir sie ohne weitere Umstände und ohne Entschuldigung als ein Schalentier klassifizieren und damit abtun. ‹Ich bin nichts dergleichen›, würde sie sagen, ‹ich bin ich, ich allein›» (212, S. 10).

Katalogisieren beim Lernen

Eine Gewohnheit ist der Versuch, ein gegenwärtiges Problem durch die Verwendung einer früher erfolgreichen Lösung zu bewältigen. Dies schließt ein, daß es 1. ein Plazieren des gegenwärtigen Problems in eine bestimmte Kategorie von Problemen geben muß und 2. die Selektion der erfolgreichsten Problemlösung für diese besondere Problemkategorie. Klassifikation, das heißt Katalogisierung, ist deshalb unvermeidlich.

Das Phänomen der Gewohnheit illustriert am besten etwas, das auch auf katalogisierende Aufmerksamkeit, Wahrnehmung, Denken, Ausdruck und so weiter zutrifft, nämlich, daß alles Katalogisieren im Endeffekt ein Versuch ist, «die Welt einzufrieren»[8]. In Wirklichkeit ist die Welt ein

[8] «Der Intellekt sucht deshalb instinktiv in einer gegebenen Situation, was immer wie etwas bereits Bekanntes ist; er sucht dies heraus, um sein Prinzip anzuwenden, daß ‹gleiches zu gleichem führt›. Gerade darin besteht die Voraussehung der Zukunft durch den gesunden Menschenverstand. Wissenschaft führt diese Fähigkeit zum höchstmöglichen Grad der Genauigkeit und Exaktheit, doch dies ändert nicht deren wesentlichen Charakter. Wie gewöhnliches Wissen, befaßt sich Wissenschaft nur mit dem Aspekt der *Wiederholung*. Auch wenn das Ganze ursprünglich sein mag, wird es der Wissenschaft immer gelingen, es in Elemente oder Aspekte auseinanderzuanalysieren, die annähernd eine Reproduktion des Vergangenen sind. Wissenschaft kann nur bearbeiten, was als wiederholbar angenommen wird ...» (46, S. 34–35). Es sollte wiederum erwähnt werden (siehe Kapitel 1 und 2 und auch Appendix B), daß jetzt die Anfänge einer anderen Wissenschaftsphilosophie, einer anderen Konzeption des Wissens und Erken-

ewiges Fließen, und alle Dinge befinden sich in einem Prozeß. In der Theorie ist nichts in der Welt statisch (obwohl für *praktische* Zwecke es viele Dinge sind). Wenn wir die Theorie ernst nehmen sollen, dann ist jede Erfahrung, jedes Ereignis, jedes Verhalten in irgendeiner Weise (ob einer wichtigen oder unwichtigen) verschieden von jeder anderen Erfahrung, jedem anderen Verhalten und so weiter, das in der Welt vorher vorgekommen ist oder je wieder vorkommen wird[9].

Es würde vernünftig erscheinen, wie Whitehead wiederholt darauf hingewiesen hat, unsere Theorien und Wissenschaftsphilosophien und unseren Hausverstand auf die Basis dieser unvermeidlichen Tatsache zu stellen. Doch es ist die Wahrheit, daß es die meisten von uns nicht tun. Auch wenn unsere besten Wissenschaftler und Philosophen schon lange die alten Begriffe des leeren Raums abgelegt haben, leben diese verbal aufgegebenen Begriffe noch immer weiter, als Grundlage für alle unsere weniger intellektuellen Reaktionen. Obwohl die Welt des Wandels und des Wachstums akzeptiert werden muß und wird, geschieht dies selten emotionell und enthusiastisch. Wir sind noch immer zutiefst newtonianisch (287).

Alle Reaktionen, die als katalogisiert bezeichnet werden können, können dann als «Bemühungen, die Bewegung einer fließenden, sich wandelnden Welt einzufrieren oder die Bewegung anzuhalten, um sie handhaben

nens verfügbar sind, die das Ganzheitliche (wie auch das Atomistische), das Einzigartige (wie auch das Repetitive), das Menschliche und Persönliche (wie auch das Mechanische), das sich Wandelnde (wie auch das Beständige), das Transzendente (wie auch das Positivistische) einschließen. Siehe (292, 376) und die bibliographischen Hinweise darin.

[9] «Keine zwei Dinge sind gleich, und kein einziges Ding bleibt gleich. Wenn man sich dessen klar genug bewußt ist, ist es ganz in Ordnung, so zu handeln, als wären einige Dinge gleich, und auch, als blieben einige Dinge gleich – also gewohnheitsgemäß –, zu handeln. Es ist in Ordnung, weil ein Unterschied, um einer zu sein, einen Unterschied machen muß, und manche tun das zuweilen nicht. Solang man realisiert, daß es nichtsdestoweniger immer Unterschiede gibt, und daß man beurteilen können muß, ob sie einen Unterschied machen, kann man sich Gewohnheiten leisten, weil man weiß, wann man sie ablegen muß. Keine Gewohnheit ist narrensicher. Gewohnheiten sind für Menschen nützlich, die nicht von ihnen abhängen oder darauf bestehen, ihnen zu folgen, ungeachtet der Umstände; für die weniger urteilsfähigen einzelnen werden Gewohnheiten zur Untüchtigkeit, Dummheit und Gefahr führen» (215, S. 199).

zu können» neu definiert werden, denn es ist, als könnten wir diese Welt nur bewältigen, wenn sie sich nicht bewegt. Ein Beispiel für diese Tendenz ist der geniale Trick, den die statisch-atomistischen Mathematiker erfunden haben, um Bewegung und Änderung in einer statischen Weise behandeln zu können, das heißt die Gleichung. Für den Zweck dieses Kapitels sind jedoch psychologische Beispiele relevanter, und es ist notwendig, die These zu propagieren, daß Gewohnheiten und alles reproduktive Lernen Beispiele für die Tendenz statisch gesinnter Menschen sind, eine Prozeßwelt in zeitweilige Unbeweglichkeit einzufrieren, da sie eine Welt im Fluß nicht bewältigen können.

Gewohnheiten sind dann konservative Mechanismen, wie James schon vor langem gezeigt hat (211). Warum? Einmal, weil jede erlernte Reaktion schon durch ihre Existenz die Formation anderer erlernter Reaktionen auf dasselbe Problem blockiert. Doch es gibt einen anderen, ebenso wichtigen, gewöhnlich jedoch von den Lerntheoretikern vernachlässigten Grund, nämlich, daß man nicht nur physische Reaktionen erlernt, sondern auch affektive Vorlieben. Wir lernen nicht nur Englisch sprechen, sondern wir lernen auch, es zu mögen und zu bevorzugen (309) [10]. Lernen ist also nicht ein vollständig neutraler Prozeß. Wir können nicht sagen, «Wenn diese Reaktion ein Fehler ist, ist es leicht genug, sie zu verlernen oder mit der richtigen zu ersetzen», denn durch das Lernen haben wir bis zu einem gewissen Grad uns selbst und unsere Loyalität engagiert. So kann es besser sein, wenn wir gut Französisch sprechen lernen wollen, überhaupt nicht zu lernen, wenn der einzig vorhandene Lehrer einen

[10] Anthologistics
«Since one anthologist put in his book
Sweet things by Morse, Bone, Potter, Bliss and Brook,
All subsequent anthologists, of course,
Have quoted Bliss, Brook, Potter, Bone and Morse.
For, should some rash anthologist make free
To print selections, say, from you and me,
Omitting with a judgment all his own
The classic Brook, Morse, Potter, Bliss and Bone,
Contemptuous reviewers, passing by
Our verses, would unanimously cry,
‹What manner of anthology is this
That leaves out Bone, Brook, Potter, Morse and Bliss!›» Arthur Guiterman (167)

schlechten Akzent hat; es könnte erfolgreicher sein, zu warten, bis ein guter Lehrer verfügbar ist. Aus demselben Grund müssen wir denjenigen in der Wissenschaft widersprechen, die in ihrer Haltung Hypothesen und Theorien gegenüber sehr leichtfertig sind. «Auch eine falsche Theorie ist besser als gar keine», sagen sie. Die wirkliche Situation ist nicht so einfach wie dies, wenn die vorangegangenen Überlegungen irgendeine Gültigkeit haben. Wie ein spanisches Sprichwort sagt: «Gewohnheiten sind zuerst Spinnweben, dann Stricke».

Diese Kritik erstreckt sich keineswegs auf alles Lernen, sondern nur auf das atomistische und reproduktive, das heißt auf Wiedererkennen und Abruf isolierter ad hoc Reaktionen. Viele Psychologen schreiben, als wäre dies die einzige Art und Weise, wie die Vergangenheit Einfluß auf die Gegenwart haben kann, oder in der die Lektionen vergangener Erfahrung genutzt werden können, um gegenwärtige Probleme zu lösen. Dies ist eine naive Annahme, denn vieles, was man tatsächlich erlernt hat, das heißt die wichtigsten Einflüsse der Vergangenheit, ist weder atomistisch noch reproduzierend. Die wichtigsten Einflüsse der Vergangenheit, die einflußreichste Art des Lernens besteht darin, was wir Charakterlernen oder Lernen von Innen heraus (311 a) nennen könnten, das heißt alle Auswirkungen unserer Erfahrungen auf den Charakter. So werden Erfahrungen vom Organismus nicht eine nach der anderen wie Münzen erworben; wenn sie irgendeine Tiefenwirkung haben sollen, ändern sie die ganze Person. So wäre es der Einfluß einer tragischen Erfahrung, eine unreife zu einer reifen, erwachseneren Person zu machen, die weiser, toleranter, bescheidener ist, besser imstande, *alle* die Probleme des erwachsenen Lebens zu lösen. Die entgegengesetzte Theorie wäre es, daß sie sich in keiner anderen Weise geändert hat, außer durch die ad hoc Erwerbung einer Technik der Bewältigung oder Lösung eines besonderen Typs von Problemen, zum Beispiel also den Tod ihrer Mutter. Solch ein Beispiel ist wichtiger, weit nützlicher, weit beispielhafter als die üblichen Beispiele der blinden Assoziation einer unsinnigen Silbe mit der anderen, Experimente, die meiner Meinung nach für nichts anderes auf der Welt relevant sind als für unsinnige Silben[11].

[11] «Gedächtnis, wie wir zu erweisen suchten, ist nicht ein Vermögen zur Klassifizierung von Erinnerungen in Fächern oder Eintragungen in Listen. Es gibt keine Listen, und es

Wenn die Welt sich in einem Prozeß befindet, ist jeder Augenblick neu und einzigartig. Theoretisch gesprochen, müssen *alle* Probleme neu sein. Das typische Problem ist nach der Prozeßtheorie dasjenige, dem man noch nie gegenübergestanden hat und das im wesentlichen mit keinem anderen zu vergleichen ist. Das Problem, das vergangenen Problemen sehr gleicht, ist dann dieser Theorie nach als spezieller Fall zu verstehen und nicht als paradigmatischer. Wenn es sich so verhält, ist der Rekurs auf die Vergangenheit für eine ad hoc Lösung wahrscheinlich ebenso gefährlich wie hilfreich. Meine Meinung ist, daß die tatsächliche Beobachtung dies als praktisch und als theoretisch richtig erweisen wird. Jedenfalls wird niemand, was auch seine theoretische Neigung sein mag, die Tatsache bestreiten, daß zumindest *einige* der Probleme des Lebens neu sind und deshalb neue Lösungen brauchen [12].

Vom biologischen Standpunkt aus spielen Gewohnheiten eine doppelte Rolle in der Anpassung, weil sie gleichzeitig notwendig und gefährlich sind. Sie schließen notwendigerweise etwas ein, was nicht wahr ist, das

gibt keine Fächer, ja es gibt hier gar kein Vermögen im eigentlichen Sinne; denn jedes Vermögen arbeitet mit Unterbrechungen, je wie es kann oder mag, während die Türmung von Vergangenheit auf Vergangenheit ohne Stillstand erfolgt ...»

«Selbst aber, wenn wir keine deutliche Vorstellung davon besäßen, dumpf fühlen würden wir immer, daß unsere Vergangenheit uns gegenwärtig bleibt. Denn was in der Tat sind wir, und was ist unser *Charakter*, wenn nicht die Verdichtung jener Geschichte, die wir seit unserer Geburt, ja – da wir angeborene Anlagen mitbringen – vor unserer Geburt gelebt haben? Gewiß zwar, wir denken nur mit einem kleinen Teil unserer Vergangenheit; mit ihrer Totalität aber – die Eigenart unserer seelischen Kurve mit inbegriffen – wünschen, wollen, handeln wir. Restlos also tut sich unsere Vergangenheit in ihrem Vorstoß und in Form der Strebung kund, obgleich nur ihr geringster Teil Vorstellung wird» (46, S. 11–12).

(Anmerkung des Übersetzers: Im letzten Satz der zitierten Passage von Bergson unterscheidet sich die englische Übersetzung von der deutschen beträchtlich.)

[12] «Eben weil er stets, und zwar aus Gegebenem, zu konstruieren sucht, läßt sich der Intellekt entschlüpfen, was jeder Moment einer Geschichte *Neues* birgt. Er erkennt kein Unvorhersehbares. Er verwirft jede Schöpfung. Daß bestimmte Vorderglieder eine bestimmte, als Funktion dieser Glieder berechenbare Konsequenz nach sich ziehen, das ist es, was ihn befriedigt. Auch daß ein bestimmter Zweck bestimmte Mittel zu seiner Erlangung aufrufe, begreifen wir noch. In beiden Fällen haben wir es mit Bekanntem zu tun, das sich aus Bekanntem zusammensetzt, im Grunde also mit Vergangenem, das sich wiederholt» (46, S. 168).

heißt eine konstante, unwandelbare, statische Welt, und werden doch allgemein als eines der wirksamsten menschlichen Anpassungsinstrumente betrachtet, was sicherlich eine wandelbare, dynamische Welt einschließt. Eine Gewohnheit ist eine bereits geformte Reaktion auf eine Situation oder eine Antwort auf ein Problem. Weil sie bereits geformt ist, entwickelt sie eine gewisse Trägheit und Widerstand gegen Änderung[13]. Doch wenn sich eine Situation ändert, sollte unsere Reaktion darauf sich ebenfalls ändern oder bereit sein, es rasch zu tun. Deshalb mag die Anwesenheit einer Gewohnheit schlimmer sein als überhaupt keine Reaktion, denn die Gewohnheit garantiert Widerstand gegen und Verzug im Aufbau der neuen notwendigen Reaktion auf die neue Situation. In einem ähnlichen Zusammenhang spricht Bartlett von der «Herausforderung der äußeren Umwelt, die teilweise sich ändert und teilweise weiter besteht, so daß sie eine variable Anpassung erfordert, doch niemals einen ganz neuen Beginn zuläßt» (33, S. 224).

Es mag helfen, dies klarzustellen, wenn wir das Paradox von einem anderen Standpunkt aus beschreiben. Dann können wir sagen, daß Gewohnheiten aufgebaut werden, um Zeit, Mühe und Denken im Umgang mit wiederholten Situationen zu sparen. Wenn ein Problem in ähnlicher Form immer wieder entsteht, können wir sicherlich viel Denken sparen, indem wir irgendeine gewohnte Antwort verfügbar haben, die automatisch gegeben werden kann, um mit dem wiederholten Problem fertig zu werden, so oft es sich ergibt. So ist die Gewohnheit eine Antwort auf ein wiederholtes, unwandelbares, vertrautes Problem. Deshalb kann man sagen, daß eine Gewohnheit eine als-ob-Reaktion ist, «als wäre die Welt statisch, unwandelbar und konstant». Diese Interpretation wird selbstverständlich von der einstimmigen Betonung der Wiederholung durch jene Psychologen bestätigt, die von der primären Bedeutung der Gewohnheit als Anpassungsmechanismus beeindruckt sind.

[13] «Die Fähigkeit von vergangenen Reaktionen beeinflußt zu werden, häufig – jedoch sehr wahrscheinlich einigermaßen ungenau – ‹Modifikation durch Erfahrung› genannt, befindet sich insgesamt mit der Forderung im Konflikt, die, von einer unterschiedlichen und ständig sich ändernden Umwelt gestellt, sich nach Anpassung, Flüssigkeit und Variabilität der Reaktionen richtet. Ihre allgemeine Wirkung ist zweifach: zu stereotypem Verhalten zu führen und relativ fixierte periodische Reaktionen zu produzieren» (33, S. 218).

Meistens ist es auch, wie es sein sollte, denn es besteht kein Zweifel darüber, daß viele unserer Probleme tatsächlich wiederholt, vertraut und relativ unwandelbar sind. Der Mensch jedoch, der damit befaßt ist, was man die höheren Aktivitäten nennt, mit Denken also, Erfinden, Kreieren, wird finden, daß solche Aktivitäten als Voraussetzung komplizierte Garnituren unzähliger Gewohnheiten verlangen, die automatisch die kleinen Probleme des täglichen Lebens lösen, damit der Kreative frei ist, seine Energie den sogenannten höheren Problemen zu widmen. Doch ein Widerspruch liegt hier vor – sogar ein Paradox. Tatsächlich ist die Welt nicht statisch, vertraut, wiederholt und unwandelbar. Sie befindet sich ständig im Fluß, ist stets neu, entwickelt sich fortwährend in etwas anderes, verschiebt sich, ändert sich. Wir brauchen nicht darüber zu streiten, ob dies eine richtige Charakterisierung jedes Aspekts der Welt ist; wir können unnötige metaphysische Diskussionen vermeiden, indem wir des Arguments wegen annehmen, daß einige Aspekte der Welt konstant sind, andere aber nicht. Wenn man das akzeptiert, muß man auch zugeben, daß Gewohnheiten, so nützlich sie für die beständigen Aspekte der Welt sein mögen, ein Hindernis und ein Erschwernis sind, wenn der Organismus mit den wandelbaren fluktuierenden Aspekten der Welt fertig werden soll, mit Problemen, die einzigartig, neu, nie zuvor erlebt sind [14].

[14] «Das Bild ist eines von Menschen, mit einer Welt konfrontiert, in der sie leben und die sie nur dann beherrschen können, wenn sie es lernen, ihrer unendlichen Vielfalt eine zunehmende Raffinesse der Reaktionen entgegenzustellen, und wenn sie Wege entdecken, dem kompletten Übergewicht der unmittelbaren Umstände zu entrinnen» (46, S. 301).

«Unsere Freiheit, gerade in den Augenblicken, in denen sie bestätigt wird, erzeugt die wachsenden Gewohnheiten, die sie ersticken werden, wenn sie darin versagt, sich selbst durch eine ständige Anstrengung zu erneuern: sie wird von Automatismen bedroht. Der lebendigste Gedanke erstarrt in der Formel, die ihn ausdrückt. Das Wort wendet sich gegen die Idee. Der Buchstabe tötet den Geist» (46, S. 141).

«Gewohnheit kann ein Helfer des Fortschritts sein, aber ist nicht dessen Hauptmittel. Sie sollte von diesem Standpunkt aus geregelt werden. Sie ist ein Helfer des Fortschritts nur insofern, als sie Zeit spart und Energie konserviert – aber es gibt auch so keinen Fortschritt, wenn die solcherart gesparte Zeit und konservierte Energie nicht für die intelligente Modifikation des Verhaltens verwendet wird. Je gewohnter Rasieren wird, zum Beispiel, desto freier ist man, in dieser Zeit, Probleme zu überlegen, die einige Bedeutung haben. Es gibt dabei viele Vorteile, wenn man nicht in der Betrachtung solcher Probleme immer zu denselben Schlüssen gelangt» (215, S. 198).

Hier haben wir also das Paradox. Gewohnheiten sind gleichzeitig notwendig und gefährlich, nützlich und schädlich. Sie sparen unbezweifelbar Zeit, Mühe und Denken, doch um einen hohen Preis. Sie sind eine erstrangige Waffe der Anpassung und doch auch hinderlich für sie. Sie lösen Probleme, und doch sind sie auf längere Zeit der Gegenbegriff zu frischem, nichtkatalogisierendem Denken, das heißt, zur Lösung neuer Probleme. Obwohl nützlich in unserer Anpassung an die Welt, behindern sie uns häufig in unserer Erfindungskraft und Kreativität, das heißt, daß sie die Tendenz haben, zu verhindern, daß wir die Welt uns selbst anpassen. Schließlich haben sie die Tendenz, in einer bequemen Art und Weise, echte und unverbrauchte Aufmerksamkeit, Wahrnehmung, Lernen und Denken *zu ersetzen* [15].

Es kann hinzugefügt werden, daß ein reproduzierendes Gedächtnis viel schwieriger wird, wenn nicht ein Ensemble von Rubriken (ein Bezugsrahmen) verfügbar ist. Der interessierte Leser wird auf Bartletts ausgezeichnetes Buch (33) für experimentelle Unterstützung dieser Schlußfolgerung hingewiesen. Schachtel (410) ist brilliant zu diesem Thema. Wir können ein weiteres Beispiel anfügen, das zum Glück ebenfalls leicht verifiziert werden kann. Der Autor fand während eines Sommers der Feldarbeit mit einem Indianerstamm, daß er die Indianerlieder nicht behalten hatte, die er so gerne mochte, sooft er sich auch zu erinnern versuchte. Es war möglich, das Lied mit dem Indianersänger gemeinsam zu singen, und fünf Minuten später nicht mehr fähig zu sein, es zu wiederholen. Für jede Person mit einem guten musikalischen Gedächtnis kann das eine verwirrende Erfahrung sein, nur dann verständlich, wenn man realisiert, daß Indianermusik so verschieden in grundlegender Organisa-

[15] «So haben alle vier erwähnten Faktoren – natürliche Faulheit oder äffischer Widerwille, Vorliebe für das Assimilieren des Neuen an das Alte, Tradition und Erfolg – dazu beigetragen, unser Denken unentwickelt zu lassen. Die Perioden wirklich intensiver intellektueller Gärung und traditionserschütternden Denkens waren außerordentlich selten in der Geschichte. Das Denken von Platon und Aristoteles reichte aus für die Periode vom Altertum bis zur Renaissance, und das Denken von Galileo und Descartes in der Renaissance hat die Naturwissenschaft mit einem Vorrat fundamentaler Konzepte versorgt, die wenig Revision bis auf die heutigen Zeiten bedurften. So war während des größten Teils der Zeit dazwischen Denken hauptsächlich ein Prozeß der Ausarbeitung...»

tion und Qualität ist, daß es keinen Bezugsrahmen für die Erinnerung daran gibt. Ein einfacheres Beispiel, das jedem einmal begegnet sein wird, ist der Unterschied für eine englisch sprechende Person im Erlernen des Spanischen einerseits und andererseits etwa einer slawischen Sprache wie des Russischen. Die meisten Worte in Spanisch oder Französisch oder Deutsch haben Wurzeln, die der Englischsprechende als Bezugsrahmen verwenden kann. Doch da diese Wurzeln im Russischen fast ganz fehlen, wird das Erlernen dieser Sprache außerordentlich schwierig.

Katalogisieren im Denken

In diesem Bereich besteht das Katalogisieren darin: 1. daß man nur stereotype Probleme hat, oder nicht neue wahrnehmen kann, oder sie aber in ein Prokrustes-Bett zwängt, damit sie als vertraut klassifiziert werden können anstatt als neu, und/oder 2. daß man nur stereotype und auswendig gelernte Gewohnheiten und Techniken zur Lösung dieser Probleme verwendet, und/oder 3. daß man, noch vor den Problemen des Lebens, Garnituren fertiger, konfektionierter Lösungen und Antworten hat. Diese drei Tendenzen summieren sich zu einer fast perfekten Garantie gegen Kreativität oder Erfindungskraft[16].

Doch setzen uns die drei Tendenzen so stark unter Druck, daß auch ein so solider Psychologe wie Bergson dazu gebracht wurde, die Vernunft

[16] «... Klarheit und Ordentlichkeit befähigen den Besitzer, vorsehbare Situationen zu bewältigen. Sie sind notwendige Grundlagen für die Aufrechterhaltung existierender sozialer Situationen. Und doch reichen sie nicht aus. Transzendenz bloßer Klarheit und Ordnung ist notwendig, um mit dem Unvorgesehenen fertig zu werden, notwendig für Fortschritt und Aufregung. Leben degeneriert, wenn es in den Fesseln bloßer Konformität stecken bleibt. Die Kraft, vage und unordentliche Elemente der Erfahrung einzuverleiben, ist wesentlich für den Fortschritt zur Neuheit» (475, S. 108).

«Das Wesen des Lebens wird in den Frustrationen der bestehenden Ordnung vorgefunden. Das Universum lehnt die abtötende Wirkung kompletter Konformität ab. Und doch geht es in seiner Ablehnung zur neuen Ordnung als einer primären Voraussetzung wichtiger Erfahrung vor. Wir müssen die Ziele des Ordnungsformen und die Ziele der Ordnungsneuerungen erklären, und das Maß des Erfolgs und des Versagens» (475, S. 119).

fälschlicherweise so zu definieren, als könnte sie nichts anderes als katalogisieren, zum Beispiel: «Die Vernunft (ist) ... die Fähigkeit, das Gleiche mit dem Gleichen in Verbindung zu bringen, Wiederholung wahrzunehmen und daher auch zu produzieren.» (46, S. 59). «Erklären besteht immer im Auflösen des Unvorsehbaren und Neuen, in Elementen des Alten oder Bekannten, in einer anderen Ordnung arrangiert. Die Vernunft kann nicht mehr vollständige Neuheit zulassen wie wirkliches Werden, das heißt, sie läßt hier wiederum einen wesentlichen Aspekt des Lebens entkommen...» (46, S. 181) «... wir behandeln das Lebende wie das Leblose und denken uns jedwede noch so fließende Wirklichkeit in der Form des scharf definierten Festen. Wir fühlen uns nur im Diskontinuierlichen, Unbeweglichen, Toten bequem. *Die Vernunft wird von der natürlichen Unfähigkeit Leben zu begreifen charakterisiert*» (46, S. 182). Doch Bergsons eigene Vernunft widerlegte diese allzu starke Verallgemeinerung.

Stereotype Probleme

Um damit anzufangen, wird die erste Bemühung jeder Person mit starker Tendenz zum Katalogisieren die Vermeidung oder das Außerachtlassen von Problemen aller Art sein. In der extremsten Form wird dies von den Zwangsneurotikern belegt, die jeden Winkel ihres Lebens regeln und ordnen, weil sie es nicht wagen, etwas Unerwartetem entgegenzutreten. Sie sind von jedem Problem schwer bedroht, das mehr als eine fertige Antwort, das heißt, das Selbstvertrauen, Mut und Sicherheit verlangt. Wenn man dem Problem entgegentreten *muß*, besteht die erste Anstrengung darin, es auf seinen Platz zu stellen und es als Beispiel einer vertrauten Kategorie zu betrachten (da das Vertraute keine Angst erzeugt). Man versucht zu entdecken, «In welche Klasse vorher erfahrener Probleme kann dieses gestellt werden?» oder «In welche Kategorie von Problemen paßt es – oder kann es hineingequetscht werden?» Eine solche Plazierungsreaktion ist selbstverständlich nur auf der Grundlage wahrgenommener Ähnlichkeiten möglich. Ich möchte nicht auf das schwierige Problem der Ähnlichkeit eingehen; es genügt, darauf hinzuweisen, daß diese Wahrnehmung von Ähnlichkeiten nicht eine bescheidene passive Registrierung der immanenten Natur der wahrgenommenen Fakten zu sein braucht. Dies wird von der Tatsache bewiesen, daß verschiedene einzelne, die in den Begriffen idiosynkratischer Garnituren von Rubriken klassifizieren, nichtsdestoweniger *alle* erfolgreich im Katalogisieren der Erfahrung sein können. Solche Menschen haben es nicht gerne, sich verloren zu fühlen, und werden alle Erfahrungen klassifizieren, die nicht übersehen werden können, auch wenn sie es notwendig finden, sie zu beschneiden, oder zu verzerren.

Eine der besten Arbeiten über diesen Gegenstand, die ich kenne, stammt von Crookshank (97), der die Probleme der medizinischen Diagnose behandelt. Psychologen werden mit der strikt taxonomischen Haltung vieler Psychiater ihren Patienten gegenüber vertrauter sein.

Stereotype Techniken

Im allgemeinen besteht einer der Hauptvorteile des Katalogisierens darin, daß mit der erfolgreichen Plazierung des Problems eine automatisch verfügbare Garnitur von Verfahren zur Bewältigung verbunden ist. Dies ist nicht die einzige Begründung des Katalogisierens. Daß die Tendenz, ein Problem zu plazieren, sehr tief motiviert ist, sieht man zum Beispiel im Fall des Arztes, der sich in der Gegenwart eines bekannten, wenn auch unheilbaren Leidens leichter fühlt als angesichts eines vollständig mysteriösen Symptoms.

Wenn man ein Problem viele Male vorher behandelt hat, wird die Maschinerie gut geölt und bereit zum Gebrauch sein. Selbstverständlich bedeutet dies die starke Tendenz, Dinge so zu tun, wie sie vorher getan worden sind, und wie wir gesehen haben, bringen gewohnheitsmäßige Lösungen Nachteile wie Vorteile. Als Vorteil können wir wiederum die Leichtigkeit der Durchführung, Energieersparnis, Automatisierung, affektive Bevorzugung, Angstvermeidung und so weiter anführen. Die Hauptnachteile sind Verlust von Flexibilität, Anpassungsfähigkeit kreativer Erfindungskraft, das heißt die üblichen Konsequenzen der Annahme, daß die dynamische Welt als statisch behandelt werden kann. Ein ausgezeichnetes Beispiel der Auswirkungen stereotyper Denkverfahren wird von Lurchins interessanten Experimenten zur *Einstellung* geliefert (279).

Wahrscheinlich ist das bestbekannte Beispiel für diesen Prozeß die Rationalisierung. Dies und ähnliche Prozesse können für unsere Zwecke definiert werden, als habe man eine vorgefertigte Idee oder Schlußfolgerung und verwendete dann viel intellektuelle Aktivität auf die Unterstützung dieser Schlußfolgerung oder auf die Beweisfindung für sie. («Ich mag den Kerl nicht und ich werde schon einen guten Grund dafür finden.») Dies ist die Art von Aktivität, die nur eine denkähnliche Fassade hat. Es ist nicht Denken im besten Sinn, weil es zu seinen Schlußfolgerungen ungeachtet des Wesens des Problems gelangt.

Das Stirnekrausziehen, die hitzige Diskussion, das Streben nach Beweisen sind nur Vernebelungen; die Schlußfolgerung war getan, bevor das Denken je begonnen hatte. Häufig genug mangelt es sogar an der Fassade; Menschen glauben einfach etwas, ohne auch nur so zu tun, als ob sie denken würden. Das kostet dann sogar noch weniger Mühe als Rationalisieren.

Jeder Psychologe weiß, daß man mit einer Garnitur konfektionierter Ideen leben kann, die im ersten Lebensjahrzehnt komplett erworben wurden und die später nicht im geringsten geändert werden. Zwar können solche Menschen einen hohen IQ haben. Sie können deshalb viel ihrer Zeit mit intellektuellen Aktivitäten verbringen, aus der Realität aussuchen, was an Einzelbeweisen ihre konfektionierten Ideen unterstützt. Wir können nicht bestreiten, daß diese Art der Aktivität gelegentlich für die Welt von einigem Nutzen sein kann, und doch scheint es dem Psychologen wünschenswert zu sein, irgendeine verbale Unterscheidung zwischen produktivem, kreativem Denken einerseits und auch dem geschicktesten Rationalisieren andererseits zu treffen. Die gelegentlichen Vorteile des Rationalisierens sind eine Kleinigkeit, wenn man sie gegen das eindrucksvollere Phänomen der Blindheit für die reale Welt, Undurchlässigkeit für neue Beweise, Verzerrung im Wahrnehmen und Erinnern, Verlust der Modifizierbarkeit und Anpassungsfähigkeit an eine wandelbare Welt und andere Indikationen abwägt, daß der Geist aufgehört hat, sich zu entwickeln.

Doch Rationalisierung muß nicht unser einziges Beispiel bleiben. Auch das Katalogisieren ist eines, wenn das Problem als Stimulans für Assoziationen verwendet wird, aus denen jene ausgesucht werden, die für die besondere Gelegenheit am besten geeignet sind.

Es könnte scheinen, daß katalogisierendes Denken eine besondere Affinität und Beziehung zum reproduzierenden Lernen hat. Man könnte die drei Arten von Prozessen, die wir angeführt haben, leicht als besondere Formen gewohnheitsmäßiger Aktivität behandeln. Ein besonderer Bezug auf die Vergangenheit ist deutlich gegeben. Das Problemlösen wird zu wenig mehr als einer Technik des Klassifizierens und des Lösens neuer Probleme im Licht vergangener Erfahrung. Denken von diesem Typus ist dann häufig nichts weiter als ein Verschieben und Neuarrangieren vorher erworbener Gewohnheiten und Erinnerungen vom reproduzierenden Typus.

Der Gegensatz zum mehr holistisch-dynamischen Denken kann deutlicher erkannt werden, wenn wir verstehen, daß dieser letztere Typus des Denkens offensichtlicher mit den Wahrnehmungsprozessen als mit den Gedächtnisprozessen verknüpft ist. (225, 465). Die Hauptanstrengung im ganzheitlichen Denken ist, die immanente Natur des Problems, mit dem man konfrontiert wird, so klar wie möglich wahrzunehmen, wie es Wertheimer in seinem jüngsten Buch (465) betont und Katona (225) als «Die Bemühung *in* einem Problem seine Lösung wahrzunehmen» formuliert[17]. Das Problem wird an sich und in seiner Eigenart sorgfältig untersucht, fast als hätte es nie ein ähnliches vorher gegeben. Die Bemühung richtet sich darauf, seine immanente, ihm eigene Natur zu destillieren, während sie im assoziativen Denken eher darauf gerichtet ist, wie dieses Problem sich auf andere, vorher erfahrene bezieht oder ihnen ähnelt[18].

[17] Es ist interessant zu beobachten, daß das Denken der Gestaltpsychologen in dieser Hinsicht parallel zu jenem verschiedener zeitgenössischer Philosophen läuft, die häufig eine Problemlösung als identisch oder tautologisch mit dem Problem selbst betrachten, zum Beispiel «Wenn es ein volles Verständnis gibt, gehört jeder besondere Punkt zu dem, was bereits klar ist. So ist es nur eine Wiederholung des Bekannten. In diesem Sinn gibt es dann eine Tautologie» (475, S. 71). Ich glaube, daß auch die logischen Positivisten eine solche Position behaupten, oder zumindest behauptet haben.

[18] In der Praxis und in den Verhaltensbegriffen kann dieses Prinzip auf eine Art Motto reduziert werden: «Ich weiß nicht – lass uns mal sehen.» Das heißt, wenn man mit einer neuen Situation konfrontiert wird, reagiert man nicht ohne Zögern auf sie, in irgendeiner Art, die schon vorher entschieden wurde. Eher verhält es sich, als würde man sagen: «Ich weiß nicht – lass uns mal sehen», mit einer Sensitivität für alle Aspekte, in denen

Dies bedeutet nicht, daß vergangene Erfahrung im ganzheitlichen Denken nicht verwendet wird. Natürlich wird sie das. Sie wird nur in einer verschiedenen Weise verwendet, wie es in der Diskussion über das sogenannte Lernen von Innen heraus weiter oben beschrieben wurde, oder über das Lernen, zu der Person zu werden, die man potentiell ist (311 a). Daß assoziatives Denken vorkommt, daran besteht kein Zweifel. Die Diskussion wird eher darüber geführt, welche Art von Denken als der Brennpunkt, als Paradigma, als ideales Modell verwendet werden soll. Die Behauptung der holistisch-dynamischen Theoretiker ist, daß Denkaktivität, wenn sie irgendeinen Sinn haben soll, per definitionem die Bedeutung von Kreativität, Einzigartigkeit, Scharfsinn und Erfindungskraft hat. Denken ist die Technik, mit der die Menschheit Neues schafft, was wiederum einschließt, daß Denken in dem Sinn revolutionär sein muß, daß es gelegentlich damit in Konflikt gerät, was bereits als Schlußfolgerung gedacht wurde. Wenn es mit dem intellektuellen status quo in Konflikt gerät, ist es also dann das *Gegenteil* von Gewohnheit oder Erinnerung oder des bereits Erlernten, aus dem einfachen Grund, daß es per definitionem dem widersprechen muß, was wir bereits gelernt haben. Wenn unser vergangenes Lernen und unsere Gewohnheiten gut funktionieren, können wir automatisch, gewohnheitsmäßig und familiär reagieren. Das heißt, wir brauchen nicht zu denken. Von diesem Standpunkt aus ist Denken das Gegenteil von Lernen, und nicht bloß eine Art Lernen. Wenn uns eine leichte Übertreibung gestattet ist, könnte man Denken

sich *diese* Situation von vorherigen unterscheiden mag, und mit der Bereitschaft, dementsprechend die angemessenen Reaktionen einzugehen.
«Man muß klar erkennen, daß ein solches Vorgehen in neuen Situationen nicht Unentschiedenheit enthält. Es stellt nicht ein Versagen dar, ‹sich über etwas klar zu werden›. Eher repräsentiert es eine Methode, sich zu entscheiden, ohne verfrüht loszurennen. Es stellt ein Maß an Versicherung gegen die Fehler zur Verfügung, die wir machen, wenn wir Menschen nach dem ersten Eindruck beurteilen, wenn wir auf individuelle weibliche Autofahrer unsere Haltung zu weiblichen Autofahrern im allgemeinen anwenden, wenn wir eine Person verdammen – oder uns in ihrer Unterstützung engagieren – nur auf Grund von Hörensagen oder auf Grund einer sehr kurzen Bekanntschaft. Wir begehen solche Fehler, indem wir verschieden und variabel auf das Individuelle reagieren, aber nur, als wäre es ein Mitglied einer Klasse und dasselbe wie alle anderen Mitglieder dieser Klasse – und deshalb reagieren wir unangemessen, weil wir uns so sehr unserer Meinung über diese Klasse sicher sind» (212, S. 187–188).

fast als die Fähigkeit definieren, mit unseren Gewohnheiten zu *brechen* und unsere vergangenen Erfahrungen zu *mißachten*.

Ein anderer dynamischer Aspekt ist an der Art des wahrhaft kreativen Denkens beteiligt, wie es von den großen Leistungen der menschlichen Geschichte illustriert wird: seine bezeichnende Zivilcourage, Kühnheit, sein Mut. Wenn diese Worte in dem Zusammenhang nicht *ganz* angemessen erscheinen, so kommen sie doch dem Sachverhalt sehr nahe, wie wir sehen, wenn wir an den Gegensatz zwischen einem ängstlichen und einem tapferen Kind denken. Das ängstliche Kind muß an seiner Mutter hängen, die Sicherheit, Vertrautheit und Schutz repräsentiert; das mutige Kind ist freier, kann Ausflüge unternehmen und sich von dem heimatlichen Hafen entfernen. Der Denkprozeß, der dem ängstlichen Hängen an der Mutter gleicht, ist das gleichermaßen furchtsame Hängen an den Gewohnheiten. Der mutige Denker – was fast ein Pleonasmus ist, wie wenn man von einem denkenden Denker spräche – muß imstande sein, mit der *Einstellung** zu brechen, sich von der Vergangenheit freizumachen, auch von Gewohnheit, Erwartung Lernen, Brauch und Konvention, und angstfrei zu sein, wann immer er sich aus dem sicheren und vertrauten Hafen hinauswagt.

Eine andere Art stereotyper Schlußfolgerung wird von jenen Beispielen illustriert, in denen die individuellen Meinungen durch Imitation und/oder Prestige geformt sind. Das wird im allgemeinen als ein tiefliegender und grundsätzlicher Trend der gesunden menschlichen Natur betrachtet. Es wäre wahrscheinlich genauer, von Beispielen einer milden Psychopathologie zu sprechen, oder zumindest etwas Annäherndem. Wenn Probleme enthalten sind, die wichtig genug sind, stellen sie primär Antworten auf eine unstrukturierte Situation dar, die keinen fixierten Bezugsrahmen hat, seitens überängstlicher, überkonventioneller oder überfauler Personen (Menschen ohne eigene Meinung, Menschen, die nicht wissen, was ihre Meinung ist, Menschen, die ihrer eigenen Meinung mißtrauen)[19].

* Der Autor verwendet das deutsche Wort.

[19] Eine ausgezeichnete Behandlung der Dynamik der Situation findet man bei Fromm (145). Dasselbe Thema wird auch in Romanform in «Ayn Rands The Fountainhead» (388) behandelt. In diesem Zusammenhang ist auch «1066 and All That» (490) sowohl amüsant wie auch instruktiv.

Es scheint, als wäre ein ziemlich großer Teil der Schlußfolgerungen und Problemlösungen, die wir in den meisten grundlegenden Lebensbereichen antreffen, von einer Art, in der wir, während wir denken, aus den Augenwinkeln zu erheischen trachten, zu welchen Schlußfolgerungen die anderen Menschen gelangen, damit wir die gleichen ziehen können. Offensichtlich sind solche Schlußfolgerungen nicht Gedanken im wahrsten Sinn des Wortes, das heißt, vom Wesen der Probleme bestimmt, sondern eher stereotype Schlußfolgerungen anderer Leute, denen wir mehr vertrauen als uns selbst.

Wie man erwarten kann, hat eine solche Position gewisse Folgerungen, die uns zu verstehen helfen, warum die konventionelle Erziehung in diesem Land so wenig ihre Ziele erreicht. Wir werden nur einen Aspekt betonen, daß nämlich die Erziehung wenig Anstrengung unternimmt, den einzelnen zu lehren, die Realität direkt und unvoreingenommen zu untersuchen. Eher gibt sie ihm eine vollständige Garnitur vorfabrizierter Brillen, mit denen er die Welt in jedem Aspekt betrachten kann, zum Beispiel, was er glauben soll, was er mögen, billigen soll, worüber er Schuldgefühle haben soll. Selten nur wird die Individualität des einzelnen betont, selten wird man ermuntert, mutig genug zu sein, um die Realität nach der eigenen Art und Weise zu betrachten, oder bilderstürmisch zu sein oder einfach anders. Beweise für die Behauptung der Stereotypisierung in der höheren Erziehung kann man in praktisch jedem Collegekatalog bekommen, in denen alle die wechselnden, unaussprechlichen und geheimnisvollen Aspekte der Wirklichkeit sauber in drei Semester aufgeteilt sind, die alle genau fünfzehn Wochen lang sind, und die wie eine Orange in komplett unabhängige und einander ausschließende Abteilungen zerfallen[20].

Wenn es je ein perefektes Beispiel einer Garnitur von Rubriken gab, die der Realität auferlegt sind anstatt von ihr nahegelegt zu werden, sind es diese. Ein «paralleles Erziehungssystem» oder eine «humanistische Erzie-

[20] «Wissenschaft wird als etwas Fixiertes und Stabiles gelehrt, nicht als ein Wissenssystem, dessen Leben und Wert von seiner Mobilität abhängt und seiner Bereitschaft, jederzeit seine am meisten hochgehaltenen Konstruktionen zu revidieren, wenn neue Tatsachen oder ein neuer Gesichtspunkt die Möglichkeit alternativer Konstruktionen nahelegen. «I am Master of this College; And what I know not, Is not knowledge.» – Ich bin der Schulmeister hier, und was ich nicht weiß, ist nicht Wissen. – (475, S. 59).

hung» fangen an verfügbar zu werden, und versuchen, diese Mängel des konventionellen Erziehungssystems zu beseitigen. Namen, Adressen und so weiter kann man in «Das eupsychische Verbundnetz» finden (295, S. 237–240)!

Das alles ist sicher offensichtlich, aber was weniger offenkundig ist, sind die Gegenmaßnahmen. Es legt sich bei der Überprüfung des katalogisierenden Denkens nahe, sich vermindert mit Rubriken zu befassen und aufmerksamer zu sein für unverbrauchte Erfahrung, konkrete und besondere Wirklichkeiten. In diesem Punkt können wir Whiteheads Feststellungen nicht übertreffen:

«Meine eigene Kritik an unserer traditionellen Erziehungsmethode ist, daß sie viel zu stark mit intellektueller Analyse und mit dem Erwerb formelhafter Informationen beschäftigt ist. Was ich meine ist, daß wir es vernachlässigen, die Gewohnheiten konkreter Wahrnehmung individueller Tatsachen in ihrer vollen Wechselwirkung mit auftauchenden Werten zu bestärken, und daß wir nur abstrakte Formulierungen betonen, die diesen Aspekt des Wechselspiels verschiedener Werte ignorieren. Gegenwärtig kombiniert unsere Erziehung ein gründliches Studium weniger Abstraktionen, mit einem weniger gründlichen Studium einer großen Anzahl von Abstraktionen. Wir sind zu ausschließlich literarisch in unserer scholastischen Routine. Die allgemeine Erziehung sollte darauf abzielen, unsere konkreten Wahrnehmungen ans Licht zu bringen, und sollte den Wunsch der Jugend befriedigen, etwas zu tun. Sogar hier sollte es einiges Analysieren geben, doch gerade genug, um die Denkweisen in verschiedenen Bereichen zu illustrieren. Im Paradies sah Adam die Tiere, bevor er sie benannte: Im tradierten System benennen die Kinder die Tiere, bevor sie sie sehen. Diese Berufserziehung kann nur eine Seite des Problems betreffen. Ihr Schwerpunkt liegt im Intellekt, und ihr Hauptinstrument ist das gedruckte Buch. Der Schwerpunkt der anderen Erziehung würde in der Intuition liegen, ohne eine analytische Trennung von der totalen Umwelt. Ihr Gegenstand ist unmittelbare Wahrnehmung mit einem Minimum an bedeutungslos machender Analyse. Die Art der Verallgemeinerung, die über alles andere gebraucht wird, ist die Wahrnehmung der Vielfalt der Werte.» (475, S. 284–286).

Stereotypisieren und nichtholistisches Theoretisieren

Es herrscht bereits allgemeine Übereinstimmung darüber, daß das Errichten von Theorien gewöhnlich Selektion und Ablehnung einschließt, was wiederum bedeutet, daß eine Theorie erwartungsgemäß einige Aspekte der Welt *klarer* macht und andere *weniger* klar. Ein Merkmal der meisten nichtholistischen Theorien ist, daß sie Garnituren von Rubriken oder Klassen sind. Doch niemand hat noch eine Garnitur von Rubriken entworfen, in die *alle* Phänomene leicht hineinpassen; immer werden einige ausgelassen werden, einige fallen zwischen die Sparten, und einige wird es geben, die gleichzeitig in verschiedene Rubriken zu gehören scheinen.

Außerdem ist diese Art der Theorie fast immer abstraktiv, das heißt, sie betont gewisse Eigenschaften der Phänomene als wichtiger oder zumindest mehr der Aufmerksamkeit wert als andere. So wird jede solche Theorie, oder jedenfalls auch jede andere Abstraktion einige der Eigenschaften des Phänomens vernachlässigen oder übersehen oder beeinträchtigen, das heißt einen Teil der Wahrheit auslassen. Wegen dieser Prinzipien der Ablehnung und Selektion, wird jede Theorie erwartungsgemäß nur eine teilweise, pragmatisch einseitig geneigte Sicht der Welt geben. Wahrscheinlich trifft es auch zu, daß alle Theorien zusammen niemals ein Gesamtbild der Phänomene und der Welt liefern. Der volle, subjektive Reichtum einer Erfahrung scheint sich häufiger künstlerisch und emotionell sensitiven Menschen zu erschließen als Theoretikern und Intellektuellen. Es kann sogar sein, daß die sogenannte mystische Erfahrung der perfekte und extreme Ausdruck dieser Art der vollen Wahrnehmung aller Eigenschaften des besonderen Phänomens ist.

Diese Überlegungen sollten im Kontrastverfahren ein anderes Merkmal der besonderen, individuellen Erfahrung zeigen, nämlich ihren nichtabstraktiven Charakter. Dies bedeutet nicht dasselbe wie zu sagen, sie sei konkret im Goldsteinschen Sinn. Der hirngeschädigte Patient sieht, wenn er sich konret verhält, de fakto nicht alle sinnlichen Merkmale eines Gegenstands oder einer Erfahrung. Er sieht nur dieses Merkmal, das vom bestimmten Kontext determinierte, zum Beispiel eine Weinflasche ist nur das und nichts anderes, weder zum Beispiel eine Waffe, noch Dekoration oder Briefbeschwerer oder Feuerlöscher. Wenn wir Abstrahieren als selektive Aufmerksamkeit definieren, aus irgendeinem Grund nur auf einige anstatt andere der zahllosen Merkmale eines Ereignisses gerichtet, könnte man von Goldsteins Patienten tatsächlich behaupten, daß sie abstrahieren.

Es gibt also einen gewissen Gegensatz zwischen der Klassifizierung von Erfahrungen und ihrer Wahrnehmung, zwischen ihrer Benützung und ihrem Genuß, zwischen ihrem Erkennen auf diese und auf die andere Art. Alle Autoren über mystische und religiöse Erfahrungen haben dies betont, so wie nur wenige technische Psychologen. Zum Beispiel sagt Aldous Huxley: «Wenn der einzelne aufwächst, wird sein Wissen mehr begrifflich und systematisch in der Form, und sein faktischer, utilitärer Gehalt vergrößert sich enorm. Doch diese Gewinne werden von einem gewissen Verfall der Qualität der unmittelbaren Wahrnehmung aufgewogen, von einem Abstumpfen und Verlust intuitiver Kraft» (209, S. vii)[21]. Doch da Wahrnehmung sicher nicht unsere einzige Beziehung zur Natur ist, im Gegenteil die am wenigsten dringliche, biologisch gesehen, dürfen wir uns nicht in die törichte Position hineinmanövrieren, Theorien und Abstraktionen ihrer Gefahren wegen zu brandmarken. Die Vorteile sind groß und offensichtlich, besonders vom Standpunkt der Kommunikation und praktischen Handhabung der Welt aus. Wenn es unsere Aufgabe wäre, Empfehlungen auszuteilen, würden wir es wahrscheinlich ungefähr wie folgt formulieren: Die gewöhnlichen kognitiven Prozesse des arbeitenden Intellektuellen, des Wissenschaftlers und so weiter können mächtiger als sie sind werden, wenn man sich erinnert, daß sie nicht die einzigen Waffen im Rüstzeug der Forscher sind. Es gibt auch andere. Wenn sie gewöhnlich dem Dichter und dem Künstler zugeteilt wurden, dann deshalb, weil man nicht verstanden hat, daß diese vernachlässigten Arten der Erkenntnis Zutritt zu jenem Teil der realen Welt gewährten, der dem ausschließlich abstrahierenden Intellektuellen verborgen bleibt. Außerdem, wie wir in Appendix B sehen werden, ist auch ein ganzheitli-

[21] Hinsichtlich der Bibliographie über den Mystizismus, siehe Aldous Huxleys «The Perennial Philosophy» (209) und William James: «The Varieties of Religious Experience» (212).

ches Theoretisieren möglich, in dem die Dinge nicht aufgeteilt und voneinander getrennt werden, sondern intakt in ihren Zwischenbezügen als Facetten eines Ganzen gesehen werden, darin enthalten, als eine Figur gegen den Hintergrund gesehen, oder auf verschiedenen Ebenen der Vergrößerung.

Sprache und Benennung

Sprache ist vor allem ein ausgezeichnetes Mittel für die Erfahrung und Kommunikation monothetischer Information, das heißt des Katalogisierens. Selbstverständlich versucht sie auch das Idiosynkratische oder Idiographische zu definieren und mitzuteilen, doch aus letztlich theoretischen Gründen versagt sie darin häufig [22]. Alles, was die Sprache mit

[22] Siehe zum Beispiel James Joyce oder verschiedene zeitgenössische Theorien der Poesie. Poesie ist ein Versuch, die idiosynkratische Erfahrung mitzuteilen oder zumindest auszudrücken, die die meisten Menschen «zu sagen keine Kunst haben». Emotionelle Erfahrungen sollen in Worte gekleidet werden, die im wesentlichen wortlos sind. Sie ist ein Versuch, eine unverbrauchte und einzigartige Erfahrung mit schematisierenden Etiketten zu beschreiben, die selbst weder frisch noch einzigartig sind. Alles, was der Dichter in so hoffnungsloser Situation tun kann, ist, diese Worte zu verwenden, um Parallelen zu ziehen, Redewendungen zu prägen, neue Wortmuster usw. mit denen er, obwohl er nicht die Erfahrung selbst beschreiben kann, eine ähnliche Erfahrung im Leser auszulösen hofft. Daß er zuweilen Erfolg hat, ist einfach ein Wunder. Wenn er versucht, die Worte selbst einzigartig zu machen, dann wird die Kommunikation gestört, wie bei James Joyce und in der modernen nichtfigurativen Kunst. Ein wirkungsvoller Ausdruck dieser Punkte liegt in der folgenden Einführung zu einer ungewöhnlichen Geschichte von V. Lincoln im New Yorker, 28. September 1946 vor:
«Warum sind wir nie vorbereitet, warum helfen uns alle die Bücher und all die Weisheit unserer Freunde nicht beim letzten abschließenden Ereignis? Wieviele Todesszenen kennen wir aus der Literatur, wieviele Geschichten junger Liebe, Eheuntreue, gehegter Hoffnungen, die erfüllt wurden oder enttäuscht! Es gibt nichts, was uns zustoßen könnte, und was nicht schon immer wieder geschehen wäre, was wir nicht tausend Mal gelesen hätten, sorgfältig, genau aufgezeichnet; noch bevor wir voll fürs Leben gerüstet sind, ist uns die Geschichte des menschlichen Herzens immer wieder eröffnet worden, mit all der Geduld und Geschicklichkeit des menschlichen Geistes. Doch das Ereignis, wenn es eintrifft, ist nie so wie die Beschreibung; es ist fremd, unendlich fremd und neu, und wir stehen hilflos davor und realisieren, daß die Worte anderer nichts eröffnen, nichts.
Und doch können wir nicht glauben, daß das persönliche Leben in seinem Wesen nicht

dem Idiosynkratischen tun kann, ist, ihm einen Namen zu geben, was es schließlich nicht beschreibt oder mitteilt, sondern nur etikettiert. Die einzige Art und Weise, das Idiosynkratische voll zu erkennen, ist, es voll zu erfahren und vor allem selbst zu erfahren. Sogar die Benennung der Erfahrung mag sie von weiterer Wahrnehmung abschirmen, wie ein Professor entdeckte, als er mit seiner Frau, einer Künstlerin, einen Landweg entlang ging. Nachdem er eine schöne Blume zum ersten Mal gesehen hatte, fragte er nach deren Name. Daraufhin wurde er von seiner Frau verspottet. «Was Gutes denn bringt dir der Name? Wenn du ihn erfährst, bist du befriedigt und wirst dich an der Blume nicht mehr erfreuen wollen.»[23]

In dem Ausmaß, in dem Sprache Erfahrung in Rubriken zwingt, ist sie ein Wandschirm zwischen der Wirklichkeit und dem Menschen. Mit einem Wort, wir zahlen für ihre Vorteile. Deshalb sollten wir, wenn wir die Sprache benützen, wie wir es notwendigerweise tun müssen, uns ihrer Unzulänglichkeiten bewußt sein und sie zu umgehen trachten[24].

mitteilbar ist. Auch wir, die wir den Augenblick erlebt haben, werden getrieben, ihn zu übermitteln, die Worte zu sprechen, die so ehrlich in der Absicht, so falsch im Endeffekt sind.»

[23] «Dasselbe kann man in ungewöhnlicher Klarheit in dem erblicken, was ich wertendes Etikettieren genannt habe. Der Begriff soll unsere allgemeine Tendenz betonen, Personen und Situationen nach den Namen zu bewerten, die wir auf sie anwenden. Schließlich ist das eine Art und Weise zu sagen, daß die Art und Weise, wie wir etwas klassifizieren, in großem Maß unsere Reaktionen darauf bestimmt. Wir klassifizieren weitgehend durch Benennung. Wenn wir etwas benannt haben, zeigen wir die Tendenz, es in den Begriffen des Namens, den wir dafür gefunden haben, zu bewerten und darauf zu reagieren. Wir lernen in unserer Kultur Namen oder Etiketten oder Worte zu bewerten, ganz unabhängig von den Tatsachen, auf die sie angewendet werden können» (215, S. 261).

«... man beachte die Unterschiede im sozialen Status und in der Selbsteinschätzung, die zwischen öffentlichen Bediensteten mit ähnlichen Aufgaben existieren, ‹Stewardessen› und ‹Zugträger›» (oder Schaffner, der Autor verwendet «airline hostesses» und «Pullman Porters») (187), siehe auch 490.

[24] Ein Vorschlag wäre, daß der Wissenschaftler den Dichter zu respektieren lernt, oder zumindest den großen Dichter. Der Wissenschaftler glaubt meistens von seiner Sprache, daß sie genau ist, und von anderen, daß sie es nicht sind, doch häufig ist die Dichtersprache paradoxerweise, wenn schon nicht genauer, so doch wahrer. Manchmal ist sie sogar auch genauer. Zum Beispiel ist es möglich, wenn man talentiert genug ist, in einer sehr

Wenn dies alles für die Sprache in ihrem theoretischen Bestzustand zutrifft, muß die Situation viel schlimmer sein, wenn die Sprache den Kampf, idiosynkratisch zu sein, überhaupt aufgibt und komplett in die Verwendung von Stereotypen, Platitüden, Schlagworten, Klischees und Allgemeinplätzen degeneriert. Sie ist dann sehr offenkundig und deutlich ein Mittel für die Behinderung des Denkens, für die Abstumpfung des Wahrnehmens, für die Verkrüppelung des geistigen Wachstums und die Verkrümmung des menschlichen Wesens. Sprache hat dann in Wahrheit «die Funktion, Denken zu verstecken eher als es mitzuteilen».

Ein anderes Merkmal der Sprache, das Ärger bereitet, ist, daß sie sich außerhalb von Zeit-Raum befindet, oder zumindest bestimmte Worte. Das Wort England ist während einer Periode von 1000 Jahren nicht gewachsen, gealtert, hat sich nicht entwickelt, entfaltet oder geändert, wie es die Nation selbst getan hat. Und doch sind solche Worte wie dieses alles, was wir haben, um Ereignisse in Raum und Zeit zu beschreiben. Was bedeutet es, zu sagen, es wird immer ein England geben? Wie es Johnson sagte: «Der bewegliche Finger der Aktualität schreibt rascher, als es die Zunge verkünden kann. Die Struktur der Sprache ist weniger fließend als die Struktur der Realität. So wie der Donner, den wir hören, nicht mehr rollt, so existiert die Realität, von der wir sprechen, nicht mehr» (215, S. 119).

geraffter Art und Weise etwas zu sagen, wofür der intellektuelle Professor zehn Seiten braucht. Die folgende Geschichte, Lincoln Steffens zugeschrieben, (25, S. 222) illustriert das:

«Satan und ich», sagte Steffens, «spazierten die Fünfte hinunter, als wir einen Mann plötzlich stehenbleiben und ein Stück Wahrheit aus der Luft greifen sahen – direkt aus der Luft – ein Stück lebendiger Wahrheit.»

«Hast du das gesehen?» fragte ich Satan. «Bereitet dir das nicht Sorgen? Weißt du denn nicht, daß es genug ist, um dich zu vernichten?»

«Ja, aber ich bin nicht besorgt. Ich sage dir auch warum. Es ist ein wunderbares lebendiges Ding jetzt, doch der Mann wird es zuerst benennen, dann wird er es organisieren, und dann wird das Ding tot sein. Wenn er es am Leben ließe, würde es mich vernichten. Aber ich bin nicht besorgt.»

14. Unmotivierte und zwecklose Reaktionen

In diesem Kapitel werden wir weiter nach einer wissenschaftlich verwendbaren Unterscheidung zwischen Streben (Tun, Bewältigen, Leisten, Versuchen, Zweckgerichtetsein) und Sein-Werden (existieren, ausdrücken, wachsen, Selbstverwirklichung) suchen. Diese Unterscheidung ist selbstverständlich in den orientalischen Kulturen und Religionen eine vertraute, zum Beispiel im Taoismus, und in unserer Kultur auch unter einigen Philosophen, Theologen, Ästhetikern, Mystikern, zunehmend auch unter den «humanistischen Psychologen», Existenzialpsychologen und so weiter.

Die westliche Kultur beruht im allgemeinen auf der judäisch-christlichen Theologie. Die Vereinigten Staaten im besonderen werden von dem puritanischen und pragmatischen Geist beherrscht, der Arbeit, Kampf und Streben, Nüchternheit und Ernst, und vor allem Zweckgerichtetheit betont[1].

[1] «... müßige Assoziationen, überflüssige Bilder, komplizierte Träume, zufällige Untersuchungen spielen eine Rolle bei dieser Entwicklung, die ursprünglich niemals durch irgendein Prinzip der Ökonomie oder durch irgendeine Erwartung auf Nützlichkeit gerechtfertigt werden könnte. In einer mechanistischen Kultur wie der unseren sind diese wichtigen Aktivitäten entweder unterschätzt oder übersehen werden ...»
«Wenn wir uns einmal vom unbewußten Hang zum Mechanischen befreien, müssen wir erkennen, daß das ‹Überflüssige› ebenso wesentlich für die menschliche Entwicklung ist wie das ökonomische: daß Schönheit zum Beispiel eine so große Rolle in der Evolution gespielt hat wie Nützlichkeit und nicht, wie es Darwin versuchte, einfach als praktische Vorrichtung für das Werben oder die Befruchtung erklärt werden kann. Kurz gesagt, ist es ebenso erlaubt, die Natur mythologisch als Dichter aufzufassen, der mit Metaphern und Rhythmus arbeitet, wie sie als einen geschickten Mechaniker zu sehen, der versucht, Material zu sparen, die Arbeit wirkungsvoll und billig zu verrichten. Die mechanistische Interpretation ist ebenso subjektiv wie die poetische; und bis zu einem bestimmten Punkt sind beide nützlich» (347, S. 35).
Gordon Allport betont ausdrücklich und richtig, daß «Sein» ebenso mühevoll und aktiv ist wie Streben. Seine Vorschläge würden uns zu einem Gegensatz der Streben-nach-

Wie jede andere soziale Institution sind Wissenschaften im allgemeinen und Psychologie im besonderen nicht ausgenommen vom kulturellen Klima und den atmosphärischen Wirkungen. Amerikanische Psychologie ist (durch Teilnahme) überpragmatisch, überpuritanisch und überzweckgerichtet. Das zeigt sich nicht nur in ihren Auswirkungen und zugestandenen Absichten, sondern auch in den Lücken, die sie hat, darin, was sie vernachlässigt. Kein Lehrbuch hat ein Kapitel über Spaß und Fröhlichkeit, Muße und Meditation, Schlendern und Spielen, über ziellose, nutzlose und zwecklose Aktivität, über ästhetische Gestaltung oder Erfahrung oder über unmotivierte Aktivität. Das bedeutet, daß sich die amerikanische Psychologie nur mit einer Hälfte des Lebens auf Kosten der anderen – und vielleicht wichtigeren Hälfte – beschäftigt, befaßt!
Vom Standpunkt der Werte aus kann man dies als ein Sich-Befassen mit den Mitteln unter Ausschluß des Sich-Befassens mit den Zielen beschreiben. Diese Philosophie ist in praktisch der gesamten amerikanischen Psychologie eingeschlossen (einschließlich der orthodoxen und revisionistischen Psychoanalyse). Sie vernachlässigt einheitlich und per se Aktivität und Zielerfahrung (die nichts erreicht) zugunsten des Bewältigens effektiver, zweckgerichteter Aktivität, die Nützliches leistet[2].

Ausgleich-Mängel und des Strebens nach Selbstverwirklichung führen anstatt zu einem von Streben und Sein. Diese Korrektur mag auch den schnell erworbenen Eindruck beseitigen, daß «Sein», unmotivierte Reaktionen und zwecklose Aktivität leichter, weniger wirksam und weniger mühevoll sind als das Bewältigen äußerer Probleme. Daß diese dolce-far-niente-Interpretation der Selbstverwirklichung irreführend ist, zeigen solche Beispiele des Kampfes um Selbstentfaltung wie Beethoven.

[2] «Existenz für jeden einzelnen kann also als kontinuierlicher Kampf um die Befriedigung von Bedürfnissen, Befreiung von Spannungen, Aufrechterhaltung des Gleichgewichts betrachtet werden.» «In den Begriffen unserer moralischen Einheit also befaßt sich das Verhalten des einzelnen immer mit Bedürfnissen und Zielen. Wenn in jedem gegebenen Fall diese Einheit nicht die am meisten sinnvolle oder nützliche zu sein scheint, müssen wir zuerst die Gültigkeit unserer Beobachtungen überprüfen, mehr als die Nützlichkeit dieser Einheit. Häufig kann ein Verhalten unmotiviert erscheinen, weil wir das betreffende Bedürfnis oder Ziel nicht identifiziert haben, jedenfalls nicht konkret genug, oder weil wir einen Teil des Verhaltens aus seinem integrierten Kontext künstlich abstrahiert haben.» «Gegenwärtig erkennen wir, daß jede Reaktion eines lebenden Wesens zweckgerichtet im Sinn von angepaßt an die Erhaltung der Art sein muß, wenn die letztere im Existenzkampf überleben soll.» «... Alle Aktion ist motiviert und drückt irgendeinen Zweck aus.» «Faulheit, wie alle andere menschliche Aktivität,

Die Kulmination dieser Philosophie kann man in einer ziemlich expliziten Form in John Deweys «Theorie der Wertung» (108) finden, in der die Möglichkeit von Zielen de facto verneint wird; sie sind nur Mittel zu anderen Mitteln, zu anderen Mitteln ... und so weiter (obwohl er in anderen seiner Schriften die Existenz von Zielen akzeptiert). Auf der klinischen Ebene haben wir bereits verschiedene Aspekte dieser Unterscheidung in der folgenden Art besprochen:

1. In Appendix B ist zu bemerken, daß eine ganzheitliche Betonung notwendig ist, um die Koexistenz und gegenseitige Abhängigkeit zusätzlich zur Abfolge der Kausalitätstheorie zu unterstreichen, besonders von der atomistischen Art. In der Kettenkausalität, wie auch in Deweys Werttheorie, führt ein Ding zum anderen, dies wiederum zum anderen und so weiter. Dies ist die natürliche Begleiterscheinung der Theorie, daß nichts seiner selbst wegen wichtig ist. Die Kausalitätstheorie ist ein ziemlich geeignetes, sogar notwendiges Werkzeug für ein Leben der Leistung und technologischen Erfolge, doch sie ist vollständig nutzlos für ein Leben, das intensive Vollkommenheit, ästhetische Erfahrung, Kontemplation letzter Werte, Genuß, Meditation, Kennerschaft und Selbstverwirklichung betont.

dient einem Zweck.» «Alles Verhalten wird vom Druck des Bedürfnisses hervorgerufen – jener Art von Bedürfnissen, die bereits erwähnt wurden. Verhalten ist die Reaktion des Organismus in seinen Bemühungen eine Reduktion dieser Bedürfnisse durch Verkehr mit seiner Umwelt zu erreichen. Alles Verhalten ist deshalb von bedürfnisabgeleitetem Interesse bestimmt.» «Alles menschliche Verhalten ist auf die Befriedigung von Bedürfnissen gerichtet.» «Alles Verhalten ist motiviert und alles Lernen enthält Belohnung.» «Bedürfnisse werden von dem Bericht der Person determiniert, die sie erfährt, und in der Annahme, daß alles Verhalten irgendein bewußtes oder unbewußtes Bedürfnis befriedigt, durch Folgerung aus dem Verhalten des einzelnen.» «Alles Verhalten ist solcherart zielgerichtet ...» «... die meisten, wenn nicht alle der Bewegungen oder Reaktionen, die eine Person macht, haben den unmittelbaren Nettoeffekt, sie entweder zu belohnen oder zu bestrafen.» «Einiges Verhalten führt uns sofort dazu, die Wirkung irgendeines Triebes oder Motivs abzuleiten, während andere Verhaltenssequenzen – relativ zumindest – frei von Motivationen sind. Wahrscheinlich ist keine menschliche Handlung über die einfachsten Reflexe hinaus unmotiviert.» «Es gilt das Prinzip, daß alles Verhalten von den physiologischen Erfordernissen des Organismus fundamental motiviert ist, ob man die Impulse zur Aktivität, die aus solchen Bedürfnissen entstehen, Instinkte, Triebe, oder zielgerichtetes Streben nennt ...» Die Tatsache, daß die meisten dieser Autoren von *niedrigeren*, materiellen Bedürfnissen sprechen, macht alles nur noch schlimmer.

2. In Kapitel 3 wurde anerkannt, daß motiviert nicht synonym mit determiniert ist. Es gibt andere Determinanten als Motive, wie zum Beispiel von den konstitutionellen Änderungen wie Sonnenbräune oder Drüsenaktivität, Reifeänderungen, situationsbedingten und kulturellen Determinanten, bewiesen wird, wie auch im Fall psychologischer Wandlungen wie die retroaktive und proaktive Hemmung oder latentes Lernen. Obwohl es Freud war (141), der ursprünglich die beiden Begriffe verwechselte, haben die Psychoanalytiker seinen Fehler so häufig wiederholt, daß sie jetzt automatisch nach Motiven Ausschau halten, ganz gleich, welche Änderung sich einstellt, zum Beispiel Ekzem, Magengeschwür, Fehlleistungen, Vergessen und so weiter.

3. In Kapitel 5 wurde gezeigt, daß viele psychologische Phänomene unmotivierte, epiphänomenale Konsequenzen der Bedürfnisbefriedigung sind, eher als zweckgerichtete, motivierte, erlernte Änderungen, wie man gewöhnlich angenommen hat. Daß es sich um keinen kleinen Fehler handelt, wird sofort aus der Liste der Phänomene klar, von denen behauptet wurde, daß sie ganz oder teilweise Befriedigungseffekte sind, zum Beispiel Psychotherapie, Einstellungen, Interessen, Geschmack und Werte, Glück, Bürgertum, Haltungen dem Ich gegenüber, eine Schar von Charaktermerkmalen und zusätzlich Dutzende anderer psychologischer Effekte. Bedürfnisbefriedigung gestattet das Auftauchen von relativ unmotiviertem Verhalten, zum Beispiel «unmittelbar nach Befriedigung erlaubt sich der Organismus die Aufgabe von Spannung, Druck, Dringlichkeit und Notwendigkeit, um zu lungern, lümmeln und sich zu entspannen, zu spielen, passiv zu sein, sich der Sonne zu erfreuen, zu schmücken, dekorieren und die Töpfe und Pfannen zu polieren (eher als sie zu benützen), Spaß zu haben, müßig zu beobachten, was keine Bedeutung hat, lässig und ziellos zu sein».

4. Ein Experiment über die Wirkungen der Vertrautheit aus dem Jahr 1937 (309) zeigte, daß der einfache, unbelohnte, wiederholte Kontakt schließlich die Tendenz zur Bevorzugung des vertrauten Objekts ergab oder des vertrauten Wortes oder der vertrauten Tätigkeit, auch wenn sie ursprünglich widerlich waren. Da dies einen reinen Fall des Lernens durch unbelohnte Kontiguität darstellt, muß es als unmotivierte Änderung betrachtet werden, zumindest von den Theoretikern der Belohnung, Spannungsreduktion und Verstärkung.

5. Kapitel 13 zeigt den wichtigen Unterschied, in verschiedenen Bereichen der Psychologie, zwischen stereotyper oder katalogisierender Erkenntnis und unverbrauchter, bescheidener, rezeptiver, taoistischer Kognition des Konkreten, Idiosynkratischen, Einzigartigen, der unschuldigen Erkenntnis ohne vorgefaßte Meinungen und Erwartungen und ohne die Einmischung von Wünschen, Hoffnungen, Befürchtungen oder Ängsten. Die meisten Erkenntnisakte, würde es scheinen, sind abgestandene, nachlässige Wiederkenntnisse und Katalogisierungen von Stereotypen. Solches träges Katalogisieren in bereits existierenden Rubriken ist zutiefst verschieden vom tatsächlichen, konkreten Wahrnehmen mit einer vollen und ungeteilten Aufmerksamkeit für die Vielseitigkeit des einzigartigen Phänomens. Nur aus solcher Erkenntnis kann volle Einschätzung und Würdigung einer Erfahrung kommen. In dem Ausmaß, in dem Katalogisieren ein verfrühtes Einfrieren von Schlußfolgerungen ist, weil man das Unbekannte fürchtet, wird es von der Hoffnung auf Angstreduktion und -vermeidung motiviert. Die Person, die zum Unbekannten bequeme Beziehung unterhält, oder die, was fast dasselbe ist, Vieldeutigkeit (135) tolerieren kann, wird deshalb in ihren Wahrnehmungen weniger motiviert sein. In diesem Kapitel wurde auch vorgeschlagen, daß die engen Bindungen zwischen Motivation und Wahrnehmung, wie sie Murphy, Bruner, Ansbacher, Murray, Sanford, McClelland, Klein und viele andere gefunden haben, am besten als ein psychopathologisches Phänomen und nicht als ein gesundes betrachtet werden sollte. Grob gesagt, diese Bindung ist symptomatisch für einen leicht kranken Organismus. Bei selbstverwirklichenden Menschen befindet sie sich auf einem minimalen Stand; bei neurotischen und psychotischen auf einem Maximum, wie etwa in Delusionen und Halluzinationen. Eine Art und Weise, diesen Unterschied zu beschreiben, ist, daß die Erkenntnis beim Gesunden relativ unmotiviert ist; beim Kranken relativ motiviert. Latentes Lernen beim Menschen ist ein Beispiel für unmotivierte Erkenntnis, das diesen klinischen Befund auf die Probe stellen könnte.

6. Unsere Untersuchung selbstverwirklichender Menschen hat die Notwendigkeit betont, irgendwie zwischen ihrem Motivationsleben und jenem der mehr durchschnittlichen Menschen zu unterscheiden. Sie lebten offensichtlich ein selbsterfüllendes, wertgenießendes, selbstverbesserndes

Leben und suchten nicht nur nach der Grundbedürfnisbefriedigung, die dem Durchschnittsmenschen fehlt, das bedeutet also, Wachstumsmotivation oder Metamotivation und nicht Mangelmotivation. So waren sie also sie selbst, sich entwickelnd, wachsend und reifend, nicht irgendwohin gehend (im Sinn zum Beispiel des Aufstiegs auf der sozialen Stufenleiter), nicht strebend im gewöhnlichen Sinn der Bemühung um einen anderen Zustand als den, in dem man sich befindet. Die Unterscheidung zwischen Mangelmotivation und Wachstumsmotivation bedeutet, daß das Selbstverwirklichen an sich nicht eine motivierte Änderung ist, wenn man nicht Motivation in einem ganz neuen Sinn verstanden wissen will. Selbstverwirklichung, zur vollen Entwicklung und Verwirklichung aller Möglichkeiten des Organismus zu gelangen, ist mehr dem Wachstum und dem Reifen verwandt als der Formation von Gewohnheiten oder der Assoziation durch Belohnung, das heißt, sie wird nicht von außen erworben, sondern ist eine Entfaltung von innen, dessen, was in einem subtilen Sinn bereits da ist. Spontaneität auf dem selbstverwirklichenden Niveau – gesund, natürlich sein – ist unmotiviert; tatsächlich geht es um das Gegenteil von Motivation.

7. Schließlich wurde in Kapitel 10 die expressive Determinante des Verhaltens und der Erfahrung ausführlich behandelt, besonders in ihren Implikationen für die Theorie der Psychopathologie und der Psychosomatik. Es wurde stark betont, daß man Ausdruck als relativ unmotiviert betrachten muß, im Gegensatz zum Bewältigen, das sowohl motiviert wie auch zweckgerichtet ist. Die einzige Alternative zu diesem Gegensatz ist eine vollständige semantische und begriffliche Revolution im Vokabular der Motivation.

In diesem Kapitel wurde auch gezeigt, daß Depression, Goldsteinscher katastrophaler Zusammenbruch, Meiers frustrationsbedingtes Verhalten und Katharsis und Erlösungsphänomene im allgemeinen expressiv sind, das heißt relativ unmotiviert. So wurden auch die Freudschen Fehlleistungen, Ticks und freie Assoziation als sowohl expressiv wie auch motiviert gezeigt.

8. Verhalten, mit seltenen, weiter unten angeführten Ausnahmen, ist eher Mittel als Zweck, das heißt es sorgt dafür, daß Dinge getan werden. Es ist eine Frage, ob das Ausschließen subjektiver Zustände als legitimer Gegenstand psychologischer Forschung es nicht a priori schwierig oder sogar

unmöglich macht, das von uns behandelte Problem zu lösen. Ziele, wie ich sie sehe, sind sehr häufig subjektive Erfahrungen der Befriedigung. Ohne Bezug auf die Tatsache, daß das meiste instrumentale Verhalten nur deshalb menschlichen Wert hat, weil es diese subjektiven Zielerfahrungen bewirkt, wird das Verhalten selbst häufig wissenschaftlich sinnlos (492). Der Behaviorismus selbst kann besser verstanden werden, wenn er als ein kultureller Ausdruck des allgemeinen puritanischen Strebens- und Leistungs-Standpunktes betrachtet wird, den wir bereits erwähnt haben. Dies impliziert, daß man zu seinen verschiedenen anderen Fehlern auch den Ethnozentrismus hinzuzählen muß.

Beispiele relativ unmotivierter Reaktionen

Bisher haben wir einige geräumige Kategorien von Phänomenen aufgezählt, die man mehr oder minder unmotiviert nennen muß, je nach den verschiedenen Definitionen des Wortes, die möglich sind. Es gibt auch viele andere solcher Reaktionen und wir werden sie jetzt kurz behandeln. Es sollte angemerkt werden, daß es sich bei allen um relativ vernachlässigte Bereiche der Psychologie handelt, für den Wissenschaftsforscher eine ausgezeichnete Illustration der Art und Weise, wie ein beschränkter Standpunkt, eine beschränkte Welt schafft. Für den Tischler, der *nur* ein Tischler ist, besteht die Welt aus Holz.

Kunst

Die Kunst kann relativ motiviert sein, das heißt, wenn sie sich mitteilen will, Emotionen bewirken will, etwas einer anderen Person zeigen will oder mit ihr anstellen will; oder sie kann relativ unmotiviert sein, das heißt, wenn sie expressiv eher als kommunikativ ist, intrapersonal anstatt interpersonal. Die Tatsache, daß Ausdruck unvorgesehene interpersonale Auswirkungen haben kann (Sekundärgewinne), gehört nicht zur Sache. Zur Sache jedoch gehört die Frage: «Gibt es ein *Bedürfnis* nach Ausdruck?» Wenn es das gibt, dann sind künstlerischer Ausdruck wie auch kathartische und Erlösungsphänomene so motiviert wie Nahrungssuche oder Liebesverlangen. Ich habe an verschiedenen Stellen in früheren Kapiteln angedeutet, daß ich glaube, daß uns die Beweislage bald zwingen wird, ein solches Bedürfnis nach dem Ausdruck im Handeln anzuerkennen, für alle Impulse, die im Organismus geweckt wurden. Daß dies zu Paradoxen führt, geht klar aus der Tatsache hervor, daß jedes Bedürfnis oder jede Fähigkeit ein Impuls ist und deshalb nach Ausdruck verlangt. Sollte es dann als getrenntes Bedürfnis oder getrennter Impuls bezeichnet werden oder eher als universelles Merkmal von *jedem* Impuls betrachtet werden?

An diesem Punkt brauchen wir uns nicht für die eine oder andere Alternative zu entscheiden, da unsere einzige Absicht darin besteht, zu zeigen, daß sie *alle* vernachlässigt werden. Welche sich am fruchtbarsten erweist, wird die Anerkennung 1. der Kategorie der Nicht-Motivation oder 2. eine gewaltige Neukonstruktion der ganzen Motivationstheorie erzwingen.

Ebenso wichtig für den Gebildeten ist die Frage der ästhetischen Erfahrung. Diese ist eine so reiche und wertvolle Erfahrung für so viele Menschen, daß sie einfach jede psychologische Theorie verachten werden, die sie verneint oder vernachlässigt, ganz gleich, welche wissenschaftliche Gründe es dafür geben mag. Wissenschaft muß über *alle* Wirklichkeit Rechenschaft ablegen, nicht nur über verarmte und blutleere Teile davon. Die Tatsache, daß die ästhetische Reaktion nutzlos und zwecklos ist, und daß wir nichts über ihre Motivationen wissen, wenn es tatsächlich im gewöhnlichen Sinn irgendwelche geben sollte, deutet nur auf die Armut unserer offiziellen Psychologie hin.

Sogar die ästhetische Wahrnehmung, kognitiv gesprochen, kann als relativ unmotiviert betrachtet werden, verglichen mit gewöhnlichem Erkennen. Wir haben im Kapitel 13 gesehen, daß katalogisierende Wahrnehmung bestenfalls partiell ist; nicht so sehr eine Überprüfung aller Eigenschaften eines Gegenstands wie dessen Klassifikation auf Grund jener weniger Eigenschaften, die für uns nützlich sind, relevant für unsere Interessen oder bedürfnisbefriedigend oder bedürfnisbedrohend. Taoistisches, desinteressiertes Wahrnehmen der Vielseitigkeit eines Phänomens (mit besonderem Bezug nicht auf Nützlichkeit, sondern auf seine

Leistungsfähigkeit in der Herbeiführung von Zielerfahrungen) ist eine Eigenschaft der ästhetischen Wahrnehmung[3].

Ich habe als Absprung für das Nachdenken über das Nur-Sein die Analyse des Begriffs des Wartens sehr nützlich gefunden. Die Katze in der Sonne wartet nicht mehr als ein Baum wartet. Warten bedeutet verschwendete, ungewürdigte Zeit, die keine Bedeutung für den Organismus hat und ist ein Nebenprodukt einer zu ausschließlich mittelorientierten Lebenshaltung. Es handelt sich häufig um eine törichte, verschwenderische, nutzlose Reaktion, da 1. Ungeduld meistens zu nichts gut ist, auch vom Standpunkt der Leistungsfähigkeit aus, und 2. sogar Mittelerfahrungen und Mittelverhalten gewürdigt, um ihrer selbst wegen und sozusagen kostenlos genossen ausgekostet werden können. Reisen ist ein ausgezeichnetes Beispiel für die Art und Weise, wie Zeit entweder als Zielerfahrung genossen oder vollständig verschwendet werden kann. Erziehung ist ein anderes. Und interpersonelle Beziehung im allgemeinen ebenfalls.

Mit im Spiel ist hier auch eine gewisse Umkehrung des Begriffs der verschwendeten Zeit. Für den zweckorientierten, nutzenorientierten, bedürfnisreduzierenden Menschen ist jene Zeit verschwendet, die nichts

[3] «Das Gehirn dient dazu, diese Wahl herbeizuführen: es aktualisiert die nützlichen Erinnerungen und hält auf niedrigeren Ebenen des Bewußtseins jene fest, die von keinem Nutzen sind. Man könnte dasselbe über die Wahrnehmung sagen. Als Verbündete des Handelns isoliert sie *denjenigen* Teil der Realität als Ganzes, der uns interessiert; sie zeigt uns weniger die Dinge selbst als ihre Verwendbarkeit. Sie klassifiziert sie, etikettiert sie im vorhinein; wir sehen uns den Gegenstand kaum an, es genügt uns zu wissen, in welche Kategorie er gehört. Doch dann und wann, durch einen glücklichen Zufall, treten Menschen auf, deren Sinne oder deren Bewußtsein weniger am Leben kleben. Die Natur hat vergessen, ihre Fähigkeit zur Wahrnehmung an ihre Fähigkeit zu handeln zu knüpfen. Wenn sie einen Gegenstand anschauen, sehen sie ihn seinetwegen, nicht ihretwegen an. Sie nehmen nicht einfach mit einem Blick auf das Handeln wahr; sie nehmen wahr, um wahrzunehmen – für nichts als der Freude wegen. Hinsichtlich eines gewissen Aspekts ihres Wesens, ob es nun ihr Bewußtsein oder einer ihrer Sinne ist, sind sie *distanziert* auf die Welt gekommen; und je nach dem ob diese Distanz eine eines bestimmten Sinnes ist, oder eine des Bewußtseins, sind sie Maler oder Bildhauer, Musiker oder Dichter. Es handelt sich daher um eine weit direktere Sicht der Wirklichkeit, die man in den verschiedenen Künsten vorfindet; und deshalb, weil der Künstler es weniger auf die Nutzbarmachung seiner Wahrnehmung abgesehen hat, nimmt er viel mehr wahr als andere» (46, S. 162–163).

leistet und keinem Zweck dient. Auch wenn dies ein vollkommen legitimer Gebrauch ist, schlagen wir vor, daß es ebenso legitim sein mag, jene Zeit als verschwendet zu betrachten, die keine Zielerfahrungen bringt, das heißt die zu keinem Genuß führt. «Zeit, die zu verschwenden Freude bereitet, ist nicht verschwendet.» «Manche Dinge, die nicht notwendig sind, können dennoch wesentlich sein.»

Eine ausgezeichnete Illustration der Art und Weise, in der unsere Kultur unfähig ist, Zielerfahrungen ungebrochen hinzunehmen, kann man im Spazierengehen, Bootfahren, Golfspielen usw. erblicken. Im allgemeinen werden diese Aktivitäten hochgehalten, weil sie Menschen ins Freie führen, näher zur Natur, hinaus in die Sonne oder in die schöne Umgebung. Im wesentlichen sind das die Wege, auf denen das, was unmotivierte Zielaktivität und Zielerfahrung sein sollte, in einen zweckgerichteten, leistungsorientierten, pragmatischen Bezugsrahmen überführt wird, um das westliche Gewissen zu beruhigen.

Wertschätzung, Genuß, Staunen, Eifer, Kennerschaft, Zielerfahrung

Nicht nur die ästhetische Erfahrung, sondern auch viele andere Erfahrungen werden vom Organismus passiv aufgenommen und genossen. Diesen Genuß selbst kann man kaum motiviert nennen; wenn etwas, dann ist er das Ziel oder der Zweck motivierter Aktivität, das Epiphänomen der Bedürfnisbefriedigung.

Die mystische Erfahrung, die Erfahrung der Ehrfurcht, der Freude, des Staunens, des Mysteriums und der Bewunderung sind alles subjektiv reiche Erfahrungen von derselben passiven ästhetischen Art, Erfahrungen, die sich ihren Weg durch den Organismus schlagen, ihn überfluten wie Musik. Es sind ebenfalls Zielerfahrungen, final und nicht instrumental, keineswegs die Außenwelt verändernd. All dies trifft auf Muße ebenfalls zu, wenn sie richtig definiert wird (375).

Vielleicht ist es hier angemessen, von zwei solchen höchsten Freuden zu sprechen, 1. K. Bühlers Funktionslust und 2. die Lust des schieren Lebens (Bio-Lust, lustvolle Erfahrung). Wir können dies besonders beim Kind sehen, das seine neu erworbene Geschicklichkeit immer und immer wiederholt, aus nackter Freude an gelungenem und geschicktem Funktionieren. Tanz kann ebenfalls ein gutes Beispiel sein. Was die Grundlebensfreuden anlangt, kann jede kranke oder verdauungsgestörte oder übelkeitsbefallene Person die Wirklichkeit der allerhöchsten biologischen Freude bezeugen (lustvolles Erfahren), die ein automatisches, ungesuchtes, unmotiviertes Nebenprodukt des am Leben und Gesund-Seins ist.

Stil und Geschmack

In Kapitel 10 wurde der Stil des Verhaltens, im Gegensatz zu dessen Funktionen und Zielen, als ein Beispiel für Ausdruck angeführt, Allport (8), Werner (464) und Wernheimer (465, 467) unter anderen folgend. Ich möchte hier zusätzlich über einige Ergebnisse aus dem Jahr 1939 (305) berichten, die diese These illustrieren und unterstützen sollen. In der damaligen Untersuchung habe ich versucht, die verschiedenen Arten zu entdecken, in denen Frauen mit hoher Dominanz und hoher Selbstachtung (stark, voll Selbstvertrauen, sich selbstbehauptend) sich von Frauen mit niedriger Dominanz (mit niedriger Selbstachtung, von passivem, scheuem oder zurückgezogenem Charakter) unterschieden. Ich habe so viele Unterscheidungen entdeckt, daß es schließlich leicht wurde, eine Diagnose (und damit Validierung) anzustellen, indem man sie einfach beim Gehen, Sprechen und so weiter beobachtete. Die Charakterstruktur zeigte sich im Geschmack, in der Kleidung, im gesellschaftlichen Verhalten und so weiter wie auch im offenen, funktionalen, zweckgerichteten, motivierten Verhalten. Einige Beispiele sollten reichen.

Die stärkere Frau zeigt ihre Stärke in der Wahl von Nahrungsmitteln, die salziger, saurer und bitterer, schärfer und stärker schmeckend sind, zum Beispiel kräftiger Käse und nicht milder; Speisen, die gut schmecken, auch wenn sie häßlich und unattraktiv aussehen, zum Beispiel Schalentiere; Speisen, die neu und unvertraut sind, zum Beispiel gebackene Eichhörnchen, Schnecken. Diese Frauen sind hinsichtlich wenig appetitlichen oder nachlässig zubereiteten Speisen weniger empfindlich, weniger leicht angeekelt, weniger wählerisch. Und doch sind sie hinsichtlich gut zubereiteter, schmackhafter Speisen sinnlicher, lustvoller als die Frauen mit niedriger Dominanz.

Durch eine Art physiognomische Isomorphie (464) zeigen sich dieselben Eigenschaften in anderen Bereichen, zum Beispiel ist ihre Sprache härter, stärker, robuster; auch die Männer, die sie sich aussuchen; ihre Reaktion auf Ausbeuter, Blutegel und andere Menschen, die versuchen, sie auszunützen.

Eisenbergs Untersuchungen (118) unterstützen diese Folgerungen in anderer Weise. Zum Beispiel zeigten die Frauen mit hohen Ergebnissen in meinem Test für Dominanzgefühle oder Selbstachtung (294) die Tendenz, zu spät zu Verabredungen mit dem Versuchsleiter zu kommen, weniger respektvoll, lässiger, direkter, herablassender, weniger angespannt, ängstlich und besorgt zu sein, mehr geneigt, eine angebotene Zigarette anzunehmen, viel geneigter, es sich ohne Aufforderung oder Einladung bequem zu machen.

In noch einer anderen Untersuchung (311) erwiesen sich ihre sexuellen Reaktionen als noch weit mehr verschieden. Die stärkere Frau zeigt die größere Tendenz, heidnisch, permissiv und akzeptierend zu sein, in allen sexuellen Bereichen. Sie neigt weniger dazu, eine Jungfrau zu bleiben, wird häufiger masturbieren, hat Sexualbeziehungen mit mehr als einem Mann gehabt, wird solche Experimente wie Homosexualität, Cunnilingus, Fellatio und Analverkehr angestellt haben. Mit anderen Worten, sie zeigt auch hier die Tendenz, direkter, weniger gehemmt, robuster, härter, stärker zu sein. Siehe auch De Martino (107). Ein unveröffentlichtes Experiment von Carpenter (79) über die verschiedenen musikalischen Vorlieben von Frauen mit hohen Dominanzwerten und solchen mit niedrigen führt zu der voraussehbaren Folgerung, nämlich, daß die Frauen mit hohen Ergebnissen (hoher Selbstachtung) offener für fremde, wilde, unvertraute Musik sind, für Kakophonie und Melodielosigkeit, für das Kraftvolle und nicht das Süße.

Meadow (355) hat gezeigt, daß Personen mit niedrigen Ergebnissen (scheu, ängstlich, weniger selbstsicher) dem Streß intellektuell mehr verfielen als solche mit hohen Ergebnissen. Siehe (297a) für Parallelen mit der Arbeit McClellands und seiner Mitarbeiter über das Bedürfnis nach Leistung.

Der Wert dieser Beispiele für unsere These beruht in der deutlich beob-

achtbaren Tatsache, daß es sich hier überall um unmotivierte Entscheidungen handelt, alle expressiv hinsichtlich einer bestimmten Charakterstruktur in derselben Art und Weise, wie die ganze Mozartsche Musik irgendwie Mozartisch ist, oder Renoirs Kopie eines Bildes von Delacroix mehr wie ein Renoir als wie ein Delacroix aussieht.
Dies alles ist in derselben Art und Weise expressiv, wie es die Handschrift ist, oder die TAT-Geschichten oder Rorschach-Protokolle sind, oder wie es das Spiel mit Puppen ist.

Spiel

Spielen kann entweder bewältigend oder expressiv oder beides sein (siehe S. 121), wie es sich jetzt deutlich aus der Literatur über Spieltherapie und Spieldiagnose ergibt. Es erscheint ziemlich wahrscheinlich, daß diese allgemeine Folgerung die verschiedenen funktionalen, zweckgerichteten, motivationalen Theorien des Spiels ersetzen wird, die in der Vergangenheit aufgestellt wurden. Da es nichts gibt, was uns hindern könnte, die Dichotomie bewältigend-expressiv bei Tieren anzuwenden, können wir auch vernünftigerweise eine nützlichere und realistischere Interpretation des Tierspielens erwarten. Alles, was es zu tun gibt, um diesen neuen Bereich der Forschung zu erschließen, ist die Zulassung der Möglichkeit, daß Spielen nutzlos und unmotiviert sein kann, ein Phänomen des Seins und nicht nur des Strebens, ein Ziel und nicht nur ein Mittel. Dasselbe kann wahrscheinlich für Lachen, Heiterkeit, Spaß, Freude, Ekstase, Euphorie bestätigt werden.

Ideologie, Philosophie, Theologie, Erkenntnis

Dies ist ein weiterer Bereich, der den Instrumenten der offiziellen Psychologie widerstanden hat. Ich glaube, dies zum Teil deshalb, weil Denken im allgemeinen seit Darwin und Dewey automatisch als problemlösend betrachtet wurde, das heißt als funktional und motiviert.

Die wenigen Ergebnisse, die vorliegen und dieser Annahme widersprechen, kommen zum größten Teil aus der Analyse der grösseren Denkprodukte – der philosophischen Systeme – deren Korrelation mit individueller Charakterstruktur leicht genug etabliert werden kann (192). Daß ein Pessimist wie Schopenhauer eine pessimistische Philosophie geschaffen hat, erscheint sehr verständlich. Dies als eine reiche Rationalisierung oder als ein Defensiv- oder Sicherungsverfahren zu betrachten, ist sicherlich naiv, nach all dem, was wir aus den TAT-Geschichten oder der Kinderkunst gelernt haben. In jedem Fall, um eine parallele expressive Produktion zu nehmen, wie sollten Bachs Musik oder Rubens' Bilder defensiv sein oder eine Rationalisierung?

Erinnern kann ebenfalls relativ unmotiviert sein, wie man deutlich am Phänomen des latenten Lernens ablesen kann, das in einem größeren oder kleineren Ausmaß bei allen Menschen vorgefunden werden kann. Das Hin und Her der Forscher über dieses Problem ist de facto irrelevant, weil es für uns ohne Belang ist, ob Ratten latentes Lernen zeigen oder nicht. Menschen zeigen es in ihrem täglichen Leben ohne allen Zweifel. Die Ergebnisse Ansbachers (13) über die Tendenz unsicherer Menschen, unsichere frühe Erinnerungen zu haben, und mein eigenes Beobachtungsergebnis, daß unsichere Menschen stark dazu neigen, deutlich unsichere Träume zu haben, sind ebenfalls Beispiele zu diesem Punkt. Es scheint sich um deutlichen Ausdruck von Haltungen der Welt gegenüber zu handeln. Ich kann mir nicht vorstellen, wie man sie, ohne Anstrengungen besonderer Art, als nur bedürfnisbefriedigend, belohnend oder verstärkend interpretieren sollte.

Die Wahrheit oder die korrekte Antwort findet man jedenfalls häufig einfach ohne Anstrengung, sie wird nicht umkämpft und gesucht. Die Tatsache, daß in den meisten Experimenten irgendeine Motivation erforderlich ist, bevor Probleme gelöst werden können, mag sehr leicht eine Funktion der Trivialität oder Willkürlichkeit der Probleme sein eher als ein Beweis dafür, daß alles Denken motiviert sein muß. Im guten Leben der gesunden Person mag Denken, wie Wahrnehmen, eine spontane Rezeption oder Produktion sein, ein unmotivierter, müheloser, glücklicher Ausdruck der Natur und Existenz des Organismus, ein die Dinge geschehen Lassen anstatt sie geschehen machen, ein Beispiel des Seins ebenso wie der Duft einer Blume oder die Äpfel auf einem Baum.

15. Psychotherapie, Gesundheit und Motivation

Es ist erstaunlich, daß sich die Experimentalpsychologen nicht dem Studium der Psychotherapie wie einer Goldgrube gewidmet haben. Als Ergebnis erfolgreicher Psychotherapie nehmen Menschen anders wahr, denken anders, lernen anders. Ihre Motive ändern sich, wie auch ihre Emotionen. Es handelt sich um die beste Technik, die wir je gehabt haben, um die tiefste Natur des Menschen im Kontrast zu seiner oberflächlichen Persönlichkeit herauszuschälen. Die zwischenmenschlichen Beziehungen und die Haltungen der Gesellschaft gegenüber werden dadurch transformiert. Der Charakter (oder die Persönlichkeit) ändert sich sowohl oberflächlich wie auch in der Tiefe. Es gibt sogar einiges Beweismaterial dafür, daß sich das Aussehen ändert, die physische Gesundheit bessert usw. In einigen Fällen steigt sogar der IQ. Und doch wird das Wort in den Registern der meisten Bücher über Lernen, Wahrnehmung, Denken, Motivation Sozialpsychologie, physiologische Psychologie usw. nicht einmal angeführt.

Um ein einziges Beispiel zu nehmen: Es ist überhaupt keine Frage, daß die Theorie des Lernens, bescheiden ausgedrückt, von der Untersuchung der Lerneffekte solcher therapeutischer Kräfte wie Heirat, Freundschaft, freies Assoziieren, Widerstandsanalyse, Berufserfolg profitieren könnte, ganz zu schweigen von der Tragödie, vom Trauma, vom Konflikt und Leiden.

Eine andere ebenso wichtige Garnitur ungelöster Probleme ergibt sich aus der Überprüfung der psychotherapeutischen Beziehungen als einfach einem Unter-Beispiel sozialer oder interpersonaler Beziehungen, das heißt als einer Sparte der Sozialpsychologie.

Wir können jetzt zumindest drei Arten beschreiben, auf die Patienten und Therapeuten sich aufeinander beziehen können, die autoritäre, die demokratische, die laissez-faire, jede von spezieller Nützlichkeit zu verschiedenen Zeiten. Doch genau diese drei Typen der Beziehungen findet man in der gesellschaftlichen Atmosphäre von Jugendklubs und in verschiedenen Hypnosemethoden, in verschiedenen politischen Theorien, in Mutter-Kind-Beziehungen (300) und in den sozialen Organisationsweisen von Primaten (306).

Jede gründliche Untersuchung der Ziele und Zwecke der Therapie muß sehr rasch die unzulängliche Entwicklung der geläufigen Persönlichkeitstheorie aufdecken, und die grundlegende wissenschaftliche Orthodoxie in Frage stellen, daß Werte keinen Platz in der Wissenschaft haben, muß die Beschränkungen der medizinischen Vorstellungen von Gesundheit, Krankheit, Heilung und Therapie bloßlegen und deutlich enthüllen, daß es unserer Kultur noch immer an einem verwendbaren Wertsystem mangelt. Kein Wunder, daß die Menschen Angst vor diesem Problem haben. Viele andere Beispiele könnten hinzugefügt werden, um zu beweisen, daß die Psychotherapie ein wichtiger Bereich der allgemeinen Psychologie ist.

Wir können sagen, daß Psychotherapie in sieben verschiedenen Arten stattfindet: 1. durch Ausdruck (Vollzug, Erlösung, Katharsis), wie in Levys Erlösungstherapie dargestellt wird (271); 2. durch die Befriedigung der Grundbedürfnisse (Unterstützung, Bestätigung, Schutz, Liebe, Achtung gewähren); 3. durch die Entfernung von Bedrohungen (Schutz, gute soziale, politische und ökonomische Verhältnisse); 4. durch verbesserte Einsicht, besseres Wissen und Verstehen; 5. durch Beeinflussung oder durch Autorität; 6. durch direkten Angriff auf die Symptome, wie in den verschiedenen Verhaltenstherapien; und 7. durch positive Selbstverwirklichung, Individuation und Wachstum. Für die allgemeineren Zwecke der Persönlichkeitstheorie stellt dies auch ein Verzeichnis dar, in welcher Weise sich Persönlichkeit in kulturell und psychiatrisch gebilligte Richtungen wandelt.

An dieser Stelle sind wir besonders daran interessiert, einigen der Wechselbeziehungen zwischen den Materialien der Therapie und der Motivationstheorie nachzuspüren, soweit letztere in diesem Buch dargestellt wurde. Man wird dann sehen, daß die Befriedigung der Grundbedürfnisse ein wichtiger (vielleicht der wichtigste) Schritt auf dem Weg zum höchsten, positiven Ziel aller Therapie ist, nämlich zur Selbstverwirklichung.

Es wird auch darauf hingewiesen werden, daß diese Grundbedürfnisse meistens *nur von anderen menschlichen Wesen* befriedigt werden können, und daß deshalb die Therapie meistens auf einer zwischenpersönlichen Basis stattfinden muß. Die Garnituren der Grundbedürfnisse, deren Befriedigungen die grundlegende therapeutische Betreuung konstituieren, zum Beispiel also Sicherheit, Zugehörigkeit, Liebe und Achtung, kann man nur von anderen Menschen erhalten.

Ich darf sofort bemerken, daß meine eigene Erfahrung fast ausschließlich auf kürzere Therapien beschränkt war. Alle, deren Erfahrung sich primär auf die psychoanalytische (tiefere) Therapie bezieht, werden viel wahrscheinlicher zu der Schlußfolgerung gelangen, daß Einsicht eher als Bedürfnisbefriedigung *die* wichtige Medizin ist. Dies verhält sich deshalb so, weil ernsthaft kranke Menschen unfähig sind, Befriedigungen von Grundbedürfnissen zu akzeptieren oder zu assimilieren, bevor sie nicht ihre infantilen Interpretationen ihrer selbst und anderer aufgegeben haben und imstande sind, die persönliche und zwischenpersönliche Wirklichkeit so wahrzunehmen und zu akzeptieren, wie sie ist.

Wir könnten die Angelegenheit weiterdiskutieren, wenn wir wollten, und darauf hinweisen, daß der Zweck der Einsicht-Therapie darin besteht, die Akzeptierung guter zwischenmenschlicher Beziehungen und der Bedürfnisbefriedigungen, die damit einhergehen, zu ermöglichen. Wir wissen, daß die Einsicht nur deshalb wirksam war, weil sich diese Motivationsänderungen ergeben haben. Die Annahme jedoch, pro tempore, einer kruden Unterscheidung zwischen der einfachen, kürzeren Bedürfnisbefriedigungs-Therapie und der tieferen, längeren, mehr anstrengenden Einsicht-Therapie hat im Augenblick einen beträchtlichen heuristischen Wert. Wie wir sehen werden, ist Bedürfnisbefriedigung in vielen nichttechnischen Situationen möglich, wie in Ehe, Freundschaft, Zusammenarbeit, Unterrichten usw. Dies öffnet einen theoretischen Weg zur viel größeren Erweiterung der therapeutischen Fertigkeiten aller Arten von Laien (Laientherapie). Gegenwärtig ist Einsicht-Therapie definitiv eine technische Angelegenheit, für die viel Lernen und Ausbildung erforderlich ist. Das unnachgiebige Verfolgen der theoretischen Konsequenzen dieser Dichotomie zwischen Laien- und technischer Therapie wird ihre variable Nützlichkeit zeigen.

Man kann auch behaupten, daß, obwohl die tieferen Einsicht-Therapien zusätzliche Prinzipien einbeziehen, sie ebenfalls am besten verstanden werden können, wenn wir als unseren Ausgangspunkt das Studium der Auswirkungen der Frustrierung und der Befriedigung der grundlegenden Bedürfnisse des Menschen wählen. Dies ist der jetzt existierenden Praxis direkt entgegengesetzt, bei der Erklärung der kürzeren Therapien auf die Untersuchung der einen oder andren Art der Psychoanalyse (oder Einsicht-Therapie) zurückzugreifen. Ein Nebenprodukt dieses Vorgehens war es, das Studium der Psychotherapie und des persönlichen Wachsens zu einem isolierten Bereich der psychologischen Theorie zu machen, die sich mehr oder minder selbst genügt, und von besonderen oder autochtonen Gesetzen beherrscht wird, die nur diesem Bereich allein eigen sind. Dieses Kapitel weist ausdrücklich solche Implikationen zurück, und geht von der Überzeugung aus, daß es keine ad hoc Gesetze in der Psychotherapie gibt. Daß wir vorgegangen sind, als gäbe es welche, muß der Tatsache zugeschrieben werden, daß die meisten professionellen Therapeuten eher medizinisch als psychologisch ausgebildet wurden, aber auch der merkwürdigen Blindheit der Experimentalpsychologen für die Auswirkungen der Phänomene der Psychotherapie auf ihr eigenes Bild von der menschlichen Natur. Wir behaupten nicht nur, daß Psychotherapie letztlich fest auf einer gesunden, allgemeinen psychologischen Theorie basieren muß, sondern auch, daß die psychologische Theorie erweitert werden muß, um dieser neuen Verantwortung gewachsen zu sein. Dementsprechend werden wir zuerst die einfacheren therapeutischen Phänomene behandeln und die Probleme der Einsicht auf einen späteren Teil dieses Kapitels verschieben.

Einige Phänomene, die die Annahme unterstützen, daß Psychotherapie und persönliches Wachsen durch Bedürfnisbefriedigung via zwischenmenschliche Beziehungen erfolgt

Wir wissen von vielen Tatsachen, die zusammengenommen es unmöglich machen 1. eine rein kognitive oder 2. eine rein unpersönliche Theorie der Psychotherapie anzunehmen, die jedoch mit der Bedürfnisbefriedigungstheorie und mit einem zwischenpersönlichen Vorgehen in der Therapie und im Wachstum vereinbar sind.

1. Psychotherapie hat es immer dort gegeben, wo eine Gesellschaft bestanden hat. Der Schamane, der Medizinmann, die Hexe, die weise alte Frau der Gemeinschaft, der Priester, der Guru und jüngst in der westlichen Zivilisation der Hausarzt, waren immer imstande, in einigen Fällen das zu leisten, was wir heute Psychotherapie nennen. Tatsächlich sind die großen religiösen Führer und die Organisationen durch ihre Heilwirkungen nicht nur in Fällen grober und dramatischer Psychopathologie, sondern auch subtilerer Charakter- und Wertstörungen als Psychotherapie bestätigt worden. Die Erklärungen, die für solche Leistungen angeboten wurden, haben miteinander nichts gemeinsam und sollten nicht ernst genommen werden. Wir müssen die Tatsache akzeptieren, daß, obwohl diese Wunder geschehen konnten, die Wunderheiler nicht wußten, *wie* oder *warum* sie Erfog hatten.

2. Diese Diskrepanz zwischen Theorie und Praxis gibt es auch heute. Die verschiedenen Richtungen der Psychotherapie liegen untereinander im Streit, zuweilen in einem sehr heftigen. Und doch wird ein Psychologe in seiner klinischen Arbeit, wenn die Zeitspanne lang genug ist, auf Patienten treffen, die von Repräsentanten jeder dieser Richtungen geheilt wurden. Diese Patienten werden dann dankbare und loyale Verfechter dieser oder jener Theorie sein. Doch es ist ebenso leicht, Beispiele für das Versagen jeder dieser Theorien zu sammeln. Und um die Angelegenheit dreifach verwirrend zu machen, habe ich Patienten getroffen, die von Ärzten oder sogar von Psychiatern geheilt wurden, die nie irgendeine Ausbildung in dem hatten, was man auch nur annähernd Psychotherapie nennen könnte (um nicht Lehrer, Priester, Schwestern, Dentisten, Sozialarbeiter usw. zu erwähnen).

Es stimmt, wir können aus empirischen und wissenschaftlichen Gründen diese verschiedenen theoretischen Richtungen kritisieren und sie in einer groben Hierarchie relativer Gültigkeit anordnen. Und wir können erwarten, daß wir in Zukunft geeignete Statistiken sammeln können, die zeigen, daß eine theoretische Ausbildung zu einem höheren Prozentsatz an Heilungen führt als eine andere, obwohl keine immer versagt oder immer erfolgreich ist.

In diesem Augenblick jedoch müssen wir die Tatsache akzeptieren, daß therapeutische Resultate in einem gewissen Ausmaß unabhängig von der Theorie oder mit überhaupt keiner vorkommen können.

3. Sogar in den Grenzen einer Denkrichtung, sagen wir der klassischen Freudschen Psychoanalyse, ist es wohlbekannt und wird von den Analytikern allgemein zugegeben, daß es von Analytiker zu Analytiker große Unterschiede gibt, nicht nur in der Fähigkeit, wie sie gewöhnlich definiert wird, sondern auch im Erfolg hinsichtlich der Heilung. Einige brilliante Analytiker, die in Lehre und Publikation wichtige Beiträge leisten und die zugegebenermaßen viel wissen und als Lehrer und Vortragende und auch als Lernanalytiker gesucht sind, versagen dennoch häufig in der Heilung ihrer Patienten. Und es gibt andere, die nie etwas schreiben und wenige, wenn überhaupt welche, Entdeckungen machen, und doch ihre Patienten in den meisten Fällen heilen können. Selbstverständlich gibt es klarerweise irgendein Ausmaß an positiver Korrelation in dieser Fähigkeit, brillant zu sein und zu heilen, und doch bleiben Ausnahmen zu erklären[1].

[1] Eine einfache Art und Weise, sich mit diesem Problem wissenschaftlich zu befassen, ist es, Menschen zu interviewen, die eine Analyse hinter sich haben oder anderer therapeutischen Behandlung zugeführt wurden. Ich habe solche Angaben für 34 Personen, die nach einem Jahr oder mehr nach Abschluß der Therapie interviewt wurden. Vierundzwanzig billigen die Erfahrung uneingeschränkt und betrachten sie als wertvoll über alle Zweifel hinaus, und äußern sich allgemein mit großem Enthusiasmus darüber. Von den verbleibenden zehn waren zwei unzufrieden mit ihren Therapeuten, verließen sie und wählten andere, für die sie dann uneingeschränkte Billigung äußerten. Vier wurden als psychotisch oder mit starken psychotischen Tendenzen diagnostiziert. Von diesen blieb eine Frau bei ihrem Psychiater über eine Periode von mehreren Jahren ohne jeden Nutzen, den sie erkennen konnte. Ein anderer brach seine Analyse ab und verschwand. Ein dritter brach sie nach einiger Zeit ab und äußerte starke Mißbilligung für die drei vergangenen Psychotherapeuten, doch Billigung für den gegenwärtigen. Der siebente dieser Gruppe glaubt, daß ihm die Analyse ganz gut getan hat, aber mit zu großen Zeit- und Geldkosten. Man kann sagen, daß er geheilt ist, doch er glaubt, daß er dies durch seine eigenen Anstrengungen nach der Analyse erreicht hat. Die achte Person, ein Homosexueller, der durch die Polizei zum Psychoanalytiker gebracht wurde, blieb ungeheilt, seinem Therapeuten selbst zufolge. Der neunte, selbst Psychoanalytiker, vor langer Zeit analysiert, sagte, daß es nach den gegenwärtigen Normen eine sehr schlechte Analyse war und er sich deshalb als unanalysiert betrachtet hat. Der letzte der zehn, ein junger Epileptiker, wurde in eine unerwünschte Analyse durch Druck seitens der Eltern getrieben.

Im gegenwärtigen Kontext ist für uns von größtem Interesse, daß die 71 Prozent, die

4. Es gibt in der Geschichte einige wohlbekannte Fälle, in denen der Meister einer Schule des therapeutischen Denkens zwar selbst außerordentlich fähig als Therapeut war, doch weitgehend darin versagte, diese Fähigkeit seinen Studenten beizubringen. Wenn es bloß eine Angelegenheit der Theorie, des Inhalts oder des Wissens wäre und es auf die Persönlichkeit des Therapeuten nicht ankäme, sollten Studenten schließlich ebenso tüchtig oder tüchtiger als ihre Lehrer sein, wenn sie gleich intelligent und emsig sind.

5. Es ist eine ziemlich allgemeine Erfahrung für alle Therapeuten, gleich welcher Art, den Patienten erst einmal zu sehen, einige äußerliche Details mit ihm zu diskutieren, zum Beispiel das Verfahren, die Zeit und so weiter und ihn beim zweiten Kontakt Besserung berichten oder zeigen zu lassen. In den Begriffen dessen, was offen geschah oder gesagt wurde, ist dieses Ergebnis vollkommen unverständlich.

6. Manchmal stellen sich therapeutische Resultate ein, ohne daß der Therapeut ein Wort gesagt hat. In einem Beispiel wollte ein College-Mädchen einen Rat für ein persönliches Problem haben. Am Ende der Stunde, während der sie sprach und ich *kein einziges Wort* sagte, hat sie ihr Problem zu ihrer eigenen Zufriedenheit gelöst, hat mir für meinen Rat gedankt und ist gegangen.

7. In Fällen, in denen der Patient jung genug ist, und die auch nicht zu ernst sind, können die gewöhnlichen größeren Lebenserfahrungen therapeutisch im vollsten Sinn des Wortes wirken. Eine gute Ehe, Erfolg in einem passenden Beruf, gute Freundschaften, Kinder haben, Notfällen gegenüberstehen und Schwierigkeiten bewältigen – ich habe gelegentlich beobachten können, daß alles dies tiefe Charakterveränderungen herbeiführte, Symptome beseitigte und so weiter ohne die Hilfe eines technischen Therapeuten. Tatsächlich könnte man mit gutem Recht behaupten, daß gute Lebensumstände zu den *höchsten* therapeutischen Faktoren zählen und daß die technische Psychotherapie häufig nur die Aufgabe hat, den einzelnen zu befähigen, sich ihrer zu bedienen.

8. Viele Psychoanalytiker haben beobachtet, daß ihre Patienten während

uneingeschränkte Billigung äußern, von einer Vielfalt von Psychoanalytikern und nichtanalytischen Therapeuten behandelt wurden, aus dem gesamten Bereich der Theorie, Lehre und Methodik, und alle, so weit ich erkennen kann, mit gleichem Erfolg!

der Pausen der Analyse und auch nach Beendigung der Analyse Fortschritte machten.

9. Es wird auch berichtet, daß ein Zeichen für eine erfolgreiche Therapie darin gesehen werden kann, daß eine Besserung der Ehefrau oder des Ehemannes des Behandelten begleitend auftritt.

10. Vielleicht am herausforderndsten von allen ist die heute existierende, sehr merkwürdige Situation, daß eine große Mehrheit der Fälle von Menschen behandelt oder zumindest abgewickelt wird, die niemals als Therapeuten ausgebildet wurden oder nur schlecht. Ich kann das am besten belegen, indem ich meine eigenen Erfahrungen in diesem Bereich zitiere, Erfahrungen, die im Bereich der Psychologie und anderswo von hundert anderen gemacht worden sein müßten.

Die Ausbildung der großen Mehrheit der Psychologiestudenten während der zwanziger und dreißiger Jahre war (und ist es in einem geringeren Ausmaß noch immer) beschränkt, zuweilen bis zur Sterilität. Der Student, der Psychologie belegte, weil er vielleicht Menschen mochte und sie verstehen lernen und ihnen helfen wollte, fand sich in eine merkwürdige kultische Atmosphäre eingeführt, in der er die meiste Zeit mit Phänomenen der Empfindung, den Verzweigungen des bedingten Reflexes und der sinnlosen Silbe und den Wanderungen von weißen Ratten in Labyrinthen verbrachte. Zusammen damit erfolgte eine nützlichere, aber immer noch philosophisch beschränkte und naive Ausbildung in experimenteller und statistischer Methodik.

Und doch war für den Laien ein Psychologe ein Psychologe, Orakel für alle die wichtigeren Lebensfragen, ein Techniker, von dem man annahm, daß er wußte, warum Scheidungen vorkommen, warum sich Haß entwickelt oder warum Menschen psychotisch werden. Häufig mußte er auf die beste Weise antworten, zu der er imstande war. Besonders traf das auf die kleineren Orte und Städte zu, wo man niemals einen Psychiater erblickt und von Psychoanalyse gehört hatte. Die einzige Alternative zu einem Psychologen war eine Lieblingstante, der Familienarzt oder der Pfarrer. So war es dem unausgebildeten Psychologen möglich, sein Schuldbewußtsein zu besänftigen. Auch konnte er seine Bemühungen auf die notwendige Ausbildung verlegen.

Was ich berichten möchte, ist jedoch, daß diese ungeschickten Bemühungen so häufig Erfolg hatten, zur kompletten Überraschung der jungen Psychologen. Sie waren auf ihr Versagen gut genug vorbereitet, doch wie waren die erfolgreichen Resultate zu erklären, auf die man nicht einmal gehofft hatte?

Einige Erfahrungen waren noch unerwarteter. Im Verlauf verschiedener Forschungen, in denen ich intime und detaillierte Fallgeschichten verschiedener Persönlichkeitstypen sammeln mußte, war ich von meiner Ausbildung her vollständig unvorbereitet darauf, daß gelegentlich eine Heilung gerade jener Persönlichkeitsstörung gelang, die ich untersucht hatte, und bei der ich nichts anderes machte, als Fragen zur Persönlichkeit und Lebensgeschichte zu stellen.

Es geschah auch gelegentlich, daß ich, nachdem mich ein Student nach dem üblichen Rat gefragt hatte, ihm riet, eine professionelle Psychotherapie einzugehen und ihm erklärte, warum ich dies für wünschenswert hielt, was mit ihm los sei, und welches die Natur der psychologischen Krankheit war. In einigen Fällen war dies allein ausreichend, um die präsentierten Symptome zu beseitigen.

Der professionelle Therapeut sieht solche Phänomene weniger häufig als der Laie. Tatsächlich ist es ziemlich klar geworden, daß einige Psychiater einfach nicht bereit sind, an die Berichte von solchen Vorkommnissen zu glauben. Aber man kann sie leicht überprüfen und bestätigen, denn die Erfahrung ist unter den Psychologen und Sozialarbeitern recht häufig, ganz zu schweigen von Pfarrern, Lehrern und Ärzten.

Wie sind diese Phänomene zu erklären? Es scheint, daß wir sie nur mit Hilfe einer motivationalen, interpersonalen Theorie erklären können. Es ist offenkundig notwendig, nicht das zu betonen, was bewußt gesagt oder getan wird, sondern was unbewußt getan und unbewußt wahrgenommen wird. Der Therapeut ist in jedem Fall am Patienten interessiert, will ihm helfen und beweist damit dem Patienten, daß dieser zumindest für eine Person wichtig ist. Da der Therapeut jemand ist, der als weiser, älter, stärker oder gesünder betrachtet wird, kann sich der Patient auch sicherer und beschützter und deshalb weniger verletzlich und weniger ängstlich fühlen. Die Bereitschaft zuzuhören, das Fehlen von Schelte, die Ermunterung zur Aufrichtigkeit, die Akzeptierung und Billigung sogar nach Enthüllungen von Versündigung, Sanftheit und Freundlichkeit, das dem Patienten vermittelte Gefühl, jemanden zur Seite stehen zu haben, alles dies zusätzlich zu den oben erwähnten Faktoren hilft dem Patienten, die unbewußte Realisierung herbeizuführen, daß er gemocht, beschützt und geachtet wird. Wie bereits gezeigt wurde, handelt es sich dabei um Befriedigungen von Grundbedürfnissen.

Es scheint ganz klar zu sein, daß wir, wenn wir die besser bekannten therapeutischen Determinanten (Suggestion, Katharsis, Einsicht und jüngst die Verhaltenstherapien usw.) ergänzen, indem wir den Grundbedürfnisbefriedigungen eine viel größere Rolle zumessen, viel mehr erklären können, als mit den bekannten Prozessen allein. Einige therapeutische Phänomene haben für ihr Vorkommen diese Befriedigungen als einzige Erklärung – wahrscheinlich geht es dabei um weniger ernste Fälle –. Andere – ernstere – die von den komplexeren therapeutischen Techniken allein zureichend erklärt werden, *können* sogar noch besser verstanden werden, wenn man als Determinante die Grundbedürfnisbefriedigungen hinzufügt, die sich fast automatisch in guten interpersonalen Beziehungen ergeben (291).

Psychotherapie als gute menschliche Beziehung

Jede abschließende Analyse menschlicher interpersonaler Beziehungen, zum Beispiel Freundschaft, Ehe und so weiter, wird zeigen, 1. daß Grundbedürfnisse nur interpersonell befriedigt werden können, und 2. daß die Befriedigungen dieser Bedürfnisse genau jene sind, von denen wir bereits als basische therapeutische Medizin gesprochen haben, nämlich die Gewährung von Sicherheit, Liebe, Zugehörigkeit, Selbstachtung und Respekt.

Im Verlauf einer Analyse der menschlichen Beziehungen sollten wir uns unvermeidlich mit der Notwendigkeit und Möglichkeit konfrontiert sehen, zwischen guten und schlechten Beziehungen zu unterscheiden. Eine solche Unterscheidung kann sehr fruchtbar auf der Basis des Grades an Befriedigung der Grundbedürfnisse getroffen werden, der von der Beziehung bewirkt wird. Eine Beziehung – Freundschaft, Ehe, Eltern-Kind-Beziehung – würde dann (in einer eingeschränkten Art) als psychologisch gut in dem Ausmaß definiert werden, in dem sie Zugehörigkeit, Sicherheit und Selbstachtung unterstützt oder verbessert (und letztlich Selbstverwirklichung) und schlecht in dem Ausmaß, in dem sie dies nicht tut.

Diese Bedürfnisse können nicht von Bäumen, Bergen oder auch Hunden befriedigt werden. Nur von anderen Menschenwesen können wir vollbefriedigende Achtung und Schutz und Liebe erhalten, und es sind nur andere Menschen, denen wir dasselbe im vollen Maß selbst gewähren können. Das ist es genau, was, wie wir sehen können, gute Freunde, gute Liebespartner, gute Eltern und Kinder, gute Lehrer und Studenten einander geben können. Das sind gerade jene Befriedigungen, die wir in guten menschlichen Beziehungen *jeder* Art suchen. Und es sind genau diese Bedürfnisbefriedigungen, die die sine qua non Vorbedingungen für die Produktion guter menschlicher Wesen darstellen, was seinerseits das letzte (wenn nicht unmittelbare) Ziel aller Psychotherapie ist.

Die umfassenden Folgerungen unseres Definitionssystems wären dann: daß 1. die Psychotherapie im Grund keine einzigartige Beziehung ist, denn einige ihrer grundlegenden Eigenschaften findet man in *allen* «guten» menschlichen Beziehungen [2], und 2. daß, wenn es sich so verhält, dieser Aspekt der Psychotherapie einer gründlicheren Kritik unterzogen werden muß als bisher, wenn man ihr Wesen als eine gute oder schlechte menschliche interpersonale Beziehung bezeichnet [3].

1. Wenn wir also die guten Eigenschaften (ob zwischen Frau und Mann, Eltern und Kind, oder Mann und Mann) als unsere Musterbeispiele für gute interpersonale Beziehungen nehmen und sie etwas näher untersuchen, finden wir, daß sie mehr Befriedigung anbieten als sogar diejenigen, von denen wir gesprochen haben. Gegenseitige Aufrichtigkeit, Vertrauen, Ehrlichkeit, Mangel an Abwehr, das alles hat ersichtlich

[2] So wie die bedeutenderen Werte einer guten Freundschaft ganz unbewußt sein können, ohne daß sich ihre Wichtigkeit vermindert, so können dieselben Eigenschaften in einer Therapiebeziehung unbewußt bleiben, ohne daß ihr Einfluß entfällt. Dies ist kein Gegenteil der unbezweifelbaren Tatsache, daß ein volles Bewußtsein dieser Eigenschaften mit einer bewußten und freiwilligen Ausrichtung ihrer Verwendung ihren Wert sehr stark erhöhen würde.

[3] Diese Schlußfolgerungen sind akzeptabler, wenn wir uns im Augenblick auf jene milderen Fälle beschränken, die Liebe und Achtung direkt empfangen können (und die in unserer Bevölkerung, wie ich glaube, die Mehrheit darstellen). Die Frage der Befriedigung von neurotischen Bedürfnissen und deren Konsequenzen muß wegen ihrer großen Komplexität verschoben werden.

zum oberflächlichen Wert noch einen zusätzlichen, expressiven, kathartischen, erlösenden Wert (siehe Kapitel 10). Eine gesunde Freundschaft erlaubt auch den Ausdruck eines gesunden Ausmaßes an Passivität, Entspannung, Kindlichkeit und Albernheit, denn wenn es keine Gefahr gibt und wenn wir unseretwegen geliebt und respektiert werden und nicht irgendeiner Rolle wegen, die wir spielen, können wir so sein, wie wir sind, schwach, wenn wir uns schwach fühlen, beschützt, wenn wir uns verwirrt fühlen, kindlich, wenn wir die Verantwortung der Erwachsenen aufgeben wollen. Zusätzlich bessert eine wirklich gute Beziehung die Einsicht sogar im Freudschen Sinn, denn ein guter Freund oder Ehemann ist jemand, der sich frei genug fühlt, um das Äquivalent der analytischen Interpretation in unserem Sinn anzubieten.

Auch haben wir noch nicht davon gesprochen, was man den Erziehungswert einer guten menschlichen Beziehung nennen könnte. Wir haben Verlangen, nicht nur sicher und geliebt zu sein, sondern auch immer mehr zu wissen, neugierig zu sein, jedes Paket aufzumachen und jede Tür zu öffnen. Darüber hinaus müssen wir auch mit unseren grundlegend philosophischen Impulsen, die Welt zu strukturieren, sie tief zu verstehen, und sie sinnvoll erscheinen zu lassen, rechnen. Während eine gute Freundschaft oder Eltern-Kind-Beziehung in diesem Bereich viel anzubieten hat, sollten diese Befriedigungen in einem besonderen Ausmaß auch in einer guten therapeutischen Beziehung geleistet werden.

Schließlich sollten wir ein Wort über die offensichtliche (und deshalb vernachlässigte) Tatsache sagen, daß es eine ebenso große Freude ist zu lieben, wie geliebt zu werden[4]. Der offene Impuls zur Zuneigung wird ebenso stark in unserer Kultur verdrängt wie die sexuellen und die feindseligen Impulse – vielleicht sogar mehr (442). Man erlaubt uns offenen Ausdruck unserer Zuneigung nur in außerordentlich wenigen Beziehungen, vielleicht nur in drei, der Eltern-Kind, der Großeltern-Enkel, und vielleicht bei Verheirateten und Liebenden, und sogar in diesen wissen wir, wie leicht hier die Zuneigung erstickt werden kann, mit Verlegen-

[4] Ich bin besonders von dieser unerklärlichen Auslassung in der Kinderpsychologie-Literatur überrascht. «Das Kind muß geliebt werden», «Das Kind wird sich gut betragen, um die Liebe seiner Eltern zu behalten» usw. Das kann man alles mit ebensolcher Gültigkeit auch so formulieren «Das Kind muß lieben», «Das Kind wird sich gut betragen, *weil* es seine Eltern liebt» usw.

heit und Schuldgefühlen vermischt wird, mit Abwehr, Rollenspiel und mit dem Ringen um Dominanz.

Es wird nicht genügend betont, daß eine therapeutische Beziehung offenen verbalen Ausdruck der Liebes- und Zuneigungstriebe erlaubt, sogar ermuntert. Nur hier (wie auch in den verschiedenen «Persönliches Wachstum»-Gruppen) werden sie als gegeben angenommen und erwartet, und nur hier werden sie bewußt von ihren ungesunden Beimengungen gereinigt und dann dem besten Nutzen zugeführt. Solche Tatsachen wie diese weisen unmißverständlich auf die Notwendigkeit hin, die Freudschen Begriffe der Übertragung und Gegenübertragung neu zu bewerten. Diese Begriffe sind aus der Untersuchung der Krankheit hervorgegangen und sind deshalb viel zu beschränkt, um auf Gesundheit anwendbar zu sein. Sie müssen erweitert werden, um das Gesunde wie das Verkrüppelte, das Rationale wie das Irrationale mit einzubeziehen.

2. Man kann mindestens drei verschiedene Eigenschaften der menschlichen Beziehung unterscheiden, die dominante-subordinierte, die gleichgestellte und die neutrale oder laissez-faire. Dies wurde in verschiedenen Bereichen gezeigt (300), einschließlich der Therapeut-Patient-Beziehung.

Ein Therapeut kann sich als der aktive, Entscheidungen treffende, führende Boß seines Patienten betrachten, oder er kann sich auf den Patienten als einen Partner in einer gemeinsamen Aufgabe beziehen oder er kann sich schließlich in einen ruhigen, emotionslosen Spiegel für den Patienten verwandeln, der niemals einbezogen wird, niemals dem Patienten menschlich näherkommt, sondern immer distanziert bleibt. Letzteres ist der Typus, den Freud empfahl, doch die beiden anderen sind diejenigen, die tatsächlich am häufigsten vorkommen, obwohl die einzige Etikette, die offiziell für irgendwelche normalen menschlichen Gefühle beim Analysanden verfügbar ist, die Gegenübertragung ist, das heißt etwas Irrationales, Krankes.

Wenn nun die Beziehung zwischen Therapeuten und Patient das Medium darstellt, durch das der Patient seine erforderlichen therapeutischen Heilmittel erhalten soll – so wie das Wasser das Medium ist, in dem der Fisch sich wohl fühlt –, muß es hinsichtlich der Frage betrachtet werden, welches Medium am besten für den Patienten ist, und nicht an sich. Wir müssen uns hüten, eines herauszusuchen, um es loyal zu verteidigen, und die anderen ausschließen. Es gibt keinen Grund, warum nicht alle drei, wie auch andere, die noch entdeckt werden könnten, in der Ausrüstung des guten Therapeuten vorhanden sein sollten.

Während aus dem vorhin Gesagten folgt, daß der durchschnittliche Patient am besten in einer warmen, freundlichen Beziehung der demokratischen Partnerschaft gedeihen würde, gibt es zu viele, für die dies nicht die beste Atmosphäre sein wird, um sie zur Regel zu erheben. Das gilt besonders für die schweren Fälle chronisch stabilisierter Neurose.

Einigen autoritären Persönlichkeiten, die Freundlichkeit mit Schwäche identifizieren werden, sollte es nicht erlaubt werden, eine leichtfertige Verachtung für den Therapeuten zu entwickeln. Die Zügel kurz zu halten und sehr bestimmte Grenzen für die Permissivität zu setzen, kann letztlich für das Wohl des Patienten erwünscht sein. Dies wurde insbesondere von den Rank-Anhängern in ihren Diskussionen der Grenzen der therapeutischen Beziehung betont.

Andere, die es gelernt haben, Zuneigung als Schlinge und Falle zu betrachten, werden sich auf alles andere als Neutralität ängstlich zurückziehen, das heißt, die zutiefst mit Schuldgefühlen Belasteten werden vielleicht Strafe *verlangen*. Die Voreiligen und Selbstzerstörerischen werden positive Anordnungen brauchen, damit sie davon abgehalten werden, sich irreparablen Schaden zuzufügen.

Doch für die Regel, daß der Therapeut sich der Beziehung, die er zum Patienten eingeht, so gewissenhaft bewußt sein sollte wie nur möglich, gibt es keine Ausnahme. Wenn man als gegeben annimmt, daß er spontane Tendenzen zu dem einen oder anderen Typus zeigen wird, seines eigenen Charakters wegen, sollte er dennoch imstande sein, sich zu beherrschen, wo es um das Wohl seiner Patienten geht.

Jedenfalls, wenn die Beziehung schlecht ist, allgemein oder speziell aus der Sicht des einzelnen Patienten, ist es zweifelhaft, daß eine der anderen Möglichkeiten der Psychotherapie viel Wirkung zeigen könnte. Dies weitgehend deshalb, weil eine solche Beziehung entweder nie eingegangen wird oder frühzeitig abgebrochen wird. Doch auch wenn der Patient bei jemandem bleibt, den er nicht leiden kann oder vor dem er Angst hat, wird seine Zeit wahrscheinlich zu sehr mit Selbstverteidigung, mit Trotz in Anspruch genommen, wird er versucht sein, sein Hauptziel darin zu sehen, den Therapeuten zu ärgern.

Um zusammenzufassen: auch wenn die Herstellung einer zufriedenstellenden menschlichen Beziehung nicht ein Ziel an sich, sondern ein Mittel zum Ziel sein mag, muß sie immer noch als notwendige oder sehr wünschenswerte Vorbedingung der Psychotherapie betrachtet werden, da sie gewöhnlich das beste Medium für die Verteilung der besten psychologischen Medizin ist, die von allen Menschen gebraucht wird.

Es gibt in diesem Standpunkt andere interessante Implikationen, die einbezogen werden müssen. Wenn die Psychotherapie in ihrem Wesen darin besteht, dem kranken Menschen gerade jene Eigenschaften zu liefern, die er aus anderen guten menschlichen Beziehungen erhalten sollte, bedeutet dies so viel, wie die psychologisch erkrankte Person als eine zu definieren, die niemals genügend gute Beziehungen mit anderen Menschen hatte. Dies widerspricht nicht unserer früheren Definition des Kranken als eines Menschen, der nicht genügend Liebe, Achtung und so weiter bekommen hat, weil er diese ja nur von anderen Menschen bekommen kann. Obwohl diese Definitionen sich damit als tautologisch erweisen, führt uns jede in eine andere Richtung und öffnet uns die Augen für verschiedene Aspekte der Therapie.

Eine Folge dieser zweiten Definition der Krankheit ist, daß sie die psychotherapeutische Beziehung in ein anderes Licht stellt. Von den meisten wird sie als eine verzweifelte Maßnahme betrachtet, als letzte Zuflucht, und weil meistens nur kranke Menschen sie eingehen, wurde sie selbst mit der Zeit als unheimlich, abnormal, krank, ungewöhnlich, eine unglückselige Notwendigkeit, wie eine Operation betrachtet, sogar von den Therapeuten selbst.

Sicherlich ist das nicht die Haltung, mit der Menschen andere wohltuende Beziehungen wie Ehe, Freundschaft oder Partnerschaft eingehen. Doch ist, wenigstens der Theorie zufolge, die Psychotherapie der Freundschaft ebenso ähnlich wie dem operativen Eingriff. Sie sollte deshalb als eine gesunde, wünschenswerte Beziehung angesehen werden, in einem gewissen Maß und in einiger Hinsicht sogar als eine der *idealen* Beziehungen zwischen menschlichen Wesen. Der Theorie nach sollte man sie also freudig erwarten, sie eifrig eingehen. Dies ist es zumindest, was aus den vorangegangenen Überlegungen folgen *sollte*. In Wirklichkeit jedoch wissen wir, daß dies nicht sehr häufig der Fall ist. Dieser Widerspruch wird selbstverständlich erkannt, aber nicht so erklärt, daß es der Neurotiker ja nötig hat, an seiner Erkrankung zu hängen. Sie muß auch aus dem Mißverständnis der wahren Natur der therapeutischen Beziehungen erklärt werden, nicht nur seitens der Patienten, sondern auch seitens vieler Therapeuten. Ich habe herausgefunden, daß potentielle Patienten sich der Therapie bereitwilliger unterziehen, wenn man ihnen dasselbe erklärt, was ich weiter oben erklärt habe, als wenn die Erklärung eine der üblicheren ist.

Eine andere Konsequenz der interpersonalen Definition der Therapie ist, daß sie es möglich macht, einen ihrer Aspekte als Ausbildung in der Technik der Herstellung einer guten menschlichen Beziehung zu formulieren (etwas, was ein chronischer Neurotiker nicht ohne spezielle Hilfe tun kann), zu beweisen, daß dies eine Möglichkeit ist, zu entdecken, wie fruchtbar und erfreulich sie ist. Es wäre dann zu hoffen, daß der Neurotiker daraufhin imstande wäre, selbst tiefe gute Beziehungen freundschaftlicher Art mit anderen einzugehen, durch eine Art von Übertragung der Ausbildung. Voraussichtlich könnte er dann alle notwendigen psychologischen Heilmittel so bekommen, wie die meisten von uns von unseren Freundschaften, unseren Kindern, unseren Ehepartnern, und unseren Kollegen. Von diesem Standpunkt aus kann Therapie also noch ganz anders definiert werden, als die Vorbereitung des Patienten darauf, daß er seine eigenen guten menschlichen Beziehungen errichtet, wie sie alle Menschen wünschen und aus denen relativ Gesunde viele der psychologischen Heilmittel bekommen, die sie brauchen.

Eine weitere Folgerung aus den vorangegangenen Überlegungen wäre, daß Patienten und Therapeuten im Idealfall einander aussuchen sollten, wechselseitig, und daß außerdem diese Entscheidung nicht allein auf der Grundlage des Rufes, der Honorarhöhe, der technischen Ausbildung und des Geschicks und so weiter getroffen werden sollte, sondern auch auf der Grundlage der gewöhnlichen menschlichen wechselseitigen Zuneigung. Es könnte leicht durch logische Ableitung gezeigt werden, daß dies zumindest die Zeit verkürzen sollte, die für die Behandlung notwendig ist, es leichter sowohl für den Patienten wie für den Therapeuten machen sollte, eine engere Annäherung an die ideale Heilung zu ermöglichen und die ganze Erfahrung für beide lohnender machen sollte. Verschiedene andere Konsequenzen solcher Schlußfolgerungen wären, daß der Hintergrund, das Intelligenzniveau, die Erfahrungen, die Religion, die Politik,

die Werte und so weiter von Therapeut und Patient einander mehr oder weniger gleichen sollten, im Idealfall.
Es muß nunmehr klar sein, daß die Persönlichkeit oder die Charakterstruktur des Therapeuten, wenn nicht allein wichtig, so doch von lebenswichtiger Bedeutung ist. Er muß jemand sein, der die ideale gute menschliche Beziehung eingeht, die die Psychotherapie ist. Außerdem sollte er imstande sein, dies mit vielen verschiedenen Arten von Menschen zu tun, oder sogar mit allen. Er muß warm und sympathisch sein, und er muß sich seiner selbst genügend sicher sein, um anderen Menschen Achtung geben zu können. Er sollte eine wesentlich demokratische Person sein, in dem psychologischen Sinn, daß er andere Menschen mit wesentlichem Respekt betrachtet, einfach deshalb, weil sie menschlich und einzigartig sind. Mit einem Wort, er sollte emotionell sicher sein und gesunde Selbstachtung besitzen. Zusätzlich sollte seine Lebenssituation so gut sein, daß er nicht von seinen eigenen Problemen absorbiert ist. Er sollte glücklich verheiratet, finanziell erfolgreich sein, gute Freunde haben, das Leben mögen und allgemein imstande sein, sich gut zu unterhalten. Schließlich schließt dies alles ein, daß wir die vorzeitig abgeschlossene Frage wiederum neu überlegen sollten (vorzeitig von den Psychoanalytikern abgeschlossen), ob die gesellschaftlichen Kontakte zwischen Therapeut und Patient auch nach Schluß der formellen therapeutischen Sitzungen nicht fortgesetzt werden sollten, oder sogar während sie stattfinden.

Gute menschliche Beziehungen als psychotherapeutische Beziehungen

Weil wir die Formulierung der letztlichen Ziele der Psychotherapie erweitert und verallgemeinert hatten, auch der spezifischen Heilmittel, die zu diesem Ziel führen, haben wir uns logischerweise verpflichtet, die Wände einzureißen, die die Psychotherapie von anderen menschlichen Beziehungen und Geschehnissen trennen. Diese Geschehnisse und Beziehungen im Leben des gewöhnlichen einzelnen, die ihm helfen, Fortschritte in der Richtung auf das Ziel der technischen Psychotherapie zu erreichen, können auch dann psychotherapeutisch genannt werden, wenn sie außerhalb des Behandlungsraums und ohne Hilfe eines professionellen Therapeuten vorkommen. Daraus folgt, daß ein wichtiger Teil des Studiums der Psychotherapie die Untersuchung der täglichen Wunder ist, die von guten Ehen, guten Freundschaften, guten Eltern, gutem Beruf, guten Lehrern und so weiter herrühren. Ein Beispiel für ein Theorem, das sich direkt aus solchen Überlegungen ableitet, wäre, daß die technische Therapie viel mehr, als sie es tut, davon abhängen sollte, die Patienten in gerade diese therapeutischen Beziehungen zu steuern, sobald der Patient sie eingehen und mit ihnen umgehen kann.

Sicherlich sollten wir als Professionelle nicht Angst haben, die folgenden wichtigen psychotherapeutischen Instrumente in die Hand von Amateuren zu legen: Schutz, Liebe und Achtung für andere menschliche Wesen. Zwar sind es mächtige Werkzeuge, aber deshalb nicht gefährliche. Wir können erwarten, daß wir gewöhnlich niemanden verletzen werden, wenn wir ihn lieben und achten (ausgenommen gelegentliche Neurotiker, die in jedem Fall bereits schlecht dran sind). Es ist angemessen zu erwarten, daß Pflege, Liebe und Achtung Kräfte sind, die Gutes tun und nicht Schaden anrichten.

Wenn wir dies annehmen, dann müssen wir deutlich davon überzeugt sein, daß nicht nur jedes menschliche Wesen potentiell ein unbewußter Therapeut ist, sondern daß wir dies billigen sollten, ermuntern, lehren. Zumindest die grundlegenden Elemente dessen, was wir Laienpsychotherapie nennen könnten, können von Kind an jedem menschlichen Wesen beigebracht werden. Eine klare Aufgabe der öffentlichen Psychotherapie (wir verwenden eine Analogie des Unterschieds zwischen öffentlicher Gesundheit und privater Heilkunde) ist es, gerade diese Tatsachen zu lehren, sie überall zu verbreiten, sicher zu gehen, daß jeder Lehrer, alle Eltern und idealerweise jeder Mensch die Chance erhalten, sie zu verstehen und anzuwenden. Die menschlichen Wesen haben sich um Rat und Hilfe immer an andere Menschen gewandt, die sie respektierten und liebten. Es gibt keinen Grund, warum man dieses historische Phänomen nicht formalisieren, verbalisieren und ermuntern sollte, seitens der Psychologen wie der Religionsinstitutionen und bis zum Punkt der Universalität. Lasse man die Menschen klar und deutlich realisieren, daß sie jedesmal, wenn sie jemanden bedrohen oder erniedrigen oder verletzen oder einen anderen Menschen dominieren oder zurückweisen, zu Kräften für die Erzeugung von Psychopathologie werden, auch wenn es kleine Kräfte sind. Man lasse sie erkennen, daß jeder Mensch, der freundlich, hilfreich, anständig, psychologisch, demokratisch, zuneigungsvoll und warm ist, eine psychotherapeutische, wenn auch kleine Kraft darstellt[5].

Psychotherapie und gute Gesellschaft

Als Parallele zu der vorher behandelten Definition guter menschlicher Beziehungen können wir die Implikationen einer jetzt klarerweise erforderlichen Definition einer guten Gesellschaft untersuchen. Sie ist die, die ihren Mitgliedern die größte Möglichkeit, gesunde und selbstverwirklichende Menschen zu werden, gewährt. Dies wiederum bedeutet, daß die gute Gesellschaft eine ist, die ihre eigenen institutionellen Anordnungen so aufgebaut hat, daß ein Maximum guter und ein Minimum schlechter menschlicher Beziehungen gepflegt, ermuntert, belohnt und hervorgebracht werden. Eine zusätzliche Folgerung aus den vorangegangenen Definitionen und Identitäten wäre, daß eine gute Gesellschaft synonym mit einer psychologisch gesunden ist, während eine schlechte synonym mit einer psychologisch kranken wäre, was wiederum eine Grundbedürfnisse befriedigende einerseits und Grundbedürfnisse vereitelnde andererseits bedeutet, das heißt nicht genügend Liebe, Zuneigung, Schutz, Achtung, Vertrauen, Wahrheit und zu viel Feindlichkeit, Erniedrigung, Angst, Verachtung und Dominierung.

Es sollte unterstrichen werden, daß soziale und institutionelle Zwänge therapeutische oder pathogene Folgen begünstigen (sie leichter, vorteilhafter, wahrscheinlicher machen, mit größerem Primär- und Sekundär-

[5] Ich nehme an, daß es wiederum notwendig ist, die angemessenen Warnungen solchen umfassenden Feststellungen mitzugeben. Der Leser, der keine Erfahrung mit chronischen, stabilisierten Neurosen hat, muß es schwierig finden, zu glauben, daß solche Menschen nicht in den Bereich der vorangegangenen Empfehlungen gehören. Doch jeder erfahrene Therapeut weiß, daß es sich so verhält (1). Hand in Hand mit einem zunehmenden Respekt für die Laienpsychotherapie muß eine zunehmende Realisierung für die Notwendigkeit technischer Psychotherapeuten gehen. Das sind jene, die den Fall dort aufnehmen, wo die therapeutischen Lebensprozesse versagen.

gewinn versehen). Sie bedingen sie nicht absolut oder machen sie absolut unvermeidlich. Wir wissen genug über den Bereich der Persönlichkeit sowohl in einfachen wie auch in komplexen Gesellschaften, um einerseits die Plastizität und Widerstandskraft der menschlichen Natur zu respektieren, und auf der anderen Seite die merkwürdige Beharrlichkeit der bereits geformten Charakterstruktur bei besonderen Individuen zu bemerken, die es ihnen möglich macht, den sozialen Zwängen Widerstand zu leisten oder sie sogar zu verhöhnen (siehe Kapitel 11). Der Anthropologe scheint immer imstande zu sein, einen freundlichen Menschen in einer grausamen Gesellschaft, einen Kämpfer in der friedlichen zu finden. Wir wissen bereits genug, um nicht alle menschlichen Übel der Gesellschaftsordnung à la Rousseau anzukreiden, noch wagen wir es zu hoffen, daß alle Menschen nur durch soziale Verbesserungen glücklich, gesund und weise gemacht werden können.

Soweit es unsere Gesellschaft betrifft, können wir sie von verschiedenen Standpunkten aus betrachten, die alle für den einen oder anderen Zweck nützlich sind. Zum Beispiel könnten wir eine Art von Durchschnittswert für unsere oder eine andere Gesellschaft aufstellen, und sie dann als ziemlich krank, extrem krank und so weiter bezeichnen. Nützlicher wäre es, die krankheitsfördernden und die gesundheitsfördernden Kräfte gegeneinander abzuwägen. Unsere Gesellschaft hat offenkundig genügend von beidem in einem gefährdeten Gleichgewicht aufzuweisen, wobei die Kontrolle einmal diesen, dann den anderen Kräften zufällt. Es gibt keinen Grund, warum man diese Kräfte nicht messen und sie experimentell überprüfen sollte.

Wir verlassen solche allgemeine Überlegungen und wenden uns den individualpsychologischen zu; zuerst behandeln wir die Tatsache der subjektiven Interpretation der Kultur. Von diesem Standpunkt aus können wir von der neurotischen Person zu Recht behaupten, daß die Gesellschaft *für sie* krank ist, denn sie sieht in ihr vorwiegend Gefahr, Bedrohung, Angriff, Egoismus, Erniedrigung und Kälte. Selbstverständlich kann der Nachbar bei der Betrachtung derselben Kultur, derselben Menschen, die Gesellschaft als eine gesunde erkennen. Diese Schlußfolgerungen widersprechen einander nicht *psychologisch*. Sie können beide psychologisch existieren. So lebt jede tief kranke Person subjektiv in einer kranken Gesellschaft. Die Folgerung aus der Annahme dieser Behauptung und unserer vorangegangenen Abhandlung der psychotherapeutischen Beziehung ist, daß die Therapie als ein Versuch zur Errichtung einer guten Gesellschaft en miniature formuliert werden kann[6]. Dieselbe Formulierung kann sogar dann verwendet werden, wenn die Gesellschaft vom Standpunkt einer großen Mehrheit ihrer Mitglieder aus gesehen krank ist.

Theoretisch also bedeutet Psychotherapie in gesellschaftlicher Hinsicht soviel wie den grundlegenden Schwerpunkten und Tendenzen in einer kranken Gesellschaft entgegenzuarbeiten. Oder in einer allgemeineren Form, ganz ungeachtet des Grades an allgemeiner Gesundheit oder Krankheit einer Gesellschaft, bedeutet Therapie soviel wie den Kampf gegen die krankheitserregenden Kräfte in dieser Gesellschaft auf individueller Skala. Sie versucht sozusagen die Gezeiten umzukehren, von innen her zu bohren, auszuhöhlen, in einem allerletzten etymologischen Sinn radikal oder revolutionär zu sein. Jeder Psychotherapeut sollte also die psychopathogenen Kräfte in seiner Gesellschaft im kleinen eher als im großen bekämpfen, und wenn diese grundlegend und primär sind, kämpft er tatsächlich gegen seine eigene Gesellschaft.

Klarerweise würden, wenn die Psychotherapie gewaltig erweitert werden könnte, wenn, anstatt einige Dutzend Patienten im Jahr zu behandeln, Psychotherapeuten einige Millionen jährlich verarzten könnten, diese kleinen Kräfte gegen die Natur unserer Gesellschaft dann auch für das bloße Auge erkennbar werden. Daß die Gesellschaft sich ändern würde, daran können keine Zweifel bestehen. Zuerst würden sich Änderungen hie und da ergeben, in der Atmosphäre menschlicher Beziehungen, im Blick auf Eigenschaften wie Gastlichkeit, Großzügigkeit, Freundlichkeit und ähnlichem, doch wenn genügend Menschen gastfreundlicher, großzügiger, freundlicher, sozialer würden, könnten wir sicher sein, daß sie ebenfalls gesetzliche, politische, ökonomische und soziologische Änderungen erzwingen würden (374). Vielleicht kann die rasche Verbreitung der T-Gruppen*, Begegnungs-Gruppen und vieler anderer Arten

[6] Wir müssen uns hier vor einem zu extremen Subjektivismus hüten. Die Gesellschaft, die krank für den kranken Patienten ist, ist auch schlecht in einem objektiveren Sinn sogar für gesunde Menschen, wenn auch nur, weil sie neurotische Menschen hervorbringen kann.

* T-Gruppen = Trainings-Gruppen.

von «persönliches Wachstum»-Gruppen und -Klassen, wahrnehmbare Auswirkungen auf die Gesellschaft haben.
Meiner Meinung nach kann keine Gesellschaft, so gut sie auch sein mag, Krankheit völlig eliminieren. Wenn von anderen Menschen keine Bedrohungen kommen, werden sie sich immer aus der Natur, dem Tod, der Frustration, der Krankheit ergeben, sogar der bloßen Tatsache, daß wir, indem wir gemeinsam in einer Gesellschaft leben, notwendigerweise, trotz aller Vorteile, die Form der Befriedigung unserer Bedürfnisse modifizieren müssen. Und keineswegs wagen wir zu vergessen, daß die menschliche Natur selbst viel Übel hervorbringt, wenn schon nicht aus angeborener Bosheit, dann doch aus Ignoranz, Dummheit, Angst, Mißverständnissen, Ungeschicklichkeit und so weiter. (Siehe Kapitel 9.)
Es handelt sich um eine schrecklich komplizierte Kette von Zwischenbeziehungen und es ist sehr leicht, mißverstanden zu werden, oder Dinge so auszudrücken, daß sie zu Mißverständnissen einladen. Vielleicht kann ich mich vorsehen, ohne mich lange darüber auszulassen, indem ich den Leser auf eine Arbeit verweise, die ich für meine Studenten in einem Seminar über utopische Sozialpsychologie vorbereitet habe (311 b). Sie betont das Empirische, das tatsächlich Erreichbare und (mehr als die unerreichbaren Phantasien) besteht auch auf graduellen Feststellungen anstatt auf solchen des Entweder-Oder. Die Aufgabe wird von den Fragen strukturiert: Eine wie gute Gesellschaft wird von der menschlichen Natur zugelassen? Eine wie gute menschliche Natur von der Gesellschaft? Eine wie gute menschliche Natur können wir erhoffen, in Anbetracht der eingebauten Beschränkungen, die wir bereits kennen? Was für eine gute Gesellschaft können wir erhoffen, in Anbetracht der Schwierigkeiten, die in der Natur der Gesellschaft selbst liegen?
Meine eigene Meinung ist, daß es kein vollkommenes Menschenwesen geben kann, daß nicht einmal eines vorstellbar ist, doch daß Menschen *viel* verbesserungsfähiger sind, als es die meisten annehmen. Was die perfekte Gesellschaft betrifft, erscheint sie mir als eine unmögliche Hoffnung, besonders in Anbetracht der offensichtlichen Tatsache, daß es fast unmöglich ist, auch nur eine perfekte Ehe, eine perfekte Freundschaft oder Eltern-Kind-Beziehung herzustellen. Wenn reine Liebe so schwer bei einem Paar, bei einer Familie, bei einer Gruppe zu erreichen ist, wie viel schwerer ist sie für 200 Millionen? Für 3 Billionen? Und doch steht es

deutlich fest, daß Paare, Gruppen und Gesellschaften, wenn auch nicht bis zum Vollkommenheitsgrad, so jedoch deutlich verbesserungsfähig sind und zwar in einem Bereich von sehr gut bis sehr schlecht.

Außerdem, glaube ich, wissen wir genug über besserungsfähige Paare, Gruppen und Gesellschaften, um die Wahrscheinlichkeit rascher oder leichter Änderungen zu verneinen. Eine einzige Person zu bessern – auf die Dauer jedenfalls – kann eine Angelegenheit von Jahren therapeutischer Arbeit sein, und sogar dann ist es der Hauptaspekt der «Besserung», daß sie es der betreffenden Person nur ermöglicht, sich der lebenslangen Aufgabe der Selbstbesserung zu widmen. Augenblickliche Selbstverwirklichung in einem großen Moment der Bekehrung oder Einsicht oder des Erwachsens *ist* möglich und kommt vor, doch so selten, daß man damit nicht rechnen sollte. Die Psychoanalytiker haben schon längst gelernt, nicht auf Einsicht allein zu vertrauen, sondern das Durcharbeiten («working through») zu betonen, die lange, langsame, schmerzliche und wiederholte Mühe, Einsichten zu benützen und anzuwenden. In den fernöstlichen Kulturen werden die spirituellen Lehrer und Führer im allgemeinen dieselbe Feststellung treffen, nämlich, daß es sich um eine lebenslange Bemühung handelt, wenn man sich selbst bessern will. Dieselbe Lektion beginnen gegenwärtig die nachdenklicheren und nüchterneren der Leiter der T-Gruppen, der basischen «Encounter-Gruppen», der «persönliches Wachstum»-Gruppen, der affektiven Erziehung und so weiter zu erahnen, die alle jetzt den schmerzhaften Prozeß durchmachen, die «Big Bang» (großer Knall)-Theorie der Selbstverwirklichung aufgeben zu müssen.

Alle Formulierungen in diesem Bereich müßten graduelle Formeln sein, wie in den folgenden Beispielen. 1. Je gesünder die allgemeine Gesellschaft, desto weniger Notwendigkeit sollte es für individuelle Psychotherapie geben, da weniger einzelne krank wären. 2. Je gesünder die allgemeine Gesellschaft, umso wahrscheinlicher, daß eine kranke Person Hilfe bekommen oder geheilt werden kann, auch ohne technisch therapeutische Intervention, das heißt, durch die guten Lebenserfahrungen allein. 3. Je gesünder die Gesellschaft im allgemeinen, umso leichter wird es für den Therapeuten sein, den kranken Patienten zu heilen, da eine einfache Befriedigungstherapie für den Patienten akzeptabler sein wird. 4. Je gesünder die allgemeine Gesellschaft, desto leichter wird es für die Einsichtstherapie sein, zu heilen, weil es so viele unterstützende gute Lebenserfahrungen, gute Beziehungen geben wird und so weiter, wie auch relative Abwesenheit von Krieg, Arbeitslosigkeit, Armut und anderer soziopathogener Einflüsse. Offenkundig sind Dutzende solcher leicht zu überprüfenden Theoreme möglich.

Diese Formulierungen über die Beziehung zwischen individueller Krankheit, Therapie und der Natur der Gesellschaft ist notwendig, um das häufig postulierte pessimistische Paradox lösen zu helfen: «Wie kann Gesundheit oder Besserung der Gesundheit in einer kranken Gesellschaft möglich sein, die ja zuerst die Krankheit herbeigeführt hat?» Selbstverständlich wird dem Pessimismus, der in diesem Dilemma eingeschlossen ist, gerade durch das Vorhandensein selbstverwirklichender Menschen widersprochen, und durch die Existenz der Psychotherapie, die ihre Möglichkeit dadurch beweist, daß sie tatsächlich existiert. Aber auch so bedeutet es Hilfe, eine Theorie anzubieten, *wie* es möglich ist, wenn auch nur, um die ganze Frage für die empirische Forschung zu öffnen.

Die Rolle der Ausbildung und der Theorie in der modernen Psychotherapie

Wenn Krankheit immer schwerer wird, wird sie immer weniger dem Nutzen aus der Bedürfnisbefriedigung zugänglich. Es kommt ein Punkt in diesem Kontinuum, wo 1. die Grundbedürfnis-Befriedigungen nicht einmal mehr gesucht oder verlangt werden, weil man sie zugunsten der Befriedigungen neurotischer Bedürfnisse aufgegeben hat, und 2. auch wenn sie angeboten werden, kann sie der Patient nicht verwenden. Es hat keinen Sinn, ihm Zuneigung anzubieten, wenn er sich vor ihr fürchtet, ihr mißtraut, sie falsch interpretiert und sie schließlich ablehnt.

An diesem Punkt wird die professionelle (Einsichts-)Therapie nicht nur notwendig, sondern geradezu unersetzlich. Keine andere Therapie wird genügen, kein Vorschlag, keine Katharsis, keine Symptomtherapie, noch Bedürfnisbefriedigung. Deshalb betreten wir nach diesem Punkt sozusagen ein anderes Land – einen Bereich, der von seinen eigenen Gesetzen beherrscht wird, in dem alle die Prinzipien, soweit sie in diesem Kapitel

diskutiert wurden, aufhören zu gelten, wenn sie nicht modifiziert und eingeschränkt werden.
Die Unterschiede zwischen technischer und Laientherapie sind groß und wichtig. Dreißig oder vierzig Jahre früher hätten wir den obigen Ausführungen nichts hinzuzufügen gehabt. Heute ist es notwendig, denn die psychologischen Entwicklungen in diesem Jahrhundert, beginnend mit den revolutionären Entdeckungen Freuds, Adlers und so weiter haben die Psychotherapie von einer unbewußten Kunst in eine bewußt angewendete Wissenschaft verwandelt. Es gibt heute psychotherapeutische Instrumente, die nicht automatisch für das gute menschliche Wesen verfügbar sind, sondern nur für Menschen von zureichendem Intellekt, die zusätzlich streng in der Verwendung der neuen Techniken ausgebildet wurden. Es sind künstliche Techniken, nicht spontane oder unbewußte. Sie können in einer Weise gelehrt werden, die in einigem Ausmaß unabhängig von der Charakterstruktur des Psychotherapeuten ist.
Ich möchte hier nur über die wichtigste, revolutionärste Technik sprechen, das heißt, dem Patienten Einsicht vermitteln, ihm sein unbewußtes Verlangen, seine Triebe, Verdrängungen und Gedanken (genetische Analyse, Charakteranalyse, Widerstandsanalyse, Übertragungsanalyse) bewußt verfügbar zu machen. Es ist primär dieses Werkzeug, das dem professionellen Psychotherapeuten, der auch die erforderliche gute Persönlichkeit hat, die gewaltige Überlegenheit über einen Menschen gibt, der nur die gute Persönlichkeit hat und nicht die professionellen Techniken.
Wie wird diese Einsicht hergestellt? Bisher sind die meisten, wenn nicht alle Techniken der Einsichtsvermittlung nicht sehr weit über diejenigen hinausgelangt, die Freud herausgearbeitet hatte. Freie Assoziation, Traumdeutung, Interpretation der Bedeutung hinter dem alltäglichen Verhalten, das sind die Hauptwege, auf denen der Therapeut dem Patienten hilft, bewußte Einsicht in sich selbst zu erlangen[7]. Einige andere

[7] Die Gruppentherapien verschiedener Art hängen weitgehend von Freuds Theorien und Methoden ab, aber versprechen, unserem Repertoire der Einsichtstechniken folgendes hinzuzufügen: 1. Erziehungstechniken der Erklärung, der direkten Informationsvermittlung und so weiter, und 2. die Aufhebung schwächerer Verdrängungen durch das Anhören anderer Patienten, wie sie ähnliche Verdrängungen besprechen. Diese Diskussion bezieht sich weniger auf die verschiedenen behavioristischen Therapien.

Möglichkeiten stehen bereit, aber sie sind weit weniger wichtig. Entspannungstechniken und verschiedene Techniken, die irgendeine Form von Dissoziation verursachen und sich ihrer dann bedienen, sind nicht so wichtig wie die sogenannten Freudschen Techniken, auch wenn die ersteren sehr wohl heute häufiger verwendet werden könnten.

Innerhalb gewisser Grenzen können diese Techniken von jedem mit einer ausreichenden Intelligenz erworben werden, der bereit ist, eine geeignete Ausbildung durch psychiatrische und psychoanalytische Institute, höhere Abteilungen der klinischen Psychologie und so weiter auf sich zu nehmen. Es stimmt, daß es, wie zu erwarten wäre, individuelle Unterschiede in der Wirksamkeit ihrer Anwendung gibt. Einige Studenten der Einsichtstherapie scheinen bessere Intuition zu haben als andere. Wir haben auch den Verdacht, daß die Art von Menschen, die wir als gute Persönlichkeit bezeichnet haben, sie weit wirksamer als der Therapeut anwenden können wird, der diese Art der Persönlichkeit nicht hat. Alle psychoanalytischen Institute haben Forderungen hinsichtlich der Persönlichkeit an ihre Studenten.

Eine weitere neue und große Entdeckung, die uns Freud gegeben hat, ist die Anerkennung der Notwendigkeit, daß der Psychotherapeut sich selbst versteht. Während die Notwendigkeit dieser Art von Einsicht des Therapeuten von den Psychoanalytikern anerkannt wird, ist das formal bei anderen Psychotherapeuten noch nicht der Fall. Dies ist ein Fehler. Es folgt aus der hier dargestellten Theorie, daß jede Kraft, die den Therapeuten zu einer besseren Persönlichkeit macht, ihn eo ipso auch zu einem besseren Therapeuten machen wird. Psychoanalyse oder eine andere tiefgehende Therapie des Therapeuten *kann* dazu verhelfen. Wenn sie manchmal in der vollständigen Heilung versagt, kann sie zumindest dem Therapeuten bewußt machen, was ihn wahrscheinlich bedroht, kann ihm die größeren Bereiche des Konflikts und der Frustration in ihm selbst zeigen. In der Folge kann er, wenn er seine Patienten behandelt, diese Kräfte in sich selbst berechnen und sie korrigieren. Wenn er sich ihrer ständig bewußt ist, kann er sie seiner Intelligenz unterstellen.

In der Vergangenheit war, wie wir sagten, die Charakterstruktur des Therapeuten weit wichtiger als alle Theorien, die er hatte, sogar auch weit wichtiger als die bewußten Techniken, die er verwendete. Das ist immer weniger der Fall, je raffinierter die technische Therapie wird. Im

Gesamtbild des guten Psychotherapeuten ist in den letzten Jahrzehnten seine Charakterstruktur immer mehr in ihrer Wichtigkeit zurückgetreten und wird es sicherlich auch in Zukunft tun, während seine Ausbildung, seine Intelligenz, seine Techniken, seine Theorien ständig wichtiger wurden, bis, wie wir sicher sein können, sie irgendwann in der Zukunft ganz und allein wichtig sein werden. Wir haben die Technik der weisen alten Frau in der Psychotherapie gelobt, weil solche Personen in der Vergangenheit die einzigen verfügbaren Psychotherapeuten waren, und zweitens, weil sogar in der Gegenwart und in der Zukunft die Wichtigkeit einer Laienpsychotherapie bestehen bleibt. Doch ist es nicht länger mehr vernünftig oder gerechtfertigt, Münzen zu werfen, um zu entscheiden, ob man sich an den Pfarrer oder an den Psychoanalytiker wendet. Der gute professionelle Psychotherapeut hat den intuitiven Helfer weit hinter sich gelassen.

Wir können erwarten, daß in einer nicht zu fernen Zukunft, besonders wenn sich die gesellschaftlichen Bedingungen bessern, der Psychotherapeut nicht für Zwecke der Absicherung, Unterstützung und anderer Bedürfnisbefriedigungen benützt werden wird, weil wir sie von unseren Mitmenschen-Laien bekommen. Der einzelne wird einen Psychotherapeuten nur wegen Krankheiten aufsuchen, die außerhalb des Bereichs der einfachen Befriedigungs- oder Erlösungstherapie liegen, sondern nur für professionelle Techniken, wie sie vom Laien nicht verwendet werden können, zugänglich sind.

Paradoxerweise ist auch die vollständig entgegengesetzte Deduktion aus den vorangegangenen Theorien möglich. Wenn relativ gesunde Menschen für Therapie so viel leichter zugänglich sind, ist es ganz gut möglich, daß viel von der technisch-therapeutischen Zeit für die gesündesten reserviert bleibt, anstatt für die am wenigsten gesunden, weil es vernünftigerweise besser ist, zehn Menschen jährlich zu bessern als einen, besonders wenn die wenigen selbst in therapeutischen Schlüsselpositionen sind, das heißt Lehrer, Sozialarbeiter, Ärzte. Dies geschieht bereits in einem beachtlichen Ausmaß. Ein großer Teil der Zeit der erfahrenen Psychoanalytiker und existentialen Analytiker ist der Ausbildung und der Lehre und Analyse junger Therapeuten gewidmet. Es ist jetzt auch für einen Therapeuten durchaus üblich, Ärzte, Sozialarbeiter, Psychologen, Krankenschwestern, Pfarrer und Lehrer zu unterrichten.

Bevor wir aufhören, über Einsichtstherapie zu reden, glaube ich, ist es erforderlich, die Dichotomie zwischen Einsicht und Bedürfnisgratifikation, die impliziert wurde, aufzulösen. Rein kognitive oder rationalistische Einsicht (kühles, unemotionelles Wissen) ist eine Sache; organismische Einsicht ist eine andere. Die volle Einsicht, über die die Freudianer manchmal sprechen, ist ein Anerkennen der Tatsache, daß bloße Kenntnis der eigenen Symptome, auch wenn man die Kenntnis ihres Ursprungs und der dynamischen Rolle in der gerade aktuellen psychischen Ökonomie hinzufügt, häufig an sich noch nicht heilend wirkt. Es sollte gleichzeitig eine emotionelle Erfahrung vorhanden sein, ein tatsächliches Wiedererleben der Erfahrung, eine Katharsis, eine Reaktion. Das bedeutet, daß eine volle Einsicht nicht nur ein kognitives, sondern auch ein emotionelles Erlebnis ist.

Etwas subtiler ist die Behauptung, daß diese Einsicht häufig eine konative, bedürfnisbefriedigende oder frustrierende Erfahrung ist, ein tatsächliches Gefühl, geliebt zu werden oder verlassen worden zu sein, oder verachtet, zurückgewiesen oder beschützt. Die Emotion, von der die Analytiker dann sprechen, muß eher als eine Reaktion auf eine Realisierung betrachtet werden, zum Beispiel, daß man vom Vater dennoch geliebt wurde, wenn man eine zwanzig Jahre alte Erfahrung wiedererlebt, die bisher verdrängt und falsch verstanden wurde, oder daß man plötzlich realisiert, indem man tatsächlich die angemessene Emotion erlebt, daß man die Mutter gehaßt hat, die man immer geliebt zu haben geglaubt hatte.

Diese reiche Erfahrung, zugleich kognitiv, emotionell und konativ, wollen wir eine organismische Einsicht nennen. Doch angenommen, wir haben vor allem *emotionelle* Erfahrungen untersucht? Wiederum sollten wir die Erfahrung immer mehr erweitern, um konative Elemente einzuschließen, und wir sollten schließlich von organismischer oder ganzheitlicher Emotion sprechen und so weiter. Das gilt auch für die konative Erfahrung: sie müßte ebenfalls erweitert werden, zu einer nichtfakultativen Erfahrung des ganzen Organismus. Der finale Schritt wäre dann die Realisierung, daß es zwischen organismischer Einsicht, organismischer Emotion und organismischer Konation keinen Unterschied gegeben hat, außer im Vorgehen des Forschers, und die ursprünglichen Dichotomien würden deutlich als Artefakte eines zu atomistischen Verfahrens gesehen werden.

Selbsttherapie, kognitive Therapie

Eine der Folgerungen der hier präsentierten Theorie ist, daß die Selbsttherapie zur gleichen Zeit größere Möglichkeiten wie größere Beschränkungen hat, als man bisher allgemein realisiert hat. Wenn jedes menschliche Wesen erkennen lernt, was ihm fehlt, was seine grundlegenden Wünsche sind, welches die breiten Umrisse der Symptome sind, die den Mangel an Befriedigung der grundlegenden Wünsche anzeigen, dann kann jeder bewußt daran gehen, diese Mängel zu beseitigen. Wir können sagen, daß mit dieser Theorie die meisten Menschen weit größere Möglichkeiten besitzen, als sie realisiert haben, sich selbst von einer Vielfalt schwacher Fehlanpassungen zu kurieren, die in unserer Gesellschaft so allgemein sind. Liebe, Sicherheit, Zugehörigkeit und Achtung von anderen Menschen sind fast Allheilmittel für situationale Störungen und sogar für einige der schwächeren Charakterstörungen. Wenn der einzelne weiß, daß er Liebe, Respekt, Selbstrespekt und so weiter braucht, kann er sie bewußt suchen. Sicherlich wird jeder damit übereinstimmen, daß es besser und wirksamer ist, sie bewußt zu suchen, als ihren Mangel unbewußt wettzumachen zu trachten.

Doch zur gleichen Zeit, da diese Hoffnung vielen Menschen angeboten wird und ihnen eine erweiterte Möglichkeit für Selbsttherapie gewährt wird, gibt es gewisse Probleme, in denen sie notwendige Hilfe nur bei professionellen Therapeuten suchen können. Einmal ist bei starken Charakterstörungen oder Existentialneurosen ein klares Verständnis der dynamischen Kräfte erforderlich, die die Störung herbeigeführt haben und aufrechterhalten, bevor irgendetwas für eine bloße Besserung für den Patienten getan werden kann. Hier müssen dann alle die Werkzeuge, die für die Herbeiführung bewußter Einsicht nötig sind, verwendet werden, Werkzeuge, für die es noch keinen Ersatz gibt, und die gegenwärtig nur von professionell ausgebildeten Therapeuten verwendet werden können. Wenn einmal ein Fall als schwer erkannt wird, wird Hilfe vom Laien, von der weisen alten Frau, in neun von zehn Fällen vollkommen nutzlos, zumindest hinsichtlich einer permanenten Heilung. Dies ist die wesentliche Beschränkung der Selbsttherapie[8].

[8] Seit dieses Buch das erste Mal erschienen ist, sind die interessanten Bücher über

Gruppentherapie: «Persönliches-Wachstum»-Gruppen

Eine letzte Folgerung unseres Verständnisses der Psychotherapie ist größere Beachtung der Gruppentherapien wie auch der T-Gruppen und so weiter. Wir haben die Tatsache, daß Psychotherapie und persönliches Wachstum eine zwischenmenschliche Beziehung sind, so stark betont, daß wir schon aus apriorischen Gründen allein annehmen sollten, daß eine Erweiterung von Paaren in größere Gruppierungen sehr wohl von Vorteil sein könnte. Wenn man die gewöhnliche Psychotherapie als eine ideale Gesellschaft en miniature für zwei verstehen kann, dann kann man die Gruppentherapie als eine ideale Gesellschaft en miniature von zehn Leuten betrachten. Wir haben bereits eine starke Motivation für das Experimentieren mit der Gruppentherapie vorliegen, vor allem die Wirtschaftlichkeit an Zeit und Geld, und eine breitere Verfügbarkeit der Psychotherapie für immer mehr Patienten. Doch zusätzlich haben wir jetzt die empirischen Ergebnisse, die andeuten, daß Gruppentherapie und T-Gruppen etwas tun können, was der individuellen Psychotherapie versagt bleibt. Wir wissen bereits, daß es sehr leicht ist, das Gefühl der Einzigartigkeit, Isoliertheit, Schuld oder Sünde loszuwerden, wenn die Patienten herausfinden, daß andere Mitglieder der Gruppe ungefähr aus dem selben Stoff geschaffen sind, wie sie selbst, daß ihre Ziele, Konflikte, Befriedigungen, Unzufriedenheiten, ihre verborgenen Triebe und Gedanken fast allgemein in der gesamten Gesellschaft vorhanden sind. Dies reduziert den psychopathologischen Effekt der geheimen Konflikte und Triebe.

Eine andere therapeutische Erwartung wird ebenfalls von der tatsächlichen Praxis bestätigt. Der Patient lernt in der individuellen Psychothera-

Selbstanalyse von Horney (200) und Farrow (127) erschienen. Sie behaupten, daß der einzelne, durch seine eigenen Bemühungen, die Art – wenn auch nicht den Grad – der Einsicht erreichen kann, die von der professionellen Analyse erreicht wird. Dies wird von den meisten Analytikern nicht verneint, jedoch als inpraktikabel angesehen, weil von einem solchen Patienten außerordentlicher Antrieb, Geduld, Mut und Ausdauer erforderlich sind. Etwas ähnliches trifft, glaube ich, für die vielen Bücher über persönliches Wachsen zu (63, 189, 365, 366, 368, 374, 415, 446). Sie können sicherlich helfen, aber man darf sich auf sie nicht hinsichtlich großer Wandlungen ohne Hilfe eines professionellen Therapeuten oder von einem «Lehrer», Guru, Führer und so weiter verlassen.

pie, gute menschliche Beziehung zumindest mit einem einzelnen einzugehen, mit dem Therapeuten. Man hofft dann, daß er diese Fähigkeit in sein gesellschaftliches Leben im allgemeinen übertragen kann. Häufig kann er dies, doch manchmal kann er es nicht. In der Gruppentherapie lernt er nicht nur, wie man diese gute Beziehung mit zumindest einer Person herstellt, sondern geht tatsächlich in Anwesenheit des Therapeuten dazu über, diese Fähigkeit mit einer ganzen Gruppe von anderen Menschen ebenfalls zu praktizieren. Im allgemeinen sind die bereits aus Experimenten verfügbaren Resultate zwar nicht aufregend, aber immerhin ermunternd.

Wegen solcher empirischer Befunde wie auch wegen der theoretischen Deduktionen sollten wir mehr Forschung über die Gruppentherapie fordern, nicht nur, weil es sich um ein vielversprechendes Gebiet für die technische Psychotherapie handelt, sondern auch weil sie uns sicherlich viel über die allgemeine psychologische und vielleicht sogar auch über die allgemeine Gesellschaftstheorie beibringen kann.

Dies also für T-Gruppen, basische Encountergruppen, Sensitivitätstraining und alle anderen Arten von Gruppen, die man jetzt als «persönliches Wachstum»-Gruppen oder -Seminare über affektive Erziehung katalogisiert. Obwohl sie verschieden in ihren Methoden sind, kann man sagen, daß sie dieselben *Fern*ziele aller Psychotherapien haben, das heißt Selbstverwirklichung, Voll-Menschlichkeit, vollere Verwendung der speziesweiten und persönlichen Möglichkeiten und so weiter. Wie alle Psychotherapien können sie Wunder wirken, wenn sie von kompetenten Menschen geleitet werden. Doch wir haben auch genügend Erfahrung, um zu wissen, daß sie nutzlos oder schädlich sein können, wenn sie schlecht geführt werden. Deshalb ist viel mehr Forschung erforderlich. Dies ist freilich keine überraschende Folgerung, weil dasselbe auch für die Chirurgen und alle anderen professionellen Ärzte gilt. Auch haben wir das Problem nicht gelöst, *wie* ein Laie oder ein Amateur einen kompetenten Therapeuten (oder Arzt oder Dentist, oder Guru, Lehrer und Führer) finden und den inkompetenten vermeiden kann.

16. Normalität, Gesundheit und Wert

Die Worte normal und abnormal haben so viele verschiedene Bedeutungen, daß sie geradezu nutzlos geworden sind. Es besteht heute bei den Psychologen und Psychiatern die starke Tendenz, für diese sehr allgemeinen Worte die spezifischeren Begriffe zu verwenden, die im Titel dieses Kapitels enthalten sind. Dies soll auch in diesem Kapitel geschehen.
Im allgemeinen waren die Versuche, Normalität zu definieren, entweder statistisch oder kulturbezogen oder biologisch-medizinisch. Doch es handelt sich nur um die *formellen* Definitionen, die «Aktiengesellschaft» oder Sonntag-Definition, nicht die alltäglichen. Die informellen Bedeutungen des Wortes sind ebenso definitiv wie die professionellen. Die meisten Menschen denken an etwas anderes, wenn sie fragen, «Was ist normal?» Für die meisten Menschen, sogar für die Professionellen, in ihren informellen Momenten, handelt es sich um eine Wertfrage, und sie befragt tatsächlich, was wir werten sollen, was für uns gut und schlecht ist, worüber wir uns Sorgen machen sollten, und wessen wir uns schuldig oder tugendhaft fühlen sollten. Ich will den Titel dieses Kapitels im Sinn des Laienhaften wie auch des Professionellen interpretieren. Es ist mein Eindruck, daß die meisten Techniker in diesem Bereich dasselbe tun, auch wenn sie es meistens nicht zugeben. Es gibt viel Diskussion darüber, was normal bedeuten sollte und wenig darüber, was es im Kontext, in der üblichen Konversation tatsächlich bedeutet. In meiner therapeutischen Arbeit habe ich die Frage nach der Normalität und Abnormität immer im Kontext des Sprechenden und nicht im technischen Sinn interpretiert. Wenn mich eine Mutter fragte, ob ihr Kind normal sei, habe ich sie so verstanden, daß sie fragte, ob sie sich Sorgen machen soll oder nicht, ob sie ihre Bemühungen ändern soll, die Verhaltensweisen ihres Kindes zu kontrollieren, oder ob sie die Kontrolle aufgeben und sich keine Mühe machen soll. Wenn Menschen nach einem Vortrag fragten, was normal oder abnorm am sexuellen Verhalten sei, habe ich ihre Fragen in dersel-

ben Weise verstanden, und meine Antworten implizierten häufig: «Sei besorgt» oder «Sei unbesorgt».

Ich glaube, daß der wirkliche Grund für das gegenwärtig wiederauflebende Interesse an diesem Problem unter Psychoanalytikern, Psychiatern und Psychologen das Gefühl ist, daß dies *die* große Wertfrage sei. Wenn zum Beispiel Erich Fromm von Normalität spricht, stellt er sie in den Kontext der Güte, der Erwünschtheit und des Wertes. So auch zunehmend andere Autoren in diesem Bereich. Diese Art von Arbeit war und ist, offen gesagt, eine Bemühung, eine Psychologie der Werte zu konstruieren, die letztlich als eine praktische Anleitung für gewöhnliche Menschen dienen könnte, wie auch als theoretischer Bezugsrahmen für Philosophieprofessoren und andere Techniker.

Ich kann noch weiter gehen. Für viele dieser Psychologen ist die ganze Anstrengung mehr und mehr, für die meisten zugegebenermaßen, ein Versuch, das zu tun, was die formellen Religionen versucht hatten und was ihnen nicht gelang, das heißt, den Menschen ein Verständnis der menschlichen Natur in Beziehung zu sich selbst, anderen Menschen, der Gesellschaft im allgemeinen und der Welt im allgemeinen anzubieten, einen Bezugsrahmen, aus dem heraus sie verstehen konnten, wann sie sich schuldig und wann unschuldig fühlen sollten. Das bedeutet so viel wie zu sagen, daß wir erarbeiten, was einer wissenschaftlichen Ethik gleichkommt. Ich bin sehr wohl bereit, zuzugeben, daß meine Anmerkungen in diesem Kapitel in dieser Richtung verstanden werden.

Definitionen der Normalität

Bevor wir uns diesem wichtigen Thema widmen, wenden wir uns zunächst den verschiedenen technischen Versuchen zu, die Normalität zu beschreiben und zu definieren, die nicht gut funktioniert haben.

1. Statistische Übersichten menschlichen Verhaltens sagen einfach nur aus, was der Fall ist und was tatsächlich existiert, und sind angeblich ganz frei von Wertungen. Zum Glück sind die meisten Menschen, sogar Wissenschaftler, einfach nicht stark genug, der Versuchung zu widerstehen, das Durchschnittliche zu billigen, dasjenige, was am allgemeinsten und

häufigsten vorkommt, speziell in unserer Kultur, die so stark für den Durchschnittsmenschen Stellung bezieht. Zum Beispiel ist Kinseys ausgezeichneter Überblick des sexuellen Verhaltens sehr nützlich, wegen des gelieferten Rohmaterials. Doch Dr. Kinsey und andere können es einfach nicht vermeiden, darüber zu reden, was normal ist (und erwünscht bedeutet). Es ist der Durchschnitt in unserer Gesellschaft, ein krankes, pathologisches Sexualleben zu haben (vom Standpunkt des Psychiaters). Das macht es nicht wünschenswert oder gesund. Wir müssen lernen, durchschnittlich zu sagen, wenn wir durchschnittlich meinen.
Ein anderes Beispiel ist die Gesell-Tafel der Normen der Kleinkindentwicklung, die sicherlich für Wissenschaftler und Ärzte nützlich ist. Doch die meisten Mütter zeigen die Tendenz, besorgt zu sein, wenn ihr Kind unter dem Durchschnitt in der Entwicklung des Gehens oder Aus-einer-Tasse-Trinkens bleibt, als wäre dies schlecht oder erschreckend. Offenkundig müssen wir fragen, nachdem wir herausgefunden haben, was durchschnittlich ist: «Ist das Durchschnittliche das Erwünschte?»
2. Das Wort «normal» wird häufig als ein unbewußtes Synonym für das Traditionelle oder Gewohnheitsmäßige oder Konventionelle verwendet, und ist gewöhnlich als Verkleidung gedacht, um die Tradition billigen zu können. Ich erinnere mich an die Aufregung über rauchende Frauen, als ich das College besuchte. Es wäre nicht normal, sagte unser Frauenrektor, und verbot es. Zu dieser Zeit war es auch nicht für Collegemädchen normal, Hosen zu tragen oder Händchen in der Öffentlichkeit zu halten. Freilich war, was sie meinte, «Dies entspricht nicht der Tradition», und das traf ja schließlich zu, aber für sie bedeutete es «Dies ist abnorm, krank, inhärent pathologisch», was vollkommen falsch war. Einige Jahre später änderten sich die Traditionen, und man entließ sie, weil jetzt *ihre* Art nicht «normal» war.
3. Eine Variante dieser Verwendung ist es, die Tradition in theologische Billigung zu kleiden. Die sogenannten geheiligten Bücher werden sehr häufig als Normengeber für das Verhalten interpretiert, doch der Wissenschaftler widmet diesen Traditionen so wenig Aufmerksamkeit wie anderen.
4. Schließlich kann man das Kulturbezogene auch als veraltete Quelle für die Definition des Normalen, Erwünschten, Guten oder Gesunden betrachten. Die Anthropologen leisteten uns selbstverständlich einen gro-

ßen Dienst, weil sie uns auf unseren Ethnozentrismus aufmerksam machten. Wir hatten versucht als Kultur, als absolute und speziesweite Kriterien alle Arten von lokalen kulturellen Gewohnheiten wie Hosentragen oder Kühe essen anstatt Hunde, auszugeben. Eine erweiterte ethnologische Bildung hat viele dieser Ansichten zerstreut, und man erkennt allgemein an, daß der Ethnozentrismus eine ernste Gefahr darstellt. Niemand kann für die ganze Spezies sprechen, wenn er nicht etwas über Kulturanthropologie und über ein halbes oder ein ganzes Dutzend anderer Kulturen weiß, damit er imstande ist, sich über die eigene Kultur zu erheben oder sich von ihr zu distanzieren, um die menschliche Spezies besser als Spezies und nicht wie eine Nachbarschaftsgruppe beurteilen zu können.
5. Die Hauptvariante dieses Fehlers findet man in der Idee vom gutangepaßten Menschen. Es mag den Leser überraschen, wie feindlich die Psychologen dieser scheinbar vernünftigen und offenkundigen Idee gegenüber geworden sind. Denn schließlich will jedermann seine Kinder gut angepaßt und als Teil einer Gruppe wissen, beliebt, bewundert und von den gleichaltrigen Freunden geliebt. Unsere große Frage ist es, «Angepaßt an *welche* Gruppe?» Nazis, Kriminelle, Delinquenten, Drogensüchtige? Beliebt bei wem? Bewundert von wem? In der wunderbaren Kurzgeschichte von H. G. Wells, «Das Tal der Blinden», wo alle blind sind, ist der Sehende schlecht angepaßt.
Anpassung bedeutet ein passives Geformtwerden durch die eigene Kultur, durch die Außenwelt. Doch angenommen, es handelt sich um eine kranke Kultur? Oder, um ein anderes Beispiel zu geben, wir lernen langsam, jugendliche Delinquenten nicht vorzeitig als notwendigerweise schlecht oder aus psychiatrischen Gründen unerwünscht zu beurteilen. Verbrechen und schlechtes Betragen bei Kindern kann manchmal eine psychiatrisch und biologisch *legitime* Revolte gegen Ausbeutung, Ungerechtigkeit und Unfairneß bedeuten.
Anpassung ist mehr ein passiver als ein aktiver Prozeß; ihr Ideal ist in der Kuh oder in dem Sklaven erreicht, oder in jedem, der ohne Individualität glücklich sein kann, zum Beispiel der gut angepaßte Irre oder Gefangene.
Der extreme Umweltstandpunkt bedeutet unendliche Formbarkeit und Flexibilität beim Menschen und Unabänderlichkeit der Realität. Er ist deshalb status quo-bezogen und fatalistisch. Er ist auch unrichtig.

Menschliche Wesen sind nicht unendlich formbar und die Realität *kann* geändert werden.

6. In einer ganz anderen Tradition steht die medizinisch-klinische Gepflogenheit, das Wort normal auf die Abwesenheit von Verletzungen, Krankheit oder offensichtlichen Dysfunktionen anzuwenden. Der Internist, der nach einer gründlichen Untersuchung physisch alles in Ordnung findet, wird sagen, der Patient sei normal, auch wenn dieser noch Schmerz empfindet. Was er meint ist, «Mit *meinen* Techniken kann ich nicht entdecken, was bei dir nicht stimmt.»

Der Arzt mit psychologischer Ausbildung, der sogenannte Psychosomatiker, kann noch mehr erkennen und wird das Wort normal viel weniger häufig verwenden. Tatsächlich gehen manche Psychoanalytiker so weit zu sagen, daß niemand normal ist, und meinen damit, daß niemand frei von Krankheit ist. Das bedeutet, niemand ist fleckenlos. Was zwar stimmt, uns aber in unseren ethischen Überlegungen nicht weiterhilft.

Neue Konzepte der Normalität

Was nimmt die Stelle dieser verschiedenen Konzeptionen ein, die wir zurückzuweisen gelernt haben? Der neue Bezugsrahmen, mit dem sich dieses Kapitel befaßt, befindet sich noch in einem Prozeß der Entwicklung und Konstruktion. Man kann gegenwärtig noch nicht sagen, daß er deutlich erkennbar oder von unbestreitbaren Beweisen zuverlässig gestützt wäre. Es wäre richtiger, ihn als einen sich langsam entwickelnden Begriff oder als eine Theorie zu bezeichnen, die sich in die wahre Richtung der künftigen Entwicklung immer mehr zu bewegen scheint.

Meine Vorhersage oder Vermutung speziell im Blick auf die Zukunft der ganzen Normalitätsidee ist, daß irgendeine Form der Theorie über allgemeine, spezies-weite, psychologische Gesundheit bald entwickelt werden wird und dann für alle menschlichen Wesen Gültigkeit hat, ganz gleich, in welcher Kultur und in welchem Zeitalter sie leben. Das wird sowohl auf einer empirischen wie auch auf einer theoretischen Basis stattfinden. Die neue Denkform wurde von neuen Tatsachen erzwungen, von neuen Ergebnissen, über die ich später sprechen werde.

Drucker (113) hat die These aufgestellt, daß Westeuropa seit dem Beginn des Christentums von vier aufeinanderfolgenden Ideen oder Begriffen hinsichtlich der Art und Weise beherrscht wurde, in der individuelles Glück und individuelle Wohlfahrt angestrebt werden sollten. Jeder dieser Begriffe oder Mythen betrachtete einen gewissen Menschentypus als ideal, in der allgemeinen Annahme, daß, wenn man diesem Ideal folgte, Glück und Wohlfahrt sicher resultieren würden. Der spirituelle Mensch wurde im Mittelalter als ideal betrachtet, der intellektuelle Mensch während der Renaissance. Dann ergab sich mit dem Aufstieg des Kapitalismus und Marxismus die Tendenz, den ökonomischen Menschen das ideale Denken beherrschen zu lassen. Neuerdings, und besonders in den faschistischen Ländern, mag es auch richtig sein, von einem ähnlichen und parallelen Mythos zu sprechen, demjenigen des heroischen Menschen (heroisch im Nietzscheanischen Sinn).
Gegenwärtig sieht es so aus, als hätten alle diese Mythen versagt und überließen einem neuen ihren Platz, der sich langsam in den Köpfen der fortgeschrittensten Denker und Forscher zu diesem Thema entwickelt und von dem man erwarten kann, daß er sich in den nächsten Jahrzehnten voll entfaltet. Es ist der Begriff vom psychologisch gesunden oder dem eupsychischen Menschen, der tatsächlich auch der «natürliche» Mensch ist. Ich erwarte, daß dieser Begriff unsere Ära so tiefgreifend bestimmen wird wie diejenigen, die Drucker erwähnt.
Man lasse mich nun kurz und zunächst dogmatisch das Wesen dieser sich neu entwickelnden Konzeption des psychologisch gesunden Menschen darstellen. Zuerst und am wichtigsten ist der starke Glaube, daß der Mensch eine eigene wesentliche Natur hat, irgendein Skelett einer psychologischen Struktur, die man analog zu seiner physischen behandeln und diskutieren kann, und daß er einige Bedürfnisse, Fähigkeiten und Tendenzen hat, die teilweise genetische Grundlagen haben und von denen einige für die ganze menschliche Spezies quer durch alle Kulturen charakteristisch sind und andere für das Individuum einzigartig. Diese Grundbedürfnisse sind an ihrer Oberfläche gut oder neutral und nicht böse. Zweitens ist in der Konzeption inbegriffen, daß volle Gesundheit und normale und wünschenswerte Entwicklung aus der Verwirklichung dieser Natur bestehen, der Erfüllung der Potentialitäten und Entfaltung zur Reife, entlang der Richtlinien, die von dieser verborgenen, heimli-

chen, verschwommenen wesentlichen Natur diktiert werden, aus dem Wachstum von innen heraus eher als aus der Formung von außen her. Drittens, sieht man jetzt deutlich, daß die meiste Psychopathologie aus der Verneinung oder Frustration oder Verbiegung der wesentlichen menschlichen Natur resultiert. Was ist dieser Konzeption zufolge gut? Alles, was zu dieser erwünschten Entwicklung in der Richtung der Verwirklichung der inneren Natur des Menschen führt. Was ist schlecht oder abnormal? Alles, was die wesentliche Natur des Menschen frustriert oder blockiert oder negiert. Was ist psychopathologisch? Alles, was den Verlauf der Selbstverwirklichung stört oder frustriert oder verbiegt. Was ist Psychotherapie, oder also jede Therapie oder jedes Wachstum? Alle Mittel aller Art, die die Person auf den Pfad der Selbstverwirklichung und Entfaltung entlang der von der inneren Natur diktierten Richtlinien zurückzubringen hilft.

Beim ersten Blick erinnert uns diese Konzeption sehr an die aristotelischen und spinozianischen Ideen der Vergangenheit. In Wahrheit müssen wir sogar zugeben, daß sie vieles mit den älteren Philosophien gemeinsam hat. Doch wir müssen auch darauf hinweisen, daß wir jetzt viel mehr als Aristoteles und Spinoza über die wahre Natur des menschlichen Wesens wissen. Wir wissen jedenfalls genug, um zu verstehen, was ihre Fehler und Unzulänglichkeiten waren.

In erster Linie ist das Wissen, das diesen Philosophen fehlte und dessen Fehlen ihre Theorien unzulänglich machte, von den verschiedenen Richtungen der Psychoanalyse entdeckt worden. Wir haben, von den dynamischen Psychologen besonders, aber auch von den Tierpsychologen und anderen, ein stark vergrößertes Verständnis der menschlichen, insbesondere der unbewußten Motivationen erworben. Zweites haben wir jetzt ein viel größeres Wissen über Psychopathologie und über ihre Ursprünge. Schließlich haben wir viel von den Psychotherapeuten gelernt, besonders aus den Diskussionen über die Prozesse und die Ziele der Psychotherapie.

Dies bedeutet gleichviel, wie zu sagen, daß wir mit Aristoteles übereinstimmen können, wenn er annahm, daß das gute Leben daraus besteht, in Übereinstimmung mit der wahren Natur des Menschen zu leben, aber wir müssen hinzufügen, daß er einfach nicht genug über die wahre Natur des Menschen wußte. Alles, was Aristoteles tun konnte, um diese essentielle Natur nachzuzeichnen, dieses im Innern gegebene Muster der menschlichen Natur, war, sich umzuschauen, Menschen zu studieren, zu beobachten wie sie waren. Doch wenn man Menschen nur an der Oberfläche beobachtet, was alles war, was Aristoteles tun konnte, muß man das erhalten, was gleichbedeutend mit einer statischen Konzeption von der menschlichen Natur ist. Das einzige, was Aristoteles tun konnte, war, ein Bild des guten Menschen in seiner eigenen Kultur und in seiner besonderen Zeitepoche auszumalen. Man erinnere sich, daß in seiner Konzeption des guten Lebens Aristoteles vollständig die Tatsache der Sklaverei akzeptierte und den fatalen Fehler beging, anzunehmen, daß, nur weil ein Mensch ein Sklave war, dies seine wesentliche Natur ausmachte und es deshalb für ihn gut war, ein Sklave zu sein. Das deckt die Schwäche des Rückgriffs auf bloße Oberflächenbeobachtung beim Versuch auf, die Idee dessen zu errichten, was der gute Mensch oder der normale Mensch oder der gesunde Mensch denn sei.

Unterschiede zwischen neueren und älteren Konzepten

Ich nehme an, daß ich, wenn ich den Gegensatz zwischen der aristotelischen Theorie und den modernen Konzeptionen von Goldstein, Fromm, Horney, Rogers, Bühler, May, Grof, Dabrowski, Murray, Sutich, Bugental, Allport, Frankl, Murphy, Rorschach und vielen, vielen anderen in einem Satz formulieren sollte, behaupten würde, der wesentliche Unterschied bestünde darin, daß wir jetzt nicht nur sehen können, was der Mensch ist, sondern auch, was er werden kann. Das heißt, daß wir nicht nur die Oberfläche, nicht nur die Tatsächlichkeiten, sondern auch die Möglichkeiten sehen können. Wir wissen jetzt besser, was im Menschen verborgen liegt, was unterdrückt, vernachlässigt und unsichtbar bleibt. Wir sind jetzt imstande, die wesentliche Natur des Menschen in den Begriffen seiner Möglichkeiten, Potentialitäten und höchstmöglichen Entfaltung zu beurteilen, anstatt uns nur auf äußere Beobachtungen zu verlassen, darauf, was gerade im Augenblick der Fall ist. Dieses Vorgehen kann man wie folgt zusammenfassen: Die Geschichte hat praktisch immer die menschliche Natur zu niedrig eingeschätzt.

Ein anderer Vorteil, den wir Aristoteles gegenüber besitzen, ist, daß wir von denselben dynamischen Psychologen gelernt haben, daß Selbstverwirklichung nicht nur durch Vernunft oder Rationalität allein erlangt werden kann. Man erinnere sich, daß Aristoteles eine Hierarchie menschlicher Fähigkeiten aufstellte, in der die Vernunft an oberster Spitze stand. Damit zusammen ergab sich notwendig und unvermeidlich die Ansicht, daß die Vernunft sich im Gegensatz zu der emotionalen und instinktoiden Natur des Menschen befand, mit ihr im Kampf lag und uneinig mit ihr war. Doch wir haben aus der Erforschung der Psychopathologie und Psychotherapie gelernt, daß wir unser Bild vom psychologischen Organismus beträchtlich modifizieren müssen, um Rationalität, Emotionalität und die konative oder wollende und treibende Seite unserer Natur gleichermaßen zu berücksichtigen. Außerdem haben wir aus unseren empirischen Studien des gesunden Menschen gelernt, daß dies alles nicht untereinander uneinig ist, daß diese verschiedenen Aspekte der menschlichen Natur nicht notwendig antagonistisch sind, sondern kooperativ und synergisch sein können. Der gesunde Mensch ist aus einem Guß, integriert, könnten wir sagen. Es ist die neurotische Person, die mit sich selbst uneins ist, deren Vernunft mit der Emotionalität kämpft. Das Ergebnis dieser Spaltung war nicht nur, daß das emotionale Leben und das Konative mißverstanden und schlecht definiert wurden, sondern auch, daß wir jetzt realisieren, daß die aus der Vergangenheit ererbte Konzeption der Rationalität ebenfalls falsch verstanden und definiert wurde. Wie Erich Fromm sagte: «Die Vernunft wurde, indem sie zu einem Aufpasser ihres Gefangenen, der menschlichen Natur, gemacht wurde, selbst zum Gefangenen und so sind beide Seiten der menschlichen Natur, Vernunft und Emotion, verkrüppelt worden» (148). Wir müssen alle mit Fromm darin übereinstimmen, daß die Realisierung des Ich nicht nur durch Denkakte, sondern eher durch die Verwirklichung der totalen Persönlichkeit des Menschen erfolgt, die den aktiven Ausdruck nicht nur seiner intellektuellen, sondern auch seiner emotionellen und instinktgleichen Kapazitäten einschließt.

Wenn einmal zuverlässiges Wissen darüber gegeben ist, was der Mensch unter bestimmten Bedingungen, die wir gut zu nennen gelernt haben, sein kann, und wenn er zugegebenermaßen glücklich, heiter, selbstakzeptierend, unschuldig und im Frieden mit sich selbst nur dann ist, wenn er sich selbst verwirklicht und wird, was er sein kann, dann ist es möglich und vernünftig, über gut und richtig und schlecht und falsch und erwünscht und unerwünscht zu sprechen.

Wenn der Einwand erhoben wird, seitens des technischen Philosophen, «Wie kann man beweisen, daß es besser ist, glücklich als unglücklich zu sein?», kann man sogar diese Frage empirisch beantworten, denn wenn wir menschliche Wesen unter zureichend weiten Bedingungen beobachten, entdecken wir, daß sie, *sie* selbst, *nicht* der Beobachter, sich spontan dafür entscheiden, eher glücklich als unglücklich, eher komfortabel als im Schmerz, eher heiter als ängstlich zu sein. Mit einem Wort, menschliche Wesen wählen Gesundheit eher als Krankheit, bei Gleichheit von allem anderen (mit der Einschränkung, daß *sie* für sich selbst sich entscheiden, nicht zu krank zu sein, und daß die Bedingungen von einer Art sind, die später diskutiert wird).

Dies beantwortet auch den üblichen philosophischen Einwand gegen Mittel-Zweck-Wertvorschläge, mit denen alle vertraut sind (*Wenn* man das Ziel x erreichen will, *muß* man das Mittel y ergreifen. «Du solltest Vitamine zu dir nehmen, wenn du länger leben willst.») Wir haben jetzt für diesen Vorschlag einen anderen Zugang. *Empirisch* wissen wir, was die menschliche Spezies will, zum Beispiel Liebe, Sicherheit, Schmerzlosigkeit, Glück, Verlängerung des Lebens, Wissen und so weiter. Wir können dann sagen, nicht «Wenn du glücklich sein möchtest, dann ...», sondern «Wenn du ein gesundes Mitglied der menschlichen Spezies bist, dann ...»

Dies alles trifft in demselben empirischen Sinn zu, in dem wir beiläufig sagen, daß ein Hund Fleisch Salat vorzieht, oder ein Goldfisch frisches Wasser braucht, oder Blumen am besten in der Sonne gedeihen. Ich behaupte fest, daß wir damit deskriptive, wissenschaftliche Feststellungen getroffen haben mehr als rein normative. (Ich habe den Begriff *Fusionswörter* vorgeschlagen, wo das Wort sowohl deskriptiv wie auch normativ ist [314].)

Ein anderes Wort, gerichtet an meine philosophischen Kollegen, die zwischen dem, was wir sind, und dem, was wir sein sollten, scharf unterscheiden. Was wir sein *können* = was wir sein sollten; dies ist auch sprachlich viel besser als ‹sein sollte›. Man beachte, daß, wenn wir deskriptiv und empirisch vorgehen, ‹sollen› vollständig fehl am Platz ist, wie man deutlich sehen kann, wenn wir fragen, was Blumen oder Tiere sein sollten. Welchen Sinn ergibt ‹sollen› hier (oder sollte ergeben)? Was *sollte* ein Kätzchen werden? Die Antwort auf diese Frage und der Geist, in dem sie gestellt wird, sind auch dieselben bei Menschenkindern.

Man kann noch stärker sagen, daß es heute in einem einzigen Augenblick möglich ist, zu unterscheiden, was ein Mensch *ist* und was er sein *könnte*. Wir sind alle mit der Tatsache vertraut, daß die menschliche Persönlichkeit aus Schichten oder Tiefen zusammengesetzt ist. Was unbewußt und was bewußt ist, existiert miteinander, auch wenn es einander widerspricht. Eines *ist* (in einem Sinn), das andere *ist* ebenfalls (in einem anderen tieferen Sinn) und *könnte* eines Tages zur Oberfläche gelangen, bewußt werden, und dann in diesem Sinn *sein*.

In diesem Bezugsrahmen kann man verstehen, daß Menschen, die sich schlecht benehmen, dennoch tief innen liebend sein können. Wenn es ihnen gelingt, diese spezies-weite Potentialität zu verwirklichen, dann werden sie gesünder und in diesem Sinn normaler.

Der wichtige Unterschied zwischen dem Menschen und allen anderen Wesen ist, daß seine Bedürfnisse, Vorlieben, Instinktreste *schwach* sind und nicht stark, vieldeutig und nicht eindeutig, daß sie Raum lassen für Zweifel, Ungewißheit und Konflikt, da sie zu leicht überlagert werden und für die Kultur durch Lernen, durch die Vorliebe anderer Leute, verlorengehen können[1]. Zu allen Zeiten waren wir gewohnt, uns die Instinkte als einstimmig, unmißverständlich, stark und mächtig zu denken (wie sie es bei den Tieren *sind*), so daß wir nie die Möglichkeit *schwacher* Instinkte erwogen haben.

Wir *haben* eine Natur, eine Struktur, eine schattenhafte Knochenstruktur instinktoider Tendenzen und Kapazitäten, aber es ist eine große und schwierige Leistung, sie in uns selbst zu erkennen. Natürlich und spontan zu sein, zu wissen, was man ist und was man *wirklich* will, ist ein seltener und besonderer Höhepunkt, der selten erreicht wird und gewöhnlich langer Jahre der Courage und harten Arbeit bedarf.

[1] Dr. Lucie Jeßner hat auch die Möglichkeit vorgeschlagen, daß diese Bedürfnisse schwach gehalten werden können, durch die spezifisch menschliche Neigung, übermäßig zu befriedigen oder zu rasch nach vorher erfolgter Befriedigung.

Fassen wir also zusammen. Was bestätigt wurde, ist, daß der Aufbau oder die innere Natur des Menschen nicht nur aus seiner Anatomie und Physiologie zu bestehen scheint, sondern auch aus seinen grundlegendsten Bedürfnissen, Sehnsüchten und psychologischen Fähigkeiten. Und zweitens ist diese innere Natur gewöhnlich nicht offenkundig und leicht zu sehen, sondern eher verborgen und unerfüllt, mehr schwach als stark.

Und wie erkennen wir, daß diese Bedürfnisse und konstitutionellen Möglichkeiten ein inneres Muster *sind*? Von den zwölf separaten Beweisrichtungen und Entdeckungstechniken, aufgezählt in Kapitel 6 und in (298), werde ich jetzt nur die vier wichtigsten erwähnen. Erstens ist die Frustration dieser Bedürfnisse und Fähigkeiten psychopathogen, das heißt, sie macht Menschen krank. Zweitens ist ihre Befriedigung fördernd für den gesunden Charakter (eupsychogenisch), wie es neurotische Bedürfnisbefriedigungen nicht sind. Das heißt, sie machen Menschen gesund und besser. Drittens zeigen sie sich spontan als Wahlmöglichkeiten unter Bedingungen der Freiheit. Viertens kann man sie bei relativ gesunden Menschen direkt untersuchen.

Wenn wir grundlegend von nichtgrundlegend unterscheiden möchten, können wir nicht allein auf Introspektion bewußter Bedürfnisse achten oder sogar auf Beschreibung unbewußter Bedürfnisse, weil phänomenologisch neurotische und grundsätzlich vorhandene Bedürfnisse sich sehr ähnlich fühlen. Sie drängen gleichermaßen nach Befriedigung, danach, das Bewußtsein mit Beschlag zu belegen, und ihre introspektiven Eigenschaften sind voneinander nicht verschieden genug, um dem, der Einblick nimmt, zu ermöglichen, sie zu unterscheiden, außer vielleicht am Ende seines Lebens und zurückblickend (wie es Tolstojs Ivan Iljitsch tat), oder in Augenblicken besonderer Einsicht.

Nein, wir müssen irgendeine andere äußere Variante zum Korrelieren und Kovariieren haben. Im Effekt war diese andere Variante das Neurose-Gesundheit-Kontinuum. Wir sind jetzt völlig davon überzeugt, daß gefährliche Aggressivität reaktiv und nicht grundlegend ist, Wirkung und nicht Ursache, denn je gesünder eine Person in der Psychotherapie wird, um so weniger bösartig wird sie; und je kranker eine Person wird, um so mehr ändert sie sich in der Richtung von mehr Feindseligkeit, mehr Gift und mehr Boshaftigkeit.

Außerdem wissen wir, daß die Befriedigung neurotischer Bedürfnisse nicht zur Gesundheit führt, wie es die Befriedigung grundlegender im Inneren vorhandener Bedürfnisse tut. Wenn man einem machtstrebenden Neurotiker all die Macht gewährt, die er haben will, macht ihn das nicht weniger neurotisch, noch ist es möglich, sein neurotisches Machtbedürfnis zu sättigen. Wie sehr er damit auch gefüttert wird, bleibt er noch immer hungrig (weil er tatsächlich nach etwas anderem verlangt). Es bedeutet schließlich wenig Unterschied für die Gesundheit, ob ein neurotisches Bedürfnis befriedigt oder frustriert wird. Ganz anders verhält es sich mit Grundbedürfnissen wie Sicherheit oder Liebe. Ihre Befriedigung *führt* zur Gesundheit, ihre Sättigung *ist* möglich, ihre Frustration *führt* zur Krankheit.

Dasselbe scheint für die individuellen Potentialitäten wie Intelligenz oder starke Aktivitätstendenz zu stimmen. (Die einzigen Ergebnisse, die hier vorliegen, sind klinischer Art.) Eine solche Tendenz wirkt wie ein Trieb, der Erfüllung fordert. Man befriedige ihn und die Person entwickelt sich gut, man frustriere ihn und sie blockiert sich, und verschiedene subtile Sorgen, die noch nicht gut bekannt sind, entwickeln sich sofort.

Die offensichtlichste Technik von allen ist jedoch das direkte Studium von Menschen, die *tatsächlich* gesund sind. Wir wissen jetzt sicherlich genügend, um imstande zu sein, *relativ* gesunde Menschen auszusuchen. Zugegeben, perfekte Spezies existieren nicht, doch kann man noch immer erwarten, daß wir mehr über die Natur zum Beispiel des Radiums erfahren, wenn es relativ konzentriert ist, als wenn es relativ verdünnt wurde.

Die Untersuchung, über die in Kapitel 11 berichtet wurde, hat die Möglichkeit gezeigt, daß ein *Wissenschaftler* Normalität im Sinn von Vollkommenheit, Vorzüglichkeit, idealer Gesundheit, der Erfüllung menschlicher Möglichkeiten untersuchen und beschreiben kann. Wenn wir *wissen,* wie gute Menschen sind oder sein können, wird für die menschliche Spezies (deren Angehörige meistens gut sein wollen) möglich, sich nach diesen Mustern zu richten und sich damit zu bessern.

Das am meisten untersuchte Beispiel des inneren Aufbaus ist das Liebesbedürfnis. Damit können wir alle vier unserer Techniken illustrieren, die bisher erwähnt wurden, um das Wesenhafte und Universale in der menschlichen Natur vom Auffälligen und Lokalen unterscheiden zu können.

1. Von praktisch allen Therapeuten wird einhellig angenommen, daß wir, wenn wir eine Neurose zu ihren Ursprüngen zurückverfolgen, mit großer Häufigkeit einen Liebesentzug in den frühen Jahren vorfinden werden. Einige semi-experimentelle Untersuchungen haben dies bei Kleinkindern und Neugeborenen bestätigt, bis zu einem Punkt, an dem Liebesentbehrung sogar als das Leben des Kindes gefährdend betrachtet wird. Das bedeutet, die Liebesentbehrung führt zur Krankheit.

2. Diese Krankheiten, wenn sie nicht soweit fortgeschritten sind, daß sie irreversibel sind, können, wie man jetzt weiß, geheilt werden, besonders bei Kindern, indem man ihnen Zuneigung und liebende Freundlichkeit gewährt. Sogar in der Erwachsenentherapie und Analyse bei schwierigeren Fällen gibt es jetzt guten Grund, anzunehmen, daß das eine, was die Therapie leistet, darin besteht, dem Patienten die Akzeptierung und Verwendung der heilenden Liebe zu ermöglichen. Auch gibt es ein zunehmendes Maß an Beweisen für eine Korrelation zwischen zuneigungsvoller Kindheit und gesundem Erwachsenendasein. Solche Ergebnisse summieren sich zu der Verallgemeinerung, daß die Liebe ein Grundbedürfnis in der gesunden Entwicklung des menschlichen Wesens darstellt.

3. Das Kind zieht in einer Situation der freien Wahl und ohne daß es schon verbogen und verkrümmt ist, Zuneigung dem Gegenteil vor. Wir haben noch keine Experimente, die das beweisen könnten, aber wir haben ein großes Maß an klinischen Ergebnissen und *einige* ethnologische Ergebnisse, die diese Schlußfolgerung unterstützen. Die allgemeine Beobachtung, daß Kinder einen zuneigungsvollen Lehrer oder liebende Eltern oder Freunde den feindlichen und kühlen vorziehen, illustriert, was ich meine. Das Weinen der Neugeborenen sagt uns, daß sie Zuneigung dem Gegenteil vorziehen, zum Beispiel in der balinesischen Situation. Der erwachsene Balinese braucht nicht Liebe, so wie es der erwachsene Amerikaner tut. Balinesische Kinder werden durch bittere Erfahrungen gelehrt, nicht danach zu verlangen und sie nicht zu erwarten. Doch sie *mögen* diese Erziehung nicht; die Kinder weinen bitterlich, während sie dazu erzogen werden, nicht nach Liebe zu verlangen.

4. Schließlich, was finden wir bei gesunden Menschen vor zu beschreiben? Daß praktisch alle (wenn auch nicht überhaupt alle) ein liebevolles Leben geführt haben, geliebt haben und geliebt wurden. Außerdem sind sie *jetzt* liebevolle Menschen. Und schließlich und paradoxerweise *brauchen* sie Liebe *weniger* als der Durchschnittsmensch, offenkundig, weil sie bereits genug hatten.

Eine perfekte Parallele, die diese Punkte plausibler und vernünftiger macht, wird von *allen* anderen Mängelkrankheiten geliefert. Angenommen, einem Tier mangelt Salz. Zuerst führt das zur Pathologie. Zweitens, mehr eingenommenes Salz heilt die Krankheit oder hilft sie bessern. Drittens, eine weiße Ratte oder ein Mensch, denen es an Salz fehlt, werden bei freier Wahl gesalzene Nahrung bevorzugen, das heißt, sie werden Salz in unüblich großen Quantitäten zu sich nehmen; der Mensch wird subjektives Verlangen nach Salz berichten und sagen, daß Salz sehr gut schmeckt. Viertens finden wir, daß gesunde Organismen, die bereits genügend Salz hatten, *nicht* besonders danach verlangen oder es brauchen. Wir können deshalb sagen, daß ebenso wie ein Organismus Salz braucht, um Gesundheit zu behalten und Krankheit zu vermeiden, er auch Liebe braucht, und zwar aus den gleichen Gründen. Mit anderen Worten, wir können sagen, daß der Organismus so gebaut ist, daß er Salz und Liebe braucht, in derselben Art und Weise, wie Automobile so konstruiert sind, daß sie Benzin und Öl brauchen.

Wir haben viel über gute Bedingungen, über Permissivität und so weiter gesprochen. Diese beziehen sich auf die besonderen Bedingungen der Beobachtung, die so häufig für die wissenschaftliche Arbeit nötig und gleichbedeutend sind mit der Feststellung, «Dies ist unter solchen und solchen Umständen wahr».

Definition guter Bedingungen

Wenden wir uns dem Problem zu, was gute Bedingungen für die Enthüllung der ursprünglichen Natur konstituiert, um zu sehen, was die zeitgenössische dynamische Psychologie zu diesem Gegenstand anzubieten hat.

Wenn die Summe dessen, was wir bereits gesagt haben, darin besteht, daß der Organismus eine vage bezeichnete, eigene, im Inneren gegebene Natur hat, ist es ziemlich klar, daß diese innere Natur ein sehr delikates und subtiles Etwas ist, und nicht stark und überwältigend wie bei den niedrigeren Tieren, die sich niemals im Zweifel darüber befinden, was sie sind, was sie wollen und was sie nicht wollen. Die menschlichen Bedürfnisse nach Liebe, oder nach Wissen oder nach Philosophie sind schwach und dünn, und nicht eindeutig und unmißverständlich; sie flüstern, sie schreien nicht. Und das Flüstern kann leicht übertönt werden.

Um zu entdecken, was ein menschliches Wesen braucht und was es *ist,* ist es notwendig, besondere Bedingungen herzustellen, die den Ausdruck dieser Bedürfnisse und Fähigkeiten fördern, und die sie ermuntern und ermöglichen. Im allgemeinen können solche Bedingungen unter dem Titel der Permissivität, zu befriedigen und auszudrücken, zusammengefaßt werden. Wie wissen wir, was zu essen für trächtige weiße Ratten am besten ist? Wir lassen sie aus einem weiten Bereich von Möglichkeiten frei wählen, und wir lassen sie essen, was immer sie wollen, wann immer sie es wollen, und an allen Quantitäten und Mustern, die sie sich aussuchen. Wir wissen, daß es für das Kleinkind am besten ist, auf eine individuelle Art und Weise entwöhnt zu werden, das heißt wann immer es für das *Kind* am besten ist. Wie bestimmen wir das? Sicherlich können wir das Kind nicht befragen, und wir haben gelernt, den Kinderarzt alter Schule nicht zu fragen. Wir lassen das Kind wählen; wir lassen es entscheiden. Wir bieten ihm sowohl flüssige wie auch feste Nahrung an. Wenn die feste Nahrung Anklang findet, wird es sich spontan von der Brust entwöhnen. In derselben Weise haben wir gelernt, uns das Kind sagen zu lassen, wann es Liebe oder Schutz oder Achtung oder Kontrolle braucht, indem wir für eine permissive, akzeptierende, befriedigende Atmosphäre gesorgt haben. Wir haben gelernt, daß das auch die beste Atmosphäre für die Psychotherapie ist, tatsächlich die *einzig* mögliche, auf lange Sicht. Freie Wahl aus einem weiten Bereich von Möglichkeiten hielt man in verschiedenen sozialen Situationen für nützlich; zum Beispiel konnte man sich Zimmergenossen in Institutionen für delinquente Mädchen aussuchen, die Lehrer und Lehrgänge im College wählen, die Zusammensetzung von Bombermannschaften und so weiter. (Ich lasse die verschlungene, doch wichtige Frage der *erwünschten* Frustration, der

Disziplin, der gesetzten Grenzen für die Befriedigung aus. Ich möchte nur darauf hinweisen, daß, während Permissivität das beste für unsere Experimentalzwecke sein mag, sie nicht an sich dafür zureichend sein muß, Rücksichtnahme auf andere und Bewußtsein von *ihren* Bedürfnissen zu lehren oder dessen, was in der Zukunft notwendig sein wird.)
Vom Standpunkt der Förderung von Selbstverwirklichung oder Gesundheit aus ist eine gute Umwelt (in der Theorie) eine, die alle notwendigen Rohmaterialien anbietet und dann aus dem Weg geht und beiseite tritt, um den (durchschnittlichen) Organismus seine Wünsche und Forderungen äußern und seine Wahl treffen zu lassen (immer daran denkend, daß er häufig Verzug, Verzicht zugunsten von anderen usw. wählt, und daß *andere* Menschen ebenfalls Forderungen und Wünsche haben).

Eine psychologische Utopie

Es war mir jüngst eine Freude, eine spekulative Beschreibung einer psychologischen Utopie zu erarbeiten, in der alle Menschen psychologisch gesund wären. Ich nenne dies Eupsychia. Daraus, was wir über gesunde Menschen wissen, könnten wir die Kultur voraussagen, die sie entwickeln würden. Wenn 1000 gesunde Familien in irgendein verlassenes Land emigrierten, wo sie ihr eigenes Schicksal bestimmen könnten, so wie es ihnen Spaß macht, nach Belieben? Welche Art von Erziehungen würden sie wählen? Welches ökonomische System, welche Sexualität, welche Religion?
Über einige Dinge bin ich mir recht unsicher – besonders über die ökonomischen. Doch anderer Dinge bin ich mir *sehr* sicher. Eine davon ist, daß es sich fast sicher um eine (philosophisch) anarchistische Gruppe handeln würde, eine taoistische, doch liebevolle Kultur, in der die Menschen (auch die jungen) viel mehr freie Wahl hätten, als wir es gewohnt sind, und in der die grundlegenden Bedürfnisse und die Metabedürfnisse weit mehr respektiert werden würden als in unserer Gesellschaft. Menschen würden sich nicht so umeinander kümmern wie wir es tun, wären weniger geneigt, Meinungen oder Religionen oder Geschmäcker in Kleidung oder Nahrung oder Kunst oder Frauen ihren Nachbarn aufzuzwingen.

Mit einem Wort, die Einwohner von Eupsychia hätten die Tendenz, mehr taoistisch, nichteinmischend und Grundbedürfnisse befriedigend zu sein (wann immer es möglich wäre), würden nur unter gewissen Bedingungen frustriert sein, die ich zu beschreiben nicht versucht habe, würden zueinander ehrlicher sein und würden es anderen Menschen gestatten, wo immer möglich freie Wahl zu haben. Sie würden weit weniger kontrollieren, gewaltsam, verächtlich oder anmaßend sein. Unter solchen Bedingungen würden sich die tiefsten Schichten der menschlichen Natur leichter zeigen.

Ich muß darauf hinweisen, daß erwachsene Menschen einen Spezialfall darstellen. Die Situation der freien Wahl funktioniert nicht notwendigerweise für alle Menschen – nur für die intakten. Kranke, neurotische Menschen treffen die falsche Wahl; sie wissen nicht, was sie wollen, und auch wenn sie es tun, haben sie nicht den Mut, richtig zu wählen. Wenn wir von freier *Wahl* bei Menschen sprechen, beziehen wir uns auf gesunde Erwachsene oder Kinder, die noch nicht verkrümmt und verbogen sind. Der größte Teil der gelungenen Experimentalarbeit mit freier Wahl wurde mit Tieren gemacht. Wir haben auch auf einer klinischen Ebene aus der Analyse der psychotherapeutischen Prozesse sehr viel darüber gelernt.

Umwelt und Persönlichkeit

Es gibt ein anderes wichtiges Problem, mit dem wir konfrontiert werden, wenn wir darum kämpfen, diese neuere Konzeption der Normalität und ihrer Beziehung zur Umwelt zu verstehen. Eine theoretische Folge wäre es, daß die vollkommene Gesundheit eine perfekte Welt zum Leben als Möglichkeit braucht. In der tatsächlichen Forschung scheint es keineswegs genau in dieser Art zu funktionieren.

Es *ist* möglich, extrem gesunde Einzelne in unserer Gesellschaft zu finden, die sich weit weg von der Vollkommenheit befinden. Sicherlich sind diese Einzelnen nicht vollkommen, doch sie sind ebenso sicher gute Menschen, wie wir sie uns jetzt vorstellen können. Vielleicht wissen wir zu diesem Zeitpunkt und in dieser Kultur nicht genug darüber, wie vollkommen Menschen werden können.

Jedenfalls hat die Forschung einen wichtigen Punkt festgesetzt, als sie entdeckte, daß einzelne gesünder, sogar *viel* gesünder sein können als die Kultur, in der sie wachsen und leben. Dies ist vor allem möglich, weil der gesunde Mensch die Fähigkeit zeigt, sich von seiner Umgebung zu distanzieren, was dasselbe ist wie zu sagen, daß er nach seinen eigenen inneren Gesetzen lebt und nicht unter äußerem Druck.

Unsere Kultur ist demokratisch und pluralistisch genug, den einzelnen so viel Spielraum zu gewähren, um den Charakter zu entfalten, der sie freut, solang ihr äußeres Verhalten nicht zu bedrohlich oder erschreckend ist. Gesunde einzelne sind gewöhnlich nicht von außen erkennbar; sie sind nicht durch unübliche Kleidung oder Verhalten oder Benehmen markiert. Es ist eine *innere* Freiheit, die sie haben. Solang sie unabhängig von der Billigung und Mißbilligung anderer sind und eher *Selbst*billigung anstreben, solange kann man sie als psychologisch autonom, das heißt relativ unabhängig von der Kultur betrachten. Toleranz und Freiheit des Geschmacks und der Meinung scheinen die Schlüsselnotwendigkeiten zu sein.

Um zusammenzufassen, was uns an Forschung vorliegt, verweise ich auf die Schlußfolgerung, daß, während eine gute Umwelt gute Persönlichkeiten gedeihen läßt, diese Beziehung weit davon entfernt ist, vollkommen zu sein, und außerdem sich die Definition einer *guten* Umwelt sehr ändern muß, bis sie die spirituellen und psychologischen ebenso wie die materiellen und ökonomischen Kräfte genügend betont.

Die Natur der Normalität

Wir kehren zur Frage nach der Natur der Normalität zurück, mit der wir begonnen haben und können jetzt sagen, daß wir sie mit der höchsten Vortrefflichkeit identifizieren, deren wir fähig sind. Doch dieses Ideal ist nicht ein unerreichbares Ziel weit vor uns; eher ist es tatsächlich in uns vorhanden, aber verborgen, als Möglichkeit und nicht als Wirklichkeit. Außerdem ist es eine Konzeption der Normalität, die, wie ich behaupte, entdeckt und nicht erfunden wird, auf empirischen Befunden basiert und nicht auf Hoffnungen oder Wünschen. Sie schließt ein streng naturalistisches Wertsystem ein, das durch weitere empirische Erforschung der menschlichen Natur erweitert werden kann. Solche Erforschung sollte uns die Antworten auf die uralten Fragen ermöglichen: «Wie kann ich ein guter Mensch werden?» «Wie kann ich ein gutes Leben führen?» «Wie kann ich fruchtbar sein?» «Glücklich?» «Im Frieden mit mir selbst?» Wenn uns der Organismus sagt, was er braucht – und daher, was er schätzt – indem er krank wird und welkt, wenn ihm diese Werte entzogen werden, ist es dasselbe, wie uns zu sagen, was gut für ihn ist.

Ein letzter Punkt. Die Schlüsselkonzepte in der neuen dynamischen Psychologie sind Spontaneität, Erlösung, Natürlichkeit, Selbst-Wahl, Selbst-Akzeptanz, Triebbewußtsein, Befriedigung grundlegender Bedürfnisse. Es pflegte Kontrolle, Verdrängung, Disziplin, Erziehung, Formung zu geben, nach dem Prinzip, daß die Tiefen der menschlichen Natur gefährlich, böse, raubtierhaft und gierig seien. Erziehung, Familientraining, Kinderaufziehen, Akkulturierung im allgemeinen werden alle als ein Prozeß betrachtet, die dunkleren Kräfte in uns unter Kontrolle zu bringen.

Man bemerke, wie verschieden die idealen Konzeptionen von Gesellschaft, Gesetz, Erziehung und Familie sind, die von diesen zwei verschiedenen Konzeptionen der menschlichen Natur hervorgebracht werden. In dem einen Fall handelt es sich um zügelnde und kontrollierende Kräfte; im anderen um befriedigende und erfüllende[2]. Selbstverständlich ist dies ein zu simpler, ein Entweder-Oder-Gegensatz. Es ist unwahrscheinlich, daß eine der beiden Konzeptionen vollkommen richtig oder unrichtig ist. Doch ist der Kontrast von Idealtypen nützlich für die Einschärfung unserer Wahrnehmungen.

Jedenfalls werden wir, wenn diese Konzeption der Identität von Normalität und idealer Gesundheit standhält, nicht nur unsere Konzeptionen der individualen Psychologie ändern müssen, sondern auch unserer Theorien der Gesellschaft.

[2] Wiederum muß ich betonen, daß es zwei Arten von Zurückhaltung und Kontrolle gibt. Eine frustriert die Grundbedürfnisse und fürchtet sie. Die andere (apollonisierende Kontrollen), zum Beispiel den sexuellen Höhepunkt verzögern, elegant zu essen, geschickt zu schwimmen und so weiter, fördert die Befriedigung von Grundbedürfnissen.

Appendix A. Probleme, die von einem positiven Vorgehen der Psychologie gegenüber verursacht werden[1]

Lernen

Wie lernen Menschen, weise, reif, freundlich zu sein, guten Geschmack zu haben, erfinderisch zu sein, guten Charakter zu haben, sich einer neuen Situation anzupassen, das Gute aufzuspüren, die Wahrheit zu suchen, das Schöne zu erkennen und das echte, das heißt, das von Innen her kommende mehr als das äußerliche Lernen (311 a)?

Lernen aus einzigartigen Erfahrungen, aus der Tragödie, Ehe, aus dem Kinderhaben, aus Erfolg, Triumph, aus dem Sich-Verlieben, Krankwerden, Tod und so weiter.

Lernen durch Schmerz, Krankheit, Depression, Tragödie, Versagen, Alter, Tod.

Viel, was als assoziatives Lernen gilt, ist tatsächlich Kanalisierung (225): es ist grundsätzlich gegeben und von der Realität gefordert und nicht relativ, willkürlich und zufällig.

Bei selbstverwirklichenden Menschen wird Wiederholung, Nähe und zufällige Belohnung immer weniger wichtig. Wahrscheinlich ist auch Reklame von der gewöhnlichen Art in ihrem Fall erfolglos. Sie sind weit weniger für willkürliche Assoziation, Prestigeerwägungen, Snobappeal und für einfache, sinnlose Wiederholung empfänglich. Vielleicht hat das sogar negativen Effekt, das heißt, macht es weniger wahrscheinlich, daß sie etwas kaufen, als mehr wahrscheinlich.

Warum befaßt sich so vieles der Erziehungspsychologie mit Mitteln, id est Graden, Stufen, Noten, Diplomen, und nicht mit Zwecken, das heißt Weisheit, Verstehen, gute Urteilsfähigkeit, guter Geschmack?

[1] Ich lasse diesen Anhang fast ohne Korrektur, weil 1. die meisten der darin enthaltenen Vorschläge noch immer relevant sind, und 2.: weil es für den Studenten interessant ist, zu sehen, wieviel Fortschritt eigentlich in diesen Richtungen in den letzten 15 Jahren stattgefunden hat.

Wir wissen nicht genug über die Erwerbung emotionaler Haltungen, Erwerb von Geschmack und Vorlieben. Die «Erziehung des Herzens» ist vernachlässigt worden.
Erziehung paßt in der Praxis zu häufig das Kind der Bequemlichkeit der Erwachsenen an, indem sie darauf drängt, daß es weniger lästig und weniger ein kleiner Teufel ist. Die positiver orientierte Erziehung befaßt sich mehr mit dem Wachsen und der künftigen Selbstverwirklichung des Kindes. Was wissen wir darüber, Kinder zu lehren, stark, voll Selbstachtung, rechtens empört, widerstandsfähig gegen Dominanz und Ausbeutung, Propaganda und blinder Anpassung, Suggestion und Mode zu sein?
Wir wissen sehr wenig über zweckfreies unmotiviertes Lernen, zum Beispiel latentes Lernen, Lernen aus reinem inhärenten Interesse und so weiter.

Wahrnehmung

Wahrnehmung besteht zu stark aus dem beschränkten Studium der Fehler, Verzerrungen, Illusionen und dergleichen. Wertheimer würde sie ein Studium psychologischer Blindheit genannt haben. Warum nicht das Studium der Intuition, der subliminalen Wahrnehmung, der unbewußten und vorbewußten Wahrnehmung hinzufügen? Wäre nicht auch das Studium des guten Geschmacks hier am Platz? Des Echten, Wahren und Schönen? Wie steht es um die ästhetische Wahrnehmung? Warum nehmen einige Menschen Schönheit wahr und andere nicht? Unter demselben Titel der Wahrnehmung können wir auch die konstruktive Manipulation der Realität durch Hoffnung, Träume, Imagination, Erfindergabe, Organisierung und Ordnung einschließen.
Unmotivierte, desinteressierte, selbstlose Wahrnehmung. Wertschätzung. Ehrfurcht. Bewunderung. Wahlfreie Bewußtheit.
Viele Studien der Stereotype, doch sehr wenig wissenschaftliche Untersuchung des Frischen, Konkreten. Bergsonsche Realität.
Frei schwebende Aufmerksamkeit von der Art, über die Freud spricht.
Was sind die Faktoren, die es gesunden Menschen möglich machen, die Realität besser wahrzunehmen, die Zukunft genauer vorauszusagen, besser zu erkennen, wie Menschen wirklich sind, die Faktoren, die es ih-

nen ermöglichen, das Unbekannte auszuhalten oder zu genießen, das Unstrukturierte und Vieldeutige, das Geheimnisvolle?
Warum haben die Wünsche und Hoffnungen gesunder Menschen so wenig Macht, ihre Wahrnehmungen zu verzerren?
Je gesünder Menschen sind, umso mehr hängen ihre Fähigkeiten untereinander zusammen. Dies gilt auch für die sensorischen Modalitäten, die die Synästhesie im Prinzip zu einem grundlegenderen Studium machen als die isolierte Untersuchung separater Sinne. Es verhält sich nicht so, sondern auch die sensorische Ausrüstung als Ganzes steht in Beziehung zu den motorischen Aspekten des Organismus. Diese Zwischenbeziehungen fordern genaueres Studium: So auch das vereinende Bewußtsein, S-Erkennen, Erleuchtung, transpersonales und übermenschliches Wahrnehmen, die kognitiven Aspekte der mystischen Erfahrungen und der Grenzerfahrungen und so weiter.

Emotionen

Die positiven Emotionen, das heißt Glück, Ruhe, Heiterkeit, Seelenfrieden, Zufriedenheit, Akzeptanz, sind nicht zureichend untersucht worden. Ebensowenig Mitleid, Mitgefühl, Nächstenliebe.
Spaß, Freude, Spiel, Wettkämpfe, Sport sind nicht zureichend dem Verständnis zugänglich.
Ekstase, Begeisterung, Lebensfreude, Heiterkeit, Euphorie, Wohlbefinden, die mystische Erfahrung, die Bekehrungserfahrung in Politik und Religion, die vom Orgasmus hervorgerufenen Emotionen.
Der Unterschied zwischen Kampf, Konflikt, Frustration, Trauer, Angst, Spannung, Schuld, Scham und so weiter der psychopathologischen Person und der gesunden Person. Bei der letzteren können das gute Einflüsse sein.
Die organisierenden Wirkungen und andere gute und erwünschte Auswirkungen der Emotionen sind weniger untersucht worden als ihre desorganisierenden Wirkungen. Unter welchen Umständen korrelieren sie mit *größerer* Leistungsfähigkeit der Wahrnehmung, des Lernens, des Denkens und so weiter?
Die emotionellen Aspekte der Erkenntnis, zum Beispiel der Auftrieb, der

sich mit der Einsicht einstellt, die beruhigenden Wirkungen des Verstehens, der Akzeptierung und der Versöhnlichkeit, die das Ergebnis des tieferen Verständnisses für schlechtes Benehmen ist.

Die affektive Seite von Liebe und Freundschaft, die Befriedigungen und Freuden, die sie bringen.

Bei gesunden Menschen wirken Erkenntnisse, Konation und Affekt viel mehr zusammen als sie antagonistisch oder wechselseitig ausschließend sind. Wir müssen entdecken, warum es sich so verhält, und was die tieferen mechanischen Anordnungen sind, warum zum Beispiel die Beziehungen von Hypothalamus und Zerebrum beim Gesunden verschieden sind? Wir müssen lernen, wie zum Beispiel konative und affektive Mobilisierung dem Erkennen hilft, das Kognitive und Konative synergisch den Affekt, die Emotionen unterstützt, und so weiter. Diese drei Aspekte des psychischen Lebens sollten in ihren Wechselbeziehungen untersucht werden, eher als getrennt.

Der Kenner (Connaisseur) ist von den Psychologen unvernünftigerweise vernachlässigt worden. Einfache Freude am Essen, Trinken, Rauchen oder an anderen sinnlichen Befriedigungen hat einen definitiven Platz in der Psychologie.

Was sind die Impulse für die Konstruktion von Utopien? Was ist Hoffnung? Warum stellen sich Menschen Ideen vom Himmel, vom guten Leben, von besseren Gesellschaften vor, warum planen sie das, kreieren sie?

Was bedeutet Bewunderung? Ehrfurcht? Staunen?

Untersuchung der Inspiration? Wie können wir Menschen zu größeren Anstrengungen inspirieren? Zu besseren Zielen? Und so weiter.

Warum verschwindet Lust rascher als Schmerz? Gibt es Wege und Mittel, um Lust, Befriedigung, Glück zu regenerieren? Können wir lernen, unsere Segnungen zu schätzen anstatt sie als gegeben zu nehmen?

Motivation

Die elterlichen Triebe: Warum lieben wir unsere Kinder, warum wollen Menschen überhaupt Kinder haben, warum bringen sie dafür so viele Opfer? Oder eher, warum betrachten die Eltern das, was für einen anderen wie ein Opfer erscheint, selbst nicht als solches? Warum sind Kinder liebenswert?

Die Untersuchung von Gerechtigkeit, Gleichheit, Freiheit, das Verlangen nach Freiheit und Gerechtigkeit. Wieso kommt es, daß Menschen für Gerechtigkeit kämpfen, mit großen Opfern, manchmal sogar des eigenen Lebens? Warum kommen manche Menschen, ohne selbst dabei etwas zu gewinnen, den Erniedrigten, den ungerecht Behandelten und den Unglücklichen zu Hilfe?

Das menschliche Wesen sehnt sich bis zu einem gewissen Grad nach seinen Zielen, Zwecken *eher* als daß es von blinden Impulsen und Trieben getrieben wird. Letzteres ist selbstverständlich auch der Fall, aber nicht ausschließlich. Das abgerundete Bild zeigt beides.

Bisher haben wir nur die pathogenen Wirkungen der Frustration untersucht und ihre «sanogenen» (gesundmachenden) vernachlässigt.

Homöostase, Gleichgewicht, Anpassung, Selbsterhaltung, Abwehr, Adaptierung sind nur negative Begriffe und müssen durch positive ergänzt werden. «Alles scheint auf die Erhaltung des Lebens gerichtet zu sein und nur wenig darauf, es lebenswert zu machen.» H. Poincaré sagte, daß es nicht sein Problem war, seine Mahlzeiten zu verdienen, sondern sich dazwischen nicht zu langweilen. Wenn wir die funktionale Psychologie als die Untersuchung der Nützlichkeit vom Standpunkt der Selbsterhaltung definieren sollten, dann würde im erweiterten Sinn eine *meta*funktionale Psychologie die Nützlichkeit vom Standpunkt der Selbstvervollkommnung untersuchen.

Die Vernachlässigung höherer Bedürfnisse und die Vernachlässigung der Unterschiede zwischen niedrigeren und höheren Bedürfnissen verdammt die Menschen zu Enttäuschungen, wenn das Begehren andauert, nachdem ein Bedürfnis befriedigt ist. Beim gesunden Menschen führt Befriedigung nicht zum Aufhören des Verlangens, sondern, nach einer Periode der Zufriedenheit, zu Ersatz durch höhere Verlangen und höhere Frustrationsniveaus, zu gleicher Zeit mit derselben alten Rastlosigkeit und Unzufriedenheit.

Appetit und Vorlieben und Geschmack, wie auch das Sinnlose, Leben-und-Tod, verzweifelter Hunger.

Der Drang zur Vollkommenheit, Wahrheit, Gerechtigkeit (dasselbe wie das Geradstellen eines schief hängenden Bildes? Oder die Vollendung

einer unvollendeten Aufgabe? Oder Andauern eines ungelösten Problems?). Der utopische Impuls, das Verlangen, die Außenwelt zu verbessern, Falsches in Ordnung zu bringen.
Vernachlässigung der kognitiven Bedürfnisse, zum Beispiel durch Freud (18), wie auch durch die akademischen Psychologen.
Die konative Seite der Ästhetik, die ästhetischen Bedürfnisse.
Wir verstehen die Motivationen des Märtyrers, des Helden, des Patrioten, des Selbstlosen nicht genügend. Die Freudianischen Nichts-Als, reduktiven Erklärungen erklären nicht das Phänomen gesunder Menschen.
Wie steht es mit der Psychologie des Richtigen und Falschen, der Psychologie der Ethik und Moral?
Die Psychologie der Wissenschaft, des Wissenschaftlers, des Wissens, der Suche nach Wissen, der Impulse hinter der Suche nach Wissen, der philosophischen Impulse.
Wertschätzung, Kontemplation, Meditation.
Sexualität pflegt man zu diskutieren, als wäre sie ein Problem der Pestvermeidung. Die Beschäftigung mit den Gefahren der Sexualität hat das Offensichtliche verstellt, daß sie ein sehr lustvoller Zeitvertreib sein könnte oder sollte, und möglicherweise auch ein profunder therapeutischer und pädagogischer.

Intelligenz

Müssen wir uns mit einer Definition der Intelligenz zufrieden geben, die von dem, was der Fall ist, abgeleitet ist, anstatt von dem, was der Fall sein sollte? Der ganze Begriff des IQ hat nichts mit Weisheit zu tun; er ist ein rein technischer Begriff. Zum Beispiel hatte Goering einen hohen IQ, aber war in einem sehr realen Sinn ein dummer Mensch. Sicherlich war er ein bösartiger Mensch. Ich glaube nicht, daß es sehr schädlich ist, den spezifischen Begriff des hohen IQ herauszuarbeiten. Der einzige Kummer ist, daß in der Psychologie, die sich solcher Art einschränkt, die wichtigeren Gegenstände – Weisheit, Wissen, Einsicht, Verstehen, Vernunft, gutes Urteilsvermögen – zugunsten des IQ vernachlässigt werden, weil er technologisch befriedigender ist. Für den Humanisten handelt es sich selbstverständlich um einen sehr irritierenden Begriff.

Was sind die Einflüsse, die einen IQ steigern – effektive Intelligenz, Vernunft, gutes Urteilsvermögen? Wir wissen viel darüber, was ihn stört, wenig, was ihn bessert. Könnte es eine Psychotherapie der Intelligenz geben?
Eine organismische Konzeption der Intelligenz?
In welchem Ausmaß sind die Intelligenz-Tests kulturbedingt?

Erkenntnis und Denken

Meinungsänderung. Bekehrung. Psychoanalytische Einsicht. Plötzliches Verstehen. Die Wahrnehmung des Prinzips. Erleuchtung. Satori. Erwachen.
Weisheit. Was sind die Beziehungen zum guten Geschmack, zur Moral, Freundlichkeit und so weiter?
Die charakterologischen und therapeutischen Wirkungen reinen Wissens.
Das Studium der Kreativität und Produktivität sollte einen wichtigen Platz in der Psychologie einnehmen. Im Denken sollten wir mehr Aufmerksamkeit dem Studium der Neuheit, der Erfindungskraft, der Produktion neuer Ideen widmen, mehr als dem Suchen von Lösungen von vorbestimmten Rätseln vom Typus, wie er bisher in den Denkuntersuchungen verwendet wurde. Da Denken von seiner besten Seite kreativ ist, warum untersucht man es dann nicht in seinem Bestzustand?
Die Psychologie der Wissenschaft und der Wissenschaftler, der Philosophie und der Philosophen.
Das Denken bei den gesündesten Menschen – wenn sie auch intelligent sind – ist nicht nur vom Dewey-Typus, das heißt von irgendeinem gleichgewichtsstörenden Problem oder Ärgernis stimuliert und verschwunden, wenn das Problem gelöst ist. Es ist auch spontan, sportlich und angenehm und wird häufig ausgestrahlt oder mühelos produziert, automatisch, so wie die Leber Galle absondert. Solche Menschen *genießen* es, denkende Lebewesen zu sein, sie müssen nicht zum Denken gezwungen werden.
Denken ist nicht immer dirigiert, organisiert, motiviert oder zielbedingt.

Phantasie, Träumen, Symbolismus, unbewußtes Denken, infantiles, emotionelles Denken, psychoanalytische freie Assoziation sind alle in ihrer eigenen Art produktiv. Gesunde Menschen erreichen viele ihrer Schlußfolgerungen und Entscheidungen mit Hilfe dieser Techniken, die zur Rationalität traditionell im Widerspruch stehen, doch tatsächlich synergisch mit ihr sind.
Der Begriff der Objektivität. Desinteressiertheit. Passive Reaktion auf die Natur der Wirklichkeit *an sich* ohne Einbringung irgendwelcher persönlicher oder Ich-Elemente. Problemzentrierte eher als Ich-zentrierte Kognition. Taoistische Objektivität, Liebes-Objektivität vs. Betrachter-Objektivität.

Klinische Psychologie

Im allgemeinen sollten wir als Psychopathologie jedes Versagen im Erreichen der Selbstverwirklichung betrachten lernen. Die durchschnittliche oder normale Person ist ebenso ein Fall wie die psychotische, wenn auch weniger dramatisch und weniger dringlich.
Die Ziele und Zwecke der Psychotherapie sollten positiv betrachtet werden. (Dies trifft selbstverständlich auch auf die Ziele der Erziehung, Familie, Medizin, Religion und Psychologie zu.) Die therapeutischen Werte des guten und erfolgreichen Lebens sollten betont werden, wie zum Beispiel Ehe, Freundschaft, ökonomischer Erfolg und so weiter.
Klinische Psychologie ist nicht dasselbe wie anormale Psychologie. Klinische Psychologie kann auch die persönliche, individuelle Fallstudie erfolgreicher und glücklicher und gesunder einzelner sein. Klinische Psychologie kann Gesundheit gleichermaßen wie Krankheit untersuchen, die starken, mutigen und freundlichen wie auch schwache, feige und grausame Menschen.
Anormale Psychologie sollte sich nicht auf die Untersuchung der Schizophrenie beschränken, sondern sollte auch solche Phänomene wie Zynismus, autoritäre Haltung, Anhedonismus, Wertverlust, Vorurteil, Haß, Gier, Egoismus und ähnliches erfassen. Dementia praecox, manische Depression, Zwangsneurose und ähnliches sind die ernsten Krankheiten der Menschheit, *vom Standpunkt der Technologie aus gesehen,* das heißt, in dem

Sinn, in dem sie die Leistungsfähigkeit einschränken. Doch es wäre sicher ein Segen gewesen, nicht ein Fluch, wenn Hitler oder Mussolini oder Stalin mit offenkundiger Schizophrenie zusammengebrochen wären. Was wir vom Standpunkt der positiven und wertorientierten Psychologie untersuchen sollten, sind jene Störungen, die Menschen schlecht oder im Sinn der Werte beschränkt machen. Zynismus ist daher sicherlich schwerwiegender im Sinn der Gesellschaft als Depression.

Wir verbringen viel Zeit mit der Untersuchung der Kriminalität. Warum sollten wir nicht auch Gesetzestreue, Identifikation mit der Gesellschaft, Philanthropie, soziales Bewußtsein, *Gemeinschaftsgefühl** untersuchen?

Zusätzlich zum Studium der psychotherapeutischen Auswirkungen der guten Lebenserfahrungen, wie Ehe, Erfolg, Kinder, Verlieben, Erziehung und so weiter sollten wir auch die psychotherapeutischen Effekte schlechter Erfahrungen untersuchen, besonders der Tragödie, aber auch der Krankheit, Entbehrung, Frustration, des Konflikts und ähnlichem. Gesunde Menschen scheinen sogar für solche Erfahrungen gute Verwendung zu haben.

Das Studium des Interesses (zum Unterschied vom Studium der Langeweile). Diejenigen, die Vitalität haben, Lebenslust, Todeswiderstand, Lebenswunsch.

Unser gegenwärtiges Wissen von der Dynamik der Persönlichkeit, der Gesundheit und der Anpassung stammt fast ausschließlich aus Untersuchungen kranker Menschen. Nicht nur wird das Studium Gesunder dies korrigieren und uns etwas direkt über die psychologische Gesundheit lehren, sondern, wie ich sicher bin, es wird uns auch mehr, als wir jetzt wissen, über Neurosen, Psychosen, Psychopathie und Psychopathologie im allgemeinen lehren.

Die klinische Studie der Fähigkeit, Kapazität, Geschicklichkeit, Fertigkeit. Berufung, Beruf, Mission.

Die klinische Studie der Genialität und Begabung. Wir verwenden mehr Geld und Zeit für schwachsinnige Menschen als für intelligente.

Die Frustrationstheorie, wie sie gewöhnlich konzipiert wird, ist ein gutes Beispiel für die Krüppelpsychologie. In zu vielen Theorien der Kin-

* Der Autor verwendet das deutsche Wort.

dererziehung wird das Kind in der ursprünglichen Freudianischen Art betrachtet, als ein vollständig konservativer Organismus, der an bereits erreichten Anpassungen hängt; es hat keinen Drang zu einer neuen Anpassung weiter zu gehen, zu wachsen, sich in seiner eigenen Art und Weise zu entwickeln.

Bis heute werden die psychodiagnostischen Techniken für die Diagnose der Pathologie, nicht der Gesundheit verwendet. Wir haben keine guten Rorschach- oder TAT- oder MMPI-Normen für Kreativität, Ich-Stärke, Gesundheit, Selbstverwirklichung, Hypnose, Widerstandsfähigkeit gegen Krankheit. Die meisten Persönlichkeitsfragebögen sind noch immer dem ursprünglichen Woodworth-Modell nachgeformt; sie führen viele Krankheitssymptome an, und eine gute oder gesunde Auswertung ist die *Abwesenheit* von Antworten auf diese Aufzählung von Symptomen.

Seit die Psychotherapie Menschen heilt, lassen wir uns die Gelegenheit entgehen, Menschen in ihrem Bestzustand zu betrachten, indem wir es unterlassen, die posttherapeutische Persönlichkeit zu untersuchen.

Das Studium von Grenzerfahrenden und Nicht-Grenzerfahrenden, das heißt solcher, die Grenzerfahrungen haben, und solcher, die keine haben («Peakers and Nonpeakers»).

Tierpsychologie

In der Tierpsychologie lag der Schwerpunkt auf Hunger und Durst. Warum nicht auch die höheren Bedürfnisse untersuchen? Tatsächlich wissen wir nichts darüber, ob die weiße Ratte etwas ähnliches wie unsere höheren Bedürfnisse nach Liebe, Schönheit, Verstehen, Status und so weiter hat. Wie sollten wir auch etwas darüber erfahren, mit den jetzt den Tierpsychologen verfügbaren Verfahren? Wir müssen die Psychologie der verzweifelten Ratte überwinden, der Ratte, die bis an den Punkt des Verhungerns getrieben wird, oder die durch Schmerz oder elektrischen Schock in eine extreme Situation gedrängt wird, eine so extreme, daß sich menschliche Wesen sehr selten in einer ähnlichen befinden. (Einige Forschungsarbeiten wurden mit Affen und Menschenaffen durchgeführt.)

Das Studium des Verstehens und der Einsicht sollte mehr betont werden als die Untersuchung des Auswendiggelernten, des Lernens durch blinde Assoziation, ebenso die höheren Bereiche der Intelligenz, die komplexeren, die höheren Grenzen der Tierleistungen sind zugunsten der durchschnittlichen vernachlässigt worden.

Als Husband (204) zeigte, daß eine Ratte ein Labyrinth fast genauso gut lernen kann wie ein Mensch, hätte man das Labyrinth als Instrument für das Studium des Lernens sofort und ein für allemal aufgeben sollen. Wir wissen im vornherein, daß Menschen besser als Ratten lernen. Jede Technik, die das nicht zeigen kann, ist wie das Messen von Menschen, die in einem niedrigen Raum sich bücken müssen. Was wir messen, ist die Deckenhöhe, nicht die Menschen. Alles, was das Labyrinth mißt, ist eine niedrige Decke und nicht die Höhe, die das Lernen und Denken erreichen kann, sogar bei einer Ratte.

Es erscheint sehr wahrscheinlich, daß die Verwendung höherer Tiere anstatt niedrigerer uns weit mehr über die menschliche Psychologie beibringen könnte.

Man sollte immer daran denken, daß die Verwendung von Tieren im vornherein die Vernachlässigung gerade jener Fähigkeiten garantiert, die einzigartig menschlich sind, zum Beispiel Märtyrertum, Selbstaufopferung, Scham, Symbole, Sprache, Liebe, Humor, Kunst, Schönheit, Gewissen, Schuld, Patriotismus, Ideale, Poesie oder Philosophie oder Musik oder Wissenschaft. Tierpsychologie ist für das Verständnis jener menschlichen Eigenschaften notwendig, die der Mensch mit allen Primaten gemeinsam hat. Sie ist nutzlos in der Untersuchung jener Eigenschaften, die er *nicht* mit anderen Tieren teilt oder in denen er weit überlegen ist, wie etwa latentes Lernen.

Sozialpsychologie

Die Sozialpsychologie sollte weit mehr sein als das Studium der Nachahmung, Suggestion, des Vorurteils, des Hasses und der Feindseligkeit. Dies sind die kleineren Kräfte bei gesunden Menschen.

Theorie der Demokratie, des Anarchismus. Demokratische interpersonale Beziehung. Der demokratische Führer. Macht in der Demokratie

und unter demokratischen Menschen und beim demokratischen Führer. Die Motivationen des selbstlosen Führers. Gesunde Menschen haben Abneigung gegen Macht über andere Menschen. Sozialpsychologie ist zu stark von der niedrigen, animalischen Konzeption von Macht beherrscht. Wettbewerb wird mehr untersucht als Zusammenarbeit, Altruismus, Freundlichkeit, Selbstlosigkeit.
Das Studium der Freiheit und der freien Menschen hat in der Sozialpsychologie von heute wenig oder keinen Platz.
Wie wird Kultur verbessert? Was sind die guten Auswirkungen des Abweichenden? Wir wissen, daß Kultur niemals ohne Abweichungen Fortschritte machen oder verbessert werden kann. Warum hat man sie nicht mehr untersucht? Warum betrachtet man sie im allgemeinen als pathologisch? Warum nicht als gesund?
Brüderlichkeit und Gleichheit verdienen genauso viel Aufmerksamkeit wie Klasse und Kaste und Herrschaft in der sozialen Sphäre. Warum nicht die religiösen Bruderschaften studieren? Die Konsumentengenossenschaften und Produzentencooperationen? Intentionale und utopische Gemeinschaften?
Die Beziehung von Kultur und Persönlichkeit wird gewöhnlich betrachtet, als wäre die Kultur der Hauptformer und ihre formenden Kräfte unvermeidlich. Doch stärkere und gesündere Menschen können ihr widerstehen und tun es. Kulturelle und individuelle Anpassung funktionieren bei einigen Menschen nur bis zu einem gewissen Grad. Das Studium der Freiheit *von* der Umwelt ist erforderlich.
Meinungsumfragen beruhen auf der unkritischen Annahme einer niedrigen Konzeption der menschlichen Möglichkeiten, das heißt auf der Annahme, daß die Stimmenabgabe durch Egoismus oder nackte Gewohnheit determiniert wird. Dies trifft zu, doch nur bei den ungesunden 99 Prozent der Bevölkerung. Gesunde Menschen wählen oder kaufen oder urteilen zumindest teilweise aufgrund von Logik, Vernunft, Gerechtigkeit, Fairness, Realität usw., auch wenn dies entgegen ihren eigenen Interessen, eng und egoistisch betrachtet, läuft.
Warum wird die Tatsache so sehr vernachlässigt, daß Führung in den Demokratien häufig nur wegen der Gelegenheit zu dienen angestrebt wird, und nicht nur, um Macht über andere Menschen zu erlangen. Dies ist vollständig vernachlässigt worden, auch wenn es eine ungeheuer

wichtige Kraft in der amerikanischen Geschichte und auch in der Weltgeschichte ist. Es ist ziemlich klar, daß Jefferson niemals Macht oder Führerschaft wegen irgendwelcher egoistischer Vorteile ausübte, sondern eher aus dem Empfinden heraus, daß er sich aufopfern sollte, weil er eine Arbeit, die getan werden mußte, gut verrichten konnte.

Der Sinn für Pflicht, Loyalität, Verpflichtung der Gesellschaft gegenüber, Verantwortlichkeit, soziales Gewissen. Der gute Bürger, der ehrliche Mensch. Wir verbringen viel Zeit mit dem Studium des Kriminellen, warum nicht mit der Analyse der vorerwähnten?

Der Kreuzfahrer. Der Verfechter des Prinzipiellen, der Gerechtigkeit, Freiheit, Gleichheit. Der Idealist.

Die guten Auswirkungen von Vorurteil, Unpopularität, Entbehrung und Frustration. Es gibt wenig Anstrengung unter den Psychologen, die volle Vielseitigkeit auch der pathologischenPhänomene wie Vorurteil zu erfassen. Es gibt gewisse *gute* Konsequenzen des Ausschlusses oder der Verbannung. Besonders dann, wenn die Kultur zweifelhaft oder krank oder schlecht ist. Verbannung aus einer solchen Kultur ist für den betroffenen Menschen gut, auch wenn es sehr schmerzlich ist. Selbstverwirklichende Menschen verbannen sich häufig selbst, indem sie sich aus Subkulturen zurückziehen, die sie mißbilligen.

Wir wissen nicht so viel über den Heiligen, den Ritter, den Wohltäter, den Helden, den selbstlosen Führer, wie wir es über den Tyrannen, den Kriminellen, den Psychopathen tun.

Konventionalität hat ihre guten Seiten und erwünschten Wirkungen. Die guten Konventionen. Die unterschiedliche Bewertung der Konventionen in einer gesunden und in einer kranken Gesellschaft. Dasselbe gilt für «Mittelklasse»-Werte.

Freundlichkeit, Großzügigkeit, Wohlwollen und Nächstenliebe haben in den Lehrbüchern der Sozialpsychologie zu wenig Platz gefunden.

Der reiche Liberale wie Franklin Roosevelt oder Thomas Jefferson, der, im Gegensatz zu dem Diktat seiner eigenen Brieftasche, gegen seine eigenen ökonomischen Interessen kämpft, im Interesse der Fairneß und Gerechtigkeit und so weiter.

Während viel über Antisemitismus, Negerhaß, Rassismus und Xenophobie geschrieben wird, gibt es wenig Anerkennung für die Tatsache, daß es auch so etwas gibt wie Philosemitismus, Negrophilie, Sympathie

für den Unterlegenen und so weiter. Dies zeigt, wie wir uns mehr auf Feindlichkeit als auf Altruismus oder Sympathie oder Interesse für Menschen konzentrieren,die schlecht behandelt werden.
Das Studium der Sportlichkeit, Fairneß, des Gerechtigkeitssinns, der Aufmerksamkeit für den Mitmenschen.
In den Lehrbüchern über zwischenpersönliche Beziehungen oder Sozialpsychologie könnten Untersuchungen der Liebe, der Ehe, der Freundlichkeit und der therapeutischen Beziehung sehr wohl beispielhaft für alle folgenden Kapitel sein. Heute jedoch werden sie selten von den existierenden Lehrbüchern ernst genommen.
Kaufwiderstand, Reklamewiderstand, Propagandawiderstand, Widerstand gegen die Meinung anderer Menschen, Aufrechterhaltung von Autonomie, Suggestionsresitenz, Nachahmungsresistenz, Prestigeresistenz sind alle bei gesunden Menschen stark, und sie sind schwach bei den durchschnittlichen. Diese Symptome der Gesundheit sollten von den angewandten Sozialpsychologen ausgiebiger untersucht werden.
Sozialpsychologie muß sich frei machen von jener Art des kulturellen Relativismus, der die menschliche Passivität, Plastizität und Formlosigkeit zu stark betont, und seine Autonomie, seine Wachstumstendenzen und die Reifung der inneren Kräfte zu wenig. Sie sollte den Aktiven wie auch die Schachfigur untersuchen.
Entweder werden die Psychologen und Sozialwissenschaftler empirische Wertsysteme der Menschheit zur Verfügung stellen oder niemand. Diese Aufgabe allein bringt Tausende von Problemen.
Vom Standpunkt der positiven Entwicklung der menschlichen Möglichkeiten aus war die Psychologie im Zweiten Weltkrieg auf der ganzen Linie ein komplettes Versagen. Sie wurde von vielen Psychologen nur als Technologie verwendet und hier nur in dem Teil, der bereits bekannt war. Praktisch nichts Neues an psychologischer Theorie ergab sich bisher aus dem Krieg (obwohl es noch verspätete Entwicklungen geben kann). Dies bedeutet, daß sich viele Psychologen und andere Wissenschaftler mit kurzsichtigen Menschen verbündeten, die nur den Sieg betonten und den Gewinn des Friedens nachher vernachlässigten. Sie vernachlässigten den Hauptaspekt des ganzen Krieges völlig und machten aus ihm eher ein technologisches Spiel als den Kampf der Werte, den der Krieg tatsächlich darstellte oder zumindest darstellen sollte. Es gab im Gebäude der Psy-

chologie wenig, das sie daran hindern konnte, diesen Fehler zu begehen; keine Philosophie zum Beispiel, die Wissenschaft von Technologie trennen würde, keine Werttheorie, die sie befähigen würde, klar zu sehen, was demokratische Menschen tatsächlich sind, worum der Kampf wirklich geht und was seine Schwerpunkte waren oder sein sollten. Die Psychologen wandten sich allgemein der Frage der Mittel zu und nicht derjenigen der Ziele, und die Psychologie hätte ebenso gut von den Nazis wie auch von den Demokratien verwendet werden können. Die psychologischen Anstrengungen waren wenig erfolgreich in der Aufgabe, der autoritären Tendenz sogar in unserem eigenen Land vorzubeugen.

Soziale Institutionen und Kultur selbst werden gewohnheitsgemäß als Former, Hemmer und nicht als Bedürfnisbefriediger, Glücksbringer, Selbstverwirklichungshelfer untersucht. «Ist Kultur eine Garnitur von Problemen oder von Gelegenheiten?» (A. Meiklejohn). Das Konzept der Kultur als formende Kraft ist wahrscheinlich eine Folge der zu ausschließlichen Erfahrung mit pathologischen Fällen. Die Verwendung gesunder Versuchspersonen legt eher ein Konzept der Kultur, die ein Reservoir von Befriedigungen ist, nahe. Dasselbe könnte man wahrscheinlich für die Familie bestätigen, die ebenfalls zu häufig als eine formende, bildende, gestaltende Kraft betrachtet wird.

Persönlichkeit

Der Begriff der gut angepaßten Persönlichkeit oder der guten Anpassung stellt für die Möglichkeit des Fortschritts und Wachstums eine zu niedrige Decke dar. Die Kuh, der Sklave, der Roboter können alle gut angepaßt sein.

Das Über-Ich des Kindes wird gewöhnlich als eine Introjektion von Angst, Bestrafung, Liebesverlust, Verlassenwerden und so weiter definiert. Die Untersuchungen von Kindern und Erwachsenen, die sicher, geliebt und geachtet sind, deutet die Möglichkeit eines im Inneren gegebenen Gewissens an, das auf der Liebesidentifikation, dem Verlangen, anderen Freude zu bereiten, wie auch auf Wahrheit, Logik, Gerechtigkeit, Konsistenz, Recht und Pflicht beruht.

Das Verhalten der gesunden Person wird weniger von Angst, Furcht, Unsicherheit, Schuld, Scham determiniert und mehr von Wahrheit, Logik, Gerechtigkeit, Realität, Fairneß, Fitneß, Schönheit, Richtigkeit usw.
Wo gibt es Untersuchungen über Selbstlosigkeit? Mangel an Neid? Willenskraft? Charakterstärke? Optimismus? Freundlichkeit? Realismus? Selbsttranszendenz? Mut, Courage? Mangel an Eifersucht? Aufrichtigkeit? Geduld? Loyalität? Verläßlichkeit? Verantwortlichkeit?
Selbstverständlich ist die relevanteste und deutlichste Wahl des Gegenstandes einer positiven Psychologie das Studium der psychologischen Gesundheit (und anderer Arten der Gesundheit, ästhetischer, Wert-Gesundheit, physischer Gesundheit und ähnlich.) Doch eine positive Psychologie erfordert auch mehr Untersuchung des guten Menschen, des sicheren und des zuversichtlichen, des demokratischen Charakters, des glücklichen Menschen, des heiteren, friedlichen, ruhigen, mitleidvollen, großzügigen, freundlichen, des Schöpfers, des Heiligen, des Helden, des starken Menschen, des Genies und anderer guter Spezies der Menschheit.
Was führt die sozial wünschenswerten Merkmale der Freundlichkeit, des sozialen Gewissens, der Hilfsbereitschaft, Nachbarlichkeit, Identifikation, Toleranz, Nettigkeit, des Verlangens nach Gerechtigkeit, der gerechten Empörung herbei?
Wir haben für die Psychopathologie ein sehr reiches Vokabular, doch für die Gesundheit oder Transzendenz nur ein sehr armes.
Entbehrung und Frustration haben einige gute Auswirkungen. Die Untersuchung von gerechter wie von ungerechter Disziplin ist angebracht, ebenso das Studium der Selbstdisziplin, die daraus erfolgt, daß man direkt mit der Realität in Kontakt treten darf, aus ihren Belohnungen und Bestrafungen, ihrem Feedback lernt.
Das Studium der Idiosynkrasie und Individualität (*nicht* der individuellen Unterschiede im klassischen Sinn). Wir müssen eine idiographische Wissenschaft der Persönlichkeit entwickeln.
Wie werden Menschen verschieden voneinander anstatt einander ähnlich (angepaßt, von der Kultur flachgebügelt und so weiter)?
Was ist die Hingabe an eine Sache? Was führt zu der ergebenen, treuen Person, die sich selbst mit einer ich-transzendierenden Sache oder Mission identifiziert?

Die zufriedene, glückliche, ruhige, heitere, friedvolle Persönlichkeit.
Der Geschmack, Werte, Haltungen und die Wahl der selbstverwirklichenden Menschen sind in einem großen Ausmaß auf eine wesenhafte und von der Realität bestimmte Basis gestellt, eher als auf eine relative und äußere. Es ist deshalb ein Geschmack für das richtige und nicht das Falsche, das Wahre und nicht das Verlogene, das Schöne und nicht das Häßliche. Sie leben in einem System von stabilen Werten und *nicht* in einer Roboterwelt *ohne Werte* (nur Moden, Trends, Meinungen anderer, Nachahmung, Suggestion, Prestige).
Das Frustrationsniveau und die Frustrationstoleranz können bei selbstverwirklichenden Menschen sehr wohl *viel* höher sein. Die gilt auch für das Schuldniveau, für das Konfliktniveau und das Schamniveau.
Die Kind-Eltern-Beziehungen sind gewöhnlich untersucht worden, als wären sie nur eine Garnitur von Problemen, *nur* eine Gelegenheit, Fehler zu begehen. Sie sind primär eine Freude und ein Genuß, und eine große Gelegenheit zu genießen. Dies stimmt sogar für die Pubertät, die häufig behandelt wird, als wäre sie mit der Pest verwandt.

Appendix B. Ganzheitsdynamik, organismische Theorie, Syndromdynamik

Die Natur der psychologischen Beobachtungsergebnisse und Methoden[1]

Die grundlegende Gegebenheit der Psychologie

Es ist schwierig zu sagen, was genau diese grundlegende Gegebenheit ist, doch sehr leicht zu sagen, was sie nicht ist. Es hat viele «nichts als»-Versuche gegeben, doch alle reduzierenden Bemühungen haben versagt. Wir wissen, daß die grundlegende psychologische Gegebenheit nicht ein Muskelzucken ist, nicht ein Reflex, nicht eine elementare Empfindung, noch ein Neuron, noch auch ein beobachtbarer Teil des äußerlichen Verhaltens. Es ist eine viel größere Einheit und mehr und mehr Psychologen glauben, daß es zumindest eine so große Einheit wie ein Anpassungs- oder Bewältigungsakt ist, der notwendigerweise einen Organismus, eine Situation und ein Ziel oder einen Zweck enthält. In Anbetracht dessen, was wir über unmotivierte Reaktionen und reinen Ausdruck gesagt haben, sieht auch dies zu begrenzt aus.

Mit einem Wort, wir stehen mit der paradoxen Folgerung da, daß die grundlegende Gegebenheit der Psychologie die ursprüngliche Komplexität ist, die sich die Psychologen vorgenommen haben, in Elemente oder Grund-Einheiten auseinanderzuanalysieren. Wenn wir den Begriff der grundlegenden Gegebenheit überhaupt verwenden, ist es sicherlich ein merkwürdiger Begriff, denn er bezieht sich auf einen Komplex und nicht auf ein Simplex, auf ein Ganzes und nicht auf ein Teil.

[1] Dieser Anhang behandelt eine Reihe theoretischer Folgerungen, die sich direkt aus den Forschungsergebnissen über den Aufbau der menschlichen Persönlichkeit ergeben, und die sozusagen nur einen Schritt weiter als die Ergebnisse gehen und fest auf ihnen beruhen.

Wenn wir dieses Paradox überlegen, müssen wir bald zu der Einsicht gelangen, daß die Suche nach der grundlegenden Gegebenheit selbst eine Reflexion einer gesamten Weltanschauung ist, einer Wissenschaftsphilosophie, die von der Annahme einer atomistischen Welt ausgeht – einer Welt, in der komplexe Dinge aus einzelnen Elementen aufgebaut sind. Die erste Aufgabe eines solchen Wissenschaftlers ist dann, den sogenannten Komplex auf die sogenannten einfachen Elemente zu reduzieren. Dies geschieht durch Analyse, durch die immer feinere Trennung, bis wir auf das Unreduzierbare stoßen. Diese Aufgabe ist anderswo in der Wissenschaft erfolgreich bewältigt worden, zumindest bisher. In der Psychologie ist das nicht der Fall.

Diese Schlußfolgerungen legt die wesentlich theoretische Natur des gesamten Reduktionsverfahrens bloß. Man muß verstehen, daß die Reduktionsbemühung *nicht* wesentlich für die Wissenschaft im allgemeinen ist. Sie ist einfach die Reflexion oder Implikation in der Wissenschaft einer atomistischen, mechanischen Weltsicht, die wir heute mit gutem Grund bezweifeln dürfen. Der Angriff auf solche Reduktionsbemühungen ist dann nicht ein Angriff auf die Wissenschaft im allgemeinen, sondern eher auf eine der möglichen Haltungen zur Wissenschaft. Wir haben jedoch noch immer das ursprüngliche Problem vor uns, mit dem wir begonnen haben. Formulieren wir es neu, als Frage, nicht: «Was ist die grundlegende (unreduzierbare) Gegebenheit der Psychologie?», sondern: «Was ist der Gegenstand der psychologischen Untersuchung?» und: «Was ist das Wesen der psychologischen Gegebenheiten und wie kann man sie untersuchen?»

Die holistisch-analytische Methodologie

Wie sollen wir unser Individuum untersuchen, wenn nicht in der Reduktion auf seine «einfachen Bestandteile»? Man kann zeigen, daß dies ein weit einfacheres Problem ist, als diejenigen annehmen, die die Reduktionsbemühung ablehnen.

Es ist zunächst notwendig zu verstehen, daß nicht die Analyse im allgemeinen abgelehnt wird, sondern nur die besondere Art der Analyse, die wir Reduktion genannt haben. Es ist überhaupt nicht notwendig, die Gültigkeit der Begriffe der Analyse, der Bestandteile und so weiter zu verneinen. Wir brauchen einfach nur diese Begriffe neu zu definieren, damit sie es uns erlauben, unsere Arbeit gültiger und fruchtbarer zu verrichten.

Wenn wir ein Beispiel nehmen, wie Erröten oder Zittern oder Stottern, ist leicht zu erkennen, daß wir dieses Verhalten auf zwei Arten untersuchen können. Einerseits können wir es untersuchen, als wäre es ein isoliertes, geheimes Phänomen, in sich selbst enthalten und aus sich selbst zu verstehen. Andererseits können wir es als einen Ausdruck des gesamten Organismus untersuchen und es in seinem ganzen Reichtum der Zwischenbeziehungen zum Organismus und anderen Ausdrucksmodalitäten des Organismus zu verstehen versuchen. Die Unterscheidung kann deutlicher gemacht werden, wenn wir eine Analogie mit den zwei möglichen Arten, ein Organ wie den Magen zu untersuchen, aufstellen: 1. er kann aus der Leiche herausseziert und auf den Seziertisch gelegt werden, oder 2. man kann ihn in situ untersuchen, das heißt im lebenden funktionierenden Organismus. Die Resultate, die man durch diese beiden Verfahren erhält, sind in vieler Weise verschieden, wie die Anatomen jetzt realisieren. Das Wissen, das man durch das zweite Verfahren erhält, ist gültiger und nützlicher als die Resultate, die man durch das Äquivalent der *in vitro* Technik erhalten hat. Selbstverständlich werden das Sezieren und die isolierte Untersuchung des Magens von modernen Anatomen nicht verurteilt. Sie werden verwendet, aber nur vor dem breiten Hintergrund des in situ-Wissens, des Wissens, daß der menschliche Körper nicht eine Ansammlung separater Organe ist, daß die Organisation einer Leiche nicht dieselbe ist wie im lebendigen Körper. Mit einem Wort, die Anatomen tun alles, was man in der Vergangenheit ebenfalls getan hat, doch 1. tun sie es mit einer anderen Haltung, und 2. tun sie mehr – sie verwenden zusätzliche Techniken zu den traditionell angewandten.

Ebenso können wir uns unserem Studium der Persönlichkeit mit zwei verschiedenen Haltungen zuwenden. Wir können uns vorstellen, daß wir entweder eine geheimnisvolle Einheit untersuchen, oder einen Teil eines Ganzen. Die erstere Methode können wir reduktiv-analytisch nennen, die letztere holistisch-analytisch. Ein wesentliches Merkmal der holistischen Analyse der Persönlichkeit in der tatsächlichen Praxis ist, daß es eine vorherige Untersuchung oder ein Verständnis des totalen Organismus geben muß, und daß wir dann die Rolle untersuchen, die unser Teil des Ganzen in der Organisation und der Dynamik des gesamten Organismus spielt.

In den beiden Forschungsreihen, auf denen dieses Kapitel beruht (Studien des Selbstachtungssyndroms und des Sicherheitssyndroms) wurde diese holistisch-analytische Methode angewandt. Tatsächlich kann man die Resultate nicht so sehr als Studien der Selbstachtung oder der Sicherheit an sich bezeichnen wie als Untersuchungen der Rolle der Selbstachtung oder der Sicherheit in der gesamten Persönlichkeit.

In den Begriffen der Methodologie bedeutet dies, daß es der Autor für notwendig befunden hat, jede Versuchsperson als ein ganzes, funktionierendes, sich anpassendes Individuum zu verstehen, bevor er versucht hat, etwas Spezifisches über die Selbstachtung der Versuchsperson herauszufinden. So erfolgte vor jeder Frage spezifisch nach Selbstachtung eine Untersuchung der Versuchsperson hinsichtlich ihrer Beziehungen zur Familie, der Art der Subkultur, in der sie lebte, ihres allgemeinen Stils der Anpassung an ihre wichtigsten Lebensprobleme, ihre Hoffnungen für die Zukunft, ihre Ideale, ihre Frustrationen und Konflikte. Diese Prozedur wurde fortgesetzt, bis der Autor das Gefühl hatte, daß er die Versuchsperson so gut wie möglich in Anbetracht der einfachen angewendeten Techniken verstanden hat. Nur dann hatte er das Gefühl, daß er die tatsächliche psychologische Bedeutung der Selbstachtung für spezifische Teile des Verhaltens verstehen konnte.

Wir können durch ein Beispiel die Notwendigkeit dieses Hintergrunds von Verständnis für die angemessene Interpretation eines spezifischen Verhaltens andeuten. Im allgemeinen haben Menschen mit niedriger Selbstachtung die Tendenz religiöser zu sein als Menschen mit hoher, aber offensichtlich gibt es auch viele andere Determinanten der Religiosität. Um zu entdecken, ob bei einem spezifischen einzelnen die Religiosität die Notwendigkeit bedeutet, sich auf eine andere Quelle der Stärke anzulehnen, muß man seine religiöse Erziehung kennen, die verschiedenen äußeren Zwänge für und gegen die Religion, die auf ihn einwirken, ob seine Religiosität oberflächlich oder tief ist, ob sie äußerlich oder aufrichtig ist. Mit einem Wort, wir müssen verstehen, was Religion für ihn als einzelnen bedeutet. So kann eine Person, die regelmäßig die Kirche besucht, tatsächlich als *weniger* religiös eingestuft werden, als eine, die überhaupt nicht in die Kirche geht, weil sie 1. vielleicht in die Kirche geht, um soziale Isolierung zu vermeiden oder 2. um ihrer Mutter eine Freude zu bereiten, oder 3. weil die Religion für sie nicht Bescheidenheit, sondern eine Waffe zur Dominierung über andere darstellt oder 4. sie als Mitglied einer überlegenen Gruppe ausweist, oder 5. wie beim Vater von Clarence Day, «Es gut für die unwissenden Massen ist und ich mitspielen muß...» oder... und so weiter. Wir müssen offenkundig wissen, was die Religion für den Einzelnen bedeutet, bevor wir seine Rolle in der Persönlichkeit bestimmen können. Bloßer behavioristischer Kirchenbesuch kann praktisch alles bedeuten und deshalb, für uns, praktisch nichts.

Ein anderes, vielleicht überraschenderes Beispiel, weil dasselbe Verhalten psychologisch genau das Entgegengesetzte bedeuten kann, ist dasjenige des politisch-ökonomischen Radikalismus. Wenn es an sich betrachtet wird, das heißt vom Verhalten her, diskret, aus dem Kontext genommen, bekommen wir die verwirrendsten Resultate, wenn wir dessen Beziehung zu Sicherheitsgefühlen untersuchen. Einige Radikale befinden sich extrem in Sicherheit, andere extrem in Unsicherheit. Doch wenn wir den Radikalismus in seinem gesamten Kontext untersuchen, erkennen wir leicht, daß einer ein Radikaler ist, weil es das Leben nicht gut mit ihm meint, weil er verbittert, enttäuscht oder frustriert ist, weil er nicht das hat, was andere haben. Sorgfältige Untersuchung solcher Menschen zeigt häufig, daß sie ihren Mitmenschen im allgemeinen gegenüber sehr feindlich eingestellt sind, manchmal bewußt, manchmal unbewußt. Es wurde von solchen Menschen treffend gesagt, daß sie die Tendenz haben, ihre persönlichen Schwierigkeiten als eine Weltkrise zu betrachten.

Doch dann gibt es einen anderen Typus des Radikalen, der eine ganz andere *Art* von Individuum darstellt, obwohl er in derselben Weise wählt, sich verhält und spricht, wie derjenige, den wir gerade beschrieben haben. Für ihn jedoch kann der Radikalismus eine ganz andere, sogar entgegengesetzte Motivation oder Bedeutung haben. Diese Menschen sind sicher, glücklich, persönlich zufrieden, fühlen sich jedoch aus tiefer Liebe zu ihren Mitmenschen getrieben, das Schicksal der weniger Glücklichen zu bessern, Unrecht zu bekämpfen, auch wenn es sie nicht direkt betrifft. Solche Menschen können diesen Drang in jeder von einem Dutzend verschiedener Arten und Weisen ausdrücken: durch persönliche Philanthropie oder religiöse Ermahnung oder geduldiges Unterrichten oder radikale politische Aktivität. Ihre politischen Ansichten neigen zur Unabhängigkeit von fluktuierendem Einkommen, persönlichem Mißgeschick und ähnlichem.

Mit einem Wort, Radikalismus ist eine Form des Ausdrucks, der von ganz verschiedenen tieferliegenden Motivationen stammen mag, von entgegengesetzten Typen der Charakterstruktur. Beim einen mag es im wesentlichen dem Haß auf die Mitmenschen entspringen, beim anderen im wesentlichen aus der Liebe zu ihnen. Wenn man Radikalismus an sich untersucht, wird man kaum zu dieser Schlußfolgerung gelangen [2].

Was man noch über die holistische Analyse sagen kann, wird besser im weiteren dargestellt, nachdem andere Probleme behandelt wurden.

Der holistisch-dynamische Standpunkt

Der allgemeine Standpunkt, der hier deklariert wird, ist ganzheitlich und nicht atomistisch, funktional und nicht taxonomisch, dynamisch und nicht statisch, dynamisch mehr als kausal, zweckgerichtet mehr als einfach-mechanisch. Obwohl diese entgegengesetzten Faktoren gewöhnlich als eine Serie trennbarer Dichotomien betrachtet werden, sind sie es für den Autor keineswegs. Für ihn haben sie die Tendenz, in zwei einheitliche, doch gegensätzliche Weltanschauungen zu gerinnen. Dies scheint auch für andere Autoren zuzutreffen, denn diejenigen, die dynamisch denken, finden es leichter und natürlicher, auch ganzheitlich eher als atomistisch, zweckgerichtet eher als mechanisch zu denken und so

[2] Eine ziemlich allgemein verwendete holistische Technik (für gewöhnlich anders bezeichnet) ist die Technik der Iteration, wie sie in der Konstruktion von Persönlichkeitstests verwendet wird. Ich habe sie auch in meinen Untersuchungen der Persönlichkeitssyndrome verwendet. Mit einem vage umschriebenen Ganzen beginnend, analysieren wir dessen Struktur, bis wir zu Unterteilungen gelangen usw. Durch diese Analyse stoßen wir auf Schwierigkeiten mit unserer ursprünglichen Konzeption des Ganzen. Das Ganze wird dann neu organisiert, neu definiert, und neu formuliert, genauer, gültiger, und wird dann, wie zuvor, wiederum analysiert. Widerum ermöglicht es diese Analyse, ein besseres, genaueres Ganzes zu umschreiben und so weiter.

weiter. Diesen Standpunkt werden wir den holistisch-dynamischen Standpunkt nennen. Man könnte ihn auch organismisch im Goldsteinschen Sinn nennen.

Der organisierte und einheitliche Standpunkt, der zugleich atomistisch, taxonomisch, statisch, kausal und einfach-mechanisch ist, wird als dieser Interpretation entgegengesetzt betrachtet. Der atomistische Denker findet es viel natürlicher, auch statisch eher als dynamisch, mechanisch eher als zweckgerichtet und so weiter zu denken. Diesen allgemeinen Standpunkt werde ich willkürlich einen allgemein atomistischen nennen. Ich habe keine Zweifel, daß es möglich ist zu zeigen, daß diese partiellen Standpunkte nicht nur die *Tendenz* haben, gemeinsam vorzugehen, sondern sogar logisch gemeinsam vorgehen *müssen*.

Einige spezielle Anmerkungen über den Kausalitätsbegriff sind an dieser Stelle notwendig, da es sich um einen Aspekt der allgemein-atomistischen Theorie handelt, der mir von zentraler Bedeutung zu sein scheint und den die psychologischen Autoren verwischt oder überhaupt vernachlässigt haben. Dieser Begriff steht im Mittelpunkt des allgemein-atomistischen Standpunktes und ist eine natürliche, sogar notwendige Folge davon. Wenn man die Welt als eine Ansammlung grundsätzlich gegebener unabhängiger Entitäten sieht, muß die deutlich ersichtliche Tatsache irgendwie erklärt werden, daß diese Entitäten trotzdem untereinander in Beziehung stehen. Der erste Versuch, dieses Problem zu lösen, führt zu der Konzeption der einfachen Billard-Art der Kausalität, in der ein separates Ding etwas einem anderen separaten Ding tut, doch in dem die betroffenen Entitäten weiterhin ihre wesentliche Identität behalten. Solch ein Standpunkt ist leicht aufrechtzuerhalten und schien tatsächlich absolut zu sein, solang uns die alte Physik unsere Theorie der Welt lieferte. Doch die Fortschritte in Physik und Chemie machten Modifikationen notwendig. Zum Beispiel gibt es heute die raffiniertere Formulierung der multiplen Verursachung. Es wird anerkannt, daß die Zwischenbeziehungen in der Welt zu komplex, zu fein sind, um sie in derselben Art und Weise zu beschreiben wie das Aufeinandertreffen der Billardkugeln auf dem Tisch. Doch die Antwort ist häufig nur eine Komplizierung der ursprünglichen Vorstellung, statt einer grundlegenden Rekonstruktion. Anstatt einer Ursache gibt es viele, doch sie werden betrachtet, als würden sie in derselben Art und Weise funktionieren, separat und unabhängig voneinander. Die Billardkugel wird jetzt nicht durch eine andere Kugel getroffen, sondern durch zehn andere gleichzeitig, und wir müssen einfach eine etwas kompliziertere Arithmetik anwenden, um zu verstehen, was geschieht. Die wesentlichen Prozeduren sind noch immer die Addition separater Entitäten zu einer «Und-Summe», um Wertheimers Formulierung zu verwenden. Man erblickt keine notwendige Änderung in der grundlegenden Vorstellung von den komplexen Ereignissen. Ganz gleich, wie komplex das Phänomen ist, es ereignet sich nichts wesentlich Neues. In dieser Weise wird die Vorstellung von der Ursache immer mehr und mehr gedehnt, um auf neue Bedürfnisse zu passen, bis sie manchmal keine Beziehung außer der historischen zum alten Begriff zu haben scheint. Tatsächlich jedoch bleiben sie, obwohl sie verschieden scheinen, im wesentlichen dieselben, da sie weiterhin dieselbe Weltsicht reflektieren.

Besonders hinsichtlich der Persönlichkeitsgegebenheiten bricht die Kausalitätstheorie total zusammen. Es ist leicht zu zeigen, daß in jedem Persönlichkeitssyndrom andere als kausale Beziehungen existieren. Das heißt, wenn wir das Vokabular der Kausalität verwenden müßten, müßten wir sagen, daß jeder Teil des Syndroms sowohl eine Ursache wie eine Wirkung hinsichtlich jedes anderen Teils wie auch jeder anderen Gruppierungen dieser Teile ist, und außerdem, daß jeder Teil Ursache und Wirkung hinsichtlich des Ganzen ist, das ihn enthält. Solch eine absurde Schlußfolgerung ist die einzig mögliche, wenn wir nur den Kausalitätsbegriff verwenden. Auch wenn wir versuchen, die Situation zu meistern, indem wir den neueren Begriff der zirkulären oder reversiblen Kausalität einführen, könnten wir die Beziehungen im Syndrom und auch die Beziehungen des Teiles zum Ganzen nicht vollständig beschreiben.

Dies ist jedoch nicht die einzige Unzulänglichkeit des Vokabulars der Kausalität, mit der wir es zu tun haben. Es gibt auch das schwierige Problem der Beschreibung der Interaktion oder Wechselbeziehung zwischen dem Syndrom als Ganzes und all den Kräften, die von «außen her» darauf einwirken. Das Syndrom der Selbstachtung zum Beispiel zeigt die Tendenz, sich als ein Ganzes zu ändern. Wenn wir versuchen, Hänschens Stottern zu ändern und uns spezifisch nur dem Stottern zuwenden, ist die Wahrscheinlichkeit sehr groß, daß wir herausfinden, 1. daß wir überhaupt nichts geändert haben, oder 2. daß wir nicht Hänschens Stottern allein geändert haben, sondern eher Hänschens Selbstachtung im allgemeinen, oder sogar Hänschen als einzelnen insgesamt. Äußere Einflüsse zeigen gewöhnlich die Tendenz, das ganze menschliche Wesen zu ändern, nicht nur ein Stück oder einen Teil von ihm.

Es gibt noch andere Merkwürdigkeiten dieser Situation, die der Beschreibung durch das gewöhnliche Kausalitätsvokabular unzugänglich sind. Es gibt besonders ein Phänomen, das sehr schwierig zu beschreiben ist. Das Annäherndste, was ich anzubieten habe, ist zu sagen, daß es sich so verhält, wie wenn der Organismus (oder jedes andere Syndrom) «die Ursache schluckt, sie verdaut und dann die Wirkung absondert.» Wenn ein affektiver Stimulus, eine traumatische Erfahrung etwa, die Persönlichkeit trifft, gibt es gewisse Folgen dieser Erfahrung. Doch diese Folgen zeigen niemals eine geradlinige, ein-auf-eins-folgende Beziehung zur ursprünglichen kausalen Erfahrung. Was tatsächlich geschieht, ist, daß die Erfahrung, wenn sie Wirkungen hat, die ganze Persönlichkeit ändert. Diese Persönlichkeit, die jetzt anders ist, als sie vorher war, drückt sich anders aus und verhält sich anders als vorher. Nehmen wir an, daß die Wirkung darin besteht, daß ein Facialtick schlimmer wird. Ist diese zehnprozentige Verschlimmerung des Ticks von der traumatischen Situation verursacht worden? Wenn wir dies behaupten, müssen wir konsequenterweise sagen, jeder einzelne wirksame Reiz, der je den Organismus getroffen hat, hat ebenfalls die zehnprozentige Verschlimmerung des Facialticks bewirkt. Denn jede Erfahrung wird vom Organismus in demselben Sinn aufgenommen, wie Nahrung verdaut und durch Resorption eins mit dem Organismus wird. Ist der Sandwich, den ich vor einer Stunde aß, die Ursache der Worte, die ich jetzt niederschreibe, oder war es der Kaffee, den ich trank, oder was ich gestern gegessen hatte, oder die Lektion in der Kunst des Schreibens Jahre zuvor, oder das vor einer Woche gelesene Buch?

Es sollte sicherlich offenkundig sein, daß jede wichtige Äußerung, wie etwa eine Arbeit zu schreiben, an der man sehr interessiert ist, nicht von irgendetwas Besonderem verursacht wird, sondern ein Ausdruck oder eine Schöpfung der ganzen Persönlichkeit ist, die wiederum eine Wirkung von fast allem ist, das ihr je zugestoßen ist. Es sollte für den Psychologen ebenso natürlich sein, von einem Reiz oder einer Ursache zu denken, als wären sie von der Persönlichkeit mittels einer Neuanpassung aufgenommen worden, wie die Ansicht zu haben, daß sie den Organismus getroffen haben und ihn in irgendeine Richtung drängen. Das Nettoresultat wäre hier nicht die Trennung von Ursache und Wirkung, sondern einfach eine neue Persönlichkeit (um weniges oder mehr neu).

Eine weitere Art, die Unzulänglichkeit der konventionellen Ursache-Wirkung-Konzeptionen für die Psychologie zu demonstrieren, besteht darin, zu zeigen, daß der Organismus nicht ein passives Agens ist, dem Ursachen oder Reize etwas antun, sondern daß er aktiv ist, eine komplexe wechselseitige Beziehung mit der Ursache eingeht, gleichermaßen auf sie einwirkt. Für Leser psychoanalytischer Literatur ist dies ein Allgemeinplatz, und es ist nur notwendig, den Leser an die Tatsache zu erinnern, daß wir Reizen gegenüber blind sind, sie verzerren, rekonstruieren oder wiederformen können, wenn sie verzerrt sind. Wir können nach ihnen suchen oder sie vermeiden. Wir können sie sieben und unter ihnen auswählen. Oder schließlich können wir sie auch schaffen, wenn wir das Bedürfnis danach haben.

Der Kausalitätsbegriff beruht auf der Annahme einer atomistischen Welt mit Einheiten, die verborgen bleiben, obwohl sie in Wechselwirkung zueinander stehen. Die Persönlichkeit jedoch ist nicht von ihrem Ausdruck, ihren Auswirkungen oder den auf sie einwirkenden Reizen (Ursachen) getrennt, und deshalb muß der Kausalitätsbegriff zumindest hinsichtlich der psychologischen Gegebenheiten von einer anderen Konzeption ersetzt werden[3]. Diese Konzeption – holistisch-dynamisch – kann nicht einfach formuliert werden, da sie eine grundlegende Neukonstruktion des Standpunkts bedeutet, sondern muß Schritt für Schritt erklärt werden.

[3] Die raffinierteren Wissenschaftler und Philosophen haben den Kausalitätsbegriff jetzt durch eine Interpretation in den Termini «funktionaler» Beziehungen ersetzt, das heißt, A ist eine Funktion von B, *oder* wenn A, dann B. Damit, scheint es mir, haben sie die nuklearen Aspekte des Kausalitätsbegriffs aufgegeben, was gleichbedeutend ist mit der Aufgabe der Notwendigkeit und des dementsprechenden Handelns. Einfache lineare Koeffizienten von Korrelationen sind Beispiele funktionaler Feststellungen, die jedoch häufig als *Gegensätze* für Ursache-Wirkung-Beziehungen verwendet werden. Es hat keinen Zweck, das Wort «Ursache» weiter zu verwenden, wenn es gerade das Gegenteil davon bedeutet, was es vorher zu bedeuten pflegte. Jedenfalls bleibt uns dann das Problem der notwendigen oder inhärenten Beziehung und der Art und Weise, wie sich Änderung ergibt. Diese Probleme müssen gelöst werden, nicht negiert oder liquidiert oder aufgegeben.

Definition des Syndrombegriffs

Wenn wir zugeben, daß eine gültigere Art der Analyse möglich ist, wie können wir in dieser Untersuchung des ganzen Organismus weiter verfahren? Die Antwort muß von der Natur der Organisierung der Gegebenheiten abhängen, die analysiert werden sollen, und wir müssen jetzt fragen: Wie ist die Persönlichkeit organisiert? Als eine vorläufige Antwort auf diese Frage muß eine Analyse des Syndrombegriffs erfolgen.

Beim Versuch, die wechselseitig bezogenen Merkmale der Selbstachtung zu beschreiben, habe ich mir aus der Medizin den Begriff des Syndroms geliehen. In diesem Bereich wird er in seiner Bedeutung als ein Komplex von Symptomen verwendet, die gewöhnlich gemeinsam auftreten und die deshalb eine vereinheitlichende Bezeichnung erhalten. Jedenfalls bedeutet der Begriff gewöhnlich Erkrankung und Abnormität eher als Gesundheit oder Normalität. Wir werden ihn nicht in irgendeinem solcherart spezialisierten Sinn verwenden, betrachten ihn vielmehr als einen allgemeinen Begriff, der sich nur auf einen Organisationstypus ohne Hinweis auf den «Wert» dieser Organisation bezieht.

Außerdem ist er in der Medizin häufig nur in einem bloß additiven Sinn verwendet worden, eher als eine Aufzählung von Symptomen als eine organisierte, wechselseitig abhängige, strukturierte Gruppe von Symptomen. Wir werden ihn selbstverständlich im letzteren Sinn verwenden. Schließlich ist er in der Medizin in einem kausalen Sinn verwendet worden. Jedes Syndrom von Symptomen wurde so verstanden, daß es eine angenommene einzige Ursache hatte. Wenn einmal so etwas gefunden worden war, zum Beispiel die Bazillen bei der Tuberkulose, zeigten die Forscher die Tendenz, sich zufrieden zu geben und ihre Arbeit als beendet zu betrachten. Damit vernachlässigten sie viele Probleme, die wir als zentral betrachten sollten. Beispiele solcher Probleme sind es, 1. daß die Tuberkulose nicht häufiger auftrat, in Anbetracht der Allgegenwärtigkeit des Tuberkelbazillus, 2. das häufige Ausbleiben vieler der Symptome des Syndroms, 3. die Austauschbarkeit der Symptome, 4. die unerklärte und unvorsehbare Milde oder Strenge der Krankheit bei spezifischen Einzelnen usw. Mit einem Wort, wir sollten eine Untersuchung *aller* Faktoren in der Ätiologie der Tuberkulose fordern, nicht nur der am meisten dramatischen oder der stärksten.

Unsere vorläufige Definition eines Persönlichkeitssyndroms ist, daß es ein strukturierter, organisierter Komplex von anscheinend verschiedenen spezifischen Merkmalen ist (Verhaltensweisen, Gedanken, Impulsen zu handeln, Wahrnehmungen usw.), die jedoch, wenn sie sorgfältig und gültig untersucht werden, eine gemeinsame Einheit aufweisen, die man verschiedentlich als eine ähnliche dynamische Bedeutung, Ausdruck, «Geschmack», Funktion oder Zweck formulieren kann.

Da diese spezifischen Merkmale dieselbe Quelle oder Funktion oder dasselbe Ziel haben, sind sie austauschbar und können tatsächlich als psychologische Synonyme füreinander betrachtet werden (alle «sagen dasselbe»). Zum Beispiel können Zornausbrüche bei einem Kind und Enurese (Bettnässe) beim andern beide aus derselben Situation entstehen, zum Beispiel Zurückweisung, und können Versuche bedeuten, dasselbe Ziel zu erreichen, zum Beispiel Aufmerksamkeit oder Liebe der Mutter. Obwohl sie also verhaltensmäßig ganz verschieden sind, können sie dynamisch identisch sein[4].

Im Syndrom liegt eine Gruppe von Gefühlen und Verhaltensweisen vor, die verhaltensmäßig verschieden erscheinen oder zumindest verschiedene Bezeichnungen tragen, die jedoch einander überlappen, miteinander verflochten sind, voneinander abhängen und als dynamisch synonym betrachtet werden können. Wir können sie also entweder in ihrer Verschiedenheit als Teile oder spezifische Merkmale untersuchen, oder in ihrer Einheitlichkeit oder Ganzheit. Das sprachliche Problem ist hier schwierig. Wie sollen wir diese Einheit in der Verschiedenheit bezeichnen? Es gibt verschiedene Möglichkeiten: Wir können den Begriff des «psychologischen Aromas» einführen und als Beispiel ein aus verschiedenen Elementen komponiertes Gericht verwenden, das dennoch einen eigenen Charakter hat, zum Beispiel eine Suppe, einen Eintopf und so weiter[5]. In einem Eintopf haben wir eine Zubereitung vieler Elemente,

[4] Austauschbarkeit kann in diesen Begriffen der Verhaltensverschiedenheit und dynamischen Ähnlichkeit des Ziels definiert werden. Sie kann auch in den Begriffen der Wahrscheinlichkeit definiert werden. Wenn die Symptome A und B dieselbe Wahrscheinlichkeit haben, im Syndrom X in einem individuellen Fall gefunden zu werden, kann man sie austauschbar nennen.

[5] «Ich habe eine Geschichte zu erzählen, nicht wie man eine Linie von links nach rechts zieht, die Geburt links und den Tod rechts einträgt; sondern wie man überlegt, wenn

die nichtsdestoweniger ein einzigartiges Aroma hat. Das Aroma durchdringt alle Elemente des Eintopfs und man kann es getrennt von seinen einzelnen Ingredienzien besprechen. Oder, wenn wir die menschliche Physiognomie nehmen, erkennen wir bald, daß ein Mann eine verformte Nase, zu kleine Augen, zu große Ohren hat und dennoch gut aussehen kann. (Ein geläufiger Witz sagt: «Er hat ein häßliches Gesicht, aber bei ihm sieht es gut aus.») Hier können wir wiederum die getrennten Elemente zusammengenommen betrachten, oder das Ganze, das, obwohl aus Teilen zusammengesetzt, doch ein «Aroma» hat, das verschieden von allem ist, was jeder einzelne Teil zum Ganzen beiträgt. Die Definition des Syndroms, wie wir sie hier entnehmen können, ist, daß es aus Verschiedenheiten mit einem gemeinsamen psychologischen Aroma zusammengesetzt ist.

Eine andere Annäherung an das Problem der Definitionen könnte in den Begriffen der psychologischen Bedeutung erfolgen, ein Begriff, mit dem in der gegenwärtigen dynamischen Psychopathologie viel gearbeitet wird. Wenn Krankheitssymptomen dieselbe Bedeutung zugeschrieben wird (Nachtschweiß, Gewichtsverlust, gewisse Geräusche beim Atmen und so weiter bedeuten alle Tuberkulose) besteht die Implikation, daß sie alle der unterschiedliche Ausdruck einer vereinheitlichenden angenommenen Ursache sind, von der weiter oben gesprochen wurde. Oder in psychologischen Abhandlungen bedeuten die Symptome des Gefühls der Isolation und des Gefühls der Mißliebigkeit beide Unsicherheit, weil man sie als in diesem geräumigeren, mehr einschließenden Begriff eingeschlossen begreift. Das heißt, zwei Symptome werden dasselbe bedeuten, wenn sie beide Teile desselben Ganzen sind. Ein Syndrom kann man dann in einer etwas zirkulären Art als eine organisierte Ansammlung von Verschiedenheiten definieren, von denen alle dieselbe psychologische Bedeutung haben. Diese Begriffe der Austauschbarkeit, des Aromas und der Bedeutung, so nützlich sie auch sein mögen (zum Beispiel bei der Beschreibung der Struktur einer Kultur) weisen gewisse spezifische theoretische und praktische Schwierigkeiten auf, die weiteres Suchen nach einer befriedigenden Formulierung verlangen. Einige dieser Schwierigkeiten

man ein Andenken immer wieder in den Händen hin- und herwendet.» G. Taggard, Life and Mind of Emily Dickinson, Knopf, 1934, S. 15.

können gelöst werden, wenn wir in unsere Überlegungen die funktionalen Begriffe der Motivationen, Ziele, Zwecke oder Bewältigungsgegenstände einführen. (Aber noch andere Probleme erfordern den Begriff des Ausdrucks oder der Nichtmotiviertheit für ihre Lösung.)

Vom Standpunkt der funktionalen Psychologie aus betrachtet man den vereinheitlichten Organismus so, daß er immer Problemen gewisser Art gegenübersteht und sie in verschiedener Weise zu lösen versucht, die von der Natur des Organismus, von der Kultur und von der äußeren Wirklichkeit gestattet werden. Das Schlüsselprinzip oder der Mittelpunkt der Persönlichkeitsorganisation sieht dann der funktionale Psychologe in den Begriffen der Antworten des Organismus in einer Welt von Problemen. Die Alternativformulierung ist, daß die Organisation der Persönlichkeit in den Begriffen der Probleme verstanden werden muß, denen sie sich gegenüber sieht, und der Lösungen, die sie anzuwenden versucht. Das meiste organisierte Verhalten muß dann also irgend etwas in irgendeiner Richtung unternehmen[6]. In der Diskussion der Persönlichkeitssyndrome sollten wir dann zwei spezifische Verhaltensweisen als zum selben Syndrom zugehörig charakterisieren, wenn sie dieselben Bewältigungsziele hinsichtlich eines gewissen Problems haben, das heißt so viel, wenn sie dasselbe in derselben Richtung unternehmen. Wir können dann über das Selbstachtungssymdrom zum Beispiel sagen, daß es die organisierte Antwort des Organismus auf das Problem ist, Selbstachtung zu erwerben, zu verlieren, zu behalten und zu verteidigen, und ähnlich über das Sicherheitssyndrom, daß es die Antwort des Organismus auf das Problem ist, die Liebe anderer zu gewinnen, zu verlieren und zu behalten.

Wir können keine abschließende einfache Antwort finden. Das ist aus der Tatsache ersichtlich, daß als übliches Ergebnis, wenn man ein einziges Verhalten dynamisch analysiert, dieses nicht ein, sondern einige Bewältigungsziele hat. Zweitens hat der Organismus gewöhnlich mehr als eine Antwort auf ein wichtiges Lebensproblem.

Wir könnten auch hinzufügen, daß getrennt von den Tatsachen des Charakterausdrucks der Zweck nicht zu einem prinzipiellen Merkmal *aller* Syndrome gemacht werden kann.

Wir können nicht über den Zweck einer Organisation in der Welt

[6] Bezüglich Ausnahmen für diese Regel siehe Kapitel 14.

außerhalb des Organismus sprechen. Die Gestaltpsychologen haben bis zum Überfluß die Ubiquität der Organisation in wahrgenommenen, gelernten und überdachten Materialien gezeigt. Diesen Materialien kann man selbstverständlich nicht in jedem Fall Bewältigungsziele in dem Sinn zuschreiben, in dem wir das Wort verwendet haben.

Es gibt gewisse offenkundige Ähnlichkeiten zwischen unserer Definition des Syndroms und den verschiedenen Definitionen der Gestalt, wie sie von Wertheimer, Köhler, Koffka und anderen angeboten werden. Die beiden Ehrenfels-Kriterien haben in unserer Definition ebenfalls Parallelen.

Ehrenfels wendet als erstes Kriterium eines organisierten psychischen Phänomens folgendes an: wenn zwei getrennte Reize, zum Beispiel die einzelnen Noten einer Melodie, etwas bei der Präsentation vor verschiedenen Personen vermissen lassen würden, was der einzelne erfahren kann, wenn ihm die organisierte Totalität der Reize, das heißt, die ganze Melodie vorgesetzt wird. Mit anderen Worten, das Ganze ist etwas anderes als die additive Summe der Teile. So ist auch das Syndrom etwas anderes als die additive Summe seiner isolierten reduzierten Teile[7]. Doch auch hier gibt es wichtige Unterschiede. In unserer Definition des Syndroms kann man die Haupteigenschaft, die das ganze charakterisiert (Bedeutung, Aroma oder Ziel) in jedem ihrer Teile erblicken, wenn diese Teile nicht reduktiv, sondern ganzheitlich verstanden werden. Selbstverständlich ist dies eine theoretische Feststellung, und wir können erwarten, daß sie operationale Schwierigkeiten mit sich bringt. Meistens werden wir imstande sein, das Aroma oder das Ziel einer spezifischen Verhaltensweise nur dann zu entdecken, wenn wir das Ganze verstehen, von dem es ein Teil ist. Und dennoch gibt es genügend Ausnahmen für diese Regel, um uns zu überzeugen, daß das Ziel oder Aroma sowohl im Teil wie auch im Ganzen vorhanden ist. Zum Beispiel können wir häufig das Ganze aus einem einzigen gegebenen Teil deduzieren, zum Beispiel hören wir eine Person nur einmal lachen und sind uns fast sicher, daß sie

[7] Es ist jedoch fraglich, ob das Syndrom etwas anderes ist als die Summe seiner Teile, ganzheitlich gesehen. Teile durch Reduktion können nur eine Und-Summe ergeben; Teile des Ganzen jedoch können sehr wohl als Addition zu einem organisierten Ganzen betrachtet werden, wenn die verschiedenen Begriffe dieser Feststellung in einer spezifischen Weise definiert werden.

sich unsicher fühlt; oder wir können viel über die Selbstachtung einer Frau erfahren, einfach aus ihrem Geschmack, mit dem sie sich kleidet. Es wird natürlich zugegeben, daß ein solches Urteil auf Grund eines Teils nicht so gültig ist wie eines aus dem Ganzen.

Das zweite Ehrenfels-Kriterium war das der Transponibilität der Elemente innerhalb eines Ganzen. So behält eine Melodie ihre Identität auch dann, wenn sie in einer anderen Tonart gespielt wird, wobei alle einzelnen Noten in beiden Fällen ganz verschieden sind. Dies gleicht der Auswechselbarkeit der Elemente in einem Syndrom. Elemente, die dasselbe Ziel haben, sind austauschbar oder dynamisch untereinander synonym; so auch die verschiedenen Noten, die in der Melodie dieselbe Rolle spielen[8].

Im allgemeinen kann man sagen, daß die Gestaltpsychologen mit Wertheimers ursprünglicher Definition übereinstimmen, daß ein Ganzes sinnvoll ist, wenn eine gegenseitige Abhängigkeit unter seinen Teilen gezeigt werden kann. Die Feststellung, daß das Ganze verschieden von der Summe seiner Teile ist, ist, obwohl wahr und häufig zu zeigen, weniger nützlich als ein taugliches Laborkonzept und wird häufig von Psychologen verschiedener Tradition als zu vage betrachtet, da das Problem der Definition und Charakterisierung des Ganzen bestehen bleibt, auch nachdem seine Existenz bewiesen wurde.

Offensichtlich kann man das Problem einer positiven Definition der Gestalt nicht als vollständig gelöst betrachten, wenn wir auch noch fordern, daß diese Definition heuristisch anwendbar und konkret sei und von Psychologen verschiedener Traditionen (zum Beispiel einer atomistischen mechanistischen Weltanschauung) akzeptiert werden müsse. Es gibt verschiedene Gründe für diese Schwierigkeit, doch ich möchte nur eine behandeln, das heißt, die Wahl der Gegebenheiten, die verwendet wurden. Die Gestaltpsychologen haben zum größten Teil mit der Organisation der phänomenalen Welt gearbeitet, mit den «Feldern» von «Materialien» vor allem außerhalb des Organismus. (Man sollte anmerken, daß sie diese Unterstellung für gewöhnlich leugnen). Es ist jedoch der Organismus selbst, der am höchsten organisiert und intradependent ist, wie Goldstein ausreichend bewiesen hat. Er müßte der beste Ort sein,

[8] Siehe jedoch Köhlers Kritik der Ehrenfelsschen Kriterien, (239, S. 25).

um nach Demonstrationen der Gesetze von Organisation und Struktur zu suchen. Ein weiterer Vorteil, den man aus einer solchen Auswahl der Gegebenheiten beziehen kann, liegt in der Tatsache begründet, daß die Grundphänomene der Motivation, des Zwecks, des Ziels, des Ausdrucks und der Richtung sich im Organismus viel deutlicher zeigen. Eine Definition des Syndroms in den Begriffen der Bewältigungsziele schafft sofort die Möglichkeit, die sonst isolierten Theorien des Funktionalismus zu vereinheitlichen, die Gestaltpsychologie, die finale Psychologie (nicht Teleologie), jene Art der Psychodynamik, wie sie die Psychoanalytiker, Adlerianer und so weiter verwenden, und der organismische Holismus Goldsteins. Das heißt, das Syndrom kann als Begriff, der richtig definiert wird, als theoretische Grundlage für die vereinheitlichte Weltsicht verwendet werden, die wir den holistisch-dynamischen Standpunkt genannt haben und den wir vom allgemein-atomistischen unterscheiden. Das könnte auch der Gestaltbegriff leisten, wenn man ihn in der von uns angedeuteten Richtung erweiterte und wenn er mehr auf den menschlichen Organismus und seine inneren Motivationen gerichtet wäre.

Merkmale von Persönlichkeitssyndromen (Dynamik der Syndrome)

Austauschbarkeit

Die Teile eines Syndroms sind im dynamischen Sinn, der in den vorangegangenen Kapiteln diskutiert wurde, austauschbar oder gleichwertig, besonders in dem Sinn, in dem zwei verhaltensmäßig verschiedene Teile oder Symptome einander ersetzen können, weil sie dasselbe Ziel haben, dieselbe Aufgabe vollbringen können, die gleiche Wahrscheinlichkeit des Auftretens haben oder mit gleicher Wahrscheinlichkeit oder gleichem Vertrauen vorhergesagt werden können.

‹Bei einer hysterischen Person sind die Symptome in diesem Sinn klar und deutlich austauschbar. In den klassischen Fällen konnte ein paralysiertes Bein durch Hypnose oder andere Suggestionstechniken «geheilt» werden, wurde aber fast unvermeidlich später von einem anderen Symptom, einem paralysierten Arm etwa, ersetzt. In der Freudianischen Literatur begegnet man ebenfalls vielen Beispielen für Symptomäquivalenz, zum Beispiel Angst vor einem Pferd mag eine Angst vor dem Vater bedeuten oder ersetzen. In einer sicheren Person sind alle ihre Verhaltensausdrücke in dem Sinn austauschbar, in dem sie alle dasselbe ausdrücken, das heißt Sicherheit. In dem vorerwähnten Beispiel des sicheren Radikalismus, führt der allgemeine Wunsch, der Menschheit zu helfen, *entweder* zum Radikalismus *oder* zur Philantropie oder Freundlichkeit Nachbarn gegenüber oder dazu, daß man Bettlern und Vagabunden Geld gibt. Bei einem unbekannten Fall, von dem wir nur wissen, daß es sich um eine sichere Person handelt, kann man mit großer Gewißheit vorhersagen, daß sie *irgendeinen* Ausdruck von Freundlichkeit oder sozialem Interesse zeigen wird; doch was es genau sein wird, kann man nicht vorhersagen. Solche gleichwertige Symptome oder Ausdrucksweisen kann man austauschbar nennen.›

Zirkulare Determinierung

Die besten Beschreibungen dieses Phänomens kommen aus psychopathologischen Studien, zum Beispiel Horneys (197) Begriff des verhexten Kreises, der ein besonderer Fall der zirkulären Determinierung ist. Horneys Versuch ist eine der Beschreibungen des kontinuierlichen Flusses der dynamischen Interaktion innerhalb eines Syndroms, wodurch ein Teil immer jeden anderen in irgendeiner Art und Weise beeinflußt und seinerseits wiederum von allen anderen Teilen beeinflußt wird, wobei die ganze Aktion gleichzeitig vor sich geht.

‹Komplette neurotische Abhängigkeit schließt Erwartungen ein, die vereitelt werden müssen. Diese notwendige Vereitelung schafft zusätzlichen Ärger zu jenem, der bereits wahrscheinlich durch das Eingeständnis von Schwäche und Hilflosigkeit aus der kompletten Abhängigkeit vorhanden ist. Dieser Ärger jedoch zeigt die Tendenz, gegen gerade jene Person gerichtet zu sein, von der man abhängig ist und durch dessen Hilfe man die Katastrophe zu vermeiden hofft, und solche Gefühle des Ärgers führen unmittelbar zu Schuld, Angst, Furcht vor Vergeltung und so weiter. Doch diese Zustände sind gerade jene Faktoren, die das Bedürfnis nach kompletter Abhängigkeit zunächst einmal herbeigeführt haben. Untersuchungen eines solchen Patienten werden *in jedem gegebenen Augenblick* die meisten dieser Faktoren zeigen, wie sie in kontinuierlichem Fließen und gegenseitiger Verstärkung miteinander existieren. Während eine genetische Analyse die Priorität einer Form der anderen gegenüber in der zeitlichen Dimension zeigen mag, wird dies eine dynamische Analyse niemals tun können. Alle Faktoren werden gleichermaßen Ursache und Wirkung sein.
Oder ein einzelner mag versuchen, seine Sicherheit aufrechtzuerhalten, indem er eine überlegene Haltung einnimmt. Er hätte diese Haltung nicht eingenommen, würde er sich nicht abgelehnt und ungeliebt (unsicher) fühlen. Doch gerade diese Haltung macht

ihn bei den anderen Menschen noch unbeliebter, was wiederum in ihm die Notwendigkeit nach überlegenen Haltungen verstärkt und so weiter.
Bei Rassenvorurteilen können wir diesen Typus der zirkulären Determination sehr deutlich erkennen. Die haßerfüllten Menschen werden gewisse unerwünschte Merkmale aufzeigen, die ihren Haß entschuldigen, doch gerade diese Merkmale bei der mißliebigen Gruppe sind fast alle ein Produkt zum Teil des Hasses und der Ablehnung.›[9]

Wenn wir hier die vertrautere Kausalitätssprache verwenden sollten, um den Begriff zu beschreiben, würden wir sagen, daß A und B einander verursachen und Wirkungen voneinander sind. Oder wir könnten sagen, daß sie wechselseitig abhängig oder wechselseitig unterstützende oder verstärkende Varianten sind.
Es gibt eine Tendenz des gutorganisierten Syndroms, gegen Änderung Widerstand zu leisten oder sich selbst zu bewahren. Gleich, welches Sicherheitsniveau vorhanden ist, es ist schwierig zu verändern. Dieses Phänomen ist etwas Ähnliches wie dasjenige, das Freud als Widerstand beschrieben hat, kann jedoch viel weiter und allgemeiner verwendet werden. So finden wir einige Tendenz, den Lebensstil zu bewahren, bei der gesunden wie bei der ungesunden Person. Die Person, die dazu neigt, zu glauben, daß alle Menschen notwendig gut sind, wird dieselbe Resistenz zeigen, diesen Glauben zu ändern, wie die Person, die glaubt, daß alle Menschen im wesentlichen böse sind. Operational kann dieser Widerstand gegen Änderung in den Begriffen der Schwierigkeiten definiert werden, die der Experimentalpsychologe erfährt, wenn er versucht, ein individuelles Sicherheitsniveau zu heben oder zu senken.
Persönlichkeitssyndrome können manchmal eine relative Beständigkeit unter den überraschendsten Bedingungen äußerer Änderungen aufrechterhalten. Es gibt viele Beispiele der Aufrechterhaltung von Sicherheitsgefühlen bei Emigranten, die den grausamsten und quälendsten Erfahrungen ausgesetzt waren. Studien der Moral in ausgebombten Städten liefern uns ebenfalls Beweise der überraschenden Resistenz der meisten gesun-

[9] Wir beschreiben in diesen Beispielen nur synchrone Dynamik. Die Frage des Ursprungs oder der Determinierung des ganzen Syndroms, dessen, wie die zirkuläre Determinierung je entstanden ist, ist vor allem eine historische. Doch auch wenn eine genetische Analyse einen bestimmten Faktor als ersten in der Kette erweist, garantiert das in keiner Weise, daß dieser Faktor eine grundlegende Bedeutung oder Priorität in der dynamischen Analyse haben wird (6).

den Menschen gegen äußeren Schrecken. Die Statistik zeigt, daß Depressionen und Kriege nicht mit irgendwelchen großen Steigerungen des Vorkommens von Psychosen korrespondieren[10]. Änderungen im Sicherheitssyndrom sind gewöhnlich in einem starken Mißverhältnis zu Änderungen in der Umwelt, und manchmal scheint es fast überhaupt keine Änderung in der Persönlichkeit zu geben.

‹Ein deutscher Emigrant, ein ehemals sehr reicher Mann, kam vollkommen verarmt in die USA. Man diagnostizierte ihn jedoch als eine sehr sichere Persönlichkeit. Sorgfältige Befragung zeigte, daß sich seine tiefliegende Philosophie der menschlichen Natur nicht geändert hatte. Er war noch immer der Meinung, daß sie im wesentlichen richtig und gut war, wenn man ihr nur eine Chance gäbe, und alle die Unannehmlichkeiten, deren Zeuge er war, konnte er sich in verschiedener Weise als ein von außen her verursachtes Phänomen erklären. Interviews mit Menschen, die ihn in Deutschland gekannt hatten, zeigten, daß er stets dieselbe Person war, auch vor seiner Verarmung.
Viele andere Beispiele kann man in dem Widerstand der Patienten gegen die Psychothearpie erblicken. Manchmal kann man bei einem Patienten, nach einer Periode der Analyse, einen erstaunlichen Grad an Einsicht in die falsche Grundlage und die bösen Folgen gewisser seiner Glaubenshaltungen beobachten. Trotzdem wird er an seinem Glauben mit entschlossener Beharrlichkeit festhalten.›

Die Tendenz des gutorganisierten Syndroms, sich nach der Änderung wiederherzustellen

Wenn ein Syndromniveau zu einer Änderung gezwungen wurde, kann man oft beobachten, daß eine solche Verschiebung nur vorläufig ist. Zum Beispiel hat eine traumatische Erfahrung sehr häufig nur vorübergehende Wirkungen. Es kann sich dann eine spontane Anpassung zurück an den früheren status quo ergeben. Oder die Symptome, die vom Trauma her-

[10] Solche Ergebnisse werden gewöhnlich falsch interpretiert, da sie häufig verwendet werden, um jede Umwelt- oder Kultur-Theorie der Determination von Psychopathie zu widerlegen. Eine solche Behauptung zeigt einfach nur ein Mißverstehen der dynamischen Psychologie. Es wird tatsächlich nur die Behauptung aufgestellt, daß Psychopathie unmittelbar das Ergebnis interner Konflikte und Bedrohungen ist und nicht äußerer Kalamitäten. Oder zumindest, daß äußere Kalamitäten dynamischen Einfluß auf die Persönlichkeit nur so weit haben, als sie sich auf die Hauptziele des einzelnen und sein Abwehrsystem beziehen.

vorgerufen wurden, werden mit besonderer Leichtigkeit zum Verschwinden gebracht (271). Manchmal kann auch diese Tendenz des Syndroms als einer der Prozesse in einem größeren System von Änderungen abgeleitet werden, in dem andere Syndromtendenzen ebenfalls einbezogen sind.

‹Der folgende Fall ist typisch. Eine sexuell unwissende Frau war von ihrer ersten Erfahrung nach der Ehe mit einem gleich unwissenden Mann sehr geschockt. Es ergab sich bei ihr eine definitive Verschiebung im Niveau ihrers ganzen Sicherheitssyndroms, das heißt von durchschnittlicher zu niederer Sicherheit. Die Untersuchung zeigte eine Änderung als ein Ganzes in den meisten Aspekten des Syndroms, in ihrem äußerlichen Verhalten, der Lebensphilophie, dem Traumleben, der Haltung gegenüber der menschlichen Natur und so weiter. An diesem Punkt bekam sie Unterstützung und Hilfe, die Situation wurde in einer nicht technischen Art und Weise diskutiert, sie erhielt in vier oder fünf Stunden einige einfache Ratschläge. Langsam änderte sie sich wieder zum früheren Zustand, vielleicht wegen der therapeutischen Kontakte und wurde immer sicherer, doch sie erreichte nie mehr ganz ihr vorheriges Sicherheitsniveau. Eine leichte, doch dauerhafte Auswirkung ihrer Erfahrung blieb, vielleicht auch von dem ziemlich egoistischen Ehemann, aufrechterhalten. Was überraschender war als diese permanente Nachwirkung, war die starke Neigung, trotz allem so zu denken und dasselbe zu glauben, wie vor ihrer Heirat. Ein ähnliches Bild der starken Änderungen mit langsamen, doch vollkommenen Genesungsgefühlen konnte man bei einer Frau, deren erster Mann verrückt wurde, nach ihrer zweiten Heirat beobachten.›

Es ist ein Tribut an die Ubiquität dieser Tendenz, daß wir bei Freunden, die als normal gesund betrachtet werden, die Fähigkeit erwarten, daß sie von jedem Schock genesen können, wenn man ihnen nur Zeit genug gibt. Der Tod der Frau oder des Sohnes, finanzieller Ruin und alle anderen grundlegenden traumatischen Erfahrungen können den Menschen schlimm aus dem Gleichgewicht bringen, für einige Zeit, doch gewöhnlich erholt man sich fast ganz. Es ist nur die chronisch schlechte äußere oder interpersonale Situation, die dauerhafte Änderungen in der gesunden Charakterstruktur hervorrufen kann.

Die Tendenz des Syndroms, sich als Ganzes zu ändern

Diese Tendenz, bereits früher besprochen, kann vielleicht am leichtesten beobachtet werden. Wenn sich das Syndrom überhaupt in irgendeinem

Teil ändert, zeigt die richtige Art der Untersuchung fast immer irgendwelche Begleitänderungen in derselben Richtung bei anderen Teilen des Syndroms. Häufig genug werden solche Begleitänderungen bei fast *allen* Teilen des Syndroms beobachtet. Der Grund, daß diese Änderungen sooft übersehen werden, ist einfach der, daß man sie nicht erwartet und deshalb nicht bemerkt.

Es sollte betont werden, daß diese Tendenz zur ganzheitlichen Änderung, wie alle die anderen Tendenzen, von denen wir gesprochen haben, gerade nur dies ist, eine Tendenz und keine Gewißheit. Es gibt Fälle, in denen ein besonderer Reiz eine spezifische und lokalisierte Wirkung zu haben scheint, ohne daß man eine allgemeine Wirkung beobachten kann. Diese Fälle sind jedoch selten, wenn wir die offensichtlich oberflächlichen Störungen ausschließen.

In einem unpublizierten Experiment im Jahr 1935 über die Hebung der Selbstachtung durch äußere Mittel wurde eine Frau angewiesen, sich in rund zwanzig spezifischen und ziemlich trivialen Situationen *aggressiv* zu verhalten. (Zum Beispiel, sollte sie auf einer bestimmten Marke beharren, in bezug auf die sie von ihrem Lebensmittelhändler immer vom Gegenteil überzeugt wurde.) Sie folgte den Anweisungen und eine breite Untersuchung ihrer Persönlichkeitsänderungen erfolgte drei Monate später [11]. Es gab keinen Zweifel daran, daß sich in ihrer Selbstachtung eine allgemeine Verschiebung ergeben hatte. Zum Beispiel änderte sich die Art ihrer Träume. Sie kaufte enganliegende und ihre Formen verdeutlichende Kleider, zum ersten Mal. Ihr sexuelles Verhalten wurde spontan genug, so daß ihr Ehemann die Änderung bemerkte. Sie ging zum ersten Mal mit anderen Menschen schwimmen, während sie früher immer zu schüchtern war, um sich in einem Badeanzug zu zeigen. Und sie hatte in einer Reihe von anderen Situationen neues Selbstvertrauen. Diese Änderungen wurden ihr nicht nahegelegt, sondern waren spontane Änderungen, deren Bedeutung sie sich überhaupt nicht bewußt war. Änderung im *Verhalten* kann Persönlichkeitswandlungen herbeiführen.

Eine sehr unsichere Frau, einige Jahre vor ihrer sehr erfolgreichen Heirat, zeigte danach eine allgemeine Verschiebung nach oben in ihrer Sicherheit. Als ich sie zum ersten Mal gesehen hatte (vor ihrer Heirat), fühlte sie

[11] Heute würde man das als eine Form der Verhaltenstherapie bezeichnen.

sich einsam, ungeliebt und nicht liebenswert. Ihr gegenwärtiger Ehemann war schließlich imstande, sie zu überzeugen, daß er sie liebte – eine schwierige Aufgabe im Fall einer unsicheren Frau – und sie heirateten. Dann fühlte sie sich nicht nur vom Ehemann geliebt, sondern auch *liebenswert.* Sie akzeptierte Freundschaften, im Gegensatz zu früher, wo sie dazu nicht imstande war. Der größte Teil ihrer verallgemeinerten Menschenfeindlichkeit verschwand. Sie entwickelte eine Freundlichkeit und Nettigkeit von der es, als ich sie zum ersten Mal gesehen hatte, keine Spuren gab. Gewisse spezifische Symptome wurden leichter oder verschwanden, unter anderem ein wiederkehrender Alptraum, eine Angst vor Parties und anderen gesellschaftlichen Gruppierungen von Fremden, chronische leichte Ängstlichkeit, eine spezifische Furcht vor dem Dunkeln, und gewisse unerwünschte Macht- und Grausamkeitsphantasien.

Die Tendenz zu innerer Konsistenz

Selbst wenn eine Person meistens unsicher ist, werden dennoch aus verschiedenen Gründen einige spezifische Verhaltensweisen, Glaubenshaltungen oder Gefühle weiterbestehen, die für die Sicherheit charakteristisch sind. So ist, obwohl eine sehr unsichere Person häufig chronische Alpträume, Angstträume oder andere unangenehme Träume hat, bei einem beachtlichen Teil unsicherer Menschen das Traumleben nicht wirklich unangenehm. Bei solchen einzelnen werden jedoch relativ leichte Änderungen der Umwelt solche unangenehme Träume herbeiführen. Es scheint auf diesen inkonsistenten Elementen eine besondere Spannung zu liegen, die sie immer in die Richtung des Restes des Syndroms drängt.

‹Menschen mit niedriger Selbstachtung zeigen die Tendenz zur Sittsamkeit oder Schüchternheit. So werden gewöhnlich viele unter ihnen entweder sich nicht in einem Badeanzug zeigen wollen oder werden sehr verlegen sein, wenn sie ihn anziehen. Ein Mädchen jedoch, mit sehr niedriger Selbstachtung, konnte nicht nur am Strand in einem Badeanzug beobachtet werden, sondern sogar in einem, der sehr spärlich und enthüllend war. Später zeigte eine Serie von Interviews, daß sie sehr stolz auf ihre Figur war, die sie für perfekt hielt – eine Meinung, die bei einer Frau mit niedriger Selbstachtung, wie auch ihr Verhalten, recht ungewöhnlich ist. Aus ihrem Bericht war es jedoch offensichtlich, daß diese Haltung zum Baden widerspruchsvoll war, weil sie sich regel-

mäßig befangen fühlte, immer einen Bademantel in der Nähe hatte, um sich in ihn einzuhüllen, und daß sie jeder, der sie zu unverfroren anstarrte, wiederum vom Strand vertreiben konnte. Sie hatte sich durch verschiedene Meinungen anderer überzeugen lassen, daß ihre Figur attraktiv war; sie glaubte rein verstandesmäßig, daß sie sich hinsichtlich dieser Tatsache in einer bestimmten Art und Weise verhalten sollte, versuchte sehr angestrengt, sich so zu verhalten, doch fand es schwierig wegen ihrer Charakterstruktur.
Man findet spezifische Ängste bei sehr sicheren Personen, die im allgemeinen überhaupt nicht ängstlich sind. Diese Ängste können häufig auf spezifische konditionierende Erfahrungen zurückgeführt werden. Man kann sehr leicht erreichen, habe ich herausgefunden, daß solche Menschen diese Ängste aufgeben. Einfaches Rekonditionieren, die Kraft eines Beispiels, die Ermahnung zu starkem Willen, verstandesmäßiges Erklären und andere solche oberflächliche therapeutische Maßnahmen sind häufig ausreichend. Diese einfachen Verhaltenstechniken sollten jedoch bei definitiv unsicheren Personen weniger erfolgreich in der Angstbeseitigung sein. Wir können sagen, daß die Angst mit dem Rest der Persönlichkeit inkonsistent ist und deshalb leicht beseitigt werden kann; die Angst, die mit dem Rest der Persönlichkeit konsistenter ist, ist hartnäckiger.›

Mit anderen Worten, eine Person, die unsicher ist, zeigt die Tendenz, vollständiger oder konsistent unsicher zu sein, eine Person, die hohe Selbstachtung hat, neigt dazu, mehr konsistent und hohe Selbstachtung zu haben.

Die Tendenz zur extremen Position des Syndromniveaus

Gemeinsam mit den bewahrenden Tendenzen, die wir bereits beschrieben haben, tritt zumindest eine gegenteilige Kraft auf, die aus der inneren Dynamik des Syndroms entsteht und Änderung eher als Unveränderlichkeit begünstigt. Es ist die Tendenz einer ziemlich unsicheren Person, extrem unsicher zu werden, und einer ziemlich sicheren, extrem sicher zu werden[12].
Jede ziemlich unsichere Person wird jeden äußeren Einfluß, jeden auftreffenden Reiz unsicher anstatt sicher interpretieren. Zum Beispiel wird jedes Grinsen als Spott verstanden, Gleichgültigkeit als Abneigung, Vergeßlichkeit als Beleidigung, und leichte Zuneigung als Gleichgültigkeit.

[12] Die Tendenz ist sehr eng mit der vorher beschriebenen Tendenz zur größeren inneren Konsistenz verknüpft.

In der Welt solcher Menschen gibt es dann mehr Unsicherheitseinflüsse als solche der Sicherheit. Wir könnten sagen, daß die Beweislast für ihn auf der Seite der Unsicherheit liegt. Und so wird er ständig, wenn auch schwach in die Richtung größerer und extremerer Unsicherheit getrieben. Dieser Faktor wird selbstverständlich durch die Tatsache verstärkt, daß eine unsichere Person dazu neigt, sich unsicher zu verhalten, was die Menschen dazu ermuntert, sie nicht zu mögen und zurückzuweisen, was sie noch unsicherer macht, was wiederum sie noch unsicherer sich verhalten läßt und so weiter – ein circulus vitiosus –. So neigt dieser Mensch wegen seiner inneren Dymanik dazu, das herbeizuführen, was er am meisten fürchtet.

‹Das offensichtlichste Verhalten ist Eifersucht. Sie entsteht aus Unsicherheit und züchtet praktisch immer weitere Zurückweisung und tiefere Unsicherheit heran. Ein Mann erklärte seine Eifersucht folgendermassen: «Ich liebe meine Frau so sehr, daß ich befürchte, ich würde zusammenbrechen, wenn sie mich verläßt oder mich nicht liebt. Selbstverständlich bin ich von ihrer Freundlichkeit meinem Bruder gegenüber verstört.» Deshalb fing er an, diese Freundlichkeit mit verschiedenen törichten Maßnahmen abzuschaffen und begann sowohl die Liebe seiner Frau wie auch diejenige seines Bruders zu verlieren. Das freilich machte ihn noch aufgeregter und eifersüchtiger. Der verhexte Kreis konnte mit der Unterstützung eines Psychologen gesprengt werden, der ihn anwies, sich zuerst einmal auch dann nicht eifersüchtig zu betragen, wenn er sich so fühlte, und dann damit begann, die allgemeine Unsicherheit in verschiedener Weise zu bessern – eine noch wichtigere Aufgabe.›

Die Tendenz des Syndroms, unter äußerem Druck sich zu ändern

Es ist bei der Beschäftigung mit der inneren Dynamik der Syndrome sehr leicht, zeitweise zu vergessen, daß alle Syndrome selbstverständlich empfänglich für die äußere Situation sind. Diese offenkundige Tatsache wird hier nur wegen der Vollständigkeit erwähnt und als Erinnerung daran, daß die Persönlichkeitssyndrome des Organismus nicht isolierte Systeme sind.

Syndromvariablen

Die wichtigste und offenkundigste Variable ist die des *Syndromniveaus.* Eine Person hat entweder hohe, mittlere oder niedrige Sicherheit, hohe mittlere oder niedrige Selbstachtung. Wir schließen damit nicht notwendigerweise, daß sich diese Variation auf demselben Kontinuum bewegt; wir schließen nur Variationen von wenig zu viel ein, von hoch zu niedrig. Die *Syndromqualität* ist bereits hauptsächlich hinsichtlich des Selbstachtungs- oder Dominanzsyndroms besprochen worden. Bei verschiedenen Arten von Primaten kann man das Phänomen der Dominanz überall beobachten, doch es wird eine verschiedene Ausdrucksqualität haben. Beim Menschen mit hoher Selbstachtung waren wir imstande, zumindest zwei Eigenschaften hoher Selbstachtung zu unterscheiden, die wir einerseits als Stärke und andererseits als Macht bezeichnet haben. Eine Person mit hoher Selbstachtung, aber unsicher, ist nicht so sehr daran interessiert, schwächeren Menschen zu helfen, als sie zu dominieren und zu verletzen. Beide haben hohe Selbstachtung, aber zeigen sie in verschiedener Weise, abhängig von anderen Merkmalen des Organismus. Bei extrem unsicheren Menschen gibt es viele Wege, in denen sich diese Unsicherheit ausdrücken kann. Zum Beispiel kann es die Eigenschaft der Abgeschiedenheit und Zurückgezogenheit sein (bei niedriger Selbstachtung) oder der Feindseligkeit, Aggressivität und Bösartigkeit (bei hoher Selbstachtung).

Die kulturelle Determinierung des Syndromausdrucks

Sicherlich sind die Beziehungen zwischen Kultur und Persönlichkeit zu tief und komplex, um nur kurz behandelt zu werden. Mehr der Vollständigkeit halber als aus einem anderen Grund muß darauf hingewiesen werden, daß im allgemeinen die Wege, auf denen die Hauptziele im Leben erreicht werden, von der Natur der jeweiligen Kultur determiniert werden. Die Wege, auf denen Selbstachtung ausgedrückt und erreicht werden kann, sind weitgehend, aber nicht vollständig, kulturell determiniert. Dasselbe gilt auch für die Liebesbeziehungen. Wir gewinnen die Liebe anderer Menschen und drücken unsere Zuneigung für sie in kulturell gebilligten Kanälen aus. Die Tatsache, daß in unserer komplexen Gesellschaft Statusrollen häufig ebenfalls teilweise kulturell determiniert sind, wird oft den Ausdruck der Persönlichkeitssyndrome verschieben. Zum Beispiel wird es den Männern mit hoher Selbstachtung in unserer Gesellschaft gestattet, dieses Syndrom mehr offen und auf viele andere Arten und Weisen auszudrücken, als den Frauen mit hoher Selbstachtung. Auch Kinder erhalten wenig Gelegenheit für den direkten Ausdruck hoher Selbstachtung. Es sollte auch darauf hingewiesen werden, daß es häufig ein kulturell gebilligtes Syndromniveau für jedes der Syndrome gibt, zum Beispiel Sicherheit, Selbstachtung, Geselligkeit, Aktivität. Diese Tatsache kann am klarsten in historischen Vergleichen und solchen der Kulturen untereinander beobachtet werden. Zum Beispiel erwartet man vom durchschnittlichen Dobu-Bürger, daß er feindseliger ist als der durchschnittliche Arapesh, und er ist es auch. Die durchschnittliche Frau ist erwartungsgemäß heute mit höherer Selbstachtung ausgestattet als vor hundert Jahren.

Die Organisation des Persönlichkeitssyndroms

Wir sprachen bisher so, als wären die verschiedenen Teile des Syndroms homogen, wie Nebelteilchen. Tatsächlich ist dies nicht der Fall. Wir finden in der Syndromorganisation Hierarchien der Wichtigkeit und Häufungen. Diese Tatsache ist für das Selbstachtungssyndrom durch die Methode der Korrelation, also auf einfachste mögliche Weise, bereits demonstriert worden. Wenn das Syndrom undifferenziert wäre, sollte jeder Teil so eng mit dem Ganzen wie mit jedem anderen Teil korrelieren. Tatsächlich jedoch korreliert Selbstachtung (als Ganzes gemessen) verschieden mit anderen Teilen. Zum Beispiel korreliert das ganze Selbstachtungssyndrom, gemessen mit dem SPI (Social Personality Inventory, 313) mit Irritierbarkeit $r = -0.39$, mit der heidnischen sexuellen Haltung $r = 0.85$, mit einer Anzahl bewußter Minderwertigkeitsgefühle $r = -0.40$, mit der Neigung zur Verlegenheit in verschiedenen Situationen $r = -0.60$, mit einer Anzahl bewußter Ängste $r = -0.29$ (305, 311). Klinische Untersuchung der Ergebnisse zeigt auch diese Tendenz zur natürlichen Häufung der Teile in Gruppen, die wesenhaft zueinander zu

gehören scheinen. Zum Beispiel scheinen Konventionalität, Moralität, Sittsamkeit und Regelbeachtung zusammen aufzutreten oder natürlich zueinanderzugehören, im Vergleich mit einer anderen Gruppe zusammen auftretender Eigenschaften, wie Selbstvertrauen, Haltung, Nicht-in-Verlegenheit-zu-bringen, Fehlen von Scheuheit und Ängstlichkeit.
Diese Tendenz zu Gruppierungen gewährt uns sofort die Möglichkeit, innerhalb des Syndroms zu klassifizieren, doch wenn wir das tatsächlich versuchen, bieten sich uns verschiedene Schwierigkeiten. Zuerst werden wir mit dem gewöhnlichen Problem bei allen Klassifizierungen konfrontiert, dem des Prinzips für die Klassifizierung. Selbstverständlich wäre dies leicht zu lösen, wenn uns alle Angaben bekannt wären und auch ihre Wechselbeziehungen. Doch wenn wir, wie in unserem Fall, mit teilweiser Unwissenheit verfahren, finden wir, daß wir manchmal willkürlich vorgehen müssen, ganz gleich, wie empfindsam wir gegenüber der inneren Natur des Materials sein wollen. Dieses innere Zusammenhängen gewährt uns in unserem Fall den ersten Hinweis auf die allgemeine Richtung. Doch wir können mit solchen spontanen Gruppierungen nur so weit und nicht weiter gehen, und wenn wir schließlich den Punkt erreichen, wo wir sie nicht mehr wahrnehmen, müssen wir auf der Grundlage unserer Hypothesen weitermachen.
Eine andere offenkundige Schwierigkeit ist, daß wir, wenn wir mit Syndrommaterial arbeiten, bald herausfinden, daß wir jedes Persönlichkeitssyndrom in ein Dutzend von Hauptgruppierungen einteilen können, oder hundert, oder tausend, oder hunderttausend, wie es uns beliebt, abhängig nur vom Grad der Verallgemeinerung, die wir beabsichtigen. Wir haben den Verdacht, daß der übliche Versuch der Einteilung nur ein anderer Reflex des atomistischen, konnektionistischen Standpunktes ist. Sicherlich bringt uns die Verwendung eines atomistischen Werkzeugs in der Behandlung wechselseitig bezogener Angaben nicht weiter.
Was ist Klassifikation gewöhnlich, wenn nicht die Heraustrennung verschiedener Teile, verborgener Einheiten? Und wie sollen wir die Einteilung vornehmen, wenn unsere Angaben *nicht* im Wesen verschieden und getrennt voneinander sind? Vielleicht müssen wir die atomistische Klassifikation verwerfen und nach irgendeinem holistischen Klassifizierungsprinzip suchen, ebenso wie wir es notwendig gefunden haben, die reduktive Analyse zugunsten einer holistischen zurückzuweisen. Die nach-

folgenden Analogien werden als Andeutungen der Richtung angeboten, in denen wir wahrscheinlich nach einer solchen holistischen Technik der Klassifikation suchen müssen.

Grade der Vergrößerung

Diese Formulierung ist eine physikalische Analogie, der Funktionsweise eines Mikroskops entliehen. Wenn man einen histologischen Schnitt untersucht, bekommt man den ganzen Charakter, die allgemeine Struktur, die Formation und die Wechselbeziehungen in ihrer Gesamtheit zu sehen, wie wenn man die Glasscheibe zum Licht hält und sie mit dem bloßen Auge betrachtet und solcherart das Ganze umfaßt. Mit diesem ganzen Bild vor Augen untersuchen wir dann einen Teil des Ganzen, sagen wir, mit der schwachen Vergrößerung von 10×. Wir untersuchen jetzt ein Detail nicht wegen seiner selbst, sondern mit seiner Beziehung zum Ganzen im Kopf. Wir können dann zu einer näheren Untersuchung dieses Bereichs zum Ganzen übergehen, indem wir eine stärkere Vergrößerung wählen, sagen wir von 50×. Weitere und detailliertere Analyse der Details im Ganzen werden dann mit immer stärkeren Vergrößerungen bis an die praktischen Grenzen des Instruments möglich[13].

Wir können uns auch ein Material nicht in geradlinigen Serien getrennter und unabhängiger Teile klassifiziert vorstellen, die dann in jede Anordnung gebracht werden können, sondern in Begriffen von «ineinander enthalten sein», vielleicht wie eine russische Puppe. Wenn wir das ganze Sicherheitssyndrom als eine Schachtel betrachten, dann sind die 14 Subsyndrome wie 14 Schachteln, die darin enthalten sind (294). Und in jeder der 14 kleinen Schachteln sind noch kleinere Schachteln enthalten – 4 vielleicht in einer, 10 in der anderen, 6 in der dritten und so weiter.

Wenn man diese Beispiele in die Begriffe der Syndromuntersuchung übersetzt, können wir also das Sicherheitssyndrom nehmen und es als Ganzes betrachten, das heißt, auf der Ebene der ersten Vergrößerung. Im

[13] «Doch man wird nie entdecken, daß es so etwas wie ein Gesicht gibt, wenn man durch ein Mikroskop blickt.» K. Koffka, Principles of Gestalt Psychology, Harcourt, Brace & World, 1935, S. 319.

besonderen bedeutet das, das psychologische Aroma oder die Bedeutung oder das Ziel des gesamten Syndroms als Einheit zu untersuchen. Wir können dann eines der 14 Subsyndrome nehmen und es auf der Vergrößerungsebene Nr. 2 untersuchen: Dieses Subsyndrom würde man dann in seiner besonderen und gesonderten Ganzheit untersuchen, in seiner Beziehung zu den 13 anderen Subsyndromen, aber stets als ein holistischer Teil des ganzen Sicherheitssyndroms verstanden. Als Beispiel können wir das Macht-Unterwerfungssubsyndrom der unsicheren Person nehmen. Die allgemein unsichere Person braucht Macht, doch dies zeigt sich auf verschiedene Weise und in vielen Formen, wie Über-Ehrgeiz, Über-Aggressivität, Possessivität, Geldgier, Wettbewerb, Neigung zum Vorurteil und Haß und so weiter, oder als deren offenkundige Gegensätze, zum Beispiel Unterwerfung, Speichelleckerei, masochistische Trends usw. Doch diese Merkmale sind offensichtlich selbst allgemein und können noch weiter analysiert und klassifiziert werden. Das kann auf der Ebene Nr. 3 geschehen: Nehmen wir vielleicht das Bedürfnis nach oder die Tendenz zum Vorurteil, wofür der Rassismus ein gutes Beispiel ist. Wenn wir dies richtig untersuchen, untersuchen wir es nicht an sich oder isoliert. Wir könnten das besser formulieren, wenn wir sagen, daß wir die Tendenz zum Vorurteil untersuchen, die ein Subsyndrom des Machtbedürfnisses ist, was seinerseits ein Subsyndrom des allgemeinen Unsicherheitssyndroms ist. Ich brauche nicht darauf hinzuweisen, daß immer genauere Untersuchungen uns zum Niveau 4 und 5 und so weiter führen würden. Wir könnten zum Beispiel einen Aspekt des ganzen Komplexes nehmen, wie die Tendenz, Verschiedenheiten wie Hautfarbe, Nasenform, Sprache als Mittel zur Hebung des eigenen Sicherheitsgefühls zu verwenden. Diese Tendenz, Verschiedenheiten zu benutzen, ist als Syndrom organisiert, und kann als solches untersucht werden. Um spezifischer zu werden, würde man es in diesem Fall als ein Sub-sub-sub-Subsyndrom klassifizieren. Es handelt sich um die 5. Schachtel in der Verschachtelung.

Um zusammenzufassen, gewährt uns eine solche Methode der Klassifizierung eine, die eher auf dem grundlegenden Begriff des «in sich selbst enthalten» als auf demjenigen des «getrennt sein von» beruht, den Hinweis, nach dem wir gesucht haben. Sie gestattet es uns, sowohl das Detaillierte, wie auch das Ganze mit genügender Klugheit und Einsicht zu behandeln, ohne entweder in einen bedeutungslosen Partikularismus oder in eine vage und nutzlose Verallgemeinerung zu verfallen. Sie ist gleichzeitig synthetisch und analytisch, und gestattet es uns schließlich, die Einzigartigkeit und die Allgemeinheit gleichzeitig und effektiv zu untersuchen. Sie weist die Dichotomie zurück, die aristotelische Teilung in eine Klasse A und eine Klasse Nicht-A und liefert uns dennoch ein theoretisch befriedigendes Prinzip der Klassifikation und Analyse.

Der Begriff der Syndromkonzentration

Wenn wir nach einem heuristischen Kriterium Ausschau halten, mit dem wir zwischen Syndromen und Subsyndromen unterscheiden können, finden wir es theoretisch im Begriff der Konzentration. Was ist der Unterschied unter den natürlichen Gruppierungen des Selbstachtungssyndroms? Konventionalität, Moralität, Sittsamkeit und Regelbeachtung schließen sich erfahrungsgemäß zu einer Gruppe zusammen, die man von einer anderen Gruppierung der Merkmale des Selbstvertrauens, der Ausgeglichenheit, des Nicht-in-Verlegenheit-Bringens und des Mutes unterscheiden kann. Diese Gruppen oder Subsyndrome korrelieren selbstverständlich in Beziehung zueinander und zur Selbstachtung als Ganzes. Außerdem korrelieren die verschiedenen Elemente in jeder der Gruppierungen aufeinander. Wahrscheinlich würde sich unsere Wahrnehmung der Gruppierung, das subjektive Gefühl, daß verschiedene Elemente einander natürlich begleiten, in der Korrelation spiegeln, die wir erhalten würden, wenn wir diese Elemente messen könnten. Wahrscheinlich sind Selbstvertrauen und Ausgeglichenheit mehr korreliert als Ausgeglichenheit und Unkonventionalität. Vielleicht bedeutet eine Gruppierung statistisch gesehen einen höheren Durchschnitt der Korrelation zwischen den Teilen der Gruppierung. Diese durchschnittliche Interkorrelation wäre wahrscheinlich höher als der Durchschnitt der Korrelation der Teile zweier verschiedener Gruppierungen. Nehmen wir die Korrelation in der Gruppe mit $r = 0.7$ an und die durchschnittliche Korrelation zwischen Teilen verschiedener Gruppen mit $r = 0.5$, dann wird das neue, von der Verschmelzung zweier Gruppierungen oder Subsyndrome gebildete Syndrom eine durchschnittliche Korrelation haben, die höher als r = 0.5 und niedriger als r = 0.7 ist, näher also zu r = 0.6. Wenn wir uns solcherart von Subsyndrom zu Subsyndrom zu Syndrom bewegen, können wir erwarten, daß die durchschnittliche Korrelation sinkt. Diese Änderung können wir dann als Änderung der Syndromkonzentration bezeichnen, und wir können vernünftigerweise den Begriff unterstreichen und wenn nur deshalb, weil er uns ein Instrument zur Überprüfung unserer klinischen Befunde liefert[14].

Es folgt aus der grundlegenden Annahme der dynamischen Psychologie, daß, was korreliert werden kann und soll, nicht Verhaltensweisen als Verhaltensweisen sind, sondern ihre Bedeutungen, zum Beispiel nicht sittsames Verhalten, sondern die Qualität der Sittsamkeit, als intakt in ihren Beziehungen zum Rest des Organismus betrachtet. Außerdem muß man erkennen, daß sogar auch dynamische Variablen nicht notwendig entlang eines einzigen Kontinuums variieren, sondern an einem bestimmten Punkt in etwas völlig anderes umbrechen können. Ein Beispiel dieses Phänomens kann man in den Auswirkungen des Hungers nach Zuneigung finden. Wenn wir kleine Kinder in einer Serie von den voll Akzeptierten bis zu den voll Zurückgewiesenen anordnen, werden wir finden, daß die Kinder, je weiter wir die Skala hinuntergehen, mehr und mehr erregt nach Zuneigung verlangen, doch wenn wir das äußerste Ende der Skala erreichen – totale Zurückweisung von den ersten Lebenstagen an – finden wir keine überaus starke Sehnsucht nach Liebe, sondern nur vollständige Kälte und das *Fehlen* des Verlangens nach Zuneigung.

Schließlich müssen wir selbstverständlich ganzheitliche Angaben und nicht atomistische verwenden, das heißt nicht die Ergebnisse reduktiver, sondern ganzheitlicher Analyse. In dieser Art und Weise kann man einzelne Variablen oder Teile korrelieren, ohne der Einheit des Organismus Gewalt anzutun. Wenn wir vorsichtig im Blick auf die Angaben sind, die

[14] Es ist die Tendenz der holistischen Ganzheitspsychologen, der Korrelationstechnik zu mißtrauen, doch ich glaube dies deshalb, weil sie zufällig in einer ausschließlich atomistischen Weise verwendet wurde, und nicht deshalb, weil ihre wesentliche Beschaffenheit mit der Ganzheitstheorie in Konflikt steht. Auch wenn zum Beispiel den Selbstkorrelationen seitens der durchschnittlichen Statistiker mißtraut wird (als könnte man etwas anderes im Organismus erwarten!), muß man es nicht, wenn man gewisse ganzheitliche Tatsachen in Betracht zieht.

wir untereinander korrelieren, und wenn wir jede Statistik mit klinischem und experimentellem Wissen temperieren, gibt es keinen Grund, warum die Beziehungstechnik nicht in einer Ganzheitsmethodologie sehr nützlich sein sollte.

Das Ausmaß der Interreliertheit innerhalb des Organismus

In seinem Buch über physikalische Gestalten erhebt Köhler (239) Einwände gegen die allzu starke Verallgemeinerung der Interreliertheit, sogar in dem Ausmaß, daß er nicht imstande ist, zwischen einem sehr allgemeinen Monismus und einem kompletten Atomismus zu entscheiden. Entsprechend betont er nicht nur die Interreliertheit innerhalb einer Gestalt, sondern auch die Tatsache der Getrenntheit der Gestalten. Für ihn sind die meisten Gestalten, die er betrachtet, (relativ) geschlossene Systeme. Er führt seine Analyse nur bis zu dem Punkt weiter, wo er innerhalb der Gestalt analysiert. Weniger häufig behandelt er die Beziehungen zwischen den Gestalten, ob nun den physikalischen oder psychologischen.

Es muß klar sein, daß wir eine verschiedene Situation vorfinden, wenn wir organismische Angaben behandeln. Gewiß gibt es fast keine geschlossenen Systeme innerhalb des Organismus. Tatsächlich bezieht sich innerhalb des Organismus alles auf alles andere, wenn auch manchmal nur in einer sehr entfernten und feinen Art. Außerdem hat sich gezeigt, daß der Organismus als Ganzes genommen mit der Kultur, mit der unmittelbaren Anwesenheit anderer Menschen, der bestimmten Situation, den physikalischen und geographischen Faktoren und so weiter in Beziehung steht und von ihnen im tiefsten abhängt. Insofern können wir zumindest behaupten, daß Köhler seine Verallgemeinerungen auf physikalische Gestalten und psychologische Gestalten in der phänomenalen Welt hätte einschränken sollen, denn seine Einschränkungen gelten sicherlich nicht annähernd so stark innerhalb des Organismus.

Es ist möglich, über diese minimale Feststellung hinauszugehen, wenn wir in eine Argumentation eintreten wollen. Tatsächlich kann man ohne weiteres behaupten, daß die ganze Welt theoretisch interreliert ist. Wir können Beziehungen irgendwelcher Art zwischen jedem Teil des Universums und jedem anderen Teil finden, wenn wir uns irgendeine der vielfältigen Beziehungsarten aussuchen, die existieren. Nur weil wir praktisch sein wollen, oder weil wir in einem einzigen Bereich des Diskurses sprechen anstatt in einer Totalität der Diskursbereiche, nehmen wir an, daß Systeme relativ unabhängig voneinander sind. Zum Beispiel bricht die allgemeine Interreliertheit vom psychologischen Standpunkt aus ein, weil es Teile der Welt gibt, die nicht *psychologisch* auf andere Teile des Universums bezogen sind, obwohl sie es chemisch, physikalisch oder biologisch sein können. Außerdem kann die Interreliertheit der Welt sehr wohl in einer vollkommen verschiedenen Art vom Biologen oder Chemiker oder Physiker aufgebrochen werden. Es erscheint mir, daß die beste, im Augenblick mögliche Formulierung lautet, daß es relativ geschlossene Systeme gibt, doch daß sie teilweise das Ergebnis eines bestimmten Standpunktes sind. Was ein geschlossenes System ist (oder zu sein scheint), wird es in einem Jahr vielleicht nicht mehr sein, weil die wissenschaftliche Methodik genügend verbessert werden kann, um zu zeigen, daß es Beziehungen gibt. Wenn die Antwort gegeben werden sollte, daß wir die Gültigkeit tatsächlicher physischer Prozesse nachweisen sollten, anstatt der mehr theoretischen Beziehungen zwischen allen Teilen der Welt, dann muß man darauf erwidern, daß die monistischen Philosophen niemals eine solche allgemeine *physikalische* Interreliertheit behauptet haben, sondern von sehr viel anderen Arten der Interreliertheit sprachen. Da dies jedoch in unserer Exposition nicht der wichtigste Punkt ist, müssen wir ihn nicht weiter behandeln. Es genügt, auf das Phänomen der (theoretischen) allgemeinen Interreliertheit innerhalb des Organismus hinzuweisen.

Beziehungen zwischen den Syndromen

In diesem Forschungsbereich haben wir zumindest ein sorgfältig untersuchtes Beispiel anzubieten. Ob es sich um ein Paradigma oder einen Sonderfall handelt, muß künftige Forschung zeigen.

Quantitativ, das heißt, in den Begriffen einfacher linearer Korrelationen gibt es eine positive, doch kleine Korrelation zwischen dem Sicherheitsniveau und dem Selbstachtungsniveau, r = ungefähr 0.2 oder 0.3. Im Bereich der individuellen Diagnose bei normalen Menschen ist es ziemlich klar, daß die beiden Syndrome praktisch unabhängige Variablen sind. Bei gewissen Gruppen kann es charakteristische Beziehungen der beiden Syndrome geben, zum Beispiel bei Juden hat es (in den vierziger Jahren) eine Tendenz gegeben, gleichzeitig hohe Selbstachtung und niedrige Sicherheit zu haben, während man bei katholischen Frauen häufig niedrige Selbstachtung mit hoher Sicherheit vorgefunden hat. Bei Neurotikern sind beide Niveaus eher niedrig.

Doch viel überraschender als diese Beziehung (oder ihr Fehlen) in dem Niveau der beiden Syndrome ist die sehr enge Beziehung zwischen dem *Niveau* der Sicherheit (oder Selbstachtung) und der *Qualität* der Selbstachtung (oder Sicherheit). Diese Beziehung läßt sich am deutlichsten im Vergleich zweier Personen zeigen, die beide hohe Selbstachtung haben, aber sich an entgegengesetzten Enden der Sicherheitsskala befinden. Die Person A (hohe Selbstachtung und hohe Sicherheit) zeigt die Neigung, ihre Selbstachtung ganz anders als die Person B (hohe Selbstachtung und niedrige Sicherheit) auszudrücken. Die Person A, die sowohl persönliche Stärke und Liebe für die Mitmenschen hat, wird natürlich ihre Stärke in einer gedeihlichen, freundlichen oder beschützenden Art verwenden. Doch B, der gleiche Stärke hat, doch mit Haß oder Verachtung oder Angst für seine Mitmenschen, wird wahrscheinlich seine Stärke verwenden, um zu verletzen, zu dominieren, seine Unsicherheit zu beruhigen. Seine Stärke muß also eine Bedrohung für seine Mitmenschen sein. So können wir von der unsicheren Qualität der hohen Selbstachtung sprechen und können sie mit der Sicherheitsqualität hoher Selbstachtung vergleichen. Ähnlich können wir unsichere und sichere Qualitäten niedriger Selbstachtung unterscheiden, das heißt den Masochisten oder Speichellecker einerseits und die ruhige, sanfte oder dienende, abhängige Person andererseits. Ähnliche Unterschiede in Sicherheitsqualitäten korrelieren mit Unterschieden im Niveau der Selbstachtung. Zum Beispiel können unsichere Personen entweder zurückgezogene Menschen sein oder offen feindselige und aggressive, dementsprechend, ob sie niedrige oder hohe Selbstachtung haben. Sichere Menschen können entweder bescheiden oder stolz sein, Anhänger oder Führer, je nachdem, wie ihre Selbstachtung von niedrig bis hoch im Niveau variiert.

Die Persönlichkeitssyndrome und Verhalten

Sehr breit gefaßt und noch vor einer spezifischeren Analyse können wir sagen, daß sich die Beziehungen zwischen Syndrom und äußerem Verhalten wie folgt verhalten: Jede Handlung zeigt die Neigung, ein Ausdruck der ganzen integrierten Persönlichkeit zu sein. Das bedeutet genauer, daß jede Handlung die Neigung zeigt, von jedem und allen der Persönlichkeitssyndrome determiniert zu sein (zusätzlich zu den anderen Determinanten, von denen später gesprochen wird). Daraus, wie jemand lacht und auf einen Witz reagiert, können wir theoretisch unter anderen Determinanten dieses einheitlichen Aktes sein Sicherheitsniveau, seine Selbstachtung, seine Energie, seine Intelligenz und so weiter ableiten. Solch ein Standpunkt steht im klaren Gegensatz zu der bereits veralteten Theorie der Merkmale, in der im typischen Fall ein einzelner Verhaltensakt ganz von einem einzigen Zug determiniert ist. Unsere theoretische Feststellung kann am besten in verschiedenen Aufgaben illustriert werden, die als «wichtiger» betrachtet werden, wie die Kunst. In der Schöpfung eines Bildes oder einer Symphonie gibt sich der Künstler klarerweise vollständig seiner Aufgabe hin, und dementsprechend ist sie der Ausdruck seiner ganzen Persönlichkeit. Doch ein solches Beispiel oder sagen wir jede kreative Reaktion auf eine unstrukturierte Situation – wie im Rorschachtest – befindet sich auf dem Extrempol des Kontinuums. Auf dem anderen Ende steht der isolierte, spezifische Akt, der wenig oder keine Beziehung zur Charakterstruktur hat. Beispiele dafür sind unmittelbare Reaktionen auf die Anforderungen einer momentanen Situation (einem Lastwagen ausweichen), rein gewohnheitsmäßige, kulturelle Reaktionen, die seit langem ihre psychologische Bedeutung verloren haben (Aufstehen, wenn eine Frau den Raum betritt), oder schließlich Reflexhandlungen. Solches Verhalten sagt uns nichts oder wenig über den Charakter, denn dieser ist in solchen Fällen als determinierender Faktor nebensächlich. Zwischen diesen Extremen finden wir alle Arten von Abstufungen. Es gibt zum Beispiel Handlungen, die die Tendenz aufweisen, fast ganz von nur einem oder zwei Syndromen determiniert zu sein. Eine bestimmte freundliche Handlung ist stärker mit dem einen Sicherheitssyndrom als mit einem anderen verknüpft. Das Gefühl der Sittsamkeit wird weitgehend von der Selbstachtung dominiert usw.

Diese Tatsachen können zu der Frage führen, warum man, wenn alle diese Typen der Verhaltens-Syndrom-Beziehungen existieren, sagen sollte, wie zu Beginn dieser Überlegungen, daß Verhalten im allgemeinen von allen Syndromen determiniert ist?

Es ist offenkundig, daß durch eine Art theoretischer Forderung eine ganzheitliche Theorie mit dieser Feststellung beginnen müßte, während eine atomistische Vorgangsweise mit der Auswahl eines isolierten, diskreten Verhaltens anfangen würde, das von allen Verbindungen zum Organismus abgeschnitten ist – eine Empfindung oder ein bedingter Reflex zum Beispiel. Hier ist es das Problem der «Zentrierung» (vom Standpunkt dessen, von welchem Teil das Ganze organisiert werden soll, aus). Für die atomistische Theorie wäre das einfachste fundamentale Gegebenheit, ein Stück Verhalten, durch die Reduktionsanalyse erreichbar, das heißt ein Verhalten, das von allen seinen Beziehungen zum Rest des Organismus abgeschnitten ist.

Vielleicht ist die Feststellung relevanter, daß der erstere Typus der Syndrom-Verhaltens-Beziehung der wichtigere ist. Isoliertes Verhalten ist eher am Rand der wichtigen Lebensbelange angesiedelt. Es ist isoliert, einfach weil es unwichtig ist, das heißt, nichts mit den Hauptproblemen, Hauptantworten, Hauptzielen des Organismus zu tun hat. Es stimmt, daß mein Fuß ausschlägt, wenn die Kniesehne einen Schlag erhält, oder daß ich Oliven mit meinen Fingern esse, oder daß ich keine gekochten Zwiebeln mag, weil ich dagegen konditioniert wurde. Es trifft sicherlich nicht mehr zu, daß ich eine gewisse Lebensphilosophie habe, daß ich meine Familie liebe oder daß ich zu Experimenten gewisser Art hingezogen werde, doch die letzteren Situationen sind weit wichtiger.

Während es stimmt, daß die innere Natur des Organismus eine Determinante des Verhaltens ist, ist sie dennoch nicht die einzige. Die kulturelle Situation, in der sich der Organismus so und so verhält und die bereits die innere Natur des Organismus zu determinieren geholfen hat, ist ebenfalls eine Determinante des Verhaltens. Schließlich kann man eine andere Garnitur von Determinanten des Verhaltens unter dem Titel der «unmittelbaren Situation» zusammenfassen. Während die Ziele und Zwecke des Verhaltens von der Natur des Organismus determiniert sind und die Wege zu den Zielen von der Kultur, determiniert die unmittelbare Situation die realistischen Möglichkeiten und Unmöglichkeiten: Welches

Verhalten klug ist, welches nicht; welche Teilziele erreichbar sind und welche nicht; was bedrohlich ist und was ein Werkzeug darstellt, mit dem das Ziel erreicht werden kann.

Diese Komplexität macht es leicht, zu verstehen, warum das Verhalten nicht immer ein guter Index der Charakterstruktur ist. Denn wenn Verhalten ebenso von der äußeren Situation wie von der Kultur und wie vom Charakter determiniert wird, wenn es eine Kompromißformation dreier Kräfte ist, kann es nicht ein perfekter Indikator für eine davon sein. Dies ist wiederum eine theoretische Feststellung. Praktisch gibt es verschiedene Verfahren [15], durch die wir die Einflüsse der Kultur und Situation ausscheiden oder aufheben können, so daß in der tatsächlichen Praxis Verhalten manchmal ein guter Index des Charakters sein kann.

Eine viel höhere Korrelation findet man zwischen Charakter und Verhaltensimpuls. Tatsächlich ist diese Korrelation so hoch, daß diese Verhaltensimpulse selbst als Teil des Syndroms betrachtet werden können. Sie sind weit freier von äußeren und kulturellen Zwängen als die offenen Verhaltensakte. Wir können sogar so weit gehen, zu behaupten, daß wir Verhalten nur als einen Index des Verhaltensimpulses untersuchen. Wenn es ein guter Index ist, ist er es wert, untersucht zu werden; wenn nicht, dann ist er es nicht wert, solange der finale Gegenstand unserer Untersuchung das Verstehen des Charakters ist.

[15] Zum Beispiel kann man die Situation als Determinante ausscheiden, wenn man sie zureichend unkenntlich macht, wie in den verschiedenen Projektionstests. Oder die Anforderungen des Organismus sind zuweilen so überwältigend, wie in der Geisteskrankheit, daß die äußere Welt verneint oder außer acht gelassen wird und der Kultur getrotzt wird. Die beste primäre Technik für das teilweise Ausscheiden der Kultur ist die Interview-Beziehung oder die psychoanalytische Übertragung. In anderen Situationen können die Kulturzwänge abgeschwächt sein, wie in Trunkenheit, Wut oder anderen Beispielen unkontrollierten Verhaltens. Dann gibt es wieder viele Verhaltensweisen, die die Kultur nicht reguliert, zum Beispiel verschiedene subtile, im Unterbewußten wahrgenommene Variationen des kulturell determinierten Themas, die sogenannten expressiven Bewegungen. Oder wir können bei relativ ungehemmten Menschen das Verhalten untersuchen, wie bei Kindern, in denen die Kulturzwänge noch schwach sind, bei Tieren, in denen sie fast nebensächlich sind, oder in anderen Gesellschaften, so daß wir die Kultureinflüsse durch Vergleich ausscheiden können. Diese wenigen Beispiele zeigen, daß eine raffinierte, theoretisch gesunde Untersuchung des Verhaltens uns tatsächlich etwas über die innere Organisation der Persönlichkeit mitteilen kann.

Logischer und mathematischer Ausdruck der Syndromgegebenheiten

Gegenwärtig existiert, so weit ich weiß, keine Mathematik oder Logik, die sich für den symbolischen Ausdruck und die symbolische Handhabung der Syndromergebnisse eignet. Solch ein symbolisches System ist keineswegs unmöglich, denn wir wissen, daß wir mathematische oder logische Systeme unseren Bedürfnissen angepaßt konstruieren können. Gegenwärtig jedoch sind die verschiedenen verfügbaren logischen und mathematischen Systeme Ausdruck des allgemein atomistischen Standpunktes, den wir bereits kritisiert haben, und beruhen auf ihm. Meine eigenen Anstrengungen in dieser Richtung sind zu schwach, um hier präsentiert zu werden.

Die scharfe Unterscheidung zwischen A und Nicht-A, von Aristoteles als eine der Grundlagen der Logik eingeführt, wurde von der modernen Logik weitergeführt, auch wenn andere aristotelische Annahmen zurückgewiesen wurden. So finden wir zum Beispiel in Langers «Symbolische Logik» (250), daß diese Annahme, die sie in den Begriffen komplementärer Klassen beschreibt, für sie eine der grundlegendsten ist, die nicht bewiesen werden muß, sondern als vernünftig und gegeben angenommen wird. «Jede Klasse hat ihr Komplement; die Klasse und ihr Komplement schließen einander aus und erschöpfen unter einander die universale Klasse» (S. 193).

An diesem Punkt muß es nunmehr klar sein, daß es hinsichtlich der Syndromgegebenheiten keine solche Trennung zwischen einem Teil der Gegebenheiten und dem Ganzen geben kann. Wenn wir A vom Ganzen abtrennen, ist A nicht mehr A, Nicht-A ist nicht mehr, was es war, und sicherlich wird uns die simple Addition A und Nicht-A nicht das Ganze zurückgeben, mit dem wir angefangen haben. Innerhalb eines Syndroms überschneidet sich jeder Teil eines Syndroms mit jedem anderen. Einen Teil abzutrennen ist unmöglich, wenn wir diese Überschneidungen nicht mißachten wollen. Und diese Mißachtung kann sich der Psychologe nicht leisten. Wechselseitiger Ausschluß ist nur bei isoliert abgeleiteten Angaben möglich. Wenn man sie im Kontext nimmt, wie man es in der Psychologie tun muß, ist eine solche Polarisierung ziemlich unmöglich.

Es ist zum Beispiel nicht einmal vorstellbar, daß wir das Selbstachtungsverhalten von allem anderen Verhalten trennen könnten, aus dem einfachen Grund, daß es praktisch kein Verhalten gibt, das nur Selbstachtungsverhalten ist und sonst nichts.

Wenn wir diese Auffassung des wechselseitigen Ausschließens verwerfen, zweifeln wir nicht nur die ganze Logik an, die teilweise darauf beruht, sondern auch die meisten mathematischen Systeme, die uns vertraut sind. Die meisten existierenden mathematischen und logischen Systeme behandeln eine Welt, die eine Sammlung wechselseitig ausschließlicher Einheiten ist wie ein Haufen Äpfel. Wenn man einen Apfel vom Apfelhaufen trennt, ändert das weder die wesentliche Natur des Apfels, noch die wesentliche Natur des Haufens. Der Organismus verhält sich da anders. Wenn man ein Organ vom gesamten Organismus trennt, ändert er sich, wie auch der getrennte Teil.

Ein anderes Beispiel kann man in den grundlegenden arithmetischen Operationen der Addition, Subtraktion, Multiplikation und Division finden. Es sind das alles Operationen, die klar atomistische Entitäten voraussetzen. Einen Apfel zum anderen zu addieren ist möglich, weil es das Wesen des Apfels gestattet. Doch mit der Persönlichkeit ist das ein anderer Fall. Wenn wir zwei Menschen nehmen, die hohe Selbstachtung haben und unsicher sind, und dann einen dieser Menschen sicherer machen (Sicherheit «addieren»), erhalten wir eine Person, die wahrscheinlich dazu neigt, kooperativ zu sein, und eine andere, die die Tendenz zu einem Tyrannen aufweist. Die hohe Selbstachtung bei einer Persönlichkeit hat nicht dieselbe Qualität wie bei einer anderen. In der Person, die mehr Sicherheit erhält, gibt es zwei Änderungen, nicht nur eine. Nicht nur hat sie mehr Sicherheit erlangt, sondern auch die Qualität der Selbstachtung hat sich geändert, nur durch Verknüpfung mit hoher Sicherheit. Dies ist ein etwas strapaziertes Beispiel, aber es ist das nächste, das wir uns hinsichtlich etwas ähnlichem wie einem additiven Prozeß in der Persönlichkeit vorstellen können.

Offenkundig sind die traditionelle Mathematik und Logik trotz ihrer unbeschränkten Möglichkeiten die dienstbaren Geister einer atomistischen, mechanistischen Weltanschauung geworden.

Es scheint sogar möglich, zu sagen, daß die Mathematik den modernen Naturwissenschaften in der Akzeptanz der dynamisch-ganzheitlichen

Theorie nachhinkt. In der Natur der physikalischen Theorie werden wesentliche Änderungen vorgenommen, nicht durch die Änderung der wesentlichen Beschaffenheit der Mathematik, sondern durch die Erweiterung ihrer Anwendung, durch Tricks, dadurch, daß man ihre wesentlich statische Natur so unverändert wie möglich läßt. Diese Änderungen erfolgen nur durch verschiedene «als ob»-Annahmen. Ein gutes Beispiel stellt das Kalkül dar, das vorgibt, Bewegung und Änderung zu behandeln, aber dies nur erreicht, indem es die Änderung in eine Abfolge statischer Zustände verwandelt. Die Fläche unter einer Krümmung wird gemessen, indem man sie in eine Serie von Rechtecken aufteilt. Die Krümmungen selbst werden behandelt, «als ob» sie polygonale Figuren mit sehr kleinen Seitenlängen wären. Daß dies ein legitimes Verfahren ist, das wir nicht bestreiten können, ist durch die Tatsache erwiesen, daß das Kalkül funktioniert und ein sehr nützliches Instrument darstellt. Doch es ist nicht legitim zu vergessen, daß es funktioniert, weil man eine Serie von Annahmen trifft, von Ausweichmanövern oder Tricks, von «als ob»-Annahmen, die deutlich nicht so mit der phänomenalen Welt verfahren wie die psychologischen Untersuchungen.

Das folgende Zitat ist eine Illustrierung unserer Behauptung, daß die Mathematik die Tendenz hat, statisch und atomistisch zu sein. Soweit ich weiß, ist sein Inhalt von anderen Mathematikern nicht bestritten worden.

‹Aber haben wir nicht vorher ziemlich eifrig erklärt, daß wir in einer bewegungslosen Welt leben? Und haben wir nicht lang und breit bewiesen, durch die Verwendung der Zenoschen Paradoxe, daß Bewegung unmöglich ist, daß ein abgeschossener Pfeil sich tatsächlich in Ruhe befindet? Welchem Umstand sollen wir diese offenkundige Positionswende zuschreiben?

Außerdem, wenn jede neue mathematische Erfindung auf den alt bewährten Fundamenten beruht, wie kann man aus den Theorien der statischen Algebra und Geometrie eine neue Mathematik erzielen, die imstande ist, die Probleme zu lösen, die von dynamischen Entitäten gestellt werden?

Was das erstere betrifft, hat es keine Wende im Standpunkt gegeben. Wir sind noch immer fest dem Glauben verhaftet, daß dies eine Welt ist, in der Bewegung wie Änderung Spezialfälle des Ruhezustandes sind. Es gibt keinen Zustand der Änderung, wenn Änderung einen qualitativ von Ruhe verschiedenen Zustand impliziert; das, was wir als Änderung unterscheiden, ist einfach, wie wir angedeutet haben, eine Abfolge verschiedener statischer Bilder, in verhältnismäßig kurzen Zeitintervallen wahrgenommen...

Da wir intuitiv überzeugt sind, daß es eine Kontinuität in dem Verhalten eines sich bewegenden Körpers gibt, und da wir nicht wirklich den Pfeil jeden Punkt seines Fluges durchfliegen sehen, gibt es einen überwältigenden Trieb, die Idee der Bewegung als etwas wesentlich von der Ruhe Verschiedenes zu abstrahieren. Doch diese Abstraktion resultiert aus physiologischen und psychologischen Beschränkungen; sie wird keineswegs von der logischen Analyse gerechtfertigt. Bewegung ist eine Korrelation der Position mit der Zeit. Änderung ist nur ein anderer Name für *Funktion,* ein anderer Aspekt derselben Korrelation.
Und was den Rest betrifft, gehört das Kalkül (die Integral- u. Differentialrechnung. Anm. d. Ü.), als ein Kind der Geometrie und Algebra, zu einer statischen Familie und hat keine Eigenschaften erworben, die nicht schon seine Eltern hatten. Mutationen sind in der Mathematik nicht möglich. Und so hat unvermeidlicherweise das Kalkül dieselben statischen Eigenschaften wie die Multiplikationstafel und die euklidische Geometrie. Das Kalkül ist nichts als eine weitere Interpretation, obwohl man zugeben muß, daß es eine erfindungsreiche ist, dieser unbeweglichen Welt.›[16]

Wir wiederholen, daß es zwei Möglichkeiten der Betrachtung der Elemente gibt. Zum Beispiel kann Erröten Erröten *an sich* sein (ein reduktives Element) oder es kann Erröten in einem Kontext sein (ein ganzheitliches Element). Das erstere bezieht eine «als ob-Annahme» ein, «als wäre es allein in der Welt und hätte keine Beziehung zum Rest der Welt». Dies ist eine formelle Abstraktion und kann in gewissen wissenschaftlichen Bereichen ziemlich nützlich sein. Jedenfalls entsteht durch die Abstraktion kein Schaden, solange man sich in Erinnerung ruft, daß es sich um eine formale Abstraktion handelt. Schwierigkeiten ergeben sich nur, wenn der Mathematiker oder der Logiker oder Wissenschaftler vergißt, daß er etwas Künstliches macht, wenn er über das Erröten an sich spricht, denn sicherlich würde er zugeben, daß es in der realen Welt kein Erröten ohne ein Menschenwesen gibt, das errötet, und etwas, worüber man errötet und so weiter. Diese künstliche Gewohnheit der Abstraktion, des Benutzens von reduktiven Elementen hat so gut funktioniert und wurde eine so eingefressene Gewohnheit, daß die Abstrahierer und Reduzierer erstaunt über jeden sind, der die empirische oder phänomenale Gültigkeit dieser Gewohnheiten bestreitet. Reibungslos überzeugen sie sich selbst, daß diese die Art darstellt, in der die Welt tatsächlich aufgebaut ist, und

[16] E. Kasner und J. Newman, Mathematics and the Imagination, Simon & Schuster 1940, S. 301–304.

sie finden es leicht, zu vergessen, daß es, obzwar nützlich, dennoch immer noch künstlich, konventionell, hypothetisch ist, mit einem Wort, daß es sich um ein von Menschen gemachtes System handelt, das einer zusammenhängenden Welt im Fließen aufgedrängt, aufgesetzt wird. Diese merkwürdigen Hypothesen über die Welt haben das Recht, der Vernunft ins Gesicht zu spucken, nur wegen ihrer nachgewiesenen Bequemlichkeit.

Wenn sie nicht länger etwas darstellen oder zu Hindernissen werden, müssen sie fallengelassen werden. Es ist gefährlich, in der Welt das zu erblicken, was wir hineingetan haben, anstatt das, was sich tatsächlich darin befindet. Man lasse uns das direkt feststellen: Die atomistische Mathematik oder Logik ist in einem gewissen Sinne eine Theorie über die Welt, und jede Beschreibung der Welt in den Begriffen dieser Theorie mag vom Psychologen als für seine Zwecke ungeeignet zurückgewiesen werden. Es ist für die methodologischen Denker eindeutig erforderlich, sich der Errichtung von logischen und mathematischen Systemen zu widmen, die sich in besserem Einklang mit der Natur der Welt der modernen Wissenschaft befinden [17].

[17] Es ist möglich, diese Anmerkungen auf die (englische) Sprache selbst auszudehnen. Sie zeigt ebenfalls die Tendenz, die atomistische Welttheorie unserer Kultur widerzuspiegeln. Es ist kein Wunder, daß wir in der Beschreibung von Syndromgegebenheiten und Syndromgesetzlichkeiten auf die ausgefallensten Analogien, Redewendungen und verschiedene andere Kniffe und Tricks zurückgreifen müssen. Wir haben die Konjunktion «und», um die Verbindung zweier diskreter Größen auszudrücken, aber wir haben keine Konjunktion, um die Verbindung von zwei Entitäten auszudrücken, die nicht diskret sind und die in der Verbindung eine Einheit bilden, und nicht eine Dualität. Der einzige Ersatz, den ich mir denken kann, ist ein unbeholfenes «strukturiert mit». Es gibt andere Sprachen, die dem ganzheitlichen, dynamischen Standpunkt sympathischer gegenüberstehen. Meiner Meinung nach sind die agglutinierenden Sprachen für die Widerspiegelung einer ganzheitlichen Welt geeigneter als die englische Sprache. Ein anderer Punkt ist es, daß unsere Sprache die Welt, wie die meisten Logiker und Mathematiker es tun, in Elemente und Beziehungen einteilt, in Materie und Dinge, die der Materie zustoßen. Substantiva werden behandelt, wie wenn sie Materie wären, und Verben, als wären sie Handlungen von Materie an Materie. Adjektive beschreiben genauer die Art der Materie, und Adverbien genauer die Art der Aktion. Ein holistisch-dynamischer Standpunkt stellt keine so scharfen Dichotomien auf. Jedenfalls müssen Worte in einer geraden Linie angeordnet werden, wenn man versucht, Syndromgegebenheiten zu beschreiben (257).

Bibliographie

1 Ackerman, N., Psychotherapy and "giving love", Psychiatry, 1944, 7, 129–137.

2 Adler, A., Social Interest, New York: Putnam, 1939.

3 Adler, A., Superiority and Social Interests: A Collection of Later Writings, H. L. and R. R. Ansbacher (eds.), Evanston: Northwestern University Press, 1964.

4 Alderfer, C. P., An organization syndrome, Admin Sci. Quart. 1967, 12, 440–460.

5 Allport, G., Becoming, New Haven, Conn.: Yale University Press, 1955.

6 Allport, G., Gestaltung und Wachstum in der Persönlichkeit, Meisenheim am Glan 1970.

7 Allport, G., Personality and Social Encounter, Boston: Beacon, 1960.

8 Allport, G., and Vernon, P. E., Studies in Expressive Movement, New York: Macmillan, 1933.

9 Allport, G., Normative compatibility in the light of social science, in Maslow, A. H. (ed.), New Knowledge in Human Values, New York: Harper & Row, 1959.

10 Anderson, H. H. (ed.), Creativity and Its Cultivation, New York: Harper & Row, 1959.

11 Anderson, O. D., and Permenter, R. A., A long term study of the experimental neurosis in the sheep and dog, Psychosomat. Med. Monogr., 1941, 2, Nos. 3, 4.

12 Angyal, A., Neurosis and Treatment: A Holistic Theory, New York: Wiley, 1965.

13 Ansbacher, H. und R., Alfred Adlers Individualpsychologie, München, Basel 1975.

14 Ardrey, R., Adam und sein Revier, Wien 1968.

15 Argyris, C., Interpersonal Competence and Organizational Effectiveness, Homewood, Ill.: Irwin-Dorsey, 1962.

16 Argyris, C., Organization and Innovation, Homewood, Ill.: Irwin, 1965.

17 Aronoff, J., Psychological Needs and Cultural Systems, New York: Van Nostrand Reinhold, 1967.

18 Aronoff, J., Freud's conception of the origin of curiosity, J. Psychol., 1962, 54, 39–45.

19 Asch, S. E., Social Psychology, Englewood Cliffs, N. J.: Prentice-Hall, 1952.

20 Asch, S. E., Studies of independence and conformity, Psycholog. Monogr., 1956, 70, entire No. 416.

21 Assagioli, R., Psychosynthesis: A Manual of Principles and Techniques, New York: Hobbs, Dorman, 1965.

22 Axline, V. D., In Search of Self, Boston: Houghton Mifflin, 1964.

23 Back, K. W., The game and the myth as two languages of social science, Behavioral Science, 1963, 8, 66–71.

24 Bacon, F., The Advancement of Learning, New York: Colonial Press, 1900.

25 Baker, R. S., American Chronicle, New York: Scribner's, 1945.

26 Balint, M., The final goal of psychoanalytic treatment, Int. J. Psychoanal., 1936, 17, 206–216.

27 Balint, M., On genital love, Int. J. Psychoanal., 1948, 29, 34–40.
28 Banham, K. M., The development of affectionate behavior in infancy, J. gen. Psychol., 1950, 76, 283–289.
29 Barker, R., Dembo, T., and Lewin, K., Frustration and Regression: An Experiment with Young Children, Iowa City: University of Iowa Press, 1941.
30 Barrett, W., Irrational Man, New York: Doubleday, 1958.
31 Barron, F., Creativity and Psychological Health, New York: Van Nostrand Reinhold, 1963.
32 Barry, J. R., and Malinovsky, M. R., Client Motivation for Rehabilitation: A Review, Monogr. No. 1, 1965, Gainesville, Fla.: Regional Rehabilitation Research Institute, University of Florida.
33 Bartlett, F. C., Remembering, Cambridge, England: Cambridge University Press, 1932.
34 Bateson, G., and Mead, M., Balinese Character: A Photo-graphic Analysis, New York: The New York Academy of Sciences, 1942.
35 Bay, C., The Structure of Freedom, New York: Antheneum, 1968.
36 Bay, C., Needs, wants and political legitimacy, Can. J. pol. Sci., 1968, 1, 241–260.
37 Becker, E., The Structure of Evil, New York: Braziller, 1968.
38 Beer, M., Leadership Employee Needs and Motivation, Monogr. No. 129, 1966, Columbus, O.: The Ohio State University.
39 Belo, J., The Trance in Bali, New York: Columbia University Press, 1960.
40 Benedict, R., Unpublished lectures on Synergy in Society, Bryn Mawr, ca 1942. Excerpts to be published, Amer. Anthropologist, 1970.
41 Bennett, E., Diamond, M., Krech, D., and Rosenzweig, M., Chemical and anatomical plasticity of brain, Science, 1964, 146, 610–619.
42 Bennis, W., Changing Organizations, New York: McGraw-Hill, 1966.
43 Bennis, W., and Slater, P., The Temporary Society, New York: Harper & Row, 1968.
44 Bennis, W., Schein, E., Berlew, D., and Steele, F. (eds.), Interpersonal Dynamics, 2nd ed., Homewood, Ill.: Dorsey, 1968.
45 Bennis, W., Organizations of the future, Personnel Administration, 1967, 30, 6–24.
46 Bergson, H., Schöpferische Entwicklung, Jena 1930.
47 Bernard, L. L., Instinct: A Study in Social Psychology, New York: Holt, Rinehart and Winston, 1924.
48 Berne, E., Spiele der Erwachsenen, Hamburg 1967.
49 Bertalanffy, L. V., Modern Theories of Development, London: Oxford University Press, 1933.
50 Bertocci, P., and Millard, R., Personality and the Good, New York: McKay, 1963.
51 Bettelheim, B., Aufstand gegen die Masse, München 1964.
52 Bibring, E., The development and problems of the theory of instincts, Int. J. Psychoanal., 1941, 22, 1–30.

53 Blai, B., Jr., An occupational study of job satisfaction, J. exptl. Education, 1964, 32, 383–388.
54 Blazer, J., An experimental evaluation of "transcendence of environment", J. humanistic Psychol., 1963, 3, 49–53.
55 Blyth, R. H., Zen in English Literature and Oriental Classics, Tokyo: Hokuseido Press, 1942.
56 Bois, J. S., The Art of Awareness, Dubuque, Iowa: Brown, 1966.
57 Boisen, A., The Exploration of the Inner World, New York: Harper & Row, 1952.
58 Bonner, H., Psychology of Personality, New York: Ronald Press, 1961.
59 Bonney, M. E., The Normal Personality, Berkeley, Calif.: McCutchan, 1969.
60 Boss, M., Indienfahrt eines Psychiaters, Pfullingen 1959.
61 Bossom, J., and Maslow, A. H., Security of judges as a factor in impressions of warmth in others, J. abnorm. soc. Psychol., 1957, 55, 147–148.
62 Bowlby, J., Maternal Care and Mental Health, Geneva: World Health Organization, 1952.
63 Braden, W., The Private Sea, Chicago: Quadrangle Books, 1967.
64 Brand, M., Wilder Schlaf, Zürich 1971.
65 Breuer, J., und Freud, S., Studien über Hysterie, 1895.
66 Bronowski, J., Science and Human Values, New York: Harper & Row, 1956.
67 Brown, G. I., Now: the Human Dimension, Monogr. No. 1, 1968, Big Sur, Calif.: Esalen Institute.
68 Bugental, J., The Search for Authenticity, New York: Holt, Rinehart and Winston, 1965.
69 Bugental, J. (ed.), Challenges of Humanistic Psychology, New York: McGraw-Hill, 1967.
70 Bühler, C., Psychologie im Leben unserer Zeit, München, Zürich 1962.
71 Bühler, C., Die Rolle der Werte in der Entwicklung der Persönlichkeit und in der Psychotherapie, Stuttgart 1975.
72 Bühler, C., Lebenslauf und Lebensziele, Stuttgart 1969.
73 Bühler, C., Maturation and motivation, Dialectica, 1951, 5, 321–361.
74 Bühler, C., Psychotherapy and the image of man, Psychotherapy: Theory, Research and Practice, 1968, 5, 89–94.
75 Bühler, C., The reality principle, Am. J. Psychother., 1954, 8, 626–647.
76 Burrow, T., Preconscious Foundations of Human Experience, Galt, W. E. (ed.), New York: Free Press, 1964.
77 Burtt, E. A., In Search of Philosophic Understanding, London: George Allen and Unwin, 1967.
78 Cannon, W. G., Wisdom of the Body. New York: Norton, 1932.
79 Carpenter, J., Relations between dominance-feeling (self-esteem) and musical tastes, Unpublished.
80 Carpenter, J., and Eisenberg, P., Some relations between family background and personality, J. Psychol., 1938, 6, 115–136.

81 Cauffman, J., Motivating university women to positive behavior, J. Health human Behav., 1966, 7, 295–302.
82 Chenault, J., Syntony: A philosophical premise for theory and research, in Sutich, A., and Vich, M. (eds.), Readings in Humanistic Psychology, New York: Free Press, 1969.
83 Cheney, S., Wie sie Gott fanden, Thalwil-Zürich 1966.
84 Chiang, Hung-min, and Maslow, A. H., The Healthy Personality: Readings, New York: Van Nostrand Reinhold, 1969.
85 Chiang, Hung-min, An experiment in experiential approaches to personality, Psychologia, 1968, 11, 33–39.
86 Child, I., The experts and the bridge of judgment that crosses every cultural gap, Psychology Today, 1968, 2, 24–29.
87 Clark, J. V., Worker Motivation, Alcan, Ltd.
88 Clark, J. V., Motivation in work groups: A tentative view, Human Organization, 1960, 19, 199–208.
89 Combs, A., and Snygg, D., Individual Behavior, 2nd ed., New York: Harper & Row, 1959.
90 Combs, A. (ed.), Perceiving, Behaving, Becoming: A New Focus for Education, Washington, D.C.: Association for Supervision and Curriculum Development, 1962.
91 Combs, A., Soper, D., Gooding, C., Benton, J., Dickman, J., and Usher, R., Florida Studies in the Helping Professions, Monogr., Social Sciences, No. 37, 1969, Gainesville, Fla.: Univ. of Florida.
92 Corlis, R. B., and Rabe, P., Psychotherapy from the Center: A Humanistic View of Change and of Growth, Scranton, Pa.: International Textbook, 1969.
93 Cortés, J. B., and Gatti, F. M., Physique and motivation, J. consulting Psychol., 1966, 30, 408–414.
94 Cortés, J. B., and Gatti, F. M., Physique and self-descriptions of temperament, J. consulting Psychol., 1965, 29, 432–439.
95 Craig, R., Trait lists and creativity, Psychologia, 1966, 9, 107–110.
96 Crawford, M. P., The cooperative solving of problems by young chimpanzees, Comp. Psychol. Monogr., 1937, 14, No. 68.
97 Crookshank, F. G., Die Bedeutung der Bedeutung, Frankfurt 1974.
98 Crutchfield, R., Conformity and character, Am. Psychologist, 1955, 10, 191–198.
99 Cummings, L. L., and El Salmi, A. M., Empirical Research on the Bases and Correlates of Managerial Motivation: A review of the literature, Psycholog. Bull., 1968, 70, 127–141.
100 Dabrowski, K., Positive Disintegration, Boston: Little, Brown, 1964.
101 Dailey, C., The effects of premature conclusion upon the acquisition of understanding a person, J. Psychol., 1952, 33, 133–152.
102 D'Arcy, M. C., The Meeting of Love and Knowledge, New York: Harper & Row, 1957.

103 D'Arcy, M.C., The Mind and Heart of Love, New York: Holt, Rinehart and Winston, 1947.
104 Davies, J.C., Human Nature in Politics, New York: Wiley, 1963.
105 Davies, W.A., The motivation of the underprivileged worker, in Whyte, F.W. (ed.), Industry and Society, New York: McGraw-Hill, 1946, 84–106.
106 De Forest, I., The Leaven of Love, New York: Harper & Row, 1954.
107 De Martino, M. (ed.), Sexual Behavior and Personality Characteristics, New York: Grove Press, 1963.
108 Dewey, J., Theory of valuation, Int. Encycl. Unified Sci., 2, No. 4, Chicago: University of Chicago Press, 1939.
109 Dove, W.F., A study of individuality in the nutritive instincts, Am. Naturalist, 1935, 69, 469–544.
110 Drews, E.M., Counseling for self-actualization in gifted girls and young women, J. counseling Psychol., 1965, 12, 167–175.
111 Drews, E., The Creative Intellectual Style in Gifted Adolescents, Report II; Report III; Portland, Ore.: Northwest Regional Educational Research Laboratory, 1966.
112 Driesch, H., Zur Lehre von der Induktion, Heidelberg 1915.
113 Drucker, P.F., The End of Economic Man, New York: John Day, 1939.
114 Dunbar, H.F., Psychosomatic Diagnosis, New York: Hoeber, 1943.
115 Eastman, M., The Enjoyment of Poetry, New York: Scribner's, 1928.
116 Edel, E.C., A study in managerial motivation, Personnel Administration, 1966, 29, 31–38.
117 Einstein, A., and Infeld, L., The Evolution of Physics, New York: Simon and Schuster, 1938.
118 Eisenberg, P., Expressive movements related to feelings of dominance, Arch. Psychol., 1937, 211, 73.
119 Eisenberg, P., and Lazarsfeld, P., The psychological effects of unemployment, Psycholog. Bull., 1938, 35, 358–390.
120 Eliade, M., Das Heilige und das Profane, Hamburg 1957.
121 Ellis, W.D. (ed.), Source Book of Gestalt Psychology, New York: Harcourt, Brace & World, 1939.
122 Endore, G., Synanon, Garden City, N.Y.: Doubleday, 1968.
123 Erikson, E., Identität und Lebenszyklus, Frankfurt, 1973.
124 Esalen Institute brochures, Big Sur, Calif.: Esalen Institute, 1965–1969.
125 Escalona, S., Feeding disturbances in very young children, Am. J. Orthopsychiat., 1945, 15, 76–80.
126 Fantini, M., and Weinstein, G., The Disadvantaged: Challenge to Education, New York: Harper & Row, 1968.
127 Farrow, E.P., Psychoanalyze Yourself, New York: International Universities Press, 1942.
128 Farson, R. (ed.), Science and Human Affairs, Palo Alto, Calif.: Science and Behavior Books, 1965.

129 Fenichel, O., Psychoanalytische Neurosenlehre, Olten, 1974.
130 Feuer, L., Psychoanalysis and Ethics, Springfield, Ill.: C. C. Thomas, 1955.
131 Fiedler, F. E., The concept of an ideal therapeutic relationship, J. consulting Psychol. 1950, 14, 239–245.
132 Fingarette, H., The Self in Transformation, New York: Harper & Row, 1963.
133 Frankl, V., Der Mensch auf der Suche nach dem Sinn, Freiburg 1972.
134 Frankl, V., Der Wille zum Sinn, Bern 1972.
135 Frenkel-Brunswik, E., Intolerance of ambiguity as an emotional and perceptual personality variable, J. Pers., 1949, 18, 108–143.
136 Freud, A., Die Ich-Spaltung im Abwehrvorgang, Ges. Werke XVII, 4. Auflage, Frankfurt 1966.
137 Freud, S., Jenseits des Lustprinzips, Ges. Werke XIII, 6. Auflage, Frankfurt 1969.
138 Freud, S., Das Unbehagen an der Kultur, Ges. Werke II/III, 4. Auflage, Frankfurt 1968.
139 Freud, S., Ges. Werke Band II/III, Frankfurt 1968.
140 Freud, S., Beiträge zur Psychologie des Liebeslebens, Ges. Werke XII, 3. Auflage, Frankfurt 1966.
141 Freud, S., Vorlesungen zur Einführung in die Psychoanalyse, Ges. Werke XI, 5. Auflage, Frankfurt 1969.
142 Freud, S., Die Traumdeutung, Ges. Werke II/III, 4. Auflage, Frankfurt 1968.
143 Freud, S., Neue Folge der Vorlesungen zur Einführung in die Psychoanalyse, Ges. Werke XI, 5. Auflage, Frankfurt 1969.
144 Freud, S., Ein Abriß der Psychoanalyse, Ges. Werke XVIII, 4. Auflage, Frankfurt 1966.
145 Fromm, E., Die Furcht vor der Freiheit, Köln 1972.
146 Fromm, E., Märchen, Mythen, Träume, Zürich 1956.
147 Fromm, E., Das Menschliche in uns, Zürich 1968.
148 Fromm, E., Psychoanalyse und Ethik, Zürich 1954.
149 Fromm, E., Psychoanalyse und Religion, Zürich 1966.
150 Fromm, E., Sane Society, New York 1955.
151 Fromm, E., Suzuki, D. T., und De Martino, R., Zen-Buddhismus und Psychoanalyse, Frankfurt 1972.
152 Gardner, J. W., Self Renewal: The Individual and the Innovative Society, New York: Harper & Row, 1963.
153 Ghiselli, E. E., Managerial talent, Am. Psychologist, 1963, 18, 631–642.
154 Glasser, W., Reality Therapy, New York: Harper & Row, 1965.
155 Goble, F., Return to Responsibility, Pasadena, Calif.: Thomas Jefferson Research Center, 1969.
156 Goldberg, R. T., Need satisfaction and rehabilitation progress of psychotic patients, J. counseling Psychol., 1967, 14, 253–257.
157 Gourevitch, V., and Feffer, M. H., A study of motivational development, J. gen. Psychol., 1962, 100, 361–375.

158 Goldfarb, W., Psychological privation in infancy and subsequent adjustment, Am. J. Orthopsychiat., 1945, 15, 247–255.
159 Goldstein, K., Human Nature, Cambridge, Mass.: Harvard University Press, 1940.
160 Goldstein, K., The Organism, New York: American Book, 1939.
161 Goodman, R. A., On the Operationality of the Maslow Need Hierarchy, Los Angeles: Graduate School of Business Admin., University of California, Los Angeles, 1968, Reprint No. 112.
162 Gordon, D. C., Self Love, New York: Verity House, 1968.
163 Guggenheimer, R., Creative Vision for Art and for Life, rev. ed., New York: Harper & Row, 1960.
164 Green, H., I Never Promised You a Rose Garden, New York: Holt, Rinehart and Winston, 1967.
165 Greening, T. C., and Coffey, H. S., Working with an "impersonal" T group, J. app. behav. Sci., 1966, 2, 401–411.
166 Grof, S., Theory and Practice of LSD Psychotherapy, To be published.
167 Guiterman, A., Lyric Laughter, New York: Dutton, 1939. Reprinted by permission.
168 Hall, D. T., and Nougaim, K. E., An examination of Maslow's need hierarchy in an organizational setting, Organizational Behavior and Human Performance, 1968, 3, 12–35.
169 Halmos, P., Beichtväter des 20. Jahrhunderts, Zürich 1972.
170 Halmos, P., Towards a Measure of Man, London: Kegan Paul, 1957.
171 Harding, M. E., Psychic Energy, New York: Pantheon, 1947.
172 Harlow, H. F., Motivation as a factor in the acquisition of new responses, in Jones, R. M. (ed.), Current Theory and Research in Motivation, Lincoln, Neb.: University of Nebraska Press, 1953.
173 Harlow, H. F., The heterosexual affectional system in monkeys, Am. Psychologist, 1962, 17, 1–9.
174 Harlow, H. F., Learning motivated by a manipulation drive, J. exptl. Psychol., 1950, 40, 228–234.
175 Harlow, H. F., Maternal behavior in socially deprived rhesus monkeys, J. abnorm. soc. Psychol., 1964, 69, 345–354.
176 Harlow, H. F., Primary affectional patterns in primates, Am. J. Orthopsychiat., 1960, 30, 676–684.
177 Harlow, H. F., and Harlow, M. K., The affectional systems, in Schrier, A. M., Harlow, H. F., and Stollnitz, F. (eds.), Behavior of Non-human Primates, Vol. 2, New York: Academic Press, 1965.
178 Harlow, H. F., and Harlow, M. K., Learning to love, Am. Scientist, 166, 54, 244–272.
179 Harlow, H. F., and Harlow, M. K., Social deprivation in monkeys, Scientific American, 1962, 207, 136–146.
180 Harman, W. W., Contemporary social forces and alternative futures, J. Res. Develop. Education, 2, Summer 1969, 67–89.

181 Harman, W. W., The new Copernican revolution, Stanford Today, Winter 1969, 6–10.
182 Harper, R., Human Love: Existential and Mystical, Baltimore: Johns Hopkins Press, 1966.
183 Hartmann, C. G., Endocrine influences on instinctual processes, Psychosomat. Med., 1942, 4, 206–210.
184 Hartman, R. S., The Structure of Value: Foundations of Scientific Axiology, Carbondale, Ill.: Southern Illinois University Press, 1967.
185 Hartmann, H., Ich-Psychologie und Anpassungsprobleme, Stuttgart 1970.
186 Hattis, R., Love feelings in courtship couples: An analysis, in Sutich, A., and Vich, M. (eds.), Readings in Humanistic Psychology, New York: Free Press, 1969, 347–385.
187 Hayakawa, S. I., Sprache im Denken und Handeln, Darmstadt 1967.
188 Hayakawa, S. I., The fully functioning personality, in S. I. Hayakawa (ed.), Our Language & Our World, New York: Harper & Row, 1959, 202–217.
189 Heard, G., Training for a Life of Growth, Santa Monica, Calif.: Wayfarer Press, 1959.
190 Heath, D. H., Explorations of Maturity: Studies of Mature and Immature College Men, New York: Appleton-Century-Crofts, 1965.
191 Henle, M. (ed.), Documents of Gestalt Psychology, Berkeley, Calif.: University of California Press, 1961.
192 Herzberg, A., The Psychology of Philosophers, New York: Harcourt, Brace & World, 1929.
193 Herzberg, F., Zur Psychologie der Philosophie und der Philosophen, 1926.
194 Higgins, M., and Raphael, C. M. (eds.), Reich Speaks of Freud, New York: Farrar, Straus & Giroux, 1967.
195 Hitschmann, E., Freud's conception of love, Int. J. Psychoanal., 1952, 33, 1–8.
196 Hoggart, R., The Uses of Literacy, Boston: Beacon, 1961.
197 Horney, K., Der neurotische Mensch unserer Zeit, Stuttgart 1951.
198 Horney, K., Neue Wege in der Psychoanalyse, Stuttgart 1951.
199 Horney, K., Neurose und menschliches Wachstum, München 1975.
200 Horney, K., Selbstanalyse, München 1974.
201 Howells, T. H., The obsolete dogma of heredity, Psychol. Rev., 1945, 52, 23–34.
202 Howells, T. H., and Vine, D. O., The innate differential in social learning, J. abnorm. soc. Psychol., 1940, 35, 537–548.
203 Huber, J., Through an Eastern Window, Boston: Houghton Mifflin, 1967.
204 Husband, R. W., A comparison of human adults and white rats in maze learning, J. comp. Psychol., 1929, 9, 361–377.
205 Husserl, E., Ideen zu einer reinen Phaenomenologie, Ges. Werke Band 3–5.
206 Huxley, A., Die graue Eminenz, 1948.
207 Huxley, A., Heaven & Hell, New York: Harper & Row, 1955.
208 Huxley, A., Eiland, München 1973.

209 Huxley, A., Die ewige Philosophie, 1949.
210 Jahoda, M., Current Conceptions of Positive Mental Health, New York: Basic Books, 1958.
211 James, W., The Principles of Psychology, New York: Holt, Rinehart and Winston, 1890.
212 James, W., The Varieties of Religious Experience, New York: Modern Library, 1943.
213 Jekels, L., and Bergler, E., Transference and love, Psychoanal. Quart., 1949, 18, 325–350.
214 Jessner, L., and Kaplan, S., "Discipline" as a problem in psychotherapy with children, The Nervous Child, 1951, 9, 147–155.
215 Johnson, W., People in Quandaries, New York: Harper & Row, 1946.
216 Jones, R. M., Fantasy and Feeling in Education, New York: New York University Press, 1968.
217 Jourard, S. M., Disclosing Man to Himself, New York: Van Nostrand Reinhold, 1968.
218 Jung, C., The Integration of the Personality, London: Routledge & Kegan Paul, 1950.
219 Jung, C., Modern Man in Search of a Soul, New York: Harcourt, Brace & World, 1933.
220 Jung, C., The Undiscovered Self, London: Kegan Paul, 1958.
221 Kamiya, J., Conscious control of brain waves, Psychology Today, 1968, 1, 56–61.
222 Kardiner, A., The Traumatic Neuroses of War, New York: Hoeber, 1941.
223 Kasanin, S. J., Neurotic "acting out" as a basis for sexual promiscuity in women, Psychoanal. Rev., 1944, 31, 221–232.
224 Kasner, E., and Newman, J., Mathematics and the Imagination, New York: Simon and Schuster, 1940.
225 Katona, G., Organizing and Memorizing, New York: Columbia University Press, 1940.
226 Katz, R., Unpublished reports on the Outward Bound program.
227 Kaufman, W., Nietzsche, New York: World Publishing, 1956.
228 Kaufman, W. (ed.), The Portable Nietzsche, New York: Viking, 1954.
229 Kempf, E. J., The Autonomic Functions and the Personality, New York: Nervous and Mental Disease Publishing Co., 1921.
230 Kilby, R. W., Psychoneuroses in times of trouble: evidence for a hierarchy of motives, J. abnorm. soc. Psychol., 1948, 43, 544–545.
231 King, D. C., The meaning of normal, Yale J. Biol. Med., 1945, 17, 493–501.
232 Kirkendall, L., Premarital Intercourse and Interpersonal Relationships, New York: Julian Press, 1961.
233 Klee, J. B., Problems of Selective Behavior, Lincoln, Neb.: University of Nebraska Studies, 1951, New Series No. 7.

234 Klein, M., Dittmann, A., Parloff, M., and Gill, M., Behavioral Therapy: Observations and reflections, J. consult. clin. Psychol., 1969, 33, 259–266.
235 Kluckhohn, C., Spiegel der Menschheit, 1951.
236 Knutson, J., Motivation and Political Behavior, Ph. D. thesis, University of Oregon, 1968.
237 Koestler, A., Der Jogi und der Kommissar, Eßlingen 1950.
238 Kohler, W., The Place of Values in a World of Facts, New York: Liveright, 1938.
239 Kohler, W., Gestalt psychology today, in Henle, M. (ed.), Documents of Gestalt Psychology, Berkeley, Calif.: University of California Press, 1961.
240 Korman, A. K., Self-esteem as a moderator in vocational choice: Replications and extensions, J. applied Psychol., 1969, 53, 188–192.
241 Korzybski, A., Science and Sanity: An Introduction to Non-Aristotelian Systems and General Semantics, 3rd ed., Lakeville, Conn.: International Non-Aristotelian Lib. Pub. Co., 1948.
242 Kris, E., Psychoanalytic Explorations in Art, New York: International Universities Press, 1952.
243 Kropotkin, P., Ethik, Ursprung und Entwicklungen der Sittlichkeit, Berlin 1923.
244 Krout, M., Autistic gestures, Psychol. Monogr., 1935, 46, No. 208.
245 Kubie, L. S., Neurotic Distortion of the Creative Process, Lawrence, Kansas: Univ. of Kansas, 1958.
246 Kubie, L. S., Some unsolved problems of the scientific career, Am. Scientist, 1953, 41, 596–613; 1954, 42, 104–112.
247 Landsman, T., Existentialism in counseling: the scientific view, Personnel & Guidance Journal, 1965, XL, pp. 568–572.
248 Landsman, T., The beautiful person, The Futurist, 1969, 3, 41–42.
249 Langer, S., Philosophie auf neuem Wege, Hamburg 1965.
250 Langer, S., Symbolic Logic, Boston: Houghton Mifflin, 1937.
251 Lao Tsu, The Way of Life, New York: Mentor, 1955.
252 Laski, M., Ecstasy, Bloomington, Ind.: Indiana University Press, 1962.
253 Lawler, E. E., III, Job Design and Employee Motivation, Personnel Psychology, 1969, 22, No. 4, 426–435.
254 Lawler, E. E., III, and Porter, L. W., Antecedent attitudes of effective managerial performance, Organizational Behavior and Human Performance, 1967, 2, 122–142.
255 Lawler, E. E., III, and Porter, L. W., The effect of performance on job satisfaction, Industrial Relations, 1967, 7, pp. 20–27.
256 Lee, D., Autonomous motivation, J. humanistic Psychol., 1962, 1, 12–22.
257 Lee, D., Freedom & Culture, Englewood Cliffs, N. J.: Prentice-Hall, 1961.
258 Leeper, R. (ed.), Humanizing Education, Washington, D.C.: Association for Supervision and Curriculum Development, 1967.
259 Leeper, R., A motivational theory of emotion to replace "emotion as disorganized response", Psychol. Rev., 55, 5–21.

260 Leonard, W. E., The Locomotive God, New York: Century Co., 1929.
261 Le Shan, E., The Conspiracy Against Childhood, New York: Atheneum, 1967.
262 Le Shan, L., Mobilizing the life force, The Ethical Forum, 3, 1966, 1–11.
263 Levy, D. M., Maternal Overprotection, New York: Columbia University Press, 1943.
264 Levy, D. M., The deprived and indulged forms of psychopathic personality, Am. J. Orthopsychiat., 1951, 21, 250–254.
265 Levy, D. M., Experiments on the sucking reflex and social behavior of dogs, Am. J. Orthopsychiat., 1934, 4, 203–224.
266 Levy, D. M., On instinct-satiations: an experiment on the pecking behavior of chickens, J. gen. Psychol., 1938, 18, 327–348.
267 Levy, D. M., A note on pecking in chickens, Psychoanal. Quart., 1934, 4, 612–613.
268 Levy, D. M., On the problem of movement restraint, Am. J. Orthopsychiat., 1944, 14, 644–671.
269 Levy, D. M., Primary affect hunger, Am. J. Psychiat., 1937, 94, 643–652.
270 Levy, D. M., Psychic trauma of operations in children, Am. J. Diseases Children, 1945, 69, 7–25.
271 Levy, D. M., Release therapy, Am. J. Orthopsychiat., 1939, 9, 713–736.
272 Levy, D. M., The strange hen, Am. J. Orthopsychiat., 1950, 19, 140–144.
273 Levy, D. M., Studies in sibling rivalry, Amer. Orthopsychiat. Assn., Monogr., 1937, No. 2.
274 Lewin, K., Dynamic Theory of Personality, New York: McGraw-Hill, 1935.
275 Likert, R., Neue Ansätze der Unternehmensführung, Bern 1972.
276 Lorenz, K., Das sogenannte Böse, Wien 1968.
277 Lowen, A., The Betrayal of the Body, New York: Macmillan, 1967.
278 Lowen, A., Love and Orgasm, New York: Macmillan, 1965.
279 Luchins, A., Mechanization in problem solving: the effect of Einstellung, Psychol. Monogr., 1942, 54, No. 6.
280 Luchins, A., On recent use of the Einstellung effect as a test of rigidity, J. consulting Psychology, 1951, 15, 89–94.
281 Lyman, E., Occupational differences in the value attached to work, Am. J. Sociol., 1955, 61, 138–144.
282 Lynd, R., Knowledge for What?, Princeton, N.J.: Princeton University Press, 1939.
283 Mahrer, A. H. (ed.), The Goals of Psychotherapy, New York: Appleton-Century-Crofts, 1967.
284 Maier, N. R. F., Frustration, New York: McGraw-Hill, 1949.
285 Maier, N. R. F., Studies of Abnormal Behavior in the Rat, New York: Harper & Row, 1939.
286 Manuel, F. E., Shapes of Philosophical History, Stanford, Calif.: Stanford University Press, 1965.

287 Manuel, F. E., A Portrait of Isaac Newton, Cambridge, Mass.: Harvard University Press, 1968.

288 Marcuse, H., Eros and Civilization, Boston: Beacon, 1955.

289 Marmor, J., The role of instinct in human behavior, Psychiatry, 1942, 5, 509–516.

290 Marrow, A., Bowers, D., and Seashore, S., Management by Participation, New York: Harper & Row, 1967.

291 Maslow, A. H., Eupsychian Management: A Journal, Homewood, Ill.: Irwin-Dorsey, 1965.

292 Maslow, A. H., The Psychology of Science: A Reconnaissance, New York: Harper & Row, 1966.

293 Maslow, A. H., Religions, Values and Peak Experiences, Columbus, Ohio: Ohio State University Press, 1964.

294 Maslow, A. H., The S–I Test: A Measure of Psychological Security–Insecurity, Palo Alto, Calif.: Consulting Psychologists Press, 1952.

295 Maslow, A. H., Psychologie des Seins, München 1973.

296 Maslow, A. H., and Mittelman, B., Principles of Abnormal Psychology, rev. ed., New York: Harper & Row, 1951.

297 Maslow, A. H. (ed.), New Knowledge in Human Values, New York: Harper & Row, 1959.

297 a Maslow, A. H., Comments on Prof. McClelland's paper in Jones, M. R. (ed.), Nebraska Symposium on Motivation, 1955, Lincoln, Neb.: University of Nebraska Press, 1955, 65–69.

298 Maslow, A. H., Criteria for judging needs to be instinctoid, in Jones, M. R. (ed.), Human Motivation: A Symposium, Lincoln, Neb.: Univ. of Nebraska Press, 1965.

299 Maslow, A. H., A philosophy of psychology, in Fairchild, J. (ed.), Personal Problems and Psychological Frontiers, New York: Sheridan, 1957.

300 Maslow, A. H., Power relationships and patterns of personal development, in Kornhauser, A. (ed.), Problems of Power in American Democracy, Detroit: Wayne University Press, 1957.

301 Maslow, A. H., and Diaz-Guerrero, R., Juvenile delinquency as a value disturbance, in Peatman, J., and Hartley, E. (eds.), Festschrift for Gardner Murphy, New York: Harper & Row, 1960.

302 Maslow, A. H., Appetites and hunger in animal motivation, J. comp. Psychol., 1935, 20, 75–83.

303 Maslow, A. H., The authoritarian character structure, J. social Psychol., 1943, 18, 401–411.

304 Maslow, A. H., The dominance drive as a determiner of the social and sexual behavior of infra-human primates, I–IV, J. genet. Psychol., 1936, 48, 261–277, 278–309, 310–338; 49, 161–190.

305 Maslow, A. H., Dominance-feeling, personality and social behavior in women, J. social Psychol., 1939, 10, 3–39.

306 Maslow, A. H., Dominance-quality and social behavior in infra-human primates, J. soc. Psychol., 1940, 11, 313–324.
307 Maslow, A. H., Emotional blocks to creativity, J. individ. Psychol., 1958, 14, 51–56.
308 Maslow, A. H., The farther reaches of human nature, J. transpers. Psychol., 1969, 1, 1–10.
309 Maslow, A. H., The influence of familiarization on preference, J. Exptl. Psychol., 1937, 21, 162–180.
310 Maslow, A. H., Lessons from the peak-experiences, J. humanistic Psychol., 1962, 2, 9–18.
311 Maslow, A. H., Self-esteem (dominance feeling) and sexuality in women, J. social Psychol., 1942, 16, 259–294.
311a Maslow, A. H., Some educational implications of the humanistic psychologies, Harvard Educational Review, 1968, 38, 685–696.
311b Maslow, A. H., Some fundamental questions that face the normative social psychologist, J. humanistic Psychol., 1968, 8, 143–153.
312 Maslow, A. H., Synergy in the society and in the individual, J. individ. Psychol., 1964, 20, 153–164.
313 Maslow, A. H., A test for dominance-feeling (self-esteem) in women, J. social Psychol., 1940, 12, 255–270.
314 Maslow, A. H., A theory of metamotivation: the biological rooting of the value-life, J. humanistic Psychol., 1967, 7, 93–127.
315 Maslow, A. H., Theory Z, J. transpers. Psychol., 1969, 1, 31–47.
316 Maslow, A. H., Toward a humanistic biology, Am. Psychologist, 1969, 724–735.
317 Maslow, A. H., Various meanings of transcendence, J. transpers. Psychol., 1969, 1, 56–66.
318 Maslow, A. H., and Mintz, N. L., Effects of esthetic surroundings: I. Initial short-term effects of three esthetic conditions upon perceiving "energy" and "well-being" in faces, J. Psychol., 1956, 41, 247–254.
319 Maslow, A. H., Rand, H., and Newman, S., Some parallels between the dominance and sexual behavior of monkeys and the fantasies of psychoanalytic patients, J. nervous mental Disease, 1960, 131, 202–212.
320 Masters, R. D., Review of M. F. A. Montagu (ed.), Man & aggression, Saturday Review, October 19, 1968.
321 Matson, F., Rückkehr zum Menschen, Olten 1969.
322 Matson, F. (ed.), Being, Becoming and Behavior, New York: Braziller, 1967.
323 May, R., Der verdrängte Eros, Hamburg 1970.
324 May, R., Psychology and the Human Dilemma, New York: Van Nostrand Reinhold, 1967.
325 May, R. (ed.), Existential Psychology, New York: Random House, 1961.
326 McClelland, D., Die Leistungsgesellschaft, Stuttgart 1966.
327 McClelland, D., Motivation und Kultur, Bern 1967.

328 McClelland, D., and Winter, D.G., Motivating Economic Achievement, New York: Free Press, 1969.

329 McDougall, W., Aufbaukräfte der Seele, Leipzig 1937.

330 McDougall, W., The Frontiers of Psychology, New York: Appleton-Century-Crofts, 1935.

331 McDougall, W., Grundlagen der Sozialpsychologie, Jena 1928.

332 McGregor, D., Der Mensch im Unternehmen, Düsseldorf, Wien 1970.

333 Mead, M., Geschlecht und Temperament, Hamburg 1954.

334 Mead, M., and Metraux, R., Image of the scientist among high school students, Science, 1957, 126, 384–390.

335 Meadow, A., A relation between dominance-feeling and a class-room test situation, J. Psychol., 1940, 9, 269–274.

335a Menninger, K.A., Love Against Hate, New York: Harcourt, Brace & World, 1942.

336 Mintz, N.L., Effects of esthetic surroundings: II. Prolonged and repeated experiences in a "beautiful" and an "ugly" room, J. Psychol., 1956, 41, 459–466.

337 Money-Kyrle, R.E., Some aspects of political ethics from the psychoanalytical point of view, Int. J. Psychoanal., 1944, 25, 166–171.

338 Money-Kyrle, R.E., Towards a common aim–a psychoanalytical contribution to ethics, Brit. J. Med. Psychol., 1944, 20, 105–117.

339 Montagu, M.F.A., The Direction of Human Development, New York: Harper & Row, 1955.

340 Montagu, M.F.A., Mensch und Aggression, Weinheim/BS 1974.

341 Montagu, M.F.A. (ed.), The Meaning of Love, New York: Julian, 1953.

342 Moreno, J. (ed.), Sociometry Reader, New York: Free Press, 1960.

343 Moustakas, C., The Authentic Teacher, Cambridge, Mass.: Doyle, 1966.

344 Moustakas, C. (ed.), The Self, New York: Harper & Row, 1956.

345 Mowrer, O.H., The New Group Therapy, New York: Van Nostrand Reinhold, 1964.

346 Mowrer, O.H. (ed.), Morality and Mental Health, Chicago: Rand McNally, 1967.

347 Mumford, L., The Conduct of Life, New York: Harcourt, Brace & World, 1951.

348 Munroe, R.L., Schools of Psychoanalytic Thought, New York: Holt, Rinehart and Winston, 1955.

349 Murphy, G., Human Potentialities, New York: Basic Books, 1958.

350 Murphy, G., Personality, New York: Harper & Row, 1947.

351 Murphy, G., Psychology in the year 2000, Am. Psychologist, 1969, 24, 521–530.

352 Murphy, L., Social Behavior and Child Personality, New York: Columbia University Press, 1937.

353 Murray, H.A., Explorations in Personality, New York: Oxford University Press, 1938.

354 Murray, H.A., Prospect for psychology, Science, 1962, 136, 483–488.

355 Murray, H. A., Some basic psychological assumptions and conceptions, Dialectica, 1951, 5, 266–292.
356 Myerson, A., When Life Loses Its Zest, Boston: Little, Brown, 1925.
357 Nameche, G., Two pictures of man, J. humanistic Psychol., 1961, 1, 70–88.
358 Naranjo, C., The Unfolding of Man, Menlo Park, Calif.: Stanford Research Institute, 1969.
359 Nielsen, K., On taking human nature as the basis of morality, Soc. Res., 1962, 29, 157–176.
360 Northrop, F. S. C., The Logic of the Sciences and the Humanities, New York: Macmillan, 1947.
361 Northrop, F. S. C., The Meeting of East and West, New York: Macmillan, 1946.
362 Olds, J., Physiological mechanisms of reward, in Jones, M. R. (ed.), Nebraska Symposium on Motivation, Lincoln, Neb.: University of Nebraska Press, 1955.
363 Oppenheimer, M., The "Y" theory: enlightened management confronts alienation, New Politics, 1967, 6, 33–48.
364 Oppenheimer, O., Toward a new instinct theory, J. social Psychol., 1958, 47, 21–31.
365 Otto, H. (ed.), Exploration in Human Potentialities, Springfield, Ill.: C. C. Thomas, 1966.
366 Otto, H., and Mann, J. (eds.), Ways of Growth, New York: Grossman, 1968.
366a Overstreet, H., Geistige Reife, Zürich 1951.
367 Ovsiankina, M., Die Wiederaufnahme unterbrochener Handlungen, Psychol. Forsch., 1928, 11, 302–379.
368 Owens, C. M., Discovery of the Self, Boston: Christopher, 1963.
369 Pahnke, W., Implications of LSD and experimental mysticism, J. Religion mental Health, 1966, 5, 175–208.
370 Paine, F. T., Carroll, S. J., Jr., and Leete, B. A., Need satisfactions of managerial level personnel in a government agency. J. appl. Psychol., 1966, 50, 247–249.
371 Paine, F. T., Deutsch, D. R., and Smith, R. A., The relationship between family backgrounds to work values, J. appl. Psychol., 1967, 320–323.
372 Pastore, N., The Nature-Nurture Controversy, New York: King's Crown, 1949.
373 Pavlov, I. P., Die bedingten Reflexe, München 1972.
374 Perls, F., Hefferline, R., and Goodman, P., Gestalt Therapy, New York: Julian Press, 1951.
375 Pieper, J., Muße und Kult, München 1961.
376 Polanyi, M., Personal Knowledge, Chicago: University of Chicago Press, 1958.
377 Polanyi, M., Science, Faith and Society, Chicago: University of Chicago Press, 1964.
378 Polanyi, M., The Tacit Dimension, New York: Doubleday, 1966.
379 Porter, L. W., and Lawler, E. E., Managerial Attitudes and Performance, Homewood, Ill.: Irwin, 1968.
380 Porter, L. W., A study of perceived need satisfactions in bottom and middle management jobs, J. appl. Psychol., 1961, 45, 1–10.

381 Porter, L. W., Job attitudes in management: I. Perceived deficiencies in need fulfillment as a function of job level, J. appl. Psychol., 1962, 46, 375–384.
382 Porter, L. W., Job attitudes in management: II. Perceived importance of needs as a function of job level, J. appl. Psychol., 1963, 47, 375–384.
383 Porter, L. W., Job attitudes in management: III. Perceived deficiencies in need fulfillment as a function of line versus staff type of job, J. appl. Psychology, 1963, 47, 267–275.
384 Porter, L. W., Job attitudes in management: IV. Perceived deficiencies in need fulfillment as a function of size of company, J. appl. Psychol., 1963, 47, 386–397.
385 Porter, L. W., and Henry, M., Job attitudes in management: V. Perceptions of the importance of certain personality traits as a function of job level, J. appl. Psychol., 1964, 48, 31–36.
386 Progoff, I., Depth Psychology and Modern Man, New York: Julian Press, 1959.
387 Progoff, I., Jung's Psychology and Its Social Meaning, New York: Grove Press, 1953.
388 Rand, A., The Fountainhead, Indianapolis: Bobbs-Merrill, 1943.
389 Rapaport, D. (ed.), Organization and Pathology of Thought, New York: Columbia University Press, 1951.
390 Reich, W., Charakteranalyse, Wien 1933.
391 Reich, W., Die Funktion des Orgasmus, Köln 1969.
392 Reik, T., Hören mit dem dritten Ohr, Hamburg 1976.
393 Reik, T., Aus Leiden Freude, Hamburg 1977.
394 Rhinehart, J. B., Barrell, R. P., DeWolfe, A. S., Griffin, J. E., and Spaner, F. E., Comparative study of need satisfactions in governmental and business hierarchies, J. appl. Psychol. 1969, 53, 230–235.
395 Ribble, M., The Rights of Infants, New York: Columbia University Press, 1943.
396 Ribot, T. H., Psychologie der Gefühle, Allenburg 1903.
397 Richter, C. P., and Eckert, J., Mineral appetites of parathyroidectomized rats, Am. J. Med. Sci., 1939, 198, 9–16.
398 Riesmann, D., Die Einsame Masse, Hamburg 1958.
399 Rimmer, R., The Harrad Experiment, Bantam, 1966.
400 Ritter, P., und Ritter, J., Freie Kindererziehung in der Familie, Hamburg 1972.
401 Roe, A., The Making of a Scientist, New York: Dodd, Mead, 1953.
401 a Rogers, C., Client-Centered Therapy, Boston, Mass.: Houghton Mifflin, 1951.
402 Rogers, C., Lernen in Freiheit, München 1974.
403 Rogers, C., Entwicklung der Persönlichkeit, Stuttgart 1973.
404 Rogers, C., Psychotherapy and Personality Changes, Chicago: University of Chicago Press, 1954.
405 Rogers, C., and Skinner, B. F., Some issues concerning the control of human behavior: A symposium, Science, 1956, 124, 1057–1066.
406 Rokeach, M., The Open and Closed Mind, New York: Basic Books, 1960.

407 Rosenthal, R., Experimenter Effects in Behavioral Research, New York: Appleton-Century-Crofts, 1966.
408 Rosenzweig, S., Need-persistive and ego-defensive reactions to frustration, Psychol. Rev., 1941, 48, 347–349.
409 Ruitenbeek, H. M. (ed.), Varieties of Personality Theory, New York: Dutton, 1964.
410 Schachtel, E., Metamorphosis, New York: Basic Books, 1959.
411 Scheinfeld, A., Women and Men, New York: Harcourt, Brace & World, 1944.
412 Schilder, P., Goals and Desires of Man, New York: Columbia University Press, 1942.
413 Schilder, P., Mind: Perception and Thought in Their Constructive Aspects, New York: Columbia University Press, 1942.
413a Schlick, M., Fragen der Ethik, Wien 1930.
414 Schooland, J. B., Are there any innate behavior tendencies?, Genet. Psychol. Monogr., 1942, 25, 219–287.
415 Schutz, W., Freude, Hamburg 1971.
416 Schwarz, O., Sexualität und Persönlichkeit, Wien 1934.
417 Schwitzgebel, R., The self in self-actualization, Psychologia, 1961, 4, 163–169.
418 Seguin, C. A., Love and Psychotherapy, New York: Libra, 1965.
419 Severin, F. (ed.), Humanistic Viewpoints in Psychology, New York: McGraw-Hill, 1965.
420 Sheldon, W. H., Psychology and the Promethean Will, New York: Harper & Row, 1936.
421 Sheldon, W. H. (with the collaboration of E. M. Hartl and E. McDermott), Varieties of Delinquent Youth, New York: Harper & Row, 1949.
422 Sheldon, W. H. (with the collaboration of S. S. Stevens), The Varieties of Temperament, New York: Harper & Row, 1942.
423 Shils, E., Of plenitude and scarcity, Encounter, 1969, 32, 37–57.
424 Shirley, M., Children's adjustments to a strange situation, J. abnorm. soc. Psychol., 1942, 37, 201–217.
425 Shostrom, E., Bibliography for the P.O.I., San Diego, Calif.: Educational and Industrial Testing Service, 1968.
426 Shostrom, E., Personal Orientation Inventory (POI): A Test of Self-Actualization, San Diego, California: Educational and Industrial Testing Service, 1963.
427 Simpson, G., Science as morality, Phil. Sci., 1951, 18, 132–143.
428 Singh, P. N., and Baumgartel, H., Background factors in airline mechanics' work motivations: A research note, J. appl. Psychol., 1966, 50, 357–359.
429 Singh, P. N., and Wherry, R. J., Ranking of job factors by factory workers in India, Personnel Psychology, Spring, 1963, 29–33.
430 Sinnott, E. W., The Bridge of Life, New York: Simon and Schuster, 1966.
431 Skeels, H. M., Adult status of children with contrasting early life experiences, Monographs of the Society for Research in Child Development, 1966, 31, entire No. 105.

432 Sohl, J., The Lemon Eaters, New York: Dell, 1967.
433 Sontag, L. W., The purpose and fate of a skin disorder, Psychosomat. Med., 1945, 7, 306–309.
434 Sorokin, P. (ed.), Exploration in Altruistic Love and Behavior, Boston: Beacon, 1950.
435 Spemann, H., Embryonic Development and Induction, New Haven, Conn.: Yale University Press, 1938.
436 Spitz, R., Hospitalism, Psychoanal. Study of the Child, 1945, 1, 53–74.
437 Stapledon, O., Odd John, New York: Galaxy, 1936.
438 Starr, H. E., Promethean Constellations, Parts I and II, Psychological Clinic, 1933, 22, 1–20.
439 Storr, A., Lob der Aggression, Düsseldorf 1970.
440 Strauss, G., Human relations–1968 style, Ind. Rel., 1968, 7, 262–276.
441 Sutich, A., and Vich, M., Readings in Humanistic Psychology, New York: Free Press, 1969.
442 Suttie, I., The Origins of Love and Hate, New York: Julian Press, 1935.
443 Szasz, T. S., The myth of mental illness, Am. Psychologist, 1960, 15, 113–118.
444 Taggard, G., The Life and Mind of Emily Dickinson, New York: Knopf, 1934.
445 Tanzer, D., Natural childbirth: Pain or peak experience?, Psychology Today, 1968, 2, 16–21, 69.
446 Tart, C. (ed.), Altered States of Consciousness, New York: Wiley, 1969.
447 Tead, O., Toward the knowledge of man, Main Currents in Modern Thought, Nov. 1955, 12, 35–39.
448 Thompson, C., Die Psychoanalyse, ihre Entstehung und Entwicklung, Zürich 1952.
449 Thorndike, E. L., Human Nature and the Social Order, New York: Macmillan, 1940.
450 Tillich, P., Der Mut zum Sein, Hamburg, 1968.
451 Tillich, P., Love, Power and Justice, New York: Oxford University Press, 1954.
452 Trotter, W., Instincts of the Herd in Peace and War, New York: Macmillan, 1915.
453 Van Doren, C., Three Worlds, New York: Harper & Row, 1936.
454 Van Kaam, A. L., Existential Foundations of Psychology, Pittsburgh: Duquesne University Press, 1966.
455 Van Kaam, A. L., Phenomenal analysis: Exemplified by a study of the experience of "really feeling understood", J. individ. Psychol., 1959, 15, 66–72.
456 Vroom, V., Work and Motivation, New York: Wiley, 1964.
457 Walder, R., The psychoanalytic theory of play, Psychoanalyt. Quart., 1933, 2, 208–224.
458 Watson, D. L., The Study of Human Nature, Yellow Springs, O.: Antioch Press, 1953.
459 Watts, A. W., Nature, Man and Woman, New York: Pantheon, 1958.
460 Watts, A. W., Psychotherapy: East and West, New York: Pantheon, 1961.

461 Weisskopf, W., The Psychology of Economics, Chicago: University of Chicago Press, 1955.
462 Weisskopf, W., Economic growth and human well-being, Manas, August 21, 1963, 16, 1–8.
463 Wells, W. R., Hypnotic treatment of the major symptoms of hysteria: a case study, J. Psychol., 1944, 17, 269–297.
464 Werner, H., The Comparative Psychology of Mental Development, New York: Harper & Row, 1940.
465 Wertheimer, M., Produktives Denken, Frankfurt 1957.
466 Wertheimer, M., On truth, in Henle, M. (ed.), Documents of Gestalt Psychology, Berkeley, Calif.: University of California Press, 1961.
467 Wertheimer, M., Some problems in the theory of ethics, in Henle, M. (ed.), Documents of Gestalt Psychology, Berkeley, Calif.: University of California Press, 1961.
468 Wheelis, A., Wer wir sind und was uns bleibt, München 1965.
469 Wheelis, A., The Seeker, New York: Random House, 1960.
470 Whitaker, C., and Malone, T., The Roots of Psychotherapy, New York: Blakiston, 1953.
471 White, R. W., Lives in Progress, New York: Holt, Rinehart and Winston, 1952.
472 White, R. (ed.), The Study of Lives, New York: Atherton Press, 1966.
473 White, R., Motivation reconsidered: the concept of competence, Psychol. Rev., 1959, 66, 297–333.
474 Whitehead, A. N., The Aims of Education, New York: New American Library, 1949.
475 Whitehead, A. N., Modes of Thought, New York: Macmillan and Cambridge Univ. Press, 1938.
476 Whitehead, A. N., Science and the Modern World, New York: Macmillan, 1925.
477 Whiteman, S. L., Associative learning of the college student as a function of need relevant stimuli, Ph. D. Thesis, Case Western Reserve University, 1969.
478 Wienpahl, P., The Matter of Zen, New York: New York University Press, 1964.
479 Wilkins, L., and Richter, C., A great craving for salt by a child with cortico-adrenal insufficiency, J. Am. Med. Assoc., 1940, 114, 866–868.
480 Wilson, C., Der Outsider, Stuttgart 1956.
481 Wilson, C., Introduction to the New Existentialism, Boston: Houghton Mifflin, 1967.
482 Wilson, C., Origins of the Sexual Impulse, London: Arthur Barker, 1963.
483 Wilson, C., Voyage to a Beginning, New York: Crown, 1969.
484 Winthrop, H., Ventures in Social Interpretation, New York: Appleton-Century-Crofts, 1968.
485 Witkin, H., Dyk, R., Faterson, H., and Karp, S., Psychological Differentiation: Studies of Development, New York: Wiley, 1962.
486 Wolff, W., The Expression of Personality, New York: Harper & Row, 1943.

487 Wolpe, J., and Lazarus, A. A., Behavior Therapy Techniques: A Guide to the Treatment of Neuroses, New York: Pergamon Press, 1966.
488 Wootton, G., Workers, Unions and the State, New York: Schocken, 1967.
489 Yablonsky, L., Selbsthilfe der Süchtigen und Kriminellen, Stuttgart 1975.
490 Yeatman, R. J., and Sellar, W. C., 1066 and All That, New York: Dutton, 1931.
491 Young, P. T., Appetite, palatability and feeding habit; a critical review, Psychol. Bull., 1948, 45, 289–320.
492 Young, P. T., The experimental analysis of appetite, Psychol. Bull., 1941, 38, 129–164.
493 Zeigarnik, B., Über das Behalten von erledigten und unerledigten Handlungen, Psychol. Forsch., 1927, 9, 1–85.
494 Zinker, J., Rosa Lee: Motivation and the Crisis of Dying, Painesville, Ohio: Lake Erie College Studies, 1966.

Sachregister

Inhaltsverzeichnis

4. Eine Theorie der menschlichen Motivation

5. Die Rolle der Grundbedürfnis-Befriedigung in der psychologischen Theorie

10. Die expressive Komponente des Verhaltens

11. Selbstverwirklichende Menschen: eine Untersuchung psychologischer Gesundheit

13. Erkenntnis des Individuellen und der Gattung

14. Unmotivierte und zwecklose Reaktionen

15. Psychotherapie, Gesundheit und Motivation

16. Normalität, Gesundheit und Wert

Appendix A. Probleme, die von einem positiven Vorgehen der Psychologie gegenüber verursacht werden

Appendix B. Ganzheitsdynamik, organismische Theorie, Syndromdynamik